学术中国文丛

美国社会和政治史管窥

李剑鸣 著

广东高等教育出版社
Guangdong Higher Education Press
·广州·

图书在版编目（CIP）数据

美国社会和政治史管窥/李剑鸣著. —广州：广东高等教育出版社，2021.9
（学术中国文丛/张江，王兆胜主编）
ISBN 978-7-5361-6927-2

Ⅰ.①美… Ⅱ.①李… Ⅲ.①美国-历史-文集 Ⅳ.①K712.7-53

中国版本图书馆CIP数据核字（2020）第227419号

MEIGUO SHEHUI HE ZHENGZHI SHI GUANKUI
美国社会和政治史管窥

李剑鸣 著   版权所有 翻印必究

总 策 划	黄红丽
项目统筹	靳 辉 常泽平
责任编辑	靳 辉
特约编辑	杨向群
装帧设计	陈智慧
责任技编	吴练武 王丽珍
责任校对	刘翠霞
营销总监	姚永清

出版发行 广东高等教育出版社
　　　　　地址：广州市天河区林和西横路
　　　　　邮政编码：510500 电话：(020) 87554153 87551436
　　　　　http://www.gdgjs.com.cn
印　　刷 广东鹏腾宇文化创新有限公司
开　　本 787毫米×1 092毫米 1/16
印　　张 31.25
字　　数 460千
版　　次 2021年9月第1版 2021年9月第1次印刷
定　　价 108.00元

如发现印刷、装订质量问题，请与出版社联系调换。

"学术中国文丛"编委会

学术顾问：陈春声
总 主 编：张 江
执 行 主 编：王兆胜
文学卷主编：陈剑晖
历史学卷主编：仲伟民
哲学卷主编：赵培杰
经济学卷主编：张宇燕
编　　委（按姓氏笔画排序）：

丁　帆　王兆胜　仲伟民

张　江　张宇燕　陈春声

陈剑晖　赵培杰　南　帆

黄红丽　彭玉平

总　序

张　江

习近平总书记在哲学社会科学工作座谈会上的讲话指出，当代中国正经历着我国历史上最为广泛而深刻的社会变革，也正在进行着人类历史上最为宏大而独特的实践创新。这种前无古人的伟大实践，必将给理论创造、学术繁荣提供强大动力和广阔空间。这是一个需要理论而且一定能够产生理论的时代，这是一个需要思想而且一定能够产生思想的时代。

习近平总书记的重要论述是对思想理论发展规律的科学论断，也是对哲学社会科学工作者的殷切期望。当前中国处于近代以来最好的发展时期，世界处于百年未有之大变局，两者同步交织、相互激荡。一方面，当代中国比历史上任何时期都更接近中华民族伟大复兴的目标，比历史上任何时期都更有信心、有能力实现这个目标。另一方面，当代世界全球化潮流滚滚向前，逆全球化趋势暗流涌动，各种思潮相互激荡，各种文化相互交融，各种观念相互碰撞，多样性、差异性、复杂性、不确定性正在成为这个世界越来越突出的特征。

这样的时代条件，既为我们的哲学社会科学研究带来许多新问题和新挑战，也为思想理论的创新发展增添了强劲动能，开拓了宏阔空间。在这样的时代条件下，不断推进学科体系、学术体系、话语体系建设和创新，努力构建一个全方位、全领域、全要素的哲学社会科学体系，是坚持和发展中国特色社会主义的一项重要任务，也是当代哲学社会科学的重大使命。在中国特色社会主义进入新时代的今天，中国故事需要更好地被全世界所理解，中国经验需要更好地被现代社会科学所表达，中国学术也要更好地被世界学术界所倾听。让世界了解"学术中的中国""理论中的中国""哲学社会科学中的中国"，构建哲学社会科学的"中国学派"，恰逢其时，大有可为。

理论的生命力在于创新。创新是哲学社会科学发展的永恒主题，也是社会发展、实践深化、历史前进对哲学社会科学的必然要求。学术创新离不开两样东西：一是必须立足源自于本土经验的学术传统和时代问题，二是必须牢牢把握世界学术发展的趋势和潮流。学术创新更要有批判精神，这是马克思主义最可贵的精神品质。不管是对传统的理论、范畴、体系，还是外来的概念、话语、方法，都要有分析、有鉴别、有汲取、有批判，不要盲目崇拜，不可生搬硬套。尤其是面对西方话语霸权，不应该满足于向"为西方思想作注，为西方学术致敬"，更不应该"以西方的是非为是非，以西方的标准为标准"，必须立足于中华优秀传统文化，立足于中国特色社会主义建设的伟大实践，在世界视野中发现问题，在中国经验中思考问题，让思想理论更具中国特色、中国风格、中国气派。

"学术中国文丛"正是在这样的现实语境和文化背景下产生的。丛书希望通过对中国学术传统的资源挖掘与价值再发现，在构建"学术中的中国"方面有所作为，有所贡献。我们坚信，中华民族伟大复兴必将推动知识建构范式的革命，必将带来中国学派的诞生。"学术中国文丛"的历史使命就是要形成具有中国特色、解决中国问题的知识体系，并为人类发展提供中国智慧与中国方案。

"学术中国文丛"的出版，总体而言，具有开拓补白之功，它走的是"文化积累"与"学术建设""学科建构"的路子，其理论价值与现实意义，主要体现在以下几个方面。

一是响应时代主题精神，契合国家文化战略。"学术中国文丛"关注一流专家学者，反映中华人民共和国成立以来国内学术研究最高成果，它的出版对推动中国当代学术文化的发展繁荣，加强中外学术对话，在世界学术体系传播中国声音，展现中国学派，提升中国学术的世界地位，推进中国文化"走出去"，具有重要意义。

二是承接优秀传统文化，增强民族文化自信。文丛植根于中华优秀传统文化，通过深入挖掘中华优秀传统文化蕴含的思想观念、人文精神、道德规范，按照新时代精神，去粗取精，去伪存真，赋予新的时代内涵，对推动中华优秀传统文化的创造性转化和创新性发展，增强民族文化自信具有重要意义。

三是加强学术积累传承，推进高校学科建设。文丛广泛覆盖文、史、哲、经等学科，通过荟萃不同学科学派的经典名作，全面展现中国现代学术体系发展过程，促进学术体系和话语体系创新，推进人才培育，催生学术经典，为各领域研究者提供基础性的经典范本。

总之，"学术中国文丛"的出版，是构建"理论中的中国""学术中的中国"的一部分。中华民族伟大复兴为构建中国学派提供了丰厚的实践土壤，也提供了空前的历史性机遇。"学术中国文丛"的出版，正是将中华优秀传统文化当代化以及进行创造性转化的实践，是增进文化自信的有益尝试。

"学术中国文丛"具有权威性、经典性、时代性、中国性等特点。

一是在作者选取上坚持权威性。为了保证丛书的品质，作者一律选取国内各领域的顶尖学者，并且是资历深、水平高、广受认可、影响力大的作者，做到多中选好、好中选优、优中选精，从根本上保证丛书的高标准和权威性。

二是在内容组织上强调经典性。文丛的遴选标准首要是重视学术含量、学术价值，以学术史的眼光、经典性的标准，采用自选或精选的方法来确定图书内容。入选内容均为作者的开山之作、奠基之作、经典之作，必须站得住、立得稳，能成为学术标杆，能经得住历史考验，具有相当的文化积累意义和学术传承价值，在国内外具有较大影响。

三是在写作旨趣上契合时代性。在选材上，文丛优先考虑体现时代精神、富有宏大格局、与国家经济社会发展密切相关的研究成果。

以学术为出发点，以文化为立足点，以中国价值为落脚点，自觉承担起举旗帜、聚民心、育新人、兴文化、立形象的使命任务。换言之，就是要自觉关注时代主题、回应社会热点、着眼于国家战略、融入世界发展大势，不是单纯为学术而学术。

四是在关注焦点上体现中国性。文丛坚持立足中国、聚焦中国，把中国成就和中国经验等重大问题的历史经验和理论阐释作为重中之重，特别是关注反映当代中国经济、社会发展现状趋势经验的具有中国特色的学术成果，以便讲好中国故事，反映中国成就，传播中国声音，分享中国经验，展示中国形象。

"学术中国文丛"，值得期待。

2020 年 6 月 8 日

李剑鸣 湖南常德人，历史学博士，曾任教于湘潭大学、南开大学和北京大学，现为复旦大学历史学系教授，兼任教育部社会科学委员会委员、国家社科基金评审委员、国务院学位委员会学科评议组成员。1998年获国务院颁发的"政府特殊津贴"，2000年入选教育部"跨世纪优秀人才培养计划"，2001年获教育部"高校青年教师奖"，2004年成为人事部等七部委"新世纪百千万人才"国家级人选，2009年入选"教育部长江学者奖励计划（特聘教授）"。曾任中国美国史研究会理事长。主要研究领域为美国史，著有《"克罗齐命题"的当代回响》《历史学家的修养和技艺》《美国的奠基时代1585—1775》《文化的边疆：美国印第安人与白人文化关系史论》等。

本书收录李剑鸣教授发表在《中国社会科学》《历史研究》《世界历史》《美国研究》《史学集刊》等刊物上的论文计19篇，大体上反映了李剑鸣教授多年来在美国史研究方面所做的主要工作。

全书分为三编，涵盖三个方面的主题。第一编由8篇论文构成，讨论从殖民地时期到20世纪美国社会和政治史中的若干重要问题，旨在弥补当时国内美国史知识体系和思想理论取向中存在的不足，参与中文语境中美国史研究的话语重构。第二编收录5篇论文，主题都是关于美国印第安人与主流社会的文化关系，从宏观视角阐释印第安人数百年来在文化接触中的经历，试图在相当困难的研究条件下推动对美国印第安人历史的研究，并就文化解释的路径进行尝试。第三编包括6篇论文，集中讨论美国独立和建国时期的主要问题，借助政治学和历史社会学的分析工具，基于比较丰富的原始材料，探讨美国早期国家构建的内涵和特征，努力从新的视角重新审视美国早期政治史。

| 目 录 |

前言 / i

第一编　美国历史轨迹扫描

美国历史的基本线索和主要特点 /003
美国殖民地时期的人口变动及其意义 /034
土地问题在英属北美殖民地社会的重要性 /048
加拿大与美国独立战争 /069
奴隶制与美国内战前的社会和政治变迁 /079
关于美国进步主义运动的几个问题 /095
西奥多·罗斯福的新国家主义 /108
论美国联邦行政权力的历史演变 /122

第二编　文化接触的历史反思

两个世界文明汇合与北美印第安人的历史命运 /141
文化接触与美国印第安人社会文化的变迁 /162
美国印第安人保留地制度的形成和作用 /185
美国土著部落地位的演变与印第安人的公民权问题 /207
基督教会在美国印第安人中的传教活动 /227

第三编　美国早期政治史蠡测

英国对殖民地的政策与北美独立运动的兴起 /249

美国独立战争爆发前的政治辩论及其意义 /271

"危机"想象与美国革命的特征 /296

美国革命时期马萨诸塞立宪运动的意义和影响 /338

美国革命中的政体想象与国家构建
　　——解读《埃塞克斯决议》/372

美国早期的国家构建及其启示 /423

李剑鸣论著目录 /465

后记 /473

前　言

我们的美国史研究发展到今天，的确值得从不同的角度加以反思，考察它取得了何种进步，还存在哪些问题，今后的方向和路径又是什么。我曾写过一篇短文，把自己想象成一个中立的观察者，力求客观地评论过去四十年里美国史研究的变化，并把它放在整个国内世界史学科的格局中看待，想弄清楚当前它究竟处在什么位置。[①] 我想，如果换一个角度，从亲历者的立场，并且借助于同美国史学的比较，或许能有一些不同的发现，同时也可以为本书所收录的文章提供一些背景性的信息。

对我个人来说，过去的四十年有着非同一般的重要性，因为改革开放的进程同我的职业生涯真可谓息息相关。其中有几个关键的年代尤其值得一提。

1978 年，我高中毕业，非常幸运地赶上了恢复高考后第一次全国统一高考，勉强考入湖南师范学院历史系。1982 年，我大学毕业，分到湖南省内一所地方高校讲授世界近代史，算是正式加入史学工作者的行列。1986 年，我到南开大学求学，硕士毕业后又留在那里，有机会得到一批国内最出色的美国史前辈学者的指导，并且在一个国内最好的美国史研究机构长期工作。

---

① 李剑鸣：《改革开放 40 年来的美国史研究》，《世界历史》2018 年第 4 期。

1996 年，我第一次去美国做研究，这对于我的专业工作来说，无异于一次脱胎换骨的经历。研究外国史，确有必要到研究的对象国去住一段，以便亲身体验那里的社会、文化、学术和日常生活，不然写文章的时候总难免有发虚的感觉，好像每一个字都飘在空中一样。

1998 年前后，国内兴起学术规范讨论的热潮，这对我也不啻是一剂良药，真有"醍醐灌顶"的效果。这时我更清醒地意识到，在学术上什么是"因"，什么是"创"；何谓"照着讲"，何谓"接着讲"；什么是合理引用，什么是抄袭剽窃；对于前人的成果应该采取什么态度，对不同的文献应当如何处理。

2005 年，有个美国数据库公司开始跟国内高校合作，销售他们的学术性数据库。那时我还在南开大学工作，正好管着一个"211"项目的经费，于是就开通了几个数据库的试用。结果发现里面有极为丰富的史料，有些即便去美国也不一定能看得到。这些数据库的引进，不论对于我个人的研究，还是对于国内美国史学科的发展，都具有革命性的意义。

到了 2018 年，国内的美国史研究可以说走进了"大数据时代"。盖尔公司（Gale Group）开始在中国推销他们的巨型数据库"盖尔学术资源"（Gale Scholar），已有几所高校斥巨资买了下来。这个数据库包含 1.7 亿页原始文献，其中许多涉及美国史。有了这个数据库，就等于把全世界许多图书馆的珍贵馆藏拿到手，这对于研究的深化和创新，无疑有着不可估量的作用。

四十年来，我个人的研究工作也发生了不小的变化。我在 1987 年才发表第一篇美国史习作。这就是说，在改革开放的头十年，我并没有任何学术成绩，主要是在接受老一辈学者的培育和指导，观摩和体会他们的治学，学习和掌握研究的技能与规范。当时，在国内美国史领域活跃着两代学者。第一代就是我们这个学科的老一代奠基人，第二代则是 1949 年以后从大学毕业的中年学者。这两代人支撑着当时国内美国史的教学和研究。第一代大多是美国最好的大学培养出来的，刘绪贻先生毕业于芝加哥大学，黄绍湘先生曾赴哥伦比亚大学深造，丁则民先生毕业于华盛顿大学，我的老师杨生茂先生先后就读于加州大学（伯克利）和斯坦福大学。与此形成对照的是，改革开放以来，出国留学的人越来越多，可是回国研究美国史的人却寥若晨星。我算是第三代，而且在第三代里面年纪比较小，"出道"也比较晚。我的师兄和同学中，有不少人早就退休了。

从 1987 年开始，我自己的专业工作大致可以分为三个阶段。1987—1995 年是第一个阶段。在这个时期，我主要依靠二手文献写文章，而且用到的二手文献也相当有限。当时能看到英文书就不很容易，因为国内的美国史英文材料非常少，而且集中在有限的几个单位。那时我所做的主要工作，不过是把美国学者已经获得的知识加以重新编排，以填补国内的空白，纠正以往某些认识上的偏误。这也就是刚过世的刘绪贻先生所说的，以"解放思想""实事求是"的精神，"冲破教条主义的束缚"。

1996—2004 年是第二个阶段。这期间国内的研究条件有所改善，出国做研究的机会也大为增加。我开始留意美国史学的动向，力求用中国学者的视角来看问题。我也开始重视史料的意义，并且建议大家不要再固守"不同美国学者比史料"的想法。每次我去美国做研究，主要都是当"复印工"，复印一大堆材料，回国时就把带出去的行李扔掉，以便把复印材料随身带回来，因为害怕邮寄时弄丢。不过，这时我对史料的运用还是"点缀性"的，因为问题意识并不是来自于史料，解答问题的主要材料也不是第一手文献。实际上，我不过是在前人所构建的学术空间里思考，用某些史料来充实或发挥他们讨论过的话题。

2005 年以后是第三个阶段，学术性数据库进入中国，我的研究工作也发生了根本性的变化。美国学者看过的材料，大多我们也能看到。从这时开始，我比较注重从材料出发，尽力在史料、二手文献和相关理论的碰撞中形成问题意识，基于比较完整的学术史脉络来考虑课题的"合法性"，试图同美国的相关研究进行对话，并借助相关学科的理论和概念，努力提升研究的质量和水准。

可是，我们这一代学人在总体上可谓先天严重不足，后天发育也不良，所以研究中遇到的问题很多，成绩不大，缺憾倒是不少。现在回头来看自己早年所写的东西，感到很不成熟，很不规范。当然，主要原因并不是个人不够努力，而是当时整个学科的水准就是这个样子。个人所能调动的资源，所能凭借的工具，实在是很有限。纵然再努力，也无法取得异乎寻常的成绩，就像人不可能拎着自己的头发离开地面一样。

我个人经历的另一个方面，就是指导过几十名美国史研究生。我从20世纪末开始招博士研究生，他们的选题和研究，同样清晰地反映了这几十年来美国史研究所走过的历程。我在南开大学带的第一个博士生毕业于2002年。他研究美国早期的土地制度，花了很大气力，找到了不少当时的文献，包括土地法令和国会关于这些法令的辩论，结果发现以前国内很多说法都不可靠。因为以前写文章的人，大多没有办法看到原始材料，不知道法律原文是怎么回事，也不清楚立法过程中的具体情况。这个同学利用找到的材料，重新论述美国早期土地制度的演变，纠正了国内许多不准确的看法。虽然他的文章所涉及的内容，美国史家早就有比较系统而深入的研究，但是国内学者不大知道，在理解上往往存在偏差。因此，在当时国内的学术语境中，他的论文具有突出的学术价值，出版后深得好评，有人说是填补了空白。

到了2018年，我在北京大学带的一个博士生写出了一篇学位论文，题目是从战俘叙事看早期美利坚人身份意识的变化。他所使用的材料，主要是在北美早期战争中被俘者所留下的战俘叙事。这种叙事文本有鲜明的意图，使用某些典型化的修辞手法，不仅表述被俘者个人的遭遇和情感，而且反映所处时代的文化和政治，有的还出于各种意图对记忆做了改写。这个同学在研究中，对这些文本做了历史的分析，进行语境主义的解读，并且对解读出来的信息加以学理性的阐释。他还借鉴了后现代主义的文本分析策略，吸收社会学和政治学关于身份研究的理论。可见，这篇论文在题目、材料、理论资源、研究路径和写作方式各个方面，同上面提到的那篇研究早期土地制度的论文，已经有了天壤之别。这个同学完全依靠原始材料做研究，而且研究做得相当深入和细致，在论述时所调动的资源也是多种多样的。从一定程度上说，这种研究放在美国史学界也算是"预流"的。

最近这些年，博士生做研究的条件有了极大的改善。他们大多有机会去美国进修，而且一般是去美国最好的大学或研究机构。我在北京大学指导的一个学生，为了研究罗得岛早期的修宪问题，曾两度去美国做研究，先后到宾夕法尼亚大学、国会图书馆、蒙蒂塞洛搜集资料。这样一来，他们的研究就有可能建立在扎实的材料基础上，并且紧密追踪美国史学界的前沿动向。

通过梳理我个人的经历以及研究生的成长过程，可以就国内美国史研究的变化得出几点粗略的看法。

头一个问题就是，我们在中国为什么要研究美国史？或者说，我们研究美国史的核心动力是什么？自从改革开放启动以后，我们研究美国史，目的就是要了解美国，借鉴美国的经验，帮助中国更好地进行现代化建设。我们正在努力实现现代化，而美国正是现代化速度最快、成就最突出的国家，而且还是现代化理论的发祥地，所以我们需要研究美国，了解美国现代化的历史，从中吸取有益的经验和教训，获得某些启示和警醒，以便把中国的事情做得更好。有学者把这种想法称作"当下关切"，也就是美国学者常说的"现时主义"（presentism）。从某种意义上说，这长期是我们研究美国史的原动力。可是，自从进入新世纪以后，这种动力逐渐成了一个问题。在许多人看来，中国快赶上甚至超过了美国，那么还有必要借鉴美国的经验吗？前面提到的"原动力"还有效吗？我们以后研究美国史，动力来自什么地方？这个问题确实值得认真思考。

美国史研究作为一项学术活动，当然还有学术方面的旨趣，这就是进行学科建设，增益知识，拓展思想，提升我们的文化软实力。起初，我们想得最多的就是如何填补国内空白，因为那时国内美国史还处在起步阶段，到处都是空白。后来，随着学科知识体系的丰满，加上研究条件的改善、研究能力的提高，我们开始重视国际学术对话。现在，中国国力强势崛起，各个学科都在谈论话语权问题。于是，我们一些学者也开始考虑自己的学术话语，要在国际史学中取得一定的发言权。

除此之外，我们做研究也免不了有个人的考虑。比方说，我们偏好"大"，研究外国历史，就喜欢"大国史"。我把这种倾向叫作"好大的势利主义"。即使是研究美国史，有人也觉得要以二战以后的美国为重点，因为在这之前美国还不是一个"大国"。而且，研究美国外交史的人很多，差不多赶上了研究国内史的人数，这也主要是因为美国是个"大国"，在国际上起很"大"的作用。对于年轻人来说，工作机会也很重要，很多大学历史系都愿意招聘美国史教师，学美国史不愁找不到理想的工作。

还有一个因素也刺激我们对美国史的兴趣，这就是相对较好的研究条件。一开始，我们只能依靠国内的藏书，到后来有了国际交流，还可以经常去美国做研究。美国的学术资源的确非常丰富，利用极为便利，而且美国学者也乐于提供帮助。这就使得研究美国史成了一件挺有意思的事，并且相对容易做出成绩。现在数据库越来越多，资料越来越丰富，使用也越来越方便。数据库当然有利有弊，但弊并不是来自于数据库本身，而取决于我们如何利用。只要用得好，从数据库能够发掘的潜力无疑是非常大的。

前面提到，我们研究美国史的视角和解释都发生了明显的变化，那么，这些变化意味着什么呢？就思想取向而言，我们过去看问题的逻辑、评价的标准，还有写作的语言，都来自经典著作、领导人讲话、报刊社论和政治经济学教科书。现在，我们更多地从相关学科汲取滋养，从不同的领域、不同的学者那里借用理论和概念。这时，理论和概念是否适用，是否同具体的史实和题材匹配，就成了需要具体考虑的问题。

在问题意识方面，我们最初主要基于现实关怀来确定课题，形成解释的思路，甚至主要论点的提出也离不开现实的参照。我们在现实中遇到了某方面的问题，于是就去美国历史上搜寻，看看是不是也有同样或相似的问题，考察美国人是怎么处理的，想从中找出有益的经验或教训。我们常说"他山之石，可以攻玉"，也就是把美国的历史经验当成理解我们现实问题的参照。后来，我们开始重视学术史，在选题时先要扫描一下前人做过的研究，再看能找到什么材料，以及这些材料有什么意义。翻开现在的论著，一般都有一定的篇幅梳理美国学者的研究。尤其是博士论文，前言中总有一半左右的篇幅评析美国学者的论著。对于国内的研究则通常是一笔带过，因为越细、越新的题目，国内学者一般都很少涉猎，即便有一些讨论，也大多流于泛泛。"华山论剑"，要找的自然是"一等一的高手"。于是，我们的学者瞄准了美国史学界，想要同美国学者对话。

可是，我们真能同美国学者进行实质性的对话吗？如果稍微考察一下美国史学的状况，我们的自信可能就要打一点折扣。

就在中国改革开放的同一时期，美国史学发生了全面而深刻的变化。首先是史学范式的更新。20世纪五六十年代以来，新社会史勃然兴起，开创一整套探讨过去的新范式，比如从下向上的视角，关注日常生活，重视趋势，热衷于理论模式，采用统计分析的方法。这种研究范式与经典史学截然不同，可以说使史学的面貌为之一新。七八十年代以来，新文化史又从微澜壮大为浪潮，而且几乎冲击了所有其他研究领域。一时间，许多美国史家开口必谈符号、象征、语言、修辞、表征、记忆、感觉、梦境等等，写作方式也从分析转向叙事，从论证转向阐释。

在这个过程中，美国史家也深感"碎片化"问题越来越严重。大家都在讨论细碎的题材，关注短时段问题，排斥宏大叙事，不肯做综合性研究。可是，过了不长一个时期，不满"碎片化"的声音忽然间变小了。国际史、跨国史、全球史、深历史、大历史等新名目，引起越来越多人的关注。历史考察的时空概念出现了巨大的变化，选题的规模趋于扩大，时段也在拉长。这就是说，美国史学发生了自我修正。不仅题材变了，而且人们还摸索出一整套处理这些新题材的方法和路径。这些新变化甚至更新了历史的观念。特别是跨国史和全球史，重视联系、影响和互动，要求把不同地区、不同人民的经历摆在同等重要的位置，而且特别注意运用比较方法。这种比较方法也不同于传统的对比，而是双向比较，甚至是多向、多层次的"复式"比较。此外，大数据方法也开始在历史研究中崭露头角。

当然，这些变化不可能是凭空出现的，而是依托于具体领域和题材的拓展。从领域看，除了传统的政治史、经济史、外交史、军事史，新的领域，比如社会史、文化史、妇女史、环境史、生态史、疾病史、情感史等，都呈现方兴未艾的局面。现在好像没有什么不能成为历史考察的对象，没有什么不能作为史料使用。美国史家越来越清楚地感觉到，探究过去的路径五花八门，可以借助的视角、理论和方法也是多种多样的。换句话说，研究历史，绝不能只靠史学的"家法"。史学不仅要开放自己的"门户"，而且要常走其他学科的"楼梯"。

在越来越多样化的同时，美国史学也明显地趋于平等化和民主化。美国历史不再是伟大人物的故事，不再是现代民主从胜利走向胜利的神话，而是许许多多无名无姓的普通人的经历，是充满苦难、挫折和阴暗面的过程。历史写作也不再是少数史学名家的专擅，而成了众多学者甚至业余写手参与竞争的话语领地。在当前的美国史学界，各种精英主义、例外论、优越论、中心观，都有如"过街之鼠"；与此同时，民众主义、多元文化主义、女性主义、去中心化、跨国主义、全球主义，都成了强劲的学术时尚。

从整体上看，在当前的美国史学界，各种路径，各种范式，各种题材，都有人在坚持或尝试，并且相互较劲，争奇斗艳。最近几年的普利策史学奖，还是同过去一样，大都授予那些政治史和精英人物研究方面的著作。这个奖项更多地反映了大众的阅读趣味和思想取向。相比之下，班克罗夫特奖则更能标示美国史学的专业风向。近期得奖的著作也是各色各样的，但多数涉及社会史、文化史、妇女史、族裔研究、地方事件和日常生活。其中当然也有研究传统题材的书，只是数量不多。

从《美国历史杂志》最近两年刊发的论文来看，政治史和传统题材似乎有回暖的苗头。在最近出版的美国史新书中，涉及美国革命、内战、进步主义、民主、改革、民权运动、权利革命等重大题材的著作，也有明显的增加。而且，一些有质量的综合性著述相继问世，不少成名学者正在推出自己学术生涯中的力作。例如，斯温·贝克特（Sven Beckert）

的《棉花帝国的全球史》(Empire of Cotton: A Global History),获得了班克罗夫特奖;阿伦·泰勒(Alan Taylor)的《复数的美国革命:大陆史(1750—1804)》(American Revolutions: A Continental History, 1750—1804)反响也不错;詹姆斯·克洛朋伯格(James T. Kloppenberg)出版了一本大书,标题是《走向民主:欧美思想中争取自治的斗争》(Toward Democracy: The Struggle for Self-Rule in European and American Thought);年过九旬的威廉·洛克滕堡(William Leuchtenburg),最近也推出了新作《美国总统:从特迪·罗斯福到比尔·克林顿》(The American President: From Teddy Roosevelt to Bill Clinton)。

完全可以说,在过去四十年里,美国史学发生了翻天覆地的变化。可是,在改革开放的头十几年,我们的美国史研究者对于这些变化,不是不知道,就是不喜欢。人们大多不重视美国史学,不去了解相关课题的前沿进展。这一方面固然是由于缺乏了解的途径,同时也可能觉得,他们的研究跟我们自己的需要相去太远。我们能够看到的资料本来有限,同时还要采取选择性的策略,对所谓"资产阶级史学"加以批判,而仅只利用所谓"进步史学"的成果,例如,威廉·福斯特和菲利普·方纳的书,一度很受欢迎。

进入20世纪90年代以后,大家开始重视美国史学的进展,也有意识地部分吸收相关的研究成果,当然也是根据课题的需要,而且以能够获取为限度。与此同时,我们又往往轻率地批评美国学者"见木不见林",而且自诩本人的文章更加高明,是一种"综合而全面的研究"。可是,在那些了解中国情况的美国学者看来,情况完全不是这样。哥伦比亚大学一个博士生采访美国学者迈克尔·朱克曼(Michael Zuckerman)教授,写了一个访谈录,其中谈到他在2007年来中国开会的印象,觉得中国学者的论文选题太大、太泛,资料太少、太旧,讨论的问题太过时,提出的看法大多无的放矢,有的甚至"大错特错"。[①]

---

① 邢承吉:《真正的美国革命?——专访迈克尔·朱克曼教授》,载沈湘平主编:《京师文化评论》(2017年秋季号),中国社会科学出版社2017年版。

不过，朱克曼教授也承认，最近这些年，中国学者的研究水平突飞猛进，在题目、资料和研究工具上，同美国学者的差距越来越小。2017年上半年，埃里克·方纳教授来北大，在一个会上听了一些中国年轻学者的发言，称这些研究很接近美国学者所做的东西。的确，最近十来年，我们高度关注美国史学前沿，大力效法美国史家的路径和方法，力求在国际学术的层面做到"预流"。

可是，这样又带来了一个跟美国史学"同质化"的问题。我们的研究跟美国学者越来越像，我们使用相似的资料，遵循相似的规范，借助相似的理论，采用相似的方法，在相似的学术语境中，讨论相似的问题，只是在创新度和精细化方面大为逊色，而且往往带有滞后性。有一些问题，美国学者以前讨论过，后来早就不关心了，可是我们又拿出来讨论。这样能不能做出让人认可的成绩呢？中国学者在中国研究美国史，却一心要加入美国史学界的讨论，几乎没有自己的问题意识，也缺乏自己的学术底色。这真是一个很有反讽意味的现象，也难免让人心生忧虑。

诚然，在目前这个阶段，能够做到"同质化"，似乎已经很不容易了。就像画中国画一样，先要熟悉传统，临摹历代的大家，力求画得很像。可是，凡是有创造力的画家，终究要追求自己的风格，不能"死在人下"。所以，明代的董其昌说要同古人"血战"，现代的李可染也说要做"透网之鳞"。我们研究美国史，如果真正要有自己的特点，那就必须同美国史学"血战"，必须挣脱他们编织的学术"罗网"。可是，我们靠什么来"作战"、用什么来"破网"呢？有人说过，法国人如果用年鉴学派的方法研究美国史，意大利人如果用葛兰西的理论研究美国史，都能得到跟美国学者不一样的见解。那么，我们又能用什么来研究美国史呢？

有一个时期，我们总在强调中国学者要有自己的视角，要做有"中国特色"的美国史研究。可是，这个"中国特色"的含义是什么？它如何形成？我当初也没有仔细推敲过这样的说法，但现在忽然觉得，那时讲"中国特色"，似乎是一种掩饰学术能力贫弱的托词。我们无法拿出让人家重视的成果，甚至也不能做出让中国史同行尊重的学问，所以就大谈什么特色。美国学者的中国史研究的确很有特色，只要看题目就知道是他们写的。那是因为他们根植于美国学术的肥沃土壤里，受过成熟而完备的学术训练，养成了良好的思考和研究习惯，还有雄厚的本土学术积累作为依托。他们只要用研究美国史和欧洲史的办法处理中国历史题材，就能取得跟中国学者很不一样的成果。可是，我们的本土学术资源相当匮乏，史学和其他许多学科都是如此。没有本土资源的滋养，没有本国史学的支撑，仅凭我们是中国人，就能做出有"中国特色"的美国史么？长期以来，整个中国学术都受欧美的影响，我们用借自人家的东西反过来看人家的历史，又怎么可能得出跟人家不一样的看法呢？

另外，国际化和本土化之间的张力，也是一个让人十分头疼的问题。我们研究美国史，究竟是立足于国内，还是要面向国际？如果只用汉语写作，不仅国外同行不了解我们的成果，而且中国史同行也会怀疑我们的水平，觉得我们不过是关起门来自娱自乐。可是，在国外期刊发表论文并不容易，即使偶有发表，也不一定能引起关注。于是，我们中间一些敏感的人就难免产生某种"身份焦虑"。中国学者为何以及如何研究美国史？我们的美国史研究究竟是中国史学的一部分，还是美国史学的补充？我们对美国史学确实有一定的依赖，甚至是依附。但问题是，如果不追随和学习，我们就无法开展研究；如果一直追随和学习，我们又不可能真正拿出有意义的东西。

哈佛大学的包弼德（Peter Bol），可以说是一个底气十足的中国史学者，他在《斯文》一书的中文版序言中说，这本书"主要是面对英文学术读者"，没想到"在中国有更多人对它感兴趣"。美国年轻的宋史学者柏文莉（Beverly Bossler），在《权力关系》的中译本序中也说，她写的书原本是"面向美国读者"，因此在知识铺陈和具体写法上，跟在中国出版有很多不一样的地方。那么，我们的美国史论著显然也应当是写给中国读者看的，因此也不必由于不受美国学者理会而觉得泄气。写给中国读者看的美国史，自然也要以学术创新为鹄的；只要我们真正写出了有价值的书,终究是能够赢得国际史学界的关注和重视的。有的中国史同人说,只有某一天我们把美国人写的中国史著作从书架上请下来,中国的史学才算真正成熟了。那么能不能反过来说,只有某一天我们写的美国史书能摆在美国同行的书架上,我们的美国史研究才算成熟?如果真有这一天,它什么时候能够到来呢?

不论怎么说,美国史学仍将是作用于我们研究工作的主要变量。可是,美国史学对于我们既是引领,也构成巨大的压力。毫无疑问,中美两国学者的研究不同步,存在很大的差别。但对我们来说,这种差别不是特色,而是差距。有人把美国史学比作一艘巨型航空母舰,它的航速特别快,而且总是朝着陌生的水域航行,让人难辨方向,看到的景象虽然新奇,但往往莫名所以。反过来,我们的美国史研究却只是一只小艇,一直在后面追赶,大家竭尽全力,也不一定跟得上,有时还可能被航空母舰掀起的浪头打翻。

文化理解的困难也依然是不能忽视的。中国的传统,我们所受的教育,我们所处的社会和政治环境,跟美国的差别太大。如果用我们的思维和观念去理解美国的事物,就难免产生严重的偏差和扭曲。另外,中美关系的变化也会直接投射到我们的研究工作中。以往的经验表明,两国是友好还是交恶,对我们的美国史研究具有至关重要的影响。

可喜的是,年轻一代学者正在成长。他们的学术训练越来越系统,知识越来越丰富,治史的技艺越来越精良,所掌握的语言工具也越来越多。而且,他们还会懂得人类学、语言学、文学和社会科学的知识,熟悉国际史学的前沿进展,能够纯熟地运用各种新出的技术手段。只要他们志存高远,脚踏实地,不懈努力,就一定能够做出大大超越前人的成绩。这才是我们美国史研究的未来之所在。

(原题为《美国史研究四十年:一种个人化的学术反思》,刊于《世界历史评论》2019年春季号)

第一编　美国历史轨迹扫描

在涉足美国史研究之初，我并没有特别明确的学术目标，大体上是能看到什么书，就写什么文章。这也是那个时期研究条件的严重限制所造成的。收入这一编的文章，涵盖美国历史的主要时段，题材则涉及美国社会和政治史上的重大问题。这些文章放在今天大多谈不上有多大的学术价值，但是如果置于当时的学术语境中，却也并非全然没有意义。第一篇梳理美国历史的基本线索和主要特征，可算是为本书后面的各篇文章提供一些背景性的知识。第二、三篇讨论美国早期的人口和土地问题，第四篇粗略叙述美国独立战争和加拿大的关系。讨论奴隶制的那一篇，所用材料固然很平常，但论及的问题则直指当时国内美国史研究中思想僵化的状况，意在质疑"斗争哲学"和"道德至上"的历史思维方式。关于进步主义运动的两篇文章，其内容取自我1989年在张友伦教授指导下完成的硕士论文。近年来，美国史学界关于进步主义运动的研究成绩斐然，除了采用社会史、文化史、国家构建和跨国史的视角，关于进步主义时代的界定也不同于以往，出现了所谓"长进步主义时期"之说。讨论联邦行政权力演变的那一篇，系以在1988年一次国际会议上的英文发言稿为底本改写而成，因而内容和论点均不免流于泛泛。

美国历史的基本线索和主要特点

我们经常听人说起，美国的历史并不长，只有几百年时间；同那些"文明古国"的历史长度相比，甚至连"零头"都赶不上。但是，"长"与"短"是相对的，美国历史到底长不长，究竟有多长，这都是可以讨论的问题。美国历史读物也有长短之别。比较短的美国史只有薄薄一册，类似书店里常见的那种"一口气读完"的书。最长的美国通史则有很多卷。美国出的"牛津合众国史"，作者都是美国知名史家，目前已经出版七八卷，每一卷都在七八百页以上，它最后可能出到十卷以上，总共差不多会有一万来页。这就真可以说是"鸿篇巨制"了。中国人写的美国史，最长的有多长？我们有两位前辈学者，杨生茂教授和刘绪贻教授，合作主编了一套《美国通史》，六大册，一共二百多万字。那么，最短的美国史又能短到什么程度呢？那就是我下面要做的事情，用两个小时把它讲完。可是，美国的历史就是再短，要用这么一点点时间把它讲清楚，那也几乎是一个不可能完成的任务。

我首先想问大家，作为中国人，我们了解美国历史的目的是什么？过去我们看重的是借鉴，要从美国取法，为中国的现代化建设寻找经验、启示和教训。据说黑格尔讲过一句话，我们从历史中学到的唯一东西，就是没有人能够从历史中学到任何东西。这个话当然带有"启示录"的味道，但它也提示我们，真正要想从历史中汲取经验和教训，并不是一件很容易的事情。英国历史学家巴特菲尔德说，历史并不是一个好心的教师,而是一个阴险的"老无赖",总在那里玩弄"鬼把戏"。如果我们要让历史变得对我们有益,就需要有足够的智慧、博大的胸怀和敏锐的眼光。我们了解美国历史的最大意义,在于给我们提供一种参照,一种由"陌生化"而产生的比较意识,以帮助我们更好地认识自己,更好地认识我们的过去和现在。而且,在今天这个全球化的时代,我们要同越来越多的国家、民族和文化打交道,了解美国的历史,也能在某种程度上有助于营造一种良好的中美关系。另外,关于美国历史的知识,还可以深化我们的思想,开阔我们的眼界,让我们懂得并尊重文化的复杂性和多样性。

下面,我想从两个方面简要谈谈美国历史的概况。一是梳理一下美国历史的基本脉络,通过一些带有里程碑意义的事件,把美国历史的大致线索串起来;二是简要讨论一下美国历史的主要特点,想重点讲三个问题,即美国的"崛起"、族裔和文化的多样性,以及美国民主的演变。

一、 美国历史的基本脉络

中国古人讲历史,有"年经事纬"的说法。时间好比经线,事件好比纬线,经纬交织就构成了历史的画面。我们可以粗略浏览美国历史大事年表,看看那些重要的年代和事件,就能对美国历史的脉络有一个大致的概念。1492 年以前,可以说是美国历史的史前时期,主角是印第安人,今天叫"土著美利坚人"。但由于缺少文献记载,确切可知的事件不多,因此在多数美国历史年表上,这个漫长的时期也只能一笔带过。最近四五百年的线索自然就清楚得多,时间和事件也相当确切而具体。

历史还要通过分期来认识。这就是基于"年"与"事"的交际,把历史划分为不同的时期或阶段。美国人讲美国史,通常把它分成三大段。第一段是殖民地与革命时期。话虽这样说,但起点通常不是殖民地的建立,而是包括印第安人抵达美洲以来的历史,只是在具体讲述的时候，往往把印第安人的历史当作殖民地建立的背景来处理。这个阶段大致结束于18世纪末期。第二段是19世纪。这是美国迅速发展的时期，我们后面要讲到的美国的"崛起"，主要就发生在19世纪。第三段以前叫"20世纪"，现在已经是21世纪了，美国学者也"与时俱进"，把它改称为"1900年以来"。在殖民地与革命时期，重要的历史事件就不少；历史记载"愈近愈繁"，加上我们喜欢"厚今薄古"，19世纪的内容就更丰富了。至于1900年以来的很多事件，我们大家都很熟悉，特别是讲二战以后的美国史，难免与其他学科有很多的交叉。

蒙文通先生援引孟子的话说，"观水观其澜"，讲历史要看大变故。这话确有一定的道理。历史有如滔滔江河，又长又宽，奔流不息，泥沙俱下，只有抓住那些有标志性意义的重大事件，也就是大河中的巨浪，才能弄清历史的基本走势。那么，我们从美国历史中可以找出哪些有标志性意义的事件呢？我们不妨以世纪为单位，从每个世纪选取一个或几个重要的事件。在17世纪，最重要的事件是詹姆斯敦的建立（1607年）。18世纪是美国革命（1765—1789年）。19世纪则有三件大事：领土扩张与西部开发（1783—1890年），内战与重建（1861—1877年），工业革命与工业化的完成（1790—1890年）。20世纪同样有三件大事：罗斯福新政（1929—1941年），民权运动（1955—1969年），冷战（1946—1990年）。当然，这只是我个人的看法。不同的人可能会选不同的事件，但有些事件是谁也绕不过去的。那么，我为什么要选取这些事件呢？下面依次讲一讲具体的根据。

1. 詹姆斯敦的建立

詹姆斯敦位于弗吉尼亚的詹姆斯河河口，是英国人在北美建立的第一个永久性定居点。前面讲到，美洲曾长期是印第安人的世界；1492年以后陆续有欧洲人来这里探查，捕鱼，建立移民定居点，启动了"两个世界"的接触和交汇。英国人在美洲的殖民活动起步较晚，先后建立过几个移民定居点，但都不成功。1607年建立的詹姆斯敦则一直存在下来，并且很快发展成弗吉尼亚殖民地。詹姆斯敦的建立，意味着从英国来北美的人不再是简单的"移民"（immigrants），而变成了"定居者"（settlers）。定居者跟原先的探险家和捕鱼人非常不同，他们要在这里立足、谋生、置业、组成社会、繁衍后代，于是慢慢地形成了一种跟原来的欧洲和美洲都不一样的文化。

因此，詹姆斯敦标志着北美殖民地化的开端，也就是北美历史发生翻天覆地变化的一个转折点。这以后，英国相继在北美大西洋沿岸建立了十三个殖民地。这十三个殖民地就是美国建国的"基地"，1776年后变成了原始十三州，再后来在这个基础上发展和扩张，成为今天的美国。

2. 美国革命

18 世纪前半期，英属北美发展得很快，很顺利，到 1760 年前后，不仅拥有稳定而强劲的经济力量，而且在政治和文化上都具备了一定的自主性。殖民地居民多数是英国人的后裔，但他们同大西洋另一边的英国人已经很不一样，获得了"美利坚人"的名称。他们已经形成自治的意识，也具有自治的能力。一旦英国着手调整对殖民地的政策，想要强化管理和控制，同殖民地居民的愿望和感受背道而驰，他们就起来抵制。由于因缘际会，这种抵制慢慢演化成了造反，最终在 1775 年 4 月发展成武装对抗。

我们今天所说的美国革命，包括三个组成部分。一是独立战争。仗一共打了八年，以英国承认美国独立而告终。不过，英国与其说是被美国人打败的，倒不如说是因为它受到法国、西班牙等欧洲势力的牵制，不得不"光荣撤退"。二是社会改造。1776 年 7 月 4 日大陆会议公布《独立宣言》，不仅宣布了美国的独立，而且揭示了美国赖以立国的基本原则，这就是平等、自由和共和。独立战争搅动了整个社会，不同的群体纷纷行动，基于《独立宣言》所表述的原则，表达自己的诉求，推动社会的改革。旧的制度和习俗遭到摈弃，新的风习得以培育，奴隶制的合法性受到挑战，普通民众的声音受到重视，女性的角色和地位也发生了变化。三是国家构建。自从战争爆发后，各州就开始摆脱英国的控制，建立独立的自治政府。各州相继制定宪法，确立了新型的共和政体。1787 年联邦宪法的制定，既是美国革命的尾声，也是它的高潮。

制宪会议在费城举行，从 5 月开到 9 月。大家不一定很清楚，费城这个城市处在两条大河之间，夏季天气潮湿而闷热。会议为了保密，还要防范蚊虫，只能闭门开会。参加制宪会议的人都是绅士，开会时要讲究衣着和仪表，在那个炎热季节关着门开会，可以说是"活受罪"。战争须流血，立宪也要流汗；制宪者不仅"劳心"，而且"劳力"。但他们的付出是有收获的，会议提出的宪法草案，在 1787—1788 年间得到了多数州的批准，美国革命所创立的新共和国，也就有了一道重要的"护身符"。

在今天看来，美国革命的意义不仅是建立了一个独立的国家，更重要的是探索出一种治理现代大型国家的新型体制，这就是联邦共和政体。用联邦制来治理现代"国族国家"，这本身就是一种创新；在联邦制下采用共和原则，而不是君主制或贵族制，更是美国革命最大的成就，也是它留给今天的一份最重要的遗产。美国革命还有另一个创举，那就是美国人发现，一个国家其实是可以依靠一张纸来治理的，这张纸就是宪法。他们赋予宪法神圣的地位，使之成为国家体制和政治运行的最高规则。这里面有着非常深厚的历史和文化渊源。除此之外，美国革命还使美国人初步形成了国家认同。一个国家要成为真正意义上的"国族国家"，没有国民对国家的自愿认同是难以想象的。因此，无论从哪个角度来看，美国革命都是美国历史上一个划时代的事件。

3. 领土扩张与西部开发

美国独立的时候，其领土大致相当于现在的四分之一，就是从大西洋沿岸到密西西比河以东的一个狭长地域，而且大部分土地还没有得到开发。这片领土是 1783 年《巴黎和约》中英国同意划给美国的。后来，美国利用各种机遇，采取多种手段，包括夺占、谈判、购买、策反、欺骗等，逐渐获得了广袤的国土，成为世界上少数几个领土大国之一。

其中有几次领土扩张，代价很低，但收获却大得出奇。1803 年，杰斐逊总统只花了很少的钱，就从拿破仑手里买到很大一个地域，有214万平方千米，这就是著名的"路易斯安那购买"。19世纪30年代，美国先策动得克萨斯从墨西哥独立，建立了"孤星共和国"，最后把它并进美国，使自己的版图又增加了101万平方千米。在美墨战争中，美国打败墨西哥，迫使它割让加利福尼亚等西南部大片土地，面积达到137万平方千米。还有一次，美国同英国谈判，把俄勒冈地区弄到手，面积也有74万平方千米。

获得领土固然重要，但如何治理和开发领土，可能是一个更重要的问题。当时美国可以采用多种办法来处理新获得的土地，比如说，可以按照传统的办法建立殖民地，还可以实行军事占领。但是，美国采取的办法是边开发边建州，使新获得的地区成为联邦的完全平等的成员。在当时美国精英的心目中，夺取和开发西部，并不仅仅是取得土地，建立农场，开发矿产，修建铁路；更重要的是去传播文明，用白人的文化去征服蛮荒之地，以实现美国自由和民主的使命。当时有一幅很有名的画，题为《美国的进步》，生动地反映美国人对西部开发的理解。画中一个飞翔在半空的白人女子，代表着一往无前的西方文明；她身后是已开发的土地，阳光灿烂，人烟阜盛；她的前方则是尚待开发的蛮荒之地，乌云翻滚，榛莽遍地；白人开发者源源不断地向前推进，印第安人则随同野兽一起被驱赶着向后退却。

实际上，那些开发西部的普通人，无论是拓荒者还是淘金汉，也无论是牧民还是修路工，留下的大多是艰辛的故事。他们夙兴夜寐，栉风沐雨，胼手胝足，艰苦创业，经常面对各种各样的危险和考验。在西部开发中最具传奇色彩的是牛仔。我们看过美国的西部电影，其中的牛仔大多侠肝义胆，豪勇好斗，枪法超群，看起来潇洒而浪漫。但实际生活中的牛仔远不是这样。他们的生活单调而危险，通常是单独行动，长期骑在马上，很多人变成了罗圈腿；他们远途驱赶牛群，有人掉到河里淹死，或者遇到暴风雪而被冻死。可见，牛仔的经历并非充满浪漫的情调，而毋宁是苦难的痛史，它象征着西部开发的艰难。

从更长远的历史进程看，西部开发的意义在于，美国通过各种手段获得的领土由此变成了有实际价值的土地，极大地增强了美国的国力，是美国"崛起"的重要依托。但我们不要忘记，西部开发中有两个最大的受害者，一是印第安人，二是自然环境。西部原本是许多印第安人部落的家园，但随着白人的西进，他们遭到驱赶和拘禁，被迫生活在荒凉、贫瘠的保留地。另外，美国人在西部开发中养成了大手大脚的习惯，粗枝大叶地对待环境和资源，造成了严重的浪费和破坏。这方面的危害，到19世纪末就逐渐显露出来了。

4. 内战与重建

1861年，南部十一州宣布脱离联邦，并且炮轰联邦的萨姆特要塞，挑起了内战。内战是美国历史上伤亡最大的战争，也是深刻改变美国历史进程的重大事变。

关于内战的起因，史学界说法很多，争议很大。内战的爆发与奴隶制的存废有关，同联邦制的欠缺有关，也与美国人国家认同的薄弱有关。但还有一点更值得关注。奴隶主是美国南方一个特殊的群体，他们人数虽少，但却控制着巨大的经济、军事、政治和文化资源，拥有惊人的综合能量，主导着南部社会的走向。可是，他们的权势和地位，却取决于占有和压榨黑人奴隶这种畸形的制度，一旦奴隶制不存在，他们所拥有的一切也就会化为灰烟。因此，他们对奴隶制的存废抱有一种脆弱而偏执的警惕。最后，他们为了维护小集团的权势，不惜把国家和广大民众拖入战争，并使他们自己和许多南部人一道成为受害者。

内战中最惨烈的一仗，发生在1863年的葛底斯堡，当时战场上尸横遍野，血流成河。这场战役也因林肯的葛底斯堡演说而更加出名。到1865年，南部失去了战争的意志和能力，联邦赢得了胜利。在南部签署投降协议的地点，南北双方主帅握手致意，真可谓"渡尽劫波兄弟在，相逢一笑泯恩仇"。内战说到底也是"兄弟阋墙"，美国的领导人希望尽快弥合创伤，完成联邦的重建。

重建的任务，一是要改造叛乱诸州，使它们在新的条件下重新加入联邦；二是改善获得自由的黑人的经济境况，维护他们的政治权利。

但是，许多南方白人并不这样看问题。他们受到失败的打击，长期对北方抱有很强的怨愤，对重建进行了各式各样的抵制。重建的第一项任务大体上完成了，第二项任务则比想象的要艰巨得多。

有人把内战说成是美国制度的失败。这种看法似乎有点片面。内战是一个很复杂的事件，它牵涉到美国历史上的许多问题，给美国社会和文化打下了极深的烙印。首先，它废除了奴隶制，使全部黑人奴隶变成了美国公民，从"财产"变成了"人"。这是一个巨大的成果。美国人以自己的努力废除了奴隶制，割掉了自己社会肌体上的毒瘤，虽然代价高昂，但意义重大。其次，内战解决了美国的国家主权问题。美国革命中形成的国家主权，是一种分割和分享的结构，各州拥有很大的自主性。内战的部分起因就是州主权挑战联邦主权；内战的结果则是联邦主权战胜了州主权，特别是联邦政府对南方十一州实行军事占领下的强制重建，这对州权主义是个很沉重的打击。随着重建的进展和结束，美国终于变成了一个真正意义上的"国族国家"。再次，内战调动了美国经济和文化的活力，为战后经济和社会的突飞猛进打开了闸门。最后，内战中林肯政府实行的政策，具有多方面的意义，产生了长远的影响。《宅地法》解决了土地问题，加速了西部的开发，也造就了更多独立的农场主。《太平洋铁路法》掀起了铁路建设的新高潮，加速了交通运输的革命。《莫里尔土地赠与法》帮助建立了许多学校，推动了教育的发展。《解放宣言》更是一个革命性的文件，它宣布解放奴隶，升华了内战的性质，也改变了美国社会的结构。所有这些战时措施的后果，都不仅仅限于满足战争的需要，而且极大地影响了后来美国的发展，特别是对19世纪后半期的工业化有重要的推动作用。

5. 工业革命与工业化的完成

如果我们用简单化的眼光来看工业革命，觉得它无非是技术和经济的变革，那就太片面了。工业革命的后果和影响都是全局性的。

一般来说，美国的工业革命带有"继发"的性质，也就是说，它是在英国的影响下发生和发展的。在工业革命的启动阶段，塞缪尔·

斯莱特是个标志性的人物。当年英国实行技术保护，不允许机器图纸等资料流出国境；斯莱特是个有才华的技工，为了谋求更大的发展，就把机器图纸默记在脑子里，化装成学徒前往美国，1790年在罗得岛建立了水力棉纺纱厂。美国早期的工业革命，实际上是技术变革和制造业飞跃发展的过程。蒸汽动力逐步取代水力，机器制造也突破了单纯的仿制，在技术和工艺上形成了自己的特色，特别是惠特尼1798年发明了滑膛枪可替换部件的制造技术，为机床生产创造了条件，使大规模的标准化生产成为可能。后来，通用部件制造技术和机床制造业，成为美国工业的基本优势。进入19世纪下半叶，美国的工业化接近完成，生产领域又发生了新的变化，这就是"第二次工业革命"。内燃机和电动机开始发挥越来越重要的作用，特别是电力的出现和普及，造成了重大的动力革命。同时，钢铁工业也发展得很快。

大致在1890年前后，美国完成了工业化，进入工业社会。这时，美国的经济结构发生了翻天覆地的变化：工业产值超过农业，以机器生产为主的工厂制工业取代手工制作的工场，劳动密集型经济让位于资本密集型经济，小型合伙人企业的时代也成往昔，大型股份公司成了经济的主导力量。美国的国民生产总值也有了巨大的增长，1900年，美国人口7 600万，国民总收入约为365亿美元，工业产值约占全世界总值的30%，成为全球头号工业大国。

工业化重塑了美国社会，改变了美国人的生活方式。在前工业时代，人们过的是自给自足的生活，现在生产变得高度专业化，人们在日常生活中也变得越来越相互依赖了。人口日益集中于城市，城市成了繁华和贫困并存的场所，可以说是一个两极化的标本。另外，在以资本产品为主的生产型经济大发展的基础上，消费型经济也不断壮大，美国初步进入了消费社会。这意味着经济成果能够更全面、更迅速地转化为普通人的生活质量。顺应这股潮流，商品销售方式朝着便利于消费者的方向转变，百货公司、邮购公司、连锁商店等遍及全国，以刺激消费为目的的广告业也迅速兴起。同时，普通人的生活条件有所改善，工时缩短，工资上涨，休闲时间增加。文学、艺术、体育等也朝着大众化方向转变，廉价小说，文艺期刊，各种演出活动，还有各种体育比赛，都是在进入工业社会后才流行开来的。

6. 罗斯福新政

美国刚刚步入工业社会，就遇到了许多的麻烦。主要问题并不是来自于经济本身，而是如何控制迅速增强的资本的力量，如何规范大公司的经济行为，如何处理财富和贫困的悖论，如何对待弱势群体，如何形成新的伦理和行为方式，以促成社会良性有序地发展。20世纪初的"进步主义改革"，所针对的大体上就是这些问题。

到了20年代末和30年代初，美国面临的问题就大不一样了。1929年股市崩盘以后，市场溃败，经济滑坡，工厂倒闭，民众失业，由此进入了"大萧条"时代。这时，美国在经济、社会乃至政治各个方面，都陷入了前所未有的危机。

1933年就职的总统富兰克林·罗斯福，虽然半身不遂，但身残志坚，有毅力，有头脑，也有胸怀。他发表"炉边谈话"（Fireside Chats），鼓舞民众的信心；他网罗各色各样的人才和谋士，推出了一系列政策和措施，旨在化解危机，改善局面，帮助美国人走出困境。新政的举措可以用"3R"来表示，也就是"Relief"（救济）、"Recovery"（复兴）和"Reform"（改革），涉及救济贫困、复兴经济、建立新的制度、调整劳资关系、形成社会保障机制等方面。不过，这些政策的效果还没有得到充分检验，另一件大事就发生了。这就是希特勒突袭波兰，欧洲爆发大战。英法等国急需大量物资，美国就充当了"欧洲的工厂"。于是，欧洲的战争就为美国经济的全面复兴提供了难得的历史机缘。

但是，如果仅仅从经济着眼来看待新政，那就会导致很大的偏颇。新政的遗产也是全方位的，除了经济领域，还涉及政治制度、政治文化、社会观念、种族关系、劳资关系、女性地位等许多方面。其中最突出的一点是，新政确立了一种新的传统，就是国家有责任、有义务为民众提供生活保障和社会安全。在过去的美国，国家并没有这方面的责任。在美国的社会文化观念中，个人的成功与失败，幸福与不幸，纯粹是私人的事情，国家和社会不仅没有责任，而且也不应当干预。

另外，在美国的政治文化中还长期存在一种强烈的反国家情绪（anti-statism），不信任国家，反对政府权力扩张，认为管得少的政府才是好政府，因为政治权力越强大，公民的自由和权利就越受到威胁。这种把国家权力与个人自由对立起来的政治思维，一般称作"经典自由主义"。可是，新政调动国家的力量来振兴经济，促进国民福利，推动社会公正，维护公民权利，从而改变了国家与个人的关系，调和了权力与自由的关系，也缓和了反国家的情绪。

另一方面，新政还扩展和丰富了自由的内涵，在原来的个人自由、政治自由之外，突出了社会自由和经济自由的重要性。这种新的政治文化取向，通常叫作"新自由主义"或"新政式自由主义"。1941年，联邦政府大张旗鼓地纪念"权利法案"颁布150周年，表明罗斯福自认是美国自由的忠诚卫士。总之，新政在美国历史上具有全面而深刻的意义，开启了一个新的时代，这就是联邦政府积极干预经济和社会生活、全面协调社会发展的时代。

7. 民权运动

美国人口由众多的种族和族裔构成，但占主导地位的长期是西北欧移民和他们的后裔，少数种族和族裔，特别是黑人，长期遭受压迫、排斥和歧视。经过新政和二战的激励，美国社会的种族观念发生变化，平等和权利的诉求趋于强烈，黑人的政治意识愈益增强，于是发生了一场影响深远的重要社会运动，即民权运动。

按照通常的说法，大规模的民权运动兴起于1955年，结束于1969年。但也有美国学者认为，这是一种"掐头去尾"的民权运动；实际上，民权运动开始的时间要早得多，民权运动的目标到1969年也远远没有实现。民权运动以争取种族平等和社会平等、保障黑人的政治权利和经济权利为主要目标。斗争方式多种多样，包括集体抵制、自由乘车、静坐示威、选民登记、立法游说等。其中南方的运动重在争取黑人的政治权利，北方的运动重在改善黑人的经济处境。民权运动的主导策略是合法斗争，或者叫作"非暴力直接行动"。但后来也出现了以暴抗暴、黑人权力、城市游击战等激进的方式。民权运动的直接目标，或者说核心的目标，在于为黑人争取政治权利和社会平等，但它的参与者不限于黑人，影响也不限于黑人问题，而是触及了美国社会的方方面面。它引发或影响到很多相关的抗议运动，比如反战运动，青年学生运动，新左派运动，红色权利运动，等等。

民权运动产生了极大的冲击力，导致了制度性种族歧视的消除，改变了美国的种族关系格局，"多元文化主义"随之兴起，美国社会的包容性逐渐增强，政府也更加关注少数族裔和底层民众的处境。更重要的是，美国人在这个时期重新思考权利问题，权利的概念不断扩展，权利的清单越拉越长，保障权利的机制得以完善。这个过程叫作"权利革命"，由此形成了新的跨种族、跨性别的权利体系，权利的范围涵盖政治、经济、文化、教育、环境各个领域。美国人生活中的选择余地空前扩大，比如在婚姻和家庭方面，可以在同性恋、堕胎、丁克、离婚、单亲等方面做自由的选择。

民权运动以来，美国社会还形成了一种新的禁忌，叫作"政治正确"：有一些底线不能触碰，有一些话不能随便讲；尤其在涉及种族和性别问题时，不能有任何歧视性的语言和姿态。特别是公众人物，在这方面稍有不慎，就可能产生灾难性的结果。另外，民权运动还造就了一个历史性的人物，就是小马丁·路德·金。他是民权运动的主要领导人，遇刺身亡又使他成为殉道者。于是，美国政府设立"小马丁·路德·金纪念日"，作为追求种族平等和社会公正的象征。当然，巴拉克·奥巴马两度当选总统，也反映了民权运动的影响。

8. 冷战

我们前面一直在讲美国国内发生的大事，其实，要了解美国历史，还需要有一点国际视野。这不仅是由于美国是在变动的国际环境中建立和发展的，而且也是由于美国很早就具有国际取向，在世界经济、政治和文化领域扮演重要的角色。特别是在二战以后，美国成为国际秩序的主导力量，也是各种制度、价值和产品的主要输出国。二战结束之际，美国成了世界上最富有的经济强国和最大的军事强国。1947年，美国生产了世界制造业产品的50%、石油的62%、钢铁的57%、汽车的80%，建立并主导着以美元为中心的世界货币体系，拥有原子弹和强大的军事力量。美国在经济和军事上实力的增强，很自然会扩大它在自由、民主和宪制方面的经验的影响力。美国自认代表着世界历史的方向，也觉得具备了充当世界霸主的实力，于是率领以英、法、联邦德国为主要盟友的"自由世界"，与以苏联为首的社会主义阵营进行军事、政治、经济和文化等各方面的抗衡和较量。

1946年2月凯南发出"长电报"，同年3月丘吉尔在密苏里富尔顿发表"铁幕"演说，1947年3月杜鲁门提出"杜鲁门主义"，1947年6月国务卿乔治·马歇尔倡导复兴欧洲的计划，1948年4月杜鲁门签署《经济合作法》，1948年苏联封锁柏林，1949年4月北约成立，1949年杜鲁门提出"第四点计划"，1950年朝鲜战争爆发，这一系列事件构成了冷战起源和初步展开的轨迹。在此后四十余年时间里，美苏关系的格局支配了国际关系的走向。冷战后期出现了"美国衰落论"，主要是美国在世界经济中的地位受到了日本和西欧的挑战。但是，在冷战结束后，美国引领了"新经济"和"全球化"的潮流，一度变成了唯一的超级大国，在世界舞台上制约美国的力量比以往许多时期都要弱小。于是，美国的外交政策对国际关系的冲击，比冷战时期还要强烈。

冷战对美国战后的历史也具有全局性的影响。它推动了美国全球战略的形成，促使美国在处理国与国之间的关系时，不仅基于实体性的国家利益，而且还考虑意识形态，用意识形态来区分敌友，组织阵营，处理国际事务与国内问题。这样就形成了某种冷战思维。冷战时期美国和苏联展开全面的竞争，美国在科学技术、教育文化等方面都采取了许多措施，促进了美国经济、科学技术、教育文化等事业的发展。比如计算机技术、网络技术和空间技术的发展，大学教育的改革，社会科学的兴盛，现代化理论的出台，或多或少都有冷战的背景。过去，研究冷战的学者强调国与国之间的关系，关注冷战的国际维度；近期美国出现"新冷战史研究"，开始考察冷战对国内的影响，发现冷战不仅是世界史和国际关系史上的重要事件，也是改变美国历史进程的重要事件。

二、美国"崛起"的神话与实际

前几年,"崛起"曾经是个很热门的话题,中央电视台还播出过"大国崛起"的系列政论片,也推出了相关的文字读物。央视的节目当然不是学术性的,如果用严格的史学标准来衡量,就会发现其中存在许多的缺陷和不足,甚至连"大国崛起"这样的提法也是值得推敲的。不过,如果假定"美国的崛起"是一个有效的命题,那么我们应当如何切入这个问题呢?

讲历史离不开时间,谈美国的"崛起",先要明确它的起讫。一般来说,美国成为强国的历程,始于18世纪末,结束于20世纪初期。在短短的一百多年时间里,美国从大西洋沿岸的一个蕞尔小国(从国力上说),发展成一个世界性的强国。这就是美国的"崛起"。具体可以看看美国在经济实力、生活水平、政治影响、国际地位等方面的变化。

经济的发展和壮大是"崛起"的核心内容。经济发展带动了社会变迁,促成了财产关系的变化,推动了政治民主化的进程。过去美国的选举权长期有财产资格的限制,这个财产指的是土地。但是,到了工业时代,很多新兴的阶层,比如律师、医生、教师、技工和海员,还有企业主,都没有土地,可是他们也要求参加选举。因此,美国各州在19世纪二三十年代相继废除了选举的财产资格限制,实现了成年男性选举权。后来,大量女性离开家庭去工作,经济地位的提升唤醒了政治权利的诉求,她们也要求参加选举。因此,到了20世纪初,通过宪法修正案,美国妇女也获得了选举权。而且,随着经济的发展,越来越多的美国人能享有富足而自由的生活。从这里可以看出,经济发展不仅是美国"崛起"的核心内容,也是美国"崛起"的强劲动力。

美国的"崛起"还体现在其他方面,比如国土的扩大、人口的增长、城市化的完成,以及交通的进步。说到交通的变化,其意义不可小觑。1789年,华盛顿住在弗吉尼亚州的蒙特弗农,要去纽约就任总统,一路上要走好几个星期;到20世纪初年,这段路只需要若干小时。交通的发展把美国连接成了一个整体,使过去那种"岛屿式社会"(island society)变成一个"整合的社会"(integrated society)。

另外,美国也实现了文化上的"崛起"。以小说而论,在华盛顿第一次就任总统之前,美国人还没有写出一本像样的小说,他们读的都是欧洲小说,许多还是盗印本;直到1790年,美国才出版了第一部小说,叫作《同情的力量》。在19世纪30年代,托克维尔发现美国既没有几个像样的作家,也没有伟大的历史学家,甚至连一个诗人也找不出来。可是到了1900年,美国已经拥有很多知名的大作家、大诗人,比如赫尔曼·麦尔维尔、惠特曼、马克·吐温、杰克·伦敦等,他们都写出了伟大的作品。像亨利·詹姆斯这样的作家,在欧洲都很有知名度。

由于国力的强盛,美国的国家形象也跟从前大不一样了。在1790年,联邦的财政收入有很大一部分用于贿赂北非小国的海盗,以换取地中海贸易航路的平安。北非的海盗不敢惹英国商船,因为英国的海军很强大;他们却总是欺负海军弱小的美国人。这说明美国在国际上还得不到充分的尊重。可是到了1900年,美国已经成为海军强国,有能力进行远洋作战,并开始介入世界事务。

不过,用我的同事王立新教授的话说,美国当时还是一个"hesitant hegemony",一个"不想当霸主的强国"。可见,美国这个强国,同历史上曾经存在过的许多强国都不一样。罗马、波斯和英帝国,一度都是世界性的强国;但是,它们的强国地位依靠的是强大的军事力量,走的是领土扩张、侵略或殖民的道路。美国这个强国,首先是一个自由和民主的大国,一个科技文化发达的大国,一个民众富足的大国,然后才成为一个扩张争霸的军事大国。一言以蔽之,美国不同于历史上那些靠穷兵黩武建立和维持的大国。美国首先是一个"great nation"(强国),然后才成为一个"great power"(强权)。在世界历史上,通过这种方式而"崛起"的大国并不多见。这是一种新型的大国

"崛起"之路，它对于人类历史进程具有非同寻常的意义。

人们经常问，美国为什么发展得那样快？究竟是一些什么样的条件促成了美国的迅速"崛起"？我们首先想到的是得天独厚的自然条件。这一点确实非常重要。从地理位置来说，美国的北面是英属加拿大，自从美英修好后，英国不会威胁到美国；加拿大人自己在谋求从英帝国独立，也没有能力来挑战美国。南面是虚弱的墨西哥，在美墨战争中，墨西哥表现得不堪一击，完全不是美国的对手。另外，美国东西两侧都濒临大洋，大洋的阻隔使外国的进攻十分困难，在帆船时代尤其是这样。这种优越的地缘政治环境，保证了美国的国家安全，美国人可以安心地搞建设，做生意，发展经济。美国也没必要维持一支强大的常备军，不必像后来的苏联那样，把国力集中投入到发展军备，在经济上偏向发展重工业。美国的经济得到了更均衡的发展。从资源禀赋来说，美国幅员辽阔，可利用的土地面积很大，资源丰富多样：既有适宜于农耕的中西部大平原，又有适宜于畜牧业的西部大草原；加利福尼亚谷地适宜种植果树，阿巴拉契亚山脉和五大湖沿岸富含矿藏，墨西哥湾还有丰富的油气资源。美国人对国土进行了及时而充分的开发，这与同样拥有丰富的资源但开发很不充分的南美国家，形成了鲜明的对比。

第二，美国人很好地利用了历史的机遇。一些对其他国家构成重大灾难的国际事件，对美国都成了千载难逢的发展机遇。在殖民地时期，欧洲大国之间经常发生战争，但北美殖民地依靠英国的保护，在经济上和政治上都获得了很大的发展。在革命时期，美国利用英法等国之间的矛盾，借助国际援助，赢得并且巩固了自己的独立。在19世纪，欧洲内部格局仍不稳定，美国乘机在世界各地寻求市场，全力进行国内建设。一战期间，美国利用欧洲巨大的物资需求，扩大工业生产能力，奠定了战后十年繁荣的基础。二战期间，美国进一步扩大了经济生产能力和黄金储备，成为全球第一经济强国。冷战期间，在军事技术竞争的带动下，美国在高新科技领域不断创新，取得了世界领先地位。20世纪80年代末以来，美国又抓住了信息革命的机遇，成为

"新经济"的领头羊。总之，自建国以来，美国几乎是每次重大的国际性事变的受益者。这主要是得益于美国人不失时机、恰到好处地抓住了机遇。

第三，美国的发展得到了良好的制度保障。制度不能解决一切问题，但好的制度如果运行得好，无疑能给社会带来良好的局面。谈到制度，我们不能不先来说说美国的宪制。美国拥有世界历史上最早实行，而且最有连续性的成文宪法。宪制的稳定，不仅避免了困扰许多国家的频发的政治动荡，而且为不断发展留下了极大的空间。在美国，一方面，政府和当权者的任何举措，都不能突破宪法的框架；另一方面，各种民众群体的诉求，许多都可以转化为宪制问题，社会抗争的结果，也往往体现为新的宪法权利的确立。有人说，美国的宪法是以限制政府权力和保护民众权利为宗旨的，这样才有可能让每个人自由地发挥创造能量，在个人权利得到保障的前提下，实现社会的整体发展。可见，美国宪制的优势不单纯是它的稳定性，而是它在稳定和发展之间找到了很好的平衡。另外，美国还有完备的保护私有财产和知识产权的制度，有合理的契约制度、自由企业制度和税收制度，以及人口自由流动制度和言论自由制度。更重要的是，美国社会具有自我调整与自我修复的机能。任何社会都会出现问题和弊端，如果任凭这些问题和弊端不断恶化，不断积累，最终就会导致社会的崩溃。在美国历史上，一旦社会弊端暴露出来，就会跟着出现（基于言论和表达自由的）社会批判，知识分子和新闻报刊揭露和批判现实问题；然后就会产生（基于结社与集会自由的）社会抗议，并与政府决策者之间形成良性互动，最终导致政府与社会共同推动的改革运动。这样就能及时甚至提前发现问题，采取必要措施，匡正弊端，消弭不满，实现新的发展。这就是为什么当美国社会遇到严重问题时，通常不必打破现有的框架，而只需在既定的体制内进行修补。

第四，人文因素具有至关重要的意义。我们知道，任何事情都是人做出来的，制度是人建立的，宪法也是人制定的；规则能否得到遵守，制度能否有效运行，都与人的价值观念和行为方式有很深的关联。

美国的族裔纷繁多样，文化构成极为复杂，一代又一代国籍背景不同、宗教信仰有异、利益诉求相左的居民，怎么能够在同一个社会共存，在同一种宪制与法治的框架中寻求自身利益的最大化呢？据有的美国学者说，这主要是由于这些差异极大的人，都认同于一个共同的身份，就是"美利坚人"。什么叫作"美利坚人"？那就是他们都认同于自由、平等、民主、宪制等核心价值，而且相信这些核心价值对于他们的日常生活具有实实在在的意义。我们过去常说美国人信奉"实用主义"，讲究实际，不尚空谈。其实，美国人的性格还有另一面，就是重视可能性，面向未来，也就是罗素说的，他们喜欢"昂首望天"。在这里我只举一个例子：20世纪初期，美国兴起了一场保护自然资源的运动，打出的口号就是"为了尚未出生的人们"。这样的话，当然不是只顾眼前的人所能想得出来的。另外，美国人还富于妥协精神，在不同的利益之间存在灵活的谈判机制。他们把政治看成一种协商和妥协的艺术。在美国历史上，谈判和妥协解决过许多的冲突。这样就可以导向一种不同利益、多个群体合理竞争的格局。我还想说一点，就是美国人有比较突出的规则意识。他们不仅认真制定规则，而且严格遵守规则。规则只有得到遵守才有意义。一群人如果能遵守规则，富于自律精神，就能形成某种"自发的秩序"，进而就能实现自治。既然无须强大的外力来实施"他律"，那么获得真正的自由就是顺理成章的了。在美国，规则的主体是法律，宪法则是最高的规则；宪制就是按照合理规则运行的体制，民主就是讲规则的政治。

最后，我们还不能漏掉外来因素的影响。虽然美国作为一个国家的历史较短，但美国的文化却是源远流长的。它的渊源可以追溯到古老的欧洲文化、西非文化和美洲土著文化。这三种文化的交汇和融合，构成了美国文化的起源。我们知道，美国的"崛起"正是在全球化的大背景下发生的，美国总是在与不同的国家、不同的文化、不同的经济体打交道。美国不断有移民迁入，这些源源而来的移民，不仅补充了经济建设所需的人才和劳动力，而且增强了族裔和文化的多样性，使得美国社会文化丰富多彩。各种文化的碰撞、融合和发酵，造成了相互竞争、取长补短的态势，为社会发展提供了巨大的动力。从技术的角度看，美国也经常引进和模仿欧洲，这一点在工业革命初期表现得最突出。在制度建设和社会改革方面，美国也接受了欧洲和其他地区的影响，大量借鉴了别国的经验。比如说，在19世纪末期的政治民主化运动中，美国引进了秘密投票制。当时人认为，这种制度发源于澳大利亚，所以称作"澳大利亚投票制"。

我们上面分门别类地讲了各种因素的作用，但在美国"崛起"的实际过程中，这些因素并不是在单独地起作用，而是因缘际会地凑在一起，形成了一种合力。单独某个因素都不可能造成美国的"崛起"，关键是合力的作用。美国占据了天时、地利、人和，这是世界上许多国家都难以想望的。在这些因素中能有一两项也很不容易，可是美国却全都占有，这是它的优势，更是它的幸运。从某种意义上说，美国的发展模式是不可复制的，因为别的国家很难再集齐这么多、这么好的条件，也不会再有这么好的机遇。概括地说，资源优势，历史机缘，人口素质，制度保障，政府决策，所有这些条件如此巧合地结合在一起，才创造了美国"崛起"的奇迹。

照这么来说，美国"崛起"的故事如此独特，这对我们还有什么意义呢？意义当然是有的。它能给我们提供一种启示，告诉我们，一个国家的发展并没有固定的法则可循，关键在于它的人民和政府能充分利用自己能够控制的资源和环境，敏锐地把握历史机遇，采取适当的发展策略，自由而充分地发挥人的创造力，努力建成一个民富国强、自由公平的国家。虽然美国的经验不是什么"放之四海而皆准"的"真理"，别的国家也不能复制美国的模式，但并不妨碍我们"鉴别吸收""取精用宏"，用自己的方式来追求"崛起"。

当然，美国的"崛起"并不是一部浪漫的"英雄史诗"，也不是一个童话般的奇幻故事。美国在历史上遭遇过不少挫折和失败，留下了许多不光彩的记录。美国长期存在种族奴隶制，这种制度的残酷和腐败，早已是众所周知的。在工业化过程中又出现了很多严重的弊病，比如"血汗工厂"、童工制、低工资、长工时、工伤事故没有赔偿、失业工人没有保障，这些问题到20世纪初以后才逐步得到缓解。另外，浪费资源、破坏环境、贫富分化、社会冲突，等等，也都是不能忽视的问题。一句话，美国"崛起"的代价十分沉重，而且"崛起"的成果也没有在国民中间公平地分享。所以，我们不必把美国的"崛起"加以美化或神化。

三、 种族、 族裔与文化的多样性

人们经常把美国说成一个"移民国家"。虽然这个说法并不确切，但其中也包含"部分的事实"，这就是美国的人口来自世界许多的国家和地区，在种族、族裔和文化上具有突出的多样性，而这种多样性给美国的历史打下了很深的印记。

美国的种族、族裔和文化的多样性，同这个国家的起源和发展有着密切的关系。我们过去常说，美国是从英国的殖民地发展起来的，英国人进入北美，建立了殖民地，美国接过了欧洲的接力棒，在欧洲文化的基础上发展成了一个大国。可是，今天很多美国学者，尤其是那些偏向于自由主义的学者，都强调美国文化起源的多样性和复杂性，认为其中包含欧洲、美洲和非洲的影响，而不是某种单一文化的延伸。这三种不同的文化在北美这个地域范围内发生交汇，构成了美国文化的源头。所以，美国文化从一开始就具有多样性，美国从一开始就是一个"三种族社会"。后来，美国人口的多样性还在发展。从殖民地时期开始，进入英属北美的移民来源就很复杂。英国对殖民地的移民政策与法国和西班牙不同，它是开放的，允许外国移民进入。1740年英国还为殖民地制定了入籍法，外国移民在北美殖民地可以获得英国国籍。19世纪更是一个大移民的时代，来自东欧、南欧的移民增多。到了20世纪，许多亚洲国家的移民也源源不断地来到美国。至于来自南面的本身就具有混合性的拉美移民，更是长期没有中断过，而且近来还呈加剧之势。于是，美国就成了一个"人种的博物馆"，在文化上也就具备斑斓驳杂的色彩，或者说是一个"文化的马赛克"。

奥巴马在当选总统后说了一句很有名的话："这里没有一个黑色美国和一个白色美国、拉丁裔美国、亚裔美国，这里只有一个美利坚合众国。"奥巴马在这里表达的是他作为一个政治家的立场，如果反过来看，这句话正好反映了美国在人口与文化上的多样性和复杂性。历史上确实曾经存在过很多个"美国"，而"白色的美国"长期占据压倒性的优势。

更加突出的是，"白色的美国"为了确立和巩固自己的优势，长期诉诸文化优越论和种族偏见，使少数种族和族裔处在无权和边缘化的位置。在历史上有很长一个时期，多数美国人认为种族、族裔和文化的多样性是一件坏事，那些非白人的种族，还有那些来自西北欧之外的族裔，如果不能被同化的话，就必须被排斥在美国社会之外，否则就会对美国文化构成威胁。不过，美国社会对待少数种族和族裔的态度和策略，也因族裔群体的不同而有一定的差别。对于非英裔、非西北欧的欧洲族裔，美国社会和政府谋求的是同化，这类运动在美国历史上曾发生过多次，要把这些群体"美国化"，促使他们接受主流社会的价值、习俗、制度和生活方式。"同化"在美国文化中是一个顽强的主题，这种观念有一个基本的前提，就是只有西北欧裔，特别是英裔居民所体现的价值、制度和生活方式，才是最优越的，应当作为美国文化的标准，凡是与之不合的东西，就要消除，或者被改造，要想方设法把其他人变成"美利坚人"。美国一度流行的"熔锅"论，实际上主要是适用于欧洲移民。对待土著居民印第安人，美国社会谋求的是"文明开化"，而不是一般意义上的"同化"，其重点在于强迫印第安人接受白人的生活方式，而不一定是融入白人社会。对待黑人，则完全是歧视、排斥和迫害，在内战后的南方尤其是这样。在内战之前，多数黑人受到奴役，只是奴隶主的财产，受到深重的压迫和剥削。内战的结果是废除了奴隶制，黑人成为公民。但这并没有大举改善黑人的地位和处境，反而激发了南方白人的种族主义情绪。他们刻意把黑人妖魔化，视之为异类，采取各种办法加以排斥、歧视和迫害。正是在这个时期，种族主义在南方社会甚嚣尘上。后来民权运动首先在南方爆发，同这种局面有莫大的关系。另外，从制度和观念上歧视、排斥和压制亚裔的现象，在美国历史上也长期存在；有些重大的事件，比如排华运动，二战期间对日裔居民的隔离和拘禁，只是这种歧视、排斥和压制的集中爆发。对于亚裔来说，即使他们想要"美国化"，一时也很难得到机会。

不过，美国社会并没有僵化和停滞不前。经过少数种族和族裔的不断抗争，国际局势的有力推动，加上主流社会的反省和政府的介入，自从20世纪初以来，美国社会对待少数种族和族裔的态度，关于文化多样性的看法，一直在发生积极的变化，开放性和包容性在逐渐增强。在20世纪前期出现了"文化多元主义"（cultural pluralism），主要是针对新来的欧洲移民，承认他们中间存在的不同文化都有正当的价值和意义，要尊重他们的宗教、语言和习惯。二战后的民权运动，推动了"多元文化主义"（multiculturalism）的兴起。在中文里，"多元文化主义"与前面提到的"文化多元主义"很相近，只是词序不同，容易混淆。实际上两者有显著的差别。"多元文化主义"不仅是一种文化理论和思想观念，而且还是一种意识形态和政策取向，含义丰富，影响巨大。它的理论基础是产生于20世纪前期的文化相对主义，相信不同的文化在自身的系统内都有价值，有意义，有存在的权利；不能采取绝对的标准来评价不同的文化，不应把文化划分等级，分出高下，用"先进"和"优越"的文化来打击、排斥、同化"低级"和"落后"的文化；而应该在平等和开放的格局中，任由各种文化相互交流，共同发展。在"多元文化主义"的社会氛围中，美国不同的族裔努力学会相互理解，相互尊重，和平共处；特别是白人在文化上逐渐变得包容和开放，承认其他种族和族裔的权利，愿意和他们往来。在今天，美国基本上消除了制度性的歧视，种族和族裔关系出现了大致合理的格局。前些年美国流行"affirmative action"，有人译作"肯定性行动"，有人译作"平权措施"，就是对少数族裔和女性等弱势群体在教育和就业上实行照顾和倾斜，这是"多元文化主义"在政策上的体现。不过，各种隐性的歧视仍然存在，特别是潜意识里的歧视不易消除。而且，当今美国的种族和族裔关系又出现了新的特点，最突出的问题不再是白人对其他种族的歧视，而是少数族裔相互之间的歧视和冲突。所以说，种族和族裔关系不仅仍是美国社会的重要问题，而且变得越来越复杂。

不管怎么说，美国的种族和族裔关系发生了巨大的变化；在这个过程中，"美利坚人"（Americans）的概念也在不断演变，它的含义变得愈益复杂和不确定，以至于美国人自己也经常问：谁是"美利坚人"？做一个"美利坚人"意味着什么？这种问题看似简单，其实很不好回答。这是由于"美利坚人"的概念总在变化，在历史上的不同时期，它的含义是很不一样的。

最早的"美利坚人"，是指居住在北美大西洋沿岸的英格兰人。独立战争爆发后，只有那些反对英国统治、拥护美国独立的白人，才是"美利坚人"；而那些效忠英国、反对独立的人则是叛徒；黑人是奴隶，印第安人是处在美国主权管辖之外的部族，都不在"美利坚人"之列。18世纪80年代初，法国移民克雷弗克写了一本《美洲农场主信札》，其中专门讨论了什么是"美利坚人"的问题。按照他的说法，美利坚人是一种"新人"，他们是由不同文化、不同国籍来源的人混合而成的；他们在思想观念和生活方式上与欧洲人不同，所以是"新人"，而且他们今后注定要在世界历史中扮演重要的角色。克雷弗克说话像个预言家，但他过分强调了当时"美利坚人"的族裔混合特征。内战和重建改变了"美利坚人"的含义，黑人在法律上成了"美利坚人"，但在实际生活中仍然受到排斥。特别是南方白人根本不承认黑人是"美利坚人"，限制和剥夺他们的公民权利。黑人虽然有投票权，但在选民登记时往往遇到麻烦，在投票时口袋里也要揣两张选票，看看在投票站监视的白人喜欢哪个候选人，再决定如何投票。投票对黑人竟然是一件很危险的事，经常有黑人因为投票而遭到殴打，甚至付出生命的代价。印第安人也长期不被看成是"美利坚人"，他们分属各个部落，有的不受美国管辖，有的混合在白人社区，但大多不是美国社会的成员。1924年，美国国会通过了《印第安人公民权法》，全部印第安人都自动成为美国公民。他们虽然在理论上成了美国公民，但实际上不能融入美国社会，他们的价值、习俗和生活方式很不一样，脱离部落以后，完全处于劣势，无法享有作为美国公民的平等权利，遭遇了空前的灾难。因此，罗斯福新政有一个重要的方面，叫作"印第安人新政"，就是让印第安人回归部落。除此之外，那些源源不断地进入美国的新移民，他们如果要成为"美利坚人"，必须接受同化，接受新的价值、习俗和生活方式。可见，什么是"美利坚人"，做一个"美利坚人"意味着什么，在历史上始终是一个十分复杂的问题，困扰着许许多多的美国人。

2008年，奥巴马当选为美国总统，开创了美国历史的新纪元，也意味着"美利坚人"又有了新的定义。奥巴马代表了新一代"美利坚人"，他们的突出特点是具有很强的种族和文化的混合性；判断"美利坚人"的标准，已不再是族裔来源，不再是文化习俗，而是对美国政治文化核心价值的认同。一个拥有美国国籍的人，只要信奉自由、平等、民主、宪制等观念，并接受相应的象征物，就是一个"美利坚人"。为什么美国的多数选民会选择奥巴马这个黑人呢？据说有人宣称，"布什不是美利坚人，奥巴马才是真正的美利坚人"。布什本是地道的白人，祖辈长期生活在美国，他却被"取消"了"美利坚人"的资格；奥巴马的父亲是肯尼亚人，母亲虽是白人，却多次结婚，生的孩子也有复杂的国籍背景，这样的人反倒成了"美利坚人"的代表。这是多么富于反讽意味的事。然而，这也是一件意味深长的事，说明对"美利坚人"又有了新的界定。谁能代表美国，谁真正信奉美国的价值观念，谁能真正把握美国的发展方向，不管其肤色和国籍来源是什么，就称得上真正的"美利坚人"。

由于"美利坚人"的概念在不断变化，经过了反复的界定和重新界定，于是就引起了美国人的困惑，形成了亨廷顿的那个经典问题："我们是谁？"一部美国历史，实际上也是在不断探索这个问题。2012年的美国总统选举，再一次反映出美国的族裔和文化版图发生了深刻的变化。支持米特·罗姆尼的选民，基本上是社会地位稳固、生活有保障、信奉基督教的中上层白人；支持奥巴马的人中，有许多是黑人、少数族裔、新移民、女性和同性恋者。这些人过去在美国是"外人"（outsiders），现在却成了"美利坚人"的主体。这是当今美国在族裔和文化方面的一个鲜明特点，也对美国提出了新的挑战。究竟谁是"美利坚人"，如何处理种族和族裔之间的关系，如何在文化多样性的基础上求得社会和谐稳定，这是美国历史上形成的问题，是美国当今面临的问题，也是美国未来需要处理的问题。

四、美国民主的基本经验

我们讲美国历史，当然不能绕开美国的民主。如果说美国作为国家的历史不算长，那么它作为一个现代民主国家，在世界上却是历史最为悠久的。现代民主的形成和发展，是美国历史上的得意之笔；美国政府在处理与他国的关系时，也经常打着传播民主的旗号。那么，从历史的角度看，美国的民主究竟经历了怎样的演变，又有哪些经验值得我们注意呢？

美国民主的历史经验很丰富，其中最重要的一条是，民主其实是一种非常脆弱的政体。同君主制和贵族制等政体相比，民主尤其脆弱。维护君主制，可以依靠的东西很多，比如君主的血统、君权的神圣性、官僚体制、贵族世家，还有教会和军队。谁要是反对君主，就是大逆不道，就会遭到镇压。贵族制也可以凭借血统和财富，采取小范围的秘密决策，甚至动用武力来维护统治秩序。但是，民主基于政治的平等和公开性，依托于民众的公共参与和自愿的信任，它既不能用武力去建立，也不能靠武力来维持。如果用刺刀逼迫人们去参与公共事务，那又怎么可能会有民主呢？实行民主需要一个基础性的条件，就是多数成年公民相信民主的价值，愿意并且有能力去实行民主。因此，建立、维护和推进民主的方式，都只能是民主。

这里就引出了一个历史的悖论：在没有民主的时候，在没有民主的地方，如何用民主的方式来建立民主呢？我们过去常说，民主的建立要靠革命。革命真的是建立民主的有效方式吗？据耶鲁大学的政治学家罗伯特·达尔研究，世界历史上用革命方式建立的民主都不稳固，最终都崩溃了，最典型的就是法国革命。可是，美国的民主难道不是在革命中建立的吗？托克维尔的回答是否定的。他说："美国人有民主的社会情况和民主的宪法，但他们没有经历过民主的革命。"他这话是对照法国的情况来说的。美国革命中的确存在广泛的暴力，但针对的主要是英国军队和效忠派。美国民主的形成不是依靠暴力革命。诚然，它与殖民地时期的政治遗产有关，受到了革命的推动，也离不开民众的争取。但是，它的主要框架却是通过各州和联邦的立宪来搭建的，而立宪采取的乃是协商和讨论的方式。从这个意义上说，美国民主的确不是暴力革命的直接产物。

民主的命脉在于公民参与。如果公民都厌恶政治，不关心公共事务，不去投票，也不在乎政府官员在做什么，那么民主就岌岌可危了。因为在公民参与弱化或缺失的情况下，另一个问题就随之出现，那就是精英控制的强化。民主在理论上是普通民众的自治，但在实践中却必须通过少数精英来运作。因此，精英和民众的关系，就成为民主政治的核心问题。有精英而无民众，只有精英在治理国家，没有民众的参与，所谓的民主就只不过是一个名义，实际上实行的是贵族制或寡头制。另一方面，有民众而无精英，民众就会变成"乱民"（mob），政府的统治效率必定十分低下，结果只能是"乱政"。这就是说，只有当民众和精英形成某种平衡的格局时，民主才是一种运行良好的体制。雅典民主的鼎盛时期，正是民众和精英合作得最好的阶段。然而民众和精英在一定意义上是天然对立的，他们有不同的价值观念、生活方式和利益诉求。这么两个天然对立的群体，要在民主的框架中共存和共治，就只能借助于不断的博弈和竞争。如果民众政治热情高涨，社会抗争活跃，富有公共参与精神，民主化就能向前迈进，政治的民主性就会提升；如果民众政治冷漠，公共参与萎缩，精英便会得势，政府的天平就会偏向社会上层，政治的民主性就会降低。

在美国历史上，对民主的理解始终存在民众主义和精英主义的分野。民众主义的民主观,强调民众的参与,倡导民众的政治自主性,认为民众是民主的核心力量,民众的利益是民主的根本目标。这种观点参照的是古代雅典的民主,因此也叫"古典主义"民主理念。另一种是精英主义的民主观,认为民主离不开领袖,民主的本质是民众选举领袖和职业政治家,赋予他们决策的机会和合法性。根据这种理论,代表和官员都不是民众主动选举出来的,而是他们让民众把自己选举出来的。这种民主观参照的是现代民主的实践,因此也被称为"经验主义"民主理念。这两种民主观在美国始终存在着交锋。美国民主的建立和演变,美国的民主化进程,都伴随着民众和精英的博弈。因此,美国民主的经验告诉我们,民主绝对不是自然而然的产物,而是抗争的结果;它尤其不是统治者主动赐予的,而是民众经过长期斗争,通过民众和精英的不断博弈和竞争,才逐渐形成的。

在美国革命时期,民众的激进主义十分活跃,它倡导建立一种简单、廉价、直接依赖于民众的政府,最理想的模式是一院制政府。当时的激进派认为,英国的体制太复杂,所谓制衡和分权的方式,民众不容易了解,只给少数上层人留下了操纵的空间。因此,要建立一种最接近民众、民众能够参与的政府。民众的激进主义诉求,虽然没有直接转化为政治体制,但对美国的国家构建产生了明显的影响。民众并没有参加费城制宪会议,制宪者都是精英,可是他们为什么没有设计出一个纯粹的精英统治体制呢?他们为什么选择共和制,而不采用对他们自己最有利的贵族制呢?按照有个美国学者的说法,这是因为民众作为一个"幽灵"(ghost),时时飘荡在制宪的会场。也就是说,制宪的精英感受到了民众的影响,考虑到了民众的态度。他们无论讨论什么问题,提出什么方案,都要想一想民众会怎么看?他们能不能接受?有个来自宾夕法尼亚的制宪者说,从历史的经验来看,英国实行的有限君主制是最有效的政体,可惜在美国行不通,因为美国的民众不喜欢。这说明民众作为一种无形的力量在影响着制宪会议,在制约着精英的态度和选择。这正是民众和精英博弈的表现。

当然,精英在美国的建国中发挥了主导作用。这些精英不同于英国的贵族,他们信奉共和主义理念,认为一种政体是否合理,关键在于它能否维护和推进社会的共同福祉。他们主张由德才兼备的人来执政,只有这样的人才有能力了解公共利益,才有意愿推进和维护公共利益。什么样的人才具备美德和才干呢?就是那些受过教育、经济独立、有理性的判断、不谋求私利的人,也就是当时人们所理解的"绅士"。这样的人当然不是来自社会的底层,他们必然是社会的中上层。可见,共和主义与精英主义有着天然的亲和性;建国一代所理解的共和政体,不过是一种"绅士"主政的精英体制。另外,"建国之父"还特别担心多数人压迫少数人,一心想设计出一种多数和少数达成平衡的政体。汉密尔顿说过,如果只把权力给少数人,他们就会用权力来压迫多数人;如果只把权力给多数人,他们就会用权力来剥夺少数人;最好的办法是把权力同时给多数人和少数人,并且让他们相互牵制。这也是麦迪逊在《联邦主义者文集》第十篇中所说的,在一个地域广阔的大共和国里,不同的派别能够相互牵制和相互平衡,不容易形成一种压倒一切的最大利益。只有这样才能保证政治的有序和稳定,才能促进和维护共同福祉。在实际政治中,"建国之父"不希望民众过多地介入,主张由那些有智慧、有教养、有美德的人来操持政府,这样对社会更有好处。麦迪逊就说过,少数优秀分子比普通民众更了解他们的真正利益是什么,选择他们作为民众的代表,并不是简单地转达民意,而是要"提炼"(refine)和"扩大"(enlarge)公共意见。可见,汉密尔顿和麦迪逊的想法与激进主义思想是多么地不一样。前者当然是精英理念,后者则反映了民众的诉求。这两股力量的交锋和博弈,使得美国的建国没有走君主制或贵族制的道路,而是采用了共和政体。虽然它的民主性比较有限,但为后来的民主化留下了一个具有可能性的框架。

过去很长一个时期,美国史家喜欢把民主的兴起当作美国历史的核心主题,把民主的历程说成是一个高歌猛进、从胜利走向胜利的故事。实际上,历史中的美国民主并不是一帆风顺、一往无前的,而是经历过多次挫折和起伏,甚至是倒退,还有过生死考验。在这个过程中，民众和精英力量的消长是一个重要的因素。在民众积极行动的年代，比如19世纪初期，正是美国民主化急速推进的时期；在民众政治参与低迷的时期，比如19世纪后半期，美国政治腐败严重，党魁和官僚机器的控制明显增强。不过，随着民主化的持续推进，民主政治趋于成熟，民主便成了美国的核心政治价值，围绕民主形成了一套对官员具有约束力的政治伦理，使得掌权的精英在任何情况下都不至于走得太远。因此，不论民众和精英的关系处在一种什么状况，美国政治的民主属性从未完全消失过。美国的历史经验一再表明，只有当民众和精英之间的张力达到一种合理的平衡时，民主的运作才会处于一种相对良好的状态。当前美国的民主面临很多的问题，其中有些也直接涉及民众和精英的关系。

先来看看政党政治的"异化"问题。政党本来是作为民主的运行机制而产生的，曾经起到过动员民众、集中民意、规范权力交接的作用。可是，政党政治在高度稳定以后，主要政党拥有过于强大的政治资源，就容易摆脱民众的制约，背离民主的轨道，成为少数人进行政治操作、谋求政治利益的工具。在选举的时候，每个政党都有自己特定的强势选区，那里的选民铁定支持本党的候选人。在总统选举时，某些州也有相对固定的政党倾向，也就是常说的共和党州、民主党州。这些州通常不是竞选的重点，激烈的选战往往发生在那些"摇摆州"。在这种情况下，处在某一政党占优势的州的选民，就没有多少选择的余地。比如说，在一个共和党占优势的州，那些拥护民主党的选民的选票就几乎没有意义。在联邦的决策中，我们经常看到总统和国会在扯皮，参众两院也争执不下，国会议员之间分歧严重，其实背后都是党派立场在作祟。民主决策的本意是要依据民意，反映民意，体现民意，但现在经常是政党主张和党派立场在起决定作用。这都是政党政治"异化"的表现。在这种"异化"的背后是什么呢？就是民众的制约和影响下降，政府完全处在精英的控制和运作之中。

同政党政治"异化"相伴而生的是民众的政治冷漠。亚里士多德说，"人是政治的动物"（zoon politikon）；虽然这句话的翻译和理解在学术界有不同的意见，但可以肯定地说，在雅典城邦的政治概念中，一个人只有参与公共事务才算是一个真正的人，否则就是奴隶、妇女或者是外邦人。可是，今天美国人的生活环境和生活方式已经截然不同，选择高度多样化，一个人可以在很多的事情上寄托自己的喜好，实现人生的目标。他可以去看篮球比赛，可以去打高尔夫球，可以去做社会公益事业，而不一定非要到投票站去证明自己作为人的价值。因此，投票率不高是今天美国政治的顽疾。一个人连投票站都懒得去，其他的政治参与方式也许更不能引起他的兴趣。民众不关心政治，不参与政治，就等于是把政治领域拱手让给了职业政治家，这些人也就乐得上下其手，操纵一切。导致政治冷漠的另一个原因，就是抗争性社团大为衰落。美国历史上曾出现过许多抗争性社团，当初民权运动之所以能兴起和发展，就离不开很多抗争性社团所起的动员、组织和领导作用。工会一度是美国最重要的抗争性社团，一些全国性的大工会，比如劳联和产联，并不仅限于争取劳工的利益，而且是一种不能忽视的政治力量。可是，近几十年美国的工会运动全面衰落，政治中几乎听不到工会的声音。工会没有动静，就意味着美国民众的一个重要的群体，也就是工人阶级，基本上从公共政治中消失了。

财富的集中和社会不平等，也是当前美国民主遇到的严重障碍。少数人掌握着巨大份额的财富，并运用财富的力量来影响公共政治，于是形成了财富精英和政治精英联手控制政府的局面，这对民主政治是一个致命的打击。林肯说过，民主的真义是"民有、民治、民享的政府"（government of the people, by the people, for the people），但现在的美国政府，用斯蒂格利茨的话说，已经成了"百分之一的人所有、百分之一的人所治、百分之一的人所享的政府"（government of the 1％, by the 1％, for the 1％）。这种局面引起了强烈的不满，2011 年 9 月美国兴起了一场"占领运动"。最初是占领华尔街，后来发展到占领整个美国。占领运动的主旨是反对社会不公，反对财富寡头，尤其是金融寡头操纵经济，玩弄政治，要为 99％ 的美国人争取经济机会和社会公正。但它缺乏组织性，也没有统一的纲领，因此难以持久。此外，还有人提出通过参与和协商来唤起美国民众的政治热情，使美国重新变成一个参与型社会，以此激发民主的活力。可是效果也不是十分理想。

　　于是，人们很自然就产生了一个疑问：究竟民主还是不是治理现代国家的有效方式？今天的美国社会变得越来越复杂，经济、福利和安全这三大问题，都不是民众自己所能解决的，完全依靠市场也行不通，而必须借助国家的力量。因此，国家权力开始了空前的扩张，渗透到社会的每个领域，影响到每个人的生活。国家权力的膨胀，意味着政府官员和官僚机构的作用上升，民众参与的空间缩小，个人的自由和权利也受到了更大的威胁。而且，经济、福利和安全方面的问题，涉及专门的知识、精微的技术和繁复的程序，普通人不易理解，更难以掌握，因此普通美国人即便想要参与决策，也不知从哪里下手。这就是说，在"全能国家"兴起以后，民主无论作为公民参与的方式，还是作为个人权利的保护体系，都遇到了巨大的考验和危机。

　　毕竟，民主诞生于相对简朴单纯的农业时代，今天的世界已经进入了高度发达而复杂的后工业时代，民主的理念和体制是否仍然有效呢？今天是否还能为民主的运作营造一种有利的环境呢？这些都是值得深思的问题。有人似乎对民主的前途感到悲观，比如意大利学者达尼诺·佐罗就说，在当今这种复杂的社会里，民主是一种没有前途的体制，必将走向终结；今后各国都会效仿"新加坡模式"，也就是权力寡头、技术寡头和财富寡头联手控制社会和国家。究竟今后各国政治会朝什么方向发展，民主是否还有前途，这都是有待继续观察和探索的事情。不过，美国的历史经验表明，民主固然脆弱，难免经常遇到困难和挫折，但它终究得以存在下来，而且目前也没有出现能够替代它的更好的体制。这说明民主仍有顽强的生命力，因此，我们还是要对民主的未来保持信心。

　　[原题为《美国历史》，载袁明主编：《美国文化与社会十五讲（第二版）》，北京大学出版社2015年版]

美国殖民地时期的人口变动及其意义

关于殖民地时期人口问题的研究，由于深受统计数据稀缺的制约，美国学术界在很长时期内不是加以忽略，就是视为畏途。自20世纪60年代以来，受到年鉴学派、剑桥英国人口史和社会结构研究小组的学术成就的刺激，美国学者利用各种分散的社区记录、家庭账册和遗嘱等材料，借助欧洲学者摸索出来的研究方法和规范，从细部着手描述早期的人口状况，取得了可堪称道的成绩。[①] 在国内的美国史研究中，这个问题几乎未被涉及；至于和人口变动相关的其他问题，更是不甚了然。本文借鉴美国人口史和社会史研究的成果，对1607—1775年北美的人口变动及其社会影响进行粗略的考察，以从一个侧面来认识早期美国社会的变迁及其特征。

一、 人口的变动及其原因

殖民地时期人口数量的变化有一个总的趋势，就是白人和黑人的人口不断增长，而印第安人的人口则不断减少。由于数据资料的限制，

[①] 参见吉姆·波特：《人口发展和家庭结构》，载杰克·格林等编：《英属美洲殖民地：关于早期现代的新史学论文集》(Jack P. Greene, and J. R. Pole, eds., *Colonial British America: Essays in the New History of the Early Modern Era*)，巴尔的摩1984年版，第123 - 156页。

只有白人和黑人的人口数量有相对可信的估算（见表1①）。

表1　1620—1780年英属北美殖民地的人口数量（估算）

年份	1620	1650	1680	1700	1720	1750	1770	1780
白人	2 282	48 768	144 536	223 071	397 346	934 340	1 688 254	2 204 949
黑人	20	1 600	6 971	27 817	68 839	236 420	459 822	575 420
总数	2 303	50 368	151 507	250 888	466 185	1 170 760	2 148 076	2 780 369

各殖民地因建立的时间有先有后，人口增长高峰的到来也有迟早之别。新英格兰和上南部大致从17世纪70年代开始出现人口的大幅度增长；而中部和下南部各殖民地人口的大量增长，则是到17世纪90年代以后才出现的。那些建立较早的殖民地，大多经历过一个十分艰难的阶段，移民大量死亡，人口自然增长十分缓慢，不断涌入的移民乃是人口增加的主要源泉。这种状况在弗吉尼亚表现得尤为突出：建立初期死亡率极高，平均寿命很短，到17世纪末方实现了人口的稳定再生产。新英格兰的情况与此迥然不同。自17世纪40年代第一次移民高潮止息以后，后续到来的移民甚少，而人口仍以每年大致2.4%的速度增加。马萨诸塞建立10年后人口就达到8 932人，只比弗吉尼亚少1 500人；1690年更增至49 504人。② 在此之后建立的殖民地，特别是中部各殖民地，人口增长更快。纽约在1698—1771年间人口年均增长率为3.1%。③ 宾夕法尼亚年均人口增长率在18世纪20年代为5.3%，30年代为5.2%，40年代为3.4%，50年代为4.4%。④

在整个英属北美，18世纪是人口迅速增长的时期。在1700—1775年间，13个殖民地的人口由250 000增至2 500 000，年均增长率为

---

①② 美国商务部国情调查局：《美国历史统计：殖民地时期至1970年》（U. S. Department of Commerce, Bureau of Census, *Historical Statistics of the United States, Colonial Time to 1970*），华盛顿1975年版，第2卷，第1168页。

③ 罗伯特·韦尔斯：《1776年以前英属美洲殖民地的人口》（Robert V. Wells, *The Population of the British Colonies in America before 1776*），普林斯顿1975年版，第111页。

④ 约翰·麦卡斯克等：《英属美洲的经济（1607—1789）》（John McCusker, and Russell R. Menard, *The Economy of British America, 1607—1789*），北卡罗来纳州查珀希尔1985年版，第202页。

3%，大致每25年人口数目翻一番。① 值得注意的是，在北美居民开始寻求独立的1763—1775年间，人口的增长同样十分惊人。13个殖民地的人口1750—1760年增加了36.1%，1760—1770年增加了34.8%，1770—1780年增加了29.4%。② 及至1774年，北美殖民地的白人数量相当于母国人口的1/4，等于英属加勒比人口的60倍。1770年，人口较多的殖民地依次为弗吉尼亚、宾夕法尼亚、马萨诸塞和马里兰，4个殖民地人口相加为1 124 980人，占13个殖民地总人口的52.37%。人口最少的殖民地依次为佐治亚、特拉华、罗得岛和新罕布什尔，4个殖民地的人口总数为179 463人，同康涅狄格的人口大致相当，而不足弗吉尼亚人口的半数。③

白人人口的迅速增长，引起了一些人的关注，使得他们对北美社会的前景信心大增。有人感叹，北美人口"增长之迅速，在历史上或许罕有其匹"；1745年马萨诸塞总督威廉·雪莉预测，北美的居民数量很快就会超过当时西欧人口最多的法国；后来出长耶鲁学院的埃兹拉·斯泰尔斯在1770年的日记中提到，英语有可能成为除中文之外使用人数最多的语言。④ 本杰明·富兰克林也断言，再过100年，北美的人口将超过英国，到那时多数英格兰人将生活在大西洋的这一边。⑤

关于人口增长的原因，当时人中有多种大同小异的解释。富兰克林认为，结婚比例高，初婚年龄小，一对夫妇所生子女较多，乃是导致人口迅速增加的主要因素。⑥ 另据纽约总督威廉·特赖恩在1774年分析，纽约人口之大量增加，主要是由于当地人结婚年龄早于欧洲人，出生率由此提高，人口的自然增长加快；同时，还不断有移民从其他

---

① 詹姆斯·亨利塔：《1700—1815年美国社会的演变》（James A. Henretta, *The Evolution of American Society, 1700—1815: An Interdisciplinary Analysis*），马萨诸塞州列克星敦1973年版，第9页。
②③ 根据美国商务部国情调查局《美国历史统计：殖民地时期至1970年》，第2卷，第1168页"Z系列1—19"有关数据计算。
④ 亨利塔：《1700—1815年美国社会的演变》，第9页。
⑤ 本杰明·富兰克林：《关于人类人口增加和各国居民分布的看法》，载杰克·格林编：《从定居地到社会：1584—1763》（Jack P. Greene, ed., *Settlements to Society: 1584—1763*），纽约1966年版，第252－253页。
⑥ 富兰克林：《论人类人口增加和各国居民分布》，载格林编：《从定居地到社会：1584—1763》，第252页。

殖民地和欧洲进入本地。① 他们的说法触及了推动殖民地人口剧增的两个基本因素，即移民和自然增长。

移民在殖民地时期始终是人口的一个重要增长源。英国和欧洲其他国家向北美的移民，在1776年以前出现过3次高潮。第一次发生在1607—1650年间，以英国移民为主；第二次移民高潮出现在17世纪末18世纪初，多数移民仍来自英国，而德意志、爱尔兰和苏格兰的移民也开始增多；在1760—1775年间，兴起了第三次向北美移民的浪潮，其规模远远超过此前的历次移民运动。据估计，在1760年以前进入英属北美的各类移民总数约为700 000名，平均每年约4 500名；而在1760—1775年间，来到英属北美的移民总数达到221 500名，平均每年为14 767名。②

在18世纪以前，多数移民进入了南部各殖民地。据估计，在1630—1700年来到北美的150 000名移民中，有116 000名在南部落户。③ 可见，在这个时期，移民对南部人口增长的意义远胜于其他地区。另外，南部人口的增长，和奴隶贸易同样有着至为密切的关系。在1701—1775年间，南部接受的奴隶数目，约占英属美洲黑人移民总数的20.5%。④ 不过，从欧洲或非洲迁徙出来的人数，与实际抵达北美并定居的人数之间存在很大的差别，有许多人死于越洋途中或抵达之初。

相较于移民，自然增长对于北美人口变动的意义更为重大。只有实现了人口的自然增长，殖民地才从一个移民社会转化为本地人社会，也才获得了长存和发展的基础。北美地广人稀，劳动力乃是最大的财富，因之一般家庭都希望多生多育，而且男孩比女孩更受欢迎。生养子女在6~10个之间的家庭颇为常见，多者可达20余个。育龄妇女生

---

① E. B. 奥卡拉汉等编：《纽约州文献史》(E. B. O'Callagham, ed., *The Documentary History of the State of New York*)，奥尔巴尼1850年版，第1卷，第517页。
② 伯纳德·贝林：《渡海西去的人：革命前夕美洲的一次人口定居》(Bernard Bailyn, *Voyagers to the West: A Passage in the Peopling of America on the Eve of the Revolution*)，纽约1988年版，第24-25、26页。
③ 波特：《人口发展和家庭结构》，载格林等编：《英属美洲殖民地》，第135页。
④ 菲利普·柯廷：《大西洋奴隶贸易：人数统计》(Philip D. Curtin, *The Atlantic Slave Trade: A Census*)，威斯康星州麦迪逊1969年版，第137页。

育十分频繁。在马萨诸塞的安多弗,1664—1669 年成家的妇女每胎间隔期为 28 个月,所以一个 18 岁结婚、活到至少 45 岁的女子,一生可能生 12 个孩子。① 18 世纪初,有一个到北卡罗来纳旅行的欧洲医生看到,"女人十分多产,大部分的房子里尽是小家伙"。② 虽然一些妇女有意识地避孕,或采用药物、运动(如骑马、跳绳等)等方式中止妊娠,但对出生率的影响微乎其微。③

二、 人口流动和内陆开发

在欧洲移民不断进入的同时,殖民地内部也一直存在活跃的人口流动。就总的趋势而言,这种人口流动具有一个突出的特点:从密集的沿海地区向边疆地区移动,而且并不局限在单一的殖民地范围之内,通常是跨越殖民地的边界,路向众多,彼此交错,一个殖民地有大量人口迁出,同时又在边疆地区接纳大量外来移民。这种跨殖民地的、多路向的人口流动,不仅加速了内陆的开拓,使各殖民地的边界线不断向内陆推移,而且加强了各地的联系,推动了共同体意识的形成。

可是,向内陆迁徙实在是一件困难重重的事情。在一般人心目中,内陆是充满危险的未知地带,那里有对白人怀着敌意的土著部落,而且气候恶劣,野兽出没,生活十分艰险。此外,到内陆定居还需要一定的启动资金,财力不足的穷人,就只能冒险迁移到人迹罕至的地带,自行占地,斫除榛莽,过着筚路蓝缕的拓荒生活。

尽管如此,向未开发地区迁徙的人潮仍呈高涨之势。各种移民团

---

① 小菲利普·格雷文:《四代人:马萨诸塞安多弗殖民地时期的人口、土地和家庭》(Philip J. Greven, Jr., *Four Generations: Population, Land, and Family in Colonial Andover, Massachusetts*),纽约州伊萨卡 1970 年版,第 30 页。
② 鲁思·B. 莫伊尼汉等编:《不次于任何人:美国妇女历史文献集》(Ruth Barnes Moynihan, et al., eds., *Second to None: A Documentary History of American Women*),第 1 卷,内布拉斯加州林肯 1993 年版,第 106 页。
③ 参见苏珊·克莱普:《特拉华河谷地区早期的避孕和堕胎技术》,载朱迪思·麦高编:《美国早期的技术:殖民地时期到 1850 年人们制造和做事的方式》(Judith A. McGaw, ed., *Early American Technology: Making & Doing Things from the Colonial Era to 1850*),北卡罗来纳州查珀希尔 1994 年版,第 68 - 113 页。

体应运而生,皮德蒙特高地、俄亥俄河谷和谢南多厄谷等地区,成为越来越多的移民的目的地。这些移民有着显著的特征:多数为年轻人,非英裔居多,大多略有家财。为了保障人身和财产的安全,边疆居民要求英国和殖民地当局防范法国人,打击敌对的印第安人部落。英国和殖民地当局则对边疆地区的开发持一种相当复杂的态度:边疆的拓殖固然有助于和法国、西班牙的竞争,但却损害毛皮贸易,增加防卫的负担。因此,边疆居民有时难以得到政府的充分援助,这使他们深为不满。

新英格兰人一般以团队方式向内陆迁徙,这一方面是出于安全的考虑,同时也是兴建村镇的一种习惯性的模式。新英格兰各殖民地当局一度对村镇管理甚严,不准居民擅离村落而单独生活。在各地的档案中,有不少当局责令远离定居点的人返回原来社区的记录。① 可是,老村镇承受着越来越沉重的人口压力,土地既不敷用,一些人就只能向更远的地方迁徙。新来移民落户的地方,也日益远离原来村镇的中心,逐渐演变成新的村镇。新村镇如雨后春笋,居民日趋分散,这和早期清教领导人对于社会凝聚性的追求背道而驰。1660—1710年间,新英格兰共建立新村镇209个,平均每年4个;18世纪上半叶,新村镇以平均每年6个的速度增加;在1760年以后的15年中,由于人口增长很快,平均每年新建村镇约为18个。②

宾夕法尼亚与纽约的西部受到法国人和印第安人的威胁,许多军事要塞阻断了移民西去的路线。在17世纪40年代,虽有移民沿哈得孙河抵达萨拉托加,但这两个殖民地更多的移民流向了其他殖民地,特别是南部所谓的"偏远地区"。1730年,一群宾夕法尼亚的德意志移民,在亚当·米勒的带领下进入谢南多厄谷,不久教友会信徒和苏

---

① 参见弗吉尼亚·安德森:《新英格兰那一代人》(Virginia Dejohn Anderson, *New England's Generation: The Great Migration and the Formation of Society and Culture in the Seventeenth Century*),英国剑桥1991年版,第126页;基思·卡文纳编:《北美殖民地的建立:一部文献史》(W. Keith Kavenagh, ed., *Foundations of Colonial America*),纽约1973年版,第1卷,第409页。
② 伯纳德·贝林:《英属北美人口定居导论》(Bernard Bailyn, *The Peopling of British North America: An Introduction*),纽约1986年版,第93、18页。

爱人接踵而至。还有一些苏爱人来到萨斯奎汉纳河上游,并于 1738 年南迁,抵达哈里森堡以南地区。

弗吉尼亚最初的定居地集中在詹姆斯河流域,后来扩展到切萨皮克湾东岸和波托马克河谷。1648 年,南岸地区建成诺森伯兰县;随后,波托马克河和拉帕汉诺克河之间以及约克河以北的地区,也渐有许多白人定居点散布开来。在弗吉尼亚的瀑布线和蓝岭之间的地区,在 18 世纪头几十年里也很快布满了定居点,内地的新县不断成立。到 1763 年,弗吉尼亚县的数目达到了 54 个,① 到 1782 年更增至 72 个。② 弗吉尼亚殖民地参事会在 1743—1760 年间授予个人和团体的土地,达到 300 多万英亩。③ 位于皮德蒙特地区的詹姆斯河谷地段,劳动人口在 1700—1770 年间增加了 29 倍。④ 从马里兰的北部边界到萨凡纳河这一大片地区,人口也逐渐增多。奴隶制随着白人移民而扩展到边疆地区,那里的黑人人口也不断增加。在弗吉尼亚南部边疆的卢嫩堡县,1750 年黑人在人口中的比重为 22%,1769 年上升到了 53%。⑤ 到 1775 年,马里兰西部和弗吉尼亚谷地区的奴隶达到 12 758 名。⑥

北卡罗来纳的西部接纳了众多不同族裔的移民。从 18 世纪 30 年代开始,来自宾夕法尼亚、新泽西、马里兰的大批移民,陆续抵达北卡罗来纳的皮德蒙特地区,其中多数是早年移居北美的苏爱人和德意志人。许多寻求廉价土地的弗吉尼亚人,也纷纷涌入北卡罗来纳。北卡罗来纳境内的蓝岭山区,据说在 1746 年仅有百余名白人猎手出没;

---

① R. C. 西蒙斯:《北美殖民地:从移居到独立》(R. C. Simmons, *The American Colonies: From Settlement to Independence*),纽约 1976 年版,第 188 页。
② 罗伯特·惠勒:《弗吉尼亚殖民地时期的县法院》,载布鲁斯·丹尼尔斯编:《村镇和县》(Bruce C. Daniels, ed., *Town and County: Essays on the Structure of Local Government in the American Colonies*),康涅狄格州米德尔敦 1978 年版,第 112 页。
③ 理查德·霍夫斯塔特:《1750 年的美利坚:一幅社会图景》(Richard Hofstadter, *America at 1750: A Social Portrait*),纽约 1971 年版,第 160 页。1 英亩≈4046.86 平方米。
④ 阿伦·库利科夫:《烟草与奴隶:1680—1800 年南部文化的发展》(Allan Kulikoff, *Tobacco and Slaves: The Development of Southern Culture, 1680—1800*),北卡罗来纳州查珀希尔 1986 年版,第 52 页。
⑤ 理查德·比曼:《一个南部偏远之乡的变化:关于 1746—1832 年弗吉尼亚卢嫩堡县的个案研究》(Richard R. Beeman, *The Evolution of the Southern Backcountry: A Case Study of Lunenburg County, Virginia, 1746—1832*),费城 1984 年版,第 65–66 页。
⑥ 卡尔·布里登博:《神话与现实》(Carl Bridenbaugh, *Myths & Realities: Societies of the Colonial South*),纽约 1966 年版,第 168 页。

时隔 7 年,定居者即达到 3 000 余人,其中多数为德意志裔和爱尔兰裔。① 在 1750 年以后,以摩拉维亚教徒为先导,开始有移民越过蓝岭,进入更西的地区。1752 年,北卡罗来纳的代理总督纳撒尼尔·赖斯向英国贸易委员会汇报说:"……域内平安无事,西部地区定居甚速,其景象轰轰烈烈。"② 1764 年,北卡罗来纳县的数目达到 13 个。③ 从 1767 年开始,丹尼尔·布恩多次深入密西西比河下游地区探查,并开始组织移民前往肯塔基和田纳西一带定居。到 1773 年 6 月,已有 120 户来自弗吉尼亚和北卡罗来纳偏远之乡的白人,定居于密西西比河畔的波因特库佩。

向内陆的移民改变了人口的地域分布,西部边疆地带人口出现明显的增长。1760 年缅因和佛蒙特地区的白人居民分别为 20 000 和 0 人,到 1770 年分别增至 31 257 人和 10 000 人,到 1780 年则分别达到 49 133 人和 47 620 人。位于阿巴拉契亚山脉以西的肯塔基和田纳西地区,在 1760 年时尚无白人居民,1770 年定居者分别为 15 700 人和 1 000 人,10 年后激增至 45 000 人和 10 000 人。④ 从马萨诸塞北部边界到康涅狄格河和哈得孙河一带,出现一个长达 150 英里的"V"字形扩展地带,那里的白人居民一年多似一年。纽约西部,特别是摩霍克河谷一带的肥沃土地,吸引许多人前去定居开发。宾夕法尼亚在建立后的 80 余年中,其居民集中在东南一隅。在 1760 年以后,人口向西扩散的趋势十分强劲;到 1771 年,阿巴拉契亚山脉以西的边疆地带居民达到 10 000 户。弗吉尼亚边疆地区的居民也迅速增加,1776 年谢南多厄谷的居民达到 35 000 人。南、北卡罗来纳的边疆地区也出现了同样的景象。新近建成的佐治亚也成为移民向往的地方,其居民在 1760—1773 年翻了 3 番以上。⑤

---

① 休·莱夫勒等:《北卡罗来纳殖民地史》(Hugh T. Lefler and William S. Powell, *Colonial North Carolina: A History*),纽约 1973 年版,第 108 页。
② 转引自莱夫勒等:《北卡罗来纳殖民地史》,第 109 页。
③ 西蒙斯:《北美殖民地:从移居到独立》,第 188 页。
④ 美国商务部国情调查局:《美国历史统计:殖民地时期至 1970 年》,第 1168 页。
⑤ 贝林:《渡海西去的人:革命前夕美洲的一次人口定居》,第 10、12、14、15、19 页。1 英里≈1.6 千米。

边疆地区的最大吸引力，在于容易获得土地。那里地广人稀，而且地价低廉。在 18 世纪中后期，新英格兰未开垦的土地价格从 3 先令到 12 先令不等；在纽约的怀俄明河谷，甚至可用 5 英镑买到 100 英亩土地，而且可在 15 年内付清，不加利息。① 在弗吉尼亚的卢嫩堡县，1740—1750 年间每英亩土地的平均售价为 2～3 先令，到 70 年代才上涨到 9 先令。② 在这种情况下，即便对于没有多少资财的人，买地置业也并非难事。一些财力充实的人，往往先在边疆地区购买大片廉价土地，待到开发获得进展、道路较为通畅以后，他们才正式迁入。

内陆边疆的开拓也带来了一系列严峻的问题。边疆生活危险而艰苦，几乎是殖民地早期居民经历的重演。来自爱尔兰的罗伯特·威瑟斯庞，于 1734 年在南卡罗来纳边远地区落户，他在日记中记述了对边疆生活的感受："由于种种缘故，我们为恐惧所苦，尤其是害怕被印第安人杀掉，遭蛇咬，被野兽撕碎，或在树林中迷路和失踪……"③ 最突出的问题是，白人居民和当地部落的冲突不时发生，边疆总是沿着种族暴力的血迹而移动。另外，边疆定居地远离殖民地的政治和经济中心，多数居民在定居之初处于生存的边缘。例如，1749 年一些摩拉维亚传教士在詹姆斯河上游支流地区发现，当地居民过着无异于"野蛮人"的生活。④ 交通不便阻碍生产的发展，边疆居民和东部居民在政治权力的分配上也产生矛盾，于是为平等权利发起抗争，给独立战争爆发前夕的北美社会增添了动荡的色彩。

三、 种族、 族裔和文化的多样化

北美人口的一个显著特征是种族和族裔的多样性。在欧洲移民到

---

① 杰克逊·特纳·梅因：《美国革命时期的社会结构》（Jackson Turner Main, *The Social Structure of Revolutionary America*），普林斯顿 1965 年版，第 9—10 页。
② 比曼：《一个南部偏远之乡的变化：关于 1746—1832 年弗吉尼亚卢嫩堡县的个案研究》，第 64 页。
③ 转引自克尔比·米勒：《移民和流放者：爱尔兰和爱尔兰人向北美的出走》（Kerby A. Miller, *Emigrants and Exiles: Ireland and the Irish Exodus to North America*），纽约 1985 年版，第 163 页。
④ 小艾伯特·蒂尔森：《绅士和百姓》（Albert H. Tillson, Jr., *Gentry and Common Folk: Political Culture on a Virginia Frontier, 1740—1789*），肯塔基州列克星敦 1991 年版，第 10 页。

来以前，北美是一个单一种族社会；自17世纪初开始，欧洲移民和非洲裔强制移民源源不断地到来，并在这里扎根生息，使北美变成了一个多种族社会。

1619年，几个荷兰商人将20余名黑人卖到詹姆斯敦；此后，北美黑人数量不断增加。尤其是在南部，奴隶的数量原本大大超过其他地区，年均增长率又高达4.5%左右，所以人口中黑人所占的比重持续上升，到1780年已达到总人口的40%。① 这是奴隶贸易和黑人人口自然增长两相结合的结果。而且，土生黑人对黑人人口的增加有着越来越突出的重要性。在1728年，切萨皮克地区每5个成年黑人中，就有3个出生于非洲；到1740年，非洲出生的成年黑人下降到一半；再过10年，其比重仅为1/3。② 这种情况和英属加勒比海岛殖民地形成鲜明的对照：那里的黑人几乎谈不上自然增长，到1780年，进入的黑人累积达到1 225 000名，而当年黑人的总数却不过346 000名。③

在白人和黑人不断增多的同时，北美印第安人的人口却急剧减少。1669年，切萨皮克地区印第安人的数量，仅为1607年的1/3。1642年，马撒葡萄园岛的万班诺阿格人仍有3 000人左右，到1720年减少为800人，到1764年则仅剩313人。罗得岛的布洛克岛的土著人口，在1662年为1 000余人，到1774年仅有51人。④ 造成印第安人人口剧减的原因，主要是白人对其生存环境的破坏，加以流行性疾病的肆虐。天花、麻疹、流感、霍乱、猩红热和黄热病等疾疫的传播，外加战乱和饥荒，给许多土著部落带来了极高的死亡率。

非洲黑人大多生活在种植园、白人农场和家庭中，少数自由黑人则分散居住在各地。多数印第安人属于部落社会，只有极少数混居在其他人中间。因此，从民族学意义上说，这两个种族尚未成为完整自足的族群。相较而言，欧洲裔居民的情形则迥然不同。诚然，他们的

---

① 麦卡斯克等：《英属美洲的经济（1607—1789）》，第219页。
② 库利科夫：《烟草与奴隶：1680—1800年南部文化的发展》，第71、72页。
③ 理查德·邓恩：《仆役和奴隶：劳动力的招募与雇佣问题》，见格林等编：《英属美洲殖民地》，第165页。
④ 弗朗西斯·詹宁斯：《对美洲的入侵》（Francis Jennings, *The Invasion of America: Indians, Colonialism, and the Cant of Conquest*），纽约1976年版，第26、27页。

国籍来源和文化取向也非单一,其复杂和多样的程度,竟至引发激烈的分歧和冲突;但是,他们在血缘上发生一定程度的混合,在经济上逐渐走向相互依赖,在政治和文化上则慢慢产生了共同体意识。

英属北美在移民政策具有一定的开放性和包容性,不像西属美洲那样排斥外国移民。英国政府甚至鼓励有技术的外国人到英属美洲定居。进入各殖民地的非英格兰移民,都不难取得合法身份。1740年,英国议会还专门制定了殖民地外国移民的入籍法。① 这种移民政策所造成的一个突出后果是,英属北美欧裔居民的族裔构成变得越来越复杂多样。在17世纪,进入北美的移民多为英裔。到18世纪,大量德意志人、爱尔兰人、苏格兰人、苏爱人、法国人和意大利人纷纷到来,与英裔、荷裔、瑞典裔和芬兰裔居民一起,构成一幅五色缤纷的族裔风情图。

德意志人向美洲的迁徙,受到战乱和宗教迫害的推动。当时威廉·佩恩的著作已经译成德文,他的"神圣的实验"在西欧广为人知,大量德意志移民便纷纷投奔宾夕法尼亚。1683年左右迁入的德意志移民,在离费城不远的地方建成日耳曼敦,并且成为后续德裔移民的中转站。1708年以后,德意志移民人数激增,大多进入宾夕法尼亚、纽约、马里兰、弗吉尼亚和北卡罗来纳的西部。据估计,在18世纪头75年,至少有100 000名德意志移民进入北美,多数定居于宾夕法尼亚。到1775年,宾夕法尼亚人口中约有1/3为德裔居民。②

苏格兰人在英国统治下遭受政治和宗教压迫,加上自然灾害频繁来袭,许多人便把英属北美作为新的立足之地。18世纪30年代始有大批苏格兰人到来,其中多数进入北卡罗来纳的菲尔角地区。另外,早年移居爱尔兰的苏格兰低地人,即所谓苏爱人,从18世纪初也开始大量移居北美。他们有的在新英格兰落户,有的在宾夕法尼亚、特拉华和马里兰安家,有的则进入北卡罗来纳境内。据保守的估计,1717—

---

① 赫伯特·奥斯古德:《18世纪的北美殖民地》(Herbert L. Osgood, *The American Colonies in the Eighteenth Century*),马萨诸塞州格洛斯特1958年版,第2卷,第528—529页。
② 霍夫斯塔特:《1750年的美利坚:一幅社会图景》,第19页。

1775 年进入北美的苏爱人移民不下 20 万，平均每年约为 3 500 人。① 纷至沓来的移民中，也有不少威尔士人和爱尔兰人。在 1700—1776 年间，大致有 250 000 至 400 000 名爱尔兰人进入北美，其中约 10 000 人的身份为犯人。②

族裔的多样化丰富了英属北美的人文景观，改变了欧洲裔人口的族裔结构。新英格兰绝大多数居民为英裔，是一个族裔相对单纯的地区。在南部各殖民地，除英裔和黑人外，边远地区还散居着许多非英裔的欧裔居民。中部殖民地欧裔居民的族裔和文化背景最为复杂。在纽约城的居民中，除英裔和荷兰裔之外，还有法裔、瑞典裔、犹太人、爱尔兰裔和黑人。而且，不同族裔之间通婚混合的程度，也高于其他地区。例如，在 152 名被认为属于荷兰裔的男子中，115 人同本族裔的女子结婚，31 人娶的是英裔，另有 4 人和 2 人的妻子分别为法裔和德意志裔。③ 在 17 世纪末纽约就有人抱怨说，"我们这里最令人不快的事，就是民族混合太厉害"。④ 1760 年，有位英国人感到不知如何来描绘纽约人，因为他们"来自不同的民族，讲不同的语言，信不同的宗教，要说出他们的准确和确定的特点，几乎是不可能的"。⑤ 在宾夕法尼亚，人口的族裔多样性并不逊于纽约。1744 年，亚历山大·汉密尔顿医生在费城一家餐馆吃饭，发现在座的是"一群不同民族和宗教的混杂同伴"，其中有苏格兰人、英国人、荷兰人、德意志人和爱尔兰人；从宗教上说，则有罗马天主教徒、长老会信徒、教友会信徒、新光派、监理派、洗礼派和犹太教徒等。⑥

---

① 约翰·芒罗：《特拉华殖民地史》（John A. Munroe, *Colonial Delaware: A History*），纽约州米尔伍德 1978 年版，第 161 页。
② 米勒：《移民和流放者：爱尔兰和爱尔兰人向北美的出走》，第 137、144 页。
③ 乔伊斯·古德弗兰德：《先于熔锅：纽约市殖民地时期的社会与文化（1664—1730）》（Joyce D. Goodfriend, *Before the Melting Pot: Society and Culture in Colonial New York City, 1664—1730*），普林斯顿 1992 年版，第 179 页。
④ 转引自迈克尔·坎曼：《纽约殖民地史》（Michael G. Kammen, *Colonial New York: A History*），纽约 1975 年版，第 150 页。
⑤ 转引自米尔顿·克莱因：《多样性的政治》（Milton M. Klein, *The Politics of Diversity: Essays in the History of Colonial New York*），纽约州华盛顿港 1974 年版，第 119 页。
⑥ 卡尔·布里登博编：《绅士的游踪：亚历山大·汉密尔顿医生旅行记》（Carl Bridenbaugh, ed., *Gentleman's Progress: The Itinerarium of Dr. Alexander Hamilton, 1744*），皮兹堡 1948 年版，第 20 页。

从人种学和民族学的角度来说，众多族裔居民之间的通婚混血，造就了一个不同于欧洲任何单一民族的新人种，这就是"美利坚人"。用法国移民作家 J. 埃克托尔·圣约翰·克雷弗克的话说，美利坚人"或是欧洲人，或是欧洲人的后裔，因而这种奇特的血统混合你在其他任何国家都找不到。……在这里，所有国家的个人融合为一个新的人种，他们的劳动和他们的后代，有朝一日会在世界上引起巨大的变化"。他还说，"美利坚人是一种新人，他们根据新的原则行事；因而他们必然拥有新的思想，形成新的看法"。①

当然，"美利坚人"的主体仍然是英格兰裔居民，族裔成分的多样化并不足以撼动英裔居民的主导地位。非英裔居民一般没有同英裔居民混合居住在一起，而是大多集中于闭塞偏僻的边疆地区。而且，英裔居民对非英裔人口的增加深感不安。他们将英属北美界定为"英格兰的"，在许多场合刻意将英格兰裔和其他人区分开来，甚至把来自欧洲其他地区的移民打入另册。詹姆斯·洛根在 1729 年说过，如果爱尔兰人持续不断地迁入，他们就会成为宾夕法尼亚的"业主"。② 富兰克林对大量德意志人迁入颇为不满，称宾夕法尼亚乃为英格兰人所建，岂能变成一个"外人"的殖民地？③ 在弗吉尼亚的南部边疆，苏爱人被英裔居民说成愚昧无知、懒惰卑贱和信奉异教的人群。④ 由于英裔在人数和文化上占据绝对优势，少数族裔或多或少感受到文化的压力，自觉或不自觉地吸收了英裔居民的某些文化成分。例如，18 世纪中期到北美考察的瑞典学者彼得·卡尔姆注意到，特拉华河谷的瑞典裔居民和哈得孙河谷的荷兰裔居民，在习俗和服饰方面发生了某种"英格

---

① J. 埃克托尔·圣约翰·克雷弗克：《美洲农场主信札》（J. Hector St. John Crevecoeur, *Letters from an American Farmer*），纽约 1904 年版（1782 年初版），第 54—55、56 页。其作者的本名为米歇尔－纪尧姆·让·德·克雷弗克。
② 转引自萨莉·布思：《愤怒的种子：1607—1771 年北美的造反》（Sally Smith Booth, *Seeds of Anger: Revolt in America, 1607—1771*），纽约 1977 年版，第 254 页。
③ 温思罗普·乔丹：《白高于黑：美国人对黑人的态度》（Winthrop D. Jordan, *White over Black: American Attitudes Toward the Negro, 1550—1812*），纽约 1977 年版，第 102 页。
④ 比曼：《一个南部偏远之乡的变化：关于 1746—1832 年弗吉尼亚卢嫩堡县的个案研究》，第 23 页。

兰化"。①

　　概而言之，英属北美虽然在种族、族裔和文化上具有多样性，但并不是一个种族平等和文化宽容的社会。一方面，英裔居民占据人口的多数，加上英国在政治上对殖民地的控制，文化的多样性并不足以改变整体的文化格局，英格兰特性始终居于主导地位，英裔的制度、习俗、语言和生活方式，确立了北美文化的基调，使得北美殖民地在政治上和文化上都是真正的"英属"。另一方面，英裔居民具有强烈的种族意识，对印第安人进行持续的文化征服，对黑人则采取严厉的奴役和歧视，少数种族和其他族裔始终处于北美社会的边缘。英裔居民基于对人种、文化和宗教的差异的扭曲性理解，逐渐把种族观念发展为种族主义，为种族歧视制造合理性的依据；而种族歧视的不断强化，又使种族主义渗入英裔居民文化心理的深层，导致独立后的美国社会长期陷于难以摆脱的梦魇之中。

（原刊于《世界历史》2002年第4期）

---

① 阿道夫·本森编：《1750年的美洲：彼得·卡尔姆在北美的游记》（Adolph B. Benson, ed., *The America at 1750: Peter Kalm's Travels in North America*），纽约1937年版，第1卷，第273页；第2卷，第614页。

土地问题在英属北美殖民地社会的重要性

在前工业时代,人的谋生活动和经济行为对土地具有极强的依赖性,土地的分配、占有和开发,与一个社会的制度特征、发展程度和生活方式也有着直接的关系。北美殖民地社会主要由移民构成,在它由小到大的成长中,土地问题具有更为重要的社会、经济和政治意义。土地权利的确立,意味着最基本的社会制度的形成;对土地的开发利用,不仅是攸关移民生存的事情,而且对经济和社会的发展产生至关重要的影响;而土地的占有格局,则直接对应着北美社会的阶级结构和利益分配,清晰地映射出这一社会的基本特征。因此,从探讨土地问题入手,可以加深对美国早期历史中许多重大问题的理解。

一、 土地制度与白人社会的重建

英国人移居北美的过程,从根本上说是一个社会重建和更新的过程。诚然,有些移民迁徙的目的,是要在北美进行社会实验和实现自己的政治或宗教理想;但是,无论是支持殖民运动的英国政府、组织移民的冒险公司和业主,还是绝大多数普通移民,都没有在北美创建一个新社会的打算。他们最初不过是自觉或不自觉地根据母国的经验来重建自己的社会,也就是将母国的社会制度、生活方式移植到北美的环境中,以实现各自的目标。从重建社会的角度来说,殖民者必须首先解决三个问题：其一，如何处理和土著部落的关系；其二，如何吸引移民前来定居；其三，如何移植母国的社会制度。这三个问题都与土地有着至为密切的关联。实现土地权利从印第安人向白人的转移，曾长期是白人和印第安人关系中的基本问题，更关涉白人社会在北美的命运；运用土地政策作为推动移民运动的杠杆，实为促进白人社会建立和发展的必要措施；而确立一定形式的土地关系，则构成重建母国社会制度的基础。然则，在实际的社会重建中，由于新的环境因素的制约，以及北美土著文化的影响，这个出现于"新大陆"的白人社会，并未成为母国社会的复制品，而实际上是一个带有母国烙印的新社会。在这个社会的形成中，建立土地制度乃是关键性的第一步，而确立后的土地制度，对于殖民地社会的演进又产生了持续的影响。

从北美原住民印第安人那里取得土地，构成白人在北美立足和拓展的前提。北美各土著部落固然没有形成领土主权和土地私有的观念以及相应的制度，但每个部落都有自己的活动领域，他们对于本部落的领地范围有着明确的意识，非部落成员擅闯领地，可能会被处死；许多部落间的战争，也因领地范围的争执而起。最初的移民通常在印第安人放弃的村落旧址和废地上落脚，一时尚未引起当地部落不满。但是，源源而至的移民和迅速增加的人口，导致对土地的需求日益扩大，而不断从邻近部落取得土地，就成了唯一的出路。于是，把土地权利从印第安人那里转移到白人手中，就成为移民生存和重建社会的关键。

英国政府和殖民地当局认为，印第安人对于土地的权利来自于占有，并不属于法律意义上的所有权范畴。因此，他们在处置北美土地时，便在理论上完全把它当成空旷无主之地，丝毫不把印第安人的土地权利纳入考虑范围。在1584年授予沃尔特·雷利爵士的特许状中，伊丽莎白女王授权雷利爵士及其后人去发现和探查那些"遥远的、异教徒和野蛮人居住的、未被任何基督教君主所实际占有的、没有基督教人民居住的土地、国家和领地"。① 这种土地等于不存在任何主权归属，只要借助发现和征服的权利，就可以堂而皇之地划入英国版图。可是，在实际处理土地问题时，英国政府和殖民地当局却不得不面对现实，谨慎地同当地部落交涉，极力以代价最小的方式从印第安人那里取得土地，以建立白人定居点。尤其当白人社会相对弱小之际，与当地部落的关系更是存亡所关，如何和平地获取土地就显得更为重要。一般来说，从部落购买土地是一条现实可取的途径。购买当然只是形式，白人所付的代价远不能抵偿土地的实际价值，何况印第安人根本没有买卖和产权的概念，白人便可轻易采取各种欺诈手段，因而这种买卖对于部落通常是极不公平的。英国政府和殖民地当局为了维持与部落的和平，往往牢牢地控制土地购买权，严格禁止个人和民间团体擅自向部落购买土地。但是，得寸进尺地占用原本属于部落的土地，不可避免地引发激烈的种族冲突，因土地争端而起的流血事件时有发生。

英国政府和殖民地当局对于获得的土地，通常采用一定方式在居民中间进行分配。在确定分配方式时，他们首先考虑的问题是，如何使土地政策有利于吸引更多的移民，以加速开发，增益财富，并在殖民竞争中争取优势。北美地广人稀，获得土地相对容易，因而"希望拥有自己的土地，以摆脱对地主的依附，这是吸引人们来到美洲的主要原因"。②

新英格兰的移民运动在短短几十年内即告完成，此后没有出现大量的移民，因而土地政策在刺激移民方面的作用表现得不甚明显。在特拉华河流域及其以南地区，土地政策对于鼓励移民的重要性则十分突出。在荷兰人统治时期，纽约的人口主要集中在靠近东部和哈得孙河谷的有限地区；英国人接管后，迅速采取新的土地政策以招徕移民。

---

① 弗朗西斯·索普编：《美国联邦和各州宪法、殖民地特许状和其他基本法汇编》（Francis Newton Thorpe, ed., *The Federal and State Constitutions, Colonial Charters, and Other Organic Laws of the States, Territories, and Colonies Now or Heretofore Forming the United States of America*），华盛顿1909年版，第53页。

② 詹姆斯·亨利塔：《1700—1815年美国社会的演变》（James A. Henretta, *The Evolution of American Society, 1700—1815: An Interdisciplinary Analysis*），马萨诸塞州列克星敦1973年版，第95页。

自 18 世纪初以后，大地产上的佃农数量大量增加：1715—1776 年间纽约的白人人口增加了 6 倍，而大庄园佃户数量的增加则高于这个数字。在马里兰、弗吉尼亚、卡罗来纳等殖民地，17 世纪广泛流行"人头权利"，其功用即在于吸引较多移民前来定居，以缓解劳动力的匮乏。弗吉尼亚最初未将土地私有化，而是推行殖民公司共有制。这种制度很快被证明窒碍难行，逐步为土地私有制所取代。1619 年弗吉尼亚公司规定，凡 1616 年以前自费来到弗吉尼亚的"老种植者"（ancient planters or old planters），每人可获得一份 100 英亩的土地，而且永久免租；由公司出资迁来的"老种植者"，在公司土地上劳动 7 年以后可以得到 100 英亩土地，但每年须付租金 2 先令；1616 年以后自费迁来的人均可获得 50 英亩土地，年租金 1 先令；1616 年以后由公司出资迁来的移民，在为公司服役 7 年以后也可获得 50 英亩土地；契约仆服役期满后即可成为自由人，并得到一份土地；此后任何自费前来或支付他人迁移费用的人，每人均可从公司领取 50 英亩土地。这就是所谓"人头权利"（headrights）。[①] 这是 17 世纪弗吉尼亚土地分配的主要方式，也为马里兰、卡罗来纳、佐治亚等殖民地所仿效。纽约在 1674—1681 年间曾一度采用这种措施。到 17 世纪末，"人头权利"积弊日深，其鼓励移民的功能也不断萎缩，因而为各殖民地所渐次放弃或完全废止。这种以推动移民为目的的土地政策，在实施中也确实制造了大批土地占有者，极大地推进了北美土地的私有化进程。

土地投机曾是许多人极为热衷的活动，在后世的研究中也长期为美国史家所痛诋，但它对于吸引移民和促进开发却发挥过十分重要的作用。弗吉尼亚总督威廉·古奇曾说，投机者必须开发土地，从而有利于社会下层前去定居。[②] 征之于史，这种说法的确言之有据。土地投

[①] 保罗·古德曼编：《北美殖民地史论文集》（Paul Goodman, ed., *Essays in American Colonial History*），纽约 1967 年版，第 126 - 127 页；埃德蒙·摩根：《美利坚的奴役，美利坚的自由》（Edmund S. Morgan, *American Slavery, American Freedom: The Ordeal of Colonial Virginia*），纽约 1975 年版，第 93 - 94 页。

[②] 罗伯特·布朗等：《1705—1786 年的弗吉尼亚：民主制还是贵族制？》（Robert E. Brown, and B. Katherine Brown, *Virginia 1705—1786: Democracy or Aristocracy?*），密歇根州兰辛 1964 年版，第 17 页。

机者大多是一些颇有眼光的冒险家，他们在尚无人烟的边远地区廉价获取大量土地，然后设法促成移民前往定居开发，通过土地差价而得利。这样做的一个客观后果是，小土地占有者很快遍布从前偏僻闭塞的地区，殖民地的边界线不断向内陆延展。有学者据此指出，土地投机乃是刺激北美移民的一个重要因素。①

在社会重建的过程中，殖民者和移民如何对待母国的制度和习俗，则是一个更为复杂的问题。这个问题的部分答案，也可以从土地制度中去寻找。国内美国史论著在涉及诸如代役租、长子继承制等制度时，通常称之为"封建残余"；实际上，各殖民地最初确立土地关系时，曾力图较为全面地移植英国当时通行的土地制度，使之带有强烈的封建色彩。这表明移民最初打算按照他们所熟悉的方式来重建社会。可是最后的结果却是，这种重建的土地制度并不完全是英国模式的复制。它从一开始就具有一些不同于母国的特征，而那些从母国带来的封建色彩也逐渐消退，最终只剩下一些"残余"。从一定意义上说，英国的封建土地关系在移植到北美后逐渐演化为"封建残余"的过程，既是北美土地制度从封建时代向资本主义时代的转化，也是北美社会自身特性的形成。

英属北美土地制度有一个突出的特点，即土地占有权和所有权在法律上是彼此分离的，因而是一种不完全的土地私有制。这一点也集中体现了殖民地土地关系的封建色彩。按照英国中世纪形成的法律和习惯，英国所辖范围内的所有土地的最高所有者为国王，其他人都是国王的封臣或佃农。英属北美的主权既属于英国，其土地也就自然为英王所有。英王采用类似于中世纪分封的方式，把土地赐授给业主或殖民公司，再由后者进一步授予具体的定居者。这种在法律上由英王赐授的土地，在一些特许状中被称作"自由索克领"（free and common socage）。② 这并不是单纯地袭用中世纪分封的名目，实际上也要求土地

---

① 伯纳德·贝林：《英属北美人口定居导论》（Bernard Bailyn, *The Peopling of British North America: An Introduction*），纽约1986年版，第65、69页。
② 索普编：《美国联邦和各州宪法、殖民地特许状和其他基本法汇编》，第1679、1848、3789页。

耕作者向英王承担义务。但这些义务可以换算为租金，佃户若如数缴纳相应的租金，即可摆脱（quit）义务，因而这种用以替代义务的租金就叫作"代役租"（quitrent）。在王室殖民地，代役租直接进入王室的账户；在业主殖民地，则由业主征收。英王原想通过征收代役租以获得大笔收益，但实际上代役租仅具有象征性，表明在那遥远地方获得土地的人仍对英王保持臣服。这种象征土地最高所有权的"代役租"，使得殖民地时期的土地制度和美国建国后实行的完全私有制，有着重大的区别。不过，英国政府对殖民地的管理相对散漫，控制力比较虚弱，因而代役租仅在宾夕法尼亚、马里兰、弗吉尼亚等少数几个殖民地成为一种有影响的制度，不过其征收也经常遇到重重困难。弗吉尼亚的种植园主对代役租甚为反感，觉得是对他们的土地所有权的侵害，于是设法逃避或减轻这一负担。① 新英格兰盛行自由持有制，人们不肯承认还有一个高高在上的土地所有者，因之从不缴纳代役租。这就是说，英王对北美土地的最高所有权，始终受到殖民地居民的质疑和挑战。正是这种质疑和挑战，一步一步把北美土地制度推向完全的私有制。土地所有权和占有权的区分，实际上早已失去意义，两者之间的界线仅在于一道法律程序。

殖民地土地关系中的另一个封建特征，则通过庄园制而得到体现。庄园制集中在纽约、马里兰和卡罗来纳等地。这些殖民地业主多为英国贵族，他们希望按照自己的方式分配土地，建立有利于自己的权力基础。纽约在荷兰人统治时期实行"恩主制"，制造出许多大地产；英国人接管以后，不仅承认荷兰人留下的土地制度，而且进一步分封了若干大庄园。马里兰业主卡尔弗特先后分封大约60个庄园，庄园领主都是殖民地权贵和业主的亲戚。到1767年，马里兰尚有庄园23个，土地面积达到190 000英亩。② 卡罗来纳业主最初希望建立贵族土地所

---

① 菲利普·布鲁斯：《17世纪弗吉尼亚经济史》（Phillip Alexander Bruce, *Economic History of Virginia in the Seventeenth Century: An Inquiry into the Material Conditions of the People, Based upon Original and Contemporaneous Records*），纽约1935年重印，第560页。
② 格雷戈里·斯蒂文森：《丰饶之乡的贫困：马里兰18世纪的租佃制》（Gregory A. Stivenson, *Poverty in a Land of Plenty: Tenancy in Eighteenth-Century Maryland*），巴尔的摩1977年版，第5页。

制,将每个县划成 40 块方地,每块方地的面积为 12 000 英亩,其中 8 块归业主,8 块归贵族,于是每县都将有 1 名领主(landgrave)和 2 名豪绅(cacique)。实际获得分封的领主共有 25 名。① 各地庄园均建立庄园法庭,以发挥地方政府功能,将经济权力和政治权力合而为一。不过,庄园制在北美经济和社会生活所发挥的作用,实际上是微不足道的。这些庄园和中世纪英国的庄园差别甚大。有学者谈到,马里兰的业主庄园不过是一块不得随意授予自由持有者的大片土地而已。② 南卡罗来纳不少保留给贵族的土地从来没有人认领,那些被认领的土地又很少有居民定居和开垦,有些建成的庄园后来也变成了种植园。在纽约,不少大庄园借助租佃而转化为商业化经营的租地农场。

土地继承制度最初也带有明显的封建色彩。许多殖民地沿袭英国的惯例,一度实行长子继承制。然则北美的情况毕竟不同于英国。由于获得土地的机会较多,一个富裕的家庭往往拥有多处地产,可以分别由多名子女继承,于是就没有必要严格实行长子继承制。在新英格兰地区,对长子继承制采用变通办法,实行"长子双份制"。这种做法最早出现于普利茅斯殖民地。③ 马萨诸塞 1641 年的《自由权法典》(Body of Liberties)第 81、82 条规定,父母去世后,长子可得到其财产的两份,而不是全部,其他子嗣也各得一份;如果没有男性继承人,则可由其女儿来继承。④ 这实际上等于废止了长子继承制。1718 年,罗得岛更是立法明确废除长子继承制,只不过 10 年后该法又被取消。⑤ 新泽西通行子女平分父母遗产的做法,宾夕法尼亚在 1705 年以前也是如此,此后则仿效新英格兰的长子双份制。只有纽约在 1683 年正式确

---

① 刘易斯·格雷:《1860 年以前美国南部农业史》(Lewis Cecil Gray, *History of Agriculture in the Southern United States to 1860*),纽约 1942 年版,第 375 页。
② 斯蒂文森:《丰饶之乡的贫困:马里兰 18 世纪的租佃制》,第 1 页。
③ J. R. T. 休斯:《殖民地经济中的社会控制》(J. R. T. Hughes, *Social Control in the Colonial Economy*),夏洛茨维尔 1976 年版,第 84 页。
④ 《马萨诸塞殖民地时期法律汇编》,第 51 页;转引自休斯:《殖民地经济中的社会控制》,第 84 页。马萨诸塞直到 1801 年才废除长子双份制。
⑤ 珀西·比德韦尔等:《美国北部农业史(1620—1860)》(Percy Wells Bidwell and John I. Falconer, *History of Agriculture in the Northern United States, 1620—1860*),华盛顿 1925 年版,第 59 页。

立了英国式的长子继承制。① 在弗吉尼亚，长子继承制也几乎从未盛行，通常的做法是长子继承家庭所在地的种植园，而其他子女则获得种植园以外的土地。不过，这种继承方式仍为托马斯·杰斐逊所不满，他曾写道："要改变继承制度，以便使死时没有留下遗嘱的人的土地能在孩子中间，或者在其他代理人中间平分。"②

英国通行的大地产租佃制，也广泛存在于北美各地，尤以纽约、马里兰等殖民地最为普遍。纽约的大土地占有者通常将土地划分为若干小块，交给佃农租种，享有种种特权。马里兰的庄园也大部分出租给佃农耕种。北美的租佃制自然也同英国中世纪的租佃制判然有别。第一，出于商业动机而租种土地者大有人在。在马萨诸塞的斯普林菲尔德，从17世纪50年代到17、18世纪之交，约有三分之一的人租种他人土地，而这些人多数自己原本拥有土地，租佃的目的只是为了增加收入；仅有10%的人乃是真正的佃农。③ 第二，租佃的条件较为宽松，租税和劳役负担较轻。纽约的菲利普·利文斯顿为了吸引"好人"前来定居，曾以免租10年的优厚条件招徕佃户。在1720—1765年间，马里兰每百英亩的租金为10先令至10镑不等。在18世纪下半叶，弗吉尼亚的租金为每百英亩8~10镑；弗吉尼亚南部和南、北卡罗来纳的租金则更低。④ 第三，租佃面积较大。在马里兰，一份租地通常为100英亩，而许多佃农租种的土地一般不止一份。根据对马里兰8座庄园的308份租地的统计分析，平均每个佃农租种的土地为140.33英亩。⑤ 第四，地主和佃农的关系也不同于中世纪的欧洲。纽约庄园的地主不得随意剥夺佃农的政治权利，地主出租土地仅为获得经济利益，而不以承担社会政治义务为出租的条件。租佃者享有较多的自主权，租佃农场的建筑、种植作物的品种及数量、产品的销售等事项，都可

---

① 比德韦尔等：《美国北部农业史（1620—1860）》，第66页。
② 托马斯·杰斐逊：《弗吉尼亚笔记》（Thomas Jefferson, *Notes on the State of Virginia*），纽约1982年版，第137页。
③ 埃德温·珀金斯：《美国殖民地时期的经济》（Edwin J. Perkins, *The Economy of Colonial America*），纽约1980年版，第42-43页。
④ 格雷：《1860年以前美国南部农业史》，第406页。
⑤ 斯蒂文森：《丰饶之乡的贫困：马里兰18世纪的租佃制》，第30页。

以由租佃者自己做主，佃户甚至可以转让租约。而且，租地上的住所、谷仓、栅栏、果园和其他农业设施，在习惯上也由佃户自己所有。地主对土地保留所有权，但这种所有权只有在收取租金时才有意义。

综上所论，在土地制度确立的过程中，母国的制度得到部分继承，同时也发生了许多变异。这样就使北美的土地制度具有某种过渡性，即从封建土地制度向资本主义土地制度转化。到殖民地时代结束之际，这种过渡已接近完成；而美国革命所要解决的问题，不过是将那些早已名存实亡的"封建残余"从法律上正式一笔勾销。北美白人社会形成和演变中各种因素的综合和交互作用，通过土地问题得到了具体而充分的体现。

二、 土地开发与经济发展

在土地权利从印第安人向白人转移以及新的土地关系确立的同时，欧裔居民便开始对大西洋沿岸地区的土地进行深度开发，以获取生存资源，增益财富。与此同时，印第安人长期以来依靠原初资源为生的方式，日渐难以为继。北美的人文地理和经济面貌也发生了史无前例的变化，逐渐形成不同的土地开发方式和农业经济类型，出现了越来越鲜明的地区差异。

殖民地当局或业主在授予土地权利时，通常以尽早开发利用为附加条件。弗吉尼亚要求其居民在取得土地后须及早"落户"（seat the land），也就是在自己土地上修建住宅和种植作物，每年向英王缴纳代役租。马里兰和卡罗来纳也有类似规定。佐治亚初期对于"落户"的要求更为严格：一个占有者如果2年内不在自己的土地上修建一所房子，每年须缴纳1镑罚款；如果10年后还没有"落户"，土地权利就被要收回。康涅狄格几乎从一开始就规定，获得土地的人必须自己或找人到土地上居住和开发，否则将失去土地权利。

开发土地的最大障碍是树木。东部地区林木茂密，任何一个定居者须做的第一件事，就是在密林中开辟土地，清除周围的树木，以便作物得到充足的日照。开辟和清理土地是一项极为艰苦的工作，进展十分缓慢，一个劳动力一般一年只能开辟 1~3 英亩。在荒野中建成一个略有规模的农场，大致需要 50 年时间，而且成本甚高。据纽约总督估计，在 1699 年开垦一英亩土地的代价为 4 英镑 10 先令；到 1740 年，在那些处所偏僻、树木茂密和土质坚硬的地方，每英亩的开垦费用可高达 50 英镑以上。① 由于北美居民只能以简陋的工具和有限的劳动来开发广阔的土地，因而在 17、18 世纪得到有效利用的土地并不是很多。在马萨诸塞的安多弗，第一代居民获得的土地，只有少部分在他们的有生之年得到利用。② 另有人谈到，1774 年纽约境内的 500 万英亩土地中，仅有 100 万英亩得到了开发。③

然而，殖民地居民利用土地的方式，却造成了严重的资源浪费和环境破坏。当时的人一般不注重土壤的改良和保护，轻易放弃地力减弱的土地，而寻求新的肥沃土地。欧洲流行的那种精耕细作，在北美鲜有人愿意尝试。弗吉尼亚的种植园主在肥沃的土地上种植烟草，在地力稍差的土地上种植粮食作物。落后的耕作方式极大地损耗土地，导致土地侵蚀和废弃现象十分突出。到 18 世纪初，潮汐地带适合种植烟草的土地即已告罄，致使烟草产量锐减。北卡罗来纳的农业生产水平也不高，根本谈不上科学种植和土壤改良，一块土地在年复一年的耕作中逐渐耗尽地力。费城周围的大片农田在 1750 年时产量大为下降，已经没有多少耕作价值。到 18 世纪末，纽约和波士顿附近的土地肥力也十分薄弱。粗放耕作需要较大的土地面积作为保证，如《美洲农耕》的作者写道："一个种植者需要为每个劳动人手准备 50 英亩土地，如果少于这个数目，他们就会深受缺乏空间之苦。"④ 在那个劳动

---

① 金承福（音译）：《纽约殖民地时期的地主和佃农（1664—1775）》（Sung Bok Kim, *Landlord and Tenant in Colonial New York: Manorial Society, 1664—1775*），北卡罗来纳州查珀希尔 1978 年版，第 251 页。
② 小菲利普·格雷文：《四代人：马萨诸塞安多弗殖民地时期的人口、土地和家庭》（Philip J. Greven, Jr., *Four Generations: Population, Land, and Family in Colonial Andover, Massachusetts*），纽约州伊萨卡 1970 年版，第 67 页。
③ 比德韦尔等：《美国北部农业史（1620—1860）》，第 73 页。
④ 转引自阿伦·库利科夫：《烟草与奴隶：1680—1800 年南部文化的发展》（Allan Kulikoff, *Tobacco and Slaves: The Development of Southern Culture, 1680—1800*），北卡罗来纳州查珀希尔 1986 年版，第 48 页。

比土地更值钱的时期,这种开发方式也是不足为怪的。

更重要的是,北美不同地域在土地的占有和利用方面各有特点,以致在农业中出现不同的经济类型;① 而农业类型的差异,又深深影响到北美的地域关系、经济发展和社会变迁。

农业是北美殖民地基本的财富来源,而农业之转化为财富,有赖于土地开发和经营的商业化。从市场关系的角度来看,北美大体存在生存型(subsistence)和商业型两种类型的农场。这两种农场最大的差别在于,土地占有状况和开发方式显著不同。生存型农场土地面积较小,生产规模有限,或远离市场,或交通不便,处于自给自足的状况,在劳动形式上则以家庭劳动为基础。因为土地较少,资金有限,再加上生存型耕作也无须投入过多的劳动,这类农场的契约仆为数不多,黑人奴隶也比较少见。商业型农场一般土地辽阔,生产大宗经济作物,面向市场;对劳动力有较大的需求,通常大量使用契约仆和黑人奴隶。因此,商品化农业往往和强制劳动相辅相成。

生存型农场并非完全封闭自足,农场主也必须和市场发生某些联系,比如购买盐、糖、酒之类的生活用品。另一方面,它也存在向商业型农业转化的可能。制约农业商品化的障碍,主要是资本匮乏、劳动力短缺和交通运输不便。有些美国学者指出,殖民地农场主具有很强烈的追求利润的取向,敢于冒险和乐于接受技术革新,但现实条件却使他们的这种驱动遭受挫折。尽管并不缺乏土地,但其他生产要素的供应却相对不足,而且技术十分落后,劳动力匮乏,资金有限,于是导致产量甚低,可供交换的剩余产品数量微不足道。与此同时,许多农场难以雇到短期人手,只能依靠家庭劳动,无法种植需要投入大量劳动的大宗作物,以致产品极为多样化和小额化。除此以外,市场狭小和交通不便,也限制了农业的商品化。随着边疆地区的开发,交通条件的改善,生产技术的提高,生存型农场转化为商业型农场的余

---

① 造成北美经济在类型和地域上出现差异的因素是多种多样的,包括自然条件、政策和市场关系等。本文侧重从土地方面来探讨这种差别的形成。

地便大为拓展。这种转化之所以顺畅，主要是由于土地面积广阔，一旦具备走向市场的基础性条件，就不难生产商品化所需的剩余产品。总之，在生存型农场和商业型农场之间，并没有不可逾越的界线。

从地域上看，生存型农场多见于东北部和边疆地区，而中部和南部则以商业型农场居多。新英格兰农业以中小土地所有制为依托，种植品种十分多样。这里山石嶙峋，灌木丛生，土地相对贫瘠，被称作"英属大陆殖民地中最少活力的地区"，有人甚至断言"饥荒和不幸伴随着它"。① 这里的乡村居民虽然艰辛劳作，却仅能勉强满足生计，以农业而获利致富的人，可谓寥若晨星。这些以种植为主的农场大多属于生存型，劳动力基本上由家庭提供。当时有人提到，新英格兰人觉得自己的孩子就可以提供足够的劳动，每户所拥有的仆役很少超过一名。② 奴隶的数目自然也不多。据马萨诸塞1764年的人口资料，黑人和混血人种在人口中仅占2.1%。③ 那些懂得追求经济利益的农场主，便将大部分土地用于放牧。于是，畜牧产品成为新英格兰商品化农业的支柱，向其他殖民地和西印度群岛出口牲畜和肉类，逐渐达到可观的规模。这种生产格局可从土地的使用中得到反映：1751年马萨诸塞各县平均用于放牧的土地为42.9%，而用于耕作的土地仅占18%。④ 当然，最终使新英格兰经济形成特色的是制造业和商业。这里的作坊和工场生产部分其他地区必须从英国进口的产品，而满足本地需求以后的剩余部分，则出口到英国本土以外的地区，主要是西印度群岛。新英格兰的商业则以远程货物运输为主，东北部沿海的港口城镇，诸如普利茅斯、纽黑文、纽波特和塞勒姆等，都曾是商业贸易的重镇。

---

① 斯蒂芬·英尼斯：《创建共同体：清教新英格兰的经济文化》（Stephen Innes, *Creating the Commonwealth: The Economic Culture of Puritan New England*），纽约1995年版，第8—9页。
② 斯坦利·恩格尔曼、罗伯特·高尔曼编：《剑桥美国经济史》（Stanley L. Engerman, and Robert E. Gallman, eds., *The Cambridge Economic History of the United States*, Vol. 1: *The Colonial Era*），第1卷，殖民地时代，英国剑桥1996年版，第224页。
③ 罗伯特·韦尔斯：《1776年以前英属美洲殖民地的人口》（Robert V. Wells, *The Population of the British Colonies in America before 1776*），普林斯顿1975年版，第81页。
④ 戴维·艾伦：《按英格兰方式生活：17世纪社会的运动和英国地方法律与习俗向马萨诸塞湾的转移》（David Grayson Allen, *In English Ways: The Movement of Societies and the Transferal of English Local Law and Custom to Massachusetts Bay in the Seventeenth Century*），纽约1982年版，第231页。

特别是波士顿,在17—18世纪一直是北美最重要的商业中心之一。

中部各殖民地土地肥沃,森木密布,河流纵横,无论是进行农耕还是发展商业,都具备十分优越的自然条件。英、荷、德等地移民所带来的农业经验,在这里融合汇聚,推动农业快速走向成熟和发展。从整体上说,这个地区的经济生活兼具南北两大区域的特点,工商业和农业都相当发达,而且农业的商品化程度大大高于新英格兰地区。不过,这里的农业种植大多采取家庭农场的形式,与南部的种植园经济判然有别。农场生产中使用的劳动力既有契约仆,也有黑人奴隶。契约仆来自许多不同的国家,其中尤以来自德意志的"赎身者"居多。黑人奴隶的数量也远非新英格兰所能比拟。以纽约为例,1698—1771年间黑人始终占人口的10%~15%。[①] 这里种植的作物主要是小麦一类的谷物,因而有"面包殖民地"之称,谷物及谷物产品也就成了主要出口物资(见表1[②])。发达的农产品出口贸易,自然给农场主带来了可观的收益。小麦的价格虽在18世纪20年代以前曾大幅度下跌,但此后则持续稳定地上涨,到1750年,费城市场上的小麦价格比1720年上升50%,1770年的价格又比1720年高出一倍。[③]

表1　1768—1772年中部殖民地年均出口贸易额

单位:英镑

出口地	不列颠	爱尔兰	南欧	西印度群岛	非洲	总额
谷物及谷物产品	15 453	9 686	175 280	178 961		379 380
亚麻籽	774	35 185				35 956
林木产品	2 653	4 815	3 053	18 845		29 348
铁	24 053	695		2 921		27 669
牲畜及牛肉、猪肉	2 142		1 199	16 692		20 033
钾碱	12 233	39				12 272
其他	11 082	1 310	2 227	6 191	1 077	21 887
总额	68 369	51 730	181 759	223 610	1 077	526 545

① 韦尔斯:《1776年以前英属美洲殖民地的人口》,第112页。
② 约翰·麦卡斯克等:《英属美洲的经济》(John McCusker and Russell R. Menard, *The Economy of British America*, 1607—1789),北卡罗来纳查珀希尔1985年版,第199页。
③ 亨利塔:《1700—1815美国社会的演变》,第70页。

南部农业与市场的关系更加密切,其经济的支柱是生产并出口大宗经济作物。切萨皮克地区的种植园主不仅大量使用奴隶劳动,契约仆的数目也长期居高不下。以种植稻米为主的下南部各殖民地,则主要依靠奴隶劳动。在南卡罗来纳,黑人的数目甚至超过白人。南部经济也存在明显的地区差异。在包括弗吉尼亚、马里兰和北卡罗来纳的一部分在内的上南部,烟草始终是基本的大宗经济作物(见表2①);而下南部出口外部市场的产品则以稻米和靛蓝为主(见表3②)。

表2　1768—1772年间上南部各殖民地年均商品出口量

单位:英镑

出口地	不列颠	爱尔兰	南欧	西印度群岛	总额
烟草	756 128				756 128
谷物及谷物产品	10 206	22 962	97 523	68 794	199 485
铁	28 314	416		461	29 191
林木产品	9 060	2 115	1 114	10 195	22 484
其他	23 344	3 357	526	12 368	39 595
总额	827 052	28 850	99 163	91 818	1 046 883

表3　1768—1772年间下南部各殖民地年均商品出口量

单位:英镑

出口地	不列颠	爱尔兰	南欧	西印度群岛	非洲	总额
稻米	198 590		50 982	55 916		305 533
靛蓝	111 864					111 864
鹿皮	37 093					37 093
造船物资	31 709					31 709
林木制品	2 520	228	1 396	21 620		25 764
谷物及谷物制品	302	169	1 323	11 385		13 152
牲畜及牛肉、猪肉	75	366	103	12 386		12 930
其他	11 877	515	365	785	362	13 904
总额	394 030	1 278	54 169	102 110	362	551 949

---

① 麦卡斯克等:《英属美洲的经济》,第130页。
② 麦卡斯克等:《英属美洲的经济》,第174页。

总而言之，在殖民地时期，东北部形成了以自由劳动为基础的多样化经济，南部出现了依靠奴隶劳动的种植园经济，中部则介于两者之间。这种经济格局，使北部和南部走上了差别甚大的发展道路，在美国独立后逐渐引发激烈的地域矛盾和政治冲突。从这个意义来说，土地占有和开发方式的不同，从一个方面造成了北美的地域差异，进而引出一系列更为深刻的社会和政治问题，在美国历史文化特性的塑造中起了重要的作用。

三、 土地占有与社会结构

英属北美殖民地居民之间存在显著的社会差别，根据财产状况、教育程度、社会地位和权力分配，他们分成不同的阶层，各阶层之间的依存和互动，构成北美社会结构的主干。从根本上说，财产状况乃是社会分层的基础，因为教育程度、权力分配和社会地位等方面的差别，无一不同财产状况息息相关。在农业时代，土地不仅是财富的来源，而且也是财富的基本形态，因而土地占有是决定北美社会结构的基本因素。

殖民地居民的财产一般包括土地、牲畜、奴隶、消费品和货币等，其中土地所占的比重最大。在宾夕法尼亚的威斯特摩兰县一组人的遗产中，土地的价值占61%；在特拉华的肯特县一组人的遗产中，土地的价值占51%。① 而且，在当时人们的观念中，土地是最基本、最可靠的财富，许多人把资金投放于土地。在烟草种植地区，有钱人更是把主要精力用于扩大地产。因此，占有土地的多寡，就成为区分不同社会阶层的主要标志。

按照当时人的说法，英属北美白人社会成员有上层（the upper class）、中层（the middling sort）和下层（the lower 或 the meaner）之

---

① 亨利塔：《1700—1815 年美国社会的演变》，第 75 页。

分。在社会上层中，大土地占有者是主体。1765 年，纽约副总督卡德瓦拉德·科尔顿向英国贸易委员会汇报说，纽约居民可以分成四个阶层，其中第一个阶层就是拥有土地在 10 万英亩以上的地主。① 这些大土地占有者的产生，与殖民地建立初期的个人授地、庄园制的建立、土地买卖有密切的关系。弗吉尼亚当局的土地政策，有利于大地产的形成。一方面，不少人通过收购和骗取"人头权利"而集中了大面积的土地；另一方面，当局授予土地的面积越来越大。17 世纪 30 年代授予土地每份平均为 400 英亩，到 1666—1679 年间达到 890 英亩。② 这期间授予的土地中，面积在 1 000~2 000 英亩之间者 220 份，2 000~5 000 英亩之间者 154 份，5 000~10 000 英亩之间者 25 份，10 000~20 000 英亩之间者 12 份。③ 在纽约和特拉华，大地产原是荷兰人统治的遗产；英国接管后，又通过庄园制继续制造大地产占有者。有钱的商人和种植者通过购买而扩大地产，加入了大土地占有者的行列。例如，乔治·华盛顿的蒙特弗农种植园，最初是华盛顿和斯潘塞两家共同得到的 5 000 英亩授地；1690 年这块土地被分割，华盛顿家得到一半，并于 1738—1739 年间从斯潘塞家购进 256 英亩；1752 年乔治·华盛顿继承这些土地后，又不断买进土地，包括原来属于斯潘塞家的全部土地，使种植园的规模扩大到 8 000 英亩。④

大土地占有者人数不多。1690—1699 年间，马里兰一组人中地产价值在 100 英镑以内者占 72.5%，101~1 000 英镑之间者占 25.7%，1 000 英镑以上者则仅占 1.7%。⑤ 在弗吉尼亚边疆地区，如劳登县的一组人中，1769 年土地在 100~200 英亩之间者占 33.8%，201~500 英

---

① 加里·纳什编：《美国早期的阶级和社会》（Gary B. Nash, ed., *Class and Society in Early America*），新泽西州恩格尔伍德克利夫斯 1970 年版，第 23 页。
② 爱德华·普赖斯：《划分土地》（Edward T. Price, *Dividing the Land: Early American Beginnings of Our Private Property Mosaic*），芝加哥 1995 年版，第 174 页。
③ 格雷：《1860 年以前美国南部农业史》，第 402 页。
④ 普赖斯：《划分土地》，第 178 页。
⑤ 奥布里·兰德：《马里兰殖民地史》（Aubrey C. Land, *Colonial Maryland: A History*），纽约州怀特普莱恩斯 1981 年版，第 162 页。

亩之间者占 42%，1 000 英亩以上者仅占 3.7%。① 另据美国历史学家杰克逊·特纳·梅因估计，在美国革命前后，地产和个人财产达到 5 000 英镑的人，在所有殖民地至多占人口的 3%。②

这些为数甚少的上层人士，却在殖民地的权力关系中占据支配地位。1660—1689 年间在马里兰担任参事会成员的 32 人中，有 40.6% 的人拥有 5 000 英亩以上的地产，地产少于 1 000 英亩者仅为 6.2%；1700—1715 年的参事会成员中，地产不足 1 000 英亩者只占 5.5%。③ 18 世纪由马里兰乔治王子县选入议会的代表中，土地未足 1 000 英亩的人很少，有 3 人的地产在 6 000 英亩以上。④ 1634—1676 年，弗吉尼亚下诺福克、兰开斯特、诺森伯兰、约克等县的 215 名法官和参事会成员，平均占有土地在 1 000 英亩以上，超过一般种植园主地产面积的一倍。⑤ 迄于 1705 年，弗吉尼亚拥有土地在 2 000 英亩以上的种植园主中，有 3/5 担任过法官或议员。⑥ 在弗吉尼亚的奥古斯塔县，代役租名册显示，1760—1762 年居民人均占有土地在 280~320 英亩之间，而该县 1749 年和 1765 年的治安法官平均占有的土地分别为 554 英亩和 450 英亩；该县殖民地时期的 8 名议会成员的地产平均为 3 787 英亩。⑦

就土地占有状况而言，中小土地所有者在社会中层中构成主体。不过，这个阶层的分布也因地而异。新英格兰通过村镇授地，使大部分户主成为中小土地占有者。马萨诸塞的罗利在 1639—1643 年间所授予的土地中，多数为小地产：在 95 块授地中，仅有 2% 在 100 英亩以上，另有 2/3 的授地不足 20 英亩。沃特敦 1630—1638 年间的 220 份授

---

① 布朗等：《1705—1786 年的弗吉尼亚：民主制还是贵族制？》，第 14 页。
② 杰克逊·特纳·梅因：《美国革命时期的社会结构》（Jackson Turner Main, *The Social Structure of Revolutionary America*），普林斯顿 1965 年版，第 161 页。
③ 萨德·泰特等编：《17 世纪的切萨皮克地区》（Thad W. Tate, and David L. Ammerman, eds., *The Chesapeake in the Seventeenth Century: Essays on Anglo-American Society*），纽约 1979 年版，第 265 页。
④ 泰特等编：《17 世纪的切萨皮克地区》，第 265 页。
⑤ 詹姆斯·霍恩：《适应一个新的世界》（James Horn, *Adapting to a New World: English Society in the Seventeenth-Century Chesapeake*），北卡罗来纳州查珀希尔 1994 年版，第 340 页。
⑥ 库利科夫：《烟草与奴隶：1680—1800 年南部文化的发展》，第 268 页。
⑦ 小艾伯特·蒂尔森：《绅士和百姓》（Albert H. Tillson, Jr., *Gentry and Common Folk: Political Culture on a Virginia Frontier, 1740—1789*），肯塔基州列克星敦 1991 年版，第 20、21 页。

地中，有 1/3 以上超过 100 英亩，少于 20 英亩的土地略多于 1/4；1642 年这个村镇的土地清单表明，162 人共占有土地 20 130 英亩，人均拥有面积为 124 英亩。可见，两地均以分散的小土地占有制为主。纽伯里最初分配的土地有 8 000 英亩，平均每人大致获得 80 英亩；伊普斯维奇的授地情况与沃特敦近似，人均占有土地 97 英亩左右。① 南部土地大多属于种植园名下，但中小土地占有者的人数也相当可观。在 17 世纪的切萨皮克地区，使用一两名人工的农场占大多数。② 在北卡罗来纳，有 70% 的成年白人男子拥有土地，其中大多数为中小土地占有者。总督威廉·特赖恩就此评论道："这个地方最好的地产，也不过是很一般的。"③ 中部各殖民地在分配土地时，也曾授予小份额的土地，但因手续费过高，一些人无法承担。在这个地区，中小土地自由持有制仅盛行于新英格兰移民定居的地方，如纽约的长岛和韦斯特切斯特县，以及新泽西东北部的一些村镇。在这些地方，授地面积通常在 100~200 英亩之间，最大者也不过 300 英亩。根据纽约殖民地当局的规定，只要终身占有自己的或妻子的土地的人，不论是否抵押，都属于"自由持有者"。1720 年，奥尔巴尼县约有 44% 的成年白人男性被列为自由持有者；1768 年，纽约市的自由持有者至少达到 48%。④

"自由持有"土地构成"自由人"身份的基础，因而中小土地占有者一般都拥有相应的政治权利。虽然各殖民地都对选举权加以财产资格的限定，只有拥有一定面积的土地或一定数额的财产的白人男性居民，才能参加投票，但是这样的财产要求，对于占有 100 英亩左右土地的人，自然没有多大的难度。据美国学者罗伯特·布朗估计，在

---

① 艾伦：《按英格兰方式生活：17 世纪社会的运动和英国地方法律与习俗向马萨诸塞湾的转移》，第 31、128 页。
② 霍恩：《适应一个新的世界》，第 281 页。
③ A. 罗杰·埃科克：《"贫穷的卡罗来纳"：1729—1776 年北卡罗来纳的政治和社会》（A. Roger Ekirch, *"Poor Carolina": Politics and Society in Colonial North Carolina, 1729—1776*），北卡罗来纳州查珀希尔 1981 年版，第 24、27 页。
④ 古德曼编：《北美殖民地史论文集》，第 458 页。

殖民地时期的马萨诸塞，95%的白人成年男子都是有投票权的选民。[①]另据查尔斯·格兰特研究，在康涅狄格的地方政治中，很早就实现了成年男子普选权。[②] 英国学者西蒙斯也认为，18世纪北美成年白人男子中有50%~80%的人拥有选举权。[③] 尽管这些数字的可信度在美国史学界颇有争议，但可以从一个侧面说明，英属殖民地拥有一定土地因而享有政治权利的人，在人口中所占比重远远高于母国。

在白人社会处于下层的人，包括为生存而挣扎的小农场主、无地的穷人、工匠、契约仆、贫穷的佃农等。若从土地占有状况来看，他们大多属于少地或完全没有"自由持有"土地的人。

没有土地的人随时间推移而增多。由于人口增加、浪费性开发以及英国政府对获取印第安人土地施加限制，致使大西洋沿岸不少地方土地日益紧张。在马萨诸塞的戴德姆，到1730年时，每10人中就有1人没有自己的土地。康涅狄格的肯特在1739年成为村镇时，土地相对充足；到第三代人成年时，村镇就变得十分拥挤，留下来的人境况贫困。[④] 弗吉尼亚实行的"人头权利"造成很大混乱，使得土地集中在少数人手中，许多土地虽未开发，但早已有主；因而到17世纪60年代以后，新获得自由的契约仆就很难找到安身的土地，他们不是成为佃农，就是移居到边疆地区。1703年，弗吉尼亚的萨里县有居民422户，但拥有土地者只有266户。[⑤] 在弗吉尼亚的皮德蒙特地区，没有土地的穷人在白人居民中达到1/4。[⑥] 在1705—1776年间，马里兰乔治王子县占有土地的户主由65%下降到45%。[⑦] 由于长子继承制没有得到普遍而严格的实行，一个家庭的土地往往在数个子女之间分配，以致

---

① 罗伯特·布朗：《中间阶级民主与马萨诸塞的革命》（Robert E. Brown, *Middle-Class Democracy and the Revolution in Massachusetts, 1691—1780*），纽约1969年版，第21-37页。
② 查尔斯·格兰特：《康涅狄格边疆村镇肯特的民主制》（Charles S. Grant, *Democracy in the Connecticut Frontier Town of Kent*），纽约1972年版，第128页。
③ R. C. 西蒙斯：《北美殖民地：从移民到独立》（R. C. Simmons, *The American Colonies: From Settlement to Independence*），纽约1976年版，第248页。
④ 格兰特：《康涅狄格边疆村镇肯特的民主制》，第102页。
⑤ 摩根：《美利坚的奴役，美利坚的自由》，第221页。
⑥ 梅因：《美国革命时期的社会结构》，第51页。
⑦ 库利科夫：《烟草与奴隶：1680—1800年南部文化的发展》，第135页。

土地面积因不断分割而越来越小，不出几个世代，一个家庭所拥有的土地就变得微不足道，甚至完全没有土地。当然，没有土地的人并非都是穷人，也有一部分是工匠和职业人员，他们不必依赖土地为生或获取财富；有些则是佃农或富裕的农场主的子弟，虽然没有土地，但拥有其他形式的财产。

在没有土地的人口中，佃农是一个十分特别的群体。在纽约，佃农可分为若干种类型。第一类因缺少启动资金以建立自己的农场，便以租佃来过渡。第二类略有家资和土地，租种土地的动机也是多种多样的：有的为了获得经济上的好处，有的则是为了在居住上更靠近亲戚朋友。第三类则是出于经营考虑而租种土地，有些类似于农业资本家。此外，还有其他类型的佃农。各种类型的佃农经济境况大不一样。1775年，纽约佃农中财产最少者仅8英镑，多者则达到7 500英镑。从各种有关文献来看，纽约的佃农大多家境良好。因此，有美国学者得出结论说，租佃制作为一种生活方式，并没有阻碍人们在经济上实现不断改善的愿望；佃农的地位并不像以往史家所描述的那样糟糕。① 马里兰庄园中也有一少部分佃农拥有自由持有的土地，他们通常是庄园的长期佃户，在获得自己的土地后，并不放弃原来的租约，大多居住在庄园以外。在马里兰的比弗丹等8个庄园的307名佃农中，拥有自由持有土地者达115人，占37.47%。② 不过，大多数佃农仍是庄园的长久住户，没有自己的土地，也缺少奴隶和仆役，家资微薄，生计艰难，又无力离开庄园去寻找新的机会，因而只能忍受贫困。

基于对各阶层土地占有状况的分析，可以得到一个粗略的判断：在英属北美殖民地，虽然土地占有状况差异很大，但是大多数白人居民都拥有至少可以维持生存的土地的占有权或使用权。这与当时世界上绝大多数地方的情况是迥然不同的。本杰明·富兰克林曾说，欧洲社会贫富悬殊，富者人数不多，但生活奢华，大部分人却甚为贫困；

---

① 金承福：《纽约殖民地时期的地主和佃农（1664—1775）》，第242-249、274、278页。
② 斯蒂文森：《丰饶之乡的贫困》，第39页。

可是，在新英格兰，"这里人人都是自由持有者，他们在公共事务中都可投一票，住在整洁温暖的房子里，拥有充足的食物和燃料，从头到脚都穿戴着可能是自己制作的衣服鞋帽"。[①] 1759 年，弗吉尼亚副总督弗朗西斯·福基尔由于找不到无地的穷人去当兵，便抱怨说："在这个殖民地人人都有土地，只有黑人是劳工。"[②] 他们的说法，从一个侧面揭示了英属北美社会结构的特点。在这里，由于多数白人占有土地，社会冲突的烈度和广度就相对有限，因而获得了较为稳步有序的发展。

（原刊于《南开学报》1999 年第 6 期）

[①] 转引自布朗：《中间阶级民主与马萨诸塞的革命》，第 9 页。
[②] 转引自布朗等：《1705—1786 年的弗吉尼亚：贵族制还是民主制？》，第 9 页。

加拿大与美国独立战争

20世纪初年出任美国总统的西奥多·罗斯福,向来豪勇尚武,怀有不加掩饰的扩张主义倾向。他曾放出豪言:"我希望在我60岁以前看到……英国的旗帜在北美地图上消失!"①这种言论不免被当时人斥责为疯话。其实,他的先辈们在争取独立时就有过类似的想法,并采取了相应的行动,只不过一切努力均付诸东流。其结果是,在13个殖民地脱离英国而独立建国之后,其北邻加拿大却仍旧留在英国殖民体系之内。美国与加拿大在独立问题上的不同选择,在这两个地区后来的历史进程中打下了深刻的印记。

一、美方争取加拿大的努力

英属北美13个殖民地在刚刚开始反抗英国的统治时,就十分重视争取加拿大②的工作,力图把加拿大纳入反英独立的同盟者行列。作为独立战争的主要领导机构,大陆会议为此采取了双管齐下的策略:一是在加拿大进行反英的宣传鼓动;二是对加拿大实行武装远征。

大陆会议之所以十分重视动员加拿大人一起反英,主要是基于两

---

① 爱德蒙·莫里斯:《西奥多·罗斯福的崛起》(Edmund Morris, *The Rise of Theodore Roosevelt*),纽约1976年版,第598页。
② 此处的"加拿大"系指英属魁北克和新斯科舍。

点考虑。其一，加拿大位于美国北面，同为英属殖民地，倘若与13个殖民地结盟而联手反英，不仅能壮大反英的力量，而且将切断英军的后援供给线，铲除其在北美的大本营，从而大大加速争取独立的进程。因此，从战略上看，争取加拿大具有十分重要的意义。其二，独立战争的领导者们希望加拿大成为第14个伙伴，从而在北美建立一个新的强大国家，将英国的势力一劳永逸地赶出北美。由此可见，争取加拿大的行动包含了扩张主义的成分。

早在1774年10月，大陆会议便向魁北克人发出倡议，呼吁他们组成自己的代表大会，推选一个代表团来费城参加大陆会议，共商反英大计。大陆会议的传单贴到了魁北克各教区教堂的门口，号召加拿大人参加"美利坚的行动"，"抓住这个机会来争取自由"。① 在蒙特利尔，以托马斯·沃克为首的一批英裔商人不满英国政府发布的《魁北克条例》，同情和支持反英活动。1775年初，波士顿通讯委员会的约翰·布朗受大陆会议委派，前往蒙特利尔从事宣传鼓动活动。在一次当地居民的集会上，布朗发表讲话，动员加拿大人采取行动。沃克发言表示支持，但大部分人反应冷淡。布朗只得复命说："看来还没有迹象表明加拿大会派代表参加大陆会议。"②

但大陆会议并未丧失信心。5月29日，大陆会议又向加拿大发出一份由约翰·杰伊起草的呼吁书，称加拿大人为13个殖民地居民的同胞，同是英国殖民统治的受害者，应当联合起来共同争取自由。③ 转年3月，大陆会议派遣3名特使赴蒙特利尔进行宣传。3人中有德高望重、长于外交的本杰明·富兰克林，另外两人为马里兰人。此外还有一名天主教牧师和一名法国人随行。派出这样一支人马，大陆会议是别有考虑的。富兰克林是北美殖民地的名人，大陆会议指望他能在加

---

① 阿金斯·劳特：《北方帝国加拿大》（Agenes C. Laut, *Canada: The Empire of the North*），多伦多1924年版，第298页。
② 唐纳德·克赖顿：《北方领地加拿大史》（Donald Creighton, *Dominion of the North: A History of Canada*），伦敦1958年版，第161页。
③ 大陆会议：《致加拿大的呼吁书》，载莫蒂默·阿德勒主编：《美国年鉴》（Mortimer J. Adler, ed., *The annals of America*），芝加哥1976年版，第2卷，第327－328页。

拿大人中发挥个人感召力。马里兰为13个殖民地中唯一一个天主教占优势的殖民地，派出两名马里兰人和一名天主教牧师，目的就是要使信奉天主教的法裔加拿大人产生宗教上的亲近感，由此增强对其南面邻居的信任。随行的法国人梅斯普雷是个印刷商，他随行携带印刷设备，可在当地大量印制法文宣传品。大陆会议赋予使团重任，授权他们尽一切努力促成同加拿大的结盟。4月29日，使团抵达蒙特利尔，发现城中居民对独立事业态度冷淡，梅斯普雷的宣传品也未激起多大反响。在数十天里，使团的工作毫无起色，最后只得无功而还。他们由此得出结论："对这个地区的占领，最终必须由剑来决定。"①

事实上，早在此前13个殖民地的反英斗士们就试图用剑来解决问题。1775年8月，有人向大陆军总司令乔治·华盛顿提交一份攻占新斯科舍的方案，名为"汤普森上校计划"，建议集结一支队伍，辅以一支舰队，深入新斯科舍的腹地，捕捉那里的亲英派，并以此为基地，发动当地人举行反英起义。华盛顿拒绝实施这一方案，认为征服新斯科舍既有悖于独立战争的原则，也不为大陆军的实力所允许。② 后一点显然是实情。尽管大陆军没有攻打新斯科舍，但新英格兰民间小股武装的袭击却一直未曾间断。是年5月，伊桑·艾伦率200名"绿山健儿"③ 攻占泰孔德罗加要塞，接着又进军蒙特利尔，结果遇英军阻击，大败而归。

1775年11月，大陆军组织了一次对加拿大的武装远征。远征军分兵两路向加拿大推进。一路约200人，由理查德·蒙哥马利将军率领，从里奇林一线进攻蒙特利尔。当时蒙特利尔城中布满大陆军的探子，守城主力开往圣约翰斯要塞和钱伯利要塞抵挡蒙哥马利，被大陆军击溃。蒙特利尔几乎成了空城，被大陆军一举攻克。另一路约1500人，由本尼迪克特·阿诺德率领，沿肯尼伯克河直取魁北克城。该城地形

---

① 兰德尔·怀特：《从毛皮贸易到自由贸易》（Randall White, *Fur Trade to Free Trade: Putting the Canada - U. S. Trade Agreement in Historical Perspective*），多伦多1989年版，第27页。
② 约翰·布雷布纳：《新斯科舍中立的新英格兰人》（John B. Brebner, *The Neutral Yankees of Nova Scotia*），纽约1970年版，第320页。
③ 独立战争期间活跃在佛蒙特地区的一支民间武装。

险要，守军武器精良，阿诺德久攻不克，所部或病或逃，损失过半，仅余700人，遂向蒙哥马利请援。蒙哥马利抵达魁北克城后立即组织攻城行动。他摆出背水一战的架势，宣称，若不能在魁北克城里吃他的圣诞晚餐，那就到地狱里去吃。[①] 未料一语成谶。大陆军在新年前夜发起进攻，转天凌晨气候突变，风雪交加。蒙哥马利见城中毫无动静，以为守军未做防备，遂掉以轻心，结果突遭伏击，中弹身亡。阿诺德所部也进展不利，从城中撤出。这次攻城大陆军损兵折将，阵亡100余人，另有400人被俘。1776年5月，英军大举增援魁北克城，大陆军只得全部撤退。

此后，大陆军在大湖区时常与英军接火，但再也没有对加拿大采取大规模军事行动。在法国宣布与美国结盟之后，攻占加拿大一事重被提出。法国将一支强大的海军舰队开到北美海域，为攻取加拿大提供了可能。拉法耶特侯爵提出一个方案，拟从水陆两路进占加拿大，陆路占领从底特律到蒙特利尔的英军据点，水路则沿圣劳伦斯河推进。大陆会议批准了这一计划，但华盛顿不同意执行。他担心法国会乘机收复七年战争中的失地，这于美国不利。[②] 1780年以后，13州境内几无战事，华盛顿转而同意远征加拿大。这次唱反调的却是法国人。法国人感到，如果让英国据有加拿大，将对美国构成威慑，可以抑制美国的成长，使其依赖于法国。美法之间的明争暗斗，再次使攻取加拿大的计划化为泡影。

美国在独立战争期间对加拿大采取的军事行动，有史书指斥为侵略行径。但美国一方却有很正当的理由，相信夺取加拿大乃是反英独立事业的组成部分。而且，他们攻击的目标并非加拿大居民，而是英军和英国的殖民机构。换一个角度来看，加拿大居民也有权利选择是否继续留在英帝国，美军的武力行动与他们的意志也是相违背的。

---

① 劳特：《北方帝国加拿大》，第304页。
② 乔治·华盛顿1778年11月14日致亨利·劳伦斯的信，载《美国年鉴》，第2卷，第506–508页。

二、 加拿大对美国独立战争的反应

美国独立战争在加拿大也激起了一些反响。在新斯科舍,反英活动时有发生。1775年5月初,有人焚毁了准备运往波士顿增援盖奇将军的草料;7月8日英军的海军船坞又遭火烧。一些新斯科舍人与新英格兰人商议联合行动,力图使这个殖民地归入大陆会议旗下。新斯科舍殖民地议会制定法令,要求征募民兵以对付美军入侵,遭到大多数新斯科舍人的拒绝。他们声称自己与新英格兰有联系,不能对自己的兄弟姐妹作战,主张保持中立。在蒙特利尔和魁北克城,一些英裔商人同情美方,为他们打探消息,散发宣传品。法裔居民也怀有反英情绪。有人雕刻了英王乔治三世的半身像,把脸涂花,并用法文在下面写着:"请看这个加拿大的教皇,或英国白痴。"① 但是,这些活动都是自发而零星的,终究未能把加拿大推上反英独立的道路。

加拿大人为什么没有与美国人联手反英以争取独立呢?从表面看,加拿大人的确应当成为美国人的盟友。新斯科舍的居民大部分来自新英格兰地区,特别是1713年后大批新英格兰人移居此地,使之获得"新新英格兰"的称号。以常理论,新斯科舍人与新英格兰人同出一源,本当加入反英行列。魁北克的居民主要为法裔,说到底他们乃是英国的被征服者,完全有理由仇视和反叛英国的统治,趁13个殖民地起事之机以争取独立。大陆会议之所以卖力地争取加拿大人起来反英,所基于的理由也与上述几点有关。但加拿大人始终没有站在美国人一边,这其中显然有更深层的因素在发挥作用。

第一,加拿大不具备实现独立的社会条件。加拿大地处北美大陆北端,气候寒冷,地貌复杂,在英法之间的长期争夺中,其拓殖和开发进展缓慢。到美国独立战争爆发时,加拿大人口甚少,而且极为分

---

① 马森·韦德:《1760—1945年间的法裔加拿大人》(Masson Wade, *The French Canadians, 1760—1945*),伦敦1955年版,第68页。

散隔绝，除了蒙特利尔、魁北克城、哈利法克斯等人口集中的较大城镇，大部分地区居民分散，彼此缺少联系，加上英、法两裔居民之间民族矛盾尖锐，因此，居民之间尚未产生民族认同，没有一致的利益追求。造成这种状况的根本原因，乃在于加拿大的经济水平还十分低下。在 18 世纪，加拿大除毛皮贸易和捕捞活动外，几乎谈不上有其他形式的产业。可是，这两项产业都依赖于原始的自然环境，与大规模的移民相抵触，因而也就限制了加拿大的开发进程。毛皮贸易和渔业产品贸易不仅以英国市场为依托，而且控制在英国商人之手；同时，殖民地所需的生活用品也全部由英国运来。这样一来，加拿大在经济上对英国产生了很深的依赖。这一切使加拿大紧紧附着于英国的贸易圈之内，无法脱离帝国框架而独立发展。加拿大历史学家哈罗德·英尼斯曾说"毛皮产区注定要继续归英国拥有"，① 所表达的正是这个意思。这与 13 个殖民地的情况是迥然有异的。13 个殖民地在反英独立之时，已初步形成了自己的制造业、商业和农业，对母国的经济依附正在逐渐削弱。不过，即使在 13 个殖民地，热心独立事业的人也不过占人口的 50% 左右，另有 10% 的人则始终是效忠英国的。这就难怪加拿大对反英和独立抱有极为现实的态度。当大陆会议动员他们反英时，他们便发出疑问："请告诉我们，在什么方式下我们能既为你们的事业效力，又不会给我们自己带来灭顶之灾？"②

　　第二，宗教问题构成加拿大人与美国结盟的另一个障碍。魁北克的法裔居民大都信奉天主教，与 13 州盛行的新教格格不入。他们担心一旦加入美方阵营，便会与新英格兰的清教徒发生冲突。另一方面，大陆会议在对加拿大进行宣传时，也未在宗教问题上采取审慎态度，刺伤了法裔天主教徒，从而激起反感。大陆会议在 1774 年 10 月致加拿大的倡议书中说："我们十分熟悉那种使你们的民族独具特征的宽宏豪

---

① 哈罗德·英尼斯：《大宗产品的重要性》（Harold Adams Innis, "The Importance of Staple Products"），载迈克尔·克罗斯等编：《前工业时代的加拿大：1760—1849》（Michael S. Cross, Gregory S. Kealey, eds., *Preindustrial Canada*, 1760—1849），多伦多 1982 年版，第 27 页。
② 埃德加·麦金尼斯：《加拿大政治与社会史》（Edgar McInnis, *Canada: A Political and Social History*），纽约 1959 年版，第 152 页。

爽的情怀，故不相信宗教的差异会使你们抱有偏见而不与我们真诚友好。"① 但是，大陆会议在另一文件中又谴责天主教"在世界各地传播不孝、偏见、迫害、谋杀和反叛"。② 这种言论使法裔天主教徒难以释怀和宽心。当3人使团抵达蒙特利尔后，当地一位天主教牧师问道，在13个殖民地中有哪一个殖民地的天主教徒拥有《魁北克条例》所赋予的平等权利？使团成员便许诺说，将尽力使加拿大人自由地信奉其宗教。可是，这位牧师却提醒说，大陆会议曾谴责过天主教。③ 可见，对自己的宗教信仰的担心，在一定程度上阻止法裔加拿大人加入反英的阵营。

第三，美方对加拿大的军事行动起了适得其反的作用，进一步把加拿大推向英国的怀抱。在新斯科舍，除了"绿山健儿"的进攻，不少私人武装也乘机袭扰这里的居民，哈利法克斯以外的几乎所有居民点都未能幸免。这使新斯科舍人失去了安全感，遂向英国殖民当局寻求保护。美军初入蒙特利尔，也曾得到一些加拿大人的帮助，但美军阻挠城中商人与西部进行贸易，践踏法裔居民的宗教信仰，用毫无信誉的大陆券购买货物，或干脆拖欠和拒付货款。累累劣迹很快恶化了相互之间的关系。美军以解放者自居，却被当地居民目为暴徒和恶棍。美军留下的恶劣印象，无疑增强了加拿大人对美国独立事业的离心倾向。与此形成鲜明对照的是，当1776年5月英军开入魁北克城时，受到举城居民的热烈欢迎。

第四，英国及时调整了对加拿大的政策，安抚了当地居民的情绪，稳固了他们对帝国的忠诚。英国取代法国接管加拿大以后，英国商人纷纷到魁北克活动，与法裔居民在经济上建立起相互依赖的关系。英裔商人垄断毛皮贸易，可以为殖民地产品找到市场，同时又为当地居民输入工业品。法裔居民则善于同印第安人打交道，从那里获取毛皮，再转卖给英裔商人。这样就改善了法裔居民的经济处境。1763年，英

---

① 麦金尼斯：《加拿大政治与社会史》，第153页。
②③ 怀特：《从毛皮贸易到自由贸易》，第25页。

国政府发布英王谕令，试图在魁北克推行英国化，受到法裔居民的强烈抵制，几乎没有取得进展。当13个殖民地爆发反英运动以后，英国政府对加拿大采取区别性政策，放弃了英国化的尝试，而对1763年以前的实际状况加以承认。1774年的《魁北克条例》，集中体现了英国的政策意图。法令将密西西比河和俄亥俄河之间的广大地区保留给魁北克，使卷入毛皮贸易的加拿大人感到满意；英国政府放弃在魁北克召开议会的要求，恢复由当局任命的立法会议，并允许天主教徒担任公职，同意教会征收什一税，这让法裔天主教徒觉得安心；批准英国刑法和法国民法共存并行，对封建土地制度及其相应的特权不加触动，以此取得了法裔上层的信任。总之，这个法令全面肯定了新法兰西时代留下的政治、经济和司法制度，从而赢得法裔加拿大人对于英国的效忠。不过，英国却也为此付出了沉重的代价，且不说在北美重建了一个"旧制度"的堡垒，这一法令被13个殖民地居民目为"不可容忍"，激起更为强烈的反抗，加快了他们走向独立的步伐。

三、美国独立战争对加拿大的影响

美国独立以后，加拿大继续留在英帝国，由此产生的后果，在后来北美的历史进程中乃是一目了然的。

1781年生效的《邦联条例》中专门提及加拿大，并为它在未来的联盟国家预留了一席之地。《邦联条例》第11款称："加拿大如接受邦联并参与合众国的各项政策措施，应被允许加入，并得享有联盟的所有裨益。"[①] 但是，美国革命者始终未能等到加拿大人举国来投。及至巴黎和谈时，美方代表本杰明·富兰克林提出，如果英国真正寻求与美国友好相处，就应当将加拿大（指魁北克）割让给美国。英国一度准备接受这一方案，但旋即改变了主意。法国和西班牙也反对做这样的处理。对美国来说，未能使加拿大脱离英国，不仅使双方在边界问

---

① 《邦联条例》，载《美国年鉴》第2卷，第560页。

题上经常陷入争端，而且意味着英国的势力依然存在于自己的大门口，对独立和安全构成直接的威胁。

美国人一举建立北美帝国的梦想没有实现，一直心有不甘，难免不时旧念重生。1810年以后，美英关系趋于紧张，美国有一批称作"战鹰"的年轻国会议员，继承其父辈建立北美帝国的遗志，主张对英开战，攻占加拿大。他们声称，美国注定要成为南起墨西哥湾、北达北冰洋的整个北美大陆的主人。1812年战争爆发后，美国军队便再度北进，远征加拿大，但在大湖区受到英国海军的重创。战争的结果使美国的独立得到巩固，同时也意味着美国兼并加拿大的计划最终告吹。1845年美英就俄勒冈边界再次发生争执，美国又以武力相威胁，迫使英国做出让步。自此以后，美加（英）之间才基本上相安无事。

在加拿大一方，美国独立战争也留下了多方面的遗产。

加拿大未与美国一起摆脱英国的统治，而走上了一条完全不同的渐进独立的道路。加拿大于19世纪40年代成立责任政府，1865年建立自治领，20世纪30年代获得完全独立，1982年最终从英国收回宪法权利。加拿大在实现独立的过程中，没有暴力反叛，每一步都是以和平渐进的方式完成的。当然，加拿大未与美国一同独立，并不是这一结局的原因，而只是一个起点。

反过来，美国独立战争也加速了加拿大的开发进程。13个殖民地那些反对独立的"效忠派"，无法在原地安身立命，只得纷纷逃亡，其中绝大多数迁居到加拿大。进入加拿大的"效忠派"又有不同的去向。那些拥有产业和较高社会地位的上层"效忠派"，大多移居新斯科舍。据这个殖民地总督的估计，及至1783年底，大约有30 000名"效忠派"迁入，超过本地原有居民的一倍以上。[①] 为了安置新来的"效忠派"移民，新斯科舍实行自由授地制，户主可获得100英亩土地，外加必要的安家和耕作的工具与材料。不久，新来者与原有居民之间的关系趋于恶化，加上地理上的差异，便另设新省，称新不伦瑞克，其

[①] 麦金尼斯：《加拿大政治与社会史》，第161页。

居民主要是"效忠派"及其后裔。

"效忠派"当中的那些普通农户和小产业人员，大多迁入魁北克，人数在 5 000 上下，约占法裔加拿大人的 10%。① 这些英裔移民的到来，改变了魁北克的民族成分和人口结构，使之由原来清一色的法裔殖民地变为英法两族混居的地区，两族居民之间的矛盾便逐渐尖锐起来。英裔居民反对《魁北克条例》对法裔特权的保障，双方冲突时有发生。鉴于这种局面，英国便于 1791 年宣布加拿大分治，把魁北克分为上、下加拿大。上加拿大以英裔居民为主，下加拿大则为法裔区，两省共享一个选举产生的议会，另分设各自的参事会。在土地制度方面，上加拿大实行自由持有制，下加拿大则维持原来的领主所有制。这就是"1791 年宪法法案"的主要内容。这一调整暂时缓和了加拿大的族裔冲突。

进入 19 世纪，整个加拿大的开发大为加快，其历史也就步入一个新的时期。

(原刊于《历史教学》1992 年第 4 期)

---

① 韦德：《1760—1945 年间的法裔加拿大人》，第 74 页。

奴隶制与美国内战前的社会和政治变迁

王锦瑭先生最近撰文指出，美国内战前资本主义制度与奴隶制度之间的几次妥协"是无原则的，因而是不对的，是美国资产阶级妥协动摇性的表现，它对美国社会历史发展弊多利少"。[①] 我觉得这种观点是值得商榷的。对这些妥协的评价，涉及美国历史上一些重大的问题，比如自由资本主义制度与奴隶劳动制度的关系，资产阶级与种植园奴隶主集团的矛盾的发展，美国资产阶级的特性，国内妥协的必要性及实际后果，南部奴隶制经济的历史地位，等等。因此，有必要对这些妥协进行仔细慎重的重新探讨，以期做出较为恰当的解释。

一、妥协的必要性及其后果

当我们评说这些妥协时，千万不可忽视它们产生的具体的历史条件，更不能把自由资本主义制度与奴隶制的矛盾看作从一开始就是敌我对抗性的和不可调和的。两种不同的制度既有矛盾又相互依存，其矛盾也有一个发展的过程。美国宪法在很大程度上就是资产阶级和种植园奴隶主集团折中妥协的产物，[②] 而联邦政府从一开始就是两者的联

[①] 王锦瑭：《如何评价美国内战前的几次妥协》，《世界历史》1986 年第 8 期。
[②] 参见查尔斯·比尔德等：《美国文明的兴起》（Charles Beard, and Mary Beard, *The Rise of American Civilization*），纽约 1930 年版，上卷，第 321 页。

合政权。两种制度一时尚能和平共处，其矛盾还没有达到敌我对抗的程度，这就构成了上述妥协的前提。因此，用斗争还是妥协来解决或缓和矛盾，实际上只是一个手段问题。但是，为什么资产阶级往往选择妥协而不是斗争来解决矛盾呢？那些妥协是不是一种毫无必要的牺牲呢？

既然联邦政府是资产阶级和种植园奴隶主集团的联合政权，既然两者是既有矛盾又有一致利益的不同社会集团，那么，通过妥协、让步等和平的手段来协调相互的利益，缓和冲突，乃是十分自然而正常的事情；特别是当双方在政治上陷入僵局时，这种妥协尤其显得必要。

先来看看"密苏里妥协"。1819年2月密苏里申请加入联邦，这本是一件很平常的事情。可是，众议员詹姆斯·塔尔梅奇却提议在允许密苏里加入联邦的法案中加入两条修正条款：其一，禁止密苏里继续引进奴隶；其二，此后在该州出生之黑奴子女得在25岁时成为自由人。① 这两条意味着奴隶制将在这个州内自行消亡。这无异于在南部头上悬起钢刀，自然引起了种植园奴隶主集团的警觉，使问题一下子变得尖锐起来。南北双方各不相让，参、众议院为此争议不休，出现了僵持的局面。这时马萨诸塞州同意缅因地区作为州加入联邦，条件是国会须在1820年3月4日以前采取行动。北方资产阶级在参、众两院的代表为了打破僵局，协调双方利益，使南北双方在参议院的力量达到均衡，便抓住这一时机，采纳了约翰·W.泰勒的建议，在北纬36°30′以北的路易斯安那地区永远禁止奴隶制度，联邦同时接纳密苏里和缅因两州。② 矛盾随即得以缓和，政治僵局也化解于无形。这次妥协一劳永逸地解决了当时整个西部的建州争议，确立了新的建州原则，使领地奴隶制问题平息了近30年。试想，如果没有这种妥协，南北双方关于建州问题的政治纠纷何时能了？

---

① 亨利·斯蒂尔·康马杰编：《美国历史文件集》(Henry Steele Commager, ed., *Documents of American History*) 纽约1963年版，第1卷，第225页。
② 伯纳德·贝林等：《伟大的共和国》(Bernard Bailyn, et al., *The Great Republic*), 马萨诸塞州列克星敦1977年版，第585页。

美墨战争使美国在西部又获得了广阔的土地，这些新获得的土地上的奴隶制问题又一次使美国的政治空气炽热起来。《魏尔莫特附文》反映了北部要求限制奴隶制扩张的情绪，但又一次使问题陷入僵局，南北双方相持不下。据说，林肯在国会供职时就曾数十次就《魏尔莫特附文》投票表决，可见当时双方斗争之激烈。亨利·克莱和斯蒂芬·道格拉斯折中了双方要求，提出了"1850年大妥协"，又一次使紧张的政治空气和缓下来。1854年制定《堪萨斯—内布拉斯加法案》时，两种制度的矛盾在性质上已发生了变化，已经是不可调和的了，而这一法案实际上是南部势力及北部民主党人单方面意志的体现，也不再属于妥协的范畴。

在1850年以前，北部资产阶级倘若不让步就会导致南部分裂，这样说的确有点言过其实。但如果双方都坚持原来的立场，分毫不让，那么一些尖锐的政治问题就会长期悬而不决，整个国家就会在长期的政治争执和纠纷中消耗大量精力和元气，社会秩序因之而出现动荡也未可知，这反倒不利于国家的发展。因而北部资产阶级在一些具体问题上做出适当让步以达成妥协，在策略上并非失算，而对整个国家和社会来说则是一种有益之举，恰恰表现了富有生气的资产阶级在政治上、策略上的灵活性。正是因为1820年的"密苏里妥协"和"1850年大妥协"，美国才赢得了30多年的国内和平发展（当然也包括奴隶制经济的发展）。王锦瑭先生指责北部资产阶级对奴隶主集团的斗争是很不认真或根本不做斗争，实际上历次妥协都是激烈斗争的产物，妥协是资产阶级在无可选择的情况下的选择。

王锦瑭先生指斥北部资产阶级的让步是不讲原则的，达到了令人难以容忍的地步。事实恰恰相反，在内战以前的几次妥协中，北部资产阶级放弃的至多是具体的、局部的利益，并未割舍其根本利益，更谈不上出卖原则。对每一次具体的妥协，必须做具体的分析。

只要我们浏览一下"密苏里妥协"和"1850年大妥协"的具体内容，就不难发现，北部资产阶级在这两次妥协中所做出的让步就是承认现状。具体来说，"密苏里妥协"实际上还具有重大的进步意义。在

《西北法令》中，美国政府首次明文对奴隶制扩张做出限制，但它涉及的范围却十分有限，在西北地区以外它便没有效力。路易斯安那地区从法国手中转入美国以后，使美国的版图几乎扩大了一倍，对这一广阔地域的奴隶制问题，联邦政府一时未做出具体规定，也就是说，奴隶制在整个路易斯安那地区的扩张都是不受限制的。然而"密苏里妥协"规定，北纬36°30′以北的路易斯安那地区永远禁止奴隶制度。[①] 这样，广大的西部地区就成为自由移民的土地了。这实际上是《西北法令》精神的推而广之。此举可谓一箭双雕：既平息了南部奴隶主集团的愤怒和恐惧，消除了他们挑起政治纠纷的借口，又限制了奴隶制的无限扩张。怎么能说这种妥协是弊多利少呢？也许人们认为把北纬36°30′以南的广大路易斯安那地区留给奴隶制乃是一大失策。殊不知，在当时剥夺奴隶制的一切发展空间乃是完全不可能的，因为奴隶制经济的生命之源就是新的土地，在两个集团联合执政的时代，北部资产阶级怎么可能设想完全剥夺奴隶制向西部扩张的机会呢？在"密苏里妥协"中，北部资产阶级放弃的只是塔尔梅奇的不切实际的政治空想，资产阶级的切身利益并未受到损害。

同样，1850年的妥协也并非达到了"令人不能容忍的地步"。加利福尼亚早在此以前便组成了政府，制定了州宪法，明文禁止奴隶制。当时人们普遍认为犹他和新墨西哥地区的地理气候条件不允许奴隶制扩张（因为植棉业不可能存在于这些地区），因此，"1850年大妥协"中提出对这些地区的奴隶制不做任何规定（既不承认也不禁止），任其自然，这完全是可以理解的。这仅在名义上将犹他和新墨西哥开放给奴隶主，但实际上奴隶主却什么也没有得到，因为1850年妥协以后，这两个领地并未出现大规模的奴隶制经济，迁入这些地区的白人奴隶主为数甚少。至于实行严厉的"逃奴缉捕法"，也并未"更是从法律上肯定了奴隶制的合法性"，因为当时美国并无任何一条法律否认奴隶制

---

① 参见莫蒂默·阿德勒主编：《美国年鉴》（Mortimer J. Adler, ed., *The Annals of America*），芝加哥1976年版，第4卷，第592页。

的合法性，而"密苏里妥协"中即已包含了自由州向奴隶主引渡奴隶的规定，所以奴隶主并未从这一妥协中得到什么新的东西。正由于这一妥协并未使资产阶级和整个国家的根本利益受到实际损害，因而它在全国受到普遍欢迎，许多城市还为此举行了庆祝活动。[①] 即使作为民主党和南部奴隶主集团意志的体现的《堪萨斯—内布拉斯加法案》，也并未给南部奴隶主带来多少实际好处，带来的只是流血冲突。我们可以看一看美国各州加入联邦的一览表，在1850年和1854年以后，并无任何一州是以蓄奴州加入联邦的。这些妥协又怎么能说是主要有利于奴隶主而不利于资本主义的发展呢？至于王锦塘先生把1857年的"斯科特判决"也算在妥协之列，那就更不妥当了。因为那时南部势力已完全控制了联邦最高法院，那些代表奴隶主的大法官们是冒天下之大不韪而将那项判决强加于全国的，北部资产阶级从何妥协又何曾妥协过？

再看北部资产阶级的让步是不是无原则的。首先要解决的问题是，在当时的历史条件下，对资产阶级来说什么才算是原则？我觉得只有国家的统一、联邦政权高于州权才是原则，因为这些是资本主义发展的政治保障。在这两个问题上，北部资产阶级从未退让，更不用说出卖了。王锦塘先生文中列举的韦伯斯特驳斥海恩、杰克逊平息南卡罗来纳的分裂狂潮即是这方面的例证。在关于"1850年妥协"的辩论中，奴隶制的支持者约翰·卡尔霍恩重弹"和平分离"的调子，又一次遭到年纪老迈的丹尼尔·韦伯斯特的迎头痛斥。[②] 当19世纪50年代末南部奴隶主步步进逼时，北部资产阶级并未退让，而是组织自由领地党和共和党等反对奴隶制扩张的政治组织来与之抗衡。当南部公开分裂并挑起战端时，北部资产阶级更未有过任何出卖原则而承认其独立的企图。当然，在北部资产阶级中的个别政治人物的确有不讲原则地向南部妥协的倾向，如约翰·克里滕登，但北部资产阶级作为一个

---

① 戴维·伯纳等：《美国人民》（David Burner, et al., *The American People*），纽约1980年版，第258页。
② 伯纳等：《美国人民》，第254页。

整体，从未在原则问题上向南部奴隶主势力退让半步。

王锦瑭先生在谈到各次妥协的后果时说："由于这一系列妥协，使北部2 000万自由居民继续受到奴隶主寡头的统治；……联邦政府被绑在奴隶主的战车上，任其驱使，严重地阻碍美国历史的前进。"这显然是夸大了这些妥协的消极影响。

从政治上看，内战前民主党长期控制联邦政府乃是众所周知的事实，王锦瑭先生所谓"30万奴隶主寡头的统治"可能是指这一情况。这里至少应该澄清两个问题。第一，民主党本身有一个演变过程，民主党并非从一开始就是南部奴隶主的政党。在安德鲁·杰克逊、马丁·范布伦和詹姆斯·波尔克当政的时代，民主党还是西部农民和南部种植园主的政治联盟，这时民主党的内外政策更多地体现了全国的利益，而不仅仅是受南部地区利益的驱使。只是到了19世纪50年代，民主党才逐渐蜕变成南部奴隶主的政党，代表南部奴隶主而控制全国政权。但民主党的这一演化是多种因素促成的，把账完全记在几次妥协上，只会闹出笑话来。第二，即使民主党完全沦为奴隶主的政治工具时，其对全国政权的控制，也不是通过暴力、威胁或贿赂等违背美国民主惯例的手段来实现的，而是正常选举的结果。而且，资产阶级也从未放弃争取全国政权的努力，只因为没有形成统一而强有力的政治组织而屡遭失利。因此，民主党的长期执政显然不是几次妥协造成的。由此可见，笼统地说由于几次妥协使"北部2000万自由居民"继续处于"奴隶主寡头"的统治之下，是极不恰当的。

从经济上看，内战前的几次妥协也并未造成如王锦瑭先生所说的严重后果。任何一次妥协都没有剥夺自由移民西进的机会，相反，而是使广阔的土地成为没有奴隶制的纯粹自由的区域。19世纪40、50年代西进运动出现了第一次高潮，并由此带动铁路的铺设、工业革命的加速，使美国经济出现了较为活跃的局面。与此同时，奴隶制经济也因为有新的土地而不断发展以至兴盛，为北部及英国的工业革命提供了丰足的棉花供应，对工业革命发生了积极的影响，因之有人说没有奴隶制就没有棉花，没有棉花就没有工业革命。这样一来，对奴隶制经济的历史地位就须重新评估，不能用道德化的标准来全盘抹杀它。总之，几次妥协使奴隶制经济得以继续发展，并非是严重阻碍美国社会前进的因素。当然，我们不能否认内战前美国纯粹的资本主义经济的发展受到了某种程度的阻碍，但这种阻碍来自整个奴隶制，而奴隶制的存在又不是几次妥协所造成的，即使北部资产阶级在几次危机中分毫不让，也不可能一举消灭奴隶制。

我并不是否认几次妥协也有不良后果，而只是意在指出，奴隶制在美国社会造成的种种恶果并非是几次妥协所带来的，北部资产阶级的几次妥协也不是无原则的，而是有限度的、明智的让步，并没有造成如王锦瑭先生所说的"严重阻碍美国历史的前进"的后果。

二、 作为经济现象的奴隶制

南部与北部之间的冲突和妥协，在19世纪前60余年的美国历史中占有极为重要的地位。这种冲突与妥协的根源乃在于奴隶制。由于奴隶制对美国社会发展有着巨大的影响，因而，要恰当评价美国内战前的几次妥协，如果撇开对奴隶制的性质和历史作用的认识，几乎是不可能的。

王锦瑭先生再次撰文，用了较大篇幅论述美国奴隶制的性质和作用，进一步阐述了他对内战前几次妥协的看法。[①] 他在文中提出的问题是很有意义的，他的观点则反映了国内有关论著的一般看法，因而值得进一步讨论。

我曾指出，对奴隶制经济的历史地位需要"重新估价，不能用道德化的标准来全盘抹杀它，因此，几次妥协使奴隶制经济得以继续发展，并非是严重阻碍美国社会前进的因素"。[②]我这里提到的是"奴隶制经济"，而不是奴隶制；我强调的是"几次妥协"，而不是"奴隶

[①] 王锦瑭：《再评美国内战前的几次妥协兼谈美国奴隶制的性质及其作用——答李剑鸣同志》，《世界历史》1988 年第 1 期。

[②] 李剑鸣：《也评美国内战前的几次妥协》，《世界历史》1987 年第 2 期。

制""并非是严重阻碍美国社会前进的因素"。可见,王锦瑭先生文中批驳的"奴隶制'并非是严重阻碍美国社会前进的因素'"而是"进步因素"的观点,与我的看法有较大的出入。我那番"对奴隶制经济的历史地位需要重新估价"的议论,乃系有感而发。国内不少美国史论著,侧重从道德方面来谴责奴隶制的罪恶,而很少注意奴隶制的历史作用。即使谈及奴隶制的作用,也是抽象地强调其对美国社会发展的阻碍。

历史评价常常遇到价值评判与道德评价的矛盾。这是由于历史发展中充满了进步与正义(或人道)的冲突。推动人类社会进步的因素,有不少人从道德上来说是"恶"的,是不人道的;而道德上是善和人道的东西,在历史面前往往显得软弱无力、无济于事。资本主义的产生和发展,使进步与正义的冲突空前激烈起来,而落后野蛮的奴隶制成为先进的资本主义近代工业的基础,只是这方面的一个表现而已。正是出于这个缘故,在评价美国的奴隶制时,往往令人感到困惑。仅仅关注奴隶制的非人道而不论及其历史作用,就未能跳出一般道德主义的窠臼;片面强调奴隶制的积极作用而避开其血腥残暴的特点,则又陷入了庸俗历史主义的泥潭。我觉得,在谴责抨击美国奴隶制的残酷和落后的同时,还需要解释它作为一种历史现象,其产生、发展乃至兴盛的原因究竟是什么,在历史上到底扮演了什么样的角色。不加分析地说奴隶制反动或进步,都无补于严肃的历史研究。

美国奴隶制是一种残暴、可耻的制度,这是世所公认的。罗伯特·福格尔和斯坦利·恩格尔曼用计量方法对美国内战前的奴隶制做了重新研究,[1] 其结论招致了广泛的批评,主要原因倒不是他们对奴隶的生活水平和奴隶制的利润提出了新的解释,而在于根据他们的研究结果可以得出奴隶制是人道和合理的制度的看法。可见,抹杀奴隶制的野蛮和残酷,必定要冒天下之大不韪。在这一点上,我与王锦瑭先

---

[1] 罗伯特·福格尔、斯坦利·恩格尔曼:《磨难时期:关于美国黑人奴隶制的经济学研究》(Robert W. Fogel, and Stanley L. Engerman, *Time on the Cross: The Economics of American Negro Slavery*),波士顿1974年版。

生并无分歧。但是,王锦瑭先生说,"奴隶制作为最落后最腐朽的生产关系的性质始终是一样的,它对社会进步的阻碍作用只是程度不同而已,只是由于资产阶级利用它,并在后来在它的进攻面前'一再屈辱地退让'才使其继续发展,延长和加重了它对社会发展的危害性",这又是我实在不敢苟同的。

美国奴隶制是早期殖民主义的产物。为解决劳动人手问题,北美各殖民地逐渐使奴役黑人的制度合法化。独立战争以后,北部各州先后废除了奴隶制,这并不是因为北方人格外仁慈和善良,而主要是由于奴隶制在北部没有可以依赖的行业,已经无利可图。即使在南方,随着烟草种植业的衰落以及与欧洲贸易的限制,奴隶制经济也一度显出日薄西山的迹象。1830 年以前,关于奴隶制前途的讨论,所得出的看法大体上是悲观的,认为它将会自行消亡。[①] 但是,19 世纪 20 年代以后,奴隶制经济奇迹般地起死回生,并在 40—50 年代空前兴盛起来。创造这一奇迹的,不是资产阶级的利用和妥协退让,而是迅速推进的产业革命所创造的日益扩大的棉花需求,是棉花品种的更新和加工技术的改进。

在英国的产业革命中,棉纺织业的发展处于领先地位。纺织机器的改进,使生产效率大为提高;热带贸易的发展,又为棉织品打开了广阔的市场。1820 年英国工厂中原棉的消耗量即达 54 000 吨。[②] 美国的产业革命在 1812 年战争后也迅速开展,以洛厄尔为中心的棉纺织业日益壮大,原棉的需求量随之不断扩大。于是,棉花种植成为有利可图的行业。美国南部气温较高,空气湿润,土地肥沃,适合棉花生长。1793 年惠特尼发明了轧棉机,攻克了短绒棉的脱籽难关,使棉花种植业的大发展成为可能。此后,美国的棉花产量增长极快。1790 年美国原棉产量为 3 000 包(每包约 500 磅),1801 年为 100 000 包,19 世纪

[①] 克莱门特·伊顿:《南部文明的成长(1790—1860)》(Clement Eaton, *The Growth of the Southern Civilization*, 1790—1860),纽约 1961 年版,第 299 页。

[②] B. R. 米切尔编:《欧洲历史统计(1750—1975)》(B. R. Mitchell, ed., *European Historical Statistics*, 1750—1975),纽约 1981 年版,第 449 页。

20 年代初期平均年产量超过 400 000 包,① 1850 年为 2 136 000 包，1860 年达 3 841 000 包。② 到后来，世界上 3/4 的原棉供应来自美国南部。③ 棉花种植需要大量笨重艰苦的手工劳动，而黑人则成了这种劳动的载体。棉花的种植使奴隶制经济由无利可图变得利润丰厚。据说，每英亩棉花获利 50 美元乃是常事。④ 但种植棉花极耗地力，因而不断补充新的土地成了奴隶制经济生存发展的关键。19 世纪上半叶，南部植棉区不断向西推移，从"潮汐地带"移至皮德蒙特地区，进而抵达海湾地区。内战爆发后，海湾诸州生产了南部棉花的 3/4。⑤ 奴隶制和植棉业的西移，构成西进运动的一个侧面。当时许多土生美国人和新来移民都在向西迁徙，谋求土地权利。奴隶主当然也不例外，不存在"无理侵占"西部土地的问题。

由此可见，奴隶制经济的生存发展并非人为的罪恶，而是一种历史运动带动的结果，是必然（产业革命创造的棉花需求）和偶然（植棉业与早期殖民主义遗留下来的奴隶劳动的结合）相互作用的产物。奴隶制经济为近代工业提供原料，已成为整个资本主义的一部分。它是依附于工业而存在的，本身不具有独立的性质。没有奴隶制就没有棉花，没有棉花就没有近代工业，这句话也可倒过来表述为：没有近代工业就没有巨大的棉花需求，没有棉花需求就没有美国奴隶制经济的兴起和发展。在奴隶制经济和近代工业的关系中，实际上前者越来越依赖于后者。

在谈到奴隶制经济的历史作用时，王锦瑭先生只强调它对美国社会发展的阻碍作用，这未免失之片面。我从未否认奴隶制对美国社会发展的阻碍作用。我只是要强调，奴隶制既有危害美国社会的一面（对此下文将详细论述），又有助于美国经济的发展。近代工业的成长

---

① 约翰·格勒蒂：《美国简史》（John A. Garraty, *A Short History of the American Nation*），纽约 1974 年版，第 132 页。
② 乔纳森·休斯：《美国经济史》（Jonathan Hughes, *American Economic History*），伊利诺伊州格伦维尤 1983 年版，第 203 页。
③ 伊顿：《南部文明的成长（1790—1860）》，第 28 页。
④ 格勒蒂：《美国简史》，第 132 页。
⑤ 伊顿：《南部文明的成长（1790—1860）》，第 45 页。

需要丰足的原料来源，而奴隶制经济能够满足这一需要，因而充当了资本主义早期工业的营养剂，成为资本主义经济的必要补充。运用奴隶劳动来生产原料，只是早期资本主义赖以发展的种种"血与火的手段"中的一种，何必因它残暴野蛮而否认它对资本主义发展有利的一面呢？据我理解，王锦塘先生文中引用的马克思的那段话，从两个方面谈到了奴隶制的历史作用：奴隶制为现代工业提供了棉花，使它的兴起成为可能；奴隶制使殖民地具有价值，而殖民地又产生了大工业的必备条件——世界贸易。这无疑是对奴隶制的历史作用的客观概括。历史的进步付出了沉重的代价。人类的悲剧也许就在于长期不能为自己选择一条理想的进步道路。"欧洲的隐蔽的雇佣工人奴隶制"创造了现代物质文明，彻底改变了人类生活的面貌；"新大陆的赤裸裸的奴隶制"也参与了这一伟大业绩的创造，黑人奴隶和自由工人一样，把自己的血汗汇入了现代文明之河。这正是历史发展的冷酷无情之处。因此，从人道主义的立场看，奴隶制是最可耻、最残暴、最野蛮的生产方式；从历史主义的角度看，奴隶又或多或少为工业文明的兴起做出了贡献。这两者的结合，便是我对奴隶制的总体评价。

王锦塘先生主要从经济方面来谈奴隶制对美国资本主义发展的阻碍作用，不少看法比较抽象，看起来像是一些推测。

王锦塘先生认为，"南部种植园奴隶制限制了国内市场的扩大"。对此须做具体分析。美国国内市场是随着区域贸易的发展而形成的。北部、西部和南部之间长期存在着一种贸易循环。南北之间的贸易主要是通过纽约商人而沟通的。纽约商人经销南部的棉花，也把北部和欧洲的商品销往南部。奴隶主从欧洲进口的主要是高档生活用品，而基本的生产生活用品或自己制造，或购自北部。奴隶主集团反对保护关税，并非主要因为他们要从欧洲进口工业品，而是担心英国的关税报复。当时世界贸易日趋发达，世界市场也处于形成之中，美国出口原料和进口制成品，只是世界贸易循环的一部分。因此，南部不仅是国内市场的一部分，也参与了世界市场的开拓。市场与生产的关系是交互的，市场刺激生产，生产发展又开创市场。当时美国工业不如英国发达，从英国输入制成品是不可避免的。所以，不可夸大奴隶制对美国国内市场扩大的限制作用。

王锦瑭先生指出，奴隶制"堵塞了国内自由劳动力供应的一个重要来源"。这种看法也有可探讨的余地。北部工业中劳动力的需求，与工业发展程度密切相关。内战前北部工厂中劳动力并无严重匮乏现象。1860 年，美国制造业中雇用 1 530 000 人；[①] 1861 年，英国制造业从业人口为 2 609 000 人。[②] 这与两国制造业的发展水平是相对应的。美国劳动力的重要来源是移民。如果北部工业中缺少人手，可以通过宣传和组织移民来解决（如内战后一段时期那样）。但实际上这期间大批涌入美国的移民，主要不是进入北部工厂，而是奔向西部，自立门庭，开拓农场，发掘矿藏；那些无力西去的移民，则深入南部，为种植园主干一些危险而肮脏的活计。而且，由于南部种植业为北部工业提供原料，因而黑人奴隶的劳动实际上已成为美国资本主义总劳动的一部分。如果没有奴隶，同样要有其他形式的劳动力来充当原料生产者。有的美国学者指出，用奴隶劳动生产棉花更具有优势，因为劳动报酬低，妇女和儿童的劳动更易于利用，奴隶工作时间长，而且易于管理。[③] 因此，不能抽象地说奴隶制影响了国内自由劳动力的供应。即使内战以后，获得解放的黑人也并未大规模涌入工厂。

王锦瑭先生仅仅根据英国工厂消费的原棉主要来自美国这一事实，便认定南部种植园奴隶制"妨碍资本家从国内获得充分的原料"，这也是欠妥的。北部棉纺织业的发达程度不及英国，并非原料和劳动力不足所致，而与其起步较晚有关。在 1859—1860 年间，南部棉花销往英国、欧洲大陆和北部的数量分别为 2 344 000 包、1 069 000 包和 943 000 包，[④] 基本上反映了各国棉纺织业所能消费的原棉量。英国的棉纺织业

---

① 美国商务部国情调查局：《美国历史统计：从殖民地时期至 1970 年》（U. S. Department of Commerce, Bureau of Census, *Historical Statistics of the United States, Colonial Times to* 1970），华盛顿 1975 年版，第 1 卷，第 139 页。

② 米切尔：《欧洲历史统计（1750—1975）》，第 171 页。

③ 肯尼思·斯坦普：《特殊制度》（Kenneth M. Stampp, *The Peculiar Institution*: *Slavery in the Ante-Bellum South*），纽约 1956 年版，第 400 页。

④ 伊顿：《南部文明的成长（1790—1860）》，第 28 页。

显然比美国发达。1860年英国原棉消费量为492 000吨，① 其棉纺织厂一般拥有17 000个纺锤和276台织布机，而美国新英格兰的纺织厂一般只有7 000个纺锤和163台织布机。② 但从工业规模的各种比例来看，美国工厂消费原棉的比重高于英国。以1860年为例，美国的纺锤数只占英国的20%，雇用工人数只有英国的25%，但消耗的原棉却占英国的40%。③ 这无疑说明北部获得了充足的棉花供应，享有"近水楼台"之便。所以，南部棉花大量远销英国乃供求关系支配所致，而非地区或集团偏见作用的结果。而且，把南部棉花销往英国的，并非南部奴隶主，而是纽约商人。南部把棉花运往纽约售予当地商人，或由纽约商人在南部直接收购后在就近港口装运，再销往欧洲，然后将欧洲商品运回纽约，再转销南部，这就是所谓的"棉花三角贸易"。还须指出的一点是，棉花作为美国的最大宗出口品，减轻了美国进出口贸易的逆差，使美国在工业不发达时期有资金购买外国商品，从而改善了美国在世界贸易中的地位。这也是奴隶制经济对美国社会的一大"贡献"。

王锦瑭先生认为奴隶制"大大延缓了南部工业发展的进程"，显然是过分强调了奴隶制对南部工业的消极影响。当然，不能否认，由于奴隶主轻视工商业，而且把盈利大量投资于土地和用于奢侈消费，限制了南部工业的发展。但奴隶制对南部工业的不利影响并不是南部工业落后的唯一原因，甚至不是最重要的原因。南部工业之不发达，主要是基于自然条件的地区经济分工所造成的。南部宜于种植，因而成了工业的原料产地。南部长期没有发现较大的煤、铁矿藏，缺乏大规模发展工业的基础。南部的主要工业是粮食加工、烟草加工、木材加工和棉花纺织，都是以地区物产为基础的。奴隶制被废除以后，南部工业发展的步子仍大大落后于全国，1900年南部工业在全国工业中的

---

① 米切尔：《欧洲历史统计（1750—1975）》，第450页。
② 休斯：《美国经济史》，第153页。
③ 休斯：《美国经济史》，第153-154页。

比重比 1860 年还要低。① 因此，不能把南部工业的落后完全归咎于奴隶制的阻碍。

三、奴隶制的社会、政治和文化影响

我不否认奴隶制有不利于美国经济发展的地方，但阻碍并不严重。我认为，奴隶制对美国社会的巨大危害，主要不是表现在经济方面，而在于政治、社会心理和文化价值观念方面。

仅仅把奴隶制作为一个经济范畴考虑是远远不够的。奴隶制同时也是一个政治范畴，一个文化范畴，它对美国社会发展的消极影响主要来自政治上和文化上。美国是一个实行民主制、奉行自由平等的国家，而奴隶制违背了近代人权观念和人道主义理想，对黑人奴隶的人身占有与民主社会的基本原则格格不入。《独立宣言》上明文写着人人生而平等，享有多种不可剥夺的权利，《联邦宪法》也宣称要使美国人享有"自由的赐福"。可是实际上美国却存在剥夺自由、否定个人权利的劳动制度，这就难免使美国民主制陷入巨大的矛盾。奴隶制是美国社会的癌细胞，是对民主政治的严重挑战。因此，尽管奴隶制在经济上能为北部工业带来裨益，但北部资产阶级在政治上对奴隶制却十分警觉。允许人对人行使控制和占有的权力，本来就严重刺痛了资产阶级和美国人民的社会良心。奴隶制的存在，长期是压在美国人道德意识上面的巨石，造成沉重的国民心理负担。奴隶制直接否认美国人以个人奋斗、机会平等为支柱的基本价值，造成了价值观的分裂。因此，导致废奴运动兴起的因素，主要是道德的、宗教的和政治的，而非经济的。马克思把奴隶制看作美国政治和社会发展的最大障碍，而未突出经济因素，也正是基于这一点。

从南部本身来看，奴隶制日益成为南部文化传统的核心，渗透到了社会生活和文化心理各个方面。南部的经济生活、社会风习、价值

---

① 伊顿：《南部文明的成长（1790—1860）》，第 242 页。

取向以及奴隶主的社会地位,都是以奴隶制为支柱的。消灭了奴隶制,南部社会结构就会全面崩溃。但奴隶制又是公认的不道德、不人道的落后制度,这样一来,奴隶主集团就产生了一种对奴隶制存废问题的近乎疯狂的敏感心理。他们对于一切危及奴隶制前途的言行都不能宽容,不惜使用极端手段来捍卫奴隶制。他们维护奴隶制的活动,成了内战结束前美国政治纠纷和社会动荡的重要根源。1860年共和党取得全国政权后,并不主张立即废除奴隶制。有的共和党人设想有偿地逐步解放奴隶,大部分共和党人只主张限制奴隶制的扩张。鉴于当时许多奴隶主债台高筑、奴隶劳动日趋无利可图的情况,从纯粹经济的角度看,有偿解放奴隶并不是不能接受的事情。而且,当时奴隶制已扩张到南部一切能种植棉花的地区,从经济上说,进一步扩张已没有多大的可能。但南部的反应却是那么紧张和激愤,以致不惜以分裂联邦、另立国家和挑起战端来捍卫他们的"特殊制度"。这是难以用经济决定论来解释的。南部的不理智之举,乃是出于维护一种毒素很多的文化传统的本能而做出的反应。

从更深层次来看,内战前南北之间的冲突与妥协,实际上乃是奴隶制在美国社会造成的两难困境的表现。奴隶制的扩张天性源于经济的需要,也有经济实力作为支撑。棉花种植需要新的土地,而植棉业在美国经济中的地位又使南部拥有巨大的经济实力,可以制约北部资产阶级的行动,迫使他们做出让步。因而,奴隶制的继续发展不是资产阶级的退让和妥协造成的。相反,妥协是奴隶制经济继续发展的必然要求。从简单的先后顺序上讲,是先有"棉花王",再有妥协,而妥协反过来又助长了奴隶主的气焰,但妥协在这一因果循环中始终居于次要的地位。另一方面,奴隶主集团以攻为守,力图通过不断扩张来维护奴隶制。南北妥协受到两大因素的制约:一是奴隶制的扩张天性,一是北部资产阶级在奴隶制问题上的矛盾处境。在经济上,奴隶制是资本主义工业的必要补充,可利而用之;但在政治上和文化上,奴隶制又是社会毒瘤,危害极大。于是资产阶级对奴隶制的每一扩张十分敏感,力图从空间上限制其发展,但又不得不对它妥协让步,使它能够继续存在。南北之间经历过多次斗争、妥协、再斗争、再妥协的循环，直到国家将被分裂时，以北部为主体的联邦才被迫动用武力。从这个意义上说，妥协几乎是不可避免的。王锦瑭先生把妥协当成是由资产阶级软弱所造成的人为的结果，我是不能赞成的。

（本文第一节原题为《也评美国内战前的几次妥协》，刊于《世界历史》1987年第2期；第二、三节原题为《奴隶制、南北妥协与美国社会发展》，刊于《世界历史》1989年第6期；收入本书时将两文合并，重新分节，并添加了小标题）

关于美国进步主义运动的几个问题

1896—1917年这个时期是美国社会转型的一个重要阶段,从民间到各级政府都在寻找解决社会所面临的各种严重问题的途径。这一社会性的努力被称为进步主义运动。在美国历史上,进步主义运动是一个十分复杂而影响甚大的事件,值得加以深入探讨。

一、进步主义的由来

关于进步主义运动的起源,历来见仁见智、众说纷纭。运动兴起于美国进入工业时代的初期,其直接的导因乃是工业化所引起和加剧的各种社会弊病。

工业化对美国社会的冲击是全面而巨大的。随着工业经济的发展,生产规模不断扩大,资本日趋集中,垄断公司迅速兴起。1898年以前,资本在1 000万美元以上的大公司有20家,1900年增至73家。[①] 当时仅1%的大公司便生产了全国40%的制造业产品。[②] 垄断公司主宰经济生活,造成经济秩序发生重组。大公司对原料与市场实行独占,运用

[①] 乔治·莫里:《西奥多·罗斯福时代与现代美国的诞生(1900—1912)》(George Mowry, *The Era of Theodore Roosevelt and the Birth of Modern America*, 1900—1912),纽约1958年版,第7页。
[②] 尼尔·温:《从进步主义到经济繁荣》(Neil Wynn, *From Progressivism to Prosperity*),纽约1986年版,第3页。

不正当的手段排挤竞争对手，借助保护关税来维持高价格，制造和销售假冒劣质产品以牟取暴利，饮鸩止渴式地开发自然资源以获取最大限度的利润。这一切对经济生活和整个社会都造成了很大的危害。

工业化促进了财富的增值，但也加剧了贫富的分化。1900年美国国民财富达到879亿美元，① 但当时却至少有1 000万人生活在贫困之中。② 导致这种矛盾现象的主要原因，是社会财富分配的不公平。在19世纪末，美国7/8的家庭仅占有全国财富的1/8，而1%的家庭占有的财富比其余99%的家庭还要多。③ 经济上的不平等，导致了社会地位、政治权利、教育程度和生活质量等各方面的差距，过去美国人引以自豪的那种相对平等、富于机会的社会状态，已然不复存在。

社会不平等的加深，使阶级对抗更加激烈。作为社会贫困与不幸的主要承受者，工人阶级奋起反抗资本家的无情压榨，或争取合理的雇用条件，或要求保护工会的权利，甚至致力于摧毁工资劳动制度。在1893—1898年间，平均每年发生罢工多达1 171次。④ 比如普尔曼大罢工这样的"工业战争"，给全社会带来巨大的震动。社会主义运动在这一时期也获得了空前的进展。

阶级结构也发生了很大的变化。产业工人与资本家成为美国社会两大相互对抗的阶级。资本家阶级的内部结构也出现新的变动。独立企业主和农场主的地位下降，垄断资本家势力崛起。介于工人阶级与资本家阶级之间的中等阶层的队伍，也趋于壮大。尤其值得注意的是，社会各阶级都开始克服原来的分散状态，加强了组织性，都力图通过团体的力量来采取行动，以争取和维护自己的利益。

到19世纪末，美国的政治结构也发生危机。公民政治意识淡漠，少数人乘机进行操纵，大资本家收买政客，党魁政治猖獗一时，腐败

---

① 美国商务部国情调查局：《美国历史统计：从殖民地时期至1970年》（U. S. Department of Commerce, Bureau of Census, *Historical Statistics of the United States: From Colonial Tims to 1970*），华盛顿1975年版，第1卷，第255页。
② 罗伯特·亨特：《贫困》（Robert Hunt, *Poverty*），纽约1965年版，第237页。
③ 亨特：《贫困》，第44页。
④ 哈罗德·福克纳：《政治、改革与扩张》（Harold Faulkner, *Politics, Reform and Expansion*），伦敦1959年版，第28页。

行径层出不穷，政府沦为少数资本家追逐利润的工具，民主制度面临严峻的考验。

另外，城市化和新移民的涌入，也带来了不少严重的社会问题。城市迅速兴起，而管理与公共设施没有得到相应的发展，造成市政腐败，贫困现象严重，犯罪事件甚多。大量新移民集中于城市，也使城市问题更加突出。

总而言之，那时的美国社会处于一个大变动的时期，出现了一系列严重的弊端。由于经济结构的变动，企业界日益感到有必要建立新的企业竞争规则，以调整企业与企业之间的关系。更多的人则担心大企业的兴起，会导致一种奴役人民的财富寡头的统治，因而要求对大公司实行"公共控制"。不少人还看到，普遍的贫困化是对平等观念的讽刺，而且生活不幸的人很可能成为现存社会秩序的破坏者，因而必须关心"另一半人"的生活条件。阶级的对抗则被认为是关系到全社会利益的事情，也有必要加以缓和。那些忠实于杰斐逊式的民主理想的人们，则主张肃清政治腐败，在更广泛的民众基础上重建美国民主。在这种情况下，一系列相应的改革措施便告出台。

更深入地看，进步主义运动乃是美国资本主义矛盾尖锐化的产物。生产更趋社会化，而财产仍旧私有，因此不能使物质的繁荣服务于社会的整体改善；对个人权利的重视和对义务、责任及社会利益的轻视，导致少数个人拥有巨大的权力，威胁大多数个人的基本权利，从而使社会失去和谐。进步主义改革就是要从这两方面来缓和资本主义的矛盾，推进资本主义的发展。

另一方面，进步主义运动也是美国长期的政治与社会变动的一个高潮。自19世纪70年代以来，美国社会抗议运动的中心在中西部，农场主运动在那些地区此伏彼起，及至平民党运动兴起，终于发出了全面改革的呼声。在平民主义中已有进步主义的萌芽，平民党人提出的政府干预经济的主张以及参议员民选、直接预选等措施,① 后来都在进步主义改革中付诸实践。在思想观念领域,索尔斯坦·维布伦、理查德·伊利和西蒙·帕顿等人对社会达尔文主义加以批判,要求抛弃自由放任主义的过时教条。在新闻界,黑幕揭发者们对丑恶的社会现实进行无情揭露。不满现状、寻求变革已成为一种普遍的社会心态。与此同时,美国政治生活中趋向于改革的势头也日益强烈。文官制度改革高潮刚过,共和党内在1884年又发生了反叛运动;到1900年前后,形成了以西奥多·罗斯福、罗伯特·拉福莱特、艾伯特·贝弗里奇为首的改革派,使共和党这个企业界的守护神变成了改革的主要领导者。在中西部诸州和一些城市,1890年以来不时发生零星的改革活动。联邦政府自1887年制定《州际商务法》之后,也开始关注经济与社会生活中的某些问题。所有这些变动,到1901年时便发展成不可阻挡的声势,改革在城市、州和联邦各个层次上全面铺开。

当时流行的社会信念是,人类理性可以推动社会进步,美国社会必有一个美好的未来,这场改革运动因而得名进步主义运动,坚持改革立场的人便自称或被称为进步派。② 进步派在具体的改革措施上分歧甚大,只有在对理性、正义与进步的信仰上,他们才达成了某种默契。

二、 改革的成败得失

尽管1900年以前零星的改革活动即已发生,而1917年以后进步派也并未放弃改革的努力,但进步主义运动的主要成就,乃是在20世纪最初的十几年里取得的。

在政治方面,进步主义改革的最大成就,就是抑制了大财富集团对政治的操纵,改进了选举制度,赋予公民以直接表达政治意向和监

---

① 路易斯·菲勒编:《19世纪晚期美国的自由主义(1880—1900)》(Louis Filler, ed., *Late Nineteenth-Century American Liberalism*, 1880—1900),印第安纳波利斯1962年版,第16-19页。

② "进步派"(Progressives)一词最早出现于1905年,1916年以后便很少在现实政治中使用。参见威廉·奥尼尔:《进步主义年代:美国成年》(William L. O'Neill, *The Progressive Years: America Comes of Age*),纽约1975年版,第133页。

督政府的权利，从而使美国资本主义民主制拥有更为广泛的民众基础。这就是进步派所标榜的"新民主"。[1] 一些直接民主的措施，在进步主义时代得到广泛的推行。创制权和复决权于1898年首先出现于南达科他州，不久风行全国，至1919年已有20余州采用了类似制度。[2] 在1902—1917年间，有32个州制定了强制性直接预选的法令。[3] 1908年以后，一些州还试行了选民罢免官员的办法。1913年的宪法第十七条修正案规定由选民直接选举国会参议员。1920年的宪法第十九条修正案授予妇女选举权，使百余年来美国妇女为之奋斗的目标得以实现。此外，政府管理也得到了改善。在城市改革中诞生了城市委员会制与城市经理制两种新型的城市管理体制，尤其是后者，既提高了效率，又增强了管理的科学性，至今仍具有旺盛的生命力。联邦政府的功能得以扩充，开始对经济与社会事务实行有力干预；其权力结构也大有调整，行政部门占据中心地位。用西奥多·罗斯福的话说，联邦政府开始成为"实行改善全国社会和经济条件的有效机构"。[4]

进步主义改革的中心问题，乃是对大公司实行"公共控制"，以调整企业与企业、企业与社会的关系，同时也调整政府与企业的关系。反托拉斯、管理铁路、保护自然资源、改革货币银行制度等一系列措施，都是为这一宗旨服务的。

在进步主义时期，反托拉斯运动获得了巨大的进展。反托拉斯法不仅得到切实执行，而且经过修改而更趋完善。在1901—1920年间，各类反托拉斯案件达到214起，[5] 每5年的胜诉率都在50%以上，最高

---

[1] 进步主义理论家沃尔特·韦尔1913年出版了《新民主》一书。
[2] 戴维·香农：《20世纪美国史：进步主义时代》（David A. Shannon, 20th-Century America: The Progressive Era），芝加哥1974年版，第106页。
[3] 罗伯特·沃克编：《美国的改革精神》（Robert H. Walker, ed., The Reform Spirit in America: A Documentation of the Pattern of Reform in the American Republic），纽约1976年版，第110页。
[4] 西奥多·罗斯福：《进步主义诸原则》（Theodore Roosevelt, The Progressive Principles），纽约1913年版，第118页。
[5] 托马斯·贝利编：《美国精神：当时人所见的美国史》（Thomas Bailey, ed., The American Spirit: United States History as Seen by Contemporaries），波士顿1963年版，第646页。

的时期达到83%。① 1911年，联邦最高法院在美孚石油公司案的判决中，宣布反托拉斯法只反对那些对贸易的不合理限制，此即"合理性原则"。1914年的《克莱顿反托拉斯法》，对1890年的《谢尔曼反托拉斯法》做了重大修改，更具体地规定了何者为违法的企业行为。1903年司法部设立了反托拉斯局，从而使反托拉斯走向制度化。除反托拉斯起诉外，联邦政府还加强了对大公司的全面管理与监督。1903年设立公司局，1914年又成立联邦贸易委员会，具体执行对大公司的管理与监督。1906年国会通过《肉类检查法》和《纯净食品与药物法》，开始注意保护消费者的权益。

对铁路运输实行进一步的管理，也是改革派极力争取的一个重要目标。铁路运输中存在的主要问题，一是安全条件恶劣，二是运价不合理，三是回扣之风盛行。1887年国会设立州际商务委员会来处理这些问题，但因权限太小和法院掣肘而收效甚微。1906年国会通过《赫伯恩法》，加强了州际商务委员会的权力，开始了真正有效的铁路管理。1913年的《估价条例》使该机构的权力得到进一步扩大。

自然资源保护运动在20世纪初也获得很大发展。许多州先后制定了保护自然资源的法令。联邦政府加强了对自然资源的管理，并鼓励对西部进行开发，宣传合理地利用资源。罗斯福当政期间，国有森林保留地的总面积增至150 832 665英亩，② 矿产保留地增至650 000 000英亩，此外还开辟了53个野生动物保护区。③

美国的现代货币银行体系，也是在进步主义时期建立的；税收制度和关税也有所调整。以往的国民银行体系弊病丛生，根本不能适应现代经济生活的需要。1913年12月国会通过《联邦储备法》，设立了联邦储备银行系统，强化了联邦国家对货币银行系统的控制。此外，

---

① 艾伯特·尼米：《美国经济史》（Albert Niemi, Jr., *U. S. Economic History*），芝加哥1980年版，第351页。
② 塞缪尔·海斯：《保护自然资源与效率福音》（Samuel P. Hays, *Conservation and the Gospel of Efficiency*），纽约1959年版，第47页。
③ 伯纳德·贝林等：《伟大的共和国》（Bernard Bailyn, et al., *The Great Republic*），马萨诸塞州列克星敦1977年版，第931页。

1913年的《安德伍德—西蒙斯关税法》，降低了许多商品的关税率。同年获得批准的宪法第十六条修正案，确立了联邦征收所得税的原则，是现代税收制度的一个转折点。

对于下层社会的不幸处境，不少进步派也给予了深切的关注。1889年简·亚当斯在芝加哥建立赫尔会所之后，在贫民区实行社会改进的运动有了很大的进展。1900年全国各类城市街道社会服务站（settlement house）由100个增至400余个。① 许多州和城市还制定法令，对贫民住宅的建筑、维修及卫生标准进行管理。

联邦政府的劳工政策也发生了重大转折。政府开始承认和保护工会的一些基本权利，并主动干预劳资关系，调解劳资纠纷。1913年和1917年分别设立了协调与和解委员会、美国调解事务局，使调解工业争议与劳资冲突成为一种制度。劳工立法也取得了不小的成绩，许多州就童工和女工问题、工资工时问题、劳工保护问题、事故赔偿问题采取了立法行动。联邦政府于1916年制定了《基廷—欧文法》和《亚当森法》，对童工雇用标准和铁路工人的工时及工资分别做出规定。1906年、1908年和1916年国会三度通过《雇主责任法》，以建立工业事故赔偿制度。

除此而外，进步主义时期还是一个各种思潮汇聚撞击的时代，人们的观念也发生了深刻的变革。旧式的个人主义受到批判，人们主张对个人行为施以社会控制，用集体主义来弥补个人主义的不足，这就是"新个人主义"。政府与自由的关系也得到重新理解，政府干预被看成是对个人自由的必要保护。当时占主导地位的社会思想认为，现代社会已日益发展成一个整体，人们相互依存、共同进步，个人权利与社会利益同样重要。相对于早期资本主义时代过分注重个人权利和个人奋斗的思想观念，这也是一个很大的变化。

但是，进步主义改革同样存在许多缺陷。民主化进程大多停留在

---

① 小阿瑟·埃柯克：《美国的进步主义》（Arthur Ekirch, Jr., *The Progressivism in America*），纽约1974年版，第76页。

形式上,"新民主"的推行在很大程度上取决于公民一时一地的政治情绪。进步派对经济问题采取道德主义立场,而且经常轻易地与企业界达成妥协。对社会贫困和劳工处境的改善,也是杯水车薪、浅尝辄止。在进步派的改革议程中,黑人和移民的问题则基本上成了"被遗忘的角落"。进步主义改革固然不可能解决美国社会的所有问题,但进步派本来可以把事情做得更好一些。

三、 虚幻的普遍正义

进步派屡屡宣称,他们追求的乃是普遍的社会正义,"公共利益"一词成了他们的口头禅。实际情况是否果真如此?如果对进步主义运动的阶级基础、改革的社会后果及不同层次改革的特点略做分析,便可以得出初步的答案。

美国社会各阶级都卷入了改革运动,只是扮演的角色有所不同而已。资本家阶级对改革给予了有限的支持。在改革者的队伍中,有不少人来自企业界。在匹兹堡的主要改革团体的成员中,银行家和大公司负责人甚至占了52%。[①] 企业界一方面要求联邦政府对经济实行统一的管理与监督,以摆脱各州严厉法令的困扰;另一方面则支持有限的劳工立法以缓和劳资关系。但资本家阶级一般没有长远目标。他们对某项改革措施持何种态度,主要依据其目前利益而做判断。值得注意的是,大企业主往往能接受政府的改革措施,而中小企业主,特别是全国制造商协会,则极力反对政府对经济事务和劳资关系进行干预。

有组织的工人也积极参与了改革活动。工会所热心的改革,主要是工厂立法和工会活动的合法化;而对于泰勒制、福利工厂、市政改革以及禁酒运动,工会一般是持反对态度的。例如,1906年劳联领导人曾向总统和国会两院递交一份请愿书,要求制定反禁令法、有效的8

---

① 塞缪尔·海斯:《作为社会分析的美国政治史》(Samuel Hays, *American Political History as Social Analysis*),田纳西州诺克斯维尔1980年版,第212页。

小时工作日法、更严格的反托拉斯法等。① 在 1912 年大选中，甚至社会党也提出了一些进步主义的改革主张。显然，工会的改革要求，不过是争取在资本主义条件下改善自身处境，与资本家阶级的根本利益并无冲突。

　　进步派的主体是居于资本家阶级与工人阶级之间的中等阶层。据美国学者研究，在加利福尼亚的 48 名进步派中，有 17 人为法律界人士，14 人为新闻界人士，11 人为独立企业主和实产经营者，3 人为医生，3 人为银行家，其中只有 2 人与大公司有联系。② 这些人几乎是清一色的中等阶层成员。在 1912 年进步党的 260 名领导人中，律师、编辑及其他专业人员有 166 名，也占绝大多数。③ 罗斯福、拉福莱特、简·亚当斯、林肯·斯蒂芬斯、约翰·杜威等主要的进步主义领导人，均出身于中等阶层家庭。中等阶层之所以充当了改革的主要倡导者，乃是由他们的特殊地位所致。他们处于社会阶级对抗的中间，既不满大资本家的行为，又害怕工人阶级的力量，为了寻求社会的和谐和维护自身的利益，他们迫切要求改变现状。中等阶层与资本家阶级有着先天的血亲关系，他们崇奉资本主义的价值观念和伦理准则，其改革的宗旨不过是完善资本主义制度。因此，从运动的社会阶级基础来看，进步主义改革并不是一场全民运动。

　　从改革的社会后果来看，进步主义运动是有利于资本主义发展的。进步派对资本主义民主抱有坚定的信念，他们在政治领域所倡导的改革，主要是改进民主，使之适应工业时代的形势。从表面上看，这使资本家直接插手政治有所不便，但一种清廉稳定、渠道畅通、富于效率、由职业政治家控制的政治体系，正是资本主义发展所必需的。各级政府干预经济的政策，对于个别资本家无限制地获取财富无疑有所

---

① 马克·卡森：《1900—1918 年美国的工会与政治》（Marc Karson, *American Labor Unions and Politics, 1900—1918*），伊利诺伊州伊州卡本代尔 1958 年版，第 43 页。
② 阿瑟·曼编：《进步主义时代》（Arthur Mann, ed., *The Progressive Era: Major Issues of Interpretation*），伊利诺伊州欣斯代尔 1975 年版，第 14 页。
③ 小艾尔弗雷德·钱德勒：《进步派领导的起源》（Alfred D. Chandler, Jr., "The Origins of Progressive Leadership"），载艾尔廷·莫里森：《西奥多·罗斯福书信集》（Elting Morrison, ed., *The Letters of Theodore Roosevelt*），马萨诸塞州坎布里奇 1951—1954 年版，第 8 卷，附录。

限制，但改革所限制的仅仅是资本家追求利润的手段、方式和程度，而维护的则是企业活动的正常环境。进步派关注下层社会的处境，推进工厂立法，固然含有人道主义的动机，但其基本出发点则在于缓和社会对抗，稳定社会秩序，以防止"剧烈的变动"。总之，进步派们乃是资本主义价值的崇奉者，他们张扬道德，倡导新的时代精神，反对资本家危害社会的短视行为，主张个人行为与社会利益相和谐，要求用物质与技术的力量来改善社会成员的生存发展条件。他们的所思所行，都是力图在高度的物质繁荣的基础上，对资本主义进行文化上的重建，以完善美国的社会制度。对于这一使命与意图，进步派并非没有自觉意识。拉福莱特曾说，资本主义如果不加制约，是肯定要自杀的，并且会使民主为之陪葬。[①] 罗斯福也表白道："我但愿资本家们将来会明白，我正在倡导的一切……实际都是为了财产的利益，因为这将使之免受革命的威胁。"[②] 威尔逊则宣称："道路已清楚而稳固地摆在企业界面前。这是一条在行走时无须担忧、没有难关的道路。"[③] 事实上，进步主义领导人的良苦用心最终得到了企业界的理解，罗斯福在大选中颇得大资本家的支持，威尔逊也赢得了企业界的信赖与合作。

另外，不同层次的改革在阶级属性上也不尽一致。城市改革运动主要得益于企业家和专家治国论者的推动而获得进展。中西部和西部诸州的改革活动，基本上以农场主、中小企业主和专业人员为社会基础，因而反映了这些社会阶层的利益要求。社会改革则更多地带有人道主义与道德主义色彩，是中等阶层的社会良心与价值观念的体现。联邦一级的改革，在许多方面反映了大资本家的立场，是受到来自社会上层的压力而推进的。毋庸置疑，整个进步主义运动并没有突破现有的社会制度框架，只不过反映了当时日益明显的社会利益多元化的趋势而已。

归结起来说，进步主义运动是一场中等阶层领导的、有社会各阶级

[①] 拉塞尔·奈：《中西部进步主义政治（1870—1958）》（Russsel B. Nye, *Midwestern Progressive Politics: A Study of Its Origins and Development*, 1870—1958），密歇根州东兰辛1959年版，第205页。
[②] 莫里森编：《西奥多·罗斯福书信集》，第3卷，第357页。
[③] 阿瑟·曼编：《进步主义时代》，第74页。

参与的资本主义改革运动,其目的在于维护和发展资本主义的整体与长远利益。进步派所追求的,并非普遍的社会正义,而是资本主义条件下的正义,是力图使不正义的社会显得正义起来。不过,进步派并未完成他们的使命,1920年的"恢复常态"和1929年开始的大危机,使他们的理想遭到了沉重的打击。

四、 进步主义传统

进步主义运动的最大历史遗产,就是形成了一种进步主义传统。在现代资本主义的发展中,国家机器的职能与作用趋于不断加强和扩大,只有国家的主动干预才能处理经济与社会发展中的各种问题。而且,随着社会整体化趋势的强化,社会成员之间的联系日益紧密,仅仅维护资本家阶级的利益而不关心其他社会成员的处境,社会就不可能得到和谐而稳定的发展。这两条规律性的经验,产生于进步主义运动之中,对后来美国资本主义的发展有着重要的意义。

众所周知,美国是一个个人主义极度盛行的国家,人们对国家权力向来怀有一种很深的疑惧心理,政府一度被视为"必要的邪恶",管得最少的政府才是最好的政府。在现实生活中,政府功能长期以来仅以维持基本的社会秩序为限度;到19世纪下半叶,政府进一步沦为资本家发财谋利的工具。但是,由于生产进一步社会化,也由于社会日趋整体化,个人不能够在广阔的社会范围内解决自己所面临的问题,这就要求政府对经济与社会生活进行干预,以保护个人自由和个人权利。因此,在进步主义时代,美国人开始放弃原来的自由主义信条,对政府与自由的关系加以重新认识,要求政府采取积极行动以保护个人自由。理查德·伊利甚至宣称:"国家,只有国家,才代表我们全体。"[①] 实际上,美国国家权力对经济与社会事务的干预也的确空前增强。进步主义的市政改革,主要就是加强市政机关对城市公用设施的

---

① 转引自埃柯克:《美国的进步主义》,第27页。

控制与管理。各州先后建立了管理铁路、监督大公司、干预劳资关系、控制院外活动和处理社会事务的各种公共机构。联邦政府开始放弃那种放任无为、听其自然的作风，转而对各种事务承担责任。它开始认真执行反托拉斯法，管理和监督大公司的活动，干预自然资源的开发与利用，协调劳资关系，对付社会贫困，鼓励职业教育，推动公路建设。一言以蔽之，政府管得越来越多、越来越宽了。这表明，在现代工业社会，资本主义的国家机器必须充分发挥管理与调节职能，协调各种社会关系，弥补市场机制和个人行动的不足。只有这样，才能保证资本主义继续获得发展。这是进步主义传统的第一个方面。

美国人所信奉的个人主义，过分注重个人权利而忽视社会责任，强调人与人之间的竞争而忽视相互协作。这反映在美国现实政治中，就是资本家阶级倡导的自由放任主义，利用政府维护自身的利益，不惜损害广大社会成员的权利。由于社会阶级关系的变化和社会成员之间联系的加强，这种局面便难以持续下去。于是，进步派转而强调责任与义务，强调社会成员的共同发展，呼吁关心"另一半美国人"的生活，要求通过社会立法来改变社会财富分配不公的局面，主张将机会的平等与结果的平等结合起来，以缓和社会下层的不满与反抗，维持社会的和谐与稳定。这并不表明进步派格外仁慈善良，而是他们迫于激烈的阶级对抗与社会动荡而做出的明智选择。这是进步主义传统的另一个方面。

学界通常认为，20 世纪 20 年代的"恢复常态"相对于进步主义改革是一次大倒退，进步主义传统因而发生了中断。但事实并非如此。在一定程度上，"恢复常态"的确与进步派的愿望背道而驰。罗斯福在 1918 年谈到，战后美国应继续走温和的进步主义道路，对资本主义经济实行有力的联邦管制，对农民进行援助，开发国内水利资源，执行公共住宅计划，缩短工时，实行包括老年、疾病与失业保险在内的社会保障计划。① 但是共和党执政后却反其道而行之，自由放任主义有所回潮。不

---

① 威廉·哈博：《权力与责任：西奥多·罗斯福的生平与时代》（William Harbaugh, *Power and Responsibility: The Life and Times of Theodore Roosevelt*），纽约 1961 年版，第 510 页。

过,从另一角度看,"恢复常态"所针对的主要是战时状态,政府固然放松了对经济的管制,但进步主义运动中制定的各项法令并未废止,政府仍然在干预经济与社会事务,只不过这种干预已越来越落后于时代的要求。所以,进步主义传统在20年代仅是式微而已,并未完全中断。

20世纪30年代的罗斯福新政,为进步主义传统注入了新的活力,因而有美国历史学家称新政为"进步主义的胜利",① 是"美国进步主义运动的顶峰",它的"每一项重要政策都来源于进步主义传统"。② 的确,新政与进步主义运动之间存在多方面的联系。不少进步派成为早期新政的主要支持者和倡导者;进步主义运动中的某些政策和设想,在新政中得到推行。更为重要的是,新政继续举起了进步主义的精神旗帜,就是运用国家权力去协调个人与社会的关系,促成物质进步与社会改善的趋同,淡化资本主义发展中的不人道、不合理色彩。就此而言,新政是植根于进步主义传统之中的。

美国学者弗兰克·费赖德尔指出,进步主义时代乃是"新政、公平施政乃至新边疆生长出来的播种温床"。③ 这一看法将进步主义传统的生命延续到了20世纪60年代。历史学家罗纳德·费恩曼在1981年写道:"进步主义的议事日程尚待完成。"④ 这是不是说,到了80年代,美国人还面临20世纪初的那些问题呢?从某种意义上说的确是如此。尽管今日美国社会的面貌已发生了巨大的变化,但资本主义的矛盾无法从其内部获得彻底解决,个人与社会的冲突、物质进步与社会改善的脱节,长期困扰着美国社会。于是,由进步派所启动的改善与调整资本主义的历史性运动,也将继续进行下去,只是方式和内容都今非昔比而已。

(原刊于《世界历史》1991年第6期)

---

① 罗纳德·费恩曼:《进步主义的余辉:西部共和党参议员与新政》(Ronald L. Feinman, *Twilight of progressivism: The Western Republican Senators and the New Deal*),巴尔的摩1981年,第91页。
② 阿瑟·林克等:《美国新纪元:1900年以来的美国史》(Arthur S. Link, et al., *American Epoch: A History of the United States Since 1900*),纽约1980年版,第1卷,第389—390页。
③ 奥尼尔:《进步主义年代:美国成年》,序言,第v页。
④ 费恩曼:《进步主义的余辉:西部共和党参议员与新政》,第209页。

西奥多·罗斯福的新国家主义

1912年的美国总统选举,实际是一场关于如何推进改革的全国性大辩论。前任总统西奥多·罗斯福不满于共和党奉行的保守路线,临时成立进步党,以"新国家主义"为旗帜,大力倡导推进各项改革,发起一场有声有色的第三党运动。民主党总统候选人伍德罗·威尔逊则以"新自由"为口号,提出了不同于进步党的改革主张。结果威尔逊当选总统。但颇富意味的是,这并不表明"新自由"的改革纲领赢得了民心,而罗斯福的"新国家主义"也并未因为他在大选中败北而销声匿迹。恰恰相反,新国家主义正是这次大选所留下的一份影响深远的政治遗产。

一、 一个全面改革的方案

新国家主义最初由罗斯福1910年8月在奥萨瓦托米演说中提出,后经阐发演绎而成为1912年进步党的竞选纲领。在新国家主义之中,包含着对新旧世纪之交美国社会的基本认识。在罗斯福和进步党人看来,工业化和企业集中造成了经济的繁荣,美国制度所含有的基本价值准则仍然具有生命力。但是,社会积弊日深,美国面临两方面的巨大威胁:一是政治和经济中的腐败现象;二是贫困阶级的非法暴力行为。两者间有着某种因果联系,有产者所造成的腐败,乃是导致民众反抗的重要因素。因此,解决社会问题的关键在于使政府摆脱特殊利益集团的影响和控制,摧毁由大财富集团控制的"无形政府",使财富成为国家的仆人而不是主人,将全体国民的而不是一部分人的利益置于政府的考虑之中。一句话,必须进一步实行政治、经济和社会的改革。①

改革的具体设想和方案构成新国家主义的核心内容。

罗斯福和进步党人认为,美国政治领域最突出的问题,就是大财富集团败坏政治,对大众参与政治存在制度性的限制,政府的功能也不能适应迅速变化的社会,因此,必须推进政治民主化,进一步强化政府的功能。

美国尽管自建国开始就是一个民主化程度较高的国家,但许多非民主的因素,诸如剥夺妇女的选举权、由州议会推选国会参议员、公民对政府决策缺乏发言权等,长期未能消除。及至新旧世纪之交,这些问题成为公众舆论关注的热点。对于妇女选举权,罗斯福早年持冷漠态度。② 到了1912年选举时,他迫于时势,不得不改变姿态,主张两性平等和男女权利平等,表示支持妇女的选举权要求。在进步党党纲中,写入了平等选举权的条款。③ 对于中西部各州首倡的创制权、复决权、参议员直接民选和直接预选等民主措施,罗斯福起初也没有流露出多大的兴趣,很少提及这些方面的问题。随着民主化潮流的壮大,罗斯福逐渐接受了这些主张。他指出,代表制政府有可能违背人民的意志,因而应当有创制权、复决权这样的措施来加以补救;即使对于

---

① 西奥多·罗斯福:《新国家主义》(Theodore Roosevelt, *The New Nationalism*),纽约1910年版,第12、43、113、207页;西奥多·罗斯福:《进步主义诸原则》(Theodore Roosevelt, *The Progressive Principles*),纽约1913年版,第192、315页;艾尔廷·莫里森编:《西奥多·罗斯福书信集》(Elting Morrison, ed., *The Letters of Theodore Roosevelt*),马萨诸塞州坎布里奇1951—1954年版,第3卷,第344页,第5卷,第183-184页;亨利·普林格尔:《西奥多·罗斯福传》(Henry F. Pringle, *Theodore Roosevelt: A Biography*),纽约1931年版,第368页;詹姆斯·理查森编:《总统咨文与文件汇编》(James Richardson, ed., *A Compilation of the Messages and Papers of the Presidents*),纽约1909年版,第16卷,第7354页;第17卷,第7365页。
② 参见莫里森编:《西奥多·罗斯福书信集》,第3卷,第356页;第6卷,第1341页。
③ 罗斯福:《进步主义诸原则》,第325页。

法院的判决，人民也应有权利以投票表决来决定其是否有效。①

政府在经济和社会发展中的作用，在新国家主义的改革纲领中居于首要地位。罗斯福深谙当时美国政府不适应社会变动的弊端，批评司法、立法、行政三个部门的管理"最近40年来都跟不上极为复杂的工业发展"。②他深信，好的政府必须依赖好的管理，行政权力应当成为政府的核心。③他力主增强行政部门的主动性，使政府成为实际改善全国社会和经济条件的有效机构。④对于不称职、不诚实的官员，应予迅速罢免。⑤

新国家主义有关政治改革的设想，基本上是对当时各州政治改革实践和流行主张的综合，并没有多少独创性，其意义主要在于使政治民主化首次成为总统大选的一个重要议题。

新国家主义在经济领域的改革计划，其目标在于促进全社会对经济结构大调整的适应，促成新的经济秩序，维护公平竞争的环境，以实现经济的长久稳步的发展。

大公司是现代工业发展的产物，是新的经济结构的核心，也是新国家主义的经济改革所要触及的一个焦点。罗斯福反复强调，合并是现代经济发展中不可遏止的趋势，巨大的经济联合体，如经适当管理，可以为社会创造财富。但大公司往往行为不端，导致许多经济和道德方面的问题，因此必须实行管理与监督。⑥在他看来，加强联邦行政机构的管理职能和修改反托拉斯法，是实现这一改革的主要途径。他要求进一步加强州际商务委员会的权力，使之更有效地管理铁路运输。铁路公司如欲合并或达成运输协议，必须事先征得州际商务委员会的同意，然后将合并或协议的详细内容公诸于世，让公众来加以监督。他甚至设想，美国最终要实行《全国公司注册法》，即由政府对一切取

---

① 罗斯福：《进步主义诸原则》，第25页。
② 罗斯福：《新国家主义》，第37页。
③ 莫里森编：《西奥多·罗斯福书信集》，第6卷，第1087页。
④ 罗斯福：《进步主义诸原则》，第118页。
⑤ 罗斯福：《新国家主义》，第30页。
⑥ 罗斯福：《新国家主义》，第15–16页。

得或申请取得法人资格的企业加以审核和管理。他建议联邦政府设立一个类似州际商务委员会的行政机构，即全国工业委员会，以专门管理公司。这个机构应拥有制订最高价格、管理股票发行、公布公司账目、控制工人工时工资及调查公司行为等多项权力。一旦发现某公司有垄断行为，它可根据具体情形加以区别对待。如果垄断是以不道德手段谋取的结果，即可按照反托拉斯法加以解散；如果垄断是企业自然增长所致，便可为该公司的产品制订最高价格。任何服从该机构命令的大公司，就能免于反托拉斯起诉。① 这一思想在进步党党纲中表述为：建立一个强大的联邦行政管理委员会，以对大公司实行"建设性的管理"。② 对于《谢尔曼反托拉斯法》，罗斯福一直颇有微词。他认为该法缺陷甚大，力图禁止一切联合，而实际上绝无可能。③ 他当政期间曾一再建议国会修改该法，明确规定只反对那些危害公众利益的联合。

保护关税曾给美国经济的成长带来裨益，但是大公司崛起后利而用之，使之成为它们谋求市场垄断的工具。罗斯福主张，在不损害美国经济繁荣的前提下，适当降低某些商品的关税。进步党党纲提出，要继续实行保护关税，同时也对税率加以调整，任命一个无党派的科学关税委员会，对美国的生产费用、劳动效率、资本、关税与国家收入、关税对价格的影响等问题进行考察，然后分别制订出各行业产品的关税税率，以达到保护美国经济和劳工收入的目的。④ 这一主张固然没有超出保护关税的框架，但较之后来民主党人匆忙修订关税，倒不失为一种体现科学管理精神的明智而审慎的设想。

关于货币制度的改革，罗斯福和进步党业已意识到，国民银行体系以及华尔街操纵金融市场，产生了很大的弊端。因此，必须加强政府的管理与控制，由国家来发行一种较有弹性的货币。这些意见，已

---

① 莫里森编：《西奥多·罗斯福书信集》，第 7 卷，第 278 页；罗斯福：《进步主义诸原则》，第 148 页。
② 罗斯福：《进步主义诸原则》，第 148 页。
③ 理查森编：《总统咨文与文件汇编》，第 16 卷，第 7355 页。
④ 罗斯福：《进步主义诸原则》，第 318–319 页。

比较接近 1913 年《联邦储备法》的原则。

　　罗斯福历来重视保护自然资源。他认为，保护自然资源是一个关系到国家未来繁荣和子孙后代幸福的重大问题。但是，保护并不意味着不使用，而是要通过有效的管理和控制，避免开发利用中的浪费和私人垄断，使之真正服务于广大公众的利益。① 他提出一个以发展水路运输、利用水力资源、合理开发西部、保护和再植森林、有计划开采矿藏为主要内容的自然资源保护方案。这一方案完全为进步党党纲所采纳。

　　新国家主义的社会改革②计划，涉及劳工立法、社会福利和国内改进等方面。

　　罗斯福当政期间曾在协调劳资关系、改善工人处境方面有所动作，但工人迫切要求的工会权利立法、工时工资立法、女工童工立法、事故赔偿立法等，均付阙如。对于这些问题，新国家主义的纲领都有涉及。关于工会的地位与权利，罗斯福认为工会乃是现代工业发展的产物，完全可以为工人谋求幸福，其正当活动应受法律保护（罢工、抵制和封闭工厂除外）；工人有权利组织起来，通过集体议价的方式，与大公司面对面地讨论雇用条件，这有助于维护工人的权利和保护个人主义的价值观念。③ 关于工时工资问题，罗斯福主张通过立法来加以管理。他赞成立法规定每周 6 天、每天 8 小时工作制。④ 他还支持设立最低工资委员会，调查各行业收入，制定最低工资标准，保证工人家庭维持生存所需的工资水准（living wage）；而且，工资应以现金而不是企业自办商店的购物卡来支付。⑤ 关于工作条件，罗斯福主张政府监督工厂的生产安全。⑥ 关于童工和女工问题，罗斯福赞成实行严厉的反童法，禁止雇用未成年的孩子做工；呼吁改善女工的工作条件，其周

---

① 罗斯福：《新国家主义》，第 52 页。
② 此处用其狭义，指直接涉及社会改善的改革措施。
③ 罗斯福：《新国家主义》，第 128 页。
④ 罗斯福：《新国家主义》，第 141 页；罗斯福：《进步主义诸原则》，第 133 页。
⑤ 罗斯福：《进步主义诸原则》，第 132－133、243 页。
⑥ 罗斯福：《新国家主义》，第 141 页。

工时不得超过 48 小时，不得雇用产后未足 8 周的妇女。他还主张禁止女工、童工在夜间做工。① 关于工人赔偿法，罗斯福提议以立法方式制定工业事故的赔偿标准，由工厂和社会来负担工人因工伤亡的补偿。② 罗斯福的所有这些观点，都写入了进步党的党纲。这一劳工立法计划，几乎囊括了当时工会和社会所提出的全部劳工立法要求，是一个十分全面的劳工政策改革方案。

在社会福利和国内改进方面，新国家主义主要倡导老年保险、住房卫生检查、废止公寓生产、开辟城市住宅区娱乐场所、实行强制教育和职业教育以及建立卫生部等，其宗旨在于提高国民的生理和心理健康水平。③

尽管罗斯福不厌其烦地表白，他力图使每一个正派的公民都得到公平的对待，使全国的资源、企业、制度和法律都服务于人民的普遍利益，④ 但新国家主义所寻求的并非一种普遍的"社会公平与正义"，而只是力图通过改革使美国制度显得更"公平"，更具有"正义性"，从而使资本主义获得正常的发展。在他的意识中，改革是防止革命、抵制社会主义影响的最佳方式。他坚信，改善人民大众经济条件的运动，应当采用"健康的进化"方式，而不是革命。⑤ 从这个意义上说，新国家主义是一张医治资本主义弊病的大处方，是一个改良美国社会的庞杂方案。

二、 新国家主义的成因

新国家主义的产生，既有社会和现实政治的导因，也有深刻的个人动机和思想渊源。

---

① 罗斯福:《进步主义诸原则》，第 133－134 页。
② 罗斯福:《进步主义诸原则》，第 133 页。
③ 罗斯福:《进步主义诸原则》，第 134－136 页；罗斯福:《新国家主义》，第 141－142 页。
④ 莫里森编:《西奥多·罗斯福书信集》，第 7 卷，第 719 页；罗斯福:《进步主义诸原则》，第 314 页。
⑤ 理查德·科林编:《西奥多·罗斯福与改革的政治》(Richard Colin, ed., *Theodore Roosevelt and Reform Politics*)，马萨诸塞州列克星敦 1972 年版，第 8－9 页；罗斯福:《进步主义诸原则》，第 116 页。

19世纪末以来美国经济高速发展，但随之产生了一系列严重的社会问题，在繁荣表象之下，处处透露出危机的征象。在内战后的30余年间，美国完成了工业化，实现了由农业国向工业国的转变，经济发展速度居世界之先，经济结构也发生了历史性的变化，生产规模不断扩大，大型工厂纷纷涌现，1900年雇员在千人以上的工厂有443家，员工逾万者也不鲜见。① 资本的所有权和经营权发生分离，家长式的企业已成陈迹，董事会、经理成为企业活动的组织者和管理者。在纵向和横向的联合中，诞生了许多主宰某一行业或某一地区经济活动的巨型公司，从根本上改变了美国经济生活的格局。例如，美国钢铁公司所属工厂多达785家，总资本为13.70亿美元；美孚石油公司1899年控制着全国90%的石油生产。② 大公司破坏公平竞争，扼杀中小企业的生存机会，动用种种不义手段夺取原料产地、垄断市场、牟取巨额利润，使旧有的经济秩序荡然无存。无论是其他企业还是一般消费者，都深受其害，因而反垄断的呼声一直十分强烈。而且，社会财富的激增，使贫富差别更为悬殊，财富日益集中于少数人之手，广大社会成员的生活未能从经济发展中获得同步的改善，不少人仍旧饱受贫困的煎熬。1893年，9%的家庭占有全国71%的财富。③ 工厂的生产条件也十分恶劣，工时长，缺乏安全设施，工人无权就雇用条件发表意见。女工和童工问题尤其引人注目。工厂已成为社会动荡的发源地，劳资关系相当紧张，一次又一次的罢工使全社会都为之震动。政治上的弊病也很突出，党魁政治恶性发展，官员腐败触目惊心，民主政治遭到大财富集团的践踏。

罗斯福当政期间，曾针对上述问题推行"公平之政"，进行了一些改革。"公平之政"实际上是实践中的新国家主义，亦可视为新国家主

---

① 丹尼尔·纳尔逊：《经理与工人：美国新工厂制的起源（1880—1920）》（Daniel Nelson, *Managers and Workers: Origins of the New Factory System in the United States, 1880—1920*），威斯康星州麦迪逊1975年版，第9页。
② 加布里埃尔·科尔科：《保守主义的胜利》（Gabriel Kolko, *The Triumph of Conservatism*），伦敦1963年版，第40页。
③ 理查德·霍夫斯塔特：《改革的时代》（Richard Hofstadter, *The Age of Reform*），纽约1955年版，第136页。

义纲领的前奏。"公平之政"的主要内容，包括管理与监督大公司，加强对铁路运输的管理，调解劳资纠纷，改善工人处境，保护自然资源，以及加强政府的职能。罗斯福开始认真执行早已名存实亡的1890年《谢尔曼反托拉斯法》，打击大公司的违法经济活动，维护正常的竞争，促使企业提高道德水准。司法部先后提起44起反托拉斯诉讼，特别是1904年胜诉的北方证券公司案，极大地鼓舞了人们对政府管理公司的信心。1903年司法部设立反托拉斯局，具体负责执行反托拉斯法。同年，罗斯福命司法部长起草公司局法案，由国会作为《商务与劳工部法案》的修正案通过，设立了以调查公司行为、收集反托拉斯资料为职责的公司局。1906年，罗斯福敦促国会通过了《肉类检查法》和《纯净食品与药物法》，是为最早的全国性保护消费者权益的立法。同年国会通过的《赫伯恩法》，也由罗斯福一手促成。该法加强了州际商务委员会的权力，对铁路运输实行更有效的管理。在劳工政策方面，罗斯福运用行政权力调解了1902年矿工大罢工，制止了1908年铁路公司削减工资的联合行动，首次运用联邦权力干预私人契约关系方面的事务。罗斯福还努力推动制定《雇主责任法》和8小时工作日法，尽管成效不大，但开启先河，功不可没。罗斯福另一项突出的功绩，就是使原来零星的自然资源保护活动变成了一场全国性的运动。在他当政期间，国有林地和矿产保留地大面积增加，开发西部和内陆水力的工作也在筹划之中，国家对自然资源的控制和管理大为加强。政府承担这些责任，同时也意味着自身功能的扩展。罗斯福在加强政府职能方面也做过积极的努力，尤其重视扩大行政权力。他不仅向国会提出了空前之多的立法建议，而且从法案起草直到通过都加以干预，力图牢牢掌握立法的主动权。行政权力已然成为联邦政府的核心。

由此可见，在罗斯福当政时期的国内政策中，新国家主义的轮廓已经初步显露，只待加以进一步理论化、具体化和系统化，即可成为一份新的改革方案。另外值得一提的是，从1908年到离任的一年时间里，罗斯福向国会提出一系列特别咨文，就管理公司、劳工立法、社会福利、税收政策等问题，提出了很多激进的改革主张，尽管当时无人理会,但实际上已构成新国家主义纲领的草案。

与此同时,民间改革团体纷纷涌现,开展社会调查,提出众多改革主张,在许多具体改革措施上都有首倡之功。诸如全国童工委员会、全国住房委员会、美国劳工立法协会、全国公民联合会等,都是推动改革的重要力量。此外,各州和许多地方的改革也颇具声势,与罗斯福倡导的联邦一级改革可谓波澜互激,相得益彰。市政改革成果斐然,城市经理制、城市委员会制在市政管理中逐渐显示出优势。罗伯特·拉福莱特在威斯康星州进行改革,在管理企业与铁路、实行直接预选、反对政治腐败、控制公用事业、改进教育和保护自然资源等方面,均取得了很大的成绩。艾奥瓦、明尼苏达、俄勒冈等州分别实行了直接预选、创制权、复决权和妇女选举权中的某一项或几项措施。在1903—1908年间,12个州制定了管理院外活动的法律,31个州制定了有关强制性直接预选的法律,41个州制定了管理铁路运输的法律。①1900—1917年这个时期,在美国历史上由此得名"进步主义时代",而社会性的改革运动在1910年前后又开始走向新的高潮。这一切不仅推动了新国家主义的形成,而且为它提供了许多改革措施的蓝本。

1910—1912年罗斯福与威廉·塔夫脱关系的恶化以及共和党的分裂,则为新国家主义出台提供了契机。塔夫脱是罗斯福亲手选定的继任者,他在就任之初信誓旦旦,表示要坚持罗斯福倡导的各项政策。可是他既没有出色的政治才干,又缺乏高昂的改革热情,时隔不久,就撤换罗斯福留下的内阁成员,基本上背离了罗斯福制定的内政方针,促成共和党保守派再度得势。这使当时身在国外的罗斯福深感失望。1910年罗斯福回国时,共和党内的反叛情绪已呈白热化状态。中西部各州共和党大会拒绝支持塔夫脱,除南部以外各地共和党人都对塔夫脱表示不满。拉福莱特正在酝酿成立共和党进步派全国联盟。这时,塔夫脱却极不明智地把罗斯福与党内的反叛活动联系起来,导致两人

---

① 理查德·麦考密克:《发现是企业败坏政治:进步主义起源重探》(Richard L. McCormick, "The Discovery that Business Corrupts Politics: A Reappraisal of the Origins of Progressivism"),《美国历史评论》(*The American Historical Review*),第86卷,第2期(1981年4月号),第266页。

彻底反目。罗斯福为集合共和党内的进步派将塔夫脱撑出白宫，便树起新国家主义的旗帜。这种局面也为满足他喜好权力、追逐风头的欲望提供了一个绝好的机会。

新国家主义作为流行的各种改革主张的集大成，受到了当时一些社会观念和政治思想的影响。自19世纪末以来，约翰·B. 克拉克、西蒙·帕顿、理查德·伊利、亨利·D. 劳埃德等人，就在批判自由放任主义和社会达尔文主义，主张政府对国内事务进行干预，加强政府的管理职能。[1] 还有学者提出了福利国家的设想。罗斯福博览群书，自然能够敏锐地感受到这种思想动向。赫伯特·克罗利的《美国生活的希望》一书，可以视作罗斯福和思想界相互影响的一个例证。克罗利本是罗斯福的追随者，十分理解和赞赏罗斯福当政期间的国内政策，并在《美国生活的希望》一书中加以总结和提升。他指出，改革是不可避免的历史性趋势，旨在重建社会，而不是恢复旧状态。在他看来，改革的核心问题是扩大政府职能，加强国家对经济和社会事务的干预。他把这一思想冠以"新国家主义"之名。[2] 罗斯福不仅直接采纳了这一名称，而且还请克罗利起草了奥萨瓦托米演说的第一稿。因此，克罗利的思想实际上融入了新国家主义纲领。另外，罗斯福的一些朋友和顾问，包括吉福德·平肖、乔治·珀金斯等人，也对新国家主义的形成起过较大的作用。平肖是奥萨瓦托米演说第二稿的捉刀人，而珀金斯则是1912年进步党党纲的起草者。

另外，新国家主义与美国早期的国家主义思想也有联系。两者在总的精神上有着显而易见的相通之处。两者都主张加强联邦政府的权力，对国内事务实行有力的干预。不过，从制定《联邦宪法》到倡导"美国体系"这一时期，国家主义者所诉诸的政府干预，其主旨乃在于

---

[1] 哈罗德·福克纳：《政治、改革与扩张》（Harold Faulkner, *Politics, Reform and Expansion*），伦敦1959年版，第15页；约瑟夫·多尔夫曼：《美国文明中的经济思想》（Joseph Dorfman, *The Economic Mind in American Civilization*），纽约1949年版，第3卷，第263、187页；拉尔夫·加布里埃尔：《美国民主思想的历程》（Ralph H. Gabriel, *The Course of American Democratic Thought*），纽约1956年版，第254页。
[2] 赫伯特·克罗利：《美国生活的希望》（Herbert Croly, *The Promise of American Life*），印第安纳波利斯1965年版，第170页。

促进国内改善,推动美国经济发展,增进美利坚人的内部凝聚力,从而巩固美国的独立;而新国家主义所理解的联邦政府,则是一个管理和调节器,其目标在于消除经济高度发展中的积弊,缓和社会矛盾和冲突,维护美国的自由和平等。用克罗利的话说,就是用汉密尔顿式的手段去达到杰斐逊式的目的。①

三、 新国家主义的历史定位

作为一种改革思想和施政方案,新国家主义有着不可忽视的历史意义,也曾产生过一定的影响。

第一,新国家主义触及了美国资本主义内在矛盾的某些方面。

前文论及,在新国家主义形成的时代,美国社会面临许多问题,资本主义的弊病暴露得十分明显。在这个意义上,可以说新国家主义代表了一种探索摆脱困境之路的社会性努力。造成美国资本主义困难重重的深层因素,一是个人主义对社会利益的危害,二是社会改善与经济发展的脱节,三是工业文明中出现的普遍的道德沉沦。针对这些问题,新国家主义提出了补救之策。

罗斯福一方面承认自己是一个个人主义者,一方面又认为,现代工业社会不可能继续存在于以纯粹个人主义为特色的民主制基础之上。② 因为,那种"残酷的、无法无天的和不受节制的个人主义",③对社会产生了深刻的危害。在他看来,新国家主义主张在一个日趋复杂的社会中,"用集体主义部分地替代个人主义,不是去摧毁而是拯救个人主义"。④ 旧式的个人主义强调人的尊严与价值,主张自我奋斗以实现个人价值。这固然有助于推动资本主义早期的经济、政治与文化

---

① 克罗利:《美国生活的希望》,第 169 – 170 页。
② 约翰·布卢姆:《共和党人罗斯福》(John M. Blum, *The Republican Roosevelt*),纽约 1972 年版,第 110 页。
③ 莫里森编:《西奥多·罗斯福书信集》,第 6 卷,第 1020 页。
④ 小阿瑟·埃科克:《美国的进步主义》(Arthur Ekirch, Jr., *The Progressivism in America*),纽约 1974 年版,第 229 页。

的发展，但由于缺乏社会控制，个人行为可能严重损害社会利益，造成社会的不和谐。诸如资本家对工人的无情压榨，对资源的浪费与破坏性开采等行为，都带来了许多恶果，有悖于社会的整体利益。罗斯福提出，需要通过政府和法律对个人行为进行调节和控制，以缓和个人主义与社会利益的冲突，有助于从根本上维护个人权利、个人奋斗、公平竞争和机会平等这些资本主义制度赖以存在的基本价值和行为准则。这当然是颇富远见的观点。具体来说，当时威胁个人利益和社会利益的主要因素，乃是大公司的不法行为，因而政府管理和监督公司，可以促使公司行为正派，遵守法律，担负与财富紧密相连的责任和义务。这也是减轻个人行为的副作用、挽救个人主义的现实有效的途径。

早期资本主义还有一个很突出的弊端，就是将人的权利物化为财产权利，视自由高于一切，于是资本家为了财产权利和追求财富的自由，可以置起码的社会正义于不顾，从而导致经济发展、财富增殖与社会改善和国民生活水平提高之间的严重脱节。新国家主义者已经认识到，只有让大部分美国人享有美好的生活，美国才能获得长久的发展。① 罗斯福指出："20世纪的基本问题是，要保证19世纪留给我们的巨大增殖的生产力量，经过调节而满足大部分人的需要，而不是仅仅为少数人的利润服务。"② 这就是说，要使经济力量更多地转化为国民的生活改善，使更多的社会成员分享经济发展的益处。一言以蔽之，"我们的目标是促进繁荣，然后保证它的适当分配"。罗斯福提出的具体措施是，使劳动者获得优厚的收入，让消费者享受合理的价格。③

罗斯福还有感于当日物质迷狂造成的普遍道德沉沦，大声疾呼要为道德而战斗。他认为，"对个人、对国家来说，企业成功只有伴随着荣誉、诚实正直和公民勇气这样一些很高的行为准则，才会是一件好事"。他一再谴责"强盗大王"追逐财富的种种不义之举，把管理公司的运动视作一场伦理运动，要求通过这一运动以振兴国民道德，让

---

① 罗斯福：《进步主义诸原则》，第310页。
② 罗斯福：《新国家主义》，第126页。
③ 罗斯福：《进步主义诸原则》，第139页。

"旧日的美德"深入全体国民的心理和意识中去。① 这与英国历史学家阿诺德·汤因比在数十年后所说的一句话，可谓有异曲同工之妙："要对付力量所带来的邪恶结果，需要的不是智力行为，而是伦理行为。"②

第二，新国家主义在后来美国政府的国内政策得到了一定的体现。

在具体的改革措施方面，新国家主义预示了后来联邦政府国内政策的演进趋向，提供了可供借鉴的资源。在后来的历次改革中，新国家主义所提出的许多改革设想，基本上得到了实现。以经济和社会的改革而论，新国家主义的影响尤为明显。政府管理与监督大公司的主张，在新政以后演化为政府对经济的全面干预和调节；保护自然资源的设想，则预示着工业社会对经济发展与自然资源及环境关系的重大调整；调整劳资关系、改善国民生活的各项方案，也成了新政及其后的劳工立法和社会福利立法的起点。

新国家主义最直接的影响，则发生在伍德罗·威尔逊的国内政策上。在1912年大选中，威尔逊把自己的政治主张概括为"新自由"。虽然都倡导改革，但新自由与新国家主义有着明显的不同。威尔逊也承认美国处于一个大变动的时代，需要进行改革。但他把恢复自由竞争看得高于一切，主张把杰斐逊的原则运用于现代美国，从而解决当时所面临的各种问题。③ 罗斯福把威尔逊的这种思想称作"乡村托利主义"。④ 在民主党的竞选纲领中，也包含了不少富有建设性的立法主张，如修改反托拉斯法，对铁路等实行财产估价以便确定合理的运价，设立劳工部，制定反禁令法与雇员赔偿法，等等。只不过这些主张不如新国家主义纲领系统和完整。从总的原则来看，"新自由"是由民主党长期所信奉和宣传的农业改良主义演化而来的，它把改革主要看成恢复往昔社会秩序的手段，体现的不是对工业时代的认同，而是一种深

---

① 理查森编：《总统咨文与文件汇编》，第17卷，第7522页。
② 汤因比、池田大作：《展望二十一世纪》，荀春生、朱继征、陈国梁译，国际文化出版公司1985年版，第39页。
③ 埃里克·戈德曼：《与命运相会：现代美国改革史》（Eric Goldman, *Rendezvous with Destiny: A History of Modern American Reform*），纽约1977年版，第170页。
④ 埃科克：《美国的进步主义》，第171页。

刻的不适应心态。

威尔逊入主白宫后，发现"新自由"的许多设想无法付诸实行，他所极力推行的实际举措，反倒十分接近新国家主义的方案。1914年，威尔逊大力促成《联邦贸易委员会法》获得通过，设立联邦贸易委员会以管理企业和执行反托拉斯法，相当于把进步党关于建立全国工业委员会的提议付诸实践。罗斯福就此颇有几分得意地评论说，这表明民主党已采纳了"一点点进步党的纲领"。[1] 有历史学家甚至断言，这一法律"标志着新自由的终结"。[2] 威尔逊当政期间还修改了反托拉斯法（《克莱顿反托拉斯法》），制定了反童工法（《基廷—欧文法》）、铁路工人工时法（《亚当森法》）、工业事故赔偿法（《凯恩—麦克基利卡迪法》）等重要的法令。所有这些法令，都曾写入新国家主义的方案中。有美国学者据此指出，威尔逊实际上"放弃了新自由的许诺而接受了新国家主义的现实"。[3]

的确，即便进步党和罗斯福自己执政，也未必比民主党和威尔逊做得更为出色。

（原刊于《美国研究》1992年第2期，收入本书时给各节添加了小标题）

---

[1] 阿瑟·曼编：《进步主义时代》（Arthur Mann, ed., *The Progressive Era: Major Issues of Interpretation*），伊利诺伊州欣斯代尔1975年版，第50页。
[2] 埃科克：《美国的进步主义》，第236页。
[3] 埃科克：《美国的进步主义》，第237页。

论美国联邦行政权力的历史演变

历史上许多影响深远的重大事件，其发生固然不能完全归于偶然因素，但终究离不开机缘。按照 1787 年费城制宪会议不少代表的初衷，未来的美国联邦政府将不设立一个拥有强大权力的行政首脑，因为美国人刚刚摆脱一个他们认为专制与暴虐的行政首脑——英王的统治，他们害怕再制造出一个专制者来。但事有凑巧，担任制宪会议主席的人，正好是人们认定将出任合众国第一任行政首脑的乔治·华盛顿。在当时人的心目中，他是一个完人，品格高尚，功勋卓著，可以托付重任，而且将会一再当选总统，直到去世。这种看法在很大程度上左右了制宪代表对总统职位的设计；他们对强大的行政权力的戒惧，都因华盛顿的品格与人望而大为缓解。① 如果当时没有华盛顿这样众望所归的政治领导人，那么宪法中对行政权力的规定，可能会有所不同。

一、行政权力在联邦权力格局中的消长

这里所说的行政权力（executive power），指的是掌握行政权力的部门及其在现实政治中行使的权力，而不仅仅限于宪法上的行政授权。

---

① 克林顿·罗西特：《美国总统制》（Clinton Rossiter, *The American Presidency*），纽约 1960 年版，第 76 页；亨利·斯蒂尔·康马杰：《美国的失败：总统权力与美国特性》（Henry Steele Commager, *The Defeat of America: Presidential Power and the American Character*），纽约 1974 年版，第 113 页。

但后者却是前者的依据和基础。说到底，行政权力的核心就是总统权力（presidential power）。

《联邦宪法》第二条第一项规定，行政权力属于美利坚合众国总统。根据宪法，总统拥有的具体权力有以下几项：（1）部分立法权。"总统应时时向国会报告合众国国务情形，并以本人所认为必要而妥当之政策条陈于国会，以备审议"。也就是说，总统有权提出立法建议。这是总统参与国家决策的主要方式之一。另外，一项法案须经总统签署方可生效，总统可以否决、退还或搁置国会通过的法案。（2）部分司法权。"总统并有对于背叛合众国之犯罪颁赐缓刑与赦免之权"。（3）实施法律权。总统"应注意一切法律是否真正施行"，总统得颁布行政命令以实施法律。（4）人事权。总统"并应任命合众国政府一切官吏"，并在参议院休会期间任命补缺官员。此外，总统与国会分享高级政务官、高级法官、驻外使领的任命权。（5）军事权。"总统为合众国陆海军大元帅，并于各州民团被征至合众国服务时统率各州民团"。尽管宣战权属于国会，但总统可视需要而动用军队。（6）外交权。"经参议院之劝告及同意，并得该院出席议员三分之二赞同时，总统有缔约之权"，并与国会分享任命驻外使领之权，可接见外国驻美大使及其他公使。这就是宪法对总统角色地位的规定。这种规定体现了美国政治中分权与制衡的原则，反映出当时美国人既希望加强联盟政府权力又担心出现专制暴政的矛盾心境。

从表面上看，宪法授予了国会更多更关键的权力。国会掌管征税与拨款大权，仅此一点即可制约总统的行动。但实际情况远非如此简单。首先，如亚历山大·汉密尔顿所言，"一人行事，在决断、灵活、保密、及时等方面，无不较之多人行事优越得多"。[1] 这正是行政权力相比于国会权力的绝大优势。第二，宪法对国会权力的规定十分具体细致，不易扩充和逾越；相反，对总统权力的描述则比较模糊含混，用语泛泛，含义笼统，在许多地方仅仅确立了总统权力的起点，如

---

[1] 汉密尔顿等：《联邦党人文集》，程逢如等译，商务印书馆1982年版，第357页。

"认为必要而妥当之政策""注意一切法律是否真正施行""为合众国陆海军大元帅"等语，伸缩性甚大，为现实政治中在职总统扩充权力留下很大余地。第三，总统多得首倡之权，举凡立法建议的提出、重要官员的提名和条约的草拟，总统均掌握先机，拥有主动权。所以，宪法的制定者在无意中赋予行政部门以权力的潜在优势。这也是美国宪法富于弹性的一个表现。

当然，字面上的规定与行政权力的运作之间，不免有较大的差距。文字是僵死的，而现实政治则千变万化、纷繁复杂。联邦行政权力的演变，是一部不断扩张、逐渐超越立法与司法权力的历史，是一部不断打破三权的平衡、促成新的三权格局的历史。

乔治·华盛顿自称，他走向总统就职典礼时的心情，与囚犯上刑场时没有两样。的确，当时百废待兴，万端待理，联邦政治体制能否正常运转，在很大程度上取决于华盛顿的表现。他也没有先例可循，唯其如此，他的行动就成了先例。短短 8 年任期内，他为后继者们开创了许多先例。尤其重要的是，他的作为表明行政权力从一开始就占有主导地位。起初，他十分尊重国会，凡遇重大决策，必先与国会磋商。但吵嚷不休、难以达成一致的议员使他十分失望，便放弃了亲赴国会发表演说的做法，改为递交咨文。这就宣告总统与国会基于个人关系的合作氛围已经消散，代之而起的是一种若即若离的制衡关系。在政党政治兴起后，行政权力和立法权力的抗衡与冲突变得更为频繁而复杂，构成 200 余年来美国联邦政治史的主要内容。从华盛顿开始，行政部门就扮演着国家主要决策者的角色。联邦政府整顿财政金融、恢复信用、振兴工商业的政策，以及处理与英、法等国的关系的外交政策，都出自行政部门首倡。这一点并未为宪法所明文规定，而是源自宪法条文的伸缩性与模糊性。

由华盛顿开创的先例，得到后来总统的遵从与发展。约翰·亚当斯总统为制裁法国和打击国内的亲法民主激进派，推行《敌对外侨法》《惩治煽动叛乱法》等高压措施，招致举国抨击，以至于在 1800 年大选中败北。这一事实从另一侧面说明，无论在实际决策过程中还是在大众心目中，总统都是居于政府的中心地位的。

安德鲁·杰克逊给美国总统制带来了巨大的改变。用一位美国学者的话说，他"改造了"美国总统制。① 杰克逊来自西部边疆，又是军人出身，秉性强硬执着。他任内否决了第二合众国银行延展法案，解决了因关税问题引起的南部抵制危机，表现出强有力的政治手腕，被时人指责为"一个人的绝对统治"。亨利·克莱甚至宣称，杰克逊当政引发了一场革命，导致"政府共和性质的完全改变，使所有权力集中于一个人之手"。② 这话显然失之夸张。杰克逊固然扩充了总统的职权，但并未突破既定的三权格局。

当地域冲突日趋尖锐、奴隶制问题造成举国不宁的时候，国会和最高法院悄悄地聚集着权力的势能。在处理地域关系时，它们起了更重要的作用。诸如1820年"密苏里妥协"、1846年《魏尔莫特附文》、"1850年大妥协"、1854年《堪萨斯—内布拉斯加法案》以及1857年"德雷德·斯科特判决"这样一些决定地域关系的决策，都不是出自行政部门的首倡。在"弗吉尼亚王朝"③ 和"安德鲁一世"④ 之后，行政官邸的主人多为平庸之辈。在1836—1860年间，竟无一位总统获得连任的机会。与此相对照，国会却是风云际会，巨人辈出，足以撼动一时政局的国会成员为数众多，最知名的有约翰·昆西·亚当斯、亨利·克莱、丹尼尔·韦伯斯特、约翰·卡尔霍恩、斯蒂芬·道格拉斯、托马斯·哈特·本顿等人。这些人中有的做过总统、副总统，但政绩平平；有的本应是总统人选，却因机缘倒错而未能如愿。他们长期出入国会山，为参众两院的头面人物。举凡1836—1860年间的重大决策，都打上了他们个人的印记。有学者据此认为，美国的选举制度不能为此等出类拔萃之辈打通走向总统宝座的道路，实在是一大失败。

---

① 罗西特：《美国总统制》，第91页。
② 罗西特：《美国总统制》，第91页。
③ 华盛顿、杰斐逊、麦迪逊、门罗等几位总统都来自弗吉尼亚州，故有此戏称。
④ 杰克逊总统的政敌对他的讽谑。

内战的爆发暂时改变了这一状况。战争需要更灵活的反应、更迅速的决策，从而使行政部门再次成为政府的主角。亚伯拉罕·林肯总统为人质朴、温和而克制，在和平时期也许不会是一位强有力的总统。但在战争期间，他宣布中止人身保护法和解放黑人奴隶，推行宅地分配制度，行使了空前强大的权力。

但这并非意味着形成了新的三权格局。战火甫熄，国会便开始了强大的反攻，夺回了主导联邦事务的权力。其实即使在林肯任内，国会也未对行政部门俯首帖耳。在解放奴隶、战后重建设想等重大问题上，国会与总统分歧甚大。林肯去世后，国会面对的是一个相对软弱的对手。为了全面贯彻其重建意图，国会不惜发起弹劾总统的运动。尽管安德鲁·约翰逊总统幸免于被弹劾的厄运，可是行政部门终究元气大伤，长期一蹶不振。国会由此索回了种种重大权力。1867年的《官职任期法》使总统失去了撤换内阁成员的独立权力。有议员提出，内阁部长应更多地对国会中的相应委员会负责；甚至还有人主张内阁各部应在国会设立席位，并定期向国会报告本部工作。尽管这些都是清议空谈，却也显示了国会那种炙手可热的气势。在处置南部、安置黑人、制定关税货币政策、改革文官制度、打击托拉斯、管理州际商务等重大国内问题上，国会和最高法院桴鼓相应，各显其能。国会立法，最高法院通过判例来加以补充或限定，行政部门则无所作为。可见，国会和最高法院迎来了它们的黄金时代。当然，并非所有的总统都甘心接受这种局面。格罗弗·克利夫兰试图反击国会的咄咄逼人之势，四年里否决了300余项国会法案。然而长期的冲突使他成就甚微，不免有回天乏术之叹。

1885年，尚在约翰斯·霍普金斯大学求学的伍德罗·威尔逊有感于此，在他那本题为《国会政府》的政治学著作中，专设一章讨论行政权力，通过和国会权力的对照，指出了行政权力的种种局限。他断言，行政权力的分量在下降，而国会权力占据了支配地位。他其至夸张地说："总统作为行政官员而言，他乃是国会的仆人；限于执行功能的内阁成员们，也完全是国会的仆人。"①

造成这种状况的因素不止一端。内战中形成的政治优势，使共和党得以长期掌权。与此同时，共和党内也逐渐形成强大的党机器，操纵着决策与官员的选择，连总统有时也沦为党机器的股掌玩物。更致命的是，作为最高行政首脑的总统一职，长期被一些才智平庸的人所占据。这些人主动放弃了总统职位所拥有的决策首倡权。从尤利塞斯·格兰特到威廉·麦金利，历任总统都很少在国情咨文中提出重大的立法建议。格兰特总统甚至表示，决策是国会的事情，与总统无关；国会立法，总统执行，乃是天经地义的事。② 从更深的层面看，总统的退却也是时代使然。在19世纪的最后30余年里，美国经济迅速发展，自由放任主义与社会达尔文主义成为主导的社会思潮。一切听其自然，政府乐得无事可干。除了维护秩序、保护资本利益之外，政府缺乏政治主动性。在这种政府管理的"淡季"，行政部门就只能甘当配角了。

进入20世纪后的最初20年，在美国行政权力的演化史上占有至关重要的地位，其重要性一直未得到应有的强调。尽管在克利夫兰当政时期就开始了三权关系的调整，但只有到了西奥多·罗斯福就任总统后，行政权力才发生向现代模式的转换。换言之，从1901年开始，行政权力走上了大扩张的道路。

第一，关于行政权力的观念得到更新。一反格兰特那种被动无为的调子，罗斯福强调行政权力在政府中的核心地位。他认为，好的政府不取决于立法，而有赖于行政管理。他把总统说成是人民的管家和社会福利的管家，声称总统不仅应行使宪法允许的权力，而且可做宪法未明文禁止的事情。他是一个赤裸裸的权力崇拜者，认为一个人大权在握并无害处，只要他在一定时间内将权力交出来。③

---

① 伍德罗·威尔逊：《国会政府》（Woodrow Wilson, *Congressional Government: A Study in American Politics*），波士顿1898年版，第43、46、47、242-293、266、301页。
② 伦纳德·怀特：《共和党人时代：关于1869—1901年间行政史的研究》（Leonard D. White, *The Republican Era: A Study in Administrative History, 1869—1901*），纽约1958年版，第286页。
③ 艾尔廷·莫里森编：《西奥多·罗斯福书信集》（Elting Morrison, ed., *The Letters of Theodore Roosevelt*），马萨诸塞州坎布里奇1951—1954年版，第6卷，第1087页。

第二，行政权力的触角伸向了内政外交的各个角落，其功能与运用领域都得到极大扩展。在内政方面，罗斯福大力推行反托拉斯法，打击那些违法的公司。他任期内发生的反托拉斯案达到 44 起。① 罗斯福去世后，一家报纸评论说，罗斯福的最大贡献就在于证明了"美国政府比任何资本集合体都要强大"。② 确切地说，这里所谓的美国政府，实际上就成了行政部门，因为罗斯福所执行的《谢尔曼反托拉斯法》，早在 1890 年就为国会所制定，只是未得到"切实施行"而收效甚微。罗斯福还运用行政权力开辟国有林地，建立野生动物保护区，调查国内水资源，制止私人对水电的开发，从而将自然资源保护运动推向高潮。为此他与国会开展了一场有趣的权力游戏。1907 年国会在《农业部拨款法》上附加一项条文，禁止总统未经国会同意在西部开辟或扩大国有林地。罗斯福在签署该法之前，突击开辟和扩大了大片森林保留地，令国会议员瞠目结舌、徒唤奈何。他还主动干预劳资纠纷，把行政权力引入纯属私人契约关系的领域。总之，罗斯福开始了以行政权力为中心的政府对经济与社会事务的干预，实现了行政权力的一个划时代的转折。在外交上，罗斯福往往撇开国会，单独行动。1902 年他策动巴拿马政变，夺取了地峡运河开凿权，还洋洋自得地宣称："我取得了（巴拿马）运河地带，而让国会去辩论；就在辩论尚处于进行中时，运河却已开始动工了。"③ 他派特使参加阿尔吉西拉斯会议，与欧洲列强一起调解摩洛哥危机。他还出面调停日俄战争，因此而获得了诺贝尔和平奖。他不顾国会反对，派舰队周游世界以炫耀美国海军实力。这一切都表明，主导美国外交决策和行动的都是行政部门。

第三，行政权力对立法过程的参与大为加强。从立法建议的提出到法案的草拟、辩论、修改直至通过，无处不留下白宫的影子。在罗

---

① 托马斯·贝利编：《美国精神：当时人所见的美国史》（Thomas A. Bailey, ed., *The American Spirit: United States History as Seen by Contemporaries*），波士顿 1963 年版，第 646 页。
② 乔治·莫里：《西奥多·罗斯福时代与现代美国的诞生》（George Mowry, *The Era of Theodore Roosevelt and the Birth of Modern America*），纽约 1958 年版，第 132 页。
③ 转引自亨利·普林格尔：《西奥多·罗斯福传》（Henry F. Pringle, *Theodore Roosevelt: A Biography*），纽约 1931 年版，第 330 页。

斯福的国情咨文中，各种立法倡议随处可见。他还首次大量运用特别咨文的形式，随时向国会提出他的立法要求。他任内的一些重要法令，如《公司局法案》《赫伯恩法》《肉类检查法》《纽兰兹土地开垦法》等，都出自总统的首倡，其中好几项还是总统派人草拟后再交由某位议员在国会提出。当某项法案在国会受阻搁浅时，罗斯福就采用种种手段向国会施加影响以促成其通过。例如，1902年国会中的共和党保守势力极力反对《纽兰兹土地开垦法》，罗斯福便运动来自西部的共和党议员齐心协力，挫败了保守派的企图。

第四，行政机构开始扩充和增加。为应付繁杂的国内问题，罗斯福当政时期增设了商务与劳工部、土地开发署、食品与药物管理局、童工局、森林管理局等行政机构。1908年，罗斯福在白宫召集各州州长和有关专家、社会人士商讨保护自然资源问题，不仅开创了总统与州长共商国是的先例，而且显示了联邦行政权力对各州的影响。

西奥多·罗斯福时代滥觞的行政权力的大扩张，经过伍德罗·威尔逊总统的推动，到富兰克林·罗斯福当政时期达到高潮，现代总统制和新的三权格局得以确立。

1929年大危机和随之而来的大萧条，一度使联邦政府束手无策。1933年富兰克林·罗斯福就任总统时，美国经济坠入谷底，社会结构面临崩溃。为了挽救危局，罗斯福大力推行"新政"。一时间，成批的立法建议和法令草案从白宫飞向国会山，平日里吵嚷不休的国会议员们，此刻都变成听话的小学生，在罗斯福这位出色教师的指导下，表决同意了白宫所要求的任何一项法案。行政部门成了整个政府，国会一时变成了真正的"橡皮图章"。等到国会发现自己损失了什么的时候，总统早已站在一旁得意地观看议员们的窘相。

富兰克林·罗斯福在总统职位史上的重要性，不仅在于他那空前绝后的四次连任，而且更在于他推动了新的三权格局的形成。

罗斯福首次在和平时期要求总统拥有战时大权，以应付危急的国内形势。此后，一遇紧急情况，总统便援引这一先例。在19、20世纪之交发端的政府对经济和社会事务的干预，此时已成为一股铺天盖地的洪流。政府处理繁杂的经济事务,调节经济的运行,成为辅佐市场机制这只"看不见的手"的一只"看得见的手"。政府还是劳资关系的协调者和社会保障计划的推行者。美国资本主义因此而发生了重大的变化。这一切不仅由行政部门所实施,而且实际上是由它首倡和导演的。总统获得了巨大的权力,控制着国家的经济命脉,可直接干预国民生产体系的运行。行政部门本身也得到了很大的发展。罗斯福首次起用了庞大的顾问班子,作为总统决策的"外脑"。他还设立了白宫办公系统,造成行政权力"科层化"。与此同时,各类独立和半独立的行政机构也不断问世,推动行政权力的职能不断完善,并使其扩张得以制度化、程序化和永久化。而且,罗斯福大量运用行政命令和行政协定来处理内外事务,独享多种大权。罗斯福还运用炉边广播谈话和记者招待会等方式,有意识地引导舆论,扩大总统的社会影响力。

总之,在富兰克林·罗斯福当政时期,行政权力开始牢固地成为联邦政府的中心,总统拥有决策的主动权,成为联邦政策的设计者。国会则损失了很多权势,在联邦事务中的地位大为下降,成为行政权力的一个懦弱的制衡者。最高法院的处境更为不妙,遭到了总统的直接攻击,几乎要被总统改组。这种行政权力主导联邦政府的局面,就是现代三权格局的特点。

此后,国会与行政部门一直在不断较量,权势各有消长,但在总体上并未突破罗斯福时代奠定的模式。1952 年,哈里·杜鲁门总统发布 10340 号行政命令,将因罢工而停产的一家钢铁企业收归国家。此举表明行政权力的自负和傲慢达到了何种地步,它自以为无所不能,竟然不惜侵害私有财产权利这一美国立国的基本原则。最高法院旋即宣布总统的行动违宪,及时发挥了制衡作用。对于总统权力的最大打击,来自于"水门事件"的后续效应。这一事件不仅使国会找到了反击行政权力扩张的极好口实和时机,而且使公众对总统权力的信心受到很大伤害。但是,行政权力仅只是有所收敛而已,并未全线退却。及至罗纳德·里根当政,"伊朗门事件"又被揭露出来,表明行政部门仍旧无视国会的制约,继续我行我素。罗斯福时代确立的三权格局,仍未发生重大变化。

二、行政权力与美国政治发展

从美国政治的发展着眼,纵观200年来美国联邦行政权力的演变,可以得出几点富有历史意味的看法。

第一,由于行政权力的不断增强,美国联邦政府分权与制衡的格局发生了历史性的变化。

按照美国宪法的条文,立法、司法、行政三种权力是分开、平等、牵制和合作的关系。但在现实政治中,行政权力日益成为政府的主导力量。作为"法律的执行者",行政部门直接干预各类事务,摆脱了国会和法院的许多制约,具有较大的独立性,实际上控制着联邦政府的运转。

作为"首席立法者",总统掌握决策的首倡权,往往根据自己的理解和需要设计施政蓝图,国会的作用似乎仅限于辩论、修正和通过。林登·约翰逊总统曾夸口说:"如果某个问题不列入总统的议事日程,……那就几乎不可能让国会去集中讨论它。"① 行政部门不仅能够影响立法过程,而且还能绕开国会的制约,在立法中不能得到的东西,可以运用行政命令去实现。行政命令具有法令的效力,却又无须加盖国会的"橡皮图章",使总统得以上下其手,左右逢源。在对外关系上,总统本来与国会分享缔约大权。但为了避开国会的干涉,总统更喜欢缔结行政协定,1936年最高法院判决行政协定与条约一样有效,更是为总统助了一臂之力。

行政权力支配决策的结果,使得联邦政策实际上就成了白宫的政策。20世纪初以来,美国政府的系统政策纲领,都贴上了总统个人的标签,诸如西奥多·罗斯福的"公平之政",威尔逊的"新自由",富兰克林·罗斯福的"新政",杜鲁门的"公平施政",肯尼迪的"新边

---

① 转引自罗伯特·林尼伯利:《美国政府:人民、政治与政策》(Robert L. Lineberry, *Government in America: People, Politics, and Policy*),波士顿1983年版,第375页。

疆"，约翰逊的"伟大社会"，里根的"里根革命"，莫不如此。作为武装力量的最高统帅，总统可以发动不宣而战的有限战争。在1789—1983年间，美国向国外派兵150余次，其中经过国会宣战的仅有5次（1812年、1847年、1898年、1917年和1941年）。诸如朝鲜战争、越南战争、1989年突袭巴拿马这样重大的军事行动，都由行政部门一手策划和实施。显然，三种权力依然平行，但已不再平等，行政部门扮演着领导角色。

在组织上、结构上和制度上，行政权力也日趋完善和发达。在立国之初，所谓行政部门，仅指总统和内阁。但自20世纪初以来，特别是富兰克林·罗斯福当政以后，行政权力的结构已是面目一新。现在，行政权力的顶端是总统，第二层是内阁，第三层是智囊与顾问，第四层是行政办公系统，最底层则是一系列执行机构。总统权力通过这一严密网络辐射出去。这使行政权力的运作在程序上显得稳定和按部就班，但同时也使总统的作用层层减弱，有时甚至导致严重的失控。"伊朗门事件"就是一个很好的例子：里根总统反复表白，下属在与伊朗的武器交易及支持尼加拉瓜反政府武装这一事件中究竟做了什么手脚，他自己并不知晓。有人把这种局面称作总统制的无能，但实际上乃是总统权力"制度化"所带来的难以避免的不利后果。

毋庸置疑，行政权力的扩张并非总是顺畅无阻的。在联邦权力结构中，最高法院对行政权力的扩张起了推波助澜的作用。它运用司法复议这一法宝，可对某项法令是否合乎宪法做出裁决。如果它宣布一项法令违宪，遭到制约的就不仅是行政部门，而主要是专司立法的国会。可是在更多的情况下，它通常比较宽泛地解释宪法中的行政权力条款，做出了不少有利于强化行政权力的判决。对行政权力的制约与抗衡主要来自于国会。国会尽管无法遏止行政权力的扩张，却能对其扩张的速度与限度发挥作用。

一般来说，国会与行政部门的制衡关系，受到两个因素的制约。

首先是时势的变动。在战争时期或紧急状态下，国会通常主动让出许多应变之权，从而致使行政权力迅速增强。然而一俟危机过去，国会又开始向行政部门索回失去的权力，限制总统的行动，重新扮演制衡的角色。在1789—1814年间，美国刚刚立国，国势虚弱，百废待兴，而国际局势又异常险恶复杂，面对这种局面，联邦政府必须发挥强有力的领导作用。于是，行政部门便担当起治国安邦的重任，不仅制定了许多振兴经济的措施，而且成功地处理了美法危机，完成了"路易斯安那购买"，领导了1812年战争。紧接1812年战争之后，国内进入一个相对稳定的建设时期，国会便开始反击，终于在1836年左右基本上控制了决策的主动权。1861—1865年的内战，使行政权力又一次获得了大扩张的机会。但在1865年以后，总统权力急速沉沦，国会再度权重一时。1898—1919年，美国又处于一个非同寻常的时期。当时向海外扩张的呼声很高，美国加入了列强争夺世界的大角逐；国内则各种问题成堆，改革运动高涨。在这种情况下，行政部门扮演领导角色，承担起美国在国内国外的各种"使命"。1919年后，以国际联盟的争执为标志，国会与总统就一系列内政外交决策发生冲突，常常处于相持胶着的状态。在1933—1945年间，为了挽救国内经济大危机和处理严峻的国际问题，行政部门又成为联邦政府的核心。战后的情形又有所改观。以国会为中心掀起反共浪潮，并借共产主义威胁来攻击行政部门，还提出宪法修正案以限制总统的连任。另一个长期较量的结果，乃是1973年的《战争权力法》。国会借该法要求总统采取军事行动时，须在48小时内向国会做出报告，若无国会同意，这种军事行动须在60天内中止。这样就限制了总统不宣而战的权力。不过，就总的趋势而言，国会的制衡不断减弱，而行政权力长期占据上风。

政党势力的消长也是影响总统与国会关系的一个重要因素。通常来说，当总统与国会多数派同属一个政党时，两者的关系就相对融洽和友好，合作多于冲突。反之则不然。在内政问题上尤其如此。这方面的例子俯拾即是。1901—1908年间，共和党人罗斯福执政，共和党占据着国会参众两院多数席位，行政部门的国内外政策计划得到了国会较多的支持。1913—1919年间，民主党人同时控制着行政部门与国会多数席位，情形也大致相同。1947年以后，民主党在国会失去优势，身为民主党人的杜鲁门总统处境甚为窘迫,提出的国内福利计划遭到国会的强烈反对。

随着行政权力的不断增强,人们不免产生一个疑问:权力的制衡是否已成为一种神话?实际上,联邦三种权力之间的制衡始终是存在的,只不过总是处于某种动态。旧的平衡不断被打破,而新平衡的出现,往往意味着行政部门的一次增势。在当今联邦的权力格局中,行政权力乃是确切无疑的主导力量,国会与最高法院相对来说处于陪衬的地位。

第二,行政权力的增强,有助于改善政府管理,提高政府效率,增强政府快速反应和灵活应变的能力。

国会在非常时期心甘情愿地接受总统的主导作用,这一事实说明,行政部门在应对紧急事变方面确有其优势。反面的证据也比比皆是。当国会权力上升时,国家政局往往比较混乱,政府效率偏于低下。在1836—1860年间,国会在处理奴隶制度问题时,争端迭起,辩论不休,以致民情激愤,政治危机不断。据说,林肯在国会众议院供职时,曾40余次参加对《魏尔莫特附文》的表决。从1820年的"密苏里妥协"到1854年的《堪萨斯—内布拉斯加法案》,无一不是长时间扰攘杌陧之后的产物。在1866—1899年国会得势期间,政治腐败加剧,党魁得势,贿赂公行。据亨利·亚当斯当时观察,"政府并未进行统治,国会效率低下,而且越来越表明它不能胜任……加之于它的种种巨大的权力……"。[①] 20世纪以来,随着行政部门的日益强大,决策过程大为缩短,政府的应变能力已是今非昔比。由于行政部门的介入,减少了立法中不必要的延误;而行政部门单独决策能力的增强,也使政府效率得到明显的提高。另外,行政部门的智囊与顾问系统的发展,也有利于提高决策的科学性和合理性。在当今纷繁复杂、瞬息万变的国内外局势中,联邦政府舍此不能有所作为。

---

① 威廉·戈德史密斯编:《总统权力的成长:一部文献史》(William M. Goldsmith, *The Growth of Presidential Power: A Documented History*),纽约1974年版,第1卷,第xxii页。

第三，行政权力的扩张并未突破《联邦宪法》的框架，所谓"帝王般的总统职位"大抵是出于恐惧的想象。

20世纪70年代初的水门事件，使许多美国人深为震惊。他们开始意识到，总统权力的极大增强和四处渗透，难免造成极大的政治风险，损害美国的民主政体。老派民主党人、历史学家小阿瑟·施莱辛格于1973年出版的《帝王般的总统职位》一书，便是这种舆论气候的反映。担心总统专权尽管不是杞人之忧，但毕竟有些耸人听闻。事实上，尼克松因"水门事件"而下台，这本身就表明，在美国谋求行政专权只能是自寻绝路。

从历史上看，行政权力无论如何扩张，终究不能超越美国宪法，并未完全打破分权与制衡体制而走向行政专权。一旦总统权力膨胀到一定限度，必然遇到国会和最高法院的遏制，这一点屡屡为历史所证明。1933年的《全国产业复兴法》和《农业调整法》极大地扩张了行政部门对经济的干预，最终被最高法院宣布为违宪。美国卷入越南战争的教训，促使国会制定了《战争权力法》，限制总统单独进行长期军事行动的权力。尼克松曾经扬言，"总统在一定情形下可以干点违法的事情"，① 可是他却为此付出了沉重的代价。宪法在语言上的模糊性和宽泛性，为总统权力的扩张留下了余地；而其中那些确定性的条文，又使这种扩张不可能达到专权的程度。在美国这种有着深厚宪制主义传统的国家，绝不可能放任行政权力扩大到超越宪法的地步。美国学者悉尼·胡克指出："一个民主社会对于英雄人物必须永远加以提防。"② 在美国，分权与制衡就是这种"提防"的制度化机制。一战结束以后，威尔逊总统以自由世界的拯救者自居，一度尽享荣耀和辉煌；但曾几何时，参议院拒绝批准国际联盟条约，立刻使他身心俱病，快快卸任。富兰克林·罗斯福权重一时，春风得意，可是未料其继任者却处处碰壁。

---

① 查尔斯·汉密尔顿：《美国政府》（Charles V. Hamilton, *The American Government*），伊利诺伊州格伦维尤1982年版，第308页。
② 悉尼·胡克：《历史中的英雄》，王清彬等译，上海人民出版社1964年版，第159页。

诚然，与以往相比，总统的权力的确大为膨胀，这与美国人那种痛恶专制权力、对大政府满怀疑惧的"杰斐逊心理"乃是大相径庭的。但是，较之古代和中世纪的君主，美国总统的地位则相去甚远。总统必须踏着选票铺就的台阶方能步入白宫，最多8年期满就必须搬出白宫，稍有大胆举动便招致国会制约和舆论攻击，其四周布满了监视的目光和未知的陷阱。富兰克林·罗斯福在谈到林肯时说："他是一个可悲的人，因为他不能马上获得（他所要求的东西）。没有人能够。"①这也可能是罗斯福的"夫子自道"。杜鲁门在即将让位于德怀特·艾森豪威尔之时，曾悻悻然说："他将坐在这里说'干这个'，'干那个'，但是无济于事。可怜的艾克（艾森豪威尔的昵称——引者），这跟军队可是两码事。他会感到失望的。"② 此言固然夸张，但未尝不是一位即将离任的总统的经验之谈。总统连军官尚且不如，又如何能与"帝王"相比呢？

第四，有充分的根据推断，行政权力的扩张乃是势所必然，在所难免。

在制定《联邦宪法》的时代，美国还是个农业国，人口只有300万左右，社会相对单纯质朴，政府无须担负太多的责任。宪法关于联邦政府权力的简洁而含混的规定，与这种社会状况有一定程度的相关性。到19世纪末，美国已变成一个城市化的工业大国，社会日趋整体化和复杂化。经济结构的变动，使得单纯的市场调节呈捉襟见肘之状，需要市场以外的调节机制。旧式个人主义造成个人与社会的激烈冲突，要求对个人行为施加适当的社会控制，以维护社会的整体利益。面对一个动荡不定、争夺不休的世界，美国需要更主动地参与，因而也需要更具灵活性的决策。概而言之，社会和时势都要求联邦政府扩大权力和职能。

在联邦政府的三个部门中，何者有能力及时响应这一呼唤呢？最

---

① 戈德史密斯编：《总统权力的成长：一部文献史》，第 xxv 页。
② 林尼伯利：《美国政府：人民、政治与政策》，第390页。

高法院受其功能的限制，显然不能担当这样的角色。那么国会能吗？国会由来自地方选区的数百名议员组成，他们由地方选区选举，每届任期短暂，但可无限期地连选连任；因此，一个谋求再次当选的议员，就不得不首先考虑本选区选民的要求，以收揽人心和争取选票。众多的奉本选区利益为圭臬的立法者聚集一堂，自然很难就全国性议题迅速达成一致，其应变能力不免大打折扣。国会的这种所谓"地方化"，使之总是吵嚷不休，行动迟缓。另一方面，国会权力分散于各委员会，而这些委员会又往往为那些手腕精明、资深望重的议员所控制，要就全国性的政策采取灵活而统一的步骤，也有相当大的难度。再则，国会专司立法，而法令又具有相对的稳定性和长久性，不可能紧随时势而频繁改变。所有这些限制，都会削弱国会在联邦决策中的作用，使它在社会和时代提出的新任务面前显得力不从心。与此相对照，行政部门则具有明显的优势，能够在一个纷繁复杂、变动不居的时代发挥领导作用。行政权力不仅相对集中，而且实际上兼具立法、行政、司法和军事等多方面的职能，在行动中也易于切近实际，灵活便捷。英国伦敦大学政治学教授哈罗德·J. 拉斯基在20世纪40年代写道："美国需要强大的政府；它需要强有力的领导以获得强大的政府；而只有总统由于具备其特点，故能提供所要求的这种领导。"① 他这一段话，完全可以视作是给富兰克林·罗斯福时代总统地位急剧上升所做的注脚。

  与此同时，美国人对于总统的心理预期也与时俱增。在公共舆论和大众心目中，总统换届便意味着政府的更替和政策的变动。在一个各种问题纷至沓来的时代，人们总是期待能干而有权威的人物出现，以帮助他们解决诸如就业、住房、教育、堕胎、青少年犯罪、财政赤字、经济衰退之类的问题。美国总统在就职之际，也总是向世人宣告，一个新的时代已经来临。众所周知，1932年底至1933年初美国跌入大萧条的深谷时，正值总统换届，当时举国上下都在焦急地期待，痛苦

---

① 哈罗德·J. 拉斯基：《诠释美国总统制》（Harold J. Laski, *The American Presidency: An Interpretation*），纽约1940年版，第243页。

地观望,等候新总统上任以挽救危局。这个例子很好地说明了人们对总统的心理预期强烈到何等程度。对权威人物的期待,是人类社会的一种普遍心理,在民主政治中亦复如此。一如雅典那样实行直接民主的城邦,伯里克利之类的领袖人物仍旧是一个时代的标志。历史一再证明,治国安邦的确需要权威。但问题在于如何选择、确立和制约权威。在美国,人们对权威的迷信要淡薄得多,但有时仍不免对总统产生不切实际的幻想。在1916年大选时,选民希望威尔逊"使我们免于战争",但实际则不然。沃尔特·李普曼曾说:"如果没有强有力的国家领袖实施领导和执行纪律,大众政府是行不通的,任何一个拥有五百人的团体,不管是叫国会还是其他什么名字,如果不置于一个单一意志的严格控制之下,就只能是一群难以驾驭的乌合之众。"① 这显然系针对美国政府运转的实际情形而有感而发,带有明显的权威主义取向。在日常生活中,白宫成为美国人关注和议论的中心。布鲁斯·米诺夫曾对《时代》周刊和《新闻周刊》两年中所登新闻做过分析,发现其中一半以上的重要消息和总统及其行动有关。因此,对总统的强烈的心理预期,构成行政权力扩张的社会心理基础。

当然,对担任总统职务的个人的品格、气质与才具所起的作用,也不能忽视。由于宪法并未严格界定总统的权力,因此,行政权力在国家事务中的地位,与总统个人的理解和运用关系极大。在行政权力大扩张的时期,白宫主人多为品格出众、才干卓著之士,前文对此已有论及。不过,随着总统职位的日趋"制度化"与"科层化",担任这一职务的个人的影响随之缩小,总统的权力与作用越来越多地来自于总统这一职位。因此,在美国总统职位史上,个人因素呈效应递减的趋势。

(原刊于《南开史学》1991年第1期,收入本书时做了分节处理,并添加了小标题)

---

① 罗纳德·斯蒂尔:《李普曼传》,于滨译,新华出版社1982年版,第457页。

第二编 文化接触的历史反思

1992年，我在杨生茂教授指导下开始攻读博士学位，选取的研究题目是美国印第安人的历史。这一编中的各篇文章，都反映了这个阶段的工作情况。在当时国内的美国史研究中，关于这些题材还很少有专门而精深的论著。我的这些文章大多也带有综论的性质，处理的题材十分宽泛，跨越的时段相当漫长，而使用的资料则比较一般化。而且，这些文章大多以文化相对主义为理论底蕴，同情土著美国人的遭遇，对美国社会盛行的种族主义和"文化帝国主义"，则取鲜明而强烈的批判态度。当时我还没有条件去美国做研究，在国内所能找到的材料极为有限，对美国史学界的相关研究也不甚了然，因而各篇文章中都难免多有粗率肤廓之论。最近几十年来，美国学术界关于土著美国人的研究，不仅论著层出不穷，而且理念、视角和方法也不断翻新。尤为突出的是，土著美国人的经历已不再是单纯受苦受难的悲惨故事，而变成了一部抗争史，一部原创性地参与塑造美国历史和文化的记录。另外，诸如"印第安人""部落""白人""白人社会""主流文化"之类的提法，也大多为美国学者所摈弃。目前国内仍有为数不多的学者继续从事印第安人历史的研究，并把题材和视野扩展到环境史和疾病史方面。

两个世界文明汇合与北美印第安人的历史命运

今天人们所说的"两个世界文明的汇合",实际上就是欧洲文化向美洲大陆的移植与扩张,是"旧世界"移民对"新世界"的征服和改造。这一过程以1492年哥伦布首航美洲为起点,历时数百年,其后果与影响均具有世界历史意义。一方面,欧洲文化体系内部已有的变动,因为与"新大陆"文化发生接触而得到加速;另一方面,美洲的面貌在"旧世界"的冲击下也为之一新,居住在这块土地上的印第安人的社会组织、文化传统乃至种族生存,都经受了严峻的考验。15—16世纪以来,"新""旧"世界文化的撞击、冲突与融合,塑造了北美印第安人新的历史命运。

一、 欧洲文化向美洲的扩张

两个世界的接触,嵌入了人类历史变迁的轨道,意味着人类在打破闭塞隔绝、走向共同发展的道路上迈出了重要的一步。担负这一使命的,既不是"新世界"的居民,也不是整个"旧世界",而是地处亚欧大陆最西端的英、法、西班牙、葡萄牙和荷兰等国。之所以如此,其根源在于西欧文化的特性之中。那时,"旧世界"存在着几大文化体系,其中华夏文明和印度文明均以内陆农业为基础,具有高度的稳定性和内向凝聚性,缺乏外向发展的刺激与欲求。在西亚北非文化圈中,阿拉伯人的商业贸易很早就十分发达，且拥有丰富的航海经验，但"发现""新大陆"的却不是阿拉伯人。阿拉伯人的商业以原初贵重物产为支柱，没有国内产业作为基础，故没有向外扩张以建立一体化贸易网络的必要。西欧诸国虽然也以商业贸易闻名于世，但其贸易的重点不在于自然物产，而是越来越依赖国内制成品。这是一个根本性的差异。以国内产业为依托的贸易，必须在原料、加工和市场之间建立牢固而持久的联系，从而形成联结国内外的一体化商业贸易网络；而这一网络的建立，除却稳定的海上航路和贸易站点，还需要建立长久的殖民地。这样就赋予了西欧文化强烈的扩张特性。美洲的"发现"、非洲的殖民化、澳洲的"开发"和亚洲的沉沦，在一定意义上都是西欧文化扩张特性发挥作用的结果。所以，就欧洲资本主义的生产与交换方式的发展趋势而言，美洲印第安人被卷入世界历史的统一运动中，实在是不可避免的事情。

当西欧扩张的触角伸向美洲时，两个大陆的文化处于截然不同的发展层次上。西欧诸国自12、13世纪以来，城市和商业以及基于牲畜养殖的毛纺织业，均已获得较大的发展，生产和交换的变革，提出了打破各种关卡壁垒的要求，外向扩张亦已成为经济正常运转的必要条件。同时，国内经济转型所造成的人口、资源、宗教及政治压力，也迫切需要有一个适当的"减压阀"。所有这些，就构成了西欧率先向海外发展的综合动力。

被航海探险家们意外"发现"的"新大陆"，在一段时期内成为西欧文化扩张的首选之地，而美洲印第安人文化的不发达，又加速了其扩张过程。在哥伦布到达美洲时，从北至南的整个大陆上散布着众多印第安人部落，除玛雅人、阿兹特克人和印卡人曾创造出比较完整的定居农业文化外，绝大多数部落还处于渔猎采集时代。而且，他们在向较高文化阶段迈进的道路上，还遇到了不少难以克服的障碍。其一，各部落均拥有各自的语系和方言，没有形成在较大范围内通用的语言，使各部落之间的交往沟通发生困难。其二，印第安人没有驯养马匹和发明车轮，文化最为发达的阿兹特克人仅驯养了狗、火鸡、鸭等动物，印卡人的骆马主要用于衣食，而不能作为兽力工具。没有马匹和车轮，远距离的交通运输几乎难以进行，部落的迁徙流动也不方便，这就是印第安人中真正的游牧部落极少见的原因。其三，印第安人不会冶铁技术，没有铁制工具，不能有效地开发、利用资源，谋生手段十分有限。这些欠缺对于文化发展来说都是致命的障碍。不能在较大范围交流和沟通，难以远距离往来交换，使各部落在相当孤立闭塞的状态中分散发展，不能形成相互竞争、共同发展的趋势。生产工具的原始简陋，则使劳动产品难有剩余；而缺少剩余产品，交换和财产私有制也就无以发展。所以，当欧洲白人来到美洲大陆时，在这里生息繁衍了万数年的土著居民仍处于人类社会的最初阶段，其文化普遍呈现停滞状态。这就是印第安人遭到欧洲文化冲击而蒙受巨大灾难的基本原因。

"新""旧"大陆在社会发展梯级上的悬殊位置，决定了两个世界文化的接触不可能是和平而平等的。按照一些西方学者提出的文化优势法则，"那些在既定环境中能更有效地开发能源资源的文化系统，将对落后系统赖以生存的环境进行扩张"。[①] 西欧诸国正逐步走向以工商业为主导的资本主义时代，其开发利用自然资源的能力和制度，远较印第安人发达；而且其开发利用的方式与程度，也直接冲击乃至毁灭印第安人的生存条件。土地、水域、森林这些印第安人的衣食之源，都被白人移民用来为其更发达的生产与交换服务。于是，那些未被武力征服而消灭的印第安人，也由于生存环境的破坏而遇到严重的生存危机。在北美尤其如此。

就人类发展的长远进程而言，欧洲文化的入侵或许正是印第安人跳出文化停滞困境的一个历史机遇。欧洲人的到来，不仅给印第安人造成了强大的生存竞争的压力，而且也带来了马匹、车轮和铁器，提供了唯一可能在较大范围通行的统一语言，为印第安人打破孤立、停滞和闭塞隔绝的状态造成了契机。但是这一契机既非出于欧洲殖民者

[①] 托马斯·哈定等：《文化与进化》，韩建军等译，浙江人民出版社1987年版，第60页。

的主观意愿，也不为印第安人所理解和期望，因此不能认为欧洲文化的入侵乃是印第安人难得的幸事。实际上，在欧洲文化步步进逼的巨大压力下，印第安人逐渐丧失了历史选择的能力，两个世界文化相遇给他们带来的摆脱原始停滞状态的机遇，正是历史强加于他们的。面对力图"按照自己的面貌为自己创造一个世界"①的资本主义的扩张，印第安人很少有万全的应对之策。马克思、恩格斯在论述资产阶级的历史地位时说，资产阶级"迫使一切民族——如果它们不想灭亡的话——采用资产阶级的生产方式"。② 美洲印第安人正是由于未能（也不可能）顺利地采用"资产阶级的生产方式"，所以走到了灭亡的边缘。欧洲文化的冲击在给印第安人社会发展投下强烈的催变剂的同时，更多地给他们造成深重的灾难。获得发展的仅是极少数部落，绝大多数部落或遭毁灭，或仍旧停滞不前。

　　北美和拉美的历史已经表明，两个地区的印第安人在文化撞击中的命运是不完全一样的。差异的根源在于文化接触的条件、过程和方式均有不同。向拉美地区进行殖民与扩张的西班牙和葡萄牙，其国内封建王权和贵族势力较为强大，热衷于海外扩张的主要目的，在于为王室获取土地和金银财宝。为达到这一目的，王室多雇佣一些生性残暴的冒险家前往美洲，对印第安人进行征服和屠戮，以夺取其宝藏。待到所有强悍的部落均被征服后，西、葡两国才开始大规模移民。在这一过程中，母国的各种封建制度和习俗均被移植过来，所建立的殖民地在土地制度、权力结构和宗教方面，均与宗主国有许多相似之处。这种情况不仅影响到拉美独立后各国的发展，而且也制约着印第安人的命运。拉美地区有不少进入定居农耕阶段的部落，其生活方式相对稳定，对土地的依附性较强，因而在被征服后便沦为奴隶，或与其他人种通婚。印第安人通过这些方式直接进入主流社会，走上与其他人种共同发展的道路。其他一些偏僻地区的印第安人，由于与外界接触

---

① 中共中央马克思恩格斯列宁斯大林著作编译局编：《马克思恩格斯选集》，人民出版社1972年版，第1卷，第255页。
② 《马克思恩格斯选集》，第1卷，第255页。

较少，文化传统和社会特征得到较多的保留。所有这些，都使印第安人在拉美社会的影响相对突出一些。

北美的情况与此不同。向现今的美国和加拿大地区殖民的，主要是英、法、荷兰这几个资本主义较早发达的国家。它们向北美殖民，固然也带有掠取财宝的动机，但更主要的是开发资源，扩充市场，建立殖民和贸易体系。为此，在大批移民之前，英、法等国不是进行大举征服，而是展开多方探查，搜集当地的自然及人文资料，然后组织殖民贸易公司，开始有计划地移民和开发。移民的开端基本上是和平的，白人到达北美后也并未像去拉美的殖民者一样沉湎于探宝开矿，而是定居开发，兴办产业，很快与母国形成良性循环的贸易联系。正是由于侧重开发，移民们也有必要了解和借鉴土著的生产和生活经验，这使印白文化在17、18世纪表现出一定的互补性。

随着开发的深入，种族关系不断趋于紧张，白人对印第安人的打击和征服也大为加速。北美印第安人自身的情况与拉美地区存在诸多差别。除了东部林地有一些部落从事定居农耕，绝大多数部落均以渔猎采集为生，不存在如阿兹特克人或印卡人那样的文化体系。这种状况一方面使印第安人不可能对白人文化的扩张组织起强大的抵抗，另一方面也使印第安人无法接受白人强加给他们的奴隶地位。因此，他们长期没有卷入资本主义的生产和生活体系，两种文化的融合程度大大低于拉美地区。这是导致北美地区的主流文化中较少印第安特色的重要因素。

经过数百年的发展演变，在今天的美洲，仅美国和加拿大兴起了能与旧世界各文化体系平分秋色的新文化。显然，这是由于移植到北美的乃是以英、法、荷等国为代表的欧洲文化中较发达的成分，在移植过来后又遇到了良好的环境与条件，获得了最充分的生长，终于结出了丰硕的果实。正因为北美的资本主义文化成长壮大十分迅速，所以北美印第安人的历史变迁也就至为巨大而深刻。考察这种历史变迁，可以为认识两个世界相遇后的人类经历，提供一个新的视角。

二、 种族关系的演变

两个世界文化的撞击,首先体现为白人移民和印第安人两个不同种族的接触。虽然印第安人也是移民的后裔,但白人毕竟是后来的入侵者。他们很快反客为主,最终成了"新大陆"的主人,主宰了印第安人的命运。

两个种族的接触与交往有一个逐步扩大深化的过程。1495年10月12日,哥伦布航抵圣萨尔瓦多岛,以为自己来到了印度,便称当地居民为印第安人。随后来北美探查和殖民的白人,由于所接触的多为东部较为"开化"的部落,因而把印第安人视为"高贵的红种人",是"自然之子",甚至有传教士称为《圣经》中所载失散的古犹太人的分支。宾夕法尼亚殖民地的创建者威廉·佩恩曾把特拉华族的一个首领称为"高雅而聪慧的人",并告诫白人"不要虐待他们,而应让他们得到正义,这样你就能赢得他们"。[①] 托马斯·杰斐逊则说,"印第安人在身体与心灵两方面都与白人不相上下"。[②] 据说,早期有思想的欧洲裔居民都承认,印第安人的权利具有某种神圣性。[③] 可是,随着移民向内陆的推进,白人与印第安人就资源的竞争日趋激烈,他们对土著居民的好感就被仇恨和蔑视的情绪所取代。白人社会普遍把印第安人看作野蛮人,认为他们嗜血好战,懒惰无能,"不配享有"北美的广阔土地。有的白人拓殖者还称印第安人为"动物",认为"他们拥有人的外形,也许是人类的一种,但可以肯定地说,他们现在的状况表明他们更接近魔鬼的特征"。[④] 后来甚至流传"只有死了的印第安人才是好印

[①] 弗吉尼亚·阿姆斯特朗编:《我已说过了:印第安人口中的美国史》(Virginia I. Armstrong, ed., *I Have Spoken: American History Through the Voice of Indians*),芝加哥1971年版,第6-7页。
[②] 弗朗西斯·普鲁查:《伟大的父亲:合众国政府与美国印第安人》(Francis P. Prucha, *The Great Father: United States Government and American Indian*),内布拉斯加林肯1986年版,第49页。
[③] 韦恩·莫昆等编:《美国印第安人重要历史文献》(Wayne Moquin, et al., eds., *Great Documents in American Indian History*),纽约1973年版,第107页。
[④] 威尔科姆·沃什伯恩编:《印第安人与白种人》(Wilcomb Washburn, ed., *The Indian and the White Man*),纽约州加登城1964年版,第116页。

第安人"的说法。① 杰斐逊晚年也对印第安人的前途失去信心，感到被征服和衰亡将是他们不可避免的命运。② 到19世纪末，整个北美印第安人被迫迁入保留地后，人们发现印第安人已成为一个"正在消失的种族"，"他们具备人类所享有的一切力量、才智和天赋"。③ 这种认识为后来调整种族关系做了铺垫。

印第安人对白人的了解也是逐步加深的。当白人第一次出现在他们面前时，他们视之为天外来客，一般都表现出惊奇和友善，力争使之成为自己的盟友。东部那些较为强大的部落，大多曾与白人结成过某种形式的联盟。在种族冲突尖锐起来后，印第安人对白人产生了疑惧和敌意，袭击白人定居点的事件时有发生。由于英、法之间进行殖民争夺而侵犯了印第安人的利益，加深了各部落对白人的仇恨，那些与白人有过接触的印第安人部落，大多逐渐把白人视为入侵者。1805年塞尼卡人红茄克对一个白人传教团说过一番话，沉痛地回顾了印白种族关系的演变："你们（指白人传教士——引者）的先辈渡过广阔的水域，在这座岛上登陆。他们人数很少。他们遇到的是朋友，而不是敌人，……他们要求一小片落脚之地。我们可怜他们，便满足了他们的要求……我们给他们玉米和肉。他们却给我们毒药作为回报。……他们的人数终于极大地增多，他们便要求更多的土地，他们要得到我们的整个家园。"④ 为了捍卫生存的权利，印第安人对白人社会的扩张进行了长期而顽强的抵抗。直至今天仍有不少印第安人领袖认为，白人在历史上对印第安人犯下了难以饶恕的罪行，欠下了难以清偿的债，白人社会负有赎罪还债的责任。

在印白关系的演化中，政府对印第安人的政策起了主导作用。在一定程度上可以说，政府的印第安人政策乃是印白关系的集中体现。总的来说，美国和加拿大政府的印第安人政策的变化呈"U"字形轨

---

① 莫昆等编：《美国印第安人重要历史文献》，第106页。
② 沃什伯恩编：《印第安人与白种人》，第95页。
③ 沃什伯恩编：《印第安人与白种人》，第392-393页。
④ 莫昆等编：《美国印第安人重要历史文献》，第32页。

迹，即在最初倾向于与印第安人修好，继而大举驱赶、杀戮和虐待，进入 20 世纪后才开始注重改善印第安人的悲惨处境。

从殖民地建立之初起，当局就十分重视印第安人问题，设有专门的管理机构。在 17、18 世纪，北美与欧洲的毛皮贸易十分有利可图，而毛皮的获取需要依靠印第安人的捕猎。另一方面，英、法等国在北美进行激烈的殖民争夺，都需要利用一些土著部落来对付自己的敌手。更重要的是，最初白人居民人口较少，还没有对印第安人的土地提出强烈要求。基于以上种种原因，这个时期当局的政策基本上倾向于同印第安人友好相处，限制白人对土地的进占，甚至不准白人与印第安人随意接触。

19 世纪北美地区的发展与开发大为加速。人口急剧增加，经济迅速壮大，白人社会的实力获得了极大的增强。与此相伴随，印第安人的人口、土地和实力逐步丧失。詹姆斯·门罗总统曾断言："狩猎或野蛮状态要求以很大的地域来加以维持，超出了文明生活的进步和正当要求所能允许的限度，故必须服从于文明生活。"[①] 不出半个世纪，他的话就完全应验了。在 1830 年国会通过迁移法令后，美国东部的土著部落在 10 年内几乎全被驱赶到密西西比河以西地区。这次强迫迁徙给印第安人造成了毁灭性灾难，他们迁徙的路途叫作"眼泪之路"。1850 年前后，美国及加拿大各省政府开始推行保留地政策，为各部落划定居住地区，其余土地则开放给白人居民，擅离保留地的部落即遭到正规军的追剿弹压。这一时期乃是北美印第安人历史上最为悲惨和充满苦难的阶段，也是印白关系史上最血腥、最黑暗的年代。

在 19 世纪 70 年代，北美的印白关系发生了一次重大的转折。在此之前，白人社会将印第安人各部落作为国外民族对待，与他们的贸易被当成对外贸易，同他们的土地纠纷则通过条约来解决。美国政府于 1871 年宣布不再与印第安人签订条约，1887 年又制定《道斯法案》，

---

① 转引自阿雷尔·M. 吉布森：《史前时期至现在的美国印第安人》（Arrell M. Gibson, *The American Indian: Prehistory to the Present*），马萨诸塞州列克星敦 1980 年版，第 291 页。

解散部落组织，将部落土地分配给印第安人个人，获得土地者可于25年后归化为美国公民。这显然是一种把印第安人强行改造成美国社会成员的意图。加拿大自治领成立后，于1876年制定了统一的《印第安人法令》，其主要内容有二：一是甄别和确定印第安人的身份，给予法律上的特殊地位；二是逐步授予公民权，使土著居民进入主流社会。在白人政府的政策中，印第安人由国外民族变成了国内种族，这在印白关系史上是一个根本性的转折。这一转折说明了两个重要问题。第一，作为国外民族，印第安人有可能被视为白人社会的敌人，而他们又处于原始阶段，根本不知现代国际法为何物，因而往往受到白人社会的欺骗蒙蔽或背信弃义的损害；而一旦成为国内种族，则在法律上与其他社会成员拥有同样的权利，这为印第安人争取平等、寻求改善社会地位提供了前提，也是他们走向主流社会的关键一步。第二，白人经过几百年扩张，已完全占领和主宰了北美大陆，从地缘政治上说，印第安人部落也的确不再是独立于白人社会之外的民族；印白之间的力量对比已发生了历史性变化，由欧洲移入的文化之根，已在北美大陆生长出新的文化体系；而本来就很分散的印第安人文化，由于各种文化的强烈冲击而更加破碎衰弱。从这两层意义上看，种族关系的变迁深刻地反映出印第安人的历史命运。

经过这次转折，北美印第安人的历史进入一个新的阶段，其不幸处境开始得到白人社会的注意，将他们"改造"成主流社会成员的运动亦在迅速推进。19世纪末，白人社会推行强制同化政策，非但收效不大，而且给印第安人造成了新的苦难。进入20世纪，在承认部落传统的基础上，美、加两国政府开始实行"特别援助"和"自愿同化"的政策。当今，印第安人的自立、自治与自决问题得到越来越多的重视，在多元文化主义（multi-culturalism）的背景下，印白关系正朝着较为合理的方向发展。但是距民族平等、印白共同发展的时代，还有相当遥远的距离。

印白种族关系的演变，受多方面因素的制约。历史清楚地表明，在印白关系中占主动和支配地位的是白人。白人社会的意愿在很大程度上主导着印白关系的演变方向,而政府对印第安人的政策,大体上是白人社会意愿的反映或体现。在殖民地时代,与印第安人的贸易有利可图,加之殖民地的安全至关重要,因而白人社会极力与土著部落修好。在国内大开发时期,白人社会对新的土地的渴求和对印第安人反抗的担忧,促使政府采取措施来屠杀和驱赶印第安人。政府的大部分政策,乃是在白人社会的直接压力下产生的。政府在处理印第安事务时,往往缺乏远见,处于被动地位。其原因在于,在19世纪末以前,自由放任主义盛行,政府干预较少。当然,白人社会在印第安人问题上的态度也不尽一致。只有那些与印第安人部落有着直接利害冲突的白人,才主动采用驱杀和迫害的政策;而社会上反对这一政策的人也为数不少。例如,废奴主义者常用对印第安人的不公正来反衬奴隶制的残暴,主张人道地对待印第安人;① 军队中有些军官不同意用武力驱杀印第安人;② 一些慈善团体还对土著居民进行救济和援助。不过,这在20世纪以前并不是主流。

从更深的层面上看,印白关系的变化直接反映着资本主义文化在北美大陆的成长历程。17—19世纪是资本主义在北美走向成熟的时期,这一过程带有浓厚的野蛮、血腥与无政府色彩,它所造成的物质与技术的进步,使人类付出了巨大的代价。对印第安人的虐待与迫害,只是其中的一种表现。其他如压榨劳工、奴役黑人、浪费资源、道德沉沦、社会分化等,无不与印第安人的悲剧一样沉重和不幸。进入20世纪,资本主义在危机的压力下开展自我调整与改善,某些不合理因素得到一定程度的控制。正是在这种大背景下,白人社会开始反思以往对印第安人的态度,转而重视印第安人的处境,承认其文化的价值。所以,援助印第安人的政策本质上是资本主义自我调节与改善过程的一部分。另外,随着社会的发展与人类的进步,人们已日益深切地感

---

① 琳达·克尔伯:《废奴主义者对印第安人的看法》(Linda K. Kerber, "The Abolitionist Perception of the Indian"),《美国历史杂志》(*The Journal of American History*),第62卷第2期(1975年9月号),第271—295页。
② 约翰·桑伯恩1867年致内政部长的信,载莫昆等编:《美国印第安人重要历史文献》,第108页。

到，在一国之内，乃至全球，人类都是同命运共沉浮的，不同的种族和不同的社会集团，只有走共同发展的道路，才有美好的未来。人类素质的这种整体提高，对印白种族关系朝着较为合理的方向演化，无疑起了推动作用。

三、 文化的交流和冲突

文化上的交流与冲突，对北美印第安人的历史命运同样有着深刻的影响。白人移民带来的是当时世界上势能强大的文化，即资本主义文化；而北美印第安人除少数部落从事定居农耕外，大部分还处于渔猎采集时代。两种文化之间存在着质的差异，而两者在北美大陆的相遇，并在历史的时空中发生冲突与交流，其结果必然是具有优势的白人文化日趋兴盛，破坏、诱变或同化处于不利地位的印第安人文化。

白人文化与印第安人文化之间的交流，是由两者在技术和器物方面的互补性决定的。白人移民在到达"新大陆"之初，对当地的地理、气候和生存环境均不熟悉，倘若印第安人不向他们传播必要的谋生本领，永久性的移民当大受阻滞。白人从土著居民那里学到了捕鱼、狩猎、栽种美洲作物的技术以及适应恶劣自然环境的能力。在加拿大的早期发展中，毛皮贸易乃是经济的支柱，而毛皮贸易的维持，又是以印第安人高超的狩猎技术为前提的。北美英属殖民地在建立初期，在技术与器物方面也借助了印第安人的成就。詹姆斯敦最早的居民在最困难的时候，曾得到印第安人以玉米相助，后来又从他们那里学到了烟草种植技术，其经济才获得了较顺利的发展。"五月花号"的"始祖移民"到达普利茅斯之后，置身荒野，孤立无援，幸遇当地印第安人授以渔猎及玉米种植技术，才得以在新大陆开始新的生活。至于那些探险者、毛皮商人、采矿者和传教士，则更离不开从印第安人那里学来的对付各种危险的生存本领。白人之所以必须向印第安人学习，是由于印第安人具有在这块土地上长期生活的经验，较之于新来的欧洲人具有相当的优势；而欧洲人所带来的文化因子，尚未得到适当的条件而获得生长。到后来，许多属于印第安人文化传统的因素进入白人文化之中，成为北美大陆居民生活的一部分。在农业方面，玉米、烟草、甜白土豆、豆类、花生、西红柿、南瓜、巧克力、美洲棉和橡胶等作物，都是土著居民培育的品种。在社会生活方面，白种人还采纳了印第安人的化妆、面饰、时装、瓷器、地毯、地名和节日等。正是在这个意义上，加拿大和美国的一些学者充分肯定印第安人在文化上的贡献。加拿大历史学家哈罗德·英尼斯指出："印第安人及其文化对加拿大各种制度的成长乃是至关重要的。"① 美国学者费利克斯·科恩甚至认为，"凡使当今美国社会区别于旧世界的东西，都得自于对印第安人实践的采纳"。② 这种对印第安人文化价值的异乎寻常的强调，的确引人深思。

另一方面，白人文化对印第安人生活影响的深度与广度，要大大超出印第安人文化对白人生活的作用。其表现主要在以下几方面。第一，在生产工具方面，白人到达美洲之前，印第安人尚处于石器时代，多数部落使用骨箭、石刀及其他石制工具。由于文化的接触，铁器和火枪传入土著部落，那些从事农业的部落开始使用铁制农具，而平原印第安人则从西班牙人那里学会了用马作捕猎、作战和运输的工具。生产工具的更新，改变了印第安人与自然环境的关系，增强了他们的谋生能力。第二，在战争方面，由于火器的传入，印第安人的作战方式发生了变化。白人初到美洲，凭借先进的武器大败土著部落。但印第安人很快掌握了火器的使用方法，加以他们对地形的熟悉和特有的战术，在作战中也使白人大受损失。特别是易洛魁人，原本有着严密的社会组织，在引进先进的武器之后，更是势力大增，一度令白人社会十分畏惧。第三，在生活方式方面，在白人到来后，以往处于游猎状态的印第安人部落，由于被迫迁入保留地而过上了定居生活。土著

---

① 转引自兰德尔·怀特：《从毛皮贸易到自由贸易》（Randall White, *Fur Trade to Free Trade: Putting the Canada – U. S. Trade Agreement in Historical Perspective*），多伦多1989年版，第25页。
② 罗杰·尼科尔斯等编：《美国印第安人的过去与现在》（Roger L. Nichols, and George R. Adams, eds., *The American Indian: Past and Present*），马萨诸塞州沃尔瑟姆1971年版，第29页。

居民原本不饮酒，在白人将酒传入后，很多人染上饮酒的习惯，以致酗酒成风，使得部落组织涣散，武士战斗力下降，生活秩序混乱，有的部落甚至因此而毁灭。白人从欧洲带来了天花、麻疹等传染性疾病，同时也传入了先进的医疗技术，取代了当地的巫医治疗术。越来越多的保留地设立了医院，妇女分娩多在医院进行，有的母亲还用牛奶制品代替母乳喂养婴儿。越到后来，印第安人对白人生活方式的采纳就越全面。1950年，加拿大几个人类学家在一次调查中发现，东部沿海地区的密克麦克人已基本接受了白人的生活方式，拥有自己的住宅、收音机、沙发、婴儿车、玩具、缝纫机、钟表、书架和电影等，圣诞节时孩子们都打扮得与白人子弟一样，他们还称那些没有采纳白人生活方式的土著居民为"野印第安人"。① 在美国的印第安人保留地中，印第安人也大多过上了现代生活，拥有欧式家具、电视机和汽车等。

从整体上看，印第安人文化与白人文化之间的冲突甚于交流，而且交流也往往伴随着冲突。冲突的原因在于，两种文化在根本上是互不相容的。印第安人文化属于原始农耕和渔猎采集文化，而白人文化则正步入工业时代，两者相距若干历史阶段，其差异是显而易见的。

首先是财产观念不同。印第安人实行的是部落共有制，与他人共享所得不仅是一种美德，而且也是一种习俗，根本不存在财产私有的观念。然则资本主义的基本特征和根本要求，乃是绝对的财产私有制，它在北美大陆的扩展和传播，必然要求实行土地的私有化，这与印第安人的土地占有状态是截然对立的。围绕土地问题而展开的冲突，长期构成印白关系的核心内容；从1763年英王谕令到1887年《道斯法案》，都是力图解决土地问题的措施。北美土地的私有化过程，实际就是印第安人土地权利逐步丧失的过程。

第二是生产方式的矛盾。印第安人维持着原始农耕和渔猎游牧经济，要求以广阔的森林、草地和水域作为生存的依托。但白人则逐渐

---

① 小H. P. 麦吉编：《加拿大大西洋沿岸的土著人种》（H. P. McGee, Jr., ed., *The Native Peoples of the Atlantic Canada*），渥太华1983年版，第131-135、144页。

步入工业时代，必须将土地开发建设成原料和粮食产地，并利用林木、矿产和水力等资源来为工业发展服务。这两种生产方式之间极少有共通之处，后者又据有绝对的优势，其在北美大陆的胜利是确定无疑的。一个易洛魁人在1747年夏天指责白人的一句话，形象地说明了两种生产方式之间的冲突："你们的马和牛吃掉了我们的鹿过去所吃的草。"①白人进占印第安人的土地，有一条理由就是，印第安人的生产方式十分落后，长期未能有效地利用土地，因而没有资格占有它。② 资本主义生产方式的胜利导致了印第安人的生存环境的破坏。东部的土著部落因土地丧失而西迁；大平原印第安人因赖以为生的野牛遭到白人捕杀而遇到严重的生存危机；西部也有些保留地因白人开采矿藏而难以继续"保留"。

第三是价值观与宗教的相异。印第安人注重血亲纽带，以部落为根基，而白人则崇尚个人主义。印第安人对某种动物、太阳、土地等自然物顶礼膜拜，而白人信奉基督教，反对偶像崇拜。这两个方面的冲突往往与财产制度、生产方式的冲突交织在一起。如果说白人的传教活动部分地解决了宗教上的龃龉，那么随着印白接触的日益频繁，不同价值观的冲突则愈演愈烈，在当今更是困扰印第安人的一个重大问题。

第四是政治制度与社会组织的差别。印第安人的部落管理方式与白人社会的民主制度之间，有着质的差异，白人政治权力的扩张则意味着印第安人部落权力的衰落。20世纪30年代以后，白人社会重新承认部落管理的合法性，缓和了这方面的冲突。

由于两种文化之间存在着上述根本的差异，发生冲突就在所难免，其解决的方式也只能是白人文化取代印第安人文化在北美的主导地位。如果北美大陆继续存在一个印第安人"王国"，那么现代美国和加拿大就不可能兴起。关于两种文化的冲突，1833年出版的《西部印第安人

---

① 沃什伯恩编：《印第安人与白人》，第332页。
② 沃什伯恩编：《印第安人与白种人》，第116页。

战争》的作者蒂莫西·弗林特写道:"我们的产业、定居习俗、法律、各种制度、学校和宗教,使我们与他们(指印第安人——引者)的统一如同与另一种特性迥异的动物统一一样,乃是根本不可能的。"① 印第安人对印白两种文化冲突的结局也有深切的认识。上文提到的印第安人首领红茄克曾对白人传教士说:"我们的地盘一度很大,而你们的则很小。现在你们已成了一个伟大的民族,而我们则连铺一块毯子的地方也没有了。"② 1880 年在保留地流行的一首歌谣唱道:"我的父亲,可怜可怜我吧,/我无以果腹充饥,/我渴得要命,/一切都已逝去。"③ 有什么比这种"一切都已逝去"的历史命运更为不幸呢? 在白人文化的强烈无情的冲击之下,印第安人的土地丧失殆尽,生存环境天翻地覆,社会组织七零八落。许多强大的部落消失了,用特库姆塞的话说,"如同白雪在夏日太阳下融化一般"。④ 一切抵制抗拒的努力都无济于事。1492 年以后北美印第安人的历史,很大部分是由别人蘸着他们的血泪写成的。

在文化冲突中占主动地位的白人社会,为消除文化上的差异与冲突,曾长期推行同化政策,力图抹掉印第安人的文化特征,使之消失于白人文化之中。但事与愿违,同化政策导致了新的文化冲突,因为一方面如海伦·亨特·杰克逊所言,印第安人对文明生活并不感到喜悦,那不是他们想要得到的东西;⑤ 另一方面,同化本身就是一种文化对另一种文化的侵略和压迫,乃是冲突的一种表现。到 20 世纪 70 年代以后,加拿大和美国政府均开始倡导多元文化主义,主流文化显现出适度的宽容,从而使文化冲突得以缓和。

---

① 沃什伯恩编:《印第安人与白种人》,第 126 页。
② 沃什伯恩编:《印第安人与白种人》,第 212 页。
③ 詹姆斯·奥尔森等:《20 世纪的土著美国人》(James S. Olson, et al., *Native Americans in the Twentieth Century*),伊利诺伊州厄巴纳 1984 年版,第 51 页。
④ 迪伊·布朗:《将我的心埋在翁迪德尼:印第安人的美国西部史》(Dee Brown, *Bury My Heart at Wounded Knee: An Indian History of the American West*),纽约 1970 年版,第 1 页。
⑤ 海伦·亨特·杰克逊:《耻辱的世纪》(Helen Hunt Jackson, *A Century of Dishonor*),明尼阿波利斯 1964 年版,第 3 页。

四、 印第安人与主流社会

自哥伦布首航美洲以来数百年的种族交往与文化接触,使北美印第安人陷入深刻的历史困境:作为一个原始文化群体,他们处于具有高度现代文明的资本主义主流社会的包裹之中,既无法摆脱主流社会的影响,又不能进入主流社会。他们因此而经受着痛苦,付出了沉重的代价。主流社会也面临同样的两难境地:既不能抛弃印第安人,又不能完全接纳这个拥有独特文化的种族。在一定意义上说,印第安人的未来取决于他们能在何种程度上既保持自己的文化传统而又与主流社会取得一致。这是一个十分微妙复杂的问题,必须由印第安人自己做出选择。

历史地看,印第安人与主流社会的关系受到三个变量的制约:一是印第安人文化传统的转换能力;二是主流社会的包容性;三是印第安人种族之根的影响。显然,"印第安人问题"不同于黑人问题,它不仅仅是一个种族问题,而更多的是一个文化与历史的问题。

所谓印第安人文化传统的转换能力,指的是印第安人能在何种程度上主动吸收主流社会的物质成果与精神价值,使之经过消化积淀而成为本族文化的有机部分,从而缩短与现代文化的距离。1916年,《美国印第安人杂志》的编辑、塞尼卡人阿瑟·帕克曾预言,"印第安人的未来是与白种人联系在一起的,它在于一种来自旧世界的文明"。[①] 的确,印第安人与其他民族共同拥有北美大陆已成无可改易的局面,为了生存与发展,印第安人必须实现文化传统的转换,必须适应现代生活的要求。如前文所论,印、白两种文化之间虽然存在质的差异,但在数百年的接触中,却发生了频繁的器物与技术层次上的交流,尤其是印第安人,接受了白人生活方式的许多成分,过上定居生活,卷入国内经济活动(特别是旅游业、采矿业和捕捞业),享受着现代物质与

---

① 威尔科姆·沃什伯恩:《美国的印第安人》(Wilcomb Washburn, *The Indian In America*),纽约1975年版,第251页。

技术进步的成果。所以，在物质文化方面印第安人已经跳出原始状态，大大地靠近了现代生活，这无疑为他们进入主流社会奠定了基础。

然而，在文化的精神层面上，印第安人却长期难以实现向现代的转换。就文化变迁的规律来说，价值观、伦理观、社会风习、宗教信仰、国民性格等因素的变动是十分缓慢的。在与白人文化的接触中，印第安人在精神方面有着痛苦的经历，他们生活的物质环境发生了巨大的变化，而其精神价值却仍停留在过去的时代。例如，祖尼人住进了新式房舍，拥有自来水、电灯、收音机、冰箱和汽车等现代设备，但却没有放弃部落生活方式和宗教仪式，其社会组织、精神生活与物质生活构成了强烈的反差。在当今的北美印第安人中，这绝非罕见的现象。一般来说，土著居民在价值观、伦理观、社会风习及宗教信仰等方面与现代社会存在的距离，严重地制约着他们对主流社会生活的参与。主流社会以个人主义为基本价值观，崇尚个人奋斗；而印第安人则注重集体，以部落为生存的依托，一个人如果脱离了部落便会感到无所适从。印第安人强调人与人、人与神之间的关系，而不重视个人的价值。主流社会以维护个人权利和私人利益为首要原则；而印第安人则强调部落全体成员的利益，私有财产的观念比较淡薄。据说，杰斐逊曾告诫印第安人，只有建立财产私有制才能使其土地世代相传。[①] 但是，他们不可能自动实行私有制。在伦理观方面，印第安人以勇敢、强悍、坚毅、机警、蔑视死亡为美德，在传统宗教信仰和仪式等方面带有浓厚的原始色彩。这其中的价值固然不能否认，但问题是，这一切已不能完全适应变化了的时代。

总之，由于特殊的历史机缘，印第安人文化传统所处的外部环境发生了极其深刻的变化，而传统本身所做出的调整还不能适应新的环境，因而阻碍印第安人完全进入现代生活。据加拿大一些学者的调查，不少企业经理抱怨印第安人雇员不可靠，不会用英语与顾客交流，其

[①] 威尔科姆·沃什伯恩：《红种人的土地、白种人的法律》（Wilcomb Washburn, *Red Man's Land, White Man's Law*），纽约1971年版，第64页。

他雇员不愿与之共事，经常旷工、酗酒，随时返回保留地，缺乏首创性和主动性，没有良好的卫生习惯，他们发誓不再雇用印第安人。① 有的部落尊奉土地为最高神，把耕作视为割开母亲的胸膛，开矿则等于对母亲进行剥皮取骨，因而不能转向现代生产。② 20 世纪 60 年代以后，越来越多的印第安人离开保留地进入城市，与其他社会成员一同生活。这些人一方面欣赏城市的物质生活和受教育的机会，另一方面则对紧张的生活节奏、淡漠的人际关系、拥挤不堪的交通、纷至沓来的票据感到极不适应，不少人重新回到了保留地。在那些较早移居城市的人中，返回部落的比例高达 35% 以上。③ 可见，文化的制约乃是印第安人追赶现代生活的一块巨大的绊脚石。

对于主流社会来说，能否接纳一个具有完全不同文化传统的种族，一直是一个十分严峻的挑战。所谓主流社会的包容性，实际就是白人社会对印第安人文化价值的认可程度。众所周知，白人社会长期存在强烈的种族主义倾向，不仅对印第安人如此，对其他许多族裔也是一样。长期以来，种族主义是阻碍印第安人进入主流社会的重要因素。印第安人对现代生活的参与，从客观上说有赖于主流社会克服种族偏见，采取宽容的种族和文化上的多元主义政策。

在相当长的一个历史时期内，主流社会对印第安人一直实行着种族主义的歧视与压迫，其突出表现就是实行同化政策。1779 年就有白人扬言："对所有美国的野蛮人来说，不是文明开化就是走向毁灭，两者必居其一。"④ 同化政策包括多方面的内容。其一是实行宗教的改宗，在印第安人中传播基督教信仰。除为数不多的部落和个人接受了这种外来的宗教信仰外，更多的印第安人仍坚持本族的信仰。其二是发展教育，旨在使印第安人习得主流社会的文化及相应的生存技能。美国

---

① 马克·纳格勒编：《对北美印第安人的考察》（Mark Nagler, *Perspectives on North American Indians*），多伦多 1972 年版，第 139 页。
② 保罗·雷丁：《美国印第安人的故事》（Paul Radin, *The Story of the American Indian*），纽约 1944 年版，第 368 页。
③ 尼科尔斯等编：《美国印第安人的过去与现在》，第 274 页。
④ 弗朗西斯·普鲁查编：《美国历史上的印第安人》（Francis P. Prucha, ed., *The Indian in American History*），伊利诺伊州奥克布鲁克 1971 年版，第 14 页。

和加拿大政府早在19世纪初便开始在印第安人中推行系统的教育计划，到这个世纪的下半叶，基本形成了以寄宿学校、保留地全日制学校和职业学校为主的教育体系，向土著居民传授英语、农作、园艺、缝纫等方面的知识和技能，力图割断印第安人后代与部落的联系，将他们改造成能在主流社会自食其力的公民。这种强制同化教育收效不大，因为印第安人对此表现冷淡和抵触，而主流社会也不能为受过教育的印第安人提供进入现代生活的机会。其三是土地改革，其目标在于推行财产私有化，使印第安人过上定居农耕的生活，成为真正的小农场主，从而步入主流社会。从1820年开始，美国政府就致力于使印第安人掌握农业生产技术，1887年开始全面推行份地制，将部落土地分配给部落成员个人，结果不仅没有造就一批印第安人小农场主，反而导致部落土地大量流失，这无异于对印第安人的一次新的掠夺。其四是授予公民身份，即从法律上承认印第安人享有公民权利。加拿大早在1870年就制定了印第安人法，实行自愿申请和强制授予公民身份两种制度，以便使土著居民成为公民。由于一旦获得公民身份便不再是部落成员，因而许多印第安人不愿接受这种"赠予"，到后来自愿申请公民身份的人日渐稀少。美国政府从1887年开始推行授予公民身份的政策，1924年宣布所有未获公民权的印第安人均为美国公民。所有这些同化的努力，都是主流社会单方面意志的体现，对于印第安人属于强加的性质，目的是从文化消灭他们，因而乃是一种种族压迫，是种族主义的突出表现。而且，这些同化政策并未从根本上帮助印第安人摆脱原始落后的生存状态。

随着社会的进步和文化的发展，主流社会的种族主义倾向有所收敛，对印第安人文化的价值逐步有所认识和肯定，表现出有限的宽容。进入20世纪，美、加两国都放弃了强制同化的政策。美国于1934年制定了《印第安人重组法》，承认印第安人传统的合法性，恢复部落生活和部落管理制度。二战以后，美国在对印第安人实行保护和援助的同时，进一步允许土著部落自行决定其事务。加拿大政府也放弃了强制授予公民权的做法，并允许已获得公民身份的人重新回到部落。到

1980年,加拿大政府倡导多元文化主义政策,印第安人的权利最终获得宪法的承认和保护。显然,主流社会包容性的扩大,有助于改善印第安人的处境。但这并不等于说种族主义已经在主流社会销声匿迹,恰恰相反,隐蔽的和公开的种族偏见与歧视仍以各种形式存在,阻碍着印第安人走向现代生活的步伐。例如,20世纪70年代美国有不少白人反对政府援助印第安人的政策,认为这有悖于美国的平等原则;① 加拿大政府则于1969年发表《印第安人政策白皮书》,主张废除对土著部落的特惠政策。② 这些实际上都是一种打着平等旗号的新的种族歧视。

从印第安人自身的状况来看,进入主流社会也面临许多障碍,主要表现就是他们的种族之根和民族意识。所谓"种族之根",可以做这样的理解:印第安人乃是世世代代生活在美洲大陆的红种人,具有独特的人种特征和文化传统,与主流社会的其他民族判然有别,其特征永难消失,生为印第安人,则永远是印第安人,其后代亦然。这种"种族之根"还深入印第安人的潜意识之中,影响到他们在主流社会的地位。在主流社会成员看来,他们是印第安人,是另一种人;而他们自己也总是意识到这一点,视自己为主流社会之外的人。这种"种族之根"在有形无形中规定了印第安人的角色地位,使他们在经过"熔炉"的长期冶炼之后,仍然是未融入整体的游离成分。这与黑人的情况也有差别。黑人来到美洲,即被割断了非洲之根;作为奴隶,他们与白人社会发生密切接触;在获得解放之后,他们通过通婚、教育、现代生产等途径进入现代生活,因而与主流社会的差距较印第安人为近。因此,同为北美的少数种族,但在卷入同一历史运动后,其命运却大有区别。

印第安人的民族意识是在与白人文化接触后才逐渐萌生的。在此之前,印第安人只是一个人种学意义上的种族,各部落彼此隔绝分散,语言不通,交往极少,并无共同体意识可言。白人入主北美后,相同

---

① 美国民权委员会:《印第安人诸部落》(*Indian Tribes: A Continuing Quest for Survival*, A Report of the U. S. Commission on Civil Rights),1981年6月,第1页。

② 布雷德福·马尔斯编:《土著居民与法律》(Bradford Marse, ed., *Aboriginal People and the Law*),渥太华1985年版,第618页。

的历史遭遇、英语作为通用语言所达成的交流、现代生活的扩散以及共同的利益要求，促使印第安人在日益扩大的范围内产生种族认同，进而萌生民族意识。他们日益强烈地感到，他们都是印第安人。二战以后，北美印第安人成立自己的组织，提出自己的纲领，从事独立的全国性政治活动，捍卫自己的种族特性，宣传印第安人文化的价值，维护各部落的利益。20世纪60年代的"红色权力"运动，更鲜明地显示了印第安人的民族意识。民族意识的产生，强化了印第安人对本身文化特性的认同和维持，也加深了他们对主流社会的反感和抵触，因而严重阻碍着他们对主流社会生活的参与。那些在主流社会立稳脚跟的印第安人，或有意隐瞒其印第安血统，或不愿承认其祖先，或自认是白人。更多的土著居民则以特殊社会集团自居，提出特殊的政治、经济、文化的主张和要求。[①] 但是，他们却面临一个难以解决的矛盾：一方面要求与主流社会成员享有同样的社会地位和生活条件，另一方面又自觉地与主流社会保持距离。

总体来说，由于上述各种因素的制约，印第安人尽管在物质生活方面已经接近现代社会，但在心理文化上却仍与现代文化保持很大的距离，因而他们在整体上仍然是处于主流社会之外的种族集团。

新旧世界相遇以后，北美印第安人的历史大体上是一部苦难的记录。人类历史进程的加速，未能赋予他们完全按照自己的社会发展道路而走出原始状态的机会与时间。由于与一种势能强大的文化相遇，他们在社会演进的梯级上发生错位，不得不以传统的社会组织、原始的价值观念和落后的工具技术来面对一个深刻变动的新世界。这就使几百年来北美印第安人的历史命运带有浓重的悲剧色彩，并且给后人留下了一个有待进一步研究的重大课题。

（原刊于《历史研究》1992年第1期）

---

① 参见西奥多·泰勒:《美国印第安人政策》(Theodore Taylor, *American Indian Policy*)，马里兰州蒙特艾尔利1983年版，第39页；约翰·马利等编：《文化多样性与加拿大教育》（John Mallea, et al., eds., *Cultural Diversity and Canadian Education*），渥太华1984年版，第4页。

文化接触与美国印第安人社会文化的变迁

欧洲白人和印第安人这两个在文化上有着巨大差别的种族，于16世纪开始在北美大陆相遇，其相互关系历经数百年的演变；文化接触的过程及后果，也一直吸引着人类学家和历史学家的关注。近代以来，随欧洲人外向扩张而兴起的民族交往和文化接触的浪潮，带给非欧洲民族或种族的，实在是灾难多于裨益。美国印第安人在1500年以后的文化撞击中的遭遇，便是一个鲜明而有力的例证。

一、文化接触的历史条件

两种文化发生接触的历史条件，对文化接触的性质、方式和后果都有十分重要的影响。但首先必须明确的一个问题是，北美土著文化内部十分复杂，不同的部落以及不同地域的印第安人，在文化上有着许多差别，忽略其差别而突出其共性，从而提出"印第安人文化"的概念，不过是为了探讨的方便。另外，移入北美的白人文化，因为成长和变迁的速度极快而前后有很大的不同，出于同样的考虑，在讨论时只触及其静态的一面。

当1500年前后欧洲文化来袭之际，北美的土著文化从整体上看是以使用石器工具和直接占用资源为特征的。那时北美印第安人的人口没有准确数字可稽，后来学者们的推测出入甚大，但最少的估计也不低于 90 万。① 以北美地域之辽阔和资源之丰富多样，生息于斯的印第安人虽以渔猎采集或粗放农业为生，但并没有严重的生存危机。主要的食物来源，在东部和西南部为玉米，在大湖区为野生稻米，在大平原为野牛，在太平洋沿岸则为橡子和大马哈鱼。获取生存资源的工具，或由打磨石块而成，或以骨制和木制。火的利用在各部落较为普遍。蔽身取暖的衣服，多用兽皮缝制；拥有纺织技术的少数部落，则可着布衣。居住的房屋从大平原部落的兽皮帐篷到普埃布洛人的可住 300 户的大石屋，可谓五花八门。与这种直接占用自然资源的生存方式相适应，印第安人的社会结构以血缘为基石，由众多氏族和胞族结成的部落，乃是最高的政治和社会单位。狩猎、战争和宗教仪式，则是部落主持的基本活动。在家庭中有明确的分工，男子负责狩猎和作战，妇女则从事种植、采集、操持家务、生儿育女或服侍丈夫。只有太平洋沿岸北部和西南部的个别部落中，才出现严格而鲜明的社会分层。宗教活动属于神灵崇拜性质，具备教义、教律和教会的正规宗教，尚未形成。

　　印第安人拥有完整的价值和伦理体系，由此产生独特的行为模式。他们所有价值观念的核心，在于人与自然相互平等和谐的观念。他们信奉万物有灵论，相信自然万物与人一样，都具有生命和神性，同属一个相互平等的大家庭。人类绝无榨取和蹂躏自然的特权，任何满足生存需求以外的占用资源活动，都有违神意而必招致自然的报复。他们的人伦关系，是以基于血亲的友爱互助和共同分享为特征的。不少被部落收养的白人，后来不愿返回白人社会，原因之一就是他们感到部落中人们之间充满友爱。② 印第安人具有多种即便以现代观念评判也是值得赞美的品质：勇敢、正直、诚实、自尊、热爱自由，富于责任感和同情心。初入北美的欧洲白人，多是这些优良品质的受益者，以

---

① 拉塞尔·桑顿：《1492 年以来美国印第安人人口史》（Russell Thornton, *American Indian Holocaust and Survival: A Population History Since* 1492），俄克拉何马州诺曼 1987 年版，第 26 页。
② 詹姆斯·阿克斯特尔：《美国殖民地时期的白印第安人》（James Axtell, "The White Indians of Colonial America"），载彼得·查尔斯·霍弗编：《印第安人与欧洲人》（Peter Charles Hoffer, ed., *Indians and Europeans: Selected Articles on Indian-White Relations in Colonial North America*），纽约 1988 年版，第 203 页。

致有的殖民者感叹，不少基督徒都不如印第安人善良和诚实。①

但是，土著文化的成长却面临许多严重的障碍。印第安人自距今数万年前移居美洲后，其文化的发展约在公元10世纪左右达到高峰，此后便趋于稳定和停滞，有的地区还发生了文化倒退现象。导致这种状况的原因，除去自然灾害和战乱外，主要在于其文化系统本身的缺陷。工具与技术的粗劣，如没有牛、马、猪等大型家畜，尚未掌握冶铁技术，农业水平很低等等，把印第安人限制在生存的边缘，缺少交换活动。各部落语言众多，彼此难以交流信息；车轮的阙如使远途交通极不方便，进一步加深了部落之间的隔绝和孤立。缺乏外部刺激和交流竞争的结果，便是发展的停顿。

在北美土著文化停滞不前的同时，大西洋另一岸的西欧，却正进入社会与文化的转型时期。在英国，植根于传统畜牧业的毛纺织业趋于兴旺，推动农业走向市场，进而导致整个社会经济结构发生巨变。国内工、商业的发展，对外部市场的要求更为迫切；加上社会变迁所引起的政治、宗教和人口压力，需要寻找合适的宣泄之处。这些因素刺激起向外扩张的欲求。海道的畅通，则又为这种扩张提供了可能和便利。于是，欧洲白人来到北美，带着与土著居民截然不同的文化，在这里扎根、生长和扩张，开始了长达数世纪而且至今未见其已的文化接触。

入主北美的白人文化，以盎格鲁－撒克逊人为主体，具有一些与印第安人文化判然有别的特性。技术和器物上的优势，使白人得以在"新"大陆立足；制度和组织上的发达，则赋予白人重建社会的可能；以征服自然增殖财富为目标的价值观，又使白人具有强烈的攫取和夺占的欲望。从总体上说，白人文化在势能上很快显示出极大的优势，这种优势不仅使白人获得了剥夺土著居民以实现自身社会扩张的机会，而且在白人文化中滋长强烈的种族优越感和文化偏见，从而促成一场

---

① 霍华德·S. 拉塞尔：《五月花号到来之前印第安人的新英格兰》(Howard S. Russell, *Indian New England Before Mayflower*)，汉诺威1980年版，第33页。

以征服和改造土著文化为宗旨的"文明开化"运动。

从根本上说，白人移居北美，旨在寻求生存发展的空间和机遇，他们与印第安人之间便必然发生激烈的生存竞争。两种生活方式根本就是水火不相容的。在这种背景下，占据优势的白人文化，势必迫使土著文化为其扩张让路，致使两种文化不能和平共存。另一方面，受性质和势能差异的制约，两种文化也不存在彼此融合的可能。这就意味着，冲突乃是印、白文化接触的基本内容和突出特征。

诚然，两种文化之间并非完全没有发生交流，只是这种交流不仅局限于技术与器物的层面，而且主要出现于接触的初期。白人吸收印第安人在北美的生存经验，而印第安人则接受白人的先进工具和物品。至于后来印第安人对白人生活方式的吸纳，已不属交流性质，而是白人社会的强制"开化"所致。因此，冲突乃是印、白文化接触的主旋律。

具体来说，冲突表现为生存方式的矛盾和价值观念的扞格。印第安人的生存方式虽因部落不同而有许多差别，但大致不出狩猎、捕捞、采集和简单种植几种，即使在农业相对发达的部落，仍须辅以渔猎才能获得充足的食物来源。通过直接占用自然资源而维持生存，必须具备一个基本的前提，就是要有广阔的地域；地域的缩小或人口的剧增，都会带来生存危机。因此，一个较小的部落往往拥有很大的狩猎地。与此相对，白人由于技术的发达和市场的形成，不仅以生产系统为依托而谋求生存，而且超越生存的基点，为增殖剩余财富而开发资源，因而也需要扩充空间和占有越来越多的资源。白人借助技术的优势，不断压缩印第安人的生存空间。于是，围绕土地的争夺，就成为印、白冲突的焦点。殖民地时期有人谈到，"大多数白人和大多数印第安人都意识到，他们的两种生活方式是直接对立的。两个种族都认为对方比自己低级；谁也不愿意采纳对方的方式，这就是为什么印第安人和白人不能相处的原因"①。另外，印第安人由血缘关系而结成社会，并且没有发明文字，有关主权、疆土、土地权利和合法性的观念还比较朦胧，使自以为"文明"的白人有机可乘而上下其手。印第安人不具备财产私有的观念，而私有制早已是白人文化的一个支点。印第安人重视人与自然的平等和谐，而白人则视自然为征服的对象和用以致富的资源。印第安人以群体而生存，视共同分享为至上的美德；而白人社会以个体为本位，个人的权利和幸福得到突出的强调。印第安人以劳动为谋生的需求，白人却通过劳动而积聚财富。所有这些观念和制度上的不同，均引起印、白之间的冲突。

任何两种异质的文化一旦发生接触，冲突便不可避免，何况印、白两种文化差异如此巨大，又长期在一块大陆上共处，而且被纳入生存竞争的格局，其冲突之强烈和持久，在古今文化接触的历史上自属罕见。白人文化以其技术上的优势，加上人口的增加，很快占据主动，对土著文化采取歧视、打击和改造的策略，使两种文化的接触具有鲜明的不平等性。

二、白人社会对土著文化的征服和改造

在讨论美国白人社会对印第安人的态度与政策时，国内学术界比较注重暴力驱杀和夺占土地的一面，以其更能反映美国社会发展的不合理性。印白关系中的暴力因素的确不能忽视，数以百计的边疆战争以及无从计数的民间冲突，使印白关系构成美国历史上最血腥、最阴惨的一章。不过，暴力手段并不被白人社会认为是解决"印第安人问题"的理想途径，因为对一个种族从肉体上加以消灭，与基本的人类道义不合，任何理智正常的人都不愿承担如此重大的责任。相反，从文化上对印第安人加以改造，使之同化于主流社会，同样可以实现对

---

① 弗吉尼亚·阿姆斯特朗编：《我已说过了：印第安人口中的美国史》（Virginia I. Armstrong, ed., *I Have Spoken: American History Through the Voice of the Indians*），芝加哥1971年版，第25页。

印第安人的剥夺和消除种族冲突，因而一直都是白人社会的理性选择。白人社会对这一选择或称"文明开化"，或称"基督教化"，或称"美国化"，其目标不外是以白人文化取代土著文化，使印第安人变成"美国人"。白人社会用暴力方式从物质上征服和剥夺印第安人，其不义与残暴自不待言。"文明开化"运动虽不见刀光血影，但却是一场无声的战争；从文化上消灭和改造印第安人，同样是一种种族压迫的不正义行为，是一种更深层、更隐蔽的暴虐。

白人社会以文化方式解决"印第安人问题"的努力，从殖民之初开始，历经几百年而不绝。1612年便有人劝告弗吉尼亚的白人，对印第安人不必动辄施暴，而应以"耐心和人道"来促使他们的"邪恶本性"适应于"文明的形式"。① 实际上，英王在1606年授予殖民贸易公司的特许状里，即明文确定把开化和改造那些"生活在黑暗中、对真正的知识和信奉上帝愚昧无知得十分可怜"的印第安人，作为殖民事业的一部分。② 一些殖民地当局很早就制定了"开化"的法令。美国建国后，也力争以"文明开化"作为其印第安人政策的基石。乔治·华盛顿当政时期的陆军部长亨利·诺克斯曾分析说，"文明开化"即使不能完全使印第安人进入"文明"状态，至少也可以使他们附属于美国的利益；而且，与军事征服相比，这一计划能节省开支，代价较低。③ 托马斯·杰斐逊就任总统后，十分热心于推动印第安人采纳白人方式。他认为，最佳的办法是使印第安人融入美国社会，仅用武力对付那些以武力反对美国的部落。他的目的也在于推动同化进程。④ 约翰·卡尔霍恩在任陆军部长（该部当时负责印第安人事务）时明确表示，要反对边疆居民对印第安人的野蛮残暴态度，把"文明开化"作

---

① 罗伊·皮尔斯：《美国的野蛮人：对印第安人与文明观念的研究》（Roy Harvey Pearce, *The Savages of America: A Study of the Indian and the Idea of Civilization*），巴尔的摩1965年版，第12页。
② 《1606年弗吉尼亚特许状》，载莫蒂默·阿德勒主编：《美国年鉴》（Mortimer J. Adler, ed., *The Annals of America*），芝加哥1976年版，第1卷，第16页。
③ W. W. 阿博特编：《乔治·华盛顿文件集》（W. W. Abbot, ed., *The Papers of George Washington*），夏洛茨维尔1989年版，第3卷，第140页。
④ 弗朗西斯·普鲁查编：《美国印第安人政策文件集》（Francis P. Prucha, ed., *Documents of United Stated Indian Policy*），内布拉斯加州林肯1990年版，第22-23页。

为解决"印第安人问题"的基本手段。① 就在提出这些主张的时期，白人与印第安人在边疆地区的武力冲突愈演愈烈，尽管边疆居民及其代言人呼吁灭绝印第安人，但美国政府出于理性的选择，仍以"文明开化"为上策。19世纪50—60年代以后，土著部落已被完全打败，被迫迁入保留地中，强制同化则成为美国政府对印第安人的主导性政策。

白人社会对印第安人文化改造的重视，不仅表现在口头上，而且也一直见诸行动。弗吉尼亚殖民地在刚刚渡过初创的难关之后，便着手向土著居民传播白人文化。白人或宣讲基督教义，或征地以建立印第安人学校，甚至还安排土著青少年到白人家庭充当学徒，学习白人生活方式，期满后即获得自由，可在白人社区做技工或农夫。② 新英格兰清教徒在"文明开化"方面更是不遗余力。殖民地当局和传教士为印第安人设立保留地（或称"祈祷城"），印第安人在白人牧师或教师的指导下，学习定居生产、读书演算和信奉上帝。到美国革命前夕，新英格兰地区共有22座印第安人教堂、91个"祈祷城"或保留地，还用133名土著人充任牧师或教师。③ 美国立国之初，在印第安人政策上出现迁移隔离与文明开化两种主张的争论，后一主张获得了更多的支持。1793年，国会在《与印第安人交往法》中规定，"为了在友好的印第安人部落中推动文明开化，也为了获得和继续维持与他们的友谊"，总统有权向印第安人提供货物、金钱、家畜和农具。④ 1819年，国会制定了《对邻近边疆定居点的印第安人部落实行文明开化的条例》，每年拨款10 000美元，设立"文明开化基金"。⑤ 此外，美国政府还在与土著部落签订的条约中，写入有关学习白人方式的条款。⑥ 民

---

① 普鲁查编：《美国印第安人政策文件集》，第32页。
② 小J.利奇·赖特：《他们所知的唯一土地》（J. Leitch Wright, Jr., *The only Land They Knew: The Tragic Story of the American Indians in the Old South*），纽约1985年版，第63—67页。
③ 詹姆斯·阿克斯特尔：《哥伦布之后》（James Axtell, *After Columbus: Essays in the Ethnohistory of Colonial North America*），纽约1988年版，第49—50页。
④ 弗朗西斯·普鲁查：《伟大的父亲：合众国政府与美国印第安人》（Francis P. Prucha, *The Great Father: United States Government and the American Indians*），内布拉斯加林肯1984年版，第140页。
⑤ 普鲁查编：《美国印第安人政策文件集》，第33页。
⑥ 加里克·A.贝利：《1673—1906年欧塞奇社会组织的变迁》（Garrick A. Bailey, *Changes in Osage Social Organization, 1673—1906*），俄勒冈大学人类学论文第5篇，1973年，第68页。

间专事"文明开化"的团体相继成立,纷纷派人深入部落开展活动,其工作也得到了美国政府的支持。保留地制度全面推行以后,印第安人以武力抵制白人文化渗透的可能性已经丧失。美国政府既已完全控制土著部落,便采用强制的办法,迫使印第安人抛弃传统生活方式,走"白人的路",不合作的人轻则被扣发配给,重或处以监禁。从1866年到1934年间,白人社会发动了对土著文化的全面清剿,"文明开化"运动处于高潮时期,保留地成了文化剥夺的"集中营"。19世纪80年代,一批自称为"印第安人之友"的改革派,倡导打破保留地和部落制,立即实现对印第安人的同化。1887年出台的《道斯法案》即体现了这一倾向:对部落土地实行私有化,以期在25年时间内把印第安人改造为定居农民。此后,不少部落被撤销,印第安人陆续获得美国公民权。1924年的《印第安人公民权法》宣布,所有印第安人均为美国公民。至此,"文明开化"运动的政策目标基本实现。

这场以根除土著文化和同化印第安人为宗旨的文化征服运动,其历时之久、规模之大、政策之系统和触及面之广,在世界历史上皆属罕见。白人社会所设计的新的印第安人形象,大体近乎白人模式:知书识字、定居生产、信仰上帝和服从法律,乃是基本的特征。为了完成对印第安人形象的重塑,白人社会和美国政府在教育、传教、土地私有化、经济发展和风俗习惯各个方面,都采取了许多措施,投入了巨大的财力和人力。

教育被白人社会视为"文明开化"的"根本"[①] 和"第一位的"[②] 事情。教育的任务在于向印第安人传播"文明"的观念和生活方式,培养符合白人标准的土著公民。从殖民地时期开始,印第安人教育的规模不断扩大,土著学生人数与年俱增。到1900年,各种类型的印第安人学校有307所,在校学生达到21 568人。[③] 此外,还有大批土著青

---

① 普鲁查编:《美国印第安人政策文件集》,第164页。
② 威尔科姆·沃什伯恩:《美国的印第安人》(Wilcomb Washburn, *The Indian in America*),纽约1975年版,第241页。
③ 普鲁查:《伟大的父亲:合众国政府与美国印第安人》,第816页。

年进入公立学校乃至高等院校就读。白人社会认为，印第安人走向"文明"的关键，在于通过生产劳动而达到经济自立，因而大力向印第安人传授农牧业及手工业生产技能，引导他们像白人那样定居生产，彻底放弃游猎生活方式。美国政府在印第安人中推行份地制，鼓励他们在私有土地上开展生产活动。传教士则致力于宣讲基督福音，促使印第安人改奉基督教。传教士们相信，白人文化在本质上乃是"基督教文明"，因而传教乃是"文明开化的最直接的方式"①。除此而外，白人社会还迫使印第安人剪去长发，改穿"公民服饰"，讲白人的语言，采用英文姓氏，庆祝美国的节日，一切与土著传统关联的风习仪式均遭禁止。这一切举措和努力的目的，用一个印第安人学校的口号来说，就是"杀掉印第安而拯救人"②。

以文化方式寻求"印第安人问题"的解决，体现了美国主流文化的一个特点：以理想化的价值目标，来弥补工具理性引起的偏误，掩盖实际追求的不合理色彩。美国白人向来以轻视空谈、崇尚实干而著称，工具理性乃是美国文化的核心。但是，美国所拥有的土地，大部分夺自印第安人，而夺人之物与起码的人际伦理相悖，剥夺一个种族始终是压在白人心头的沉重道义负担。于是，唯一的办法便是为这种夺占制造堂而皇之的根据，并以目的的崇高来掩饰动机的卑劣以及手段的残暴。于是，白人社会一方面把美国渲染成世界上民主、自由与幸福的天堂，另一方面则试图将被剥夺的印第安人吸收到主流社会，使他们由受害者变成获益者。例如，《纽约论坛报》1880 年 2 月的一篇文章宣称，美国从印第安人那里夺得这个国家，把它改造成全世界的避难所；但在这个"伟大的避难所"中，作为这块土地最早主人的印第安人却仍未获得各种权利，这是不能容许的状况。③ 因此，从根本上

---

① 伯纳德·希恩：《灭绝的种子：杰斐逊式的博爱慈善与美国印第安人》（Bernard Sheehan, *Seeds of Extinction: Jeffersonian Philanthropy and the American Indian*），纽约 1973 年版，第 127 页。
② 韦恩·莫昆等编：《美国印第安人重要历史文献》（Wayne Moquin, et al., eds., *Great Documents in American Indian History*），纽约 1973 年版，第 110 页。
③ 弗雷德里克·霍克西：《最后的诺言：1880—1920 年间同化印第安人的运动》（Frederick E. Hoxie, *A Final Promise: The Campaign to Assimilate the Indians, 1880—1920*），英国剑桥 1989 年版，第 15 页。

说，"文明开化"只是白人社会所借助的一种手段，目的是增进在生存竞争中剥夺印第安人之举的合理性，因而是服务于美国白人社会发展需要的一种选择。

白人社会致力于改造土著文化，固然依赖其文化势能上的优势，但同时也与其文化心态密切相关。白人文化与基督教观念相一致，把一切不合其标准的文化视为异端。17世纪以来的白人，偏执于文明与野蛮的截然分野，相信文明高于野蛮，而且必定战胜野蛮；文明被看成必然的进步过程的极点，任何以文明的名义而采取的行动，都被视为正义之举。印第安人一直被白人称作野蛮人，他们的生活方式也就成了愚昧落后的象征。美国人认为，印第安人是不能阻挡文明的进步的，他们如不能适应文明，就只走向"彻底毁灭"。[①] 1873年《西部世界》杂志刊登一幅画，画面上一个熠熠生辉的进步女神，头顶美国之星，怀揣文明之书，引导白人源源西去，而印第安人则与野兽一起仓皇退却、逃遁。画题曰"美国的进步"。这幅画形象地表达了白人社会对文明、野蛮和进步的理解。不过，白人毕竟不能把"野蛮人"完全当作野兽，当不得不在"文明开化"与种族灭绝之间进行选择的时候，他们感到"人道会欢迎前者，而惊恐地摆脱后者"[②]。

从最实际的方面看，白人社会的发展需要土地，如能使印第安人采用白人的生活方式，则可腾出大片土地供白人占用。而且，由于文化的对立，导致持续不断的种族冲突和战争，若在两个种族之间促成文化的同一性，或许能结束这种纷扰的局面。

归结起来说，白人社会对土著文化加以征服和改造，既有理想层面的追求，更有实际的功利考虑，但归根结底乃是基于利己的目标，服务于白人社会的利益。有论者称这种同化计划为"文化上的种族灭绝"[③]，似不为过。

[①] 菲利普·威克斯：《别了，我的故国：美国印第安人与合众国》（Philip Weeks, *Farewell, My Nation: The American Indian and the United States*），伊利诺伊州阿灵顿海茨1990年版，第196页。

[②] 普鲁查：《伟大的父亲：合众国政府与美国印第安人》，第150页。

[③] 威廉·迈耶尔：《土著美国人：印第安人的新抵抗》（William Meyer, *Native Americans: The New Indian Resistance*），纽约1971年版，第74-76页。

三、 印第安人对白人文化的态度与反应

白人来到美洲后,印第安人承受的社会与文化压力不断增大。由于在技术和器物上处于劣势,他们无法抵挡白人社会的扩张和剥夺。面对白人文化咄咄逼人的攻势,他们的文化传统处于破碎中断的威胁之中。由于生存环境的改变、欧洲疾病的侵袭、边疆居民的虐杀以及经济生活的恶化,土著社会遇到了前所未有的危机。在这突如其来的巨变中,印第安人各部落和部落内部的不同人群所做出的反应,却不尽相同。就整体而言,印第安人对白人文化中的技术和器物较易吸收,对制度、习俗和观念则大多加以排拒。一些部落中还发生了"开化派"和"守旧派"的分裂。不过,即使是"开化派"也不主张把印第安人完全变成白人。原来文化相对发达,并且在文化上保持开放心态的部落,往往试图通过采用白人方式来维持部落生存,而其他部落则对白人文化持深闭固拒的态度。不过,印第安人内部在文化心态和应变能力上的差别,对其在文化接触中的总体命运并无多大影响。因为白人社会在根本上是力求消灭土著文化,用白人模式重塑印第安人,不允许保留属于印第安人的文化成分。

印第安人在了解白人技术与器物的用途和长处以后,一般都主动加以吸收和采纳。在接触之初,他们对白人及其工具物品均充满好奇和疑惧。[①] 但他们很快发现,铁器优于石器,火枪胜过弓箭,烈酒富于刺激。于是,这些物品便逐渐成为他们日常生活中不可或缺的东西。然而,这些物品都不是印第安人自己所能生产的,年深月久,便对白人的技术与器物产生依赖性。有的部落因使用火枪竟忘却弓箭技术,在得不到火药时难免受冻馁之苦。因之,他们只得用土地、主权和屈从来换取所需的工具器物,于是其独立与生存不断受到损害。

---

① 很多早期白人留下的文献均有相关的记述。参见詹姆斯·阿克斯特尔:《内部的入侵:北美殖民地各种文化的竞争》(James Axtell, *The Invasion Within: The Contest of Cultures in Colonial North America*),纽约1985年版,第9—11页。

不过，印第安人在吸收白人的技术与器物时，也表现出一定的选择性。只有那些能够纳入其传统生活方式的东西，才为他们所采纳。如马、枪、刀之类，因为可以用于狩猎和作战而受到他们的欢迎。至于那些与其生活方式不合的技术和器物，如耕犁、住房等，则长期难以为他们所接受。

虽然印第安人在技术上远远落后于白人，但他们并不认为自己比白人低劣，反而相信传统的生活方式无比优越，在白人到来之前他们生活得十分幸福。① 在一些印第安人眼里，白人及其风习制度都是弊病丛生的。② 因此，他们对白人文化在整体上持拒斥态度，不愿意学习白人的生活方式，也不肯采纳白人的习俗和制度。有一位部落首领反问要求他们学习白人生活方式的美国官员："为什么白人不去打猎而像我们一样生活呢？"在印第安人看来，他们是一支不同于白人的人民，所处的环境也不同，因而不能像白人那样生活。③ 有印第安人表示，"我们愿意像红种人一样生活，希望我们（与白人）之间的栅栏永远存在下去"④。但是，白人社会却决不允许这种"栅栏"长期存在。他们既然要求改造和同化印第安人，也就不能坐视印第安人长久拒绝"白人方式"。

就各个部落内部的反应而言，几乎没有任何一个部落对白人文化及"文明开化"具有共同一致的态度。许多部落内部在这个问题上发生分裂，严重的甚至爆发了内战。主动吸收白人文化、学习白人生活方式、对"文明开化"做出积极反应的，大多是混有白人血统的混血人，白人社会称他们为"开化派"或"进步派"。纯血统的印第安人则大多拒绝采用白人方式，走极端的人甚至主张抛弃与白人有关的一切，完全恢复过去的生活。白人对这种人痛恨至极，称之为"异教党"

---

① 许多印第安人在回首往事时都有这类说法，其中以特库姆塞说得最为精彩。参见保罗·雅各布斯等：《为魔鬼效力》（Paul Jacobs, et al., *To Serve the Devil*），纽约1971年版，第1卷，第25页。
② 参阅莫昆等编：《美国印第安人重要历史文献》，第308页。
③ 雅各布斯等：《为魔鬼效力》，第1卷，第50页。
④ 罗纳德·萨茨：《杰克逊时期的美国印第安人政策》（Ronald Satz, *American Indian Policy in the Jacksonian Era*），内布拉斯加州林肯1975年版，第294页。

"保守派"或"野印第安人"。在整体上主动吸收白人文化的切罗基部落,一直存在守旧派的反对;在整体上抵制白人文化的苏族各部落,则有一批人过着白人式的生活。可见印第安人在白人文化的侵逼下,内部发生了明显的分歧。在南夏延族中,有一群守旧者,人称"狗斗士"。他们经常以毁坏庄稼和杀死牲畜的办法,来威胁那些从事农业的同胞。① 苏族各部落固守传统的人势力很大,他们称那些学习白人方式的人为"农夫"或"剪发者",双方围绕"文明开化"问题产生了激烈的矛盾。在1862年爆发的苏族大起义中,许多"开化"的印第安人被自己的同胞杀死。②

如果忽略各部落内部的分歧,而从主流上考察印第安人对白人文化的态度和反应,大致可以总结出三种不同的反应模式,代表印第安人在文化撞击的浪潮中所采取的一些主要策略。

第一种反应模式以易洛魁人最为典型,可称作"吸纳—复兴型"。易洛魁人原是东部最有实力的部落联盟,以发达的农业种植和完善的政治联合著称于世。但因在美国革命中选择了支持英国的策略,受到了沉重打击,土地丧失,人口锐减,民众消沉,社会陷于混乱瘫痪状态。在这种存亡绝续的关头,以塞尼卡人科恩普兰特和摩霍克人约瑟夫·布伦特为首的一批部落领袖,主张学习白人方式,放弃难以为继的狩猎活动,发展农业,兴办教育,接受白人传教士的指导和美国政府的"开化"措施,从而实现部落的复兴。他们的号召得到广泛响应。结果,从19世纪初开始,易洛魁人走上缓慢的复兴之路,社会趋于稳定,人民生活获得改善,部落文化得以暂时走出困境。③ 不过,他们并未全盘白人化,吸收白人文化的目的,只在于复兴部落。

第二种反应模式体现在切罗基人的经历中。切罗基人也同样主动

---

① R. 道格拉斯·赫特:《从史前时期到现在的美国印第安人农业》(R. Douglas Hurt, *Indian Agriculture in America*: *Prehistory to the Present*),堪萨斯州劳伦斯1987年,第134页。
② 加里·C. 安德森:《另一种同胞》(Cary C. Anderson, *Kinsmen of Another Kind*: *Dakota-White Relations in the Upper Mississippi Valley*, 1650—1862),内布拉斯加州林肯1984年版,第257-258页。
③ 参阅安东尼·华莱士:《塞尼卡人的死亡与再生》(Anthony F. C. Wallace, *The Death and Rebirth of the Seneca*),纽约1972年版,第197-315页。

吸收白人文化，所不同的是，他们采取了更为积极而长远的规划，通过学习白人生活方式而实现了部落文化的繁荣，因之可以称作"吸纳—繁荣型"。切罗基人最初也未能免于白人文化的冲击，但部落首领们具有远见卓识，深知要在白人的侵逼下获得发展，唯有在政治上与美国保持合作关系，在文化上以白人为师，并与白人通婚，欢迎传教士来部落活动。他们不仅从事定居生产，而且引进了黑人奴隶制，其经济的繁荣和人民的富足，一度超出边疆白人之上。他们还学习英语，并发明了本族文字，出版自己的报刊书籍。他们仿照美国宪法，建立了以选举制为基础的立宪政府。后来，经过19世纪30年代西迁俄克拉何马和19世纪60年代美国内战两次沉重打击，切罗基人仍然维持着比较繁荣的社会和文化，到19世纪末一直是可与边疆白人社区相伯仲的少数部落之一。① 然而，美国政府却在19世纪末解散了切罗基部落，阻断了部落文化的继续发展，也就此葬送了土著社会向现代转型的唯一可能的机会。

第三种反应模式的代表，乃是大平原地区的苏族人，其基本特征是由抵制白人文化而导致极度的衰落和贫困。苏族内部分成众多部落和胞族，均以猎取野牛为生，精于骑射，居无定所，以骁勇善战驰名。大约从19世纪60年代开始，苏族与其他大平原部落一起，渐次被美国政府打败。美国政府要求这些部落放弃游猎而从事农耕。生存环境遭到剧烈破坏的苏族，长久不能适应这场巨变。他们既不事生产，又无法继续狩猎，有的酗酒颓废，有的参与反白人的秘密宗教仪式，普遍沦落至贫困悲惨的境地。苏族一些著名的首领，如坐牛、疯马等人，都以抵制白人文化而见称于史。但抵制的结果却是，"我们总在挨饿；我们从未够吃"②。

---

① 参阅小 R. 哈利伯顿：《红高于黑：切罗基印第安人中的黑人奴隶制》（R. Halliburton, Jr., *Red Over Black: Black Slavery among the Cherokee Indians*），康涅狄格州韦斯特波特1977年版；西达·普勒丢：《五大文明部落口述史（1865—1907）》（Theda Predue, *Nations Remembered: An Oral History of the Five Civilized Tribes, 1865—1907*），康涅狄格州韦斯特波特1980年版。
② 转引自海伦·亨特·杰克逊：《耻辱的世纪》（Helen Hunt Jackson, *A Century of Dishonor*），明尼阿波利斯1964年版，第99页。

在三种反应模式中,"吸纳—复兴型"可见于那些传统文化濒于毁灭而力图自救的部落;"吸纳—繁荣型"仅出现在"五大文明部落";"抗拒—贫困型"则多见于大平原诸部落。当然,这三种模式远不能包罗印第安人对白人文化的因时、因地、因部落而异的复杂反应。任何模式化的抽象,都不免有以偏概全的缺陷。

四、 土著社会和文化的变迁

随欧洲人到来而开始的历时几个世纪的文化接触,使印第安人社会和文化的变迁未能遵循其本身固有的逻辑而展开,所经历的是一种极不正常的变迁过程。土著文化的形态被扭曲,成为传统方式与白人文化的不和谐的混合体。不过,文化性质并未改变,土著社会演进并未中断,印第安人也没有被同化,仍作为一个独特的种族和文化群体存在于主流社会之外。

自文化接触开始以后,土著社会结构的变化尤其引人注目。由于疾病、战乱和饥馑,造成印第安人人口急剧减少。据一种估算,美国境内的土著人口在1500年在100万~200万之间,19世纪初降至60万,到20世纪初仅存25万。[①] 1900年以后,美国印第安人的人口逐渐回升,1910年为27.6万,1950年为35.7万;1980年达到136.6万,大致恢复到1500年时的水平。[②] 与此同时,越来越多的印第安人离开部落,进入白人社区居住和工作。城市印第安人在1900年仅占其总人口的1%,到1980年已达74万,超过总人口的一半。[③] 这一人口格局的变动,也造成血缘纽带在土著社会的作用大为弱化,种族通婚现象逐渐变得常见起来。家庭模式也与从前不同,母系色彩趋于消退,父

[①] 弗雷德里克·霍克西:《探索一种文化的边界地带:20世纪初土著美国人的发现之旅》(Frederick E. Hoxie, "Exploring a Cultural Borderland: Native American Journeys of Discovery in the Twentieth Century"),《美国历史杂志》(*The Journal of American History*),第79卷第3期(1992年12月号),第970页。

[②] 桑顿:《1492年以来美国印第安人人口史》,第160页。

[③] 詹姆斯·奥尔森等:《20世纪的土著美国人》(James S. Olson, et al., *Native Americans in the Twentieth Century*),伊利诺伊州厄巴纳1984年版,第163-164页。

系家庭成为主流。过去男子狩猎打仗、妇女种植采集的分工，已为男子挣钱养家、女子操持家务的形式所取代。① 土著政治制度一度为美国政府所打碎，1934 年以后逐渐得到重建，但其形式已有很大的改变。各部落均拥有成文宪法，部落官员由选举产生，部落政府部门众多，分工细致，结构复杂，较之当年已有天渊之别。② 20 世纪 70 年代以来，部落自治和自决取得较大进展，部落政府对于保留地事务的控制，与州政府在本州的地位近似。党派风气也传入部落政治，但由于印第安人缺少政治经验，这种"美国方式"往往引起争执混乱，削弱政府效率。

印第安人的经济生活所发生的变化，同样十分深刻。自 19 世纪中叶以后，狩猎、采集等活动便逐渐减少。沿海部落所从事的捕捞业，由于技术和设备的更新，也比往日有很大的发展。编篮、织布和制陶等传统工艺，也因走向市场而获得了新的意义。现今印第安人的主要谋生方式，在保留地为从事农牧业、旅游业和采矿业；在城市则充当工人和职员，靠工资为生。即使那些曾长期抵制白人文化的西部部落，也因为对地下资源和旅游资源的开发而改善了生活处境。但是，大部分保留地受到资金匮乏和就业不足的困扰，经济发展和居民收入均远远落后于全国平均水平。在经济制度方面，虽然私有制得到推广，但部落仍然是保留地土地、资源和财产的最大占有者，同时也充当经济活动的组织者和领导者。

土著习俗也在白人文化的影响下发生了明显的变化。所有印第安人均放弃了赤身露体的习惯，衬衣、外套、裤子、裙子、帽子、鞋子和袜子早已为他们所接受，西装革履在他们眼里早已不再是奇装异服。传统的服饰只有在庆典仪式上才得到展示。男子蓄发涂面的风俗也日益少见。他们的食谱与过去大不相同，驯养的牛、羊、猪和家禽代替野外的飞禽走兽，成为肉食的主要来源，面包、牛奶和咖啡等也出现在他们的餐桌上。传统的食品，如玉米面包、玉米薄饼之类，仍然颇

---

① 不过也有例外，如在普埃布洛各部落，母系家庭仍很普遍，一家之主多为女性。
② 萨姆·斯坦利编：《美国印第安人经济的发展》(Sam Stanley, ed., *American Indian Economic Development*)，巴黎 1978 年版，第 544－545 页，"帕帕戈部落政府结构示意图"。

受欢迎。大部分人住进了固定的房舍，有的还建造砖石楼房，室内家具陈设与白人家庭无异。电视机、冰箱和汽车等物品，在保留地也是随处可见。多妻制早已为美国政府所禁止，青年一代在婚恋方面已与白人没有多大差别。

语言上的复杂多样性也在不断消减，有上百种部落语言业已失传。据1978年的统计，印第安人中讲英语者占65%，讲西班牙语者占4%，仍有30%的人使用土著语言。[①] 在有的部落，如亚利桑那的阿帕奇族，会英语的人达到80%左右。[②] 语言的趋同，为部落之间的交流疏通了渠道，也给印第安人处理与主流社会的关系带来便利。

很显然，土著文化和社会所发生的这些变化，很大程度上是白人文化的渗透和影响所致。除了少数部落曾主动吸纳白人文化、少数技术与器物系由印第安人主动采用，印第安人在这一社会文化变迁中大体上处于被动地位，许多变化都是白人社会强加给他们的。

正是由于文化接触的不平等，土著社会和文化在变迁中才会出现严重的扭曲与变形。在数百年的文化撞击中，特别是进入20世纪以来，印第安人生活中的白人文化因素日益增多，与主流社会的联系不断密切。他们不仅采纳了白人的生产技术、生活习俗、政治模式和物质器具，而且在经济生活、政治行为和教育体系等方面，与主流社会有着千丝万缕的联系。但是，这一切都未能改变土著社会和文化的性质，印第安人的生活方式和社会结构，在根本上仍然具有传统的特性，与主流社会有着鲜明的差异。他们依旧维持传统的家族血亲制度，以部落作为社会和政治系统的核心，信奉传统的价值观念，举行传统的宗教和世俗仪式。与其他美国人不一样，他们害怕竞争和紧张的生活节奏，轻视个人占有而崇尚共同分享，依恋部落亲情，注重群体的作用，畏惧孤独，不愿意远离故土。这种传统的气氛弥漫于土著社会，与现代的物质和技术形成强烈对照。在西南部的普埃布洛各部落社会，

---

① 奥尔森等：《20世纪的土著美国人》，第210页。
② 爱德华·斯派塞：《征服的循环》（Edward H. Spicer, *Cycles of Conquest: The Impact of spain, Mexico, and the United States on the Indians of the Southwest, 1533—1960*），亚利桑那州图森1962年版，第443页。

这种对照更加引人注目。现今大部分普埃布洛人在物质生活上均与其他美国人无异，他们也拥有汽车、收音机、电视、电话、漂亮的住宅和精美的家具，以工资收入和公用设施来维持日常生活；但母系家庭及其他传统观念和仪式，却甚为完整地保存着，人们自认是不同于主流社会的独特人群。传统的仪式、观念和习俗与现代的物质、技术和制度混合在一起，使土著社会失去了和谐，在文化上则呈现支离破碎、光怪陆离的局面。这一状况给身处其中的印第安人造成深重的精神痛苦。1975年，有个受过高等教育的霍皮人说："印第安人过的是一种心理学书上所说的'精神分裂'的生活，一种印第安人和白人（的混合物）。他不得不在传统仪式和与白人世界相处之间走钢丝。这真的很难。他不能总是把两者结合在一起。于是他就开始饮酒，以逃避这些问题。"① 这番话，可视作许多印第安人在文化困境中的心灵写照。

因此，时至今日，印第安人仍然是印第安人，土著文化也仍然保持着传统性质，白人社会所期待、所力争的文化一致性，在根本上并未实现。相反，印第安人与主流社会的离心倾向似有强化的趋势，他们仍以特殊的文化和种族群体而存在。这个事实无异于宣告，在美国持续数百年的"文明开化"运动，依然没有获得成功。

印第安人在美国的特殊地位，首先是与贫困相联系的。理查德·尼克松总统在1970年承认，无论用什么标准衡量，印第安人均处于美国的最底层。② 到20世纪80年代，印第安人的生活水平仍大大低于全国平均水平，年收入在1 000美元以上者仅占25%，③ 失业率则高达51%左右。④ 印第安人的教育程度普遍偏低，住房达不到标准，医疗健康水平也不及其他美国人。另外，印第安人对主流生活的参与也十分有限。保留地居民处于主流社会之外自不待言，即使生活在城市的人，

---

① 肯尼思·林肯：《美好的红色之路》（Kenneth Lincoln, *The Good Red Road: Passages into Native America*），纽约1987年版，第11页。
② 普鲁查编：《美国印第安人政策文件集》，第256页。
③ 奥尔森等：《20世纪的土著美国人》，第186页。
④ 西奥多·泰勒：《美国印第安人政策》（Theodore W. Taylor, *American Indian Policy*），马里兰州蒙特艾尔利1983年版，第6-7页。

也以种族群体聚居,并且经常返回保留地以重温旧梦。白人社会仍然歧视和排斥印第安人。印第安人不仅得不到公正平等的工作机会和社会服务,而且经常无端遭到殴打乃至枪杀,而白人凶手又往往受到司法机关的庇护偏袒。在大众传播媒介中,印第安人的形象也一直受到歪曲。

与此同时,由于共同的历史遭遇和生活环境的变动,越来越多的印第安人逐渐超越部落意识,形成种族认同。他们发现,"我们是来自所有部落的印第安人",而唯一的前途也在于"要继续做印第安人"。① 他们向美国政府索回失地,推动早已被打散的部落重新组合,并要求联邦予以承认。1981年,美国有175个土著人群在争取自己的合法部落地位。② 印第安人中还形成了"印第安特性"的观念,许多印第安人不仅要保持印第安人的身份,而且以自己的文化和传统而自豪。有人甚至宣称,他们之所以吸收白人文化,并不是为了同化,而是一种避免白人干涉他们做印第安人的权利的韬晦之计。③ 这些情况当然大大出乎白人社会的意料,表明文化的冲突并未终结。

五、 历史的启示

综观人类历史,文化接触产生积极后果的例证,可以说俯拾即是。地中海周边国家由于希腊和其他地区的影响而出现过文化的繁荣;中国古代屡有边疆民族借助文化吸纳而崛起,竟至入主中原;日本人通过学习外来文化而得以走向和保持强盛。可是,印第安人与白人之间的文化接触,何以酿出如此巨大而沉重的悲剧,几乎使一个种族在肉体上和文化上濒临毁灭呢?印第安人在文化接触不可避免的时代,是否有可能找到一条由初民社会走向现代的理想道路?土著文化对于现代生活是否拥有一定的价值?探讨这些问题,可以从这段不幸的历史

---

① 奥尔森等:《20世纪的土著美国人》,第116页。
② 奥尔森等:《20世纪的土著美国人》,第180页。
③ 查尔斯·威尔金森:《美国印第安人、时间和法律》(Charles F. Wilkinson, *American Indians, Time, and the Law: Native Societies in a Modern Constitutional Democracy*),纽黑文1989年版,第18页。

中获得许多深刻的启示。

文化接触给印第安人带来灾难的基本原因，蕴藏于文化势能的悬殊与接触的不平等之中。土著文化与白人文化在势能和性质上的巨大差异，已如前文所述。由于差别巨大，当时不仅难于形成相互竞争和平等交流的局面，也消除了彼此融合的可能性。印第安人因差别和压力巨大而产生抵触，不能全盘吸收白人文化；白人文化因势能极强而萌发优越感和使命意识，以改造和重塑土著文化自命。白人社会在文化接触中占据主动，利用已经拥有的优势，对土著文化采取压迫和改造的政策，试图用文化手段来解决其社会发展中遇到的所谓"印第安人问题"。在这一过程中，他们根本不去考虑印第安人的利益，因而具有强烈的种族主义性质。

白人社会在文化接触中的种族主义倾向，集中表现为强制推行"开化"和同化的政策。他们从其文化偏见和利益要求出发，指斥土著文化为野蛮落后，强迫印第安人放弃传统生活方式，采纳白人模式，完全剥夺其文化选择的自由和社会发展的机会。这种文化上的专制和暴虐，配合物质上的夺占和肉体上的杀戮，把印第安人推向毁灭的边缘。

正是缘于种族矛盾的背景，印第安人对白人文化的痛恨和抵制，随着文化接触的深入而趋于增强。白人社会为了赢得生存竞争，对印第安人采取驱逐、征服、欺骗和抢夺等各种手段，掠取他们赖以维持生存的土地资源。印第安人因此而对白人产生很深的仇恨与疑惧，很自然地把白人文化当作敌对的东西加以拒斥。据有的印第安人看来，白人当中恶棍之多，足可占满整个地狱。[①] 所以，他们情愿一百次选择做"一个诚实的红种傻瓜"，也不做一个"强盗式的白种恶棍"。[②] 按他们的理解，所谓"文明开化"，实际是摧毁或试图摧毁印第安人文化中一切美好的东西。[③]

种族主义的另一个表现，乃是白人社会在同化和接纳印第安人这

[①] 莫昆等编：《美国印第安人重要历史文献》，第91页。
[②] 阿姆斯特朗编：《我已说过了：印第安人口中的美国史》，第83页。
[③] 莫昆等编：《美国印第安人重要历史文献》，第330页。

一问题上的自相矛盾。白人社会总是谴责印第安人野蛮愚昧，处心积虑地对他们进行"开化"和同化。可是，那些已经接受白人生活方式的印第安人，却因为白人的歧视和排斥而无法在主流社会立足。白人社会往往无法为"开化"的印第安人提供必要的生存发展条件，以致许多人不得不重返部落社会。然而，又由于这些人已接受白人文化的影响，不再能够适应部落生活，而部落社会也不甚欢迎他们。这样就造成了一批"身负两种文化"而处于文化夹缝中的"边际人"。福克斯人中流传这样一个故事：有个改信基督教的印第安人，死后魂无归处。印第安人不收留他，因为他是基督徒；天堂他又进不去，因为他是印第安人；地狱之门也不对他开放，因为他是个行善的好人；于是，他只得重新活过来，同时发誓今后永远做个印第安人。① 从这个故事的寓意可知，文化上的困境加深了印第安人对白人文化的排拒心理。另外，白人社会同化印第安人的长期目标，是要把他们改造成生产自立的农夫和手工业者，但与此同时，白人社会却在发生深刻变动，由农业社会步入工业时代，农场主成了一个日渐消失的阶层。于是，同化目标与美国社会发展之间呈现严重的滞后，即使印第安人达到同化的目标，也无从适应急剧变化的时代。这种滞后效应带给印第安人的便是贫困的加剧。他们传统的生活方式已被打碎，而白人社会又没有给他们提供合适的生存发展条件，除了陷入贫困，实在别无他途。

白人社会在文化接触中所持的种族主义立场，对印第安人来说意味着文化的崩溃和生存的危机，在白人社会则导致"文明开化"运动无可避免地以失败而告终。因此，种族主义无论表现在什么方面，都只能造成难以挽回的困局，确乎是必须加以抛弃的东西。

印、白文化接触的历史，还可引出一个文化心态的问题。文化人类学和社会学的研究表明，文化适应与适应者的文化心态及所适应文化的包容性有着密切的关系。持开放心态的人比较容易接受新的文化

---

① 彼得·纳波科夫编：《土著美国人的证言：印第安人与白人关系文集》（Peter Nabokov, ed., *Native American Testimony: An Anthology of Indian and White Relations*），纽约1978年版，第68页。

成分，而包容性大的文化则具有较强的吸纳融合能力。从印第安人的角度看，他们在白人社会开始向现代转型的时代，突然被卷入文化接触的大潮，如何以简陋的工具技术和古老的观念制度，面对一种工艺技术日趋发达、物质力量迅速增强的文化体系，这可以说是世界历史上罕见的难题。最为理想的途径，或许是主动吸收优势文化的长处，并与自身的文化传统加以融合协调，蓄积势能，从而改变在文化接触中的被动局面。在美国所有土著部落中，只有切罗基人、乔克托人等少数几个部落具有这种主动而开放的文化心态。在 19 世纪 70 年代末，切罗基族一个首领就白人文化的侵逼发表意见说："伴随这些变化，我们人民的需求、习俗和生活必需品也会发生变化，……我们如果能更欣然地适应我们的邻人（指白人——引者）取得的进步，……我们的地位就会更强大，我们的权利就会更有保障。"[1] 这实际是印第安人对待白人文化所应采取的最佳态度和策略。但是，历史条件和具体情形的制约，使得多数部落在文化撞击中失去主动选择的机会。只是到了 20 世纪中期以后，发现吸取白人文化有利于自身发展的印第安人才逐渐增多起来。就白人文化而言，如果能在拥有优势的情况下，用其有关自由、平等、人权的观念来对待印第安人及其文化，从而体现较强的包容性和平等精神，那么印、白文化关系的格局就会大为改观。但是，"西方世界的人道传统中确立的反对压迫的保障，一再为征服的动力所忽视或否认"。[2] 白人对印第安人及其文化奉行双重标准，采取种族主义的剿灭和同化并举的方针，由此造成了历史性的悲剧。相反，在 20 世纪 30 年代以后，白人社会逐步放弃强制同化政策，转向尊重异质文化的多元文化主义立场，拓展了主流文化的包容性，在这种条件下，印第安人开始大量吸收白人文化因素，至少在物质和技术上极大地缩小了与主流文化的差距。因此可以说，只有印第安人合理的文化心态与白人文

---

[1] R. 戴维·埃德蒙兹编：《美国印第安人诸领袖》（R. David Edmunds, ed., *American Indian Leaders*），内布拉斯加州林肯 1980 年版，第 196 页。
[2] 德阿西·麦克尼克尔：《土著美国人的部落制》（D'Arcy McNickle, *Native American Tribalism: Indian Survivals and Renewals*），纽约 1973 年版，第 166 页。

化的包容性两相结合，才有可能促成土著社会全面步入现代。然而，种族冲突所造成的历史负担，严重阻碍这一局面的形成。

历史的演进中偶尔也会出现惊人的反复。白人社会长期以来用"野蛮""异端"和"原始"等词汇来描述土著文化，并一意孤行地按照自己的标准来改造它；但在20世纪中期以后，越来越多的白人愈益清楚地看到自身文化的缺陷与弊病，而且还颇为惊奇地发现，在他们一直贬斥的土著文化中，正包含着白人文化所需的解毒剂。白人文化攫取性过强，导致人与自然失去和谐，引起了自然的"报复"。印第安人有关人与自然和谐共存的观念，恰好可以用来弥补这一不足，于是产生了利奥波德的"土地道德论"。① 白人文化重物而忽视人的价值，导致物质繁荣与精神紧张的矛盾；而印第安人则关心"人的生活的终极价值"，② 他们过去的生活被美化为自然纯朴、极乐无忧的范本，返古之风在白人青年中一度盛行。白人社会奉行个人主义，有时产生人际关系的扭曲和社会和谐的危机；而印第安人则是"合作的榜样"，"可以为全体美国人获得更好的生活方式做出更大的贡献"。③ 有的印第安人甚至宣称，"我们印第安人拥有一种更为人道的生活哲学。我们印第安人将向这个国家表明如何行动才像人类"。他们甚至主张，印第安人要以自己的价值观念打碎并取代美国的整个价值体系。④ 这些情况表明，任何一种文化在其所处的环境中都有自己的优势和价值，而且可以与其他文化进行交流而实现取长补短。

简而言之，各种形态的人类文化，就所处环境和所具备的功能而言，原本没有优劣高下之分，只有在平等和开放的条件下进行文化的接触，才能有益于人类社会和文化的正常发展，不然就会酿成灾难和悲剧。这就是美国印、白文化关系史所揭示的一条基本的历史教训。

(原刊于《中国社会科学》1994年第3期)

---

① 参见奥尔多·利奥波德:《沙乡的沉思》，侯文蕙译，经济科学出版社1992年版。
② 斯坦·斯滕纳:《新印第安人》(Stan Steiner, *The New Indians*)，纽约1975年版，第10页。
③ 莫昆等编:《美国印第安人重要历史文献》，第353页。
④ 斯滕纳:《新印第安人》，第101页。

美国印第安人保留地制度的形成和作用

在 19 世纪晚期,美国作家哈姆林·加兰在谈到印第安人当时的状况时写道:"这个大陆原来的主人现在已被白人(像圈牲口一样)拘禁起来了。"① 他这里指的就是美国政府对印第安人实行的保留地制度(reservation system)。保留地制度的实行,是美国政府和白人社会解决所谓"印第安人问题"的一个主要步骤,而"印第安人问题"曾是美国社会发展中的一个重大考验。因此,保留地制度不仅对改变美国印第安人的历史命运发生了极大作用,也在整个美国的历史进程占有十分重要的地位。

一、实行保留地制度的原因和条件

一般来说,保留地是美国政府专门划出一块土地,供某个印第安人部落居住和使用,其边界确定,范围有限,印第安人不得随意离开,非印第安人也不允许擅自进入。保留地内的印第安人处于美国军队和联邦官员的控制与监督之下,被迫进行"美国化"。这种制度形成于 19 世纪 50 年代,在内战后 10 余年里得到广泛推行。保留地制度不仅

---

① 阿雷尔·M. 吉布森:《史前时期至现在的美国印第安人》(Arrell M. Gibson, *The American Indian: Prehistory to the Present*),马萨诸塞州列克星敦 1980 年版,第 456 页。

使印第安人失去了原来的家园和故土,而且剥夺了他们的自由、独立和权利。那么,是什么因素和条件使这种不人道、非正义的制度得以形成和广泛推行呢?

首先,解决西部开发中的土地问题,是美国政府实行保留地制度的一个基本考虑。

美国的迅速崛起,得益于西部的开发。西部开发所遇到的头一个问题,就是土地的所有权。印第安人本是西部大片土地的最早居民,但他们一直没有形成有效占有和开发土地并确认其所有权的制度,这就给具有发达文化的白人社会的进占留下了借口。由于人口的激增和移民的不断涌入,白人社会在土地资源方面承受着越来越大的压力,向西部移民成为减轻这种压力的最有效途径之一。因此,土地问题是白人社会生存与发展的关键。出于文化系统的巨大差异,印第安人利用土地的方式与白人社会有着明显不同。他们或从事粗放农业,或以狩猎采集为生。这种生存方式有一个突出特点,就是需要十分广袤的地域。夺取印第安人的土地,压缩他们的活动范围,实际等于破坏他们的生存环境。这也就意味着,围绕土地问题的矛盾,乃是印第安人和白人之间一种严酷的生存竞争。詹姆斯·门罗总统曾断言:"狩猎或野蛮状态要求以很大的地域来加以维持,超出了文明生活的进步和正当要求所能允许的限度,故必须服从于文明生活。"[1] 他的话表明,白人社会决心要夺取印第安人的土地。

要夺取印第安人的土地,首先必然要否认其土地所有权。18 世纪末就有人说,印第安人的土地权利不过是通过"占有"而来的,但他们占有多年,也未能很好地加以开发,所以没有资格谈什么所有权,应当从这片土地上驱赶出去。[2] 《美国法律》一书的作者写道:"印第安人对他们所占有的土地并没有所有权,所有权是属于(美国)政府

---

[1] 吉布森:《史前时期至现在的美国印第安人》,第 291 页。
[2] 威尔科姆·沃什伯恩编:《印第安人与白种人》(Wilcomb Washburn, ed., *The Indian and the White Man*),纽约州加登城 1964 年版,第 113、116 页。

的。"① 安德鲁·杰克逊总统也不承认印第安人除美国政府允许其占有的土地外还有什么土地权利。② 与这种议论针锋相对的，是印第安人对其土地权利的捍卫。肖尼族领袖特库姆塞说过，"白人无权从印第安人手中夺走土地，因为是印第安人先得到了它"③。有的部落利用宗教来维护其土地权利，称土地既不属于白人，也不属于印第安人，而属于至上神。④ 但是，从与白人接触的经历中，印第安人日益强烈地意识到，"白人对印第安人的唯一要求"，就是更多的土地。⑤ 为了生存，他们也不可能满足白人永无止境的土地欲求。

然而，不管印第安人意愿如何，美国政府和白人社会仍用各种方式和名义剥夺他们的土地。自殖民地时期开始，白人就以"发现的权利"为名义获取土地，声称由白人发现的土地即属于白人。⑥ 在已被印第安人占有的地区，他们又借"征服的权利"的旗号行事，吞并被打败部落的土地，只是这种手法的运用并不多见。⑦ 1812年战争后，联邦政府曾在一些部落中试行份地分配制，划给每个部落成员640英亩作为个人保留地，分配后余下的土地则由政府购买后开放给白人。⑧ 可是，土地纠纷仍然愈演愈烈。为此，联邦政府在19世纪30年代推行迁移政策，将东部若干部落驱赶到密西西比河以西地区，把东部土地全部向白人开放。在此后的10余年时间里，东部的绝大部分印第安人

---

① 转引自海伦·亨特·杰克逊：《耻辱的世纪》（Helen Hunt Jackson, *A Century of Dishonor*），明尼阿波利斯1964年版，第17页。
② 转引自吉布森：《史前时期至现在的美国印第安人》，第305页。
③ 韦恩·莫昆等编：《美国印第安人重要历史文献》（Wayne Moquin, et al., eds., *Great Documents in American Indian History*），纽约1973年版，第134页。
④ 保罗·雷丁：《美国印第安人的故事》（Paul Radin, *The Story of the American Indian*），纽约1944年版，第367页。
⑤ 彼得·纳波科夫编：《土著美国人的证言：印第安人与白人关系文集》（Peter Nabokov, ed., *Native American Testimony: An Anthology of Indian and White Relations*），纽约1978年版，第153页。
⑥ 加里·B. 纳什：《红种人、白种人和黑人》（Gary B. Nash, *Red, White, and Black: The Peoples of Early America*），新泽西州恩格尔伍德克利夫斯1982年版，第79页。
⑦ 桑德拉·卡德瓦拉德等编：《文明的侵犯：19世纪80年代后的联邦印第安人政策》（Sandra Cadwalader, et al., eds., *The Aggressions of Civilization: Federal Indian Policy Since the 1880's*），费城1984年版，第193页。
⑧ 伯纳德·希恩：《灭绝的种子：杰斐逊式的博爱慈善与美国印第安人》（Bernard W. Sheehan, *Seeds of Extinction: Jeffersonian Philanthropy and the American Indian*），纽约1973年版，第272页。

（约6万人）都迁入了今俄克拉何马一带的印第安人领地。1842年陆军部的报告宣称，由于迁移的结果，"在密西西比河以东已没有什么土地未被出让而令我们想望得到的了"①。迁移政策仅仅解决了东部的土地问题。西进的浪潮迅速越过密西西比河，白人拓殖者又与西部印第安人及新迁到西部的部落发生了土地之争。以明尼苏达为例，1850年才建为领地，10年后白人人口就达到172 023人，"这个地区实际上已为白种人所占领"②。如何解决随之而来的土地问题呢？这时已没有遥远的地区可供印第安人迁徙，唯一的办法就是把各部落限制在更为狭小的地区，将他们原有的活动地域最大限度地开放给白人。于是，保留地制度就应运而生。

其次，实行保留地制度的另一个重要出发点，在于隔离和同化印第安人，以消除种族冲突。

由于巨大的文化差异和激烈的生存竞争，印第安人和白人之间无法混居而和平相处；在频繁而血腥的种族冲突中，印第安人固然是首当其冲的受害者，而广大白人也不可避免地蒙受损失。那些处于白人社区包围之中的部落，经常与白人产生零星的摩擦，血亲复仇事件时有发生。西部有不少强悍善战的游猎部落，不断袭击白人边疆定居点和移民队伍，使边疆居民惶恐不安。美国政府多次对印第安人用兵，但武力征讨不仅代价高昂，而且效果也不理想。

这种现实使不少人相信，两个种族不可能共存于同一地区，而且印第安人的生活方式对基督教精神也是一个很大的威胁。1831年有个白人传教士断言，白人与印第安人之间的统一，如同人与其他动物统一一样，乃是绝对不可能的。③ 印第安人则十分蔑视白人文化，同样感到无法同他们和平共处。苏族首领坐牛曾说，白人充满占有欲，劫贫济富，用建筑和废物来玷污大地母亲。他称白人为一股春天的洪流，

---

① 罗纳德·萨茨：《杰克逊时期的美国印第安人政策》（Ronald N. Satz, *American Indian Policy in the Jacksonian Era*），内布拉斯加州林肯1975年版，第112页。
② 弗雷德里克·帕克森：《美国边疆史（1763—1893）》（Frederic L. Paxson, *History of American Frontier, 1763—1893*），纽约1924年版，第425页。
③ 沃什伯恩编：《印第安人与白种人》，第111页。

一旦决堤而出，便把所有挡道的东西冲毁。他的结论是，"我们不能比肩而居"①。

在美国建国以后，解决种族冲突的主动权越来越掌握在白人社会手中。就当时的种族关系格局而言，白人社会若要消除冲突，只有两个办法：一是灭绝印第安人，一是对他们实行隔离和同化。现实的选择则主要指向后者。系统提出保留地计划的卢克·李认为，任何有关印第安人政策的计划，必须有利于将印第安人最终改造成美国社会的公民；对西部的野蛮部落来说，只有迫使他们定居下来，不从事农业就会挨饿，这样才能让他们走"白人的路"。②格兰特政府的内政部长雅各布·考克斯也提出，保留地政策的目的不外有二：一是使西部拓殖者免于印第安人的威胁，二是开化土著居民。③可见，在保留地制度的倡导者和推行者的心目中，把印第安人与白人社会隔离开来，用同化的办法来消除种族冲突，乃是保留地制度所要完成的重要使命。

再次，保留地制度的推行虽然出自美国政府的举措，但也是白人社会的压力所致，并且得到了多种力量的推动和支持。

要求把印第安人驱赶进保留地的社会力量，首先是边疆居民。白人拓殖者一方面需要夺占印第安人的土地，另一方面又苦于土著部落的袭扰，因而总是呼吁政府加以保护。正如海伦·亨特·杰克逊所言，在每一个夺取或企图夺取印第安人土地的边疆人身后，总会有一个无耻的政客在支持他。④所以，拓殖者的意志总能在政府的决策中得到反映。联邦政府对西部开发向来是持鼓励态度的，消除印第安人对西进的"阻碍"，也是它乐于承担的"责任"。

边疆居民对土著部落的仇恨与敌视，不仅基于种族和文化的偏见，而且出于切身的利害关切。他们把印第安人称作"动物"，在对印第安

---

① 保罗·雅各布斯等：《为魔鬼效力》（Paul Jacobs, et al., *To Serve the Devil*），纽约1971年版，第1卷，第4页。
② 弗朗西斯·普鲁查：《伟大的父亲：合众国政府与美国印第安人》（Francis P. Prucha, *The Great Father: The United States Government and the American Indian*），内布拉斯加州林肯1986年版，第112页。
③ 普鲁查：《伟大的父亲：合众国政府与美国印第安人》，第182页。
④ 弗朗西斯·普鲁查编：《美国历史上的印第安人》（Francis P. Prucha, ed., *The Indian in American History*），伊利诺伊州奥克布鲁克1971年版，第8页。

人的态度上,他们"通常比印第安人本身表现得还要野蛮"①。1847年,有位白人作者写道:"我们的西部拓荒者……都不是爱好和平的人。他们对土著怀有一种本能的仇恨,只因他们无能去灭绝这个种族,才阻止了其仇恨的爆发。"② 这种状况使一些同情印第安人的人道主义者感到担忧,他们觉得,保留地制度或许可以使印第安人免遭灭绝,而同化和改造则能让他们进入主流社会。于是,这些人道主义者就成了积极支持保留地计划的另一种社会力量,对联邦印第安人政策产生了不小的影响。

最后,保留地制度在1850—1880年间得以普遍推行,还得益于不少有利于白人社会的条件。

从印第安人方面来说,在与白人的长期接触中,大部分部落饱受战乱和疾病的蹂躏,人口锐减,力量衰弱,逐渐无法与白人社会抗争。白人的屠戮,政府的征讨,加上部落之间的厮杀,固然对印第安人产生了十分有害的后果,但疾病乃是最大的杀手。印第安人对由欧洲传入的麻疹、天花、猩红热和霍乱等疾病毫无抵抗能力,一旦流行,往往整村甚至整个部落的人都难以幸免。1738年的一次疾疫流行,导致切罗基族人口减少一半③;1840年达科他—阿西尼博恩族有75%的人死于天花流行④;1835—1860年间密苏里河以西地区天花四度流行,使曼丹族由1 600人减至100人,黑脚族由4 800人减至2 400人。⑤ 另外,白人带来的饮酒和卖淫之风,也大大损害了印第安武士的体质和意志,从另一方面削弱了土著部落的战斗力。所以,在联邦大力推行保留地制度的过程中,能够用武力进行抵抗的部落已是寥若晨星。

与白人文化的接触,还给印第安人带来另一种消极后果,使他们

---

① 沃什伯恩编:《印第安人与白种人》,第126页。
② 托马斯·克拉克编:《伟大的美国边疆》(Thomas D. Clark, ed., *The Great American Frontier*),印第安纳波利斯1975年版,第144页。
③ 小J.利奇·赖特:《他们所知的唯一土地》(J. Leitch Wright, Jr., *The Only Land They Knew: The Tragic Story of the American Indians in the Old South*),纽约1985年版,第218页。
④ 克拉克·威斯勒:《美国的印第安人》(Clark Wissler, *Indians of the United States*),纽约1966年版,第178页。
⑤ 吉布森:《史前时期至现在的美国印第安人》,第358页。

对白人物质文化产生严重的依赖，而这种依赖性也促成了他们对白人的屈从，从而有利于保留地制度的顺利推行。印第安人从白人文化中吸收得最彻底的，就是枪支和酒。枪支取代弓箭和石器，成为狩猎、作战的武器。但是，枪支的供应、维修以及弹药的来源均仰赖白人。酒的传入使不少人染上饮酒的嗜好，而印第安人自己不会酿酒，酒的供应也掌握在白人手中。白人社会利用印第安人的这种依赖性，或以优惠供给为诱饵，或以断绝货源相胁迫，最终促使一些部落接受了保留地制度。

另外，生存环境的毁坏也使得不少部落被迫迁入保留地。东部的部落因生息之地完全落入白人之手，保留地便成了他们最后的退路。大平原和西南地区的部落，多以猎取野牛为生存依托。有个部落流传一句古老的谚语："野牛以肉供人食，以皮供人衣，……人们的生命和孩子的成长，全都靠野牛……"[①] 可是，由于铁路的开通和市场上对野牛皮的需求，招致白人职业猎手对野牛大肆捕杀；而美国政府为断绝印第安人的生路而逼迫他们进入保留地，也鼓励猎杀野牛。1871年以后，平均每年有300万头野牛被杀。[②] 1878年，南部的野牛群遭到灭绝；5年以后，北部的野牛群也销声匿迹。[③] 原本骁勇善战的大平原诸部落，因无以为生而屈辱地迁入保留地，依靠联邦的有限配给和年金聊以度日。

二、 保留地制度的形成

保留地制度的渊源，可以追溯到两个种族在北美大陆接触的初期。白人移民的到来，引发了种族矛盾和文化冲突，造成白人社会所说的"印第安人问题"。为处理这个棘手的难题，从殖民地时期起，白人社

---

① 莫昆等编：《美国印第安人重要历史文献》，第62页。
② 约翰·布卢姆等：《国家的经历》（John M. Blum, et al., *The National Experience*），纽约1973年版，第2册，第430页。
③ 马丁·里奇等编：《美国的边疆故事：向西扩张的文献史》（Martin Ridge, et al., eds., *America's Frontier Story: A Documentary History of Westward Expansion*），纽约1980年版，第582–583页。

会就试用过多种手段,保留地便是其中之一。

弗吉尼亚那些与白人接触最早的部落,由于人口减少和势力衰微,不得不屈服于殖民地当局,被迫居住在由当局划定的土地上,每年向当局进贡一些物品。这或许是保留地的最早形式。南卡罗来纳和纽约殖民地也曾为印第安人设立保留地,不许白人随意进入。

在新英格兰各殖民地,保留地雏形的出现,与清教徒改造、同化印第安人的活动有密切关系。清教徒相信,土著居民可以通过信仰基督教而得到拯救。他们设想的具体办法是,把印第安人集中居住在一起,脱离原来的生活方式,走白人的道路。1638年,殖民当局在纽黑文为仅存47人的奎尼皮阿克族划出一块1 200英亩的土地,不许他们离开,也不准其他部落的人进入,为此特设一名白人监督官来管理保留地事务。这种设置和规定与后来的保留地制度十分近似。此后,新英格兰境内出现了不少类似的保留地,当地人称之为"基督徒庄园"。较典型的保留地,如马萨诸塞的内蒂克庄园,曾实行份地分配制,试图把印第安人变成小农;保留地内还设有按英国模式建立的政府;宗教改造则是保留地的主要活动。不过,这种用保留地来改造和同化印第安人的努力,一般都是失败的。保留地的印第安人因战争、疾病和生活条件变动而人口大减,有的出售份地后流徙他乡,有的则起而造反。不少保留地宣告解体,马萨诸塞一度有8个保留地,到1781年仅剩下2个。[1]

美国建国之初,纽约和宾夕法尼亚政府曾为人口锐减的易洛魁人各部落设立保留地,据说其动机是使那些幸存的印第安人在白人社会的包围中保有一块立足之地,直到他们获得开化而进入白人社会时为止。但是,其结果不过是制造出一些"荒野中的贫民窟"而已。[2]

这些早期不成功的尝试,似乎没有为联邦政府处理与印第安人的关系提供直接的借鉴。根据《联邦宪法》《西北法令》以及当时执政

---

[1] 吉布森:《史前时期至现在的美国印第安人》,第198页。
[2] 参阅安东尼·华莱斯:《塞尼卡人的死亡与再生》(Anthony F. C. Wallace, *The Death and Rebirth of the Seneca*),纽约1972年版,第184—236页。

者的理解，印第安人各部落都是存在于美国以外的主权实体（nation），美国与它们的关系带有外交的性质。1830年开始执行的迁移政策，正是基于这个前提而制定的。迁移是通过条约的方式完成的，迁到西部的部落仍享有完全的主权和自由。迁移政策的基本出发点不外两条：其一，迫使印第安人让出其世代生息繁衍的土地；其二，将印第安人与白人社会分隔开来以减少种族冲突。这种考虑与后来实行保留地制度的动机很接近，因而迁移运动实际上是保留地制度的前奏。

如前所述，迁移政策仅解决了东部的"印第安人问题"，随着边疆的西移，新的冲突不断发生。起初，联邦政府仍打算采用迁移的办法，使印第安人为白人的拓殖让路。据说，在1750—1850年间，欧塞奇人平均每10年向西迁徙100英里。① 不断的迁移，给政府带来了很大的军事和财政负担，而且并不能从根本上解决问题。在这种情况下，联邦印第安人事务专员奥兰多·布朗提出，为西部各部落的活动地域划出边界，未得部落同意或联邦代表许可，任何人不得擅自进入其领地。这个设想旨在单纯解决种族摩擦和边疆冲突，实际上却是联邦一级的保留地计划的最早倡议。布朗在1850年的年度报告中提出了更具体的计划：联邦为每个部落划出保留地，让印第安人从事农业，由联邦提供农具、牲口及其他生活物资；对印第安人实行文化、教育和宗教上的开化。②

布朗的设想为卢克·李所发展和完善。所谓"李方案"的要点是：压缩印第安人部落的活动地域，把他们迁入保留地，使之远离移民路线和白人定居点；每个保留地都有严格的界线，保留地内印第安人如有反抗即以军队弹压；联邦政府对保留地事务进行严格管理，通过职业教育把印第安人变成农夫或牧人。"李方案"得到联邦政府的支持。国会于1851年拨款100 000美元，用于同印第安人签订有关设立保留地的条约。1853年，乔治·梅尼培尼接替李出任联邦印第安人事务专

---

① 纳波科夫编：《土著美国人的证言：印第安人与白人关系文集》，第184 – 185页。
② 威尔科姆·沃什伯恩：《美国的印第安人》（Wilcomb Washburn, *The Indian in America*），纽约1975年版，第191 – 192页。

员，开始全面实施"李方案"。在1853—1856年间，美国政府与有关部落签订保留地条约52项。① 内战以后，美国政府凭借战争中得到壮大的军事力量，逐一打败诸多强悍部落，迫使更多的印第安人接受了保留地制度。1865年，国会任命一个专门委员会前去调查西部各部落的状况，于1867年提出一份报告，其中指出：若要结束西部的种族对抗，就必须使印第安人放弃游猎生活，迁入保留地，采纳定居生活。1867年，国会派出"和平委员会"，又与不少部落签订条约。于是，越来越多的部落进入了保留地。据1880年联邦印第安人事务专员的年度报告，保留地数目已达141个。② 至此，保留地制度已全面建立。

在形式上，保留地制度的推行大多得到了有关部落的同意，因为保留地的各项内容都是通过双边条约规定的。然而，条约的签订过程却充满暴力、欺诈和威逼利诱。实际上，多数部落都不愿意放弃其世代生息的土地，他们对迁入保留地的后果深为忧虑："如果用我们的土地与别人交换，恐怕会发生与移植一棵老树相同的后果，它会枯萎和死去……"③ 然而，不论印第安人如何反对，联邦政府还是一意推行并实现了保留地计划。

这种保留地制度，与早期的保留地尝试有着明显的不同。早期的保留地是一些个别而零星的实验，范围较小，涉及的多为弱小而对白人友好的部落。1850年以后广泛实行的保留地制度，已成为一项全国性的政策，涵盖所有部落，形成一套完整的系统，具备复杂的功能。保留地制度的形成，标志着印第安人与白人社会之间的关系发生了历史性的转折。在此之前，各部落均属独立于美国之外的主权实体，部落政府拥有各种决断权力，在名义上与美国政府保持平等的关系；而保留地制度的推行，使印第安人完全陷入美国政府的控制与管理之下，部落权力被联邦代理机关所取代，印第安人彻底丧失了独立、主权和自由。

---

① 美国民权委员会：《印第安人诸部落》（*Indian Tribes*: *A Continuing Quest for Survival*, A Report of the U. S. Commission on Civil Rights），1981年6月，第20页。
② 普鲁查：《伟大的父亲：合众国政府与美国印第安人》，第189页。
③ 纳波科夫编：《土著美国人的证言：印第安人与白人关系文集》，第190页。

就性质而言，保留地不过是联邦政府为隔离和改造印第安人而设立的临时居留地，部落对保留地的土地并没有所有权，联邦政府乃是最高的主权者和管理机关。联邦政府设立管理处作为保留地的核心权力机关。一般来说，一个管理处控制几个保留地，每个保留地则有常驻的联邦管理员，负责管理部落的财产和基金，分发联邦的配给和年金，执行改造印第安人的"美国化"计划。保留地面积大小不一，大者横跨数州，占地1 400万英亩；小者不过100英亩。通常是一个部落居住在一个保留地内，但几个部落共有一个保留地，或一个部落分散在几个保留地的现象也不罕见。东部也有一些保留地，但保留地主要分布在西部各州。其中俄克拉何马一带的印第安人领地就有67个部落的保留地。除常规保留地外，还有一种军事保留地，专门关押印第安人战俘，四周有重兵把守。

对大部分部落来说，保留地的划分发生在1867—1887年间。这期间，保留地制度经过了几次调整和改组。由于白人仍旧觊觎保留地的土地，因而美国政府在1875—1885年间采取了"集中"的措施。"集中"有两种方式：一是把分布在几个保留地的同一部落的分支集中到一个保留地；二是把更多的部落集中到印第安人领地。这次"集中"使印第安人又失去了数千万英亩土地。1887年以后开始实行份地分配制，不少部落被拆散，保留地被撤销。1934年联邦政府停止这种做法，保留地的数目有所回升。因此，打开今日的美国地图，仍旧可以见到许多大大小小的保留地星罗棋布于整个大陆，如同主流社会中的一个个孤立的岛屿，构成一种奇特的人文地理景观。

三、印第安人对保留地制度的反应

保留地制度的推行，给印第安人带来了深重的灾难。家园毁灭，土地丧失，迁移路上饱经磨难，生活环境发生巨变，人口锐减，独立和自由均付诸东流。这些不幸几乎是所有进入保留地的部落的共同经历。但是，各部落的反应并不相同。那些原来文化比较发达的部落，从保留地制度造成的苦难中崛起，在政治、经济和文化各方面都得到了复兴。另一些部落在经过抵制之后，也开始走上生产自给的道路。但相当多的部落长期未能适应新的变动，陷于消沉和颓废。不论是何种情况，印第安人都没有失去复兴的希望，还在尽力保存自身的文化传统，梦想回到过去的黄金时代。

在保留地内获得复兴与发展的，只有那些原来文化比较发达的部落，特别是从东南部迁入印第安人领地的"五大文明部落"，即切罗基族、乔克托族、奇卡索族、克里克族和塞米诺尔族。"五大文明部落"在迁入印第安人领地之前，一方面饱受白人文明的冲击，另一方面也从中吸取了不少有益的成分，创造出了北美印第安人中最繁荣的文化。这些部落采取主动的态度对待白人文化，部落领袖要求全体成员改变生活方式，在服装、生产方面接受白人的风俗习惯。他们建立了很多农场、种植园和企业，有的还拥有大批黑人奴隶。在政治上，他们制定了成文宪法，建立了以选举制为基础的新型政府。在文化上，他们鼓励白人传教和兴办教育，不少人的教育程度甚至超过了他们的白人邻居。特别是东切罗基人，不仅经济兴旺，社会繁荣，而且创设了立宪共和国，拥有自己的文字和报刊。访问过该部落的北方人感到印第安人"生活得舒适而富足"，口袋里的钱比白人还多。不幸的是，一贯指责印第安人野蛮落后的白人社会，不仅不欢迎他们的"文明开化"，反而视之为对白人文化的更大威胁。所以，"五大文明部落"也未能避免迁徙他乡的厄运。

19世纪30年代，"五大文明部落"被迫迁入印第安人领地。当时的印第安人领地虽未明确其保留地性质，但实际上已十分接近后来的保留地；所不同的只是，"五大部落"在一个时期内仍享有较大的自治权。虽然迁移给他们带来了极大的损失和痛苦，但他们定居下来后很快就走上了复兴之路。他们重建立宪制政府，选举各级官员；开办学校，发展教育；印刷报纸，出版书籍；兴办农业、牧业和贸易，生产的棉花出口国外，谷物和牲畜则销往密苏里、阿肯色和路易斯安那的边界市场。部落社会重新出现了兴旺景象。可是，内战给5个部落再度造成严重创伤,内部分裂,生产停顿,土地荒芜,不少人流离失所。战后,5个部落又顺利地完成重建:一些人投资于新兴的铁路、采矿和养牛业;有个名叫罗伯特·琼斯的乔克托人跻身巨富之列,拥有28家商店,成为远近闻名的企业家。① 部落政府还举办国际博览会,招徕白人前来投资和旅游。有些印第安人还大批雇用白人劳工。英语成了通用的语言,人们的吃、穿、住也日益接近白人。尽管部落内部一直有人抵制变革,但终究不能阻止印第安人领地成为西南部最繁荣的地区之一。

不过,5个部落对保留地制度的成功适应,在保留地时期的各部落中并不具有普遍性。相当多的部落,或部落中的相当一部分人,都不像5个部落那样获得了很大的改善。情况较好的也不过是逐步走上了生产自给的道路。据1872年联邦印第安人事务专员的年度报告,在20多万保留地印第安人中,约有134 000人做到了生产自给。②

另一些部落对保留地制度进行过长期抵制,由于不能适应生存环境的巨变,经受了更加深重的苦难。这些部落原来生活在大平原和西南地区,多以游猎采集为生,骁勇善战,特别是接受白人传入的马匹和枪支后,更是四处袭扰,出没不定,使边疆居民为之胆寒。这种生活方式必须依托于极广阔的活动空间,因而保留地制度对他们始终是格格不入的。他们从一开始就对保留地制度进行坚决抵制。

大平原北部的苏族和夏延族,曾对北线的西进和铁路修建构成了严重"威胁",并使得前来镇压的联邦军队屡屡受挫。1868年,在联邦政府做出了较大让步的前提下,他们才同意迁入达科他和蒙大拿的保留地。但他们仍继续游猎生活,经常越出保留地边界。同时,白人也不断进入他们的保留地采矿掘金,并大量猎杀野牛,导致双方发生激烈的冲突。直至1876年年底,苏族和夏延族才放弃对保留地制度的武力反抗。

---

① 西达·普勒丢:《五大文明部落口述史(1865—1907)》(Theda Predue, *Nations Remembered: An Oral History of the Five Civilized Tribes*, 1865—1907),康涅狄格州韦斯特波特1980年版,第46页。
② 杰克逊:《耻辱的世纪》,第336页。

大平原南端的凯厄瓦族、科曼奇族和阿帕奇族，也对保留地制度进行过顽强的抵抗。1867年10月，联邦官员与大平原诸部落首领会谈，要求他们迁入保留地。凯厄瓦族首领萨坦塔回答说："我们热爱这里的土地和野牛，我不会与它们分开……我不想定居。我喜欢在原野上漫游，在这里我感到自由和快乐；可是一旦我们定居下来，我们就会变得衰弱，就会死去。"① 其他部落也表示了同样的态度，但最后他们都被迫在条约上签字，同意迁入联邦指定的保留地。为防止这些部落的反抗，联邦政府在大平原上建立了许多军事据点。阿帕奇族是最后进入保留地的大平原部落。1871年，联邦为阿帕奇族划出7个保留地，但他们拒不迁入。于是联邦动用军队进行驱赶。在1874—1880年间，约有2 000名士兵专门从事这项行动，直到1886年才将阿帕奇族全部赶进保留地。

　　进入保留地后，这些部落仍不甘屈服，继续进行抵制。他们或越过保留地边界外出狩猎，或袭击附近白人定居点，偷盗、掠取其财物，甚至进入加拿大和墨西哥境内。对于逃出保留地的印第安人，联邦军队通常严加追剿。1868年，联邦军队在沃什塔攻击一群离开保留地狩猎的印第安人，近800人被杀死，50名妇孺被掳走。② 1871年，凯厄瓦族首领坐熊和白熊逃出保留地，袭击得克萨斯的移民点，被捕后相继自杀，死前慷慨放歌，甚为悲壮。③

　　当然，也有少数印第安人的抵制取得了成功。内兹帕斯族对保留地进行长期抗拒后，于1885年获准返回故地。庞卡人首领立熊思念故土，率30名族人逃出保留地返回故地，遭到逮捕；联邦司法机关在审判他们时认定，"和平的印第安人"有权自由出入保留地。④ 这也算是保留地印第安人争取自身权利的几次小小的胜利。

　　不过，更多的印第安人采取消极、被动的方式来抵制保留地制度。

---

① 弗吉尼亚·阿姆斯特朗编：《我已说过了：印第安人口中的美国史》（Virginia I. Armstrong, ed., *I Have Spoken: American History Through the Voice of Indians*），芝加哥1971年版，第86页。
② 吉布森：《史前时期至现在的美国印第安人》，第411页。
③ 纳波科夫编：《土著美国人的证言：印第安人与白人关系文集》，第216页。
④ 吉布森：《史前时期至现在的美国印第安人》，第465页。

生活环境和角色地位的突变，使许多印第安人感到无所适从，进而心境悲凉，颓唐消沉。一些人以酗酒来逃避现实。尽管联邦管理机关明令禁止向保留地印第安人出售酒类，但酒还是通过各种渠道到了印第安人手中。酗酒者多为当年的武士，他们被迫放下武器，无仗可打，便借酒浇愁，因有"醉印第安人"之称。与酗酒相伴的是犯罪率上升。于是，酗酒成为保留地最突出的社会问题。还有人沉湎于游乐，或玩牌，或赌马，或举家出门走亲访友，以至数月不归。对于老年人来说，回忆过去乃是逃避现实苦难的最好方法。他们不厌其烦地向下一代讲述当年的野牛、鹿、狩猎和部落战争。由于印第安人多无文字，这种口碑流传便成了他们保存历史和文化记忆的主要方式。

　　那些在1860—1887年间迁入保留地的部落，大多不习惯定居生活。他们不肯从事农业和牧业，也不喜欢政府提供的食品，觉得什么都不如野牛肉好吃。可是，既无野牛可猎，他们也只得退而求其次，终日无所事事，呆坐度日，等着联邦政府发放配给。① 绝大部分人都在以各种方式默默忍受保留地的不幸生活，但也有人将自己的不满表露出来。1878年，肖肖尼族首领沃夏基对怀俄明州州长表白说："先是失望，继而是深深的悲哀，接着是难言的痛楚，接下来有时苦不堪言而使我们想起枪、刀和战斧，点燃起我们心中的绝望之火——先生，这就是有关我们的经历、我们的悲惨生活的故事。"苏族一位预言家说，从前印第安人生活快乐，但白人到来后，他们的土地越来越小，竟至最后遭到禁锢。② 阿帕奇保留地有一首歌谣唱道："一切都已逝去。"③ 这些语句固然包含凄楚和悲愤之情，但仍不足以充分表达保留地印第安人的痛苦经历。

　　但是，处境不幸的印第安人并没有彻底消沉和丧失希望。他们仍在顽强地维护本族的文化传统，在内心深处埋藏着复兴的梦想。联邦

---

① 威斯勒：《美国的印第安人》，第195页。
② 吉布森：《史前时期至现在的美国印第安人》，第450、426页。
③ 詹姆斯·奥尔森等：《20世纪的土著美国人》（James S. Olson, et al., *Native Americans in the Twentieth Century*），伊利诺伊州厄巴纳1984年版，第51页。

政府在保留地推行同化政策，不准印第安人保持原来的风俗、仪式和宗教，因而他们只能秘密进行传统文化活动。太阳舞、青谷舞和派尤特崇拜在保留地十分盛行，梦幻者教、鬼魂舞教、印第安人震颤教也拥有众多的信徒。这些传统仪式和宗教，一方面显示了印第安人文化的凝聚力，另一方面表明印第安人相信，总有一天白人会被消灭，印第安人的黄金时代又会到来。所以，虽然屡经政府禁止和围剿，这些仪式和宗教仍未绝迹。

　　一位苏族祭师在临终前向至上神祈求道："让我的人民生活下去吧！"① 至上神并没有让他失望。印第安人虽经保留地制度的毁灭性打击，仍以一个种族而生存下来，不能不说是历史的奇迹，表明这个种族具有顽强的生命力。

四、 保留地制度的历史作用

　　美国发展道路的独特性之一，就是它兴起于印第安人世代生息的大陆之上，以后者的苦难和不幸作为成长壮大的代价。在保留地制度形成和推广的年代，正是美国社会迅速发展的时期，这种制度在道义上显然是残酷和非正义的，但却满足了美国当时发展的需要，在政治、经济、社会、军事和文化等多方面发挥了综合的功能。

　　前文论及，实行保留地制度的首要动机，在于满足白人社会对印第安人土地的要求，保障西部开发的顺利进行。而保留地制度成功地做到了这一点，这便是它最突出的一个历史作用。

　　19世纪50年代提出建立保留地制度之际，密西西比河以东的印第安人部落大部分已西迁，仅在杰克逊总统当政时期，美国通过迁徙就从印第安人手里获得了1亿英亩土地，而所付的代价可谓微不足道。②

---

① 纳波科夫编：《土著美国人的证言：印第安人与白人关系文集》，第220页。
② 克里斯廷·博尔特：《美国印第安人政策与美国改革》（Christine Bolt, *American Indian Policy and American Reform*: *Case Study of the Campaign to Assimilate the American Indian*），伦敦1987年版，第59－60页。

在推行保留地制度以后，白人社会又从西部印第安人各部落夺得大量土地。而且，由于把印第安人限制在保留地内，减轻了边疆冲突，保证了移民线路的通畅，也有利于西部开发的推进。于是，在1865—1890年间，西进运动出现了最后一次高潮。但是，对印第安人来说，这一次又使他们失去大部分土地。以大平原上的科曼奇人为例，1865年前他们拥有3亿英亩狩猎地，两年后仅剩下了一块300万英亩的保留地。[①] 科曼奇人当然不是大量丧失土地的唯一部落。在保留地制度全面推行以后，印第安人所占有的全部土地，仅仅是美国300多万平方英里领土中的2万平方英里，而且被分割成无数支离破碎的保留地，大多土地贫瘠荒凉，而那些肥沃的可耕土地早已落入白人之手。[②]

当然，保留地制度并未最后完成对土著部落土地的剥夺，也不能绝对保障边疆居民的安全。最初划出的保留地面积相对较大，后来又发现荒芜的地表下埋藏着丰富的矿藏，因而保留地很快又成了白人社会觊觎的对象。于是，联邦政府开始对保留地进行调整和改组，以压缩其面积；或迫使保留地的部落再次迁徙，让出白人所需要的土地。当这些仍不能使白人的土地欲望获得满足时，联邦政府便着手解散部落，撤销保留地，在印第安人中实施份地分配制。这一次再度造成印第安人的土地大量流失。另一方面，不满保留地制度的印第安人不时逃出保留地，仍对边疆白人定居点形成威胁，于是联邦政府不时派遣正规军对他们进行征讨。在1890年发生了翁迪德尼大屠杀，有近300名印第安人丧生。[③] 这是最后一次征伐印第安人的大规模边疆战争。可见，军事行动构成对保留地制度的必要补充。

有些美国历史学家，如边疆学派的创始人弗雷德里克·杰克逊·特纳，在研究西部开拓历程时，对印第安人的苦难鲜有提及；在使用

---

① 吉布森：《史前时期至现在的美国印第安人》，第489页。
② 纳波科夫编：《土著美国人的证言：印第安人与白人关系文集》，第215页。
③ 迪伊·布朗：《将我的心埋在翁迪德尼：印第安人的美国西部史》（Dee Brown, *Bury My Heart at Wounded Knee: An Indian History of the American West*），纽约1970年版，第417页。

"自由土地"的概念时,也忽略了土著部落的土地权利。[①] 只要对保留地制度略加探讨,便可发现这种研究取向是很可商榷的。

就长远的历史影响而言,保留地制度所发挥的最大功能,乃是对印第安人的强制同化和改造。美国政府和白人社会对印第安人的政策与态度经常变动,但强制同化却是一项一以贯之的策略。白人社会相信,白人和印第安人不可能在同一大陆上共存,因为两者之间文化差异巨大,以至形成对立;若要解决"印第安人问题",可选的途径,不是灭绝,就是同化。1792年就有人断言,印第安人"或被开化或遭灭绝的时代将会到来"[②]。由于灭绝一个种族在道义上牵涉太深的罪恶,所以美国政府宁愿执行同化政策。在印第安人各部落拥有独立和自主权的时期,同化政策的效果完全取决于部落的选择,一般来说进展不大。保留地制度剥夺了部落的独立与自主权,为强制推行同化政策打开了绿灯。于是,保留地成了同化印第安人的"美国化"计划的实验场。

关于如何同化保留地的印第安人,白人社会提出过多种方案。1869年以后,联邦政府执行所谓"和平政策",其中一项重要内容就是先把印第安人迁入保留地,然后进行同化。[③] 1876年,人类学家摩尔根提出对保留地印第安人实行"货栈制",为其产品提供市场以鼓励他们从事生产。[④] 另外还有一种比较系统的方案,计划用25到30年时间,分步骤完成保留地印第安人的"美国化":第一步,使他们定居生产;第二步,使他们摆脱白人的不良影响;第三步,向他们传授劳动技能;第四步,对他们实行基督教化;第五步,为他们建立保障私有财产权利的法律系统。[⑤] 关于同化的要求,1884年的莫洪克湖会议指出,印第安人必须做到三点:第一,掌握英语以便和白人交流;第二,

---

[①] 弗雷德里克·杰克逊·特纳:《美国历史上的边疆》(Fredrick Jackson Turner, *The Frontier in American History*),纽约1962年版,第1-38页。
[②] 普鲁查编:《美国历史上的印第安人》,第16页。
[③] 普鲁查:《伟大的父亲:合众国政府与美国印第安人》,第165页。
[④] 弗雷德·伊根:《美国印第安人》(Fred Eggan, *The American Indian: Perspectives for the Study of Social Change*),英国剑桥1980年版,第163页。
[⑤] 吉布森:《史前时期至现在的美国印第安人》,第428页。

学会生产技能以便维持生存;第三,接受基督教式的教育以便承担家庭、国家和教会的义务。① 只有达到这些要求,印第安人才能进入主流社会,成为美国公民。

美国政府在保留地推行的"美国化"计划,包括教育、定居生产、宗教改造、风习变革等多项内容,在推行过程中全然不计印第安人的利益和态度,因而带有强制性和明显的种族压迫色彩。

教育在"美国化"计划中具有头等重要性,它不仅向印第安人传授英语知识和生产技能,而且担负着实现青年一代印第安人非部落化的使命。在保留地管理处设有负责教育的机构,各个保留地都建有各种不同类型的印第安人学校。到1900年,保留地外的职业学校达25所,保留地内寄宿学校有81所,偏远地区保留地学校有147所。② 不过,在保留地推行教育计划并非易事。成年印第安人不仅自己抗拒教育,而且极不愿让孩子上学。于是,每逢开学之际,保留地警察四处出动,驱赶孩子上学,搜捕逃学的学生。对不予合作的父母,轻者扣发配给,重则投入监狱。土著孩子一旦入学,便如同身陷囹圄,连假期也不得回家,甚至不准父母探视。阿帕奇保留地有一所学校,为了防止学生逃跑,竟至把宿舍的窗户全部钉死。③ 学校一般开设英文、算术、家政、手艺和生产技能等方面的课程。虽然入学的人数逐渐增加,但教育的效果却并不理想,因为教员素质太低(保留地的生活环境恶劣,很难找到合格的白人教师),学生对强制教育则有抵触情绪。另外,所开设的课程对印第安人的现实生活很少帮助,而且学生毕业后也难以找到合适的工作。

把保留地印第安人改造成自给自足的定居小农,一直是"美国化"计划的核心目标。实行保留地计划时,联邦政府有一个设想,认为一旦改变印第安人的生活环境,他们将不得不以农、牧业生产取代过去

---

① 普鲁查:《伟大的父亲:合众国政府与美国印第安人》,第232页。
② 普鲁查:《伟大的父亲:合众国政府与美国印第安人》,第280-281页。
③ 伊夫·鲍尔:《印德:阿帕奇人的苦难历程》(Eve Ball, *Indeh: An Apache Odyssey*),犹他州普罗沃1980年版,第221页。

的狩猎方式以维持生活。因此，在签订有关保留地的条约时，往往把由联邦提供农具、牲口、种子和设备等内容写入条款。在保留地，有白人专门负责向印第安人传授农、牧业生产技术和白人家庭生活方式。印第安人对定居生产的反应很不一样，有的部落，如"五大文明部落"在保留地兴办了很发达的农、牧业。但原来的游猎部落对生产持消极态度，他们有的信奉土地崇拜，认为开发土地等于蹂躏自己的母亲；有的则视农业为女人的工作，武士不屑于此事。就外部条件而言，联邦政府不承认印第安人对保留地土地的所有权，加上土地硗薄，印第安人又因贫困而无力负担生产的开销，因而在保留地推广农、牧业生产遇到了很大的困难。

保留地的"美国化"计划旨在实现全面的"非部落化"，因而在宗教、风俗习惯等方面对印第安人进行改造，也是题中应有之义。大部分保留地建有基督教堂，传教士们致力于消除部落文化特征。不过，印第安人对基督教教义或不理解，或坚决拒绝；传统的宗教虽然处于秘密状态，但仍有很多信众。此外，联邦官员、教师和传教士还不准印第安人穿戴传统服饰、讲本族语言和举行传统仪式，甚至不许他们用原来的名字。联邦管理机关全面控制部落事务，限制部落政府的权力。

然而，这种苦心孤诣的同化和改造，其结局却是一个出乎意料的大失败。印第安人在生活方式、价值观念方面并未发生白人社会所期望的变化。例如，据两个联邦保留地雇员记载，迟至1909年，在加利福尼亚的克拉马斯保留地内，几乎看不到"白人文明"的痕迹。[①] 即使接受白人文化较多的部落，也仅限于物质和技术的层面，其精神与观念仍旧是传统的。导致保留地"美国化"计划失败的原因不止一端。一方面，印第安人文化具有很强的凝聚力和韧性，虽然屡经打击而终未溃灭；另一方面，白人文化流弊丛生，加上保留地官员腐败无能，

---

① 玛丽·E. 阿诺德等：《在蚱蜢唱歌的土地上》（Mary E. Arnold, et al., *In the Land of the Grasshopper Song*），内布拉斯加州林肯1980年版，前言。

使得印第安人深为蔑视，不肯效法。更为重要的是，强制性同化乃是种族对抗的继续，根本不可能产生很大的积极效果。

从印第安人方面来看，保留地制度的最大后果就是对他们精神的毁灭性打击。印第安人曾经是北美大陆的主人，是一个热爱自由的种族。各个部落都是一个独立自主的实体，自行处理部落的内部事务，决定对外战争，美国政府与之交往也往往以外交方式进行。保留地制度的实行，剥夺了各部落的主权和印第安人的自由，印第安人沦为受美国政府监护的对象，许多人必须依赖政府的配给才能维持生活。这种失败的屈辱和挫折感，使印第安人在精神上失去平衡，不少人走向了消沉和颓废，于是给外界造成一个印象，印第安人乃是"一个正在消失的种族"。

保留地制度的形成，等于是对印第安人的土地、主权和自由的剥夺，而印第安人在保留地又备受强制性同化政策的摧残，深陷贫困不幸的生活，因而保留地不啻是美国种族压迫的堡垒，构成不公正、不平等的象征。长期以来，保留地被称为"畜栏""露天监狱"和"乡村贫民窟"。[1] 19世纪70年代后，美国兴起印第安人政策改革运动，参与者猛烈抨击保留地政策，认为它是美国历史上的一大丑恶。改革派指出："如果这一保留地制度仅对我们造成实体性伤害，那么我们庶几尚可忍受。但它阻碍文明，把印第安人孤立起来，从而否认正义要求赋予他们的所有权利……它完全是一大无望的错误，……它只能被彻底拔除，从根到枝叶一点也不留，从而代之以一种新的制度。"[2]

不过，事情往往有其两面性，而且还会不断发生变化。保留地制度虽然使印第安人蒙受巨大不幸，但倘若没有保留地制度，他们的境况未必就会好一些。美国总统米勒德·菲尔莫尔在1852年指出，在没有设立保留地的地区，印第安人对土地的排他性占有也就不能获得美国政府的

---

[1] 西奥多·泰勒：《美国印第安人政策》（Theodore Taylor, *American Indian Policy*），马里兰州蒙特艾尔利1983年版，第3页。
[2] 奥尔森等：《20世纪的土著美国人》，第64页。

承认，那么他们就会被白人从一个地方赶到另一个地方。① 这种话看似为联邦政策辩解，但也不无道理，因为白人的土地欲望如果不能通过政府的政策而得到满足，他们便会用民间武装来对付印第安人，自行夺取其土地。殖民地时期的"培根起事"和"帕克斯顿健儿"，都是有力的例证。从这个意义上说，保留地制度确曾对印第安人起过某种"保护"作用。这也正是当初支持保留地计划的人道主义者的期望所在。

而且，实行保留地制度以后，许多部落集中在一个相对狭小的地域，客观上密切了不同部落之间的联系，为民族意识的萌发与生长创造了有利条件。与此同时，保留地作为印第安人最后的栖息之地，随着时光流逝和世代交替，逐渐取代部落的祖传故地而成为新的家园，成为印第安人精神上的寄托，成为"大地母亲"的化身。越到后来，保留地就越具备这种社会与文化功能。美国一些文化人类学家谈到，"不管事实上生活及其他设施如何粗糙，保留地本身乃是一个家，一个安身之处，一个印第安人特性的可知可感的象征"②。到于今，大凡有保留地的印第安人都被认为是幸运的，因为这意味着他们有家可归，有根可寻，有部落亲情可依。因此，不少离开保留地进入主流社会的人，后来又重新回到保留地。③ 很多印第安人之所以至今仍生活在贫困而拥挤的保留地，这一种族与文化的情结或许是重要原因。

保留地制度所发挥的上述复杂的作用和功能，显然已超出了简单的道德善恶的评判范围。保留地制度作为一种历史现象，对美国西部的开发起过推动作用；作为种族压迫的工具，它给印第安人造成了灵与肉两方面的巨大不幸；作为种族之根的依托，它已为当今美国印第安人的社会生活所不可或缺。这也许就是历史发展的辩证法的一种表现吧。

（原刊于《历史研究》1993 年第 2 期）

---

① 詹姆斯·理查森编：《总统咨文和文件汇编》(James Richardson, ed., *A compilation of the Messages and Papers of the Presidents*)，纽约 1897 年版，第 6 卷，第 2707 页。
② 伊根：《美国印第安人》，第 154 页。
③ 罗杰·尼科尔斯等编：《美国印第安人的过去与现在》(Roger L. Nichols, George R. Adams, eds., *The American Indian: Past and Present*)，马萨诸塞州沃尔瑟姆 1971 年版，第 274 页。

美国土著部落地位的演变与印第安人的公民权问题

　　历史循环论早已为多数史家弃而不取，然则综观历史，有些事件的演化却偶或呈现某种环形的轨迹：人们一心朝某个方向奋力前行，若干年后却发现似乎重又回到了原来的出发点上。美国印第安人及其部落地位的变迁，所经历的正是这样的过程：白人初到美洲之际，把土著部落视为主权实体；后来美国政府出于实际的需求，对印第安人以各种方式加以改造，剥夺部落的主权，使之沦为被监护者；进而完全打碎部落制，把他们全部变成美国公民；到第二次世界大战后，经过印第安人的全力争取，部落逐步获得自决权利，再度行使某些主权，部落及其保留地享有近于"国中之国"的地位。美国建国后的一百余年间，印第安人没有被赋予公民权，有论者以此作为美国漠视和践踏人权的例证。但是征之于史，可知这种观点与实际情形大有出入。实际上，公民权乃是一份美国政府强迫印第安人接受的"礼物"，其结果不过是使他们蒙受新的灾难。

一、土著部落与美国的早期关系

　　欧洲人到达北美以前，印第安人的政治状况如同其整个文化的情形一样，因部落不同而存在很大的差异。东部的易洛魁人政治组织相当发达，早已形成有 5 个部落参加的相对稳定的部落联盟，并有某种影响深远的不成文宪法。西南部的许多部落，特别是普埃布洛各部落和纳切兹人，也具备颇为完善的社会政治系统，部落政府乃是权力的核心。在大平原及西部其他地区，众多部落的内部极不统一，以不同的氏族和胞族而处于分散状态，部落之名只能通过语言和文化特征来加以确认。后来列入"五大文明部落"的克里克族和奇卡索族，在 1500 年前后也未形成严格意义上的部落。在与白人移民发生接触后，由于面对巨大的生存压力，许多土著人群内部的凝聚力急速增强，作为政治实体的部落相继形成。

就一般情形而言，一个土著部落就是一个独立的主权实体。它拥有相对固定的狩猎地和活动地域，以部落大会（欧洲人称之为 council）为领导机构，有的部落还推选专司战事的军事首领。处理部落成员之间的关系通常依据习惯法或习俗，宗教事务则由祭司或巫医掌管。部落政府掌握决策权，在对外和战与内部迁移、祭祀等方面，发挥巨大的作用。部落在行使主权上的独立性和完整性，可见于早期欧洲人的有关记载之中。

有论者在谈及英国人向北美的殖民扩张时，通常指责他们无视和破坏印第安人的主权。这种说法与史实并不完全吻合。事实上，英国殖民者一开始对土著部落的性质缺乏了解，习惯于以欧洲的政治概念来理解，把部落当成王国，称有实力的部落首领为国王。最初的移民活动，大多经过同当地部落的交涉；白人所占用的土地，名义上也以购买或割让的方式而取得。英国政府在处理与土著部落的关系时，经常采用外交方式，通过订立条约来取得土地和贸易特权。英国当局还不时派出使节巡访某些部落，赠送礼物以示友好，并就保护白人贸易商人和处理土地纠纷进行谈判。1608 年，克里斯托夫·纽波特代表英王出使弗吉尼亚，曾向当地部落首领波哈坦赠送礼物，其中包括一顶铜制王冠。英国人对波哈坦以国王相称，而波哈坦也自认与英王地位平等，不肯屈驾前去接受礼品，要求纽波特到其住所晋见，而英国人只得照办。① 后来，移民的一个领头人约翰·罗尔夫，同波哈坦的女儿波卡洪塔斯结婚。英王觉得这是一桩与外国公主的联姻，本应由英国王室过问，而罗尔夫居然自作主张，令英王颇感不快。这些史事表明，英国殖民当局不可能、也没有完全漠视土著部落的主权。

美国建国初期，在处理与土著部落的关系时，大体上援用殖民地时期的成例。美国政府把部落当成主权实体对待，并称较大的部落为"国"（nation）。《联邦宪法》在提及与印第安人的贸易时，与其他外国相提并论。联邦政府禁止各州插手印第安事务，将管理职权赋予负责对外战争事务的陆军部。美国向有关部落派驻代表，其地位和职能略似驻外使节。有关土地、贸易和司法问题的具体交涉，美国政府仍采用英国人留下的办法，通过与部落谈判而签订条约。条约无疑是"文明"国家之间处理相互关系的手段，其基本形态是形诸文字的条款。可是，印第安人当时既无文字，更没有与条约相关的任何国际法观念。于是，美国政府得以上下其手，把条约作为欺诈掠取的工具，屡屡使印第安人蒙受沉重的损失。条约的签订多有美国的军事和政治压力作为背景，其过程充满欺骗蒙哄和威逼利诱，其条款仅对部落一方具有约束力，而美国政府则可任意践踏、恣意违背和随时修改。美国政府与各部落之间订立的条约共有374项，② 正是通过这些条约，印第安人逐渐丧失了大部分土地、独立的地位和自由的权利，部落地位因之一落千丈。

但无论怎样，有很长一个时期，土著部落在与美国的关系中享有近乎"外国"的地位，印第安人不受美国政府的管辖，是处于美国政治体系以外的各部落的成员。因此，《联邦宪法》绝对不可能涉及印第安人的公民权问题。倘若"建国之父"竟然慷慨地赋予土著居民美国公民身份，反而是对部落主权的蔑视和践踏。

---

① 威尔科姆·沃什伯恩：《美国的印第安人》（Wilcomb Washburn, *The Indian in America*），纽约1975年版，第80页。
② 彼得·纳波科夫编：《土著美国人的证言：印第安人与白人关系文集》（Peter Nabokov, ed., *Native American Testimony: An Anthology of Indian and White Relation*），纽约1978年版，第149－150页。

大约从 19 世纪 20 年代开始，土著部落的地位陷入不断恶化的困境，无论对印第安人抑或是对美国政府，都成了一个十分棘手的难题。白人社会急剧扩张，移民源源西去，美国的地域不断增大，原来许多存在于白人社会之外的部落，陆续陷入白人社会的包裹之中，其地域范围与美国疆土交错混合，由此引出了管辖权和土地权利方面的纠纷。如果继续把部落视为主权实体，在美国则等于承认部落为"国中之国"；如果否认部落的主权地位，在印第安人即意味着须服从美国的法律。这一两难困局，由于佐治亚州与切罗基族的冲突而变得尤其突出，迫使美国政府不得不寻求合适的解决途径。

切罗基族长期生活于美国南部地区，他们为了在白人文化的侵逼之下求得生存，就主动吸收白人文化，采纳白人生活方式，走上了定居生产的道路，并发明了本族文字，出版自己的报刊，社会和经济生活均呈一派繁荣景象。根据与美国政府签订的条约，切罗基人在佐治亚一带享有独立和主权。1829 年，在切罗基人领地内发现了金矿，佐治亚州当局宣布金矿为本州所有，切罗基人不得开采。同时，约有 3 000 名白人擅自闯入切罗基人领地，开始采矿，并捣毁切罗基人的栅栏和房屋，偷盗他们的牲口和财物。佐治亚州当局刻意逼迫切罗基人迁出州境，因而百般藐视其主权。切罗基部落政府在白人同情者的引导下，向美国最高法院提出诉讼，首席大法官约翰·马歇尔代表法院多数派做出了判决。这就是在部落与美国关系史上两个涉及原则性问题的案例，即"切罗基族诉佐治亚州"案和"伍斯特诉佐治亚"案。两案的判决对美国政府与部落的关系做出了新的界定。

马歇尔在判词中指出，印第安人与美国的关系属于世界上任何地方都不曾有过的一种特殊类型：一个部落对美国来说，虽然不是"外国"，但又是拥有特定地域和独立主权的"nation"①；某一州的法律不能在部落领地内生效，处理与印第安人的关系的职权乃为联邦所专有；

---

① 马歇尔在判词中把"nation"界定为"与其他人相区别的人民"，也就是说，"nation"用于印第安人时，仅是一个人群单位，而没有"国家"的含义。

部落作为"nation",既不独立,又非从属;它们在与美国的关系中属于"国内依附族群"(domestic dependent nations),两者之间类似"被监护者与监护人"的关系①。

从表面上看,马歇尔对部落地位的解释带有文字游戏的意味,并且深为矛盾所缠绕。他一方面极力否定部落"国中之国"的地位,另一方面又不能不承认部落不受美国管辖的现实。他想用"国内依附族群"这个新创的概念来限定部落与美国的关系,反映出美国政府在这一难题上的法理困境。

但在实际上,马歇尔的判决是以美国政府的强大实力作为后盾的,单方面确定"被监护者与监护人"的关系模式,使得殖民地时期以来一直存在的"父权主义"(paternalism)获得了法理上的依据,严重损害部落的主权和独立。自英国人进入北美开始,就有土著部落把白人当局称作"父亲",而白人使节则把印第安人叫作"我的孩子"。② 美国政府承袭这种"父子"称谓,逐渐把它发展成一种相互关系的象征。印第安人称美国总统为"伟大的父亲",于是,他们便成了美国的"依附子女",需要加以监护和引导。马歇尔在提出"国内依附族群"的概念时,便把这种"父子"称谓援引为一个基本依据。按照美国政府的理解,印第安人在获得"文明开化"从而与美国白人达成平等之前,不能很好地处理自己的事务,因而美国可依自己的意志来确定何者对他们有益,有义务引导他们选取适当的发展道路。

可见,"被监护者与监护人"关系模式的提出,对于美国政府和白人社会摧毁部落的独立,夺占印第安人的土地,进而对他们实行"文明开化",无异于一种理论和法律上的铺垫。在一定程度上,马歇尔判决不啻是土著部落主权的第一声丧钟。

---

① 弗朗西斯·普鲁查编:《美国印第安人政策文件集》(Francis P. Prucha, ed., *Documents of United States Indian Policy*),内布拉斯加州林肯1990年版,第58—62页。
② 托马斯·克拉克编:《伟大的美国边疆》(Thomas D. Clark, ed., *The Great American Frontier: A Story of Western Pioneering*),印第安纳波利斯1975年版,第134—135页。

二、 美国政府对部落主权的剥夺

美国政府和白人社会以单方面的意志对印第安人实行"开化"和同化,依照白人模式来重新设计印第安人的形象,其最终目标是将他们改造成为美国公民。在这个过程中,部落体制被视为野蛮落后的象征,遭到一次又一次的猛烈攻击。在美国人的心目中,部落主权乃是"文明开化"的障碍,因为印第安人的传统生活方式即以部落为依托。如果美国能够完全控制印第安人,他们由狩猎状态向文明生活的转变,便会变得更为容易而顺利。詹姆斯·门罗总统在第二次年度咨文中即表露过这层意思。① 但要完全控制印第安人,首先必须超越部落主权。而且,将印第安人改造成美国公民的目标,也是与部落主权水火不相容的。从这种情势来看,打破部落体制,把印第安人个体化,乃是美国政府必然要采取的步骤。

对部落主权的剥夺,无疑是以武力征服为先导的。密西西比河以东地区的部落,由于与白人接触较早,继而相互往来杂处,感染白人传入的疾病,人口急剧减少;加以白人社会的蚕食鲸吞,其活动地域逐渐缩小。在易洛魁联盟被打败和"五大文明部落"被迫西迁之后,整个东部便不再存在能以武力与白人社会抗衡的部落。从19世纪初开始,这个地区的印第安人或接受保留地制度,或散居于白人社区,多数部落都丧失了独立地位。与此同时,随着移民的西去和美国疆域的拓展,西部的土著部落成为美国社会关注的对象。大平原上生活着一些美国印第安人中最为骁勇善战的部落,尤其是苏族、科曼奇族、夏延族和阿帕奇族,策马持枪,出没无常,不断袭击边疆定居点和移民队伍。于是,西部印第安人便被美国视为向西扩张的严重障碍,不得不诉诸武力来加以消除。美国政府对这些部落的战争始于内战期间,

---

① 詹姆斯·理查森编:《总统咨文和文件汇编》(James Richardson, ed., *A Compilation of the Messages and Papers of the Presidents*),纽约1896年版,第2卷,第615页。

一直延续到19世纪70年代。分散游击的各个部落，自然不能与强大的美国军队相对抗；加上大平原印第安人赖以为生的野牛遭到白人职业猎手的浩劫，西部的"印第安人战争"便以美国的胜利为终局。各部落被相继打败，被迫迁入美国政府划定的保留地。这些保留地大多位于西部贫瘠荒凉的地区，边界确定，周围建有军事要塞把守，印第安人不得随意出入。美国在保留地设立管理处，对保留地事务进行严格控制。保留地不仅把印第安人与白人社区隔离开来，而且担负着"文明开化"的任务，迫使保留地印第安人采纳白人的生活方式。这时，印第安人传统的经济活动已难以为继，生活所需物质只得依赖美国政府的配给供应。部落政府在传统上所拥有的两项主权权力，即率众狩猎和决定战和，均无从行使。于是，印第安人失去了自由、独立和尊严，完全处于美国的控制之下。部落政府虽然未被废除，但其地位已经岌岌可危，其主权的象征仅限于司法权一项：凡在保留地范围内所发生的刑事或民事案件，不受所在州法律管辖，而仍由各部落自行处理。

在1871年以前，土著部落在名义上仍然享有主权实体的地位，因为美国政府一直保持与部落签订条约的做法。对于与部落的缔约，美国社会向来存有争议。安德鲁·杰克逊在出任总统之前曾发表议论说，印第安人乃是"美国的臣民，他们并没有独立的主权"，因而不能与美国签订条约。① 内战期间，有人尖锐地指出，美国既不允许印第安人行使作为一个"nation"的任何主权，同时又把他们作为可以缔约的"nation"，实在不合政治规则。② 另一种意见则认为，缔约本是"文明国家"之间的事情，美国虽与印第安人缔约，但却不能遵守条约规定，经常导致毁约和交战，这种订约、毁约、开战、再订约的恶性循环，"每一次都给这个国家增添耻辱"。③ 因此，要求不再与部落缔约的呼

---

① 阿雷尔·M. 吉布森：《史前时期至现在的美国印第安人》（Arrell M. Gibson, *The American Indian: Prehistory to the Present*），马萨诸塞州列克星敦1980年版，第305页。
② 弗朗西斯·普鲁查：《伟大的父亲：合众国政府与美国印第安人》（Francis P. Prucha, *The Great Father: The United States Government and the American Indian*），内布拉斯加州林肯1986年版，第528页。
③ 普鲁查：《伟大的父亲：合众国政府与美国印第安人》，第529页。

声，一直不绝于耳。进入 19 世纪 70 年代，绝大多数部落已被美国征服，印第安人实际上已经完全处于美国的控制之下，条约作为美国处理与印第安人部落关系的工具，已不再具有可利用的价值。1871 年 3 月，国会在给负责印第安人事务的内政部拨款的法案中加入一条修正案，申明："所有美国境内的印第安人族群或部落，不应被承认或被认为是独立的族群（nation）、部落或政权（power），不能与美国政府用条约方式建立关系；但此前已签订的所有条约中的规定，不得加以废除或破坏。"① 此后，美国政府与部落的交涉均以协议和法令方式进行，截至 1940 年，这类文件共约 500 余件。②

条约方式的废除，标志着美国处理与印第安人关系的一次重大战略转折。对于印第安人来说，这一转折无异于部落主权受到了致命的一击。自此以后，以"监护论"为法理依据、以"父权主义"为特征的"委托管理论"（trust theory），变成了美国政府处理与部落关系的主导原则。

"委托管理论"的主旨是，美国政府接受部落的委托，代为管理印第安人的财产及其他事务。"委托管理论"虽然起源于马歇尔的"监护论"，但两者之间存在明显的区别。马歇尔所说的"监护"，并不同于成人对孩子或精神不健全者的监护，而属于国际法中的保护国和同盟关系的性质；③ 而 1871 年以后美国政府对部落行使委托管理权，其前提则是把印第安人当成不能自治的孩子。事实上，部落从未明确赋予美国政府这种权利，在众多的部落与美国政府的条约中，至多只提及"保护"问题。因此，委托管理权之于美国政府，实际上乃是自我授予的。从法理上说，各部落属于美国的永久监护对象，但最终确立委托管理原则的，却是 1877 年联邦最高法院的一项判决。这一判决宣布，印第安人对其土地并没有所有权，美国政府有权任意处置印第安人的

---

① 普鲁查：《美国印第安人政策文件集》，第 136 页。
② 纳波科夫：《土著美国人的证言：印第安人与白人关系文集》，第 150 页。
③ 桑德拉·卡德瓦拉德等编：《文明的侵犯：19 世纪 80 年代后的联邦印第安人政策》（Sandra Cadwalader, et al., eds., *The Aggressions of Civilization: Federal Indian Policy Since the 1880's*），费城 1984 年版，第 199 页。

土地，因为"在这一问题上，美国是出于正义的考虑而行事的，而这种正义，则支配着一个基督教民族对待一个愚昧和依附的种族的态度"。① 委托管理原则一经确立，就对美国的印第安人政策产生了深远的影响。特别是在《道斯法案》生效后，印第安人所获得的份地均按这一原则而由美国政府托管 25 年；被解散的部落政府原来拥有的财产，也以托管的名义而落入美国政府的掌握之中。可见，"委托管理论"对印第安人的最大危害至此已暴露无遗：剥夺部落对其土地和财产的控制权，实际等于彻底斩断了部落政府的一条臂膀。

　　部落政府的另一条臂膀很快也不复存在。随着美国政府强化对保留地印第安人的司法控制，作为部落主权象征的司法权也遭到了剥夺。大致从 19 世纪 70 年代中期开始，美国社会对于美国法律是否对保留地有效的问题，发生了日益浓厚的兴趣。仇恨印第安人的白人，早已对保留地的特殊地位和印第安人占有的最后一点土地颇为觊觎，急切地要求开放保留地，使印第安人服从于美国的法律。主张迅速同化印第安人的改革派，也赞成使印第安人服从美国的法律，其理由是，印第安人只有受到美国法律的保护，才会理解劳动的意义，才会有兴趣像白人那样生活。② 在这种有利的舆论背景下，联邦国会于 1885 年制定了《七种重罪法》，剥夺了除"五大文明部落"以外的所有部落对重大犯罪的司法权，凡保留地发生的重大犯罪，无论是否涉及印第安人，均须由联邦地区法院审理。③ 稍后，联邦最高法院在一项判决中，对国会从司法上干预部落事务的做法表示支持，认为国会拥有干预部落事务的绝对权力。这就是所谓"全权原则"（plenary power doctrine），很快成为美国政府处理印第安人事务的又一重要工具。1898 年，国会制定《同化犯罪法》，规定印第安人不仅要服从美国法律，而且须受所在州的法律的支配。同年的《柯蒂斯法》对向来享有自治权的"五大文明部落"开刀，取消其部落法庭，宣布部落法在联邦法庭没有效力。

---

① 卡德瓦拉德等：《文明的侵犯：19 世纪 80 年代后的联邦印第安人政策》，第 200 页。
② 普鲁查：《伟大的父亲：合众国政府与美国印第安人》，第 677 页。
③ 普鲁查：《美国印第安人政策文件集》，第 168 页。

至此，美国政府最终完成了对部落司法权的剥夺。

土著部落所受到的另一次更沉重的打击，来自 1887 年的《道斯法案》。这个以部落土地私有化和打破部落制为核心内容的法令，经过改革派多年的争取，乃是作为最后解决所谓"印第安人问题"的重大举措而出台的。法令规定，在所有适合农耕和放牧的保留地实行份地分配制，把原来由部落共有的土地分配给印第安人个人，经 25 年的托管期后，印第安人可获得份地的绝对私有权，同时可以登记为美国公民。[①] 这项法令对部落的冲击体现在三个方面：其一，它否认部落对其土地的支配权，导致部落土地大量流失；其二，它不承认部落的合法地位，把部落排除在对印第安人个人财产的管理之外；其三，它以授予部落成员公民权的方式，预告了部落退出历史舞台的不幸结局。因此，这个法令遭到许多部落的抵制。但是，不论印第安人采取何种态度，份地分配活动很快就在各个保留地开展起来。

经过武力征服、保留地制度、条约方式的废止和土地的私有化，土著部落遭受了一次又一次的重创，由原来的主权实体演变成被监护对象，进而丧失司法权、财产管理权和土地权利，失去对其成员的政治控制，沦落到名存实亡的地步。美国政府虽然没有在任何一项法令中明文宣布废除部落制，但它对部落采取的措施，却一步一步地把部落制推入毁灭的深渊。1906 年，国会两院的一项联合决议尽管仍然承认部落政府，但同时却将部落官员的任免权正式授予美国总统。至此，部落政府完全只具有象征性。

三、 印第安人的公民权问题

美国政府和白人社会既以将印第安人改造成美国公民为目标，于是便在剥夺部落主权的同时，着手授予印第安人公民权。待到部落制被基本打碎，美国政府认为全面授予公民身份的时机已经成熟，便在

[①] 普鲁查：《美国印第安人政策文件集》，第 171–174 页。

一夜之间使印第安人全部变成了美国公民。

早在1855年，美国国会即授予怀恩多特人公民权，1861年和1887年又分别使波塔沃托米人和基卡普人成为美国公民。1869年的美国宪法第15条修正案宣布，不得以种族、肤色或以往被奴役的情况而否定任何美国公民的投票权。众所周知，这里暗指的仅是获得解放的黑人。但是，1880年有个印第安人却对这一修正案发出了挑战。长期居住在内布拉斯加的苏族人约翰·伊尔克，早已与原来的部落脱离关系，并且在白人社区找到了工作。他自认有资格行使投票权，可是在一次城市选举登记时却遭到拒绝，选民登记员查尔斯·威尔金斯不承认他是美国公民。伊尔克遂于1884年上诉至最高法院，理由是：根据宪法第15条修正案，他理当享有公民权。最高法院在判决中对此做出如下解释：印第安人出生于美国主权管辖范围之外，首先是属于部落的；而部落则是非美国的实体，美国政府没有为他们制定归化程序，因而一个印第安人不能自动成为美国公民；而且，印第安人是否获得"文明开化"、从而有资格享有美国公民的特权和责任，并不能根据印第安人自己的判断和选择来确定，而只能由美国政府来做判断。① 这个判决把印第安人与其他移民或民族区别开来，强调必须经美国政府的特别程序，他们才能获得公民权。1887年的《道斯法案》把公民权与经济地位联系起来，规定了25年的托管期，目的在于确定印第安人是否能够在经济上自立，从而有能力承担公民的义务和行使公民的权利。但是，这种在土地权利和公民资格方面的有限慎重态度，在1905年被联邦最高法院的一个判决所抛弃。这一判词宣称，印第安人在获得份地之日起就是美国公民，而无须等待25年托管期满。国会于次年通过《伯克法》，重申以25年托管期为授予公民权的前提。1916年，最高法院也推翻了从前的判决，延缓了授予公民权的进度。②

---

① 罗杰·尼科尔斯编：《美国印第安人的过去与现在》（Roger L. Nichols, ed., *The American Indian: Past and Present*），纽约1981版，第195页；弗雷德里克·霍克西：《最后的诺言：1880—1920年间同化印第安人的运动》（Frederick E. Hoxie, *A Final Promise: The Campaign to Assimilate the Indians, 1880—1920*），英国剑桥1989年版，第75页。
② 尼科尔斯编：《美国印第安人的过去与现在》，第199-200页。

在授予印第安人公民权的问题上，美国政府表现出犹疑反复和举棋不定，主要是由于公民权问题并非简单地等同于打破部落制，而涉及多个至关重要的环节。首先，作为公民来享有权利和承担责任，必须具备相应的社会和文化背景，拥有与之相称的政治素质和经济能力；如果不给予充足的时间来加以准备，印第安人不仅无法承担公民责任，也不能享有公民权利。亨利·潘科斯特在《道斯法案》通过之前就提醒人们，"未经提醒和准备就立即宣布全体印第安人为公民，这种想法乃是鲁莽和不切实际的"；在他们成为公民之前，至少应当具备适应公民责任的起码条件。1906 年，印第安人事务局局长弗朗西斯·勒普针对个别授予公民权中出现的问题说："经验证明，公民身份对许多印第安人来说乃是不利的。他们既不适合承担公民身份的义务，也不能享有其优越性的好处。"①可见，早就有人预料到了匆忙解决公民权问题可能造成的不良后果。其次，公民权与监护权的关系乃是一个颇为棘手的问题。从理论上说，印第安人如果成为公民，便与其他美国人在法律上处于平等地位，美国政府以往所行使的监护权就必须自动撤销。可是，实际情况却没有这么简单。授予公民权说到底不过是一个法律上的程序，印第安人无论以何种身份进入美国社会，他们在文化上、血缘上和经济上总是与自己的部落存在难以割断的联系。根据这一情况，最高法院在 1895 年的一次判决中申明，获得公民权的印第安人，仍旧享有美国与其部落所订条约中规定的权利；按照条约，美国仍须对所有印第安人，不论是公民还是被监护者，承担保护的义务。②1911 年，最高法院在另一案件的判词中对上述原则做了引申："没有能力的人，尽管是公民，或许也不会有控制其人身与财产的完整权利"；而且，"公民身份中并未包含与对印第安人土地的监护相冲突的东西。"③这些自我解围的说辞，暴露出美国政府在印第安人公民权问题上的矛盾心态：既明知印第安人不具有公民权所要求的素质和能力，却又急

---

① 普鲁查：《伟大的父亲：合众国政府与美国印第安人》，第 682、875 页。
② 霍克西：《最后的诺言：1880—1920 年间同化印第安人的运动》，第 214 页。
③ 霍克西：《最后的诺言：1880—1920 年间同化印第安人的运动》，第 216 页。

功近利地从解决"印第安人问题"着眼，匆忙而草率地授予他们公民权。这种政策上的矛盾和仓促，必然给印第安人造成许多难以弥补的损失和苦难。最后，与公民权相联系的还有一个政治参与的问题。印第安人受其文化传统和政治经验的制约，大多不熟悉美国政治的原则和程序，即使拥有选举权，也不可能顺利地参与政治活动，更何况白人社会还人为地设置了许多障碍。在科罗拉多、蒙大拿、内布拉斯加、俄勒冈、南达科他和怀俄明等州，仅只获得公民权的印第安人才被允许参加投票。在明尼苏达、北达科他、加利福尼亚、俄克拉何马和威斯康星等州，印第安人则必须首先采纳"文明生活"后，方能获得投票权。在爱达荷、新墨西哥和华盛顿等州，宪法规定只有纳税者才享有投票权，而印第安人大多不纳税，因而被排斥在外。亚利桑那、内华达和犹他等州的规定更加严格，参加选举投票的人，必须同时是纳税人、本州居民和公民，三者缺一不可。① 以上各州均为印第安人人口较多的州，它们有关选举权的规定，无异于把大多数印第安人拒于美国政治的大门之外。

美国政府尽管一时找不到解决上述问题的切实可行的办法，但始终没有停止授予印第安人公民权的工作。获得公民权的印第安人呈不断增加的趋势：1890 年为 5 307 人，1900 年为 53 168 人，1901 年为 101 506 人。到 1905 年，有半数以上的印第安人成为美国公民。② 1916 年大选前夕，内政部长富兰克林·莱恩为了给在任总统伍德罗·威尔逊争取选票，在南达科他、北达科他、怀俄明、俄克拉何马、亚利桑那和新墨西哥等州突击授予土著居民公民权。这年夏天，美国报纸上随处可见有关授予印第安人公民权仪式的报道。第一次世界大战中，不少印第安人离开了保留地，有的参加美军赴欧作战，有的在军工企业工作。1919 年 11 月，国会立法规定，凡在一战中服役的印第安退伍

---

① 霍克西：《最后的诺言：1880—1920 年间同化印第安人的运动》，第 232 – 234 页。
② 詹姆斯·奥尔森等：《20 世纪的土著美国人》（James S. Olson, et al., *Native Americans in the Twentieth Century*），伊利诺伊州厄巴纳 1984 年版，第 73 页。

军人可申请获得公民权,同时不影响他们对部落财产的占有权。① 1924年,国会通过了《印第安人公民权法》,宣布:"在美国境内出生的非公民印第安人,就此宣布为美国公民;兹规定,授予这种公民权不得以任何形式损害或影响任何印第安人对部落或其他财产的权利。"② 美国政府就这样急急忙忙地把全体印第安人变成了美国公民,而不问印第安人对此做何反应,也不管此举对他们会产生什么后果。《纽约时报》当时有文章就此做过一番意味深长的评论:"如果印第安人中间存在嘲讽意识的话,他们或许会带着苦笑接受有关他们新的公民身份的消息。白人在夺走他们的整个大陆之后,在设法剥夺他们的行动自由、社会习俗自由和信仰自由之后,现在终于赋予他们与其征服者同样的法律地位。"③

然而,《印第安人公民权法》并没有给印第安人的公民权问题画上句号,也没有就土著部落的地位做出最后的结论。事情的发展不仅出乎决策者当初的意料,而且还使这两个问题变得更加错综复杂。

四、 部落的兴衰与印第安人的命运

在对待公民权与政治参与的态度上,印第安人与同为少数种族的黑人之间形成了有趣的对照。黑人自19世纪中后期以来一直奋力争取选举权和社会平等,要求消除与主流社会在政治权利和社会地位上的差别。印第安人则不然。当得知美国政府正式授予全体印第安人公民权的消息时,除了混血印第安人表示欢迎,纯血统的印第安人大多心怀疑惧,担心这又是美国政府摧毁其传统价值的新措施。有些部落组织仍然比较完整的族群,比如易洛魁人,一直不承认美国为监护者,自认是与美国地位平等的主权实体,因而拒不接受美国公民权,对美国政府的做法提出强烈的抗议。印第安人和黑人在政治与社会取向上

---

① 普鲁查编:《美国印第安人政策文件集》,第215页。
② 普鲁查编:《美国印第安人政策文件集》,第218页。
③ 吉布森:《史前时期至现在的美国印第安人》,第534页。

出现如此之大的差异，固然有文化传统与社会经历方面的原因，但其中最重要的因素在于，多数印第安人属于部落，而黑人则早已卷入主流社会。对印第安人来说，部落意味着政治上的保护和文化上的归宿，因而早已成为他们社会演进连续性的载体，也是土著传统的象征。对于以群体为本位、以财产共有为基础的印第安人社会来说，部落无疑是其存在的依托；对印第安人个人而言，部落则能提供保护，是一个避风港和文化认同的标志。美国政府并不理会部落在印第安人历史和文化中的重要性，以种族利己主义为指针，以文化偏见为依据，意欲毁灭部落制而后快。这种政策给印第安人造成的苦难和不幸，乃是众所周知的事情。

打破部落制带来的一个长远后果是，土著社会演进遭到阻断，土著文化趋于瓦解。在 1500 年左右，美国境内的土著部落大多处于石器时代，其经济生活的基础是渔猎采集等直接占用资源的活动，农业仅在少数部落占有一席之地；以血缘为纽带的氏族乃是土著社会结构的核心，由氏族结成的部落则是基本的政治和社会组织。印第安人的经济和战争活动，一般都在部落的主持下进行。对土著社会来说，除战乱和饥馑的侵袭外，其日常生活可谓平静有序。白人的到来，使土著社会自身的演化逻辑遇到严峻的挑战。白人在社会与文化上与印第安人迥然有异，而且据有绝大的技术和组织上的优势。这种优势不仅在激烈的生存竞争中将印第安人推入不利境地，而且使白人社会滋生强烈的文化偏见和种族优越感，一心要按照自身的模式来改造土著社会与文化，否则就要使印第安人横遭灭绝。于是，作为土著社会与文化支柱的部落制，便首当其冲地成为打击的对象。美国政府和白人社会剥夺部落主权，限制部落政府的活动，迫使印第安人脱离部落而实行个体化，其结果是：土著经济生活发生崩溃，印第安人陷入极度的贫困化；部落的政治功能丧失殆尽，部落成员失去了部落的保护和控制，但又未能融入美国的政治系统，在政治上居于极为尴尬和不利的地位；传统的生活习俗受到禁止，许多部落连语言都竟然失传。所有这一切造成土著社会和文化难以整合，流于破碎混杂，其变迁的进程失去了自身的连续性和融贯性。

  部落制被打破以后，土地的流失乃是印第安人所遭受的最大、最直接的损失。1500 年，印第安人的狩猎地和活动地域甚为广阔；欧洲人到来后，他们的土地遭到逐渐压缩，特别是在美国向西部扩张和移民以后，许多部落的土地面积已不足以维持狩猎采集的传统生活方式。1881 年，也即美国政府打破部落制、实行土地私有化的前夕，美国印第安人共有的土地仍有 155 632 312 英亩；经过份地分配和进一步分割以后，到 1900 年，属于印第安人的土地仅剩 77 865 373 英亩，约有一半的土地已经易主。到 1930 年，印第安人的土地减至 48 000 000 英亩，不到《道斯法案》生效前的 1/3。[①] 按照传统，印第安人的土地采取部落共有的方式，而部落的存在对土地权利便是一种保护，两者构成一种唇亡齿寒的关系。美国政府在执行土地私有化政策的过程中，分配份地和撤销部落也是同步进行的。联邦以低价购买分配后剩余的土地，然后开放给白人。印第安人获得份地后大多不善耕作经营，也未能很好地维护土地私有权利。许多人出租或出售自己土地，于是又有不少土地转入他人手中。

  而且，撤销部落和授予公民权，不仅未能改善印第安人的处境，反而导致他们的生存条件愈益恶化，给他们造成更加深重的文化危机。印第安人向来以部落为单位而生存，他们的力量和精神寄托都有赖于群体。美国政府强行取消部落对印第安人的保护，把他们抛入与其传统截然不同的主流社会，使得他们深感无所适从，本来就已经十分恶劣的生存状况，不免进一步恶化。对于那些早已在保留地制度下备受折磨的部落，公民权利所带来的通常是新的灾难。由于文化传统和知识技能的限制，印第安人根本无法适应美国社会，难以与白人平等竞争。他们失去了部落的保护，财产遭到白人的巧取豪夺，无力在主流社会找到工作，在政治和社会方面饱受歧视，在经济上则一贫如洗。早在美国政府决定授予印第安人公民权时，人类学家赫伯特·斯平登

---

① 奥尔森等：《20 世纪的土著美国人》，第 73、83 页。

就曾满怀忧虑地预言，赋予印第安人公民权，很可能只会使他们获得一些"含糊的权利"，而给其他一些人带来"更大的利益"。① 他的话不幸而言中。

切罗基人在部落时代曾取得辉煌的文化成就，可是在部落被解散后便陷入悲惨不幸的境地。他们从18世纪末开始主动吸收白人文化，虽然19世纪30年代的强制迁移和19世纪60年代的内战，使他们两度遭受重创，但是经过一个时期的复兴自救，他们仍然赢得了经济富足和社会繁荣，人口也有所增加。他们做到这一点的关键就在于，以部落为依托，并享有一定的自治权利。可是，从19世纪90年代开始，美国政府逐步取消了他们的自治权，并于1907年俄克拉何马建州之际撤销了整个切罗基部落。此后，切罗基人社会迅速衰落，在部落时代所取得的各项成就均毁于一旦。这个一度在物质生活和文化上与边疆白人不分轩轾的部落，竟沦为所有土著居民中最为贫困的人群。② 切罗基人的盛衰荣枯表明，印第安人的命运与部落地位的变动乃是息息相关的。

显然，对于印第安人利害攸关的事情，并不是成为美国公民，而是保持部落的权利；不是法律上的平等，而是政策上的照顾。如果忽略印第安人特殊的社会文化状况和历史遭遇，从纯粹的理论演绎出发，将公民权的获得与否作为印第安人人权状况的主要指标，则不仅有非历史主义的嫌疑，而且带有反人道主义的味意。实际上，20世纪下半叶美国出现一些歧视印第安人的种族主义情绪，就是以平等的名义要求印第安人与其他美国人享有同样的权利，承担同样的责任，遵守同样的法律。③ 这种主张显然是置印第安人的特殊情况于不顾，因而不为明智之士所取。

历史事实业已证明，部落的兴衰与印第安人的命运之间，存在一

---

① 奥尔森等：《20世纪的土著美国人》，第85页。
② 萨姆·斯坦利编：《美国印第安人经济的发展》（Sam Stanley, ed., *American Indian Economic Development*），巴黎1978年版，第413—415页。
③ 美国民权委员会：《印第安人诸部落》（*Indian Tribes: A Continuing Quest for Survival*, A Report of the U. S. Commission on Civil Rights），1981年6月，第1页。

种唇齿相依的密切关系。打破部落制，不顾历史和文化的制约而强制实行个体化和私有化，带给印第安人的只有灾难。这一状况激起了印第安人的抗议，也促使美国政府重新考虑对印第安人的政策。1934年，国会制定《印第安人重组法》，宣布停止实行份地分配，承认土著文化的价值，恢复部落制，帮助印第安人重建部落政府。① 不过，这次所恢复的部落制融入了许多现代因素，重建的部落政府也与传统模式相去甚远。现代部落制具有较高的组织性，其功能不再是主持狩猎和战争，而是负责处理印第安人所面临的各种社会问题。部落政府按照美国的政治模式进行建构，拥有成文宪法，官员以选举方式产生。

但是，《印第安人重组法》并未一劳永逸地保证部落制的合法性。第二次世界大战结束以后，同化政策一度回潮，美国政府准备终结联邦对印第安人的照顾政策，逐步解散部落，使印第安人成为完全的美国公民。这类措施的出台，再次给部落的地位带来威胁。另外，始于20世纪50年代的把印第安人安置在城市的运动，也使部落控制的人口有所减少。值得庆幸的是，这种政策上的反复到60年代末期便得以扭转，印第安人争取自决的活动也渐具声势。1975年，国会通过《印第安人自决和教育援助法》，宣布在保持联邦与部落特殊关系的前提下，赋予部落政府参与联邦涉及印第安人的政策的制订和执行的权利，鼓励部落自己管理有关保留地经济发展和资源开发的项目。② 至此，多元文化主义（multi-culturalism）最终取代同化而成为美国政府印第安人政策的主导原则，部落的合法地位方获得可靠的保障。

然而，部落制的恢复和自决运动的进展，却给印第安人的政治地位带来了新的困扰。据美国民权委员会1961年的一份报告说，"印第安人拥有三重法律人格：其一，他是一个部落成员，与部落生活保持文化上、社会上、经济上、宗教上和政治上的联系；其二，他是联邦政府的'被监护人'；其三，他是拥有其他公民所享有的大部分权利和

---

① 普鲁查编：《美国印第安人政策文件集》，第222－225页。
② 普鲁查编：《美国印第安人政策文件集》，第274－276页。

特权的公民"。① 这种多重身份带给印第安人的并非益处。作为部落成员，他们被主流社会视为特殊群体；作为美国政府的"被监护人"，他们不能享受真正的自决和自治；而作为美国公民，他们又难以在美国社会立足。对美国政府而言，印第安人的复杂身份则意味着政策上的烦难。因为印第安人以部落而存在，必须允许他们自治；因为他们是"被监护者"，必须进行特殊的照顾和援助；而因为他们同时也是美国公民，又必须使之服从美国宪法和法律的原则。如何在这三者之间保持平衡，一直是让美国政府深为困扰的问题。1968年，在民权运动的推动下，美国国会制定了《印第安人民权法》，本意是将美国宪法前10条修正案的原则平等地运用于印第安人，但是一些部落则以其干涉部落主权而加以抵制，促使联邦最高法院不得不在1978年的一项判决中提出，要用部落习俗和传统来解释民权法，以将该法与自决趋势调和起来。这个插曲也反映了美国政府在部落地位和印第安人政治身份这一问题上的困境。

根据有关资料，1980年，得到美国政府承认的印第安人部落共有504个，另有100余个人群的部落地位有待联邦认可。② 每个部落均据有土地，设立政府，制定宪法，对保留地内的各项事务拥有决断权，并通过各种途径参与联邦有关印第安人的决策。一个保留地相当于一个小小的"民族自治区"。不过，这种自治在程度上是有限制的。联邦印第安人事务局仍然是保留地的最高管理机关，而且，印第安人既然在经济、教育、医疗、福利和就业等方面依赖联邦的援助和照顾，也就不可能享有完全的自治。另一方面，由于越来越多的印第安人迁出保留地而生活在其他社区，部落所掌握的人口比重不断下降，在印第安人中的影响力也随之减弱。

于今回顾土著部落兴衰的历史，可以体会出其中所包含的种种深沉意味。美国政府和白人社会长期以种族主义和文化偏见作为印第安

---

① 吉布森：《史前时期至现在的美国印第安人》，第565页。
② 肯尼思·林肯：《美好的红色之路》（Kenneth Lincoln, *The Good Red Road: Passages into Native America*），纽约1987年版，第XVII页。

人政策的基调，从短期和利己的实际需要出发，一意孤行地摧毁部落制，把部落成员改造成美国公民。可是，他们没有意识到，自己所要摧毁的东西，正是印第安人生存和发展的基石。经过几番周折，一切又不得不从头开始。在这一由美国政府和白人社会所主导的历史循环中，印第安人所受损失之巨，所遭创痛之深，实非一般言辞所能表述。

（原刊于《美国研究》1994年第2期）

基督教会在美国印第安人中的传教活动

在近代欧洲文化向世界各地的扩张中,基督教会扮演了特殊而重要的角色。欧洲的科技学术、文物制度、生活习俗乃至价值伦理,都随上帝的"圣光"而悄然传播和流布。欧洲白人在北美的殖民活动与后来的发展,自然也脱不出这种格局。长期生息于斯的印第安人,遂成为基督教会所致力"拯救"和"改造"的对象。美国立国之后,教会在相当长一个时期仍然是对印第安人实行"文明开化"的主力。然则教会何以对那些处于人类社会初级阶段的土著居民的宗教改造如此不遗余力,而其长期的努力又产生了什么后果和影响呢?

一、传教的动因

基督教会在印第安人中传教的热情,受到多种因素的发动和刺激,而文化和宗教的偏见、基于上帝召唤的使命意识以及殖民扩张事业的实际需求,乃是其中的荦荦大者。

生活在现今美国境内的印第安人,当欧洲人向北美进行探查和殖民之时,尚处于以石器为主的粗放农耕和渔猎采集的时代,而且在文化上呈停滞状态。就宗教信仰而言,印第安人中盛行原始神灵崇拜。在他们的观念中,自然万物都具备神性,对太阳、大地以及各种与其谋生方式相关的神灵的崇拜,构成宗教仪式的核心。他们的社会生活充满浓厚的宗教色彩,从狩猎、战争、收割到治病、儿童成年,无不伴以宗教仪式。宗教和狩猎、作战一道,构成大部分印第安人生活方式的主要内容。

但是,欧洲的殖民者和基督教会对土著宗教充满偏见。早期的冒险家托马斯·莫顿曾经断言,"新英格兰的土人中根本没有什么崇拜或宗教这回事"①;清教牧师科顿·马瑟则指斥印第安人为"撒旦的代理人"②。在白人看来,印第安人不知有真正的上帝,有的只是"迷信",其宗教仪式不过是"魔鬼式的姿势与地狱里的聒噪的混合物"③。他们把印第安人称作"heathen"或"pagan",指斥他们为有别于基督教徒的异类,并把土著宗教和习俗当作基督教文化的对立物。科顿·马瑟不仅认定印第安人为撒旦所引诱,而且谴责他们"嗜血而残暴",极力抵制基督教福音的感化。④费城的牧师威廉·史密斯以自得的口吻谈论说,"由于野蛮生活简单平常而无所约束,当然无法与优良生活和宗教之光的福佑展开竞争"⑤。教会对土著宗教的这种态度,同那时白人对印第安人文化的整体评价是一脉相承的。印第安人被白人称为野蛮人,其宗教信仰自然就成了落后的象征。

基督教会不仅贬斥土著宗教,而且决意要以基督教取而代之。教会人士对于从宗教上改造印第安人的可能性多持乐观态度。这种乐观大抵基于两点认识:其一,印第安人在人种上与白人同出一源,他们在宗教上的愚昧和文化上的落后,乃为魔鬼控制所致;⑥其二,上帝的灵光和基督的教义,具有令顽石点头的力量,完全可以使野蛮人获得开化。1613 年,弗吉尼亚传教士亚历山大·惠特克在一本小册子中谈

---

① 詹姆斯·阿克斯特尔:《内部的入侵:北美殖民地各种文化的竞争》(James Axtell, *The Invasion Within: The Contest of Cultures in Colonial North America*),纽约 1985 年版,第 12 页。
② 彼得·纳波科夫编:《土著美国人的证言:印第安人与白人关系文集》(Peter Nabokov, ed., *Native American Testimony: An Anthology of Indian and White Relations*),纽约 1978 年版,第 65 页。
③ 阿克斯特尔:《内部的入侵:北美殖民地各种文化的竞争》,第 13 页。
④ 阿雷尔·M. 吉布森:《史前时期至现在的美国印第安人》(Arrell M. Gibson, *The American Indian: Prehistory to the Present*),马萨诸塞州列克星敦 1980 年版,第 195 页。
⑤ 阿克斯特尔:《内部的入侵:北美殖民地各种文化的竞争》,第 302 页。
⑥ 德怀特·胡佛:《红种人与黑种人》(Dwight W. Hoover, *The Red and the Black*),芝加哥 1976 年版,第 37 页。

到，印第安人具有良好的品质，通过传播基督教可以使之获得开化。[1]
清教领袖罗杰·威廉斯也认为："欧洲人和美洲人在血统、出生、身体诸方面均无差异，上帝用同一种血创造了整个人类，所有人在性质上都是天罚的产儿。"[2] 因此，上帝的救赎对于白人和印第安人具有同样的意义。传教士们真诚地相信，印第安人不了解真正的上帝，未得基督教福泽的沐浴，实在十分不幸；一旦他们在传教士的点化下幡然醒悟，便"会很愿意告别他们那过时而盲目的偶像崇拜，学会对真正的上帝的服务与信仰"，并在很短的时期内即可"被带进文明生活"；[3] 而"文明生活"则能造福于人，不仅使他们得以在白人的侵逼下继续生存，而且将使其生活得到极大的改善。[4] 在教会看来，基督教的传播乃是大有裨益于印第安人的仁慈之举。

就更为长远的历史趋势而言，基督教会对印第安人的传教，受到欧洲基督教文化中包含的强烈使命意识的驱动，是基督教的世界性扩张的一个组成部分。基督教内部虽然派别林立，教义和教派之争不断，而定上帝于一尊、弘圣教于宇内的使命观，却为各派所共有。如果能使美洲的土著居民从野蛮状态直趋上帝之城，则无疑可以极大地增进上帝的荣耀；对于那些在极其艰险的环境中孜孜宣讲基督教义的传教士，这或许是力量和信念的一个源泉。早在英国计议向北美殖民之际，乔治·佩卡姆爵士即著文宣称，英国人有责任运用一切手段，使印第安人"摆脱谬误走向真理，摆脱黑暗走向光明，摆脱死亡之路走向生存之路，摆脱迷信的偶像崇拜走向真诚的基督教，摆脱恶魔走向基督，摆脱地狱走向天国"[5]。稍后，在英国人开始移居北美时，伦敦街头常

---

[1] 小罗伯特·伯克霍弗：《白人创造的印第安人：从哥伦布时代至今的美国印第安人形象》（Robert F. Berkhofer, Jr., *The White Man's Indian: Images of American Indian from Columbus to the Present*），纽约1978年版，第19-20页。
[2] 胡佛：《红种人与黑种人》，第39页。
[3] 阿克斯特尔：《内部的入侵：北美殖民地各种文化的竞争》，第132页。
[4] 弗朗西斯·普鲁查编：《美国印第安人政策文件集》（Francis P. Prucha, ed., *Documents of United States Indian Policy*），内布拉斯加州林肯1990年版，第156-157页；胡佛：《红种人与黑种人》，第100页。
[5] 加里·纳什：《红种人、白人和黑人：北美早期的人民》（Gary B. Nash, *Red, White, and Black: The Peoples of Early America*），新泽西州恩格尔伍德克利夫斯1974年版，第43页。

见各种宣传品，内容多为动员英国人捐献资金，用以为印第安人购置文明生活所需的工具器物，并提醒人们承担基督教的使命，倡导在北美开展传教活动。① 据称，建立马萨诸塞殖民地的一个重要目的，便在于增添"上帝的荣耀，传播基督的教义，使印第安人改信基督教"②。这种以发扬基督福音自命的宗教使命感，不仅见于殖民地时代，在美国建国后开展的"开化"与同化印第安人的活动中，也有鲜明的反映。例如，19世纪80年代倡导同化政策的人士，即有"基督徒改革派"之称。

另一方面，服务于上帝的传教活动，也带有某种世俗的功利性。在殖民地时期，传教士与英国殖民当局紧密合作，夺占印第安人的土地，扩充殖民帝国的基业。1606年英王授予殖民贸易公司的特许状中提到，开化和改造那些"生活在黑暗中、对真正的知识和信奉上帝愚昧无知得十分可怜"的印第安人，乃是殖民事业的一个组成部分。③ 殖民者也有意利用传教活动来推动殖民进程，因为传教不仅可以帮助消除土著部落的敌视和反抗，而且能够赋予殖民扩张以神圣和合理的色彩，世俗的物欲和残暴的驱杀掠取，均可借上帝的灵光来加以掩饰。用弗吉尼亚公司一项公告中的话说，在印第安人的土地上殖民，实际乃是一桩两利的高尚交易，因为白人"买下他们地上的珍宝，而卖给他们天堂的珍宝"④。

美国独立以后，人口增长和社会发展激发更加强烈的土地欲望，引起历时百余年的西进运动，以致整个北美大陆的土地几乎全部易主。对部落土地的大规模夺占，自然不合于基本的道义伦理，但美国人构想出一个崇高的名义，宣称他们在印第安人的土地上所建立的，乃是

---

① 胡佛：《红种人与黑种人》，第40页。
② 罗伊·皮尔斯：《"人类的毁灭"：印第安人与清教徒的心态》（Roy H. Pearce, "The 'Ruins of Mankind:' The Indian and the Puritan Mind"），载彼得·查尔斯·霍弗尔编：《印第安人与欧洲人》（Peter Charles Hoffer, ed., *Indians and Europeans: Selected Articles on Indian-White Relations in Colonial North America*），纽约1988年版，第41页。
③ 《1606年弗吉尼亚特许状》，载莫蒂默·阿德勒主编：《美国年鉴》（Mortimer J. Adler, ed., *The Annals of America*），芝加哥1976年版，第1卷，第16页。
④ 伯克霍弗：《白人创造的印第安人：从哥伦布时代至今的美国印第安人形象》，第118页。

一个文明的榜样和人类的避难所;印第安人如果放弃野蛮生活,便可分享这一"伟业"的福祉和荣誉。基督教会所从事的传教工作,正是旨在引导和促使印第安人从"野蛮"走向"文明",因而在整体上乃是服务于这一"伟业"的。印第安人出身的作家小瓦因·德洛里亚曾论及传教活动给印第安人带来的后果,以一种幽默而辛辣的语气道破了问题的实质:"关于传教士有一种说法,他们初来时手里仅有圣书,而我们拥有土地;现在,我们有了圣书,而他们却拥有了土地。"①

二、 传教士的使命

基督教会在处理"印第安人问题"的过程中所应承担的使命,究竟是仅限于传教一项,还是涉及"文明开化"的各个环节?宗教改造和"文明开化"是什么关系?两者孰先孰后?抑或两者需要同时并举?关于这些问题,在白人社会和教会内部存在不同的看法。

有一种意见认为,在对印第安人实行"文明开化"时,必须首先建立学校,培育经济上的私有观念和个人主义,输入政治上的民主观念和公民意识,然后辅以基督教的教化,一切努力方可收到实效。托马斯·杰斐逊即持这种主张。杰斐逊认为,宗教乃是人类发展到高级阶段的产物,"开化"尚处在初民社会的印第安人,如果先从宗教改造入手,乃是万难奏效的。他设计的"文明开化"方案带有鲜明的世俗色彩:首先使印第安人学会饲养家禽牲畜,进而发展农业和家庭制造技艺,形成私有财产,培养对于金钱的爱好,掌握算术和书写知识,而后阅读一般书籍,最后方能接触宗教典籍。② 显然,在杰斐逊看来,传教并非"文明开化"的有效工具;他不相信处于游猎状态的印第安人,一开始便可接受基督教的教义。

---

① 小瓦因·德洛里亚:《卡斯特因汝之罪而死:印第安人宣言》(Vine Deloria, Jr., *Custer Died for Your Sins: An Indian Manifesto*),纽约1969年版,第105页。
② 伯纳德·希恩:《灭绝的种子:杰斐逊式的博爱慈善与美国印第安人》(Bernard Sheehan, *Seeds of Extinction: Jeffersonian Philanthropy and the American Indian*),纽约1973年版,第126页。

许多教会人士对此持有不同的主张。他们依据所谓"真正的文明仅存在于基督教国家"的虚构，得出结论说，基督教与文明本来是合一而不可分的，传教与开化乃是"二而一"的过程，并无先后轻重之分。赛勒斯·金斯伯里声称，"真正的文明只属于基督教诸国，其他地方均不曾存在，它是基督教的结果，也具有基督教的性质，并且首先是通过传教活动而获得移植的"。因此，"将基督教义的平实简单而又强大有力的真理，向异教徒的心灵和意识进行宣讲，不仅是以基督教改造他们的最直接方式，也是文明开化的最直接方式"①。另有传教士谈到，上帝本身就有力量实行救赎，而不必等待通过文明开化来使"我们的印第安人邻居"适合教义，因此不妨做一次尝试，看看教义究竟是不是文明开化的有效手段。② 后来一些负责印第安人事务的政府官员，大多也承认基督教在文明开化中的巨大功用。印第安人事务局在 1869 年的年度报告中论及教会的作用，言辞虽然简洁，但用意颇为深长："人们相信，赐福我们的救世主的宗教，乃是一切人民文明开化的最为有效的工具。"③ 印第安人事务局局长海厄姆·普赖斯在 1882 年说得更为形象："如果不补充基督教的教化和影响，文明便是一株生长极慢的植物。"④ 一言以蔽之，"把基督教和文明分开是完全不可能的"，因为印第安人所要接受的文明就是"基督教文明"。在多数传教士看来，他们工作的目标就是要教导印第安人"生活得像白人一样"⑤。

　　从历史上看，后一种意见更多地反映了传教活动的实际情形。自殖民地初期直到美国政府全面介入之前，对印第安人进行"文明开化"的任务，基本上是由传教士来承担的。教会不仅致力于传教和"开化"，而且还协助政府处理印第安人事务。一般来说，传教士在土著部落的基本工作就是向土著居民宣讲基督教教义，引导他们改信基督教

---

① 希恩：《灭绝的种子：杰斐逊式的博爱慈善与美国印第安人》，第 127 页。
② 弗朗西斯·普鲁查编：《美国历史上的印第安人》（Francis P. Prucha, ed., The Indian in American History），伊利诺伊州奥克布鲁克 1971 年版，第 77 页。
③ 普鲁查编：《美国印第安人政策文件集》，第 133－134 页。
④ 普鲁查编：《美国印第安人政策文件集》，第 157 页。
⑤ 威尔科姆·沃什伯恩：《美国的印第安人》（Wilcomb Washburn, The Indian in America），纽约 1975 年版，第 120 页。

的上帝，替他们施洗和做礼拜。

　　这些看似简单的活动，开展起来却是十分艰难的。要使印第安人了解基督教的教义，首先需要克服语言不通的障碍。印第安人中使用的语言多达数百种，传教士每到一个部落，第一件工作就是学习本部落的语言。但是，即便模仿演练数年，也未必能够熟练掌握。而且，土著语言均未形成文字，而基督教的典籍仅仅依靠口头是难以广泛传播的。于是，有的传教士便采用罗马字母拼写土著语言，翻译《圣经》和祈祷书。可是结果仍不是那么如人意，因为基督教的许多概念在印第安人语言中无法找到对应的词汇。有的传教士辛苦传教，历数年而收效甚微，都是因为难以逾越语言的障碍。传教的方法也让传教士们绞尽脑汁。印第安人以其质朴之心，对改信基督教的意义往往满心疑惑："我们的玉米跟你们的一样好，我们比你们更快乐"，为什么要信仰"你们的宗教"呢？① 于是，传教士们便不得不以先进的工具和医术来显示上帝的威力，展现基督教的优越性。尤其是当传教士治好一位首领的痼疾以后，便可赢得成群的信徒。传教士还必须面对艰苦险恶的环境。土著村落往往建在大野丛林的深处，居无定所的部落则四季迁徙，传教士要在印第安人中传教，就不得不适应粗劣艰苦的生活条件。如果遇到不友好的部落，传教士遭到驱逐乃至杀害，也不是罕见的事情。19世纪中期以后，各部落先后为美国所征服，被迫定居在保留地，而保留地通常建有教堂，这时传教士的工作条件便得到了很大的改善。

　　兴办学校以推行白人式的教育，鼓励农耕放牧以取代游猎采集，革除土著习俗以倡导"文明"生活，这些虽然不是传教的宗旨，但因为与传教过程相辅相成而得到传教士的极大重视。要将印第安人改造成基督徒，仅仅向他们传播教义是远远不够的，还必须让他们像基督徒一样过"文明的"生活。于是，"文明开化"就与传教活动产生密不可分的联系。教育的目的，在于向土著儿童传授白人的文化知识和

---

① 阿克斯特尔：《内部的入侵：北美殖民地各种文化的竞争》，第281页。

生产技能，使之不仅能够阅读基督教书籍，而且可以通过生产而安身立命。因而教育被传教士视为传播基督教文明的一个关键。最早开始在印第安人中间办学兴教的就是教会。1819 年，美国政府设立"文明开化基金"，起初主要用于资助教会兴办的学校。到 1883 年，美国政府已完全控制了印第安人教育，但由教会主持的寄宿学校仍有 23 所，全日制学校也有 16 所。① 传教士还热衷于向印第安人传授农业和手工业生产技能，引导他们走"白人之路"。教会在传教点建立示范农场，为部落提供农具和种子，聘请白人充当技术指导。传教士还在部落推广白人的习俗，迫使男子剪去长发，禁止女子敞胸露乳。大至婚丧嫁娶，小到吃喝穿戴，传教士均以白人方式来加以引导和改造。教友会在易洛魁人中的活动可作例证。教友会素以仁厚对待土著居民见称，长期致力于"文明开化"活动。他们不仅深入部落传授生产技能，而且还安排土著子女到邻近的白人家庭居住生活，感受白人的生活方式。他们特别提倡男耕女织的家庭模式，奖励积极从事生产的印第安人。在易洛魁人 19 世纪初的复兴中，教友会的活动起了不可低估的作用。②

概而言之，在美国印白关系的演变中，教会所发挥的作用并不仅限于传教一端。从殖民地时期直到 19 世纪上半叶，教会一直是"开化"土著居民的急先锋；传教士在各部落诵经布道的声音，在"文明开化"运动中一直余响不绝。

三、传教活动的兴衰

基督教会在印第安人中的传教活动，与北美殖民地的建立同时发端，历时数百年，在印第安人中的影响至今未见其已。大致来说，16—17 世纪为传教活动的肇始时期；18 世纪中期至 19 世纪上半叶，

---

① 弗朗西斯·普鲁查：《伟大的父亲：合众国政府与美国印第安人》（Francis P. Prucha, *The Great Father: The United States Government and the American Indian*），内布拉斯加州林肯 1986 年版，第 693 页。
② 安东尼·华莱士：《塞尼卡人的死亡与再生》（Anthony F. C. Wallace, *The Death and Rebirth of the Seneca*），纽约 1972 年版，第 219–232 页。

教会在印第安人事务中的影响如日中天；美国内战后传教活动则渐趋衰落，教会不再把向土著居民的传教作为重点。

最早来到当今美国境内土著部落中传教的是西班牙人。西班牙天主教传教士从16世纪中叶开始，在佛罗里达、得克萨斯、新墨西哥、亚利桑那和加利福尼亚等当年属新西班牙所管辖的地区，建立了众多的传教点，把来自不同部落的印第安人集中起来，白天耕地放牧，读书识字，学习各种技艺，晚间则男女分开居住在把守森严的宿舍内。一旦进入传教点，印第安人等于失去了行动自由。1635年，仅佛罗里达一地便有40多个兴旺的传教点。后来，这些传教点大多为英国人联合当地部落的进攻所毁，许多改宗的印第安人也被掳卖为奴。①

在荷兰人经营新尼德兰（今纽约一带）的时期，荷兰归正教会传教士曾在哈得孙河谷地区进行传教活动，结果大多无功而还。法国的耶稣会士在新英格兰以北的圣劳伦斯河谷土著部落中开展活动，则取得了一些成果，改宗者较多，印白关系也相对和平。

英国殖民者的传教热情并不逊于西班牙人和法国人。创建最早的弗吉尼亚殖民地，一开始便把宗教改造作为处理"印第安人问题"的基本方式。传教士深入部落村寨，学习土著语言，并编制一个简单的词汇表，把《主祈祷书》翻译成当地的波哈坦语。同时，传教士还配合殖民地当局，将土著儿童送入白人开办的学校就读，使之从小接受"文明"的熏陶。一度在纽约盛行的"公爵法"规定，印第安人要服从英国的统治，信奉基督教，不得进行本族的崇拜活动。一些传教士来到易洛魁人的村落中居住和传教，还有人把《圣经》的一部分译成了当地语文。1712年，一个名叫威廉·安德鲁斯的传教士在摩霍克人中传教，4年内共为16名成人、54个孩子和54名婴儿施洗；他主持的布道会，时常听众踊跃。② 宾夕法尼亚的教友会也不断派人去易洛魁人各部落，不仅宣讲基督教的教义，而且创办学校，建立白人社区示范

---

① 纳波科夫编：《土著美国人的证言：印第安人与白人关系文集》，第61–62页。
② 吉布森：《史前时期至现在的美国印第安人》，第203–204页。

点,引导印第安人学习英文和算术,从事农业和手工生产。马里兰的天主教徒也勉力从事传教,只是成绩较其法国同道则大为逊色:迄于1643年,法国天主教传教士在加拿大已为2 700名印第安人施洗,而马里兰的传教士所施洗的土著信徒仅150人。①

相对来说,新英格兰清教徒的传教活动不仅更为系统和富于组织性,而且创造了更为显著的业绩。清教徒具有强烈的宗教使命感和传教兴趣,而新英格兰各殖民地当局于此道也极为热心。1636年,普利茅斯殖民地率先制定法令,鼓励在土著居民中开展传教活动。稍后,马萨诸塞和纽黑文的立法机构也相继出台类似法令。1662年,英国成立"新英格兰及在美洲相邻地区传播基督教义会社",为新英格兰传教活动提供资助,其工作一直持续到1779年。这一团体宣称,其目标在于"使印第安人摆脱黑暗势力和撒旦的王国,接受关于真正而唯一的上帝的知识"②。

得益于诸多有力的支持,新英格兰传教士在土著部落的活动十分活跃。在所有传教士中,以约翰·艾略特的工作最富有成效和影响。艾略特熟练地掌握了阿尔冈奇语,并用这种语言编写出语法、拼写、阅读和教理问答等方面的书籍,还出版了一种《圣经》的阿尔冈奇语译本。他于1651年创办内蒂克庄园,把附近一些对白人友好的部落的印第安人集中起来,向他们传授白人的宗教和生活方式。以内蒂克庄园为样板,新英格兰各地纷纷建立类似的传教和教育机构,当时习称"祈祷城"。根据有关资料,1674年马萨诸塞共有14座"祈祷城",土著居民达到1 100人,其中受洗者45人,领圣餐者在64~74人之间。③经过清教徒的艰苦努力,到美国革命前夕,新英格兰地区共有22个印第安人教会,91座"祈祷城",72个白人传教点,133名土著传教士

---

① 詹姆斯·阿克斯特尔:《哥伦布之后:北美殖民地族裔史论文集》(James Axtell, *After Columbus: Essays in the Ethnohistory of Colonial North America*),纽约1988年版,第83页。
② 吉布森:《史前时期至现在的美国印第安人》,第192页。
③ 弗朗西斯·詹宁斯:《对美洲的入侵:印第安人、殖民主义和征服的谰言》(Francis Jennings, *The Invasion of America: Indian, Colonialism, and the Cant of Conquest*),纽约1975年版,第251页。

和教师，约有 500 名印第安人成为完全的基督徒。① 这份可观的纪录，使得新英格兰的传教活动在英属北美殖民地独树一帜。

紧接独立战争结束之后，基督教各种传教团体相继成立，竞相派人到土著部落开展传教活动。其中名声较为显赫者有"在印第安人及北美其他人中传播福音教义联合兄弟会"（1787 年成立）、"美国海外传教会"（1810 年成立）、"海外传教士联合会"（1817 年成立）等。与殖民地时期传教范围仅限于东部不同，这些团体多派传教士深入西部开展活动，从俄亥俄河谷到加利福尼亚，从俄勒冈到俄克拉何马，在整个美国大陆的各个印第安人部落，均可见到传教士的身影。

不过，在印第安人被彻底打败之前，多数部落仍拥有自由和决断之权，印第安人对传教士的接纳或排斥，对基督教信仰的崇奉或拒绝，都可依照部落政府的意志而确定，传教士只能尽力争取部落的合作，而不可居高临下地颐指气使。在 1850 年以后的 20 余年里，印第安人各部落相继被征服，被迫迁入由美国划出并派兵驻守的保留地，彻底丧失了自由和主权。美国政府和白人社会便采用强制手段，对保留地印第安人实行文化改造，力图使之走上"白人之路"，最终成为合乎美国标准的"文明人"。基督教会在这一运动中仍然扮演重要角色，其传教方式也具有强制色彩。

在保留地，土著宗教崇拜被视作野蛮和愚昧的象征，遭到严厉禁止。美国政府一方面希望通过传教活动尽快使基督教取代土著宗教，另一方面也需要教会在"文明开化"运动中继续发挥作用。从 1866 年开始，传教士不仅可以在保留地建立教堂，而且还能充当保留地的管理员。格兰特行政当局尤其倚重传教士，支持教会把保留地作为传教的基地。所有的保留地都有传教士在工作，或担任管理官员，或充当管理处职员和教师。教会因此深受鼓舞，在对印第安人的传教方面投入了大量的人力和财力。不过，也有人指责传教士作为保留地管理官员，片面注重宗教事务，而忽略"文明开化"的其他工作。而且，新

---

① 阿克斯特尔：《内部的入侵：北美殖民地各种文化的竞争》，第 273 页。

教各派占据了多数职位，引起了天主教会的非议，以致两教失和。因此，在1876年以后，美国政府不再任用教会人员承担管理工作。这一变故使得教会的传教热情大受挫伤，于是将更多的精力和资财用于海外传教，一年为此支出上百万美元，而对印第安人的传教开支则不足一万美元。① 在保留地工作的传教士便抱怨他们获得的支持太少。②

此后，教会继续在保留地进行活动，只是无复当年那种轰轰烈烈的气象。在各个保留地，教堂乃是印第安人举行基督教仪式和活动的中心。在苏族的派恩里奇保留地，教堂的数目一度竟多至137座，平均每100名土著居民即拥有一座教堂。③ 然而，作为一场运动的传教活动，已经无可扭转地走向衰落。特别是到1934年以后，随着同化运动的终结和印第安人文化价值的复兴，基督教会的传教活动遭到激烈的批评和抵制，陷入了更加困难的境地。

四、后果与影响

基督教会在土著部落的传教活动产生了较为长远的后果。传教士们孜孜矻矻地宣扬基督教教义，在印第安人中尽心培育对上帝的信仰，不仅造就了一批红褐肤色的基督教徒，而且给土著社会和文化留下鲜明的烙印。

有些部落的全体成员都皈依基督教，有些印第安人至死都认定自己是基督教徒。身着白人的服装，模仿白人的生活习惯，经常去教堂做礼拜，这样的印第安人从殖民地时代起便屡屡见诸史籍的记载。在经常为史家所提及的土著改宗事例中，最出名的当数特拉华族首领梯迪乌斯卡尼的受洗。他在白人步步进逼和本族文化危机的双重压力之下，产生了强烈的不安全感，于是决定改信白人的宗教。他在1750年

---

① 吉布森：《史前时期至现在的美国印第安人》，第436页。
② 克里斯廷·博尔特：《美国印第安人政策与美国改革》（Christine Bolt, *American Indian Policy and American Reform: Case Study of the Campaign to Assimilate the American Indian*），伦敦1987年版，第105页。
③ 《来自翁迪德尼的声音》（*Voices from Wounded Knee: In the Words of the Participants*），纽约1974年版，第12页。

受洗,并改名吉迪恩,携全家离开原来的村落,像白人那样过上了定居的生活。① 有的印第安人接受白人的教育,改奉基督教,然后回到自己的部落,充当土著传教士,引导自己的族人走"白人之路"。俄勒冈有两名土著青年,19 世纪上半叶曾在白人学校受过 4 年教育,返回部落后便致力于向他们的同胞宣讲基督教教义。后来,有白人来这个地区访问,十分惊异地发现,印第安人已经接受许多基督教的观念和习俗,使他们看起来像是"一群圣徒"。② 在西南部,由于受西班牙传教士的强烈影响,印第安人中信奉天主教的人为数不少。据 19 世纪的估计,那里的土著天主教徒约有 18 000 人。③ 在生活于这个地区的帕帕戈人中,约有 95% 的人不同程度地信仰天主教。④

有些土著教派主动吸收基督教的某些观念和教义,与原有的教义和崇拜仪式杂糅混合,形成新的土著宗教,并在印第安人中赢得众多的信徒。易洛魁人中流传的"俊湖教"便是一例。俊湖(Handsome Lake)原是塞尼卡族的一个部落首领,生活于 18 世纪末和 19 世纪初。那时他的部落已被白人打败,人民酗酒消沉,社会濒临崩溃。他有感于此,便自称印第安人的耶稣,以拯救其人民为己任,开始宣讲自创的教义。他的教义实际是印第安人传统宗教和基督教的混合物,其要旨在于劝导人们戒酒自律,保持和平与统一,适应生存环境的变动,学习白人的技艺和生活方式,以复兴部落社会。⑤ 这一教义充分反映了印、白两种文化的渗透和交融,具有很强的入世性,所针对的全都是当时易洛魁人正亟待解决的严峻问题。于是,"俊湖教"成为易洛魁人寻求复兴之路的精神旗帜。

然而,传教活动对印第安人的宗教信仰和生活方式的改变,毕竟是十分有限的。与整个印第安人的人口相比,真正的改宗者为数不多;

---

① 沃什伯恩:《美国的印第安人》,第 114 - 115 页。
② 沃什伯恩:《美国的印第安人》,第 122 页。
③ 威廉·斯特蒂文特编:《北美印第安人手册》(William C. Sturtevant, ed., *Handbook of North American Indian*),华盛顿 1979 年版,第 9 卷,第 213 页。
④ 萨姆·斯坦利编:《美国印第安人经济的发展》(Sam Stanley, ed., *American Indian Economic Development*),巴黎 1978 年版,第 548 页。
⑤ 华莱士:《塞尼卡人的死亡与再生》,第 278 - 284 页。

直到 1919 年，在 40 个保留地仍有 46 000 名印第安人处于教会的影响之外。① 即使那些改宗的印第安人，很多严格来说并不能算作真正的基督教徒，因为一方面他们"在生活、外表和习惯上与那些没有改宗的人并无多大区别"，② 另一方面他们之信奉基督教，有时纯粹出于对教义的附会，比如以为信教可使死者复生之类。③ 有的传教士为了缓和印第安人对基督教的误解和抵触，不得不采用一些土著象征物和仪式，使之看起来与土著宗教并非完全不同。这又从另一侧面说明了传教活动的局限和艰难。这种艰难曾使一些传教士甚感绝望，不禁喟然叹息：要从宗教上改造印第安人，实在是"一桩无望的事业"。④

另一方面，土著宗教虽经白人社会严禁和扼杀，又受到传教活动的猛烈冲击，却不仅未为基督教所取代，反而趋于活跃，新的教义层出不穷。这种情形衬托出传教活动的最大失败之处。在各种先知教义中，除"俊湖教"倡导吸收白人文化以图自强外，绝大多数以摒弃白人方式和消灭白人相号召，预言印第安人的黄金时代即将重现，因此吸引大批困顿绝望的印第安人争相趋之，奉若法宝。较有声势的先知教义大多流行于西部保留地，其中以"梦幻者教""梦幻舞教""太阳舞教""印第安人震颤教""佩奥特崇拜"和"鬼魂舞教"的影响最为显著。

"梦幻者教"出现于 19 世纪 50 年代，其信奉者主张消除从白人那里沾染的一切污迹恶行，恢复旧俗，回归传统；如果做到在这些，生者与死者就将同获新生，白人压迫者则必然归于覆灭，过去的美好生活必将重新出现。⑤ "梦幻舞教"在 19 世纪 70 年代开始流传于苏族、帕塔瓦托密人和奥吉布瓦人中间，预言天鼓将在空中敲响，所有白人和改宗的印第安人都会在鼓声中死去，而印第安人将重新夺回失去的

---

① 博尔特：《美国印第安人政策与美国改革》，第 105 页。
② 皮尔斯：《"人类的毁灭"：印第安人与清教徒的心态》，载霍弗编：《印第安人与欧洲人》，第 45 页。
③ 纳波科夫编：《土著美国人的证言：印第安人与白人关系文集》，第 80 页。
④ 阿克斯特尔：《内部的入侵：北美殖民地各种文化的竞争》，第 282 页。
⑤ 吉布森：《史前时期至现在的美国印第安人》，第 475 – 476 页。

上地。①"太阳舞教"本是一种传统的土著宗教仪式,在保留地印第安人中流行以后,便获得了新的意义。许多部落联合举行"太阳舞"仪式,显示出印第安人对共同命运的理解和联合倾向的增强。正是这一点令美国政府深感不安,便下令予以禁止。"印第安人震颤教"虽然吸收了有关上帝、耶稣、天国和地狱的基督教观念,但在精神上却具有鲜明的反白人倾向。佩奥特原是一种由类似仙人掌的植物中提取的兴奋剂,服用后可使人产生亢奋和快感。印第安人以此为核心形成一套仪式和规范,白人社会称之为"佩奥特崇拜",并认定它严重阻碍印第安人的同化,因而立法加以取缔。

在所有保留地的秘密宗教中,"鬼魂舞教"最令人瞩目。这个教派宣称,世界将在一次大地震中毁灭,白人与印第安人同归于尽,但到第三天所有印第安人都会复活,并重新开始幸福的生活。它的仪式以舞蹈为主,参加者表现得近于歇斯底里,因而得名"鬼魂舞"。② 这个教派关于印第安人美好前景的预言,对保留地那些处境不幸、精神萎靡的人,无疑是一个巨大的诱惑,信奉者趋之若鹜,遍及大部分保留地。1890年底,美国政府下令在苏族保留地禁止"鬼魂舞"仪式,但不为苏族人所理会。于是,保留地官员派人逮捕苏族首领,并将其中一个名叫坐牛(Sitting Bull)的人杀害。这件事在保留地引起恐慌,许多人逃往巴德兰兹避祸。他们在翁迪德尼为联邦军队所包围,双方发生激战,有300名印第安人死于拼杀和饥寒。美国政府执意剥夺印第安人的宗教自由和文化权利,以致酿成如此重大的惨剧,一时令举国震惊。

这一事件也深刻地揭示,既然土著宗教信仰尚不得不以武力加以阻禁,那么基督教会数百年来的传教活动便是一场巨大的失败。强权所能做到的,只不过是禁止表面化的宗教仪式,而无法从印第安人内心根除对传统宗教的崇奉。他们需要宗教信仰以支撑自己对于未来的

---

① 纳波科夫编:《土著美国人的证言:印第安人与白人关系文集》,第55页。
② 吉布森:《史前时期至现在的美国印第安人》,第477页。

希望，因而信仰自由乃是决不可轻易放弃的权利。1978年8月，美国政府制定《美国印第安人宗教自由法》，把原本属于印第安人的宗教自由还给了印第安人。

五、 教训和启示

海道大通以来，基督教会在全球各地传教，往往受到所到之地的政府权力、传统观念、风俗习惯和本土宗教的掣肘乃至抵制，难以收到理想的效果，乃是不足为异的事情。可是，北美印第安人中间既不存在现代意义上的政治主权，也没有形成组织完善的常规宗教，尤其是在所有部落均被征服和迁入保留地后，强制和武力成为传教的有力支持，土著宗教也受到严格禁止，何以传教士经过长期而艰辛的努力依然所获无多呢？基督教会在美国印第安人中进行传教所遭遇的整体性挫折，显然包含着丰富的教训和启示。

基督教会的传教活动，其出发点在于征服和改造土著宗教和文化，不仅充当种族压迫的工具，而且本身即是种族压迫的表现，这是导致传教活动收效不大的根本原因。基督教会来到北美大陆，所搭乘的是殖民扩张的帆船；传教士所从事的工作，实际上服务于白人对土著居民的驱杀和剥夺。这一种族冲突的深远背景，始终限制着传教活动的深入展开，也日益强化印第安人对白人宗教的敌视和拒斥。1805年，一个波士顿传教团体派人与塞尼卡族人接触，商谈在部落设立传教点一事。传教士一再表白，他们来此决非图谋印第安人的土地和财货，而是真心想帮助他们摆脱身处其中的"巨大谬误和黑暗"。但是，塞尼卡人首领红茄克不改初衷，对传教士的要求予以严词拒绝："你们已经取得了我们的家园，可是还不满足；你们还想把你们的宗教强加于我们；……我们不想摧毁你们的宗教，也不想夺走它。我们只想享有我们自己的（宗教）。"① 红茄克的话切中要害而无可辩驳，传教士只得怅然离去。这个小小的插曲表明，种族冲突对传教活动构成了深刻的限制。在印第安人自己构想的教义中，往往包含他们对白人压迫的强烈仇恨。例如，在易洛魁人设计的天国中，根本没有白人的位置，就连对印第安人较为友善的乔治·华盛顿，也只被破例准许居住在天国的门边。②

　　传教活动还受到文化差异的有力制约。印第安人文化和白人文化，在性质和层次上均有不同，在许多方面不仅异若霄壤，而且势同水火。白人指斥土著文化野蛮落后，意欲加以征服和改造；而印第安人则意识到自己与白人不同，不愿改奉白人的宗教，极力维持对部落和传统文化的认同。1745 年，有一群易洛魁人对白人传教士表示："我们是印第安人，也不想被改造成为白人。……正如我们不想要求牧师变成印第安人一样，他也不能要求印第安人变成牧师。"③ 第二次世界大战后，针对公立学校排斥印第安人文化课程一事，一位塔马族首领指出，语言、宗教和部落乃是三位一体的，其关系属于唇亡齿寒的性质。④ 既然宗教信仰关乎部落的存亡，印第安人又怎能改信其他宗教呢？也正是因为文化的差异，印第安人发现，一旦信仰基督教，生活中就充满麻烦而永无宁日：作为基督徒，不得不放弃从前的全部生活习俗，其处境之窘迫是可以想见的。这种尴尬情形，使得不少印第安人视信基督教为畏途，有些一度改宗的人也黯然重归传统。

　　白人文化的弊病及其给印第安人留下的恶劣印象，加上基督教本身存在的问题，严重减损了印第安人对白人宗教的信任和兴趣，从另一方面限制了传教活动的成效。印第安人从自己与白人的交往中看到，

---

① 威尔科姆·沃什伯恩编：《印第安人与白种人》（Wilcomb Washburn, ed., *The Indian and the White Man*），纽约州加登城 1964 年版，第 201 页；韦恩·莫昆等编：《美国印第安人重要历史文献》（Wayne Moquin, et al., eds., *Great Documents in American Indian History*），纽约 1973 年版，第 32 – 33 页。
② 弗雷德·伊根：《美国印第安人》（Fred Eggan, *The American Indian: Perspectives for the Study of Social Change*），英国剑桥 1980 年版，第 150 页。
③ 阿克斯特尔：《内部的入侵：北美殖民地各种文化的竞争》，第 282 页。
④ 詹姆斯·奥尔森等：《20 世纪的土著美国人》（James S. Olson, et al., *Native Americans in the Twentieth Century*），伊利诺伊州厄巴纳 1984 年版，第 202 页。

许多白人品行不端，无信不义，残忍嗜血，腐败堕落；基督教标榜劝人为善，但对信教的白人尚且没有显示教化之功，又如何能为印第安人带来裨益呢？红茄克当年在拒绝接纳波士顿传教士时，还留下了一段颇富挑战性的话："我们听说你们一直在对这个地方的白人布道。……我们要稍稍等一阵，看看你们的布道会对他们产生什么效果。如果我们发现那对他们确实有好处，使他们变得诚实起来，不再专门欺骗印第安人，那么我们会重新考虑你们刚才说过的话。"① 苏族人在答复传教士的要求时，也有类似的说法："去教他们（指白人——引者）正当行事吧，然后再到我们这里来，我们才会相信你。"② 另外，印第安人对白人宗教内部的派别之争也颇不以为然，甚至流露轻蔑之意。内兹帕斯人首领约瑟夫在解释他反对建立教堂的缘故时说，传教士"会教我们为上帝而争吵。……我们可能因地上的事物而跟人发生争吵，但我们从不为上帝而争吵。我们不想学这些"。③ 还有印第安人甚至得出这样的结论：白人之所以在宗教上意见不一致，乃是因为他们根本不把宗教当一回事，宗教和法律一样，不过是白人在与陌生人打交道时为自己服务的工具；白人总想欺骗别人，结果只是自欺欺人。④

而且，不少印第安人从切身经历出发，感到改奉白人的宗教不仅不能给他们带来幸福和快乐，反而增添新的苦难与不幸，他们由此产生失望乃至悲愤情绪，对白人的宗教表示深恶痛绝。早期传教士每到一地，欧洲的疾病便接踵而至，毫无抵抗力的土著居民成群地死去，因而对有些部落来说，改宗便等于死亡。改信基督教的印第安人，既不为白人社会所接纳，也难以在本部落立足，沦为无所凭依的"边际人"。而且，印第安人还发现，信奉白人的宗教并不能使他们免于白人的驱杀和剥夺。痛苦的经历使印第安人意识到："当他们（指白人——

---

① 莫昆等编：《美国印第安人重要历史文献》，第 33 页。
② 吉布森：《史前时期至现在的美国印第安人》，第 436 页。
③ 迪伊·布朗：《将我的心埋在翁迪德尼：印第安人的美国西部史》（Dee Brown, *Bury My Heart at Wounded Knee: An Indian History of the American West*），纽约 1970 年版，第 302 页。
④ 菲利普·威克斯：《别了，我的故国：美国印第安人与合众国》（Philip Weeks, *Farewell, My Nation: The American Indian and the United States*），伊利诺伊州阿灵顿海茨 1990 年版，第 194 页。

引者）一只手拿着这本圣书时，另一只手却拿着谋杀的武器，拿着枪和剑；他们用这些东西来杀害可怜的印第安人。啊！他们确实这么做了！他们不仅杀害那些不信他们的圣书的人，也杀害信仰圣书的人。他们没有做出任何区分。"① 因此，印第安人不难看出，"你们（指白人——引者）的上帝并不是我们的上帝！你们的上帝热爱你们的人民，他痛恨我的人民。……如果我们在天国拥有一个共同的父亲，那他一定是偏心的——因为他只向着他的白种孩子"。② 在这种情况下，印第安人怎么可能真诚地相信传教士关于上帝和天国的说教呢？

归根结底，基督教传教士作为文化征服的急先锋，其活动的成败与整个"文明开化"运动是息息相关的。美国政府和白人社会为了赢得生存竞争，并掩盖夺占印第安人土地的不合理性，强制推行"开化"和同化的政策，试图把印第安人变成令白人满意的另一种人，使他们共享"美国梦"，从而消除剥夺和压迫的不义色彩。这种"文明开化"与种族压迫互为表里，而且置文化的差异于不顾，因而虽经数百年努力而不能实现基本的目标。印第安人文化虽然掺杂了许多白人文化的因子，但性质未变；印第安人尽管获得美国公民权，但至今仍是处于主流社会之外的种族群体。基督教会以传教、办学和鼓励农牧等活动，在这场以失败告终的"文明开化"运动中充当重要的角色；传教士们虽然含辛茹苦，尽心竭力，但因其宗旨和后果而遭到许多印第安人的抨击与抵制，也难逃后世史家的责难和贬斥。

在阿帕奇人的一次聚会上，有一个微醉的印第安人用英语模仿传教士说话，以博众人一粲。玩笑既毕，他改用本族语言大声喊叫道："我不是什么基督徒！那不是我！"③ 这种似醉非醉的表演，究竟包含

---

① 弗吉尼亚·阿姆斯特朗编：《我已说过了：印第安人口中的美国史》（Virginia I. Armstrong, ed., *I Have Spoken: American History Through the Voice of Indians*），芝加哥1971年版，第33页。
② 莫昆等编：《美国印第安人重要历史文献》，第81页。
③ 基思·巴索：《"白人的画像"：西阿帕奇人中的语言游戏和文化象征物》（Keith H. Basso, *Portraits of "the Whiteman:" Linguistic Play and Cultural Symbols among the Western Apache*），英国剑桥1979年版，第15页。

着多么深刻的愤懑和无奈,局外人可能难以想象。如果把这则故事看作对基督教会在印第安人中传教活动的一种形象化评价,就不难从中体会到一种深沉的历史悲剧感。

(写于1994年,未刊稿)

第三编 美国早期政治史蠡测

当我将主攻方向转到美国早期史之际，研究条件已发生了很大的变化，不仅经常有机会去美国开会和做研究，而且能够利用的数据库也越来越多。因此，我在这个阶段所写的文章，材料基础已有明显的改善，对美国学术界相关研究的了解程度也有所加深。我的主要志趣在于探讨美国民主的形成，在为这个大题目做准备的过程中，陆续写了几篇讨论美国早期政治演变的文章。至于专门论述美国早期民主的文章，因已整合在另一部专著中，故未收入本书。这里收录的几篇文章，题目大小不一，大体上属于美国独立和建国的范畴，所针对的问题则主要是国内美国史知识方面的误区或空白。这些题目虽然在美国史学中也具有经典性，但由于题无剩义，加以学术风气的转向，在最近几十年里已不再能够激发美国学者的兴趣。目前美国史学界所关注的题材，大多集中于底层民众、边缘群体和其他以往默默无闻的人们，所采取的研究路径则涉及社会史、文化史和跨国史，在方法上愈益多样化，解释的取向也不断更新。近期国内的美国早期史研究，在总体上也颇有进展，研究的题材从政治扩展到宗教、社会和文化，所用史料的数量和质量都有明显的提高，显示出一定的学术活力。

英国对殖民地的政策与北美独立运动的兴起

国内有关论著和教科书对北美独立运动的起因有着相当一致的看法，认为英国对殖民地的政策构成"殖民压迫"，殖民地居民不能享有平等的权利，受到母国的"掠夺"；更有论者将殖民地的独立视作"民族解放"，暗指英国对北美的统治构成"民族压迫"。① 这种立论对于英国"暴政"的评判，同 1776 年《独立宣言》的表述颇为近似，与 19 世纪"辉格史学"的说法也基本同调，只是背后的逻辑不太一样。自 20 世纪中期以来，美国学者大多不再从这个角度来解释美国革命的起源，而更加注重殖民地的内部变动以及北美居民的态度、想法和活动。② 可见，英国对北美的统治和殖民地独立之间的关系，在当今美国史学中已不再是一个前沿性的课题。但是，鉴于目前国内史学界对这个问题的认识尚有局限，仍有必要重新加以探讨，以深化对北美独立运动的起因、特点和性质的理解。

---

① 参见刘祚昌：《美国的独立和独立宣言》，《山东师大学报》1982 年第 5、6 期；罗荣渠：《论美国革命的特点》，载罗荣渠：《美洲史论》，中国社会科学出版社 1997 年版，第 44—58 页；黄绍湘：《美国史纲 1492—1823》，重庆出版社 1987 年版，第 337 页；李世雅：《试论美国独立战争进程的内在逻辑》，载杨生茂等编：《美国史论文选》，天津人民出版社 1984 年版，第 50—68 页；王锦瑭：《"独立"和"平等"是近代美国反对英国殖民统治的两面旗帜》，《武汉大学学报》1997 年第 5 期。
② 关于美国史学界最近几十年对美国革命史的研究，参见杰克·格林：《美国革命再探讨》（Jack P. Greene, ed., *The Reinterpretation of the American Revolution, 1763—1789*，纽约 1968 年版，第 2—50 年；埃里克·方纳编：《新美国历史》（Eric Foner, ed., *The New American History*），费城 1997 年版，第 31—59 页。

一、殖民地的性质和殖民地居民的地位

在讨论英国对殖民地的政策之前，必须先了解北美殖民地的性质和殖民地居民的地位。这一点关系到对英国的全部殖民地政策的认识，也涉及对北美独立运动的性质的界定。

在世界历史上，大致有三种形式和性质各不相同的殖民地：一是由一国居民向不存在主权实体的地区迁徙而建立的拓殖地，这种拓殖地在一定程度上乃是母国领土和主权的延伸，其居民在理论上仍旧为母国国民；二是由一国政府或居民征服和控制另一主权实体而形成的异族统治殖民地，通常是实行侵略战争的结果，而且需要以武力来加以维持；三是通过政治、经济、文化渗透而逐渐操纵他国主权所造成的殖民地，原来的主权实体名存实亡，因而也带有异族统治的色彩。英国在北美的殖民地属于第一种。

英国在北美的殖民地并不是一个整体，而是渐次建立的13个具有政治统治和社会整合功能的实体，其政治和法律地位在特许状中均有明确的界定：各个殖民地都是由英王创设的"法人和政治实体"[①] 或"永久政治实体和法人团体"。[②] 所谓"法人和政治实体"，是指一些自然人通过法律自愿或强制结合起来，为实现某种经济的、精神的或政治的目标而组成的群体，可以在特定领地范围内行使政治管辖权。[③] 在法律上，殖民地是英王分封的"自由索克领"，而非国王"直接占有"的土地。[④] 在中世纪的土地关系中，这是一种依附性最少的形式。根据

[①] 《1662年康涅狄格特许状》（"Charter of Connecticut, 1662"），载弗朗西斯·索普编：《美国联邦和各州宪法、殖民地特许状和其他基本法汇编》（Francis Newton Thorpe, ed., *The Federal and State Constitutions, Colonial Charters, and Other Organic Laws of the State, Territories, and Colonies Now or Heretofore Forming the United States of America*），华盛顿1909年版，第530页。

[②] 《1732年佐治亚特许状》（"Charter of Georgia, 1732"），载索普编：《美国联邦和各州宪法、殖民地特许状和其他基本法汇编》，第766页。

[③] W. 基思·卡文纳编：《北美殖民地的建立：一部文献史》（W. Keith Kavenagh, ed., *Foundations of Colonial America: A Documentary History*），纽约1973年版，第1卷，第698页。

[④] 索普编：《美国联邦和各州宪法、殖民地特许状和其他基本法汇编》，第1679、1848、3789页。

这种表述，殖民地和英国本土一样，都是英王的下辖领地，而不是全体英国人的属地。这一规定实际上承认殖民地在法律上和母国是平等的。因此，根据特许状而建立的殖民地，乃是由英国人定居、英国人统治的海外拓殖地，而不是英国人统治其他民族的被征服地。诚然，大西洋沿岸地区存在众多印第安人部落，但英国在处理和部落的关系时，没有主要依靠军事征服，如西班牙在中、南美洲所做的那样，[①] 而是尽可能进行和平的移民，通过"外交"方式购买部落的土地。英属殖民地的建立和扩展固然严重损害了印第安人的权益，但却不是以征服、统治和掠夺他们为目的的。

根据当时的政治惯例，北美殖民地作为英国的海外领地，其政治属性和土地权利均来自英王的授予，英国政府因此对其拥有合法的主权和管辖权。英国政府采用管理海外领地的方式进行统治，尽可能完整地将英国本土的社会结构、政治体制和法律体系移植到北美，按照英国政府自身的模式和功能来设计和建立各殖民地政府，正如纽约的卡德瓦拉德·科尔顿所说："纽约人民的一个大幸在于，他们的政府是尽可能按我们母国的同样方案而形成的。"[②] 因此，殖民地的政治结构和母国具有对应性，每个殖民地近乎半独立的政治实体。总督乃是英王的代表，任职者通常由英国从本土选派，在一些殖民地偶尔也有本地人担任这一职务。由本地人组成的参事会相当于母国的枢密院和议会上院，民众选举的议会下院则与母国的议会平民院相对，两者共同掌握立法权，可以制定不违背英国法律的地方法令法规。其中议会下院在后来的发展中逐渐掌握了财政权和总督薪俸的拨款权，成为殖民地权力结构的核心。而且，地理阻隔减损了英国对殖民地的控制效力，加以北美居民的自治能力不断增强，对本地事务的控制不断扩大和强化，北美政治精英实际上和母国分享了对殖民地的统治。保守地说，

---

① 西班牙人在征服中南美洲的印第安人以后，通过"委托监护制""摊派劳役制"等方式，确立了对印第安人的政治控制和经济压榨。
② 杰克·格林编：《1606—1763 年英国和北美殖民地的关系》（Jack P. Greene, ed., *Great Britain and the American Colonies*, 1606—1763），纽约 1970 年版，第 252 页。

殖民地乃是和英国本土的地方政治单位平行的政治实体，而在政治结构的完整性和自主性方面则有过之而无不及。这对独立后美国政治机制的迅速成熟，具有至关重要的意义。

既然殖民地是英国人建立、英国人统治的英国海外领地，那么殖民地的英裔居民自然就是英国国民，而非受异族统治的"二等臣民"。他们和英国本土居民享有同样的公民权利和政治权利。这在特许状中也有明确的规定。1584年英王授予沃尔特·罗利的特许状指出，移居殖民地的人以及在那里出生的人仍然是英王臣民，享有英国的一切特权和豁免，而且可以自由返回本土。① 类似的行文此后反复出现在其他殖民地的特许状中。例如，1632年马里兰特许状有一大段文字特意说明：移居马里兰的英国人及其子女、已经在那里出生或将来出生的人，乃是英国的"土生居民和忠实臣民"，他们应和英国本土出生的臣民得到同样的待遇和尊重，同样享有英国本土臣民的全部特权、公民权和自由权。② 不独英裔居民在理论上拥有和英国本土居民平等的政治和法律地位，即使是进入英属殖民地的非英裔移民，也可以通过适当的入籍程序而成为英国国民。1740年英国议会第一次制定了殖民地入籍法，允许在英国境外出生的人经过一定的程序而归化为英国臣民。③ 在各殖民地，除犹太人和天主教徒外，非英裔居民和英裔居民享有同样的权利和同等的法律保护。这样，在白人居民中间就没有出现西属美洲那种"半岛人"和"土生白人"之类的身份等级差别。

在现实生活中，北美居民的权利和利益确实受到了法律的保障。弗吉尼亚在1619年废除了严酷的"戴尔法"，开始实行英国式的法治，居民的权利得到承认。马萨诸塞殖民地议会1641年制定《自由权法典》，在1648年又编成《法律与自由权》，确立了基本的法治与保障人民人身和财产权利的原则。④ 马里兰议会在1639年制定了一项关于人

---

① 索普编：《美国联邦和各州宪法、殖民地特许状和其他基本法汇编》，第53页。
② 索普编：《美国联邦和各州宪法、殖民地特许状和其他基本法汇编》，第1681页。
③ 赫伯特·奥斯古德：《18世纪的北美殖民地》（Herbert L. Osgood, The American Colonies in the Eighteenth Century），马萨诸塞州格洛斯特1958年版，第2卷，第528—529页。
④ 马克斯·法兰德编：《马萨诸塞法律和自由权法典》（Max Farrand, ed., The Laws and Liberties of Massachusetts），马萨诸塞州坎布里奇1929年版，第1、50页。

民自由权利的法案,明确宣布保护自由民的权利和特权,非经法律程序不得剥夺其财产和将其放逐。① 另外,在英国实行的陪审团制和人身保护法也被引进,并被赋予特别的意义。尤有进者,殖民地居民享有比英国本土居民更为广泛的选举权。据美国史学家杰克·格林所论,在新英格兰的多数村镇,享有公民权利的自由民,在成年男性人口中的比例高达60%~70%;② 英国学者R.C. 西蒙斯谈到,18世纪中期北美成年白人男子中有50%~80%的人拥有选举权。③

应当特别指出的是,1763年以前,英国在和平时期没有在北美驻扎军队,殖民地居民对英国主权的承认与服从,并非出自武力威慑和暴力强制,而是基于国家认同和利益需要的一种自愿选择。北美居民自认是英国人,并且以此为荣。他们感到,能够受到英国宪法的保护,享有"英国人的权利",实在是一件幸运之至的事情。即便是激进的反英人士詹姆斯·奥蒂斯也曾承认:"我们作为人和生而自由的英国臣民所拥有的权利,足以使所有殖民地居民在和任何其他君主治下的臣民相比,显得生活十分幸福。"④ 固然不能否认,英国本土居民在观念上对殖民地居民带有歧视倾向,他们认为殖民地就是母国的臣属,应当无条件地服从母国的意志,为母国的利益服务。在殖民地反英情绪高涨以后,这种看法在英国更加流行。⑤ 另外,1696年英国关于殖民地海事审判的决定,剥夺了北美居民在海事案件中的陪审权,也是一项歧视性的措施。但是,这些并未从整体上改变殖民地居民的实际地位

---

① 威廉·布朗编:《马里兰档案:1638—1664年马里兰议会的会议记录和制定的法案》(William Hand Browne, ed., *Archives of Maryland: Proceedings and Acts of the General Assembly of Maryland, January - September 1637/8 - 1664*),巴尔的摩1883年版,第41页。
② 杰克·格林:《对幸福的追求:早期现代英属殖民地的社会发展和美国文化的形成》(Jack P. Greene, *Pursuits of Happiness: The Social Development of Early Modern British Colonies and the Formation of American Culture*),北卡罗来纳州查珀希尔1988年版,第25页。
③ R. C. 西蒙斯:《北美殖民地:从移民定居到独立》(R. C. Simmons, *The American Colonies: From Settlement to Independence*),纽约1976年版,第248页。
④ 詹姆斯·奥蒂斯:《英属殖民地权利申论》(James Otis, "The Rights of the British Colonies Asserted and Proved"),载梅里尔·詹森编:《美国革命政论选》(Merrill Jensen, ed., *Tracts of the American Revolution, 1763—1776*),印第安纳波利斯1967年版,第24页。
⑤ 约翰·米勒:《美国革命的起源》(John C. Mill, *Origins of the American Revolution*),加利福尼亚州斯坦福1959年版,第206页。

和权利状况。

总之，北美 13 个殖民地和欧洲国家在亚非地区建立的殖民地是完全不同的，甚至也有别于西属美洲，不存在异族统治的问题。虽然印第安人受到白人的驱赶和虐待，但从法律上来说，土著部落是独立于英国管辖之外的主权实体。英属殖民地乃是英国主权范围的延伸，它们是英国人、特别是居住在北美的英国人自己统治的海外拓殖地，其政治和经济的控制权主要掌握在英裔居民自己手中。殖民地居民并非受到英国人奴役的劣等臣民，而是享有充分公民权利和政治权利的英国国民。因此，英国对北美殖民地的统治并没有"民族压迫"的性质，北美独立运动也不是"民族解放运动"，而是日益成熟的英国海外领地脱离母国的政治分离运动。约翰·迪金森在 1774 年大陆会议以后说，殖民地居民认为，如果母国不做出让步，"就难免卷入一场内战"。① 这就是说，殖民地反抗母国统治的独立战争，乃是本土英国人和北美英国人之间的"内战"。正是出于这种考虑，独立运动领导人在武装冲突爆发后的一年多时间里，对于脱离母国的正当性仍然没有充分的信心，在独立的问题上表现得犹豫迟疑，许多人希望通过联盟或二元帝国的方式来重新界定殖民地和母国的关系。

二、 英国对北美的统治及其后果

英国在北美建立殖民地的初衷，在于扩大同其他欧洲国家竞争的实力，传播基督教，安置国内过剩人口，发展贸易和增加财富。② 至于

---

① 转引自戴维·安默曼：《为了共同的事业：北美对 1774 年强制法令的反应》（David Ammerman, *In the Common Cause: American Response to the Coercive Acts of* 1774），纽约 1975 年版，第 87 页。
② 参见理查德·哈克卢特（the elder）：《论吸引人们向北纬 40—42 度之间的弗吉尼亚航行的因素》（Richard Hakluyt, "Inducement to the Liking of the Voyage Intended towards Virginia in 40. And 42. Degrees"），载彼得·曼考尔编：《想象美洲：英国对北美的殖民计划（1580—1640）》（Peter C. Mancall, ed., *Envisioning America: English Plans for the Colonization of North America*, 1580—1640），波士顿 1995 年版，第 39 页；理查德·哈克卢特（the younger），《论向西拓殖》（Richard Hakluyt, "Discourse of Western Planting"），载曼考尔编：《想象美洲：英国对北美的殖民计划（1580—1640）》，第 46-49 页。

那些自愿移居北美的普通移民,① 其意图不外是摆脱在母国的不如意境况,寻求更好的生存发展条件。政府和民间这两方面的要求,在殖民运动中达成了统一。在殖民地的发展扩张中,这两种利益考量可谓并行不悖,至少都得到了部分满足:英国通过建立殖民地而扩大了战略和经济利益,进入殖民地的移民及其后代的境遇也逐步获得了改善。

从整体上看,英国对北美殖民地的政策具有一个长期性的特征:政治管理比较宽松,经济控制则相对严厉。美国历史学家查尔斯·安德鲁斯在比较英、法两国对待殖民地的不同策略时写到,"英国对殖民地贸易施加更严格的限制,在国内各港口征收更重的关税,但她很少干预各殖民地的内部事务,对于人口流动、政府援助及维护等方面的事情也很少关心";这样就使英属美洲殖民地变成"自我依靠、自我治理和自我维持"的群体,具备独立的精神,对自己处理自己事务的能力充满信心。② 换言之,英国的殖民地政策在整体上是消极的,其主旨在于防止殖民地摆脱对母国的忠诚和依附,保护殖民地不受欧洲其他殖民国家及印第安人的攻击,而不是主动地规范或控制其社会发展。这对北美殖民地自主性和自治体制的成长,乃是一件十分幸运的事情。

而且,由于受到各种因素的制约,英国政府的政策意图和实际效果之间,往往存在明显的差异。英国管辖殖民地的方式,包括选派总督、任命参事会、设立海关、实施《海上贸易条例》、审查殖民地议会制定的法令等。由于管理机构相互摩擦,官员素质低下和腐败,导致母国的统治效力大受损耗。除此之外,遥远的地理阻隔也带来难以摆脱的限制。英国派去的总督有时也对母国的指示阳奉阴违,乃至公然抵制。因此,殖民地所受英国的政治控制远没有想象中的那么严重。英国对殖民地议会通过的法令的审查情况,就是一个颇有说服力的例子。在1691—1776年间,北美各殖民地提交英国审查的法律共有8 563

---

① 犯人劳工、被拐骗的妇女和儿童以及黑人奴隶,不属于自愿移民。
② 查尔斯·安德鲁斯:《美国革命的殖民地背景》(Charles M. Andrews, *The Colonial Background of the American Revolution: Four Essays in American Colonial History*),纽黑文1942年版,第75页。

项，其中只有469项被废止，仅占5.5%。① 而且，殖民地议会通常运用各种技巧来规避英国政府的审查，许多法令在英国政府开始审查时即已经期满失效，有的殖民地则将被否决的法令以另一种方式再度通过，有时英国政府的废止决议在殖民地也得不到及时而认真的执行。②

在英国这种宽松的控制下，殖民地的自治不断强化。在日常的政治生活中，殖民地事务大部分掌握在英裔居民自己手中。参事会和总督在理论上都是英王权威的代表，但两者之间不时发生冲突。各殖民地议会下院的权力和作用不断扩大，逐步演化为制衡总督和参事会的力量，殖民地的许多重大政治斗争，乃是在议会和总督之间展开的，而且大多涉及权力之争。一般来说，总督无法遏止议会的权势扩张。这就严重限制和削弱了英国的统治效力。为了摆脱这种不利局面，英国政府曾谋求削弱殖民地的立法权，并力图将王家官员的薪俸固定化。但是，所有的尝试都遭到殖民地议会的强烈抵制，没有产生多大的效果。另外，英国政府还试图改变各殖民地各自为政的状况，谋求在北美建立一个统一的殖民地政府，最后也无果而终。显然，由土生欧裔居民构成的北美社会自主意识的增强，使得自治成为一种不可扼制的趋向。从某种意义上说，独立运动正是这样自治倾向发展到极点的结果。

在经济上，英国对殖民地的确施加了更多、更严格的限制。如果说殖民地居民在政治上、法律上和英国本土居民享有同等的权利与地位，那么在经济上则很少受到平等的对待。英国对于殖民地经济的基本政策，一是要维持其对母国的依赖，二是使之对母国经济具有互补性。英国奉行重商主义政策，鼓励国内制造业的发展，对殖民地的制造业予以限制，以使之成为国内制成品的市场。但是，以往史学界对于英国的限制做了过分的强调。实际上，英国限制殖民地制造业的法令很少得到严格执行，其中仅1732年6月的《制帽条例》略有收效。

---

① 埃尔默·拉塞尔：《英国咨议会对美洲殖民地立法的审查》（Elmer Beecher Russell, *The Review of American Colonial Legislation by the King in Council*），纽约1976年版（1915年初版），第221页。
② 参见拉塞尔：《英国咨议会对美洲殖民地立法的审查》，第207－217页。

在一些殖民地居民看来，制造业弱小并非坏事，因为耕种土地和从事捕鱼业，较之制造业能够带来更多的好处。本杰明·富兰克林曾谈到，只有土地少而人口密度大的国家，才必须以制造业来养活其居民；像美洲这样土地充足的地方，"决不会出现什么有规模和有价值的制造业"①。亚当·斯密也说，重商主义对殖民地并无多大损害，因为土地始终很廉价，而劳动力一直很昂贵，殖民地居民从英国进口货物，不仅质量更好，而且价格比自己制造也要便宜得多。② 直到独立战争前夕，北美居民才开始对母国限制殖民地制造业的政策提出质疑。

重商主义的影响更多地反映在殖民地的贸易格局方面。英国政府制定《海上贸易条例》的本意，在于谋取和维持贸易垄断地位，增强殖民地居民对母国的依赖性，推进英国的商业利益。③ 这些措施对殖民地经济究竟有何影响，在史学界长期是一个富有争议的问题。传统的看法认为，它们严重制约了殖民地经济的发展。20世纪70年代以来，美国史学界对这个问题重新做出了解释。一方面，由于缺乏足够的海上缉私能力，海关官员低效而腐败，致使《海上贸易条例》未能得到切实执行，殖民地走私盛行，贸易和关税体制漏洞百出。另一方面，母国的政策对殖民地经济并非毫无积极意义，因为它刺激了南部造船物资和靛蓝的生产，使烟草、稻米等产品有了可靠的市场保障，而北部船运业主则得到保护，免受法国、荷兰和西班牙等国船运业的冲击。正因为如此，除新英格兰的走私商人外，殖民地居民直到独立运动兴起时才开始谴责《海上贸易条例》。另外，过去曾有学者认为，殖民地贸易存在极大的入超；但据近期的研究，殖民地通过多种途径对入超有所补偿，大大减少了贸易逆差。④

货币问题在殖民地经济发展中占有十分重要的地位，而英国对殖

---

① 转引自丹尼尔·布尔斯廷：《美国人：殖民地时期的历程》（Daniel J. Boorstin, *The Americans: The Colonial Experience*），纽约1958年，第157页。
② 约翰·麦卡斯克等：《英属美洲的经济》（John McCusker, and Russell R. Menard, *The Economy of British America*, 1607–1789），北卡罗来纳州查珀希尔1985年版，第310页。
③ 参见托马斯·巴罗：《贸易与帝国：英国在北美殖民地的海关》（Thomas C. Barrow, *Trade and Empire: The British Customs Service in Colonial America*, 1660—1775），马萨诸塞州坎布里奇1967年版，第4页。
④ 麦卡斯克等：《英属美洲的经济》，第82页。

民地发行纸币的限制，被认为是殖民压迫的一个重要体现。各殖民地缺少硬通货，货币的流通量不足，使交换手段受到很大的限制。解决的办法自然是自铸钱币或发行纸币。至18世纪中叶，每个殖民地都有某种形式的纸币流通。但纸币的价值很不稳定，经常发生贬值，逐渐在债权人中失去信用。英国议会于1764年通过货币条例，规定各殖民地自是年9月1日起不得再发行纸币；流通中的纸币到期后也自行废止，不得延长使用期限；不准用纸币偿还私人债务和支付公共收费。①许多殖民地对此表示抗议和抵制，有的殖民地并不理会这个法令，仍旧允许纸币流通。英国政府后来逐步放松了限制。

还有一种理论认为，母国对殖民地的经济政策通常是以掠夺为特征的。不过，在运用这种理论评估北美殖民地和英国的经济关系时，需要做一些具体的分析。英国当然需要殖民地为它提供自己不能生产的原料和产品，同时大量购买母国的制成品，从而为母国创造财富。从这种利益需求出发，以种植业为主的海岛殖民地和北美南部各殖民地，被认为是对母国最有益的地区。然则正是这些殖民地乃是英属美洲的富庶之区，那里的种植园主大多富甲一方。可见，虽然殖民地经济对母国具有依附性，但两者之间同时也存在一种互惠的关系。如果成千上万渴望致富的英国人千里迢迢地迁居美洲，不过是自投罗网地接受母国的"掠夺"，这实在是难以想象的事情。另一方面，殖民地和母国的经济关系中也确实存在一些恶性因素。最突出的表现就是殖民地债务的持续增长。1757年，切萨皮克地区居民向英国商人负债100万英镑；1776年，他们的债务更达到200万英镑以上。② 1760年，殖民地的总债务为200万英镑；1772年英国发生信用危机，导致北美债务激增，一跃而至400万英镑。③

---

① 《1764年货币条例》（Currency Act），见梅里尔·詹森编：《英国历史文献（第9卷）：北美殖民地文献》（Merrill Jensen, ed., *American Colonial Documents to 1776*, in *English Historical Documents*, vol. 9），伦敦1955年版，第649—650页。

② 阿伦·库利科夫：《烟草与奴隶：1680—1800年南部文化的发展》（Allan Kulikoff, *Tobacco and Slaves: The Development of Southern Culture, 1680—1800*），北卡罗来纳查珀希尔1986年版，第122页。

③ 詹姆斯·亨利塔：《1700—1815年美国社会的演变》（James A. Henretta, *The Evolution of American Society, 1700—1815: An Interdisciplinary Analysis*），马萨诸塞州列克星敦1973年版，第138页。

殖民地经济的确为英国创造了巨大的利益，但与此同时，北美社会自身的财富也在不断增长。到 1775 年，在英属美洲所有殖民地中，以北美 13 个殖民地社会发展程度最高，人烟最为阜盛。城市中的富裕人口不断增加：1730 年以前，北部城市中财产在 5 000 英镑以上的人甚为少见；而到 1750 年，财产多达 20 000 英镑的人也不罕见，有些人的财富甚至超过 50 000 英镑。① 因此，北美社会在整体上显得繁荣而富足。据当时人描述，新英格兰"显示出一种富裕和满足的气象"，"这里所有的居民看起来都吃得好，穿得好，住得好，在其他任何地方根本见不到比这程度更高的独立和自由"。② 在那里，到处可见"相当好的城市，富足的村庄，宽广的田野"，"这种美好的光景必定给人带来一连串愉快的想法；这种景象必定会在一个良好公民的内心激起由衷的极大快乐"。③ 总之，"美洲的这些殖民地"已不再是荒野，④ 而是一个"希望之乡"，一个充满"奶与蜜"的地方。⑤

由此可见，英国对北美殖民地的统治不是以压迫和掠夺为主要特征的，并没有造成普遍的贫困和不幸。相反，在英国的卵翼之下，北美获得了政治自主性的成长空间和发展经济的机会，在资源和财富上与当日欧洲最发达的国家都在伯仲之间，而且社会更为稳定和有序。可见，"辉格学派"指斥英国对殖民地的政策从一开始就是"压迫"，

---

① 加里·纳什：《社会变迁与革命前城市激进主义的兴起》（Gary B. Nash, "Social Change and the Growth of Prerevolutionary Urban Radicalism"），载阿尔弗雷德·扬编：《美国革命：美国激进主义史研究》（Alfred F. Young, ed., *The American Revolution: Explanations in the History of American Radicalism*），伊利诺伊州迪卡尔布 1976 年版，第 8 页。
② 无名氏：《美洲农耕》（Anonymous, "American Husbandry"），载杰克·格林编：《从定居地到社会：1584—1763》（Jack P. Greene, ed., *Settlements to Society: 1584—1763*），纽约 1966 年版，第 260 - 261 页。
③ J. 埃克托尔·圣约翰·克雷弗克：《美洲农场主信札》（J. Hector St. John Crevecoeur, *Letters from an American Farmer*），纽约 1904 年版（1782 年初版），第 48 页。
④ 卡尔·布里登博：《1776 年精神：独立以前美利坚爱国精神的成长（1607—1776）》（Carl Bridenbaugh, *The Spirit of 1776: The Growth of American Patriotism before Independence, 1607—1776*），伦敦 1975 年版，第 92 页。
⑤ 赛拉斯·唐纳：《自由树献词》（Silas Downer, "A Discourse at the Dedication of the Tree of Liberty"），载查尔斯·海因曼等编：《美国建国时期政论选》（Charles S. Hyneman, and Donald S. Lutz, eds., *American Political Writing during the Founding Era, 1760—1805*），印第安纳波利斯 1983 年版，第 1 卷，第 99 页。

乃是于史无征的。在一定意义上说，1763 年以后殖民地居民所反对的并不是英国的"压迫"和"掠夺"，而是"殖民地"这种地位所固有的从属性和依附性，要求以独立自主的身份立足于世界。甚至那些避祸于英国的"效忠派"，听到英国人称北美为"我们的殖民地"，也感到十分刺耳。①

三、"新殖民地政策"及其反响

按照通行的观点，北美反英运动肇端于 1763 年以后英国对殖民地政策的调整，因此，"新殖民地政策"就被认为具有更强的"殖民压迫"性质，迫使殖民地不得不走上反英独立的道路。可见，如何理解 1763 年以后英国对北美殖民地政策的演化，乃是解释独立运动起因的又一个关键。

英国以往对殖民地的管理松散而缺少成效，其弊病在七年战争中得到更充分的暴露：殖民地商人交通敌国，走私贸易十分活跃；各地议会和居民对英军不予配合，有的甚至在司法、人事、教士薪俸等问题上直接挑战母国权威；英国任命的海关官员，不是无能低效，就是贪污自肥。另一方面，随着七年战争结束，北美的殖民地格局发生了根本的改变，如何处置新近获得的北美领地，如何协调 13 个殖民地和新殖民地之间的关系，如何防卫如此广阔的地域，如何处理和西部印第安人部落的关系，如何削减战争负债和筹措殖民地事务开支，都是摆在英国政府面前的严峻任务。在这种情势下，调整对北美的政策，确乎是必要而且不得不然的事情。可是此时因缘际会，使得这种调整和改革完全不合时宜，竟至引发大规模的反英运动。

英国调整对北美殖民地政策的第一个举动，是在 1763 年 10 月以国王名义发布公告，宣布在北美建立 4 个新的行政管理区，将大片西部

---

① 米勒：《美国革命的起源》，第 206 页。

土地保留给印第安人，由英国军队执行西部地区的法令和维持秩序。① 这个公告在两方面损及 13 个殖民地居民的利益：其一，将他们一直向往的西部土地划归加拿大或保留给印第安人，极大地限制了土地投机，而当时北美许多重要人物均热衷于此道；其二，完全剥夺了各殖民地当局对印第安人事务的管理权。

英国的第二个重大决策是在北美保留常备军。由于从法国和西班牙取得大量土地，扩大了需要防卫的地域，在北美驻军就成了必要之举。可是，维持一支 10 000 人的正规军所需的费用，绝非一个小数目，这就促使英国政府从殖民地税收上做文章。另外，根据 1765 年的《驻军条例》，殖民地必须为驻北美的英军提供驻扎场所，供应指定的物资。尽管英国政府一再声称，驻军的目的是保障殖民地居民的安全，但殖民地居民却把常备军看成是实施暴政和剥夺自由的工具，一旦英国军队采取任何行动，特别是向中心地带移动，人们就更为疑惧。可见，英国当局不考虑殖民地居民对军队的微妙态度，轻率地在北美驻扎庞大的军队，不仅增加当地居民的税收负担，而且加深了他们对母国的不信任。用于保卫殖民地的驻军，结果反而成了导致失去殖民地的一个重要因素。

引发更大反抗风潮的是为增加岁入而向殖民地征税的措施。1763 年七年战争结束时，英国的国债达到 135 000 000 英镑，北美的防务每年还需要支出 400 000 英镑，② 而此时英国国内税收已经高达 20%。于是，英国政府和纳税人自然就将目光转向殖民地。1764 年 4 月，英国议会通过《糖税法》，预计每年可从关税中获得 45 000 英镑的收益。然而实际上，1768—1771 年每年进口糖蜜的关税仅有 14 000 英镑。③ 母国在殖民地征收关税固然不是什么新鲜事，但《糖税法》的特别之处在于，它宣布为保卫殖民地有必要向当地居民征税，这就为此后一系

---

① 《1763 年公告》（"Proclamation of 1763"），见詹森编：《英国历史文献（第9卷）：北美殖民地文献》，第 639-643 页。
② 埃德温·珀金斯：《北美殖民地的经济》（Edwin J. Perkins, *The Economy of Colonial America*），纽约 1980 年版，第 129 页。
③ 珀金斯：《北美殖民地的经济》，第 133 页。

列针对殖民地的税收法令开了先例。次年3月，英国政府决定将在本土施行已达数十年之久的印花税推广到北美，但税额轻于英国，合人均1先令。这项法令标志着英国对殖民地政策的一个重大转变：以往英国对殖民地的征税仅涉及对外贸易，而本法令则首次使英国的征税权渗透到殖民地内部税的领域，触及殖民地在英帝国的宪法地位，从而使问题超越了单纯的税收，而成为关乎殖民地前途的政治问题。英国议会在被迫取消《印花税法》以后，又于1767年6月根据查尔斯·汤森的提议制定新法，拟在北美各港口对进口的外国货物征税。该项税收每年至多可达35 000～40 000英镑，将用于支付管理殖民地司法的开支、政府官员的薪俸和防卫费用。在所列征税的货物中，茶叶、糖蜜、葡萄酒、糖等商品乃是殖民地居民日常生活的必需品。①

英国政府的"新殖民地政策"有多重目的：筹措税款以维持北美的防卫开支和减轻本土财政负担；确立固定岁入以解决王家官员的薪俸，使其免受殖民地议会的控制；加强英国法令的权威和执行的力度，以维持对殖民地的有效控制。为了执行这些政策，英国政府还推出了一些配套的措施。这种状况和以往的松散管理形成巨大的反差，因而在殖民地引起剧烈的震荡。

英国政府的这些改革和调整是否具有正当性和合理性呢？争执双方对此有着截然不同的看法。英国的决策者从政治主权和殖民地的性质出发，坚持母国管理殖民地的权利，强调议会对殖民地拥有绝对的立法权。1765年，英国议会下院议员索姆·詹宁斯发表一本小册子，批驳殖民地以"自由"的名义否认英国议会征税权的说法，宣称"自由"无论如何也不意味着可以免于议会施加的税收；英王的特许状所赋予殖民地的权利，不能超越英国议会的权威；殖民地和英国的其他法人团体一样，并没有摆脱议会主权的任何借口。② 殖民地居民则从个

---

① 《汤森岁入法》（Townshend Acts），载亨利·康马杰编：《美国历史文件集》（Henry Steele Commager, ed., Documents of American History），纽约1963年版，第1卷，第63－64页。
② 索姆·詹宁斯：《略论我们在美洲的殖民地反对大不列颠议会征税问题》（Soame Jenyns, "The Objections to the Taxation of Our American Colonies, by the Legislature of Great Britain, Briefly Consider'd"），载莫蒂默·阿德勒主编：《美国年鉴》（The Annals of America），芝加哥1976年版，第2卷，第160－161页。

人权利和自治要求着眼，否认母国有权干预殖民地内部事务和侵害北美居民的自由权利。他们提出，"任何立法机构，无论是最高的还是下属的，都没有权利使自己任意专断"；英国议会未经本人或其代表同意，不得夺走其财产的任何部分；除非得到本人或其代表的同意，不得向人民征税。① 而且，英国的举动使他们相信，"他们已经形成了一个迫使我们非常有效地服从他们的绝对命令的计划，甚至我们的言论自由也要遭到剥夺"；如果这个计划实现，北美居民就要告别自由，北美的肥沃土地就会被英国人占领，北美居民就要为英国人服役。② 在这种针锋相对的观点和情感的支配下，辩论和对抗就是难以避免的事情。

英国的"新殖民地政策"无一不受到殖民地居民的猛烈抨击和极力抵制。他们发表了许多小册子和文章，通过了一个接一个的决议，递交了不少请愿书，抨击英国的政策，阐述殖民地反对的理由和原则，要求废止新出台的政策。③ 殖民地的商人发起贸易抵制，不进口英国货物，使英国工商界蒙受损失。各地还不断发生民间暴力事件，逼迫印花代销商辞职，袭击王家官员和支持母国的人，在纽约和波士顿还演变成了流血惨剧。

英国对北美的抵制和反抗采取了应对措施。1767 年，纽约抵制英国议会制定的《驻军条例》，英国议会便通过《中止纽约议会条例》，宣布解散纽约议会。为了控制波士顿的局势，英国政府于 1768 年秋天调两个团的正规军进驻波士顿。不过，英国的处置并不十分严厉和有力。在殖民地居民和英国国内的压力下，英国政府先后取消了《印花税法》和《汤森税法》，对于殖民地的走私活动也无计可施；反英激进人士也没有遭到逮捕和迫害，不少反英宣传品还在伦敦印刷和散发；罗得岛曾发生焚烧英国缉私船的事件，英国却不能强行抓捕已知的"肇事者"；发生在波士顿和纽约的流血事件，乃民众和军队自发冲突的结果，并非英国当局刻意策划，而且事后擅自开枪的军人受到审理，

---

① 奥蒂斯：《英属殖民地权利申论》，载詹森编：《美国革命政论选》，第 26、27 页。
② 唐纳：《自由献词》，载海因曼等编：《美国建国时期政论选》，第 1 卷，第 106、107 页。
③ 参阅李剑鸣：《美国独立战争爆发前的政治辩论及其意义》，《历史研究》2000 年第 4 期。

英军也一度撤出了波士顿。较之在威尔克斯事件中派军队对付民众的做法，英国在北美的表现要和缓与克制得多。

当然，这并不意味着英国政府无意对北美采取强硬措施，而是由于形格势禁，使它颇感鞭长莫及、力不从心。在此期间，英国国内政治斗争至为激烈，各派力量明争暗斗，相互掣肘，以致政策本身既缺乏连续性，在执行中又没有一以贯之的决心。而且，英国政府内部始终存在一个偏向殖民地的群体，其中有的人出于"自由主义"的信念而同情殖民地居民，有的人则借此以对付政坛敌手。这对英国政府的行动也是一个很大的牵制。此外，英国商人等利益集团反复对政府进行游说，施加压力。所有这些因素导致了英国政策不断变更。另外还须指出的是，英国旨在加强对殖民地管理的各项政策，多数实际上只是一种意图，刚刚公布就遇到了强烈的抵制，尚未付诸实施便不得不废止。殖民地人把英国议会的法令指斥为"压迫""暴政"，实际上只是一种宣传，而不是对事实的反映。

与此同时，殖民地利用英国政府的宽大和乏力，造成抵制和反抗运动逐步升级。在1774年高压政策出台以前，殖民地居民便开始建立反英的正规组织，以原有的地方政府、议会下院和新成立的"自由之子"为纽带，形成了一个遍布大陆的反英网络。1773年3月，当殖民地和母国的关系处于相对平静的时期，弗吉尼亚议会动议成立通讯委员会，以便在涉及英国政策和殖民地权利的问题上彼此互通声气；① 同时还向其他殖民地议会下院的议长发送决议文本，倡导各殖民地联合行动，并且得到了各地的答复。罗得岛议会的议长回复说，为了维护"古老的、合法的和宪制的权利"，各殖民地绝对有联合的必要。② 到次年2月，其他各殖民地也相继建立了通讯委员会。此时，各殖民地致力于存异求同，形成了桴鼓相应、联合协作以共图大事的局面。

---

① 埃德蒙·摩根提到，波士顿市镇会议在1772年11月2日即设立了通讯委员会。参见埃德蒙·摩根：《共和国的诞生（1763—1789）》（Edmund Morgan, *The Birth of the Republic*, 1763—1789），芝加哥1956年版，第57页。
② 劳伦斯·吉普森：《革命的来临（1763—1775）》（Lawrence Henry Gipson, *The Coming of the Revolution*, 1763—1775），纽约1962年版，第210页。

1773年12月波士顿"倾茶事件"以后,马萨诸塞的局势急转直下,王家权力机构陷入瘫痪状态。在这种形势下,英国议会相继推出四项高压法令,所针对的主要是马萨诸塞,而不是所有殖民地。这些法令的出台,正好为蓄势待发的反英运动提供了契机和理由。即便是关于加拿大地位的《魁北克法案》,也被纳入"不可容忍的法令"之列。这一切表明,殖民地人的反英运动,其目标并不是单纯针对英国的具体政策,而是带有更深层的动因和更远大的意图。

总之,在1774年以前,英国试图采用比较平和与慎重的方式推行"新殖民地政策",无意施行殖民地人所指斥的那种"暴政";1774年的四项高压措施固然带有压迫性,但这种压迫并不是反英运动兴起的原因,而是其不断升级的结果。如果倒因为果,将"新殖民地政策"笼统地定性为"殖民压迫",并视作反英运动的基本导因,就难免对北美独立运动的起源做出过于简单的理解。

四、独立运动的内在动因

虽然殖民地人一再指责英国在殖民地推行"暴政",实施"奴役"殖民地居民的阴谋,但他们也不得不承认,这种"暴政"和"奴役"只是一种可能降临的危险,而不是一种现实存在的状况。约翰·亚当斯、赛拉斯·唐纳、约翰·迪金森等人在谈论所谓的威胁、危险、暴政、奴役时,都是在用假设语气进行推理,强调的主要是可能性。[1] 因此,埃德蒙·伦道夫曾说,美国革命是一场"没有直接的压迫"的革命,实际上可以说是"理性的结果"。[2]

---

[1] 约翰·亚当斯1765年12月18日日记(Diary of John Adams, Dec. 18, 1765),载查尔斯·弗朗西斯·亚当斯编:《约翰·亚当斯文集》(Charles Francis Adams, ed., *The Works of John Adams*),波士顿1850—1856年版,第2卷,第155页;唐纳:《自由树献词》,载海因曼等编:《美国建国时期政论选》,第1卷,第104、107页;戈登·伍德:《美利坚共和国的缔造》(Gordon S. Wood, *The Creation of the American Republic, 1776—1787*),纽约1972年版,第5页;约翰·亚当斯:《诺万格拉斯:北美和母国争端的历史》(John Adams, "Novanglus; Or a History of the Dispute with America"),载亚当斯编:《约翰·亚当斯文集》,第4卷,第43页。

[2] 转引自伍德:《美利坚共和国的缔造》,第4页。

但是，仅仅是一些可能出现的"威胁"就足以促使殖民地居民不惜流血牺牲来反对英国的统治吗？单单凭借宣传鼓动就能煽动一场革命吗？多年来，一代接一代的美国学者力图就此做出令人信服的解释。英国的"殖民压迫"、北美本地议会下院的成长、下层民众的斗争、自由与共和观念的传播、北美居民对英国"奴役"的恐惧，都曾被说成是促成美国革命的主要因素。最近又有学者提出，那些希望北美成为一个伟大帝国的上层人士，发动和领导了美国革命。[①] 提出这些解释的学者，显然对美国革命的性质和意义有着不同的理解。然而，不论将美国革命界定为一种什么性质的革命，有一点是不能改变的：其最初的和基本的形态是一场摆脱母国统治的独立运动。因此，探讨美国革命的起源，必须首先明了独立运动的动因。可是，这同样不是一个能够轻易给出明确答案的问题。本文的主旨在于阐述英国的殖民地政策和北美独立运动的关系，关于独立运动的起因至多只能提出一些研究的思路。

第一，殖民地在英国的宽松统治下得到了迅速的发展，其社会自主性趋于成熟，使之难以继续接受英国的管辖。殖民地在经济上具备了强大的实力，为社会的独立生存和发展奠定了基础。也就是说，先有经济的自足性和社会的自主性，才能产生政治独立的要求。按照有的学者推算，1774 年殖民地的国民总产值达到 1 892 000 000 美元；1650—1774 年间殖民地总产值的年均增长率为 3.5%，而英国本土在此期间仅为 0.5%。[②] 有学者谈到，以 1774 年的经济发展水平而论，北美居民的境况胜于欧洲大部分人口；其人均财富占有量和英国人均水平没有多大差距。[③] 那些曾经到过英国的殖民地人，也不免拿殖民地和

---

① 马克·伊格纳尔：《一个庞大的帝国：美国革命的起源》（Marc Egnal, *A Mighty Empire: The Origins of the American Revolution*），纽约州伊萨卡 1988 年版，第 1—8 页。
② 麦卡斯克等：《英属美洲的经济》，第 55—57 页。按照艾丽斯·琼斯的推算，1774 年北美殖民地的有形财富（奴隶除外）为 8 800 万英镑。见艾丽斯·琼斯：《美国建国前夕的财富：革命前夕的北美殖民地》（Alice Hanson Jones, *Wealth of a Nation to Be: The American Colonies on the Eve of the Revolution*），纽约 1980 年版，第 298 页。
③ 琼斯：《美国建国前夕的财富：革命前夕的北美殖民地》，第 298、341 页。

母国对比，感到本地的富足繁荣与母国相去不远。例如，迪金森年轻时在伦敦的中殿学习法律，他觉得英国没有什么地方比自己的家乡更好。① 这种感觉无疑有助于增强殖民地居民对本地的认同和热爱。

第二，各殖民地在政治上早已实现了有序的管理，特别是随着议会下院的崛起，殖民地居民掌握了很大一部分自治权。各殖民地的精英不仅主导着本地的政治生活，而且积累了日益丰富的政治经验。到1760年左右，各殖民地的议会下院都已取得支配地位。英国法学权威威廉·布莱克斯通曾说，殖民地的议会"乃是他们的平民院"；实际上，马萨诸塞议会也的确自称是"英王陛下的平民院"，把议会开会的地方叫作"国务大厅"。② 有人认为，由于遥远的距离和其他情况使得殖民地无法在英国议会拥有代表，因而也就难以接受其立法权；与此同时，殖民地议会则已发展到十分完备的程度，殖民地居民只能由他们自己的议会来立法。③ 地方政治更是本地人的营垒，他们通过村镇、教区、县等各种管理机制，牢牢掌握了地方自治的权力。

第三，1763年以后，北美居民对于自身的防卫能力也有了充足的信心，感到即便没有母国的保护，也能安然无恙。18世纪中期，瑞典学者彼得·卡尔姆在对北美进行考察以后预言，英属殖民地将在30至50年内建立独立的国家，唯一能够阻止其独立的因素，在于法国等敌手的威胁，因为只要殖民地人不能有效应对法国入侵的危险，他们就不会切断和母国的联系。④ 的确，当强敌在侧之际，殖民地居民需要母国提供保护，这种至关重要的利益促使他们对母国保持忠诚。可是，1763年以后，法国和西班牙均从北美撤退，印第安人的威胁也大为减弱，于是母国的保护不再具有关键性的意义。弗吉尼亚给大陆会议代

---

① 布里登博：《1776年精神：独立以前美利坚爱国精神的成长（1607—1776）》，第99页。
② I. R. 克里斯蒂：《帝国的危机：1754—1783年间的大不列颠和北美殖民地》（I. R. Christie, *Crisis of the Empire: Great Britain and the American Colonies, 1754—1785*），纽约1966年版，第22、79页。
③ 唐纳：《自由树献词》，载海因曼等编：《美国建国时期政论选》，第1卷，第100、101页。
④ 阿道夫·本森编：《1750年的美洲：彼得·卡尔姆在北美的游记》（Adolph B. Benson, ed., *The America at 1750: Peter Kalm's Travels in North America*），纽约1937年版，第1卷，第139-140页。

表的指示中提到，殖民地以往由于需要英国的保护，对英国限制其商业贸易的各项《海上贸易条例》长期加以默默忍受，看成是对其保护的回报；但是这些条例的效力仅只建立在这一基础上，英国在实现自己的目标时，绝不能损害殖民地的权益。① 可见，殖民地人对英国的统治持一种实用主义的态度，需要时可以接受，而不需要时则指斥为"暴政"。马萨诸塞总督托马斯·哈钦森目睹殖民地反英情绪日益高涨，不禁感叹道：如果加拿大继续由法国控制，北美就不会出现反对母国的情绪；因此，取得加拿大的后果比法国和印第安人的威胁更为可怕。②

第四，北美的欧裔居民中间形成了共同体意识，越来越觉得他们自己是与英国本土居民有所不同的"美利坚人"。这种认同感为他们的联合提供了心理基础。据说，"美利坚人是一种新人，他们根据新的原则行事；因而他们必然拥有新的思想，形成新的看法"。③ 殖民地精英为这种"新人"感到自豪，认为"无论说他们具有何种特性，都不是溢美之词，无论用何种语言，都不足以表达他们的优点和美德"；"他们出于习性对自由权利有着强烈的意识，同时又无上地崇奉美德"。④ 因此，"鼓足勇气，美利坚人！自由、宗教和科学都在大海的这一边，上帝之手向你们的子孙指出了一个强大的帝国"。⑤ 这种宏大的社会理想，的确可以视为"独立"的另一种表达。

第五，殖民地人习惯于从自由和权利的角度来审视母国的政策，而很少从经济角度看问题。他们认定，英国一些"居心叵测的大臣"正在酝酿和实施一个剥夺殖民地人民自由的巨大阴谋。⑥ 迪金森在1765

---

① 《弗吉尼亚给大陆会议的几点意见》，载康马杰编：《美国历史文件集》，第1卷，第79页。
② 吉普森：《革命的来临（1763—1775）》，第215页。
③ 克雷弗克：《美洲农场主信札》，第56页。
④ 转引自布里登博：《1776年精神：独立以前美利坚爱国精神的成长（1607—1776）》，第135页。
⑤ 转引自布里登博：《1776年精神：独立以前美利坚爱国精神的成长（1607—1776）》，第137页。
⑥ 约翰·亚当斯：《诺万格拉斯：北美和母国争端的历史》，载查尔斯·弗朗西斯·亚当斯编：《约翰·亚当斯文集》，第4卷，第78页；托马斯·杰斐逊：《英属美洲权利综述》（Thomas Jefferson, "A Summary View of the Rights of British America"），载《美国年鉴》，第2卷，第260-261页。

年致书威廉·皮特，请他出面促成废止《印花税法》，并提醒他说：唯一能够使殖民地克服分歧、走向联合的因素，就是母国对殖民地的政策，因为殖民地居民热爱自由，一旦他们感到自由受到侵犯，就会协同行动，奋起抗争。① 殖民地人反对母国的出发点，在于维护他们久已享有的自由，并且要继英国之后为自由保留一片净土；"但愿我们的土地成为一个自由之乡，一个美德的安身之所，一个被压迫者的避难地，一个地球上美名传扬的地方"。②

在这种情况下，是否还有必要继续接受那个远在数千英里之外的岛国的统治，这个问题不免引起了殖民地精英的思量。他们很自然地发出了这样的疑问：为什么美利坚人在贸易、商务、艺术、科学和制造业方面不能和欧洲人一样自由？③ 他们逐渐意识到，那些执意要强化对殖民地的控制的英国掌权者，不过是"和我们的宪法无关、不为我们的法律所承认的人"。④ 于是，摆脱这些人的统治，就成了顺理成章的事情。

这或许就是殖民地人反对母国的内在逻辑。殖民地的独立既非英国的压迫所致，也不是某些别有用心之徒刻意鼓动的产物，而是殖民地社会发展和成熟的结果，并且受到多种难以预测的情势的推动。即便在英国政府推出"强制措施"以后，殖民地居民是否除却武装反抗便无路可走，也不是一个可以简单下结论的问题。如果他们稍稍向英国的权威低头，就可以像他们北面的邻居加拿大人那样，继续安稳地做若干年的"英王臣民"，而根本不会沦为他们所忧惧的那种"奴隶"。但是，许多殖民地人显然另有考虑。他们的行动难以按照"逼上梁山"的逻辑来加以解释。与其说他们是为英国的"殖民压迫"所逼

---

① 《约翰·迪金森致威廉·皮特》（"John Dickinson to William Pitt, Dec. 21, 1765"），载埃德蒙·摩根：《革命的序曲：关于1764—1766年〈印花税法〉危机的文献资料》（Edmund S. Morgan, ed., *Prologue to Revolution: Sources and Documents on the Stamp Act Crisis, 1764—1766,*），纽约1973年版，第121页。
② 约瑟夫·沃伦：《演说辞》（Joseph Warren, "Oration"），载《美国年鉴》，第2卷，第216页。
③ 克里斯蒂：《帝国的危机》，第69页。
④ 杰斐逊：《英属美洲权利综论》，载《美国年鉴》，第2卷，第262页。

而被动反抗，不如说是因预见到可能的威胁而采取积极的预防行动；与其说他们是力图捍卫已经享有的权利，倒不如说是在奋力争取更大的发展空间。在这个过程中，英国的殖民地政策成为他们攻击的靶子，为他们论证脱离母国而独立的合理性提供了一种重要的资源。

（原刊于《历史研究》2002年第1期）

美国独立战争爆发前的政治辩论及其意义

七年战争结束以后,英国政府谋求强化对北美 13 个殖民地的管理和控制,最终导致殖民地和母国彻底决裂。殖民地居民在对英国的政策进行抵制的同时,针对这些政策及相关问题展开讨论,形成了一场影响深远的政治大辩论。① 这场政治辩论在美国历史上乃是一大公案,涉及美国革命的起源和性质、美国政治思想传统的形成及特征等一系列重大问题,历来颇受历史学家的关注。② 但是在不断的阐释和评说中,许多问题的本来意义难免受到遮蔽。国内有关论著对于这场辩论大多略而不论,即便偶有涉及,也显得言不及义。本文试图从美国早期社会和政治的变动着眼,通过梳理辩论的话语及其"语境",以解析其具体的内涵,诠释其本来的意义。

---

① 美国有关论著多将这场辩论称作"宪制辩论",本文以"政治辩论"名之,以其更能全面地涵盖所涉及的议题。
② 研究这场政治辩论的代表性著作有克林顿·罗西特:《共和国的播种期:政治自由的美国传统之起源》(Clinton Rossiter, Seedtime of the Republic: The Origin of the American Tradition of Political Liberty),纽约 1953 年版;伯纳德·贝林:《美国革命的意识形态起源》(Bernard Bailyn, The Ideological Origins of the American Revolution),马萨诸塞州坎布里奇 1967 年版;特雷弗·科尔伯恩:《经验之灯:辉格派史观和美国革命的思想渊源》(H. Trevor Colbourn, The Lamp of Experience: Whig History and the Intellectual Origins of the American History),纽约 1974 年版;戈登·伍德:《美利坚共和国的缔造(1776—1787)》(Gordon S. Wood, The Creation of the American Republic, 1776—1787),北卡罗来纳州查珀希尔 1969 年版,第 1 章;约翰·里德:《美国革命时代自由的概念》(John Philip Reid, The Concept of Liberty in the Age of American Revolution),芝加哥 1988 年版;J. C. D. 克拉克:《自由的语言:1660—1832 年英美世界的政治话语和社会动力》(J. C. D. Clark, The Language of Liberty 1660—1832: Political Discourse and Social Dynamics in the Anglo - American World),英国剑桥 1994 年版;埃里克·方纳:《美国自由的故事》(Eric Foner, The Story of American Liberty),纽约 1998 年版,第 1 章;等等。

一、 政治辩论的由来和进展

这场政治辩论发生在 1764—1775 年间,其直接的导因是英国在 1763 年后推出的"新殖民地政策"。辩论的一方是反对英国政策的殖民地人士,[①] 而代表英国立场的主要不是辩论文字,而是不断出台的法令和决定。[②] 在殖民地,卷入辩论的人主要是本地议会议员、律师、商人、牧师等精英人物,不过也包括一些生平难以稽考的普通人。他们当中有激进派与温和派之分,而主导着辩论的主流和走向的乃是激进派。随着英国政策的变化和帝国内部危机的加深,辩论几度出现高潮。辩论的焦点和指向虽然几经变化,但其话语和主旨则是一以贯之的:反对征税以维护权利,否认英国议会的权威以争取自治,最终谋求独立以捍卫自由。自由和权利乃是辩论的核心话语。

在辩论中,殖民地居民制定决议,向伦敦递交请愿书,发表许多小册子、文章、通信和布道词,以表述自己的意见,申明自己的主张。殖民地发达的印刷出版业和数量众多的报纸,在辩论中发挥了关键作用。到 18 世纪中叶,有 9 个殖民地建立了自己的印刷所;1764 年,各殖民地共有报纸 23 种,1783 年更增至 58 种。[③] 当英国着手推行其"新殖民地政策"时,殖民地所具备的传播手段被迅速调动起来,成为政治辩论的有力媒介。

在 1763 年以前,殖民地居民大体上能够接受英国的管理和干预,何以"新殖民地政策"却引发了激烈的辩论和抗议呢?问题的关键在于,殖民地的自主性经过长期发育,此时变得相当成熟,越来越同母国的控制难以相容。殖民地在经济上已具有较强的自足性;人口达到 200 余万,而且欧裔居民产生了一定的共同体意识,自认是有别于母国

[①] 这里的"殖民地人士"系指反对英国政策的北美殖民地居民,包括温和派与激进派。
[②] 英国报刊发表了若干为英国政策辩护和批驳殖民地反英言论的文章,同时在英国议会中也有一个同情和支持殖民地反英派立场的群体;在北美,支持英国政策的人也发表了大量辩论文字。
[③] 卡里·卡森等编:《18 世纪的生活方式》(Cary Carson, et al., eds., *Of Consuming Interests: The Style of Life in the Eighteenth Century*),夏洛茨维尔 1994 年版,第 357 页。

居民的"美利坚人";各殖民地议会下院在与总督及参事会的权力较量中不断得势,在多数殖民地已成为权力结构的核心。另外,由于法国从北美的撤退和印第安人威胁的缓解,殖民地对自身的防卫能力也有了较大的信心。这些变化增强了北美居民的自治要求,使他们愈加难以忍受英国的管理和控制。

争端起于英国为增加岁入而向北美征收关税和国内税的举措。1764年4月,英国议会制定《糖税法》,在形式上仍是以往关税政策的延续,但其目的却有所变化:一是增加岁入以支付殖民地防卫等方面的开支;二是加强对北美贸易的管理。① 在殖民地人看来,这已不是一般的关税措施,而触犯了他们的财产权利和自治地位。多数殖民地议会下院通过了正式的抗议书。纽约议会向英国议会下院递交了请愿书,② 弗吉尼亚的抗议书则提到了"无代表不征税"的原则。③ 对于殖民地的抗议及其理由,英国方面做出了回应。内阁的财政秘书托马斯·惠特利著文申述英国议会对殖民地征税的合理性和合法性,并诉诸"实质性代表"的理论。可见,《糖税法》的出台,触发了殖民地与母国关于代表权、议会主权、殖民地的权利和地位等一系列重大问题的辩论。

《糖税法》并没有带来英国政府所期望的收益。1765年3月,英国议会又制定《印花税法》,首次使母国的征税权渗透到殖民地内部税收领域,进一步超越了单纯的经济性质,触及关乎殖民地的基本权利和地位的重大政治问题。这项旨在改善帝国财政状况的法令,结果却使帝国体系陷入重大危机,成为殖民地和母国关系变化的一个转折点,揭开了殖民地独立运动的序幕。

弗吉尼亚议会率先做出了反对《印花税法》的决议,其他一些殖

---

① 《糖税法》("Sugar Act"),载埃德蒙·摩根编:《革命的序曲:关于1764—1766年〈印花税法〉危机的文献资料》(Edmund S. Morgan, ed., *Prologue to Revolution*: *Sources and Documents on the Stamp Act Crisis*, 1764—1766),纽约1973年版,第4-8页。
② 《纽约递交平民院的请愿书》("The New York Petition to the House of Commons"),载摩根编:《革命的序曲》,第8-14页。
③ 《递交平民院的抗议书》("The Remonstrance to the House of Commons"),载摩根编:《革命的序曲》,第16-17页。

民地也以此为蓝本拟定了各自的决议。各地报纸和印刷所推出了许多抗议性的文章和小册子,其中以詹姆斯·奥蒂斯的《英属殖民地权利申论》(初版于 1764 年)、斯蒂芬·霍普金斯的《殖民地权利考辨》、丹尼尔·杜拉尼的《论英国议会为获得岁入而立法向英属殖民地征税的适当性问题》、理查德·布兰德的《英属殖民地权利探析》影响尤大。在辩论中,民间言论和官方立场彼此呼应、相互支持。一些政论的作者已湮没难考,但其文字、逻辑和思想大多如出一辙。

殖民地人士反对《印花税法》,并非因为税额沉重。正如驻美英军总司令托马斯·盖奇在一封信中所说:"问题不是《印花税法》不合时宜,也不在于殖民地居民没有能力支付税额,而是它不合宪法,违反了他们的权利,(他们)支持各殖民地的独立性,不肯服从大不列颠的立法权。"① 这场论争可以说是独立战争爆发前政治辩论的第一次高潮,它引出了殖民地居民最为关注的一个问题:日益成熟的北美社会在英国殖民体系中究竟处于何种地位?当然,这时殖民地人士所反对的不过是具体的政策,他们并不否认英国的统治权威,仍然保持对英王的忠诚。

1766 年 3 月,英国议会迫于各方面的压力,撤销了《印花税法》;但同时又制定《公告令》,宣布英国议会对殖民地拥有绝对的立法主权,为以后出台征税法令埋下伏笔。果然,1767 年 6 月,英国议会根据查尔斯·汤森的提议,制定了一系列在殖民地征税的新法律。从经济的角度看,《汤森税法》的税额很低,仅合人均 4 便士;② 但是殖民地居民的反应和税额高低没有关联,只要英国议会直接征税,他们就加以反对。于是,《汤森税法》激起了新一轮政治辩论的高潮。

马萨诸塞率先采取行动,于 1768 年 1 月向英国国王呈递请愿书,要求废除新的税法;同时还向其他殖民地发出公开信,谴责《汤森税

---

① 转引自劳伦斯·吉普森:《革命的来临》(Lawrence Henry Gipson, *The Coming of the Revolution*, 1763—1775),纽约 1962 年版,第 115 页。
② 埃德温·珀金斯:《美国殖民地时期的经济》(Edwin J. Perkins, *The Economy of Colonial America*),纽约 1980 年版,第 139 页。

法》违背了"无代表不征税"的原则,呼吁各殖民地采取共同行动。弗吉尼亚等 10 个殖民地相继效法马萨诸塞。约翰·迪金森用"一个宾夕法尼亚农场主致英属殖民地居民的信札"为题,发表了 12 篇反对《汤森税法》的文章。这些"信札"不胫而走,北美报纸中仅有 4 种没有刊登这些文章。迪金森的最大贡献,在于阐述了以关税形式出现的《汤森税法》何以同样侵犯了殖民地的权利。①

在反对《汤森税法》的运动中,殖民地和母国的关系急剧恶化。英国政府在取消《汤森税法》后不久,又于 1773 年 5 月推出了《茶税法》,授权东印度公司在北美殖民地销售茶叶。殖民地抗议浪潮再度兴起,发生了"波士顿茶会"等暴力事件,英国在一些殖民地的权力机构近乎瘫痪。于是,英国议会通过了 4 项"强制性法令",对马萨诸塞实行惩戒,并准备用武力平息反抗。殖民地人士则在费城召开第一届大陆会议,商讨对策。此后未出半年,独立战争即告爆发。

在北美和母国的关系陷入日益严重危机的同时,殖民地居民的政治意识也在不断深化。在这一阶段,政治辩论转向检视英国历史上所有的殖民地政策,开始质疑和否定英国对北美的主权,独立的舆论趋于成熟,革命的政治理念也逐渐形成。1768 年,赛拉斯·唐纳发表"自由树献词",系统表达了对于自由和权利的认识,批判了英国对殖民地的许多政策,号召殖民地居民为捍卫自由而斗争。1774 年 7 月,托马斯·杰斐逊写成《英属殖民地权利综论》,总结了此前关于殖民地权利和地位的各种论点,矛头直指英王。同年,约翰·亚当斯以"新英格兰人"(Novanglus)为笔名发表 12 篇文章,全面批驳支持英国立场的"马萨诸塞人"(Massachusettenis)的观点,回顾和总结了殖民地同母国的争端。不少清教牧师在选举日布道词中发表自己的政治见解,也加入了政治辩论的行列。各地报纸还登载了许多匿名文章和读者来

---

① 约翰·迪金森:《一个宾夕法尼亚农场主致英属殖民地居民的信札》(John Dickinson, "Letters from a Farmer in Pennsylvania to the Inhabitants of the British Colonies"),载梅里尔·詹森编:《美国革命政论选(1763—1776)》(Merrill Jensen, ed., *Tracts of the American Revolution*, 1763—1776),印第安纳波利斯 1967 年版,第 133 – 160 页。

信,表达了大致相近的看法。

总之,在列克星敦的枪声响起以前,批判英国在殖民地的统治的声音越来越强烈,美国革命的基本原则逐渐变得明晰,独立与共和之声已到了呼之欲出的地步。1776年初,刚从英国移居北美的托马斯·潘恩发表《常识》,用通俗而激昂的文字,将郁积在许多反英人士心中的想法和盘托出。是年6月,杰斐逊等人开始起草《独立宣言》,综合此前10余年辩论中所表达的政治理念,并加以提炼和升华,形之以简洁而有力的语言,表达了殖民地脱离英国的理论依据和现实理由,宣告13个殖民地独立,给一场旷日持久的政治辩论画上了句号。

二、"无代表不征税"

英国议会对殖民地征税的合法性是辩论的一个基本主题,殖民地人士提出了"无代表不征税"的口号。代表权的争议肇端于《糖税法》出台之际,在《印花税法》危机中全面展开,在后来关于《汤森税法》和《茶税法》的辩论中仍被提及,但其指向已不限于反对英国议会征税,而是直接挑战它对殖民地的主权,涉及英国的主权和全部殖民地政策的合理性问题,表明辩论已进入了新的层次。

征税必须得到人民或其代表(议会)的同意,这是英国内战前就已得到确认的原则。可是,引发争议的问题是,殖民地人在英国议会没有议席,英国议会能够代表他们表达同意吗?如果北美居民的意志在英国议会得到了代表,那么它的征税法令就具有合理性,反之则违犯了宪法和人民的基本权利。无论是殖民地人士还是英国政府,都不难看出代表权问题的关键性,于是就此大做文章,力图证明各自立场的正当性。

早在1754年,本杰明·富兰克林就已意识到代表权问题上存在的隐患，感到北美在英国议会没有代表，可能会在征税问题上引发不满。① 果不其然，一俟《糖税法》出台，代表权就成了争论的焦点。纽约殖民地议会在请愿书中明确指出：免受未经授权和非自愿的税收，乃是任何一个自由之邦的重大原则问题；征税权必须完全属于人民自己。② 弗吉尼亚的抗议书也提到，按照"英国的自由"的根本要求，征税法案必须由殖民地居民自己选择的代表来制定。③ 在《印花税法》出台之前，康涅狄格总督托马斯·菲奇等人提出，殖民地和英国在地理上相距遥远，不能选派代表参加英国的议会，因而议会的法律在制定时未经他们的代表同意，如果要他们服从这样的法律，就违背了英国宪法的基本原则。④ 显然，他们已找到了反对英国议会向殖民地征税的宪法和理论上的依据。

不过，殖民地人士的这种观点受到了英国方面的批驳。惠特利在强调英国议会对殖民地征税的必要性和合法性时说，所有大不列颠的臣民都在英国议会得到了"实质性的代表"，因为议员并非自己所在选区的代表，而是整个大不列颠平民的代表；不论是殖民地居民，还是英国居民，也不论他们是否在议会有自己特定的代表，只要是议会多数通过的法案，就对他们具有约束力。⑤ 这种论点得到英国朝野许多人士的赞同。英国议会下院议员索姆·詹宁斯撰文说，英国许多地方，比如曼彻斯特、伯明翰等富裕而繁荣的商业城市，在议会根本没有席位，难道他们就不是英国人？难道他们就没有被征税？殖民地不过是

---

① 约翰·亚当斯：《诺万格拉斯：北美和母国争端的历史》（John Adams, "Novanglus: or, A History of the Dispute with America"），见查尔斯·弗朗西斯·亚当斯编：《约翰·亚当斯文集》（Charles Francis Adams, ed., The Works of John Adams），波士顿 1850—1856 年，第 4 卷，第 19 页。
② 《纽约递交平民院的请愿书》，载摩根编：《革命的序曲》，第 9 页。
③ 《递交平民院的抗议书》，载摩根编：《革命的序曲》，第 16 页。
④ 托马斯·菲奇等：《关于为什么不得向英属美洲殖民地征收内部税的理由》（Thomas Fitch, et al., "Reasons Why the British Colonies, in America Should not be Charged with Internal Taxes, etc."），载莫蒂默·阿德勒主编：《美国年鉴》（Mortimer J. Adler, ed., The annals of America），芝加哥 1976 年版，第 2 卷，第 87—98 页。
⑤ 托马斯·惠特利：《论最近制定的管理殖民地的措施以及对其征税的问题》（Thomas Whately, "The Regulations lately Made concerning the Colonies and the Taxes Imposed upon Them, Considered"），载摩根编：《革命的序曲》，第 17—23 页。

英王创设的法人团体，没有更多的摆脱议会主权的借口。①

显然，在代表权的界定和意义方面，英国政府与殖民地之间存在很大的分歧：前者主张整体的实质性代表制，而后者则坚持分散的地方代表制。"实质性代表"的基本依据是，英国本土有许多人并没有选举代表参加议会的权利，但他们一直服从议会的法令，因而殖民地不能以在英国议会没有代表为由反对议会的征税。殖民地人士驳斥了这种逻辑。布兰德说，如果英国有9/10的人没有选举权，这是英国宪法的一个缺陷，而不能作为"实质性代表"的根据。② 杜拉尼提出，惠特利的论证所包含的事实是不真实的；在英国，选民和非选民之间联系密切，休戚与共，因而非选民的利益可以通过选民及其选举的议员而得到代表；但北美居民和英国的选民缺少联系，殖民地所受压迫再多，也不会引起英国人的警觉或同情，甚至某种极端损害美洲居民利益的法案，反而可能在英国大受欢迎；因此，英国选民及其选举的议员根本不可能代表北美居民，平民院也就无权处置北美居民的财产。③ 另有文章反诘道：既然议会下院代表了所有人民，整个英国的人民岂不可以由任何一个选区的成员来代表？④ 有的论者根本不相信英国议会能够代表殖民地人，其理由是：英国议员"了解我们吗？我们了解他吗？不。我们能对他的行为加以任何限制吗？不。他非有保护我们的自由和财产的义务和兴趣不可吗？不。他熟悉我们的情况、处境、需要之类的东西吗？不。那么我们还能从他那里期望得到什么呢？除了无止境的税收之外，什么也不会有"。⑤ 布兰德更尖锐地指出，英国议

---

① 索姆·詹宁斯：《略论我们在美洲的殖民地反对大不列颠议会征税问题》（Soame Jenyns, "The Objections to the Taxation of Our American Colonies, by the Legislature of Great Britain, Briefly Consider'd"），载《美国年鉴》，第2卷，第160—161页。
② 理查德·布兰德：《英属殖民地权利探析》（Richard Bland, "An Inquiry into the Rights of the British Colonies"），载詹森编：《美国革命政论选（1763—1776）》，第114页。
③ 丹尼尔·杜拉尼：《论英国议会立法为获得岁入而向英属殖民地征税的适当性问题》（Daniel Dulany, "Considerations on the Propriety of Imposing Taxes in the British Colonies for the Purpose of Raising a Revenue by Act of Parliament"），载摩根编：《革命的序曲》，第79—83页。
④ 《一个普通自耕农的来信》（"A Letter from a Plain Yeoman"），载摩根编：《革命的序曲》，第75—76页。
⑤ 转引自贝林：《美国革命的意识形态起源》，第169页。

会既然有舰队和陆军作为后盾,就有"权力"(power)向殖民地征税;但它没有"权利"(right)这样做;因而向殖民地征收"内部税"的法令乃是"权力之法",而不是"权利之法";但是,一旦权力从权利中抽象出来,统治的正当名义即告丧失。①

既然症结在于代表权,那么一旦北美选派代表出席英国议会,是否所有难题便会迎刃而解呢?殖民地内部对此也有截然不同的看法。霍普金斯、奥蒂斯等人主张殖民地应参加帝国的大议会,②但是反对的意见更为强烈。马萨诸塞的决议指出,如果真要北美选派代表出席英国议会,那也是很不现实的。③《宾夕法尼亚日报》刊登一封读者来信,对殖民地参加英国议会一事做了深入的评论。文中说,要殖民地派代表赴伦敦参加议会的主张实属居心叵测;实际上,殖民地参加英国议会非但没有实际意义和好处,而且危害甚烈;如果殖民地接受英国议会的代表权,就会形成一种极坏的政府体制,殖民地对母国的依赖就会加深,英国议员就会成为北美居民的主人。④

这种论辩再清楚不过地显露了殖民地人士的真实意图:他们要求的是完全的自治。迪金森说,当初之所以在各殖民地设立立法机构,乃是因为人们相信这里的居民不能在伦敦的最高立法机构得到代表,只有殖民地议会才能确定征税事宜。⑤ 塞缪尔·亚当斯指出,北美和英国中间隔着大洋,无法派代表参加英国议会,只有殖民地议会才是他

---

① 布兰德:《英属殖民地权利探析》,载詹森编:《美国革命政论选(1763—1776)》,第110、121页。
② 斯蒂芬·霍普金斯:《殖民地权利考辨》(Stephen Hopkins, "Rights of Colonies Examined"),载伯纳德·贝林编:《美国革命时期的小册子(1750—1776)》(Bernard Bailyn ed., *Pamphlets of the American Revolution*, 1750—1776),马萨诸塞州坎布里奇1965年版,第1卷,第513页;詹姆斯·奥蒂斯:《英属殖民地权利申论》(James Otis, "The Rights of the British Colonies Asserted and Proved"),载詹森编:《美国革命政论选(1763—1776)》,第25、40页。
③ 《马萨诸塞1765年10月29日决议》("The Massachusetts Resolves, October 29, 1765"),载摩根编:《革命的序曲》,第57页。
④ 《致〈宾夕法尼亚日报〉出版者》("To the Printer, *Pennsylvania Journal*, March 13, 1766"),载摩根编:《革命的序曲》,第88—92页。
⑤ 《马萨诸塞议会众议院致谢尔本伯爵》("The House of Representatives of Massachusetts to the Earl of Shelburne"),载哈里·库欣编:《塞缪尔·亚当斯文集》(Harry Alonzo Cushing, ed., *The Works of Samuel Adams*),纽约1904—1907年版,第1卷,第161页。

们的代表机构。① 唐纳进而宣称，英国议会无权制定任何管辖殖民地的法令；殖民地居民只能由他们自己的议会来统治。② 总之，殖民地人士坚持"代表权完全来自于人民的自由选举"。③

殖民地人士坚持地方代表制，不仅否认了英国议会对殖民地征税的合理性，而且伸张了殖民地议会的权力，将它当成和英国议会平行的权力实体，为后来的"二元帝国"设想打下了基础。这种主张实际上反映了殖民地的政治状况和权力格局。在1763年以后，各殖民地议会下院的权力已经十分强大。在处理日常事务的过程中，议员们通过制定法令和树立先例，悄然不觉地掌握了审查所有官员财政开支、参与财政支出的决定、任命涉及财政问题的官员等权力。其时正当英国议会权势上升的时期，殖民地议会下院自比英国议会平民院，以它为榜样来扩充权力，于是逐渐成为殖民地权力结构中的主导力量。而且，以议会下院为基地，还涌现出一批具有影响力的领袖人物。英国向殖民地征税，在一定意义上也是对殖民地议会权力和地位的一个直接威胁；殖民地人士高举"无代表不征税"的旗帜，也就是对本地议会权力的捍卫。美国历史学家杰克·格林据此指出，美国革命不仅涉及个人权利，而且也与议会的权利息息相关。④

三、英国的主权与殖民地的地位

高扬"无代表不征税"的原则，仅是殖民地人士挑战英国主权的

---

① 《1768年2月11日马萨诸塞传阅信》（"Massachusetts Circular Letter"），载亨利·斯蒂尔·康马杰编：《美国历史文件集》（Henry Steele Commager, ed., *Documents of American History*），纽约1963年版，第1卷，第66—67页。

② 赛拉斯·唐纳：《自由树献词》（Silas Downer, "A Discourse at the Dedication of the Tree of Liberty"），载查尔斯·海因曼等编：《美国建国时期政论选（1760—1805）》（Charles S. Hyneman, and Donald S. Lutz, eds., *American Political Writing during the Founding Era, 1760—1805*），印第安纳波利斯1983年版，第1卷，第100、101页。

③ 转引自贝林：《美国革命的意识形态起源》，第169页。

④ 杰克·格林：《议会下院在18世纪政治中的作用》（Jack P. Greene, "The Role of the Lower House of Assembly in Eighteenth-Century Politics"），载杰克·格林编：《美国革命再探讨》（Jack P. Greene, ed., *The Reinterpretation of the American Revolution*），纽约1968年版，第108—109页。

一个开端。他们在辩论中逐渐走向全面质疑英国对北美的统治,思考殖民地在英帝国体系中的地位。他们对于殖民地的命运有着不断趋于明确的把握,最终发展到否认整个英国主权,倡导完全的自治。这种主张离公开宣布独立仅有一步之遥。换言之,《独立宣言》抨击英国统治和否认英国主权的整套话语,在辩论中已具雏形。

英国议会乃是殖民地人士的第一个抨击对象。虽然他们在反对英国议会对殖民地的征税法令时,曾一再表示在整体上承认其权威,但是英国议会对殖民地的各项权力具有相关性,否认其中一项权力,必然损及整体权威。支持英国政策的罗得岛法官小马丁·霍华德,在反驳霍普金斯时一针见血地指出了其中的利害:"无论这个小册子的表达怎样掩藏、粉饰或委婉化,其吐露的意图完全是显而易见的,也就是要证明各殖民地有权利独立于(英国)议会权威,不受其控制。"①

随着事态的演化,殖民地激进派对英国议会的控制日趋反感。有一次,马萨诸塞有位律师公开说:"大不列颠议会无权为我们立法。"奥蒂斯闻言,随即起立向他致敬。② 奥蒂斯显然持有同样的观点,他在1765年就发出了尖锐的质问:为什么美利坚人在贸易、商务、艺术、科学和制造业方面不能和欧洲人一样自由?③ 这表明他已开始从整体上质疑议会控制殖民地事务的合理性。还有人提出,殖民地居民除了和英国人同为英王的臣民以外,彼此并无什么实质性的联系。④ 一篇署名"Britannus Americanus"的文章,对殖民地的历史和殖民地居民权利的渊源做了更为激进的解释:当最初的移民来到北美时,他们有权利确定自己认为最好的政府形式,他们事实上选择了英国的政体,选择英王作为他们的国王,但这并不意味着英国人民就与殖民地居民有着特别的政治联系或拥有管辖他们的权力;北美居民仅仅和英王订立了公

---

① 小马丁·霍华德:《哈利法克斯一位绅士的信札》(Martin Howard, Jr., "A Letter from a Gentleman at Halifax"),载詹森编:《美国革命政论选(1763—1776)》,第 64 页。
② 参见吉普森:《革命的来临》,第 168 页。
③ 参见 I. R. 克里斯蒂:《帝国的危机:1754—1783 年的大不列颠和北美殖民地》(I. R. Christie, Crisis of the Empire: Great Britain and the American Colonies, 1754—1783),纽约 1966 年版,第 69 页。
④ 参见埃德蒙·摩根:《共和国的诞生(1763—1789)》(Edmund S. Morgan, The Birth of the Republic 1763—1789),芝加哥 1956 年版,第 25 页。

约,他们仅只服从英王一人,并接受他按照这个公约(体现在特许状之中)的规定而进行的统治,而不受英国人民或他们的任何团体机构的控制和管辖。① 这就是说,威斯敏斯特的议会作为"英国人民"的一个"团体机构",并没有"控制和管辖"北美殖民地的权利。为了否认议会对殖民地的权力,殖民地人士还不惜抬高正在处于衰落中的王权,以国王的权威来贬抑议会的权力。他们声称,殖民地议会的权力来自于英王的授予,而非来自英国议会;殖民地特许状表明,北美居民并非英国议会的臣民。② 他们只承认对英王乔治三世的忠顺,而完全否认对"那个岛上的居民"的任何其他依附,因为英国居民也是英王的臣民,北美居民怎么可能是"臣民的臣民"呢?③

随着殖民地与母国关系的恶化和辩论的不断深入,英国统治北美的权利受到日益强烈的挑战。艾伦认为,议会不仅无权制定损害殖民地的法律,也无权制定保护北美的法令。④ 杰斐逊宣称,"我们宣布这些法令无效的真正理由是,英国议会无权对我们行使其权力"⑤。相较于原来"无代表不征税"的主张,这种观点无疑向前迈出了一大步:英国议会根本就不具备对殖民地行使立法权力的权利。这表明,殖民地对母国的离心倾向已经十分强烈。殖民地的政府被他们称作"自己的政府"⑥,而英国政府及其政策则被当成一种异己的东西,英国官员更成了"和我们的宪法无关、不为我们的法律所承认的人"⑦。

然而,英国议会过去一直在为殖民地立法,而且此时比以往更加坚持其管辖殖民地的权利,若要彻底否认议会权威的合理性,就必须

---

① 参见海因曼等编:《美国建国时期政论选(1760—1805)》,第1卷,第88-89页。
② 《马萨诸塞众议院致总督》("The House of Representatives of Massachusetts to the Governor"),载库欣编:《塞缪尔·亚当斯文集》,第2卷,第405、407、408页。
③ 唐纳:《自由树献词》,载海因曼等编:《美国建国时期政论选(1760—1805)》,第1卷,第98、102页。
④ 约翰·艾伦:《关于自由之美的演讲》(John Allen, "An Oration Upon the Beauties of Liberty"),载埃利斯·桑多兹编:《美国建国时期的政治布道词》(Ellis Sandoz, ed., *Political Sermons of the American Founding Era*),印第安纳波利斯1991年版,第322页。关于此文的作者,美国学术界有不同意见,有人认为系艾萨克·斯基尔曼(Isaac Skillman)所作。
⑤ 托马斯·杰斐逊:《英属美洲权利综论》(Thomas Jefferson, "A Summary View of the Rights of British America"),载《美国年鉴》,第2卷,第260页。
⑥ 参见库欣编:《塞缪尔·亚当斯文集》,第2卷,第229页。
⑦ 杰斐逊:《英属美洲权利综论》,载《美国年鉴》,第2卷,第262页。

全面抨击英国的殖民地政策。唐纳在 1768 年就开始这样做了。他对英国涉及殖民地的邮政法、《海上贸易条例》、税收和关税政策、限制制造业的措施、管理印第安人贸易和抑制西部土地投机的举措、驻扎常备军和解散议会的做法，都提出了尖锐批评，指责这些政策和措施限制、侵害了北美居民的自然权利。① 进入 18 世纪 70 年代，殖民地人士的意见更趋尖锐。约瑟夫·沃伦直截了当地将英国的殖民地政策斥责为暴政，他抗议道：如果北美居民对此略有抱怨和抗议，"刀剑就被拿出来作为恰当的论点，使我们缄口沉默！"② 塞缪尔·亚当斯代表波士顿市镇会议起草一个文件，历数英国侵犯殖民地居民权利的种种事例。③ 稍后的《独立宣言》，只不过是用更强硬的措辞例举了英国更多的"罪状"。

议会主权既不成立，殖民地也非英国本土居民的臣属，那么双方的关系就应当是平等的。布兰德明确指出，北美和英国本来就是分开的不同国度，仅仅是由于有英王这根纽带才使两者结成联盟，两者在这个联盟中自然属于平等的伙伴，而不可能有任何隶属关系。他质问道：权利意味着平等，既然大英帝国在欧洲和在美洲的两部分都处于同一权力之下，为什么要对两地居民予以区别对待呢？④ 唐纳的见解则更加激进：如果由于某地的居民来自另一地方，后者就对前者拥有主权，那么英国居民原本来自高卢，照理说法国就有权来统治英国；世界上许多国家都是人口扩散的结果，但是并未因为母国的观念而形成一国对另一国的依附关系。所以，北美移民来自英国，这并不证明英国对北美拥有主权。进而言之，殖民地居民使用"母国"这个词，也是很不妥当的。⑤

根据上述说法，殖民地和母国的关系就必须做出相应的调整。实

---

① 唐纳：《自由树献词》，载海因曼等编：《美国建国时期政论选（1760—1805）》，第 1 卷，第 102 - 106 页。
② 约瑟夫·沃伦：《演说辞》（Joseph Warren, "Oration"），载《美国年鉴》，第 2 卷，第 215 页。
③ 参见库欣编：《塞缪尔·亚当斯文集》，第 2 卷，第 360 - 368 页。
④ 布兰德：《英属殖民地权利探析》，载詹森编：《美国革命政论选》，第 118、122 页。
⑤ 唐纳：《自由树献词》，载海因曼等编：《美国建国时期政论选（1760—1805）》，第 1 卷，第 104 - 105 页。

际上，英国和北美都确有人都对此加以探讨，希望能够找到一种合理的方式，其中包括二元帝国的设想，即在共同拥戴英王的前提下建立平等的联盟关系。1765 年北卡罗来纳有人提出，殖民地和母国联合得越紧密，对双方就越有好处；但是，"这样一个联盟如果不建立在平等的基础上，就永远不会生效"①。1769 年出版的一本小册子指出，殖民地实际上是独立于英国的"邦国"，要他们服从于威斯敏斯特的权威，实际上就是"奴役"，所以，最佳的办法是建立平等的同盟。1775 年 2 月，就在殖民地和英国的武装对抗如箭在弦之际，年轻的亚历山大·汉密尔顿发表文章，呼吁双方结束争端，尽快和解，共同拥戴英国国王，实现永久的、互利的联盟。这种联盟计划的实质，就是要英国议会放弃对殖民地的主权，使殖民地在国王的名义下实现完全的自治。这对于正在崛起的英国议会无异于与虎谋皮，因为"英国立法机构的至高权威必须是全部的、完整的和无条件的；否则，殖民地就必然是自由的和独立的"②。可见，从英国议会的立场看，基于平等的原则在帝国框架内调整殖民地和母国的关系，根本就没有成功的机会。

在否认英国议会的权威之后，英王便成为殖民地激进派攻击的靶子。在政治辩论的初期，激进派只攻击议会而不反对国王，采用迂回策略来抵抗母国的政策。到 18 世纪 70 年代初，有人开始追究国王在各种事情中所扮演的角色。艾伦用颇为"忤逆"的口吻说，从前查理·斯图亚特因为侵犯人民的权利而掉了脑袋，如果再有某位君主步其后尘，那么等待他的将会是什么呢？他进而提出一个至为严肃的问题：国王所拥有的不过是人民通过"公约"赋予他的那些权利，如果他和他的大臣派战船来到北美，用权力和刀剑盗取人民的财产，那么他们是不是违法者呢？③ 这一问不仅否认英王对北美的主权，而且含有

---

① 转引自戴维·洛夫乔伊：《"权利意味着平等"：1764—1776 年反对海事司法的斗争》（David S. Lovejoy, "'Rights Imply Equality': The Case Against Admiralty Jurisdiction in America, 1764—1776"），载格林编：《美国革命再探讨》，第 195 页。
② 转引自理查德·范奥尔斯泰因：《帝国与独立：美国革命的国际史》（Richard W. Van Alstyne, *Empire and Independence: The International History of the American Revolution*），纽约 1965 年版，第 41、55、60 页。
③ 艾伦：《关于自由之美的演讲》，载桑多兹编：《美国建国时期的政治布道词》，第 307、311 页。

指斥其举措为强盗行径的用意。杰斐逊在《英属美洲权利综论》中谴责英国政策,反复将这些政策和"英王陛下"联系起来,已经公开将批评的矛头指向英王。① 殖民地报纸上还有文章公然评论道:"各位国王的历史不过是一部愚蠢和人类本性堕落的历史。"② 可见,君主权威的神圣光环开始变得黯淡,效忠的纽带也趋于松弛。殖民地的激进派甚至表示,一旦殖民地以武力捍卫自由,也不能称作"叛乱",因为当一个人的权利受到威胁时,如果他不起来加以捍卫,那他就是上帝的叛徒、自然法的叛徒和他自己良知的叛徒。③ 至此,以往北美居民避之犹恐不及的共和主义"幽灵",已经悄然降临;而《常识》和《独立宣言》所要完成的工作,就是将这个"幽灵"请入正殿。

与此同时,殖民地人士也意识到,全面挑战英国的主权绝非易事,因为英国的殖民地政策有强大的实力作为支撑;殖民地人民要捍卫自己的权利,必须做好武力反抗的准备。1773 年,新英格兰牧师西米恩·霍华德在布道时为武力抗英寻找合法的依据:"自存"乃是人类心灵中的最强大、最普遍的原则之一,这个原则允许使用一切必要手段进行自我保护,以力御力,以暴抗暴;当有必要用武器来捍卫自己的自由时,如果仍让刀剑生锈而不使用,乃是一种耻辱。他提醒人们:"一群愿意固守自由的人民,应当为自己准备适合于防卫的武器,并懂得它们的用途。"④ 他的话预示,通过战争以争取独立的时刻即将来临。

四、 权利话语与反抗母国的正当性

按照 17、18 世纪通行的观念,殖民地既为英王的领地和财产,英王的政府就有权力与权利加以管理和控制;殖民地否认和挑战母国的主权,在法理与伦理上都无异于谋反和叛乱。因此,要找到反英独立

---

① 杰斐逊:《英属美洲权利综论》,载《美国年鉴》,第 2 卷,第 258—265 页。
② 参见《美国年鉴》,第 2 卷,第 283 页。
③ 艾伦:《关于自由之美的演讲》,见桑多兹编:《美国建国时期的政治布道词》,第 323、324 页。
④ 海因曼等编:《美国建国时期政论选(1760—1805)》,第 1 卷,第 191、194—195、197 页。

的合理性,就必须借助一种足以超越母国主权的理论,将殖民地的反英行动置于正义和理性的基点上,使之从"叛乱"变成"革命"。于是,殖民地人士便从历史知识、启蒙思想、英国"乡村派"言论和常识中寻求理论和道德资源,建构出一套权利话语,以提升抵制母国政策、反抗伦敦控制的正当性,并在无意中为《独立宣言》准备好了理论思路和逻辑框架。

权利话语的内涵并不复杂。殖民地人士反复宣称,人生而具有许多不可剥夺的权利,其中最重要者包括生命、自由和财产权利,这是人之为人所应具有的自然权利;建立在上帝之法和自然之法基础上的英国宪法,肯定和保障人的自由和基本权利;殖民地居民作为人和英国的国民,与英国本土居民享有同样的自由、权利和豁免;这些原则历经历史的沧桑而变得颠扑不破,神圣不可侵犯;判断一项法律是否合理,其标准在于它是否与人的自然权利相一致;如果统治者侵害被统治者的自由,其统治就丧失了合法性,人民起而反抗即为正义之举。几乎所有抗议英国政策的官方文件和民间言论,都采用了这种权利话语。这种权利话语首先是一种宣传鼓动,目的是为反英寻找理论和道义的依据;它同时也表明,殖民地居民的确怀有某种"自由情结",将自由和权利视为生活的最高价值和政治的终极目的。

殖民地人士在建构权利话语时,在理论上有选择地吸收了自古希腊、罗马以来的欧洲思想,特别是启蒙作家和辉格党反对派的言论。詹姆斯·哈林顿、阿尔杰农·西德尼、约翰·密尔顿、约翰·洛克、孟德斯鸠、波林布鲁克、托马斯·戈登、约翰·特兰查德、威廉·布莱克斯通等人的著作,均可见于殖民地许多私人和图书馆的收藏。孟德斯鸠的《论法的精神》译成英文后,深得英国和北美居民喜爱;洛克的《政府论》第2篇1773年在波士顿出了一个新版;18世纪上半叶英国政治反对派的刊物和作品,在北美也被多次翻印[①]。这些著作之所以深受殖民地人士的青睐,是由于它们阐发了理性和自由的真谛。

---

① 参见克拉克:《自由的语言》,第26-27页。

17世纪以来欧洲学者所论及的自然状态、社会契约、自然权利、人民主权、重订契约等理论,成为殖民地人士建构权利话语的基本素材。清教牧师丹尼尔·舒特在布道词中提到,生命、自由和财产乃是造物主赐予人的礼物,但它们容易受到他人的侵害,所以人们才结成了社会;政府的目的乃在于保障这些权利。① 塞缪尔·亚当斯则将自然权利分解为四种:生命权、自由权、财产权和采用适当手段维护这些权利的权利。② 唐纳根据自然权利学说,对人们经常引用的《大宪章》、特许状等宪制文件的性质做了这样的解释:这些"自由的伟大宪章"并不是赋予自然权利,而是宣布和肯定人民的权利③。这些言论揭示了殖民地权利话语的基本原则,但显然只是洛克等人的激进理论的复述。

在建构权利话语的过程中,殖民地人经常诉诸历史。他们所利用的历史通常无关乎"过去实在"的真实,大多是经过重新解释乃至编造的历史。他们之所以注重这种历史,是因为其中"充满一种对暴政的正当仇恨和对自由的热情"④。另外,他们对英国和欧陆历史的理解,也受到英国辉格派史观的熏染。⑤ 在他们的笔下,英国历史成了一部自由的消长史和宪法的演进史。英国人长期以来就享有一系列权利,英国宪法建立在自然权利的基础之上,构成世界上最好的体制;英国政府则是"由一群明智、自由和勇敢的人民建立在自由的基础之上"的政府;英国是"历史上所仅见的最自由的国家",英国人享有"人类所知的最完美的自由体制";他们"享有的自由"使他们区别于世界上所有其他国家的人民。⑥

在论证英国源远流长的自由传统以后,殖民地人士转而声称他们自己继承并光大了这一传统,进而把北美拓殖史重构为他们的先人寻

---

① 丹尼尔·舒特:《选举日布道词》(Daniel Shute, "An Election Sermon"),载海因曼等编:《美国建国时期政选》,第1卷,第111-112、116页。
② 库欣编:《塞缪尔·亚当斯文集》,第2卷,第351-352页。
③ 唐纳:《自由树献词》,载海因曼等编:《美国建国时期政选(1760—1805)》,第1卷,第100页。
④ 乔赛亚·昆西语,转引自伍德:《美利坚共和国的缔造》,第7页。
⑤ 参见科尔伯恩:《经验之灯》,第6-7页。
⑥ 里德:《美国革命时代自由的概念》,第14、15页。

求和捍卫自由的历史。一批又一批移民先辈离开英国来到新大陆,意味着自由"离弃了英伦诸岛,在美洲的荒原上安家落户"①;这些背井离乡的人们,乃是对"真正的宗教和自由"拥有"热情"的人,他们"被权力之手所驱赶",来到一个陌生和危险的大陆②;他们"经过斗争,在荒野中发现了自由",而他们的后代则是他们所争取的自由的正当继承者;如果他们不努力捍卫这种自由,起先辈于地下,就会对这些不肖子孙深感愤怒③。

为了证明英国政策对已然拥有的权利构成侵害,许多政论文章都编造了一种殖民地居民长期以来普遍享有自由的神话。殖民地被美化为一个自由和幸福不断增进的地方,"从来没有任何国家经历过比这更好的幸运";殖民地居民久已享有自由的赐福,因为"公民政府的目的在美洲得到很好的满足,公正的治理得以普遍实行,我们是由我们自己制定、经英王同意的法律所统治的"④。一言以蔽之,"这里一直是自由的土地。我们长期以来在很大程度上一直享有这一福佑"⑤。这些作者想借此说明,反英运动的目的并非寻求新的权利,而不过是要使他们已经拥有的自由免于失落,因而绝非不当的非分之举。

在殖民地人士看来,英国国内近期的政治局面和对殖民地的种种举措,表明一个剥夺自由、奴役人民的阴谋正在实施当中,这使得他们所享有的自由面临极大的威胁。殖民地人士宣称,英国"曾经是自由的国度、爱国者的学校和英雄的摇篮,现在已变成了奴役的国度、弑父者的学校和暴君的摇篮"⑥;"邪恶弊端的蔓延,已经改变了英国政府的整个面貌"⑦。现在,维护自由的使命就落到了殖民地居民的肩上。他们祈祷,"但愿我们的土地成为一个自由之乡,一个美德的安身

---

① 里德:《美国革命时代自由的概念》,第14页。
② 库欣编:《塞缪尔·亚当斯文集》,第1卷,第27、153页。
③ 唐纳:《自由树献词》,载海因曼等编:《美国建国时期政论选(1760—1805)》,第1卷,第107页。
④ 唐纳:《自由树献词》,载海因曼等编:《美国建国时期政论选(1760—1805)》,第1卷,第99、100页。
⑤ 纳撒尼尔·奈尔斯:《自由两论》(Nathaniel Niles, "Two Discourses on Liberty"),载海因曼等编:《美国建国时期政论选(1760—1805)》,第1卷,第275页。
⑥ 转引自伍德:《美利坚共和国的缔造》,第32页。
⑦ 转引自科尔伯恩:《经验之灯》,第67页。

之所，一个被压迫者的避难地，一个地球上美名传扬的地方"①。但是，英国政府却将毁灭自由之手伸向了北美，"一系列的事件，许多最近发生的事情，……提供了重大的理由使人相信，帝国专制政府已经制订并部分地实施了一项蓄谋已久和险恶可怕的计划，以根除人民的一切自由"②。他们言之凿凿地指出，"单一的暴虐之举可以归之于一时的偶然舆论，但这一系列的压迫，始于一个特别的时期，大臣几经更换而施行则一成不变，这再清楚不过地证明，存在一个要将我们变成奴隶的处心积虑的系统计划"③。

从历史的角度来说，英国政府在1775年以前并没有酝酿或实施"奴役北美的阴谋"，其"新殖民地政策"并非以"压迫"为旨趣，而不过是要求殖民地居民这些大英帝国的"臣民"共同承担帝国的财政和防卫负担。英国政府在决策之前也曾征询殖民地人士的意见，遇到抵制时又几度取消了既定政策。虽然抗议和暴力抵制屡次出现于北美各地，但英国并未为此大举打击"滋事之徒"。可是，这种虚构的"阴谋论"，却成为驱使殖民地居民反英的一个动力。

权利话语的主旨在于论证反英独立的合理性。布兰德曾提出了一个大胆的说法：如果一个国家的人民面临被剥夺公民权利的危险，或者不满意他们在某一社会的地位，他们就有脱离这一社会而进入另一国家的"自然权利"；一旦他们脱离了原来的国家，他们就恢复了"自然的自由和独立"，原来的国家权力对他们就不再有效，他们获得新的国土，组成新的政治社会，成为新的主权国家。④ 他在这里一方面暗示，北美殖民地从一开始就相当于独立于英国的新国家；另一方面也提醒人们，如果英国政府执意剥夺殖民地人的自由，也就为殖民地公开独立建国提供了正当的理由。在塞缪尔·亚当斯看来，由于人们结成社会乃出于自愿，只要他们愿意，就有权利留在自然状态；人们在

---

① 沃伦：《演说辞》，载《美国年鉴》，第2卷，第216页。
② 转引自贝林：《美国革命的意识形态起源》，第94页。
③ 杰斐逊：《英属美洲权利综述》，载《美国年鉴》，第2卷，第260–261页。
④ 布兰德：《英属殖民地权利探析》，见詹森编：《美国革命政论选（1760—1805）》，第116–117、123页。

不能忍受压迫时,也就可以脱离某一社会而加入另一社会。① 艾伦也称,如果国王或内阁大臣(或两者一道)剥夺人们生而具有的自由和权利,就是暴政、政治权力的压迫和毁灭;而那些夺走他人权利的人,既不配进天国,也不配生活在世上,连呆在地上或粪堆里也不配。② 很显然,殖民地人士对反英和独立的正当性充满自信:英国既然推行违背自然权利的"压迫性"政策,也就自己否定了自己的主权权利;在这种情况下,殖民地摆脱英国的统治,就成了天经地义的事情。

五、 政治自由主义的 "常识化"

据上文所述,殖民地居民反抗母国统治,并非迫不得已;他们所争取的目标,也并非单纯的经济利益和物质生存条件。相反,他们不惜以牺牲一时的实利为代价,以争取和捍卫作为人的更高生存条件的自由和权利。《独立宣言》以权利宣言的面貌出现,就是殖民地居民自由精神的一个有力证明。革命的参与者埃德蒙·伦道夫曾说,美国革命乃是一场"没有直接的压迫"的革命,革命实际上是"理性的结果"③。这种"理性"就是强烈的自由精神,以及维护权利的自觉意识。殖民地历史上长期比较分散零碎的自由观念,在这次政治辩论中得到系统梳理和集中表述;来自欧洲的关于自由的理论,经过辩论而转化为民众常识。约翰·亚当斯对这种思想舆论变动的意义有着独到的理解,他在晚年曾意味深长地指出,独立战争打响以前北美居民在原则、观点和思想感情方面的剧烈变化,才是真正的美国革命。④

殖民地人士对于涉及自由和权利的任何问题都极为敏感,他们就英国政策所做出的反应,就鲜明地体现了他们的自由精神。约翰·迪金森指出,殖民地人民反抗母国,并不是因为"某一措施实际上带来

---

① 库欣编:《塞缪尔·亚当斯文集》,第 2 卷,第 351－352 页。
② 艾伦:《关于自由之美的演讲》,见桑多兹编:《美国建国时期的政治布道词》,第 305、306 页。
③ 转引自伍德:《美利坚共和国的缔造》,第 4 页。
④ 约翰·亚当斯:《致 H. 奈尔斯》"John Adams to H. Niles, Feb. 13, 1818",载查尔斯·弗朗西斯·亚当斯编:《约翰·亚当斯文集》,第 10 卷,第 282－283 页。

了什么弊端,而是从事情的性质看可能带来什么弊端";世界各国人民一般在他们实际感受到危险以前就不会思考,所以他们都失去了自由①。这就是说,只有对威胁自由的东西具有敏锐的先见之明,才能有效地维护自由。殖民地人士认为,根据造物主对人的设计,"对自由的热爱乃人之天性"②;而自由则是幸福和繁荣的保障,也是生活的意义之所在。尽管北美自然条件无比优越,土地极为富饶,"但是,如果我们被剥夺了自然之神赋予我们的那种自由,所有这些东西对我们还有什么益处呢?"③埃德蒙·伯克曾对北美居民热爱自由的精神状态做过简洁而准确的描述:"在美利坚人的这种性格中,热爱自由乃是一个突出的特征,它是他们全体的标志,使他们卓尔不群";他们"认为自由是使他们感到最值得为之生活的惟一好处,一旦他们察觉任何用武力夺走或用诡计骗取的微小企图,他们就会变得忧心忡忡、桀骜不驯和难以驾驭。这种凶猛的自由精神,在英属殖民地居民中最为强烈,地球上其他任何人民均难出其右⋯⋯"④

在经年累月的辩论中,自由的定义也得到了丰富。自由被比喻成各种美好的事物:人类的"皇冠和王冕""可爱的孩子""太阳""人类的最好朋友"和"女神",等等。⑤"自由"也成为使用频率最高的词汇,成为一个具有魔力的字眼,成为检验事物的正义性和合理性的试金石。这个时期人们所理解的自由,并不是哲学意义上的精神自由,而是现实社会中的个人自由、公共自由和政治自由,包括主动去做的权利和免于压迫的权利,既是"行动的力量",也是"对强制的豁免"⑥。它不仅仅是使人民摆脱统治者压迫的被动权利,而且还是人民

---

① 转引自伍德:《美利坚共和国的缔造》,第5页。
② 约翰·塔克:《选举日布道词》(John Tucker, "An Election Sermon"),载海因曼等编:《美国建国时期政论选》,第1卷,第159页。
③ 唐纳:《自由树献词》,载海因曼等编:《美国建国时期政论选(1760—1805)》,第1卷,第99页。
④ 埃德蒙·伯克:《关于与北美和解的演讲》(Edmund Burke, "On Conciliation with America"),载《美国年鉴》,第2卷,第314页。
⑤ 里德:《美国革命时代自由的概念》,第12—13页。
⑥ 利瓦伊·哈特:《说自由(1775年)》(Levi Hart, "Liberty Described and Recommended"),载海因曼等编:《美国建国时期政论选》,第1卷,第308页。

"对压迫的政权"所施加的"宪法制约"①。从这个意义上说,当时人虽然没有形成"积极自由"和"消极自由"的概念,但对两者已经有了实际的区分。②

进而言之,在殖民地居民心目中,自由并不是一个抽象的概念,不是书斋里的学理范畴,也不是虚悬的理想,而是存在于日常生活中的一系列现实权利。其中最重要并具有基础性意义的一项权利,无疑是追求、占有和处置个人财产的权利。殖民地人十分重视这一权利,视之为自由的基石。如果一个人不能享有和控制自己的财产,那么"他的自由就消失了,或者完全任由他人摆布"③。反过来,财产的安全和自由状况又有着唇齿相依的关系,"自由乃是财产的伟大而唯一的保障"④。英国议会的征税法令意味着迫使人民放弃其财产,可是一旦人民的财产未经其同意即被夺走,他们就沦为了奴隶。⑤ 因此,这一类损害财产权利的征税法令,引发了一场吞噬"我们珍爱的自由太阳的意外日食";"我们自由的太阳进入漆黑的云层,一时带来了漫漫长夜的不祥之兆"⑥。

自由虽然不是来源于宪法,但宪法却是自由的保障。殖民地人士以自由为标准重新界定了"宪法合法性"的概念。他们认为,英国宪法保障了千秋万代的英国臣民的自由权利⑦;"自由的良好基础建筑在这种宪法之上,但其完整的价值则在于适当地实施。只有这种宪法得到完全实施,才会有完善的自由;在实施不完善的地方,自由同样不会完善"⑧。因此,13个殖民地宣布脱离英国而独立以后,随即纷纷制定宪法,有的还在宪法前面冠以"权利宣言"。而且,借助宪法来争取

---

① 转引自伍德:《美利坚共和国的缔造》,第25页。
② 美国学者约翰·里德认为当时人尚无这种区分,似过于绝对。参见里德:《美国革命时代自由的概念》,第56页。
③ 奥蒂斯:《英属殖民地权利申论》,载詹森编:《美国革命政论选(1760—1805)》,第28页。
④ 转引自里德:《美国革命时代自由的概念》,第70页。
⑤ 霍普金斯:《殖民地权利考辨》,载贝林编:《美国革命时期的小册子》,第1卷,第507-508页。
⑥ 转引自里德:《美国革命时代自由的概念》,第12页。
⑦ 奥蒂斯:《英属殖民地权利申论》,载詹森编:《美国革命政论选(1760—1805)》,第27页。
⑧ 奈尔斯:《自由两论》,载海因曼等编:《美国建国时期政论选》,第1卷,第265页。

和维护自由权利,也成为此后美国政治发展的一个突出特点。

与此同时,殖民地人士深知,自由乃是精致而脆弱的,极易受到伤害;而权力则带有天然的扩张和腐败倾向,因而是自由的最大、最危险的敌人。他们受到英国政治反对派思想的熏染,形成了"权力"和"自由"(统治者和被统治者)二元对立的政治思维,把"无限制的权力"看成"自由"的巨大威胁,认定"一种权力如果不受制约,就会颠覆所有的自由"①。但是,殖民地人士并不是无政府主义者,也反对绝对的自由;他们苦心孤诣地致力于探索如何平衡权力与自由,如何既保证社会有序运转,又能使人最大限度地享有自由。他们发现,限制政府权力,为其制定运作的规则,乃是维护自由的必要手段;权力只有受到限制并遵循规则,才不会成为自由的敌人。他们提出,"建立政府是为了保障个人的自然自由,没有任何人有权利剥夺这种自由。为了这个目的,人民赋予统治者权力";而统治者"不能运用这种权力来损害被统治者"。② 可是,现实中的统治者总是带有侵害人民自由的可能,因而人民必须对政府加以监督,非但不可绝对信任统治者,反而还要密切注意统治者的行为,警惕他们破坏公共利益;"考虑到人类普遍存在的贪婪和欲望脾性,以及统治者乐于耽迷其中的特别机会和诱惑,他们就必须这样做"③。政府的权力是有限的,因为根据社会契约和被统治者对统治者的授权协议,权力来自人民,统治者所拥有的权力不能超越人民所同意转让的程度。宪法作为政治社会的基本法,其意义在于标明统治者的权力与人民的自由之间的界线;政府权力无论怎样行事,都不能超越这一界线。如果统治者按照他们自己的意愿和喜好来制定和执行法律,那就破坏和毁灭了设立政府的目的,统治者就变成了绝对的专制暴君,而人民则陷入了受奴役的境地。④ 总之,维护自由的要诀在于限制权力。于是,从自由和权力的性质及相互关

---

① 《马萨诸塞议会众议院致本杰明·富兰克林》("The House of Representatives of Massachusetts to Benjamin Franklin"),载库欣编:《塞缪尔·亚当斯文集》,第2卷,第180页。
② 唐纳:《自由树献词》,载海因曼等编:《美国建国时期政论选(1760—1805)》,第1卷,第100页。
③ 奈尔斯:《自由两论》,载海因曼等编:《美国建国时期政论选(1760—1805)》,第1卷,第272页。
④ 塔克:《选举日布道词》,载海因曼等编:《美国建国时期政论选(1760—1805)》,第1卷,第162页。

系，推导出"限权政府"的理论，并为后来"分权与制衡"的政治设计做了思想观念的铺垫。

而且，无论获得还是维护自由，都离不开斗争和牺牲。殖民地人士提出，"所有人都可能是自由的，如果他们都珍视自由的价值、都起来捍卫自由的话"；"如果他们没有充分的美德来抗击专横跋扈的侵犯者以维护自由，他们就不值得同情，而应当受到轻蔑和羞辱"。① 换言之，只有具备自由意识并愿意为自由而斗争的人，才配享有自由。塞缪尔·亚当斯曾提醒他的同胞，要不惜一切代价捍卫自由，打退一切对自由和宪法的进攻，而且这关系到尚未出生的千百万人的命运。② 唐纳宣称："我们不作自由人，就会死亡"。③ 艾伦则要求他的读者铭记这样的格言："自由，生命，或死亡！"④ 可见，在帕特里克·亨利发出"不自由毋宁死"的誓言以前，⑤ 这种不惜舍弃生命以维护自由的信念，就已是许多反英人士的共同心声。

在这个时期的北美殖民地，自由观念并不是学者们苦思冥想出来的高深理论，也不是少数精英人士所独享的思想专利。经过一系列的政治辩论，欧洲思想中的自由理论转化成了普遍流行的思想意识。不仅那些历史上有记载的知名人士关注自由，而且即便是最底层的人们，都比从前更加注意自己的权利，更加喜欢对此刨根问底，更加坚定地捍卫自由。⑥ 有人提到，每个角落的"农场主和他们的家庭主妇"，都在"争论政治问题和积极地确认我们的自由权利"⑦；即便那些没有念多少书的人，当时也经常读报，十分关注自由和自由政府的命运。⑧

---

① 库欣编：《塞缪尔·亚当斯文集》，第 2 卷，第 251 页。
② 库欣编：《塞缪尔·亚当斯文集》，第 2 卷，第 255、256 页。
③ 唐纳：《自由树献词》，载海因曼等编：《美国建国时期政论选 (1760—1805)》，第 1 卷，第 107 页。
④ 桑多兹编：《美国建国时期的政治布道词》，第 302 页。
⑤ 威廉·沃特：《帕特里克·亨利的生平和性格》（William Wirt, "The Life and Character of Patrick Henry"），载《美国年鉴》，第 2 卷，第 323 页。
⑥ 约翰·亚当斯 1765 年 12 月 18 日日记（"Diary of John Adams, Dec. 18, 1765"），载查尔斯·弗朗西斯·亚当斯编：《约翰·亚当斯文集》，第 2 卷，第 154 页。
⑦ 转引自伍德：《美利坚共和国的缔造》，第 6 页。
⑧ 卡尔·布里登博：《1776 年精神：独立以前美利坚爱国精神的成长》（Carl Bridenbaugh, *The Spirit of 1776: The Growth of American Patriotism before Independence*, 1607—1776），纽约 1975 年版，第 149 页。

由此可见，独立战争爆发前的政治辩论所留下的最大遗产，可以说是政治"自由主义"的"常识化"。"常识化"实际上也是一种"本土化"，欧洲自古希腊罗马，特别是启蒙时代以来形成的关于自由的政治哲学，经由殖民地居民的咀嚼和消化，与他们的性格中固有的权利意识相融合，汇聚成一种更加强烈而持久的自由精神，铸就一种支撑美国民主大厦的大众政治理性。常识诚然不如理论深刻，但比理论更有力量；它既具有极大的社会塑造力，又避免了理论因理想化和教条化而带来的危险。一部美国社会政治史，从根本上说乃是这种常识化的政治"自由主义"的演进史。政治"自由主义"的常识化，也体现了美国政治文化中价值理性和工具理性的结合、实用主义和理想主义的平衡：自由乃是一种价值，而权利话语则可作为谋求现实利益的工具和手段。如果撇开这种常识化的政治"自由主义"，美国革命的意义和美国式民主的特质，就会变得难以把握。

（原刊于《历史研究》2000 年第 4 期）

"危机"想象与美国革命的特征

就我们所熟悉的历史经验而言，革命总是与危机相连的，或者说革命通常是危机的产物。那些引发革命的危机，一般表现为广泛的社会苦难、巨大的贫富分化、激烈的阶级对抗、统治合法性的丧失、国家控制能力的崩溃，等等。世界近现代史上的众多革命，在爆发前确曾有过类似的危机。但是，美国革命发生的情形却与此迥然不同。

在革命前夕，英属北美殖民地并不存在明显的政治动荡或社会危机。生活在这里的欧洲裔居民，多数早已摆脱了生存危机，其财产权利和其他权利都得到一定程度的保障。英国在七年战争中获胜，为殖民地打败了威胁最大的外敌。战后经济形势确有起伏，但并未达到"危机"的地步。各地发生零星的社会对抗事件，以北美地域之辽阔，自然在所难免，但没有任何一次冲突产生了足以动摇整个社会格局的冲击力。英国和各殖民地政府统治的合法性，也没有遇到根本的挑战。然而，英国政府自1764年后着手调整对殖民地的政策，特别是尝试对殖民地居民征税，却忽然间引发了一场重大的革命。

到了1787—1788年，新生的美国制定了一部新的联邦宪法。这个举动既是革命的高峰，也标志着革命的结束。按照通常的说法，制宪会议的召开，乃是邦联体制陷入严重危机的结果。但是实际情况并没有这样简单。来自各州的几十名对当时政局可谓举足轻重的精英人物，离开他们原来的岗位，齐集费城举行关门会议，不受干扰地专心商议建国方案,历时达百余天之久;在宪法草案公布以后,各州又以各种方式就此进行了数月不等的激烈辩论,其讨论之细致,分歧之激烈,在美国历史上都是罕有其匹的。在一个动乱不已、形势危殆的国度,这一切显然是难以想象的。

那么,究竟应当如何解释美国革命的起因和动力呢?难道它真的是一次独特的,甚至例外的革命吗?

以往多数历史学家,特别是中国和苏联的美国史学者,显然不赞成"独特""例外"之类的说法。他们依据常规的革命逻辑,致力于从革命前夕的北美殖民地找出足以引发革命的社会和政治危机,或者把邦联描绘成一种风雨飘摇、险象环生的局面。他们的研究视角或多或少都触及了革命的某些面相,也或多或少能够得到证据的支持。一场类似美国革命这样重大的历史事变,绝不是任何单一因素所能引起的。而且,在13个殖民地或13个州,要找出符合"危机"特征的局部事件,也可以说是轻而易举的。

但是,美国革命的参与者似乎并不是用这种方式来看问题的。他们进行革命的理由,同其他国家的革命者的确很不一样。这当然不是说,那些在其他国家引发革命的危机,在北美社会根本就不存在;而是说美国革命者对危机的认识和表述,与通常的看法相去甚远。在美国革命时期,的确有很多人在谈论局势的险恶和危急,给人造成"山雨欲来"之感;不过,他们所谈论的不是通常意义上的社会或政治危机,而是"自由的危机"。建国精英所采用的这种"危机"话语,是以他们特定的价值取向和政治诉求为基础的,具有明显的想象的性质。然则正是这样一种"危机"想象,在革命中发挥了重要的动员和辩护功能,而且还在很大程度上塑造了美国革命的特征。

一、美国革命时期"crisis"一词的用法

在美国革命时期,"crisis"是一个十分常见的词。据2009年7月6日从"American Historical Newspapers"数据库中检索的结果,在

1763—1788 年这个北美历史的转折时期，报纸文章中包含"crisis"一词的篇目多达 2 389 篇。当然，其中一些是不同的报纸对同一篇文章的重复转载，一些是托马斯·潘恩的系列小册子"American Crisis"的广告，另一些则是与社会状况无关的个人情况描述。具体来看，包含"crisis"字样的报纸文章，1763—1775 年有 798 篇，每年平均 61 篇；1776—1783 年有 576 篇，每年平均 72 篇；1784—1786 年有 383 篇，每年平均 128 篇；1787—1788 年有 632 篇，每年平均 316 篇。不过，从历史语义学的角度看，当时的"crisis"一词，并不完全是今天所说的"危机"之义。

在现代英语词典中，"crisis"有两层含义。第一层含义是指"紧急、困难或危险的状况"，在这个意义上，中文可译作"危机"。另外是用作医学术语，指"一种疾病突然向好或向坏转变"，相当于中文的"病情突变"。① 然而，在 18 世纪塞缪尔·约翰逊编的英语词典里，"crisis"的含义和用法却有所不同。这个词的基本含义，是病情向危险或好转两个相反方向的突然变化的关键点。这层含义一直保留到今天，只是已变成了次要的方面。第二层含义是指一件事情达到高峰的时间点。② 在署名托马斯·谢里登编、于 1789 年在费城重印的一部英语词典中，"crisis"的释义大体上取自约翰逊词典，并做了较大的简化。③ 诺亚·韦伯斯特于 1807 年出版的英语词典，则把这个词简单地解释为"一个关键的时间或转折"，同样带有约翰逊词典释义的痕迹。④ 值得注意的是，这三部词典都没有把"crisis"解作"危急或困难的局势"。照此来说，在 18 世纪中后期的英语中，"crisis"虽然指某种非同寻常

---

① 鲁迅曾谈到"危机"的第二层含义。他写道："小品文就这样的走到了危机。但我所谓危机，也如医学上的所谓'极期'（Krisis）一般，是生死的分歧，能一直得到死亡，也能由此至于恢复。"鲁迅：《小品文的危机》，载《鲁迅全集》第 4 卷，人民文学出版社 2005 年版，第 592 页。
② 塞缪尔·约翰逊编：《英语词典》（Samuel Johnson, *A Dictionary of the English Language*），伦敦 1755 版，见"crisis"条。
③ 托马斯·谢里登编：《英语大词典》（Thomas Sheridan, *A general dictionary of the English language*），费城 1789 年版，见"crisis"条。
④ 诺亚·韦伯斯特编：《英语词典》（Noah Webster, *A dictionary of the English language*），纽黑文 1807 年版，见"crisis"条。

的时刻或情况，但是不宜译作"危机"，而恰当的中文翻译应为"转折点""至高点"或"关键时刻"。

在美国革命时期留下的文献中，"crisis"的用法却显得略为复杂难辨。一些知名或不知名的作者，在论及革命期间的具体形势时，经常用到"crisis"一词。1769年《波士顿邮报》有篇文章评论英国的状况和对殖民地的政策，称英国如果一意实行当前的政策，"事情就会来到一个crisis，而自由不是得到有效的保障，就会整个地丧失"①。这个"crisis"似乎是指"关键时刻"或"转折点"。1776年2月，康涅狄格纽黑文县有一项决议，把殖民地与母国开战以后的局势称为"the present alarming crisis of American affairs"（当前美利坚事务令人警醒的crisis）②。同年9月，有一位作者谈到，北美和英国的斗争把"公共事务"带入了一个"crisis"。但他接着讨论的问题却没有任何"紧急"或"危险"的意味，而纯粹是关于变革政府体制的重要性。③ 1776年7月6日，一篇署名"Aristides"的文章说，公开宣布独立的时刻终于到来，这是一个"the grand, the alarming, though necessary crisis"（重大、令人警醒而必要的crisis）。④ 从上下文看，这里的"crisis"，也没有"危险"或"紧急状况"的意味。1777年有一篇文章用了"this trying crisis of your affairs"（这一检验你们事务的crisis）的说法，⑤ 1783年，查尔斯顿一个佚名作者发表文章讨论政府问题，在谈到革命的形势和机遇时写道："目前的这一crisis决定着你们的命运。如果你们利用你们的机会，就能获得延续数代的福祉；但如果你们忽略它，你们就注定要在自己肥沃的土地上做苦工，本来是一种天赐的东西，对你

---

① 《伦敦牧师来信摘登》（"Extract of a Letter from a Clergyman in London, to one in the Province"），《波士顿晚邮报》（*Boston Evening - Post*），1769年5月15日。
② 《康涅狄格报》（*Connecticut Journal*），1776年2月28日。
③ 《为〈宾夕法尼亚晚邮报〉而作》（"For the *Pennsylvania Evening Post*"），《宾夕法尼亚晚邮报》（*Pennsylvania Evening Post*），1776年9月28日。
④ 阿里斯泰德：《致13个联合殖民地的人民》（Aristides, "To the People of the Thirteen United Colonies"），《自由民报》（*Freeman's Journal*），1776年7月6日。
⑤ 《致宾夕法尼亚人民》（"To the People of Pennsylvania"），《诺威奇邮讯报》（*Norwich Packet*），1777年1月20日。

们却是一个陷阱和不幸。"① 1786 年，弗吉尼亚议会在委派代表参加费城制宪会议的决议中提到，现在来到了这样一个"crisis"，即"美国人民"是不是能够保住"独立的果实"。② 同年，詹姆斯·威尔逊在宾夕法尼亚议会发表演讲，其中一句是，"The present is an awful crisis in the American history"（当前正处在美国历史上一个严峻的 crisis），关系到美国人能否继续享有当前的和平。③ 显然，这几处所用到的"crisis"一词，都应解作"关键时刻"或"关口"。可见，这层含义体现了这个词在当时的基本用法。

乔治·华盛顿在一封信中也用到过"crisis"一词。1782 年 6 月 23 日，有个叫作詹姆斯·瓦纳姆的民兵军官给华盛顿写信，称美国当时的形势令人绝望，只能用"绝对君主制"或"军政权（military state）"来解决问题。华盛顿在回信中承认，"人民的行为"的确令人担忧，但事情还没有到如此糟糕的地步，他相信"某种幸运的 crisis（some fortunate crisis）将会到来，到那时，这些在我看来普遍盛行于各阶层的破坏性情绪，将会让位于对自由的热爱，正是这种自由之爱在这场战斗中一开始就激励着我们"④。他这里提到的"crisis"，纯粹是指一个转折点，同样属于这个词的基本含义的范畴。

不过，在有些文章中，"crisis"的含义也出现了某种转化的迹象。1777 年，有一篇报纸文章列举了当时内部混乱和外部暴力的双重威胁，声称毁灭在即，要求人们协同努力以挽救危局，他把这种状况称作"such a dangerous crisis"。⑤ 在另一篇文章中，也出现了"dangerous and

---

① ［佚名］：《从自然法推导出的关于法律与政府的基本原理》（［Anonymous］，"Rudiments of Law and Government Deduced from the Law of Nature"），载查尔斯·海因曼等编：《美国建国时期政论集（1760—1805）》（Charles S. Hyneman, and Donald S. Lutz, eds., *American Political Writing during the Founding Era, 1760—1805*），印第安纳波利斯 1983 年版，第 1 卷，第 566 页。
② 《一项法令》（"An Act"），《每日广告报》（*Daily Advertiser*），1786 年 12 月 16 日。
③ 《查尔斯顿晨邮报》（*Charleston Morning Post*），1786 年 1 月 30 日。
④ 转引自路丝·邓巴：《关于 1776—1801 年美国"君主制"倾向的研究》（Louise Burnham Dunbar, *A Study of "Monarchical" Tendencies in the United States, from 1776—1801*），厄巴纳-尚佩恩 1920 年版，第 47—48 页。
⑤ 《致克利图斯》（"To Clitus"），《新英格兰纪事报》（*New-England Chronicle*），1777 年 8 月 7 日。

alarming crisis"的说法。① 1787 年,马萨诸塞一个村镇的居民在请愿书中,称谢斯起事造成了"a crisis of danger"。② 这里的"crisis"一词,在"dangerous"或"danger"的修饰下,其含义与今天所谓"危机"就基本相同了。还有一个例子,詹姆斯·麦迪逊在《联邦主义者第 40 篇》中宣称,制宪会议的代表都认为当时存在"crisis",而这个"crisis"是由当时体制的弊端所产生的;只有改正体制的错误,才能避免这个"crisis"。③ 他所用的"crisis",其含义似乎与今天的"危机"比较接近。

在整个美国革命期间,直接以"crisis"为主题进行写作而产生重大影响的人,无疑要首推托马斯·潘恩。到 1776 年下半年,独立战争呈僵持状态,大陆军在整体上处于劣势,这表明独立战争将是一个持久而艰苦的过程。这时国内出现了某种不稳定的情绪,有些人希望尽快与英国讲和,有些人干脆放弃了战斗。鉴于这种局面,潘恩乘着《常识》出版后产生巨大反响的东风,发挥他擅长写鼓动性文章的特点,用"常识"做笔名,以"American Crisis"为题,先后发表了一系列文章。这些文章以激昂而夸张的文风,宣扬独立事业的光荣、艰巨和伟大,抨击英国及其军队的"残暴"和"无能",鞭笞反对独立、支持英国的"托利派"的"阴险"和"怯懦",以鼓舞爱国者的热情和斗志,声称美利坚人必将赢得战争的最终胜利。他的"crisis"系列写作,一致坚持到独立战争结束,前后达七年之久,累计有 16 篇之多。不过,真正切合"crisis"题旨而且富于激情的文章,主要是 1778 年底以前发表的几篇。④ 这些文章以小册子形式一问世,便不胫而走,为多家报纸所转载。它们的实际鼓动效果如何,仅举一例以见一斑:1776 年底,华盛顿在他的队伍即将渡过特拉华河攻击特伦顿之际,曾

---

① 《宾夕法尼亚邮讯报》(*Pennsylvania Packet*),1778 年 2 月 4 日。
② 《马萨诸塞哨兵报》(*Massachusetts Centinel*),1787 年 1 月 24 日。
③ 詹姆斯·麦迪逊:《联邦主义者第 40 篇》(James Madison, "Federalist No. 40"),汉密尔顿、麦迪逊、杰伊:《联邦主义者文集》(Hamilton, Madison, Jay, *The Federalist Papers*),纽约 1961 年版,第 252 页。
④ 托马斯·潘恩:《托马斯·潘恩政治作品集》(Thomas Paine, *The Political Writings of Thomas Paine*),新泽西州米德尔敦 1837 年,第 1 卷,第 5 – 265 页。

下令向士兵朗读潘恩的文章。①

这些文章的侧重点各不相同，但大多贯穿一个主旨，就是把当前的考验描述为"自由的危机"，把独立战争说成是"自由的事业"，呼吁爱国者不避艰难，坚持战斗，直至打败英军，以捍卫自由。他开宗明义地写道："这是考验人的灵魂的时刻。在这个严峻的关头（crisis），那些只能过夏天的战士和只喜欢阳光的爱国者，不免要放弃为国效劳；而那些现在仍然坚持的人，就值得男女人等的热爱和感戴。"② 那么，当时美利坚人面临的是一个什么样的"严峻的关头"呢？照潘恩的说法，"暴政像地狱一样"不易战胜，自由也须付出高昂代价才能维护，因此，在战争中遇到任何艰难险阻，都是不足为怪的。他把独立战争称作一种崇高而光荣的事业，是一场"自由"同"暴政"的决战，无论一时会出现多么艰险的局面，自由最终必胜。他写道："这个大陆最终必是胜利者；因为自由之火偶或晦暗无光，但其燃料却绝不至于耗尽。"③ 也就是说，虽然目前战局不利，但只要爱国的美利坚人不放弃战斗，"自由之火"必将重放光芒。在这个意义上说，潘恩所说的"crisis"，就意味着"转机"。用潘恩自己的话说："任何一场疾病离突变的关口（crisis）越近，也就离痊愈越近。"④ 他在这里以疾病为喻，诉诸"crisis"一词在当时的首要含义。

在整个"American Crisis"系列中，潘恩始终都围绕"自由"这个核心来诠释独立战争的内涵和意义。他把战争的起因归于英国的"武力侵略"，这使美利坚人不得不"用武力来捍卫他们正当的财产权利"。⑤ 这场战争之所以叫作"American Crisis"，是因为"在这个罕有其匹的事件中起决定作用只有一枚骰子，就是我们维护我们的独立，还是她（指英国——引者）颠覆我们的独立。这个时刻很快就要到

---

① 埃里克·方纳：《汤姆·潘恩与革命时期的美国》（Eric Foner, *Tom Paine and Revolutionary America*），纽约1976年，第139页。
② 托马斯·潘恩：《危机第1篇》（Thomas Paine, "The Crisis, No. I"），载潘恩：《托马斯·潘恩政治作品集》，第1卷，第75页。
③ 潘恩：《危机第1篇》，载潘恩：《托马斯·潘恩政治作品集》，第1卷，第79页。
④ 潘恩：《危机第4篇》，载潘恩：《托马斯·潘恩政治作品集》，第1卷，第129页。
⑤ 潘恩：《危机第3篇》，载潘恩：《托马斯·潘恩政治作品集》，第1卷，第101页。

来"。而且，只要以对独立的态度作为试金石，是敌是友，界线马上就显现出来了。这就是所谓"考验人的灵魂"的意思。① 在这种语境中，"独立"不仅是"自由"的保障，而且本身就是"自由"的内涵，因为只有保持独立，才不会遭受"暴政"的"奴役"。就此而言，为独立而战者，就是"真诚地捍卫自由的人"。② 潘恩反复强调，捍卫自由是一场需要付出艰苦代价的斗争，"那些希望摘取自由赐予之果的人们，就必须像男子汉一样承受维护它的苦役"③。在他看来，独立战争所要捍卫的是一个"理想"，那就是"自由"。他说："我们战斗，并不是为了奴役他人，而是要让一个国家自由，要在地球上开辟空间供诚实的人生活。"④ 他坚信，美利坚人终将战胜"重重艰难险阻"，获得前无古人的荣耀。而且，美国是作为自由的"灯塔"和捍卫者，在与失去自由、推行暴政的英国作战："如果不是因为美利坚，整个宇宙中就不会有一种叫作自由的东西留存下来。"美利坚人用艰苦的战争所捍卫的自由，是一种远胜于古希腊罗马的自由，因为它摒弃了对他人的奴役，而意味着人类的"普遍福佑"。⑤ 他甚至号召英国本土居民效法美利坚人的榜样，发动革命，推翻那些带领他们"从疯狂走向绝望"的国王和大臣，以获得自由。⑥ 待到战争结束之际，潘恩的"crisis"系列也告收笔，因为"'考验人的灵魂的时刻'业已结束——世界有史以来最伟大、最完全的革命，光荣而可喜地大功告成了"⑦。

潘恩的系列文章也讨论了许多具体问题。他的笔头密切追踪战争的进展，预测战局的发展，并对英国将领、效忠派和英国政府大加丑化和抨击。在这样一种文风之下，那些关于"自由"的言词，读起来像是一种宣传辞令。不过，这一套话语所针对的是参与独立事业的普

---

① 潘恩：《危机第3篇》，载潘恩：《托马斯·潘恩政治作品集》，第1卷，第102页。
② 潘恩：《危机第4篇》，载潘恩：《托马斯·潘恩政治作品集》，第1卷，第129页。
③ 潘恩：《危机第4篇》，载潘恩：《托马斯·潘恩政治作品集》，第1卷，第128页。
④ 潘恩：《危机第4篇》，载潘恩：《托马斯·潘恩政治作品集》，第1卷，第131页。
⑤ 托马斯·潘恩：《致美国居民》（Thomas Paine, "To the Inhabitants of America"），载潘恩：《托马斯·潘恩政治作品集》，第1卷，第149页。
⑥ 潘恩：《危机第7篇》，载潘恩：《托马斯·潘恩政治作品集》，第1卷，第182页。
⑦ 潘恩：《危机第15篇》，载潘恩：《托马斯·潘恩政治作品集》，第1卷，第256页。

通人，潘恩作为一个自告奋勇的老到的鼓动家，其文辞必以能够在受众中引起共鸣、产生激励效果为首要考虑。因此，他的言论应当切合当时革命阵营的精神氛围。由此推断，潘恩所谓"American Crisis"的真正含义，是指一个事关"自由"之存亡的关头，其确切的中文译法似乎是"美利坚的关键时刻"。

从上面的讨论可以看出，革命时期"crisis"的用法与今天不完全一样。诚然，在解读18世纪的文献时，不能不加分辨地把"crisis"当作"危机"来理解；但是，在讨论这个时期的"危机"话语时，也不应拘泥于"crisis"在当时的含义。当时的"crisis"一词固然不能解作"紧急、危险或困难的状况"，但并不意味着当时人没有表达这类"状况"的言辞和说法。关于这一点，可以再举两个例子。1786年，有一位佚名作者在新罕布什尔的埃克塞特表白道，他之所以要写文章讨论政府问题，是因为"我们的各个政府"都陷于"critical situation（危急的处境）"当中，这关系到"我们作为独立的国民的生存和幸福"。① 他在这里没有用"crisis"一词，但说到的情形与今天的"危机"完全相同。在批准联邦宪法的辩论中，当亚历山大·汉密尔顿描述邦联的"危急状况"时，用的也不是"crisis"一词，而是"the precarious state of our national affairs"，意思是"我们全国的事务陷于危殆之境"。②

概而言之，在整个美国革命时期，先后出现过几套不同形式的"危机"话语，在革命的不同阶段发挥了不同的功能，带来了不同的后果。

二、"危机"话语与革命动员

从七年战争结束到列克星敦之战以前，英属北美殖民地的政治变

---

① 阿米库斯·瑞普布利凯：《致公众》（Amicus Republicae, "Address to the Public, Containing Some Remarks on the Political State of the American Republicks, etc."），载海因曼等编：《美国建国时期政论集（1760—1805）》，第1卷，第638页。
② 亚历山大·汉密尔顿：《联邦主义者第85篇》（Alexander Hamilton, "Federalist No. 85"），汉密尔顿、麦迪逊、杰伊：《联邦主义者文集》，第523页。

动以1770年底为界，大致可分为两个阶段。第一阶段的主潮是抵制英国议会的征税和强化控制的举措，伸张殖民地的自主和自治。在第二阶段，殖民地人开始全面质疑英国对北美殖民地的统治权利，独立的意识趋于成熟。在这个过程中，主导政治潮流走向的力量来自两个方面：一是精英群体的宣传鼓动，二是普通民众的积极行动。这两股力量经常是交叉乃至合流的，而把它们结合在一起的核心因素，就是以"自由话语"所表达的共同的价值和利益诉求。基于这一共识来鼓动反英运动的关键，并不在于揭示实际的社会弊端或"经济"困难，而是突出强调"自由"处在"危机"之中。这个时期的舆论风气有一个鲜明的特点，就是人们普遍惊呼殖民地的"自由"遇到了巨大威胁，如果不奋起反抗，他们就会沦为"暴政"的"奴隶"。显然，这种"危机"话语的主旨，主要在于捍卫殖民地的自由和自治，反对母国的干预和控制，直至走向独立。

"危机"话语的第一波，兴起于《印花税法》所引发的抗议运动之中。在这次风潮中，几乎所有抗议性文件均未纠缠于《印花税法》的税额是否合理，也很少讨论这种征税的"经济"和社会后果，而是直接把它归于一个关乎自由和权利的问题：英国议会根本没有权利向殖民地征税，如果强行征税，就是对殖民地居民财产权利的严重侵害，必将导致自由的丧失。在围绕《印花税法》的辩论中，殖民地居民看待英国政策的思维方式逐渐成形，与此相关的话语方式也就随之出现。此后，在反对英国的各种政策举措的行动中，这种思维方式和话语方式不断发展，最后在《独立宣言》中得到"经典性的"呈现。

按照今人的理解，征税本来是一个"经济"问题，涉及的只是收入和财产；而在殖民地政论作者的笔下，何以会变成一个关系到"自由"存亡的问题呢？政治哲学家汉娜·阿伦特谈到，在17—19世纪，"法律的功能主要不是保障自由，而是保护财产；保障自由的是财产，而不是法律本身"；"在18世纪，尤其是在英语国家，财产与自由仍然是一致的，说财产就是说自由，恢复或捍卫一个人的财产权利，就等于是为自由而战"。① 她对财产与自由的关系所做的诠释,有助于理解征税问题转化为自由问题的内在逻辑。塞缪尔·亚当斯声称,财产权利乃是人最基本的自然权利,即便在"自然状态"中,也没有人能够未经其本人同意而正当地拿走他人的财产;英国宪法乃是"自然的翻版",其中蕴涵着自然权利,它的核心部分就是,最高权力未经其本人同意,不得拿走任何人的任何财产。② 詹姆斯·奥蒂斯也说,财产权利是个人自由的基石,如果一个人不能控制自己的财产,"他的自由就消失了,或者完全任由他人摆布"。③ 斯蒂芬·霍普金斯谈到,所有人一旦未经其本人同意而被任意征税,也就不能拥有任何财产,其他一切也就不能说是属于他们自己的了;因为"没有财产的人,也就不能拥有自由,而实际上被打入了卑贱的奴役状态"。④ 他们这些言论道出了两层意思:其一,占有财产本身就是一种自由,未经本人同意而夺取其财产,乃是对自由的直接侵害;其二,自由必须以财产为保障,"经济"的依附必然导致自由的丧失。显然,在18世纪北美殖民地精英的观念中,自由、财产和幸福,都处在同一根紧密相连、相辅相成的链条当中,用约翰·迪金森的话说,"如果不自由,我们就没有幸福可言;如果财产没有保障,我们就不可能自由"⑤。

不过,把征税问题转化为自由问题,还需要某种不容置疑的公理来支持。当时广为人知的自然法和自然权利学说,正好提供了这样一种公理。根据自然法和自然权利理论,个人的财产和其他权利都起源

---

① 汉娜·阿伦特:《论革命》(Hannah Arendt, On revolution),纽约1963年版,第180页。译文参见陈周旺译《论革命》,译林出版社,2007,第166页。此处的"财产"原文为"property",在17、18世纪的英语中,具有"合法占有的权利"的含义,而不仅仅是指物质性的"财产"。
② 塞缪尔·亚当斯:《致约翰·史密斯》("Samuel Adams to John Smith, December 19, 1765"),载哈里·库欣编:《塞缪尔·亚当斯文集》(Harry Alonzo Cushing, ed., Writings of Samuel Adams),纽约1904—1908年版,第1卷,第47页。
③ 詹姆斯·奥蒂斯:《英属殖民地权利申论》(James Otis, "The Rights of the British Colonies Asserted and Proved"),载梅里尔·詹森编:《美国革命政论选(1763—1776)》(Merrill Jensen, ed., Tracts of the American Revolution, 1763—1776),印第安纳波利斯1967年版,第28页。
④ 斯蒂芬·霍普金斯:《殖民地权利考辨》(Stephen Hopkins, "Rights of Colonies Examined"),载伯纳德·贝林编:《美国革命时期的小册子(1750—1776)》(Bernard Bailyn ed., Pamphlets of the American Revolution, 1750—1776),马萨诸塞州坎布里奇1965年版,第1卷,第516页。
⑤ 约翰·迪金森:《一个宾夕法尼亚农场主致英属殖民地居民的信札》(John Dickinson, Letters from a Farmer in Pennsylvania, to the Inhabitants of the British Colonies),纽约1903年版,第137页。

于自然状态,受到社会契约的保障,乃是任何人间权力所不得侵犯和剥夺的。詹姆斯·奥蒂斯在批评罗得岛法官小马丁·霍华德的观点时说,霍华德把自然人的权利和社会人的权利相混淆,由此得出了殖民地居民的自然权利来自特许状授予、可以被议会任意剥夺的错误推论。奥蒂斯指出,作为自然人的权利乃是绝对的,它们起源于自然法及其创造者,而自然法乃是习惯法及一切国内法的基础。① 换言之,议会权力绝对不能凌驾于自然法之上,也就不可侵害人的自然权利;殖民地人反对侵犯自然权利的议会法令,无疑是理所当然的。理查德·布兰德区分了"权力"和"权利"的含义,强调权力的正当性必须基于权利,否则统治的正当名义就会丧失。② 约翰·迪金森则说,特许状仅仅是宣告而不是赐予自由,因为对人的幸福至关重要的各项权利,是不可能由国王和议会授予的,而是由上帝植入人的天性之中的;它们建立在理性和正义的原则之上,没有任何人间的权力可以剥夺,除非剥夺人的生命。③ 他们的逻辑再清楚不过地表明,殖民地居民的自由和权利来源于自然法,"任何立法机构,无论是最高的还是下属的,都没有权利使自己任意专断"④。显然,这种言论直接挑战了英国流行的议会主权至上的观念。

殖民地政论作者还从英国的传统和殖民地的历史中,找到了殖民地居民实际享有自由的证明。他们声称,英国自古以来就存在自由的传统,人民享有一系列与生俱来的自然权利;殖民地居民虽然远离英国本土,但仍旧是大英帝国的臣民,他们的先辈在迁徙时将英国的自由和权利带到了北美,因而殖民地人和英国本土人民一样享有自由、

---

① 詹姆斯·奥蒂斯:《为英属殖民地声辩》(James Otis, "A Vindication of the British Colonies, Against the Aspersions of the Halifax Gentlemen, in His Letter to a Rhode Island Friend"),载贝林编:《美国革命时期的小册子》,第1卷,第558—560、563页。
② 理查德·布兰德:《英属殖民地权利探析》(Richard Bland, "An Inquiry into the Rights of the British Colonies"),载詹森编:《美国革命政论选》,第110、121页。
③ 约翰·迪金森:《致巴巴多斯通讯委员会》(John Dickinson, An Address to the Committee of Correspondence in Barbados),费城1766年版,第4页。
④ 奥蒂斯:《英属殖民地权利申论》,载詹森编:《美国革命政论选(1763—1776)》,第26页。

权利和各种豁免。① 不妨说，殖民地精英正是用"英国人的自由"的观念，来反对英国议会的政策。有位作者写道："**英国人的自由**是属于社会中的个人具体所有的正当权利（propriety），它建立在我们政府的原初形式或宪法的基础上，可以定义为'每个自由持有者拥有的**同意**其共同体必须服从的法律的原始权利'。"② 由此推论，英国议会向殖民地居民征税的法律并未经过他们的同意，因而损害了"英国人的自由"。他们通过对英属北美殖民地历史的诠释，同样获得了支持其立场的论据。塞缪尔·亚当斯宣称，当年的移民先祖是一些对"真正的宗教和自由"拥有"热情"的人，他们"被权力之手所驱赶"，③ 来到一个"陌生和危险的大陆"寻求自由，而殖民地居民从其先人那里承袭了自由和宪法；他们的先人付出辛劳，历经艰险，用财富和鲜血换来了自由，并且非常小心谨慎地传之于后人。④ 还有人把殖民地的历史表述为一个自由和幸福不断增进的历程，⑤ 宣称"这里向来是自由的土地。长期以来，我们一直在很大程度上享有这一福佑"。⑥

但是，这样一种来之不易的珍贵的自由，现在却受到了母国的威胁；如果议会的法令得以推行，殖民地居民就会陷入受奴役的状态。"奴役"作为"自由"的对立面，在这个时期的"危机"话语中也是一个使用频率很高的词。在反英运动领导者的心目中，丧失权利或容

---

① 奥蒂斯：《英属殖民地权利申论》，载詹森编：《美国革命政论选（1763—1776）》，第 27 页；丹尼尔·杜拉尼：《论英国议会立法为获得岁入而向英属殖民地征税的适当性问题》（Daniel Dulany, "Considerations on the Propriety of Imposing Taxes in the British Colonies for the Purpose of Raising a Revenue by Act of Parliament"），载埃德蒙·摩根编：《革命的序曲：关于 1764—1766 年〈印花税法〉危机的文献资料》（Edmund S. Morgan, ed., *Prologue to Revolution: Sources and Documents on the Stamp Act Crisis, 1764—1766*），纽约 1973 年版，第 80 页。
② 爱奎乌斯：《手艺人来函》（Aequus, "From the Craftsman"），载海因曼等编：《美国建国时期政论集（1760—1805）》，第 1 卷，第 63 页。黑体字在原文中为斜体。
③ 塞缪尔·亚当斯：《致 G—W—》（Samuel Adams, "to G— W—", November 11, 1765）；《马萨诸塞众议院致谢尔本伯爵》（"The House of Representative of Massachusetts to the Earl of Shelburne, January 15, 1768"），载库欣编：《塞缪尔·亚当斯文集》，第 1 卷，第 27、153 页。
④ 《署名"坎迪达斯"的文章》（"Candidus"），载库欣编：《塞缪尔·亚当斯文集》，第 2 卷，第 255 页。
⑤ 塞拉斯·唐纳：《自由树献词》（Silas Downer, "A Discourse at the Dedication of the Tree of Liberty"），载海因曼等编：《美国建国时期政论集（1760—1805）》，第 1 卷，第 98 - 99 页。
⑥ 纳撒尼尔·奈尔斯：《自由两论》（Nathaniel Niles, "Two Discourses on Liberty"），载海因曼等编：《美国建国时期政论集》，第 1 卷，第 275 页。

忍压迫，就无异于沦为"奴隶"。这种极端的表述方式说明，他们所说的"自由的危机"达到了何等严重的程度。霍普金斯曾将"自由"和"奴役"作为一对彼此对立的范畴提出来，称前者是"人类所能享有的最大福祉"，而后者则是"人类本性所能承受的最沉重的灾殃"。① 康涅狄格的"自由之子"在一次会议的决议中指出，《印花税法》的目的就是要"奴役"北美居民。② 丹尼尔·杜拉尼强调，殖民地人民未经他们同意不得被征税的权利来自于习惯法，如果这种权利遭到剥夺，那么他们同时也就丧失了使自由人区别于奴隶的一切特权。③ 王家官员托马斯·哈钦森在1766年的一封信中也提到，在北美殖民地的每个地方，人们都在用同一种声音说，如果征收印花税，他们就是绝对的奴隶；谁也不要和他们论理，否则马上就会被宣布为大众之敌。④

归根结底，关于《印花税法》的争端，其症结不在于税额是否合理，不在于被征税者在财力上是否能够承受，也不在于其实施会引起什么不利的经济后果，而在于这种企图本身就侵害了殖民地居民的自由，在习惯上、道德上和法律上都不具备正当性。用罗得岛的伊莱莎·菲什的话说，《印花税法》的制定，引发了一场吞噬"我们珍爱的自由太阳的意外日食"，以致天昏地暗，"我们自由的太阳进入幽黑的云层，一时带来了漫漫长夜的不祥之兆"。⑤

在随后反对《汤森税法》的论战中，这种逻辑同样得到了鲜明的体现。约翰·迪金森的小册子《一个宾夕法尼亚农场主致英属殖民地居民的信札》，就是这方面的一个例子。他直言不讳地提醒自己的同胞，有人觉得英国征收的税额很轻，不会产生什么严重后果，这种想法是一个"致命的错误"。英国议会提出这样一项法案，其目的是要确立一种先例，为今后不断的征税开路。问题的关键不在于税额的轻重，

---

① 霍普金斯：《殖民地权利考辨》，载贝林编：《美国革命时期的小册子》，第1卷，第507页。
② 摩根编：《革命的序曲》，第114页。
③ 杜拉尼：《论英国议会立法为获得岁入而向英属殖民地征税的适当性问题》，载摩根编：《革命的序曲》，第83页。
④ 摩根编：《革命的序曲：关于1764—1760年〈印花税法〉危机的文献资料》，第124页。
⑤ 转引自约翰·里德：《美国革命时代的自由概念》（John Philip Reid, *The Concept of Liberty in the Age of American Revolution*），芝加哥1988年版，第12页。

而在于英国议会是否拥有向殖民地征税的权利；"如果他们有权利向我们征**一便士**的税，他们也就有权利向我们征**一百万**的税"；如果"他们有任何权利向我们征税"，那么"我们自己的钱能否继续留在我们自己的口袋里"，就不再取决于"我们"，而是"他们"。他用一种夸张的口吻指出了这种趋向的可怕结局："那些未经自己或其代表所表达的同意而被征税的人乃是奴隶。我们被征税，但未经我们自己或我们的代表所表达的同意。因而我们……就是奴隶。"他一再强调，如果以税额很轻而默认英国的征税，就会给自由带来极大的危险。①

随着"自由的危机"不断加深，革命就成了一件顺理成章、水到渠成的事情。在独立战争之前所有关于形势的讨论中，"经济"和社会问题始终没有成为关注的焦点，而"自由"的命运则始终是问题的核心。对于殖民地精英来说，"自由"并不是一个抽象的概念，也不是一种纯粹的意识形态，而是他们能够实际感受到的权利的综合体。英国的各种举措都被置于与自由的关系中来考察，都成了剥夺殖民地自由的阴谋的组成部分。约翰·亚当斯提及，若干年以来，有一个秘密帮派一直在谋求撤销马萨诸塞的宪章。② 赛拉斯·唐纳在 1768 年即开始全面反思和质疑英国历史上所有对殖民地的政策，宣称"大不列颠的行为表明，他们已经形成了一个迫使我们非常有效地服从他们的绝对命令的计划，甚至我们的言论自由也要遭到剥夺"；如果这个计划实现，北美居民就要告别自由，北美的肥沃土地就会被英国人占领，北美居民就要为英国人服役。③ 波士顿市镇会议 1770 年在一份文件中明确指出，"帝国专制政府"制定并部分实施了一个可怕的计划，旨在"根除所有的社会自由"；如果不加以制止，将会带来一场普遍的灾难。④ 托马斯·杰斐逊也有类似的说法："单一的暴虐之举可以归之于

---

① 迪金森：《一个宾夕法尼亚农场主致英属殖民地居民的信札》，第 111 页。黑体字在原文中为斜体。
② 约翰·亚当斯：《诺万格拉斯（新英格兰人）》（John Adams, *Novanglus*），载查尔斯·弗朗西斯·亚当斯编：《约翰·亚当斯著作集》（Charles Francis Adams, ed., *The Works of John Adams*），波士顿1850—1856 年版，第 4 卷，第 78 页。
③ 唐纳：《自由树献词》，载海因曼等编：《美国建国时期政论选（1760—1805）》，第 1 卷，第 102–106、107 页。
④ 《波士顿市镇给其代表的指令》（"Instructions of the Town of Boston to the Representatives, May 15, 1770"），《波士顿邮差报》（*Boston Post-Boy*），1770 年 5 月 21 日。

一时的偶然舆论，但这一系列的压迫，始于一个特别时期，大臣几经更换而一成不变地加以实行，这再清楚不过地证明，存在着一个要将我们变成奴隶的处心积虑的系统计划。"①

除征税措施外，英国在北美驻扎常备军，也被说成是这种剥夺自由的阴谋的一部分。安德鲁·艾略特在1768年9月写道："拥有一支常备军！我的老天！对于已经品尝了自由的甜蜜滋味的人民来说，有什么是比这更糟的呢！事情已经来到了一个令人不快的关口（unhappy crisis）；在大不列颠和它的殖民地之间，再也不会出现过去曾有过的那种和谐；所有的信心都完结了；一旦出现流血事件，一切依恋都会终结。"②他们相信，在没有外敌威胁时，"常备军对社会的幸福和自由可以是一个致命的东西"。③他们从历史中得出教训，认为军队往往是暴政的伙伴，"大凡成功而顽固的暴虐统治，无不得到军事力量的支持"。④总之，英国的政策不断调整，其目的则始终如一，就是要剥夺殖民地的自由。

面对"自由"陷入"危机"的局面，唯一的出路就是反抗暴政，以维护自由。在殖民地精英看来，只有具备自由意识并愿意为自由而斗争的人，才配享有自由；"如果他们没有充分的美德来抗击专横跋扈的侵犯者以维护自由，他们就不值得同情，而应当受到轻蔑和耻辱的对待"。他们号召，要不惜一切代价捍卫自己的自由，不要满足于已经采取的行动，因为时代要求人们用"极度的细心、慎重、顽强和坚定"来维护自由；这是事关"尚未出生的千百万人"的命运的大事。⑤如

---

① 托马斯·杰斐逊：《英属美洲权利综论》（Thomas Jefferson, "Draft of Instructions to the Virginia Delegates in the Continental Congress"），载朱利安·博伊德编：《托马斯·杰斐逊文件集》（Julian P. Boyd, ed., *The Papers of Thomas Jefferson*），普林斯顿1950年版，第1卷，第125页。
② 转引自伯纳德·贝林：《美国革命的意识形态起源》（Bernard Bailyn, *The Ideological Origins of the American Revolution*），马萨诸塞州坎布里奇1967年版，第114页。
③ 西米恩·霍华德：《布道词》（Simeon Howard, "A Sermon Preached to the Ancient Honorable Artillery Company in Boston"），载海因曼等编：《美国建国时期政论选（1760—1805）》，第1卷，第198页。
④ 转引自特雷弗·科尔伯恩：《经验之灯：辉格派史观和美国革命的思想渊源》（H. Trevor Colbourn, *The Lamp of Experience: Whig History and the Intellectual Origins of the American History*），纽约1974年版，第79页。
⑤ 《署名"坎迪达斯"的文章》，库欣编：《塞缪尔·亚当斯文集》，第2卷，第251、255、256页。

果不奋起抗争以抵制奴役,就会使先辈们为了争取和维护自由所付出的辛劳和血汗付诸东流;"不要玷污你们可敬的先辈们的光荣,要像他们那样决不放弃自己与生俱来的权利;要审慎明智,毅然决然、竭尽所能地维护你们的自由"。① 武力反抗将是维护自由的必要方式。新英格兰一位牧师说,当有必要用武器来捍卫自己的自由时,如果仍"让刀剑生锈"而不使用,乃是一种耻辱。他提醒说:"一群愿意固守自由的人民,应当为自己准备适合于防卫的武器,并学会如何使用。"② 约翰·亚当斯也说,与其受奴役,不如选择死亡;如果人民反抗暴政获得成功,他们就能维护自己的自由。③ 殖民地精英同时也意识到,这种反抗暴政、维护自由的行动,在当时的政治伦理中必然意味着"叛乱"。为了替自己将要采取的行动辩诬,他们声称,如果北美居民联合起来用武力抵抗压迫和捍卫自己的自由,并不能称之为叛乱;因为当一个人的权利受到威胁时,如果他不起来加以捍卫,那他就是"上帝的叛徒""自然法的叛徒"和"他自己良知的叛徒"。④ 说到底,反对或用武力公开抵抗肆意专权和非法的暴力,并不是叛乱,只有抵抗合法权威才是叛乱;一旦英国国王剥夺人民的自由,他们对他的忠诚纽带也就随之解除,此时的反抗就是正当之举。⑤ 这类说法听起来像是洛克理论的翻版,其指向显然就是革命。

在这种论辩逻辑中,英国的政策成了导致"自由"陷入"危机"的主因,而且这种"危机"还被渲染得真实而紧迫。用盖德·希契科克的话说:"我们的危险并非虚构出来的,而是十分现实的:我们的斗争不是关于细枝末节,而是关系到自由和财产;也不仅仅是我们自己

---

① 约瑟夫·沃伦:《演讲》(Joseph Warren, "Oration"),载莫蒂默·阿德勒主编:《美国年鉴》(Mortimer J. Adler, ed. in chief, *The Annals of America*),芝加哥1976年版,第2卷,第216页。
② 霍华德:《布道词》,载海因曼等编:《美国建国时期政论选(1760—1805)》,第1卷,第191、193、194—195、197页。
③ 亚当斯:《诺万格拉斯》,载查尔斯·弗朗西斯·亚当斯编:《约翰·亚当斯著作集》,第4卷,第17页。
④ 约翰·艾伦:《关于自由之美的演讲》(John Allen, "An Oration upon the Beauties of Liberty"),载伊利斯·桑多兹编:《美国建国时期的政治布道词》(Ellis Sandoz, ed., *Political Sermons of the American Founding Era*),印第安纳波利斯1998年版,第1卷,第323页。
⑤ 亚当斯:《诺万格拉斯》,载查尔斯·弗朗西斯·亚当斯编:《约翰·亚当斯著作集》,第4卷,第57、126页。

的事，而是关系到我们千秋万世的子孙。"① 可是实际上，殖民地人士之反对英国的政策和举措，并非由于它们造成了实际的危害，而是基于对可能性的推断："如果他们可以违背我们的意愿而拿走我们一便士，他们就能拿走一切"；如果他们可以处置"我们的财产"，也就有相应的权力处置"我们的人身"，"夺走我们的生命"；如果对此屈服让步，"就会将我们固定在奴役的最底层"。② 约翰·亚当斯在1774年提醒人们，英国对殖民地宪制的蚕食，就像癌细胞一样不断扩展并加快速度；英国用在殖民地获得的岁入培植一批年金享有者，而这些人又会设法扩大岁入，如果人民不保持稳定、充满精力和维护美德，这些腐败的官员就会日益增多，社会上一切美好的东西都会遭到吞噬。③ 可见，他们所强调的危险都还处在可能的层面，都是在"如果"引导下所做出的推断，因而带有想象的性质。

但是，对于那些敏感地维护自由的人来说，这种想象的"危机"却能带来真实的焦虑和戒备。约翰·迪金森指出，"在关系到自由的问题上永远保持戒备，这在一切自由之邦都是绝对必要的"；世界各国人民一般在他们实际感受到危险以前就不会考虑到危险的存在，所以他们都失去了自由。他在总结历史的教训以后指出，没有发生的危险，并不等于不会发生；"在这些情况下，问题不在于某些具体措施实际上带来了什么危害，而是从事情的性质看可能带来什么危害"。他还批评说，有人认为自由只有在公开的武力面前才会受到威胁，这种想法乃是大错特错的；自由的最大危险恰恰在于人们认为自由根本没有危险，这样自由就会在掉以轻心中遭到颠覆。④ 他反复强调的一点是，只有预见到自由可能遇到的威胁，提高警惕，细心加以维护，自由才有保障。

那些站在相反立场上的殖民地精英，并不难识破反英派用"危机"话语制造"危机"的用意。小马丁·霍华德说，英国并没有什么奴役

---

① 加德·希契科克：《选举日布道词》（Gad Hitchcock, "An Election Sermon, Boston, 1774"），载海因曼等编：《美国建国时期政论集》，第1卷，第300页。
② 唐纳：《自由树献词》，载海因曼等编：《美国建国时期政论选（1760—1805）》，第1卷，第104页。
③ 亚当斯：《诺万格拉斯》，载查尔斯·弗朗西斯·亚当斯编：《约翰·亚当斯著作集》，第4卷，第43页。
④ 迪金森：《一个宾夕法尼亚农场主致英属殖民地居民的信札》，第117、121、124-125、126-127页。

殖民地居民的阴谋；相反，杜撰和宣传这种说法，可能是十分危险的。① 时任马萨诸塞王家总检察长的乔纳森·休厄尔，也对反英派的话语策略提出了批评和警告，称世间没有完美无缺的政府，一个小小的政策失误，往往会使人民觉得其统治者就是暴君，整个政府就是压迫的体制；这样就埋下了反叛的种子，"人民被引导去牺牲真正的自由，而换回的不过是无法无天的混乱，这种状况会逐渐演化为叛乱和内战"。他断言，一旦出现这种局面，人民就会成为失败者。他们所能得到的最好结局不过是，在他们不再为人所需要之时被抛弃在一旁。②

从一定意义上说，殖民地和母国的关系之所以陷入不断加深的"危机"，与反英派的这种"危机"话语的影响是分不开的。英国谋求加强对殖民地的控制，引起殖民地一些人的不满；而反英精英利用这种不满情绪，刻意制造某种"危机"话语，动员人们抵制和反对母国的政策，从而造成了（至少是加深了）殖民地与母国关系的真正危机。至于用"自由的危机"来动员和激励反英行动，是否具有真正的效力，时人有不同的说法。塞缪尔·亚当斯谈到，殖民地居民不论在其他问题上存在多么严重的分歧，仍然能够在"宪法的和自然的自由的主要原则"之上联合起来。③ 他在回顾殖民地居民反对英国政策的历程时指出，"或许从来没有一个民族发现他们自己比这个美洲大陆的英属殖民地居民更热爱他们的自然的和宪法的权利与自由：他们联合起来，成功地跟《印花税法》所带来的奴役的威胁做斗争，这无疑将为未来的历史学家当作他们的不朽荣誉而记载下来……"④ 但是，约翰·亚当斯对殖民地居民的反响并不满意，他在 1774 年写到，虽然人们被告以危

---

① 小马丁·霍华德：《哈利法克斯绅士的来信》（Martin Howard, Jr., *A Letter from a Gentleman at Halifax*），载梅里尔·詹森编：《美国革命小册子》，第 65 页。

② 约翰·亚当斯、乔纳森·休厄尔：《新英格兰人和马萨诸塞人：政论集》（John Adams, and Jonathan Sewall, *Novanglus, and Massachusettensis; or Political Essays*），纽约 1968 年版，第 152 页。经美国史家考证，亚当斯的这位化名"马萨诸塞人"的论敌，其实是丹尼尔·伦纳德（Daniel Leonard），而不是乔纳森·休厄尔。

③ 《1771 年 6 月 29 日马萨诸塞众议院致本杰明·富兰克林》（"The House of Representative of Massachusetts to Benjamin Franklin", June 29, 1771），载库欣编：《塞缪尔·亚当斯文集》，第 2 卷，第 179 页。

④ 《署名"坎迪达斯"的文章》，载库欣编：《塞缪尔·亚当斯文集》，第 2 卷，第 205 页。

险即将降临，但他们非到预言变成历史才肯相信。这表明反英宣传很难使大批群众信服。①

最后，"自由的危机"成了论证独立的合理性的重要依据。殖民地反英派最终断言，英国国王采用种种暴虐和专断的手段，危害和剥夺殖民地人民的自由，使他们陷入遭受奴役的威胁之中，因而他们只有摆脱这个"滥用权力""大施淫威"的政府，才能捍卫自由，免于受奴役的厄运。他们很少谴责母国使殖民地陷于贫困，也没有抱怨殖民地社会存在不平等、不公正的现象，而是反复指斥母国肆意危害他们的自由，迫使他们铤而走险。《独立宣言》罗列了英王乔治三世的种种"罪状"，宣称他处心积虑要在北美殖民地建立暴政，侵害和剥夺殖民地居民的自由与权利；殖民地之所以放弃对英王的效忠，是因为这个国王已沦为一个暴君，不配做"自由的人民"的统治者。这种逻辑不仅在精英话语中得到呈现，而且也可见于一些基层的政治文件。北卡罗来纳梅克伦堡县1775年5月20日的大会通过决议，宣称："我们梅克伦堡县的公民就此宣布，解除把我们与母国联系在一起的政治纽带，放弃我们对英国王权的效忠，发誓不再与那个民族保持任何政治联系、契约和协议，（因为）他们曾经肆意地践踏我们的权利和自由，并在列克星敦惨无人道地使美洲无辜的爱国者流血"。这个文件还表示："我们就此宣布我们自己是自由而独立的人民，……我们彼此庄严宣誓，要团结合作，用我们的生命、财产和最神圣的荣誉来维护这种独立。"②

独立战争爆发以后，"危机"话语出现了不同的表述形式。许多意想不到的问题纷至沓来，直接影响到战争的进程和前景，引起了革命者的普遍担忧。在一些宣传品作者的笔下，这些问题被说成是能否捍卫自由的考验。前文提到的潘恩的"American Crisis"系列文章，就是影响最大的一个例子。在革命派的话语中，英国军队的大举进攻，乃

---

① 亚当斯：《诺万格拉斯》，载查尔斯·弗朗西斯·亚当斯编：《约翰·亚当斯著作集》，第4卷，第14页。
② 赫齐卡亚·奈尔斯编：《美国革命文件集》（Hezekiah Niles, ed., *Principles and Acts of the Revolution in America*），纽约1876年版，第314页。

是"暴政之手举起来要砍倒光荣的自由之树"的"crisis";① 而革命的权力机构应对"危急局面"举措不力,对"我们的自由"来说也是"一个危险"。② 总之,独立战争关系到自由的命运,"美利坚的战争如果继续下去,将会成为他们的自由的场所,或者成为他们和我们共同的奴役的场所"。③ 正是出于解除"自由的危机"的名义,这场脱离母国的"叛乱"才获得了道义上的正当性。用清教牧师彼得·撒切尔的话说,"美利坚人乃是英勇坚毅的祖先的血脉,他们热爱自由胜于热爱自己的生命,对侵害他们的权利的最微小举动都保持警惕";"自由摆在了我们面前,她邀请我们去享有她的福佑;她被从地球的其他地区赶了出来,希望在美洲的荒野中找到一个安身之所;……正在美洲兴起的帝国,究竟是一个奴隶的帝国,还是一个自由人的帝国,这一重大问题也取决于我们是否使用武器"。他进而宣布:"让我们展望那光辉的日子,那时我们将欢呼一个自由而独立的国家。"④ 在这里,"自由"不仅是革命动员的口号,而且也是革命者的奋斗目标。

三、联邦立宪运动中的"危机"想象

虽然战争的结果使美国的独立得到了承认,但立国问题并未彻底解决。在建国精英看来,战争初期建立的各级政府体制,在战争期间和战争结束以后,暴露出愈益严重的弊端。从 18 世纪 80 年代中期开始,他们就大力推动政治制度的改革。这个改革的过程,可以说是美国革命的又一个高潮,其完成则标志着革命的结束。这也是一个颇具风险、争议迭起的过程,其间出现了一种很有意思的现象:不同的群

---

① 《宾夕法尼亚晚邮报》(*Pennsylvania Evening Post*),1777 年 4 月 5 日。
② 转引自伊莱沙·道格拉斯:《反叛者和民主派:美国革命时期争取平等政治权利和多数人统治的斗争》(Elisha P. Douglass, *Rebels and Democrats: The Struggle for Equal Political Rights and Majority Rule During the American Revolution*),北卡罗来纳州查珀希尔 1955 年版,第 48 页。
③ 转引自克拉克:《自由的语言:1660—1832 年英美世界的政治话语和社会动力》(J. C. D. Clark, *The Language of Liberty 1660—1832: Political Discourse and Social Dynamics in the Anglo-American World*),英国剑桥 1994 年,第 331 页。
④ 奈尔斯编:《美国革命文件集》,第 46 页。

体再次以"自由"为核心元素制造各种"危机"话语,以支持和强化各自的建国主张。对于拥护强大的全国政府的建国者来说,"民主"所固有的"无法无天"式的"滥用自由",乃是危害"自由"、使"自由"再次陷入"危机"的主要根源;因而只有确立一种有效的政府体制来抑制这种"滥用自由"的倾向,才能挽救"自由的事业",使"合众国人民"得以永享"自由的福祉"。然则在对立的人看来,新宪法所要确立的恰恰是一种危害自由、导向奴役的体制,可能使美国的"自由"跌入万劫不复的深渊。

一般认为,1787—1788年的联邦立宪运动,是邦联体制的危机和邦联时期的严峻形势所引起的反应。但后世的历史学家发现,邦联时期的美国并不存在严重的社会危机、"经济"危机或政治危机。梅里尔·詹森对约翰·菲斯克的命题进行了全面的检验,发现邦联时期的形势十分复杂,不同的人群对它的感受和评价分歧甚大,但无论如何都不是一个菲斯克意义上的"危急时期"。[①] 埃德蒙·摩根更是直截了当地指出:"任何严肃认真的学者都必须承认,在《邦联条款》实施期间,合众国取得可观的成就。"[②] 伯纳德·贝林也认为,18世纪80年代并不是一个保守或"对革命反动"的时期;"在这些年代,美利坚的能量得到巨大的释放,席卷生活的每一个角落"。[③] 其实,在当时人的言论中也能找到这类颂词:"在短短几年的时间里,这个新世界出现了多么惊人的进步!自然的面貌发生了多么巨大的改变!居民们又是多么地不同!自由、学识和农业,以及商业和制造,似乎越过了大西洋,而在美利坚的海岸落户。感谢我们的先辈,感谢天意的福佑,似乎可以说,世界上从来没有任何地方像这个国度一样,拥有这样多的知识,

---

[①] 梅里尔·詹森:《新国家:邦联时期的美国史(1781—1789)》(Merrill Jensen, *The New Nation: A History of the United States During the Confederation*, 1781—1789),波士顿1981年版,重点参见第xvi - xviii, 422 - 428页。

[②] 埃德蒙·摩根:《共和国的诞生(1763—1789)》(Edmund Morgan, *The Birth of the Republic*, 1763—1789),芝加哥1956年版,第113页。

[③] 伯纳德·贝林:《美国革命的核心主题》(Bernard Bailyn, "The Central Themes of the American Revolution: An Interpretation"),载斯蒂芬·库尔茨等编:《美国革命论文集》(Stephen G. Kurtz, and James H. Hutson, eds., *Essays on the American Revolution*),北卡罗来纳州查珀希尔1973年版,第21页。

这样好的法律和风俗习惯，……"①

　　不过，当时持这种乐观看法的人并不多见。相反，许多人对时局表示不满和担忧；②而且，中下层民众所表达的不满，与建国精英的看法大相径庭。③其中居于主流的倾向是，担心美利坚人用鲜血和生命换来的自由，可能丧失于"滥用自由"而导致的"危机"之中。表达这类见解的人，既有不甚知名的政论作者，也有主导建国进程的关键人物。

　　历时十余年的反英运动和独立战争，在北美社会造成了深刻的变动，也带来了持续的扰攘和动荡。战争结束后，稳定和平静的气象并没有随之出现。一方面，经济形势起伏不定，社会结构发生剧烈变化，不少人的境况都受到了触动；地方社会的冲突，民众对抗政府的行动，在许多州都时有发生。另一方面，自革命开始以来，各州政治格局大为改观，一些新近获得权势的"新人"，在州议会扮演重要的角色；他们围绕民众关切的问题采取立法行动，引发激烈的分歧和争论，更加剧了当时那种杌陧不安的气氛。④根据戈登·伍德的研究，这种情形使一些精英人士感到，正如当初英国政府滥用了权力一样，美国人正在滥用其自由；他们满怀忧虑地看到，美国社会正迅速走向"无政府和无法无天"；如果这种状况发展下去，必将导致"人民的暴政"，也就是约翰·亚当斯1776年说过的"民主的专制主义"。⑤

　　到1787年制宪会议前夕，这种对新的"自由的危机"的担忧，发

---

① 《每日广告报》(*Daily Advertiser*)，1786年7月15日。
② 参见戈登·伍德：《美利坚共和国的缔造（1776—1787）》(Gordon S. Wood, *The Creation of the American Republic, 1776—1787*)，纽约1972年版，第393－395页。
③ 特里·布顿：《驯化民主："人民"、建国者和美国革命不顺利的结局》(Terry Bouton, *Taming Democracy: "The People," the Founders, and the Troubled Ending of the American Revolution*)，纽约2007年版，第88－167页；伍迪·霍尔顿：《"过度民主"还是民主不足？》(Woody Holton, "An 'Excess of Democracy' – Or a Shortage? The Federalists' Earliest Adversaries")，《早期共和国杂志》(*Journal of the Early Republic*)，第25卷第3期（2005年秋季号），第339－382页。
④ 参见杰克逊·梅因：《民治的政府：美国革命与立法机构的民主化》(Jackson Turner Main, "Government by the People: The American Revolution and the Democratization of the Legislatures")，《威廉—玛丽季刊》(*William and Mary Quarterly*)，第3系列，第23卷第3期（1966年7月号），第391－407页；伍德：《美利坚共和国的缔造》，第476－482页。
⑤ 伍德：《美利坚共和国的缔造》，第403－404页。

展到更深的地步。1785 年，一位牧师在康涅狄格议会发表布道演讲，指出美国的繁荣和幸福面临若干严重的威胁，其中第四个威胁就是，人们不尊重自己选择的政府，也不遵守法律。他认为，一个国家如果缺乏这两者，非但不能长久保持幸福，而且连"文明社会"的重要目标也无法实现；暴政和专制固然是"严重的弊端"，而无政府威胁的危害更大。他提醒说，人手中掌握的权力越大，滥用权力的危险也就越大；而"美国人民"手中掌握着地球上任何其他人民都不曾拥有的巨大权力，因为整个政府的权力都"任由他们处置"，这种权力如果被滥用，就会产生专制暴政或贵族制，因而必须加以提防。① 次年，新罕布什尔一位署名"Amicus Republicae"的作者发表文章，认为当时各州的政治形势十分危急，主要原因是有一部分人不尊重宪法和法律，不服从自己选出的政府官员，从而导致无政府状态或暴政的危险，并有可能引发内战，使外国势力有机可乘，谋求成为美利坚人的主人，把他们变成没有自由的奴隶。他认为，在专制制度下，臣民受到武力威胁而被迫服从，而共和政府的根基在于人民的自愿服从和支持。一旦公民丧失这种美德，共和政府就面临崩溃的危险。而这种状况一旦出现，人民的生命、财产和一切权利都会失去保障。他承认各州和联盟确实面临许多实际的困难，但这些都是暂时的、可以解决的问题。他得出结论说，希腊、罗马等历史上的共和国，就是因为人们"无法无天地滥用自由"而导致覆亡；美利坚人应当吸取教训，因为他们奋力争取自由的目的，绝不仅仅是为了滥用它。他提出的解决方案是重建公共美德，呼吁公民自觉服从和拥护宪法、法律和政府，以有序的自治来保障自由。②

詹姆斯·麦迪逊从特有的政治关切和建国理念出发，对当前形势也是忧心忡忡，并就时弊做出了自己的诊断。他在给托马斯·杰斐逊、

---

① 塞缪尔·威尔士：《我们国家繁荣面临的危险及化解之道》（Samuel Wales, *The dangers of our national prosperity; and the way to avoid them*），哈特福德 1785 版，第 22—23 页。
② 阿米库斯·瑞普布利凯：《致公众》，载海因曼等编：《美国建国时期政论选（1760—1805）》，第 1 卷，第 638—655 页。

乔治·华盛顿和埃德蒙·伦道夫等弗吉尼亚头面人物的信件中，反复表达了这样一层意思：当前宪制的弊端实在是太过严重，以致不少人对共和政体感到失望，希望转而采用"不损害根本原则的稳定政府"，也就是君主制。只有实行"对现行体制进行彻底改革的计划"，才能使联盟永久存在，并"挽回共和制这一名称的名誉"。他进而断言："许多人业已看到，在一定程度上也必定为所有人所明了，如果不根据共和原则有效地组织联盟，那么关于某种更加难以接受的形式的新发明就会强加下来，或者说最好的情况也不过是，这个大国随之遭到分解，变为若干个敌对和仇视的同盟。"① 他在1835年回忆制宪会议的由来时还谈到，当时美国面临的内外形势都十分严峻，那些"最不喜欢人民政府的人"，或那些极不相信其效力的人，希望在混乱不断增强以后，能够出现一种更符合他们的脾胃和观点的政府；而那些最忠于共和原则和形式的人，则担心自由的事业在美国的实验中发生危险，急切地盼望建立一种制度，以避免邦联的无效力，避免出现极端的集权政府。② 麦迪逊这里提到的"自由的事业"，就是共和制实验。戈登·伍德指出，当时对18世纪政治学理论略有所知的人都清楚，"危机"的实质是美利坚各州共和政体正在走向毁灭，因而危机是十分深刻的，所涉及的不是有限的政治或经济问题，而是整个共和制实验的成败。③ 由于共和制与自由在建国者的观念中是可以画等号的，因而共和制面临严峻考验，也就等于是自由处在深重的"危机"之中。

麦迪逊正是带着这样一种"危机"意识，发起并积极参与了新宪法的制定。他和其他聚集在费城的建国精英们都感到，当时美国形势危急，流弊丛生，如果不采取果断措施，最终就会导致自由的丧失。他们认为，对自由的外部威胁已不再严重，而威胁自由的因素主要来

① 詹姆斯·史密斯编：《书信共同体：托马斯·杰斐逊和詹姆斯·麦迪逊通信集》（James Morton Smith, ed., *The Republic of Letters: The Correspondence between Thomas Jefferson and James Madison*, 1776—1826），纽约1995年版，第1卷，第470页；盖拉德·亨特编：《詹姆斯·麦迪逊文集》（Gaillard Hunt, ed., *The Writings of James Madison*），纽约1901年版，第2卷，第315-316、320、340页。
② 亨特编：《詹姆斯·麦迪逊文集》，第2卷，第406-407页。
③ 伍德：《美利坚共和国的缔造》，第414页。

自内部，具体表现为邦联体制不足以保证美国的团结和强大，美国人并不具备实行共和制的美德，共和政府前途堪忧；各州的立法和治理出现了普遍的不公正和效率低下，由此而形成了"无法无天"和"滥用自由"的局面。① 在制宪会议上，不少人在发言中都对形势表达了类似的判断。埃德蒙·伦道夫称，各地政府松弛，可能出现无政府状况；而补救之策的基础乃是"共和原则"。他甚至说："我们处在战争的前夜，只是由于人们对本次会议抱有希望才未爆发。"② 有人把这种状况归咎于"过度的民主"。在他们的观念中，民众总是倾向于无法无天、变化不定，因而"民主"乃是对自由的最大威胁。伦道夫在制宪会议开始时就直截了当地说，"我们的主要危险产生于我们（各州）宪制中的民主部分"。③ 埃尔布里奇·格里在谈到马萨诸塞的政治局面时也说："我们经历的诸多弊端产生于过度的民主。人民并不想要美德，他们只不过是伪装的爱国者的欺骗对象。"④

在制宪会议结束以后，新宪法的拥护者继续采用"滥用自由"导致"自由的危机"的话语方式，以突出强调制定和批准新宪法的必要性。有位作者明确说，当年英国人预言北美殖民地与母国分离后，必将陷入纷争和动乱；现在，这一预言似乎就要实现了：各州蔑视联盟政府，拒绝缴纳征派，甚至制定了直接违反征派的法令，而联盟宪法又未赋予国会强制遵守其政策的权力；"于是，自由变成了无法无天"；国内外和公私信用都遭到了滥用；"美利坚目前的处境"就好比是一艘暴风雨中的航船，水手们把舵绑起来，任由风吹浪打。他呼吁："啊，起来，美利坚！从你的冷漠中醒来吧！勇敢地坚持联盟团结一致的事

---

① 詹姆斯·麦迪逊：《合众国政治体制的弊端》（James Madison, "Vices of the Political System of the United States"），载罗伯特·拉特兰等编：《麦迪逊文件集》（Robert Rutland et al., eds., *The Papers of James Madison*），芝加哥1975年版，第9卷，第348—357页。
② 埃德蒙·伦道夫1787年5月29日的发言（"Edmund Randolph, May 29, 1787"），载马克斯·法兰德编：《1787年联邦大会记录》（Max Farrand, ed., *The Records of the Federal Convention of 1787*），纽黑文1966年版，第1卷，第19、26页。
③ 伦道夫1787年5月29日的发言，载法兰德编：《1787年联邦大会记录》，第1卷，第26页。
④ 《埃尔布里奇·格里1787年5月31日的发言》（"Elbridge Gerry, May 31, 1787"），载法兰德编：《1787年联邦大会记录》，第1卷，第48页。

业吧！拯救你那正在沉没的国家吧！"① 诺亚·韦伯斯特也说，美利坚各州目前的状况比"自然状态"好不了多少，"我们引以为自豪的州主权"远不足以保护自由和财产，反而时刻使之面临失去的危险。那些拥有"最重的钱袋和最长的刀剑"的州，随时都可以使其弱小的邻居"称臣纳贡"；而没有任何更高的权力来阻止这种侵害和挽救损失。他禁不住高呼：千万不要有这样的自由！② 约翰·迪金森认为，美国的自由如果会遭到破坏，其唯一值得担忧的原因乃是"**人民无法无天的放纵**"和"**某些州的骚乱倾向**"，而不是联邦官员的密谋。如果有朝一日美国人的自由遭到了颠覆，那肯定是前面两个原因中的一个。③ 麦迪逊在《联邦主义者第63篇》中，继续强调"滥用自由"而导致自由丧失的危险，称参议院的设置有助于抑制（通过各州众议院的行为而表现出来的）"滥用自由"的倾向。他写道："自由不仅可能因滥用权力而受到威胁，也可能因滥用自由而受到威胁；关于后者的例子和关于前者的例子一样众多，而且是后者，而不是前者，对合众国来说显然是最值得担忧的。"④

显而易见，对于联邦立宪前后美国的形势，这些建国精英采取了一种很不一样的观察方式，所得出的结论与一般的看法大相径庭。他们并没有把当时某些地方民众因债务和经济困难而丛集造反的事件，看成是社会和经济的危机，而说成是因"滥用自由"而导致的"自由的危机"。他们所指责的那些"滥用自由"的人，一是控制各州立法机构、制定许多危害财产权利和有失公正的法律的"新人"，二是那些不服从法律和权威乃至公然造反的"暴民"。他们对人性中趋恶的一面有

---

① 《宾夕法尼亚一农场主》（"A Pennsylvania Farmer"），载科琳·希恩等编：《宪法之友："其他"联邦主义者作品集（1987—1988）》（Colleen A. Sheehan, and Gary L. McDowell, eds., *Friends of the Constitution: Writings of the "Other" Federalists 1787—1788*），印第安纳波利斯1998年版，第23 – 24页。
② 诺亚·韦伯斯特：《联邦宪法主要原则辨析》（Noah Webster, "An Examination into the Leading Principles of the Federal Constitution"），载保罗·福特编：《关于美国宪法的小册子》（Paul Leicester Ford, ed., *Pamphlets on the Constitution of the United States*），纽约1968年版，第55页。
③ 费边：《第7札》（Fabius [John Dickinson], "The Letters Ⅶ"），载希恩等编：《宪法之友》，第487页。黑体字在原文中为斜体。
④ 詹姆斯·麦迪逊：《联邦主义者第63篇》（James Madison, "Federalist No. 63"），载汉密尔顿、麦迪逊、杰伊：《联邦主义者文集》，第387 – 388页。

着深刻的洞察，对于古典共和主义的美德观念也失去了信心，因而所开出的救治之方并不是重建美德，而是进行制度改革，也就是加强政府的权力和效能，使之有力量控制社会局势和处理紧急事态，从而赢得公民的自觉服从。毫无疑问，他们所描述的"危机"景象同样具有想象的性质，是他们为了推进自己所追求的事业，而对美国社会存在的某些问题加以夸大和渲染的结果。他们得出的结论是不言而喻的：既然"自由的危机"源于政府权力弱小，以及各州和民众"滥用自由"，那么解决之道就只能是建立一个强大的政府，足以控制各州，也足以控制民众以及他们所选举的"直接代表"，保护财产，防止多数人压迫少数人，从而挽救和改善共和政体。①

拥护宪法的"联邦主义者"正是用这一套话语来诠释新宪法的意义。照他们的说法，调整州与州、州与联盟的关系，巩固联盟式的国家，保障国内外的和平与安宁，其最终意义就是保障财产和自由。约翰·迪金森指出，"一个令人悲伤、但却可能是有用的真理"是，在"单一的共和国"，自由往往被一部分公民所破坏；而在联邦共和国，则往往被加盟的邦国所破坏；但同时令人高兴地看到，政府"保护值得尊敬的人而反对无法无天的人"的力量越强，他们的安宁与繁荣就越能得到增进。② 另一位作者说，当前美国的最大利益莫过于独立，既有内部安全，也有外部和平；"人民的一切珍贵的利益"，如自由、财产、家庭和生命等，无不有赖于此。③ 在休·威廉森看来，新宪法确立的政府是"一个可以提供稳定和荣誉的美好前景的政府，可以不受外国侵略和国内叛乱的困扰，……通过这个政府，我们的商业必定会得到保护和扩大；我们的产品和土地的价值必定会增加；劳动者和技工必定会得到鼓励和支持。它是一种完全适合于保护自由和财产、爱护

---

① 汉密尔顿对此有明确的论述。参见亚历山大·汉密尔顿：《联邦主义者第85篇》（Alexander Hamilton, "The Federalist No. 85"），载汉密尔顿、麦迪逊、杰伊：《联邦主义者文集》，第521－522页。
② 费边：《第3札》（Fabius [John Dickinson], "The Letters Ⅲ"），载希恩等编：《宪法之友》，第66页。
③ 一个外国旁观者：《论在美国提升联邦情感的方法》（A Foreign Spectator [Nicholas Collin], "An Essay on the Means of Promoting Federal Sentiments in the United States"），载希恩等编：《宪法之友》，第45页。

良好的公民和诚实之人的政府"。①

他们众口一词地声称,建立一个强大有力的全国政府,有利于控制"无法无天"和"滥用自由"的局面;如果"没有一个**良好的政府,自由就无法存在**";一旦"无法无天的放纵"得势,专制就会接踵而至。② 还有人干脆说,任何政府唯一值得想望的目标,就在于保护人的人身和财产;而最能推进这一目标的政府,不仅是最为完善的,而且也是最为自由的。③ 在这些人看来,暴政和无政府对自由的危害无分轩轾,而新宪法精心设计的体制正可以防止这两个极端。④

他们试图通过重新界定自由,来说明权威和秩序的重要。一位宪法的拥护者写到,有人称一旦采纳宪法,所有的自由人就都会变成奴隶,这是不对的;恰恰相反,新宪法将防止任何专制主义,保护人民的自由免受侵害,赋予任何"明智的人民"所能企望的一切自由;真正的自由"与无法无天的放纵是完全不一样的",把自由理解为"让每个人都去做他想做的事情",并把它作为"我们的偶像",这是"一种耻辱";这种自由观应当被抛弃。⑤ 诺亚·韦伯斯特也说,关于什么是真正的自由,以往人们有很深的误解;"许多人怀有这样一种见解,认为自由乃是**一种不受任何控制地行动的力量**。即使野蛮人也不曾享有如此之多的自由";"假设每个人都可以不受控制或不惧怕惩罚地采取行动——每个人都会是自由的,但没有人能片刻保持他的自由。每个人都有权力夺取其邻人的生命、自由或财产;没有人能在他抵御侵犯的力量之外支配更多的东西"⑥。另一位作者写到,"自由这个词根据

---

① 休·威廉森:《评新的政府方案》(Hugh Williamson, "Remarks on the New Plan of Government"),载希恩等编:《宪法之友:"其他"联邦主义者作品集(1987—1988)》,第281页。
② 詹姆斯·威尔逊:《1788年7月4日演讲》(James Wilson, "Oration on the Fourth of July 1788"),载希恩等编:《宪法之友:"其他"联邦主义者作品集(1987—1988)》,第505-508页。黑体字在原文中为斜体。
③ 《国家战士》("State Soldier"),载希恩等编:《宪法之友》,第366页。
④ 詹姆斯·埃尔德尔1788年7月30日的发言("James Iredell, July 30, 1788"),载乔纳森·埃利奥特编:《各州批准联邦宪法大会辩论集》(Jonathan Elliot, ed., *The Debates of the Several State Conventions on the Adoption of the Federal Constitution, as Recommended by the General Convention at Philadelphia in 1787*),费城1861年版,第4卷,第219页。
⑤ 《自由人》,载希恩等编:《宪法之友:"其他"联邦主义者作品集(1987—1988)》,第284-285页。
⑥ 韦伯斯特:《联邦宪法主要原则辨析》,载福特编:《关于美国宪法的小册子》,第54-55页。黑体字在原文中为斜体。

其用法的不同，可以包含世界上最好的东西，也可以包含世界上最邪恶的东西"；"那些无法无天之徒告诉我们，一个有力量的政府与自由是不相容的，因为它与他们的愿望和恶习不相容；他们会要我们觉得它与人类幸福是对立的"①。

他们还极力消除反对者关于宪法威胁自由的恐惧。戴维·拉姆齐说："在一个像我们这样的地方，到处都是属于同一个等级的自由人，财产的分布平等，地产占有完全是自由持有制，新闻自由，获取信息的方式很常见；暴政在任何政府形式下都不能轻易出现，而在一个人民乃是一切权力的源泉、由他们的代表间接选举或由他们自己直接选举全部统治者的政府中，就几乎是不可能出现的。"② 在北卡罗来纳批准宪法大会上，有一位与会者也说，在有些国家，"统治者的专断倾向可能会使他们推翻人民的自由"；但"在一个像（美国）这样的国家，每个人都是他自己的主人，几乎每个人都是自由持有者，拥有选举的权利，违反宪法的行为是不会受到被动的许可的"③。在马萨诸塞批准宪法大会上，也有人表达了同样的信念："只要美利坚人保持目前这种心智开明的状态，热爱自由的事业，他们就不可能遭到奴役。"④ 汉密尔顿也表示，"不可能盼望任何有理性的人会建立一个不利于人民的自由的政府"；怀疑拥护宪法的人都受到了"野心的观点"的影响，是不公正的。⑤ 一言以蔽之，新宪法乃是自由的屏障，而绝对不会危害自由。

然而，反对宪法的人对此持有针锋相对的看法。在他们看来，新宪法的出台，恰恰意味着将使自由陷入新的"危机"。他们甚至直言不

---

① 一个土地持有者：《致土地的持有和耕作者》（A Landholder [Oliver Ellsworth], "To the Holders and Tillers of Land"），载希恩等编：《宪法之友》，第292页。
② 西维斯：《致自由人》（Civis [David Ramsay], "An Address to the Freemen"），载希恩等编：《宪法之友："其他"联邦主义者作品集（1987—1988）》，第456页。
③ 斯蒂尔1788年7月25日的发言（"Steele, July 25, 1788"），载埃利奥特编：《各州批准联邦宪法大会辩论集》，第4卷，第72页。
④ 塞缪尔·斯蒂尔曼1788年2月2日的发言（"Samuel Stillman, Feb. 2, 1788"），载埃利奥特编：《各州批准联邦宪法大会辩论集》，第2卷，第169页。
⑤ 亚历山大·汉密尔顿1788年6月28日的发言（"Alexander Hamilton, June 28, 1788"），载埃利奥特编：《各州批准联邦宪法大会辩论集》，第2卷，第371页。

讳地指责宪法是少数人企图毁灭自由的"阴谋"。一篇署名"Centinel"的文章指出,一些"图谋私利和居心叵测的人",成功地利用当前的"危机",谎称发现了"医治人民的所有弊病的灵丹妙药";但他们要建立的政府,对"人民"的危害却比特洛伊木马更严重;有人还滥用华盛顿的名字,以掩盖其"侵害人民自由的阴谋",在"人民"中间确立暴政。这位作者反复指出,鼓吹新宪法的人乃是一些"阴谋家",他们企图"剥夺人民的自由";这是整个大陆的富人为了取得控制权而实行的一个阴谋,因为他们在各自的州难以达到这一目的。① 另有一位作者说,宪法的支持者号称"federalist",实际上是极大地"滥用"了这个词,因为他们的目的不过是"提升和扩大少数人对多数人的利益";如果他们的主张付诸实行,"美利坚自耕农的自由、财产和生活中的一切社会舒适"都会成为这一"暴政祭坛的供品"。因此,他们所说的"联邦主义",不过是指一个"反对人民的神圣自由的联盟",是一个"出身良好的少数人的阴谋"。② 还有一位作者用夸张的语气写道:在英国承认合众国的独立与主权以后,美利坚人民成了"天底下最自由的国家的公民";但如果在当前拟议的政府之下,哪怕是"自由的碎片"也难以存在。他称这一"新奇的政府"将是"一个君主制和贵族制的复合体",是"世界上所仅见的最为可憎的"政体。他宣布,那些"大胆的阴谋家们"所制定的新宪法,乃是一个"专制主义的方案"。③

反对新宪法的人还否认邦联体制存在"危机",并指责制宪会议利用"危机"的假象以达到自己的目的。帕特里克·亨利的说法具有代表性。他认为,受到鄙视的邦联,应当得到"最高的赞颂";它领导"我们"度过了一场漫长而危险的战争,取得了对一个强大国家的胜利,获得了一块比欧洲任何君主所掌握的土地都要广阔的国土;难道

---

① 哨兵:《致宾夕法尼亚人民》(Centinel, "To the People of Pennsylvania"),载赫伯特·斯托林编:《反联邦主义者全集》(Herbert J. Storing, ed., *The Complete Anti-Federalist*),芝加哥1981年版,第2卷,第163、176–179、180、188页。
② 《绝非上等出身的阴谋家的文章》("Essay by None of the Well-Born Conspirator"),载斯托林编:《反联邦主义者全集》,第3卷,第195页。
③ 《费城人的文章》,载斯托林编:《反联邦主义者全集》,第3卷,第127–129页。

这样一个"强大有力的政府"应当被指责为软弱无能、因为缺乏力量而被放弃吗？有人谎称公民心中普遍不满现在的政府，这并不是事实；"中下层等级的人民没有那些出身好的人如此愉快地拥有的那些敏锐的想法，他们的眼睛不那么容易看到潜在的东西"。他甚至指责制宪会议破坏了本来宁静祥和的气氛。他说，一年前"我们的公民"本来心情很安宁，在费城制宪会议召开以前，这里普遍弥漫着"和平"和"宁静"的气氛。但是自那时以来，"极度的不安"就开始出现了，"我感到这个共和国处在极度的危险当中"，而造成这一切的根源，在于那个"要改变我们的政府"的方案。如果现在采取了任何"错误的步骤"，"我们就会被抛入不幸当中，我们的共和国就会丧失"。① 他的这番话引起了许多新宪法拥护者的反驳。彭德尔顿说，在费城会议召开之前，"共同政府"是完全不足以实现这一制度的目标的，商业衰败，金融混乱，公私信用被毁，诸如此类的弊端在全国不胜枚举；如果说此时人民心态安详，并不是他们相信自己处在幸福和安逸的环境中，而是一种不负责任的精神麻木；费城会议提出了一个旨在消除"政治不安定"的方案，怎么能说它引起了公众的不安呢？② 麦迪逊也说，13 个州并不存在亨利所说的那种祥和安宁的气氛，实际情况恰恰相反。③

有一些反对派并不限于追究制宪者的动机，而是分析宪法的条文，认为它要确立的政府体制必将危害"人民的自由"。他们的基本看法是，革命已经使美国人民获得和享有自由，而新宪法不仅无助于维护自由，而且会使自由重新陷入"危机"。有位作者在一篇不长的文章中，概述了新宪法条文的缺陷和危害，表达了反对者的主要观点。其结论是，新宪法要建立的是一个具有君主制和贵族制性质的政府，自

---

① 帕特里克·亨利 1788 年 6 月 4 日的发言（"Patrick Henry, June 4, 1788"），载埃利奥特编：《各州批准联邦宪法大会辩论集》，第 3 卷，第 46、140、21—22 页。
② 埃德蒙·彭德尔顿 1788 年 6 月 5 日的发言（"Edmund Pendleton, June 5, 1788"），载埃利奥特编：《各州批准联邦宪法大会辩论集》，第 3 卷，第 36 页。
③ 詹姆斯·麦迪逊 1788 年 6 月 6 日的发言（"James Madison, June 6, 1788"），载埃利奥特编：《各州批准联邦宪法大会辩论集》，第 3 卷，第 88 页。

由只会变得徒有其名。① 帕特里克·亨利认为新体制的原则是"极其有害、失策和危险的";现在这一转折的重要性,与当年从英国分离一样突出,因为"我们的权利和特权受到了威胁";信仰权利、陪审权利、新闻自由、所有的豁免和选举权,所有"人类权利和特权的假相",即使没有失去,也都变得不保险了。他认为新宪法存在许多缺陷,尤其是"偏向于君主制"。他说:"你们的总统很容易变成国王。你们的参议院的构成如此不完善,以致你们最珍爱的权利可能被一小撮人牺牲掉;一小撮人在这一政府里将会永久不变地延续下去。"他还提醒说,不能指望美国的统治者会是诚实的好人,会自觉保护人民的权利;如果把"我们的权利"寄托在"我们统治者的或好或坏这种偶然性"上面,那岂不让全世界都责怪美国人"精神错乱的愚笨"吗?从历史来看,把人民的权利和自由置于统治者是好人这种偶然机会上面,哪有不失去自由的道理呢?②

这些反对新宪法的人,大多也没有单纯从经济着眼来讨论新宪法可能带来的后果,③ 而强调它对"自由"可能造成的危害。南卡罗来纳的詹姆斯·林肯明确指出,新宪法有一种"邪恶的倾向"。他自问自答地说,在过去十年里,人们在为什么而奋斗?自由!"什么是自由?统治你们自己的权力"。如果采纳新宪法,这一权力就会交到"一群生活在一千英里之外的人"手中。人民一旦让自由脱离自己的掌握,其后果就是"自负而专横的贵族制",并最终变成"专制暴虐的君主制"。他告诉人们:"目前在地球上没有人像美利坚的人民这样自由。所有其他国家的人民或多或少都处在奴役状态。他们的宪制一部分来自运气,一部分来自刀剑;而美利坚的宪制则是他们选择的产物——

---

① 《前大陆军军官的一封信》("Letter by An Officer of the Late Continental Army"),载斯托林编:《反联邦主义者全集》,第3卷,第94页。
② 帕特里克·亨利1788年6月5日的发言("Patrick Henry, June 5, 1788"),载埃利奥特编:《各州批准联邦宪法大会辩论集》,第3卷,第58—59页。
③ 讨论宪法的经济后果的文章并非没有,如《反联邦主义者第1号》("Anti-Federalist, No.1")一文提到,有人说这一政府方案的确立,"将很快把我们从债务中解脱出来,使我们成为一支富裕而繁荣兴旺的人民";但这只是空想;一旦这一宪法实施,将造成"无法支撑的负担",将"使我们在目前的困境中越陷越深"。见斯托林编:《反联邦主义者全集》,第4卷,第240页。

是他们怀中的宠儿。"① 另有一位作者论述道,"如果美利坚要成为一个值得尊敬的国家,人民就必须尽可能充分地保留自由,这是我们赢得尊敬的**必要条件**;这个国家的力量、荣誉和国民性格,都完全有赖于此";"任何缺乏纯粹自由的东西都不符合革命的原则。**自由的殿堂**已经在美利坚建立起来了,……在我们失去了自由以后,我们国家的独立可能一天也维持不了。正如黑暗带来夜晚一样,专制将抹去美利坚帝国的名字"。他的结论是:"如果美利坚要变得**伟大**,她就必须是**自由**的;自由是她的心脏,是她的生命血液";可是新宪法的实施,却必将导致自由的毁灭,进而造成美国的衰落。他进而发出呼吁:"作为决心要把神圣的自由完好无损地传递给后代的自由人和公民,我们要庄严地团结在一起,不惜牺牲我们的财产和生命,来反对他们奴役我们国家的卑鄙图谋。"②

四、"自由的危机" 与美国革命的特征

可以肯定地说,建国精英的"危机"话语既不是当时现实状况的准确表述,也不是对它们的唯一表述,而只是他们站在特定立场上的观察和想象。在1764—1789年的北美,并非没有社会问题和经济困难。特别是对于许多中下层民众而言,经济领域和日常生活中的不满是广泛存在的。在独立战争爆发以前,殖民地的经济就遇到了困难:货币短缺,债务沉重,贸易缩减,城镇劳工失业人数上升。此时英国谋求加强对殖民地的控制,因而不少人指责英国旨在使殖民地陷入贫困和受奴役的境地。③ 长达8年的独立战争,自然使许多人的经济地位发生了变动,各式各样的问题和困难随之而来。特别是中小农场主深陷债务,处在破产的威胁中;城市下层劳工失业现象也同样突出。普

---

① 詹姆斯·林肯1788年1月18日的发言("James Lincoln, Jan. 18, 1788"),载埃利奥特编:《各州批准联邦宪法大会辩论集》,第4卷,第313页。
② 《费城人的文章》,载斯托林编:《反联邦主义者全集》,第3卷,第119 – 120、133 – 134页。黑体字在原文中为斜体。
③ 参见布顿:《驯化民主:"人民"、建国者和美国革命不顺利的结局》,第13 – 30页。

通民众常用请愿书和指令的方式表达他们的不满和建议。但是，州和地方政府对此通常反应冷淡。在这种情况下，不堪其苦的民众便诉诸武力，以群体起事来阻止法院开庭，围攻执法官员，冲击地方政府，帮助被监禁的债务人越狱逃跑。① 不妨说，普通民众用自己的方式对革命时期的"危机"做了表述。不过，他们的表述反而被建国精英说成"危机"的表征。当时的形势经过建国精英的诠释，变成了一种有利于推行其建国方案的"危机"话语。这也就是说，虽然普通民众关于"危机"的感受和反应，对于革命和建国的进程产生了间接的影响，但其中起直接的主导作用的却是建国精英的"危机"话语。

建国精英的"危机"话语，一般是通过两个途径构建出来的。首先，他们采用聚光灯式的方式，使某些问题从具体的社会情境中凸现出来，同时忽略或排除其他一些问题（例如，他们很少讨论英国的征税措施可能对普通民众造成的经济负担，而集中抨击它们对殖民地的自由和权利的危害）；同时，他们借助可以利用的信息传播渠道，渲染和夸大自己所关注的问题，把一般问题说成重大"危机"，把一般性"危机"说成事关生死存亡的严重"危机"（例如，他们把从未真正实行的《印花税法》说成是造成了"自由的日食"），以达到某种政治和社会动员的目的。诚然，建国精英的"危机"话语在一定程度上反映了他们的观察和真实的担忧（他们确实感到自由的原则遇到了挑战，他们自己的地位受到了威胁），但他们更多地把它用作革命动员的工具，并为其主张和行动的合理性提供支持。在美国革命中，言论和思想并非仅只是革命行动的前奏或辩护，其本身就是一种革命的行动。当革命精英的"危机"话语有效地发挥了动员作用以后，真正的危机随之出现。就此而言，革命时期的"危机"在一定程度上乃是制造出来的危机，是一种借助想象的"危机"而激发出来的真实危机。因此，构建"危机"话语乃是美国革命者的重要行动，也是美国革命的基本内容。

---

① 霍尔顿：《"过度民主"还是民主不足？》，第 339 – 381 页。

其次，建国精英有意或无意地忽略来自基层社会的声音，他们把民众就税收负担、货币短缺、债务困难所表达的抱怨和采取的行动，都说成是对自由的"滥用"，是危害自由的"无法无天之举"。也就是说，他们根据特定的思维方式或话语策略，把社会和经济问题转化为政治或价值的问题，并与"自由"的话语相结合，形成一种以"自由的危机"为核心的"危机"话语。建国精英对"谢斯起事"的意义所做的诠释，就很能说明问题。这本来是一次因为经济困难和利益冲突引起的民众造反事件，但在建国精英的嘴里，却变成了威胁自由的"无政府"症状，以此整合到他们的"危机"话语之中。汉密尔顿在《联邦主义者第 21 篇》中，当谈到邦联缺乏保障各州内部秩序和稳定的能力时，把马萨诸塞的事态说成一种类似"践踏人民自由"的"篡夺"行为，声称如果造反者是由恺撒或克伦威尔领头的话，就有可能在马萨诸塞建立专制政体，并对邻州的自由造成危害。① 在马萨诸塞批准宪法大会上，自称是一个"靠犁吃饭的普通人"的代表，在发言中特意提到了"谢斯起事"造成的"无政府状况"，以向他的"农场主兄弟们"说明他盼望"良好政府的理由"。按照他的说法，新宪法正是医治"无政府的混乱无序"的良药。②

为什么美国革命时期的"危机"话语，会以"自由的危机"为核心的表达方式呢？这与北美英裔居民的自由意识有着直接的关联，或者毋宁说这是他们的价值取向的一种自然流露。在整个革命时期，"自由"一词可能是使用频率最高的词汇。无论支持革命的人，还是站在英国一边的"效忠派"，都用某种"自由的语言"来表述自己的立场。站在不同营垒、处于不同地位的人，在要不要自由的问题上意见可谓高度一致，而分歧的焦点在于要什么样的自由，如何维护自由，以及谁能享有自由。在这种语境中，"自由"的含义难免变得丰富多样和很

---

① 亚历山大·汉密尔顿：《联邦主义者第 21 篇》（Alexander Hamilton, "The Federalist, No.21"），载汉密尔顿、麦迪逊、杰伊：《联邦主义者文集》，第 139－140 页。
② 《乔纳森·史密斯 1788 年 2 月 25 日的发言》（"Jonathan Smith, Feb. 25, 1788"），载埃利奥特编：《各州批准联邦宪法大会辩论集》，第 2 卷，第 102－103 页。

不确定。对于反对《印花税法》的殖民地精英来说，"自由"的基石在于财产权利；他们希望不受英国的过度干预和控制，对母国权力心存戒备，力争殖民地的高度自主和自治。对于独立战争中鼓舞士气的宣传者来说，"自由"等于独立，即不受英国的征服和统治。对于拥护新宪法的"联邦主义者"来说，"自由"须以法治、权威和秩序为前提。然则反对新宪法的"反联邦主义者"，却把自由同州的地位、对联邦的宪法限制以及小型共和政体联系在一起。"自由"在含义上呈现出多样性、包容性和多变性，这就为"自由的语言"的广泛适应性提供了可能。

美国革命一代不假思索地把各式各样的问题都最终归结为"自由的危机"，这显然不能完全用话语策略来解释，更不能以文字游戏视之。这其中的确包含着某种真诚的自由情结。约翰·迪金森曾说："我从孩提时代就接受教育，要热爱人类和自由。"[①] 他的这种体验显然不是独一无二的。有论者把自由视为美国人的一种"心灵习性"[②]，这的确触及了问题的实质。不论自由的具体所指多么复杂多变，其基本的对立面始终是"奴役"和"暴政"。也就是说，自由首先意味着人作为个体不受他人的控制，作为公民则不受政府的压迫，作为政治共同体不受其他政治共同体的控制和支配。自由被视为一种终极价值，一种决定其他价值的意义的价值。唐纳的话可以作为一个例证：北美的自然条件无比优越，土地极为富饶，"但是，如果我们被剥夺了自然之神赋予我们的那种自由，所有这些东西对我们还有什么用处呢？"[③] 革命一代正是从这个角度来界定自由对于人生的意义。帕特里克·亨利发出的"不自由毋宁死"的誓言，只有在这种语境中才能得到恰如其分的理解。

正是出于这种强烈的自由情结，革命一代在关乎自由的任何问题上，都表现得近于偏执，往往怀有超乎常情的敏感和戒备心理。美国

---

① 迪金森：《一个宾夕法尼亚农场主致英属殖民地居民的信札》，第6页。
② 戴维·费希尔：《自由》（David Hackett Fischer, *Liberty and Freedom*），纽约2005年版，第3-4页。
③ 唐纳：《自由树献词》，载海因曼等编：《美国建国时期政论选（1760—1805）》，第1卷，第99页。

历史学家理查德·霍夫斯塔特对二战以后美国的政治文化氛围感到不满，提出了"多疑症政治风格"的概念，以描述右派的政治心理和表现。① 如果借用这个概念来考察革命一代对待自由的态度，就可以看出这种"多疑症"广泛见于各色各样的人群之中。这些人总是怀疑存在某种剥夺自由的"阴谋"，而这种"阴谋"的制造者，在独立运动期间是英国政府中那些"邪恶的大臣"，在邦联时期是鼓励"无法无天"倾向的"新人"，在联邦制宪时期则是秘密集会于费城的"阴谋家"。在18世纪60、70年代，这种"多疑症"促使他们对英国的举措保持高度的警惕，最终不惜"先发制人"，采用武力来阻止英国"阴谋"的实施。② 到了1787—1788年，这种"多疑症"在"反联邦主义者"身上得到更鲜明的体现。他们对制宪会议的意图深感怀疑，在看到新宪法草案以后，更是惊呼发现了颠覆自由的"阴谋"。③

当时不少观察者，其中既有英国人，也有北美人，都敏锐地看到美利坚人性格中包含一种强烈的自由情结。埃德蒙·伯克1775年在英国议会平民院的讲话中说："在美利坚人的这种性格中，热爱自由乃是一个突出的特征，它是他们全体的标志，使他们卓尔不群；由于热情总是一种唯恐失去的情感，因此，你们的殖民地居民认为自由是使他们感到最值得为之生活的唯一好处，一旦他们察觉任何用武力夺走或用诡计骗取的微小企图，他们就会变得忧心忡忡、桀骜不驯和难以驾驭。这种猛烈的自由精神，在英属殖民地居民中最为强烈，地球上其他任何人民均难出其右……"他还特别谈到，南部各殖民地的环境和条件，使得那里的居民比北方人拥有"更高的自由精神"。那里存在众多的奴隶，而那些拥有自由的人，就更加以自由为荣，更加珍视自由；因为对他们来说，"自由不仅是一种享受，而且是一种地位和特权"。④ 1787年10月12日的《马萨诸塞公报》上，有一篇题为"Speculations"的

---

① 理查德·霍夫斯塔特：《美国政治中的多疑症风格及其他论文》（Richard Hofstadter, *The Paranoid Style in American Politics and Other Essays*），纽约1965年版，第3－40页。
② 参见贝林：《美国革命的意识形态起源》，第144－159页。
③ 见前节相关内容。
④ 奈尔斯编：《美国革命文件集》，第435－437页。

文章，其中一段写道："在世界上任何国家中，自由都没有像在美国一样得到这样透彻的了解；或者说，都没有像在美国一样受到这样高的珍视。"① 这种说法也不完全是夸张之词。当时一个远在欧洲的马里兰青年也谈到，对美利坚人来说，"自由的事业乃是他自己的事业；因为对一个美利坚的公民而言，没有什么比自由更自然的了，也没有什么比奴役更可耻的了。他的心灵得到了历史的培育，而没有受到神秘性的束缚，将会热切地把他的力量投入到对陌生事物的探索中"。② 英国历史学家 J. C. D. 克拉克指出，美利坚人"对自由的热忱，如果借用宗教复兴主义的'迷狂'（enthusiasm）一词来描述，乃是再恰当不过的"。③

更重要的是，这种对自由的宗教式"迷狂"，并不仅仅见于精英话语，而且深深地沉淀在普通人的思想意识中。一位参加过康科德之战的革命老兵，在耄耋之年对一个采访者谈到了当年投身革命的动机。他承认自己从未见过什么印花税票，也没有感受到茶税的任何影响，更没有听说过哈林顿、西德尼和洛克的名字。但他却十分肯定地说，他之所以去攻打英国军队，是因为"我们一直是自由的，我们也想要一直自由。但他们却不想让我们这样"④。这位老兵显然没有受过多少正规的教育，但他在表述反英的理由时，所采用的思维方式与那些有写作能力的精英并无根本的差别。另据有人观察，在革命时期，即便北美每一个角落的"农场主和他们的家庭主妇"，都在"争论政治问题和积极地确认我们的自由权利"。⑤ 这两条材料可以互为参证，说明普通民众对自由价值的崇奉，的确进入了"潜意识"的层次。

美国革命领导人当然懂得，像革命这样剧烈而重大的事变，只能产生于重大的"危机"之中，因而唤起社会的"危机"意识，就成为

---

① 《马萨诸塞公报》(*Massachusetts Gazette*)，1787 年 10 月 12 日。
② 威廉·默里：《政治随笔》(William Vans Murray, *Political Sketches, Inscribed to His Excellency John Adams*)，伦敦 1787 年版，第 78—79 页。
③ 克拉克：《自由的语言：1660—1832 年英美世界的政治话语和社会动力》，第 336 页。
④ 费希尔：《自由》，第 1—2 页。
⑤ 转引自伍德：《美利坚共和国的缔造》，第 6 页。

革命动员的主要途径。对于一个存在强烈的自由情结的社会来说，没有什么比高呼"自由处在危险中"更具有鼓动性和动员效果。由于高呼"自由的危机"的建国精英，本身也是成长于这样一种社会文化环境中，因而他们从自由着眼来构建"危机"话语，可能并不是一种苦心孤诣构想出来的策略，而是一条自然而然地呈现在他们面前的路径。对于一个怀有强烈自由情结的人来说，自由的感召力并不需要刻意的证明。任何政策或行动，只要可能威胁自由，就失去了正当性；任何呼吁或主张，只要以维护自由的名义出现，就自动具备了合理性。因此，从反英到制宪，革命精英的"危机"话语在具体内容上几经变化，但其核心则始终是"自由的危机"。

一些对美国革命有着即时观察的人，也正是从自由着眼来阐释美国革命的意义。潘恩在独立战争胜利之际由衷地赞叹道，美国革命在"照亮世界、把自由和慷慨的精神在人类中间传播"方面所起的作用，超过了此前所有类似的"人类事件"。[①] 1784年，英国政论作家理查德·普赖斯则把美国革命定性为"一场为了普遍自由的革命"，称赞它开创了人类历史的新纪元，传播了"对人类权利的正当情感"，激发了反抗暴政的精神，为世界各地的被压迫者提供了一个"避难所"，为创建一个可作为"自由、科学和美德的基地"的国家奠定了基础。对于这样一场革命，他情不自禁地感叹："这真是上帝所为。"[②] 可见，在他们的笔下，正是捍卫和弘扬自由，才使美国革命在世界历史上占有特殊的地位。

将近两个世纪以后，在欧洲出生和接受教育、后来到美国执教的汉娜·阿伦特，似乎受到了美国革命时期政治话语的启发，采用比较的视角来阐释美国革命的意义。她称美国革命是一场争取自由的革命，而不是解决社会问题的革命，因为"在美国的场景中缺少的是苦难和匮乏，而不是贫困"；"辛苦劳作的人贫穷但不悲惨"；美国的革命者

[①] 潘恩：《危机第15篇》，载潘恩：《托马斯·潘恩政治作品集》，第1卷，第257－258页。
[②] 理查德·普赖斯：《论美国革命的重要意义》（Richard Price, *Observations on the importance of the American Revolution, and the means of making it a benefit to the world*），波士顿1784年重印，第3－5页。

"提出的问题并非社会性的,而是政治性的,它所关涉的不是社会的秩序,而是政府的形式";总之,"美国革命的方向始终是致力于为自由奠基和确立持久的制度"。① 从上文的论述可见,阿伦特的这一论断,在美国革命时期的"危机"话语中得到了印证。的确,美国革命者把革命界定为一系列挽救"自由的危机"的行动:最初是避免自由为英国的"暴政"所吞噬;接着是用流血战斗来捍卫已经获得的自由;最后是以法律和秩序来避免因"滥用"自由而导致自由的毁灭。

可是,从查尔斯·比尔德开始,美国史学界一直有人从经济利益和阶级冲突着眼来解释美国革命的意义,并把革命者自己对革命目标和意义的诠释视作掩盖实际利益追求的虚假言辞。固然不能否认,经济利益和阶级冲突的确是美国革命的重要内容,但在美国革命时期,经济问题并不是孤立地呈现出来的,政治也并不是经济和实际利益的附属品。在近期的美国史学界,不少学者关注底层民众在革命中的经历,突出强调他们在革命中所扮演的角色。② 不过,他们通常把美国革命史和革命时期的美国史混为一谈,把讲述底层民众和边缘群体在革命时期的经历,等同于对美国革命史的改写或重构。实际上,简单地把精英和民众置于相互对立的位置,片面强调底层群体在革命中的积极作用,同完全忽视民众和边缘群体的做法一样,也是对美国革命史的一种扭曲。革命精英和普通民众对于革命年代的弊病确有不同的诊断,但最终支配建国路径的却是革命精英的思想和主张。美国革命并不是一场全民运动,它首先是一场革命精英所领导的政治革命。革命精英既是思想者,又是行动者。他们掌握着言说和表达的渠道,控制着革命的话语权和领导权。对于他们,革命的言说就等于革命的行动。因此,他们对当时社会和政治的认识,他们的"危机"想象,对美国

---

① 阿伦特:《论革命》,第63、87页。
② 伍迪·霍尔顿:《是民主引起了导致宪法产生的经济衰退吗?》(Woody Holton, "Did Democracy Cause the Recession That Led to the Constitution?"),载《美国历史杂志》(*The Journal of American History*),第92卷第2期(2005年9月号),第442—469页;布顿:《驯化民主》;伍迪·霍尔顿:《桀骜不驯的美国人与宪法的起源》(Woody Holton, *Unruly Americans and the Origins of the Constitution*),纽约2007年版;加里·纳什:《不为人知的美国革命:艰难降生的民主与创建美国的斗争》(Gary B. Nash, *The unknown American Revolution: the unruly birth of democracy and the struggle to create America*),纽约2005版。

革命的性质起到了更直接、更强大的塑造作用。

也许正是因为美国革命不是一场以应对社会危机，而是以消除"自由的危机"为指向的革命，所以它对于广泛存在严重社会问题（普遍贫困、社会分化、阶级对抗）的国家的革命者，就不免缺乏借鉴意义。19世纪欧洲的革命者大多不甚看重美国革命的经验，20世纪世界各地的革命者也很少从美国革命中吸取灵感，其缘故可能与美国革命的这种特征有关。

（原刊于《中国社会科学》2010年第3期）

美国革命时期马萨诸塞立宪运动的意义和影响

独立战争爆发以后,英国在北美殖民地的政治权力迅速瓦解,各殖民地根据大陆会议的建议,纷纷建立新的政府。大多数州通过制定新宪法完成了政治权力的转移,初步搭建成政府的制度框架。马萨诸塞因情形特殊,并未加入最早制定宪法的诸州之列,而只是根据1691年特许状建立了新的政府。可是,在多种力量的推动下,马萨诸塞很快也兴起了一场颇具声势的立宪运动。这场立宪运动开创了专门制宪会议和人民批准宪法的先例,设计了复合分权和制衡的政府模式,这在当时就颇受关注，此后也为研究者所重视。① 有关研究论著在给人以有益启示的同时，也留下了若干值得进一步讨论的问题：专门制宪会议和人民批准宪法的方式何以首先出现于马萨诸塞？马萨诸塞立宪运动在美国革命期间政治文化的变动中占有何种地位？它在美国宪制的形成中究竟具有什么意义？探讨这些问题，无疑有助于深化对美国革命史的研究。

一、立宪方式的革命

立宪是一个动态的过程，它始于制宪会议的组织，其核心工作是宪法文本的起草、修改和批准，而以宪法的生效告终。马萨诸塞的立宪在其中几个环节上较其他各州均有显著的不同。马萨诸塞在各州中

---

① 关于马萨诸塞1780年宪法的制定及其内容的评价，美国史学界存在分歧。小罗纳德·彼得斯指出，马萨诸塞1780年宪法在早期各州宪法中是最重要的一部，是世界上延续至今的最古老的成文宪法。见小罗纳德·彼得斯：《马萨诸塞1780年宪法：一部社会公约》（Ronald M. Peters, Jr., *The Massachusetts Constitution of 1780: A Social Compact*），马萨诸塞州阿默斯特1978年版，第13页。马克·克鲁曼则认为，研究各州立宪的学者对马萨诸塞1780年宪法加以神化，把此前各州的立宪视为"马萨诸塞时刻"（Massachusetts moment）的前奏，将马萨诸塞模式视为制定宪法的正确方式。他用了一本书的篇幅来挑战这类观点。见马克·克鲁曼：《在权威和自由之间：革命时期美国各州的立宪》（Marc W. Kruman, *Between Authority & Liberty: State Constitution Making in Revolutionary America*），北卡罗来纳州查珀尔1997年版，第15—16页。国外史学界论及马萨诸塞立宪的代表性著作，除以上两种外，还有：威利·亚当斯：《第一批美利坚宪法：共和意识形态与革命时期各州的立宪》（Willi Paul Adams, *The First American Constitutions: Republican Ideology and the Making of the State Constitutions in the Revolutionary Era*, Translated by Rita and Robert Kimber），北卡罗来纳州查珀尔1980年版；罗伯特·布朗：《中间阶级民主与马萨诸塞的革命（1691—1780）》（Robert E. Brown, *Middle-Class Democracy and the Revolution in Massachusetts, 1691—1780*），纽约州伊萨卡1955年版；哈里·库欣：《马萨诸塞从省区政府向共和政府的转变》（Harry A. Cushing, *History of the Transition from Provincial to Commonwealth Government in Massachusetts*），纽约1896年版；伊莱沙·道格拉斯：《反叛者和民主派：美国革命时期争取平等政治权利和多数人统治的斗争》（Elisha P. Douglass, *Rebels and Democrats: The Struggle for Equal Political Rights and Majority Rule During the American Revolution*），北卡罗来纳州查珀尔1955年版；塞缪尔·莫里森：《围绕批准马萨诸塞1780年宪法的斗争》（Samuel E. Morrison, "The Struggle over the Adoption of the Constitution of Massachusetts, 1780"），《马萨诸塞历史协会会刊》（*Proceedings of the Massachusetts Historical Society*），第50期（1917年5月），第353－411页；J. R. 波尔：《英国的政治代表制与美利坚共和国的起源》（J. R. Pole, *Political Representation in England and the Origins of the American Republic*），伦敦1966年版；戈登·伍德：《美利坚共和国的缔造（1776—1787）》（Gordon S. Wood, *The Creation of the American Republic, 1776—1787*），北卡罗来纳州查珀尔1969年版。国内学者的有关论述见王希：《原则与妥协：美国宪法的精神和实践》，北京大学出版社2000年版，第72－73页；张定河：《美国政治制度的起源与演变》，中国社会科学出版社1998年版，第18－19页。

率先召开专门制宪会议来制定宪法，其宪法的酝酿、起草和批准历时 4 年之久，1778 年和 1780 年两部宪法草案都曾提交各村镇审议和批准。在宪法史和政治史上，召开专门的制宪会议和启用人民批准宪法的程序，意味着立宪方式的一次重大革命。

其实，在马萨诸塞着手立宪之前，其他若干个州早已制定了各自的成文宪法。新罕布什尔拔得头筹，于 1776 年 1 月 5 日制定了第一部州宪法；在此后的两年时间里，先后有 10 部州宪法相继问世。由于立宪方式无先例可循，根本法和制定法的区别也有待澄清，各州大多以普通立法的方式起草和批准宪法。这些宪法均由当时的议会或行使临时政府职能的省区大会（provincial congress）制定，未提交人民批准即告生效。①

正当各州忙于立宪之际，反对包括省区大会在内的立法机构制定宪法的议论即已出现。既然一切权力来自人民或在人民手中，立宪的权力就必须由人民来行使。如果由立法者制定宪法，他们就可能使宪法成为对自己有利的文件。而且，立法机构既有权利制定宪法，也就有机会改变或废除宪法，于是宪法就如同普通制定法，并不具有至高法的地位。② 在一些人的观念中，制宪会议和普通立法机构是不可同日而语的。制宪会议堪称"唯一的制定宪法的适当机构，而议会乃是制定符合宪法的法律的适当机构"③。虽然特拉华等州曾召开过某种形式的制宪会议，但与政府截然分开的专门制宪会议，则在马萨诸塞立宪运动中才首次得到采用。

从某种意义上说，马萨诸塞立宪运动乃是由民众发动的，是民众与政治领导人密切合作的结果。1775 年 7 月以后，马萨诸塞西部的

---

① 美国学者马克·克鲁曼认为，省区大会不同于常规立法机构，和专门的制宪会议没有本质区别。见克鲁曼：《在权威与自由之间》，第 x 页。省区大会固然不是常规的立法机构，但却是掌握立法、行政和司法全权的临时政府，它们在制宪的同时还处理各种政府事务，与专门的制宪会议有着根本的区别，故不能与专门制宪会议相提并论。
② 参见亚当斯：《第一批美利坚宪法》，第 63 页；伍德：《美利坚共和国的缔造》，第 337 – 338 页；杰克·雷科夫：《原意：宪法制定中的政治与观念》（Jack N. Rakove, *Original Meanings: Politics and Ideas in the Making of the Constitution*），纽约 1997 年版，第 97 页。
③ 伍德：《美利坚共和国的缔造》，第 338 页。

"伯克希尔立宪派"不断对特许状政府的合法性发出挑战,反复提出制定新宪法的要求。① 1776 年 9 月,马萨诸塞大议会就立宪问题向各村镇征求意见。鉴于当时各州立宪普遍由议会或省区大会一手操办,马萨诸塞大议会这种将立宪问题交给村镇民众决断的做法,就具有不同寻常的意义。多数村镇赞成立即着手制定新宪法。有几个村镇还特别提到要召开专门的制宪会议。康科德村镇会议认为,最高立法机构绝不是适当的制宪机构,因为"一个制定宪法的机构也就相应地有权改变它";而一部可以由最高立法机构任意改动的宪法,就不能保障人民的权利和特权不受政府侵夺。他们呼吁立即由各村镇 21 岁以上的自由居民按照议员比例选举一个专门的制宪会议,并将它所提出的宪法草案交给本州居民审查。② 阿克顿、列克星敦等村镇和伍斯特县各村镇的联合决议也提出了类似要求。③ 在波士顿的报纸上,同样可以读到详细阐述专门制宪会议主张的文章。④

不过,这一要求当时还不是各村镇的普遍呼声,而大议会对此也没有加以理会。1777 年 6 月 17 日,大议会启动制宪工作,于 1778 年 2 月 28 日完成了宪法定稿,随即交付人民审议,结果遭到多数村镇的否决。波士顿市镇会议重提召开专门制宪会议的主张。⑤ 1779 年 2 月,众议院再度征求本州居民对制宪的意见,并要求各村镇就是否同意召开专门制宪会议进行表决。1779 年 9 月 1 日,由各村镇选出的近 300 名

---

① 罗伯特·泰勒:《革命中的马萨诸塞西部》(Robert J. Taylor, *Western Massachusetts in the Revolution*),普罗维登斯 1954 年版,第 75—83 页。
② 《1776 年各村镇的反馈:康科德》("Returns of the Towns [1776]: Concord"),载奥斯卡·汉德林等编:《政治权威的民众来源:马萨诸塞 1780 年宪法文献汇编》(Oscar Handlin, and Mary Handlin, eds., *The Popular Sources of Political Authority: Documents on the Massachusetts Constitution of 1780*),马萨诸塞州坎布里奇 1966 年版,第 152—153 页。
③ 《1776 年各村镇的反馈:列克星敦》("Returns of the Towns [1776]: Lexington")、《1776 年各村镇的反馈:阿克顿》("Returns of the Towns [1776]: Acton")、《伍斯特县各村镇决议》("Resolution of Worcester County Towns, November 26, 1776"),载汉德林等编:《政治权威的民众来源》,第 151、158、165—166 页。
④ 参见彼得斯:《马萨诸塞 1780 年宪法》,第 156—157 页。
⑤ 《各村镇对 1778 年宪法的反馈:波士顿》("Returns of the Towns on the Constitution of 1778: Boston"),载汉德林等编:《政治权威的民众来源》,第 309 页。

制宪代表在坎布里奇开会,① 于是出现了"西方历史上第一次真正的制宪会议"。② 制宪会议任命一个 30 人委员会起草宪法,起草委员会又指定了下属委员会,而实际的执笔者则是约翰·亚当斯。亚当斯起草的文本经过大委员会的修改,提交制宪会议讨论。会议对宪法草案逐条加以审议和修改,于 1780 年 3 月 2 日形成定稿。此前各州的制宪工作大多匆忙仓促,而马萨诸塞制宪会议则用了相当长的时间来商讨和修改宪法文本。

这次制宪会议的参加者有不少人曾经是议员或政府官员,许多人后来也在政府中任职,但他们在当时均未担任其他文职和军事职务,仅仅是由于选民的选举,才使他们成为与当时政府完全分离的制宪者。1787 年的费城制宪会议也是一次专门的制宪会议,但其民主性显然不及马萨诸塞制宪会议:制宪代表乃由各州委派,而非经人民选举产生;制宪活动在秘密状态中进行,事后外界对会议辩论的详情也长期不甚了然。③ 相反,马萨诸塞的制宪代表系各村镇居民选派,而且制宪过程中存在着活跃的信息交流和互动。

马萨诸塞不仅召开了首次专门的制宪会议,还率先将宪法提交人民审议和批准。人民批准宪法的要求并非最早出现于马萨诸塞。在纽约州立宪时即有人提出,人民公决乃是"能够赋予人间制度以合法性的唯一特征"④。但这种在其他州偶尔可闻的声音,在马萨诸塞立宪运动中却成了一种强烈的普遍呼唤,成了一种来自基层民众的自觉要求。1776 年 5 月,马萨诸塞西部村镇皮茨菲尔德的居民在请愿书中提出:

---

① 关于制宪会议代表的人数有几种意见:莫里森认为有 312 名;道格拉斯认为只有 293 名,而且会议上的最高表决票数只有 247 票;彼得斯提供的数字是至少 297 名。值得注意的是,许多村镇派出的代表人数少于其在大议会的议员名额。另外,由于天气恶劣等原因,会议代表人数一度减少到 30 多人。见塞缪尔·莫里森:《马萨诸塞宪法史》(Samuel E. Morison, *A History of the Constitution of Massachusetts*),波士顿 1917 年版,第 19 页;道格拉斯:《反叛者和民主派》,第 189 页;彼得斯:《马萨诸塞 1780 年宪法》,第 24 页;布朗:《中间阶级民主与马萨诸塞的革命》,第 391 页。
② 亚当斯:《第一批美利坚宪法》,第 92 页。
③ 桑顿·安德森:《缔造宪法:1787 年制宪会议和第一届国会》(Thornton Anderson, *Creating the Constitution: The Convention of 1787 and the First Congress*),宾夕法尼亚州尤尼弗西蒂帕克 1993 年版,第 8-12 页。
④ 道格拉斯:《反叛者和民主派》,第 61-62 页。

"人民的多数对这部根本宪法的批准乃是绝对必要的,将赋予它生命和存在"。① 诺顿、阿特尔伯勒、达特茅斯、列克星敦等村镇也明确提出了相同的主张。人民代表制定的宪法仍须经人民批准,这种主张反映了当时人们对代表制的复杂心态。从许多政治文献可以看出,一方面,在新兴的美利坚各共和国中,代表和人民在利益上是完全同一的;另一方面,对于代表又不能完全信任,否则就会使他们获得损害人民自由的绝对权力。因此,虽然制宪会议受人民的委托而制定宪法,但人民对于其工作的结果仍须加以仔细审查。

马萨诸塞民众提出的要求得到了大议会的采纳。在 1777 年制宪工作启动之前,大议会就表示要将宪法草案提交各村镇居民审议和批准。1778 年宪法在人民的审议中以 10 716 票对 2 093 票遭到否决。② 人民的意愿决定了这部宪法的命运。1780 年宪法定稿后,被印成 1 800 份,③发送到各地供村镇会议审议和批准。为了避免宪法从整体上遭到否决而使立宪进程再次受挫,也便于根据村镇意见对具体条文进行修改,制宪会议对审议和批准方式做了改革:要求各村镇逐条审议,逐条表决,对于不同意的条款可以提出修正案。其时马萨诸塞有居民 363 000 人,约 16 000 人参加了批准宪法的投票,参与人数超过了此后 6 年的州长选举。④ 当时马萨诸塞有 290 个村镇,从现存档案中发现了 181 份村镇反馈意见。⑤ 这说明,基层民众对这次宪法讨论的参与达到了相当广泛的程度。6 月 15 日,经过艰巨繁难的计票工作后,制宪会议宣布宪法的每一条都得到了三分之二多数的同意。

于是,马萨诸塞 1780 年宪法就成为世界历史上第一部由人民批准

---

① 《皮茨菲尔德请愿书》("Pittsfield Petition, May 29, 1776"),载汉德林等编:《政治权威的民众来源》,第 90 页。
② 对 1778 年宪法的表决结果有不同的看法,此处依据美国历史学家罗伯特·泰勒的计算。参见泰勒:《革命中的马萨诸塞西部》,第 88 页。
③ 彼得斯:《马萨诸塞 1780 年宪法》,第 21 页。
④ 莫里森:《马萨诸塞宪法史》,第 21 页。
⑤ 罗伯特·泰勒:《从殖民地到共和国的马萨诸塞:制宪文献集》(Robert J. Taylor, ed., *Massachusetts, Colony to Commonwealth: Documents on the Formation of Its Constitution, 1775—1780*),北卡罗来纳州查珀尔希尔 1961 年版,第 113 页。

的成文宪法。塞缪尔·亚当斯在1780年7月10日致约翰·亚当斯的信中写到，立宪这件"伟大的工作是在人民的美好心情中进行的"；"在这个关口最需要一部良好的宪法"。① 第一届议会的参众两院在致州长的答词中也说，新宪法生效后的第一次选举是在"至为完美的秩序与和谐中举行的"。② 可见，马萨诸塞人民接受了这部由专门制宪会议制定、经村镇居民批准的新宪法。

1787年联邦立宪也采用了人民批准的程序。詹姆斯·麦迪逊在1796年谈到，制宪会议代表制定的宪法"不过是一些死的文字"，是"人民在各州批准宪法大会上所发出的声音，将生命和效力注入到它当中"。③ 实际上，在马萨诸塞立宪运动中，人们就对人民批准宪法的意义做了类似的强调。"伯克希尔立宪派"宣称，立法者"不能赋予宪法生命，唯有广大人民的多数的批准才能赋予它生命和存在"。④ 更为重要的是，马萨诸塞的人民批准程序，是人民直接参与立宪的一种方式，他们拥有充分的机会来发表意见和表达意愿；而联邦制宪中的人民批准则主要是联邦主义者的一种策略，旨在避免各州当权者对新宪法可能施加的阻挠。根据麦迪逊的想法，要确立联邦宪法在各州的权威，就必须通过人民批准来使之获得高于各州宪法的地位。⑤ 可以说，联邦宪法的批准程序偏重实用的一面，而马萨诸塞的立宪则更多地体现了对人民主权原则的崇奉。

人民直接参与立宪的最大意义，在于使宪法体现人民的意愿而成为至高法，将自然法、社会契约论、人民主权原则和根本法观念转化

---

① 塞缪尔·亚当斯：《1780年7月10日致约翰·亚当斯》（"Samuel Adams to John Adams, July 10, 1780"），载泰勒编：《从殖民地到共和国的马萨诸塞》，第166页。
② 《两院委员会的答复》（"Answer of a Committee of Both Houses…"），载泰勒编：《从殖民地到共和国的马萨诸塞》，第162页。
③ 转引自伯纳德·贝林：《美国革命的意识形态起源（增订版）》（Bernard Bailyn, *The Ideological Origins of the American Revolution*, Enlarged Edition），马萨诸塞州坎布里奇1992年版，第321页。
④ 《1778年11月17日伯克希尔县代表的声明》（"Statement of Berkshire County Representatives, November 17, 1778"），载汉德林等编：《政治权威的民众来源》，第375页。
⑤ 雷科夫：《原意：宪法制定中的政治与观念》，第100－101页。

为一种立宪实践，有助于防止立法机构违反和更改宪法。① 马萨诸塞的经验为新罕布什尔所仿效。在 1778 年 6 月以后，新罕布什尔几度召开专门的制宪会议，但提出的宪法草案在村镇审议中却屡遭否决，直到 1784 年 6 月宪法才最终获得了批准。

马萨诸塞在立宪方式上的革命，首先是普通民众大力促成的结果。人民对立宪的推动主要是通过四种机制来实现的：以决议或指令方式提出制定新宪法的要求；选举制宪代表组成专门的制宪会议；向制宪会议代表发出有关宪法问题的指令；对宪法文本进行仔细审查和批准。通过这些机制，马萨诸塞立宪运动的民主性得到了充分展现。无论是民众参与的广泛性还是参与途径的多样性，马萨诸塞立宪都超过了革命时期的任何一次立宪活动。在 1780 年宪法中，出现了"我们马萨诸塞人民"的提法，② 这自然使人联想到 1787 年联邦宪法中"我们合众国人民"的字样。然而，两部宪法中的"人民"却有很大的区别。在 1787 年联邦立宪中，"人民"既未参加制宪会议代表的选举，也不知晓宪法文本的起草过程；批准宪法辩论之广泛和激烈诚非各州立宪所能比拟，但参加者多为各界精英，其言论可能表达了普通民众的情感和意见，但他们毕竟不是"人民"本身。因而联邦立宪中的"人民"，与洛克理论中的"人民"一样，多少带有抽象性。然则马萨诸塞立宪中的"人民"，乃是在村镇会议中直接就宪制理论和宪法条文发表见解的普通人，是通过指令和制宪代表直接沟通的村镇居民。

由此可见，马萨诸塞的村镇自治传统，在立宪运动中发挥了无可替代的作用。无论是立宪要求的提出，专门制宪会议的组成，还是宪法文本的审议与批准，都是依托村镇自治机制而进行的。在马萨诸塞，具有政治意识的社会成员，可以借助村镇会议的机制影响本州政治，通过村镇派到大议会的代表来表达其意愿和要求。几乎所有的宪法主

---

① 美国学者爱德华·S. 考文写道："仅仅因为宪法植根于人民的意志就赋予其至上性，这只是美国宪法理论相对新近的一种产物。"见爱德华·S. 考文：《美国宪法的"高级法"背景》，强世功译，生活·读书·新知三联书店 1996 年版，第Ⅳ页。揆诸马萨诸塞立宪中的有关史实，可知这种说法并不确切。

② 《1780 年宪法》("The Constitution of 1780")，载汉德林等编：《政治权威的民众来源》，第 441 页。

张都不是个人或一般群体的看法,而是作为马萨诸塞政治社会基本单元的村镇的意见,因而其分量和影响就非同一般。革命时代的政治变动和村镇自治传统紧密结合,从而塑造了马萨诸塞立宪运动的鲜明特征。

不过,参与立宪的"人民"并非各村镇的所有居民,而仅只是政治社会的成员。18世纪美国的政治社会,是基于共同的政治观念、宗教信仰和财产关系而结成的共同体,对其成员通常有年龄、种族、性别和财产的限制。在马萨诸塞,政治社会成员乃是拥有一定财产、支持独立事业的自由成年白人男性,而居住在各村镇的印第安人、黑人、妇女、未成年人和效忠派则不在其列。贝灵汉村镇会议的反馈意见中有一段话,十分清晰地描绘出当时政治社会的构成及其边界:"所有年龄在21岁以上、在各个村镇集会并在会议中行动的男性以及他们联合起来采取的行动,构成全体人民的行动。"①

而且,在立宪运动中发挥关键作用的人,归根到底乃是当时的各界精英。在马萨诸塞制宪会议代表中,有138人一生中担任过众议员,39人一生中担任过参议员,7人后来成为马萨诸塞州长;有54人受过一定程度的高等教育,38人的学位得自哈佛;有律师和法官31人,商人和实业家39人,农场主22人,医生18人,牧师21人,官员18人。② 其中不少人还拥有各式各样的头衔。③ 宪法文本出自约翰·亚当斯、塞缪尔·亚当斯等人的手笔,更多地表达了约翰·亚当斯、西奥菲勒斯·帕森斯、托马斯·艾伦等精英人物的政治主张和宪制理念,而人民的审议和批准则是在这个基础上进行的。

二、 宪制理念的突破

马萨诸塞立宪运动同时也是一场长达数年的宪法讨论,其中包含

---

① 《1776年各村镇的反馈:贝灵汉》("Returns of the Towns [1776]: Bellingham"),载汉德林等编:《政治权威的民众来源》,第161页。
② 彼得斯:《马萨诸塞1780年宪法》,第24页。
③ 布朗:《中间阶级民主与马萨诸塞的革命》,第392页。

的政治思想，尤其是宪制理念，与1780年宪法本身一样富有价值。在此前各州的立宪过程中，均未出现类似规模和深度的宪法讨论。马萨诸塞作为反英运动的中心和独立战争的策源地，在独立战争爆发前的政治辩论中扮演了积极的角色。在1776—1780年间，关于宪法的讨论在马萨诸塞政治生活中占据中心位置，可视为此前政治辩论的延续，也从一个侧面反映了政治"自由主义"常识化的进展。在马萨诸塞西部，以托马斯·艾伦为首的"伯克希尔立宪派"，到处宣讲宪制政府的要义；在东部则有所谓"埃塞克斯帮"，他们在审议1778年宪法时拟定《埃塞克斯决议》，系统阐述了他们的宪制思想。① 此外，在波士顿出版的小册子、用笔名在报纸上发表的政论文章、清教牧师的布道词、村镇会堂的讨论、村镇会议给代表的指令以及政治人物之间的通信，都具体而生动地展现了这场宪法讨论的广度和深度。

  这场宪法讨论同此前的政治辩论一样，并非以理论创新为旨趣，而是运用现有的理论和话语来讨论具体的宪法问题，因而相似的思想和主张，也可见于其他州以及其他场合。这也就是说，马萨诸塞的宪法讨论展现了革命时期政治文化的一个基本特征：人们运用他们所掌握的理论来阐释传统、国情和形势，用理论为制度设计提供合理性依据，或将理论转化为可操作的制度设计，而不是简单地把理论作为实际政治的指南或蓝图。不过，这场宪法讨论也有一些引人注目的独特之处。普通民众和各界精英使用同样的话语和逻辑，来讨论同样的问题，这表明自独立战争爆发前的政治辩论以来，政治理论的常识化和本土化进程在不断走向深入。一些村镇提交的宪法意见，拼写很不规范，语法也多有错讹，但其理论前提和具体建议却与当时公开出版的小册子大致相同。举凡自然状态、社会契约、人民主权、自由、权利、平等、分权、平等代表权等理论和概念，在村镇的反馈意见和指令当中随处可见。有些居民不过几百人的偏远小村，人们讨论的问题、使用的话语以及言说的方式，均与波士顿居民如出一辙。经过此前的政

---

① 彼得斯：《马萨诸塞1780年宪法》，第29-31页。

治辩论和这次宪法讨论,马萨诸塞民众不仅更加熟悉多种政治理论,而且能够有选择地运用这些理论,以提升他们的政治经验,阐述他们的现实要求。那些在欧洲主要深藏于书斋的高深理论,在美国革命中却变成了普通民众的常识。这确实是美国革命时期政治文化的一个突出特点。

研究美国早期政治思想的学者大多认为,从独立战争前的政治辩论开始,经过革命时期的立宪运动,美国人的宪法概念在不断走向成熟,所达到的思想高度远为当时的英国人所不及。在 18 世纪的英国政治思想中,宪法与具体的政治制度以及议会制定法的区分尚不明晰,也就没有获得根本法和至上法的地位。殖民地居民在同母国的辩论中逐渐意识到,宪法是不同于一般制定法的根本法。有学者断定,到 1776 年,宪法的观念已不需要任何讨论,几乎取得了"不言自明的真理"的地位。① 但是实际情况并非如此。马萨诸塞立宪运动中的有关讨论,对宪法的概念做了进一步充实和提升,使其内涵更加明确和完整,更接近现代的宪法理念。而且,经过这种讨论,宪法的概念更深地嵌入大众意识之中,为宪制文化的形成做了铺垫,而宪制文化对于宪法的实施及其效果具有不可或缺的意义。

在马萨诸塞的宪法讨论中,宪法被视为稳定和长久之法。"伯克希尔立宪派"表示,他们希望新宪法"具有公民自由和宗教自由的广阔基础,这一基础无论时间多久都不会受到腐蚀,将与日月一样永世长存"。② 他们相信,只有基础稳固,才能保证宪法的固定性和永久性。布斯贝村镇居民在 1778 年提出,用一部宪法来"保障个人的权利,确立权力的最平等的分配,规定权力的最忠实的运用,同时自身又具有稳定性和长久性",这是一件至关重要的事情。③ 在 1779—1780 年制宪会议主席詹姆斯·鲍登看来,"会议面前的这件工作不是临时性的,而

---

① 亚当斯:《第一批美利坚宪法》,第 22 页。
② 《皮茨菲尔德抗议书》("Pittsfield Memorial, December 26, 1775"),载汉德林等编:《政治权威的民众来源》,第 64 页。
③ 《各村镇对 1778 年宪法的反馈:布斯贝》("Returns of the Towns on the Constitution of 1778: Boothbay"),载汉德林等编:《政治权威的民众来源》,第 245 – 246 页。

是长久性的，是旨在为这个共和国最久远的时代谋求利益的工作"。①这些言论都涉及了宪法的稳定性和长久性，而这两点正是宪法区别于一般制定法的基本特征。

宪法不仅高于制定法，而且还是制定法的基础和依据；这种至高法和根本法的观念，在马萨诸塞宪法讨论中也得到清晰的阐发。"伯克希尔立宪派"指出，在"自由政府"中，"根本宪法是立法的基础和平台，它确认人民的权利、豁免和自由，规定人民选举文职和军事官员的方式和频率，限制和界定统治者的权力，由此提供一个反对暴政和专制主义的神圣屏障。……立法者站在这一基础上，制定与之相符的法律"②。有的村镇居民还谈到，宪法作为根本法和至上法，是绝对不能由立法机构制定和修改的。人们意识到，一部可以由立法机构改动的宪法，就不能很好地保障人民的权利和特权免于权力的侵夺。③

这也就是说，宪法的根本目的在于限制政府权力和保障人民的自由。宪法首先是对权力和掌权者的约束。用一个马萨诸塞人的话说，宪法乃是"掌权者应当**时时**遵守的规则"。④ 宪法既是人民自由的保障，就必然对政府权力构成限制。康科德村镇会议对此有明确的认识："就确切含义而言，宪法旨在确立一套原则，以保证居民拥有和享有他们的权利和特权，免受政府方面的任何侵夺。"⑤ 为了实现这一目的，宪法必须包含权利宣言。许多村镇之所以拒绝 1778 年宪法，主要是因为它缺少一份关于人民权利的宣言。⑥ 西部村镇莱诺克斯居民希望，借助一部宪法而"将政府的基础牢固地建立在纯粹自由的原则之上，人

---

① 转引自克鲁曼:《在权威和自由之间》，第 19 页。
② 《伯克希尔县代表的声明》，载汉德林等编:《政治权威的民众来源》，第 375 页。
③ 《1776 年各村镇的反馈：阿克顿》（"Returns of the Towns [1776]: Acton"），载汉德林等编:《政治权威的民众来源》，第 158 页。
④ 转引自克鲁曼:《在权威和自由之间》，第 19 页。引文中的重体字系原文所有。
⑤ 《1776 年各村镇的反馈：康科德》（"Returns of the Towns [1776]: Concord"），载汉德林等编:《政治权威的民众来源》，第 153 页。
⑥ 《各村镇对 1778 年宪法的反馈：格林威治、莱诺克斯、布鲁克莱恩、斯潘塞、波士顿、列克星敦》（"Returns of the Towns on the Constitution of 1778: Greenwich, Lenox, Brookline, Spencer, Boston, Lexington"），载汉德林等编:《政治权威的民众来源》，第 212、257、269、302、309、317 页。

民的权利和特权由此获得保障，并能传之后代"。① 1778 年的《埃塞克斯决议》也表达了相似的观点，并明确指出，宪制政府的最高目的，乃是使人民"成为自由而幸福的人民"。② 1780 年以前的各州宪法是否包含权利宣言，完全取决于制宪者对这一问题的态度，而马萨诸塞宪法的权利宣言则是民众自觉争取的结果。③ 至此，宪法的内涵变得更加明朗和清晰：它不仅仅是"政府的构成"，而是由权利宣言和政府框架两部分组成的根本法。④

立宪权由谁来行使，也是宪法概念的重要成分。这个问题虽然在其他一些州也有讨论，但只有在马萨诸塞立宪时才得到切实的解答。人们在宪法讨论中不断强调，权力最初是属于人民的，只有经过人民以适当方式委托的代表才能为他们制定国家的宪法；合法的代表制机构本是宪法的产物，而这样的机构在宪法问世之前不可能合法地存在，自然就不可能制定宪法。⑤ 按照"伯克希尔立宪派"的说法，立法机构的权力来自宪法并以宪法为基础，因而不能赋予宪法生命，否则就会授予任职者及其继任者无限度的权力；每个自由之邦的宪法必须由多数人批准。⑥ 经过讨论，马萨诸塞人最终达成共识：唯有专门制宪会议和人民批准的程序，才是落实人民的立宪权的基本方式。

1784 年，南卡罗来纳的托马斯·图德·塔克对美国人关于宪法的新认识做了如下归纳："宪法应是全体人民的公开宣布的法令。它应是国家第一位的和最根本的法律，应当规定所有授予出去的权力的限度。它应当被宣布为高于立法机构制定的一切法令，除非按照宪法规定的

---

① 《各村镇对 1778 年宪法的反馈：莱诺克斯》，载汉德林等编：《政治权威的民众来源》，第 253 页。
② 《埃塞克斯决议》（"The Essex Result, 1778"），载汉德林等编：《政治权威的民众来源》，第 332、339、365 页。
③ 一些村镇在 1779 年给制宪代表的指令中，要求他们努力促成在宪法中加入一份"权利法案"。参见《选择代表：卢嫩堡》（"Choosing Delegates: Lunenburg"），载汉德林等编：《政治权威的民众来源》，第 415 页。另，艾萨克·巴克斯牧师在 1779 年向制宪会议的一个代表提出了类似的建议。参见克鲁曼：《在权威和自由之间》，第 38 页。
④ 马萨诸塞 1780 年宪法的前言中有这样的句子："特同意、制定和确立以下的权利宣言和政府框架作为马萨诸塞共和国的宪法。"见《1780 年宪法》，载汉德林等编：《政治权威的民众来源》，第 441 页。
⑤ 《1779 年 3 月 30 日汉普夏县各村镇的意见》（"Opinions of Hampshire County Towns, March 30, 1779"），载汉德林等编：《政治权威的民众来源》，第 386 页。
⑥ 《伯克希尔县代表的声明》，载汉德林等编：《政治权威的民众来源》，第 377 页。

常规方式而收集的多数公民所表达的同意,任何权力部门都不得对它加以撤销或变更。"① 美国历史学家戈登·伍德对这段文字大加称赞,誉之为宪法概念的总结性表述,在此后二百年没有根本性的变化。② 如果回溯马萨诸塞的宪法讨论就不难看出,这一宪法概念所包含的各个要素,此前都已有了明确的呈现。仅此一点就足以说明,在现代宪法观念的形成中,马萨诸塞的宪法讨论具有不可忽视的重要性。

除此而外,马萨诸塞立宪者还对宪法的文本形式做了重大改进,确立了一种规范化的宪法文本格式。美国历史学家哈里·库欣指出,马萨诸塞1780年宪法首次对原来松散和零乱的条文做了系统而清晰的安排,根据政府功能的不同而分章、分项排列。③ 1780年宪法由"前言"和正文构成。正文的第一部分为"权利宣言",共30条;第二部分为"政府框架",共6章,各章再分为若干项,分门别类地就立法权、执行权、司法权、大陆会议代表、教育与文化以及其他事项做出井然有序、一目了然的规定。这种宪法体例的优点是结构严谨,层次分明,条理清晰,为此后各州宪法和联邦宪法的制定者所采用。

马萨诸塞宪法讨论的另一重要收获,在于为解决革命时期代表权的一个理论难题提供了新的思路。根据英国宪制经验和混合政府理论,王室、贵族和平民这三个社会等级,反映在政府结构中就是王权、贵族院和平民院这三个分支,在政体的层面则分别体现君主制、贵族制和民主,通过三者的交叉制约而实现权力的平衡。但是,美国在摆脱英国权威以后,王室和贵族不复存在,人民就成了政府的唯一基础;在这种情况下,是否还有必要区分代表权的不同基础,并据此设立不同的政府分支呢?如果需要区分,又应当采用何种适当的方式呢?在马萨诸塞立宪运动中出现了一种新的理论,试图用"人身"和"财

---

① 詹姆斯·图德·塔克:《安抚建议及其他》(Thomas Tudor Tucker, "Conciliatory Hints, Attempting, by a Fair State of Matters, to Remove Party Prejudice"),载查尔斯·海因曼等编:《美国建国时期政论集》(Charles S. Hyneman, and Donald S. Lutz, eds., *American Political Writing during the Founding Era*),印第安纳波利斯1983年版,第1卷,第627页。
② 伍德:《美利坚共和国的缔造》,第281页。
③ 库欣:《马萨诸塞从省区政府向共和政府的转变》,第246页。

产"来区分代表制的不同基础,以论证共和制下分权与制衡的必要性。

以"人身"和"财产"为基础来构建新的代表权理论,其出发点在于平等代表权。约翰·亚当斯在 1776 年谈到,人数和财富都与代表比例有关,而"立法机构中的平等代表权乃是自由的第一原则"。① 帕森斯在 1778 年更明确地提出,"立法的唯一对象"乃是"组成国家的个体的人身和财产";由于立法通常同时涉及人身和财产,因而有必要同时得到多数成员和掌握多数财产者的同意;如果仅得到一方的同意,就会损害另一方的利益。同时,帕森斯还用多数人统治的原则来支持其理论,认为"在一个自由政府中,一项涉及其成员的人身和财产的法律,如果未得到其成员中的多数的同意,包括国内拥有主要财富的多数的同意,就不是有效的法律"。他的结论是,立法权必须由议会两院分开掌握,一院代表"人身",另一院代表"财产"。② 这种理论试图调和混合政府理论、共和主义和社会现实三者之间的关系,在实践中却引出一个新的难点:在理论上基础不同的两类代表,却必须由同一选民群体从同一个社会阶层中选出,两者的实质性差异究竟何在呢?无怪乎伦瑟姆村镇居民当时就意识到,"各村镇选出的代表,应当既是人身的代表,也是财产的代表"③。

然而,正是这种存在缺陷的代表权理论,不仅直接体现在马萨诸塞 1780 年宪法中,而且也给联邦制宪代表带来了一些启发。在费城制宪会议前夕,麦迪逊对改进全国政体做了深入思考,他同样想到要以财产和人身来区分代表的社会基础,与帕森斯的理论可谓一脉相承。④ 在制宪会议上,南部的一些代表为了应对大州提出的比例代表制主张,极力倡导以财产为基础分配议席,其间反复提到马萨诸塞的"人身"和"财产"两分的代表制原则。⑤

---

① 转引自彼得斯:《马萨诸塞 1780 年宪法》,第 140 – 141 页。
② 《埃塞克斯决议》,载汉德林等编:《政治权威的民众来源》,第 336、339 – 340、353 – 358 页。
③ 转引自库欣:《马萨诸塞从省区政府向共和政府的转变》,第 269 页。
④ 雷科夫:《原意:宪法制定中的政治与观念》,第 41 页。
⑤ 马克斯·法兰德编:《1787 年联邦大会记录》(Max Farrand, ed., *The Records of the Federal Convention of 1787*),纽黑文 1966 年版,第 1 卷,第 469 – 470、475、542 页。

对行政权力的重新认识,可以说是马萨诸塞立宪运动的又一个重要理论建树。1776 年各州宪法的一个突出特点是不信任行政权力,并采取多种方式对它加以削弱和限制。这反映了革命初期政治思想的一个取向:对英王和总督所代表的殖民地行政权力深恶痛绝,而对代表制会议则充满信任。人们一度相信,人民选举的代表必能忠实地体现人民的利益和意志,而行政权力,特别是单一的行政首脑,则是必须防范的对自由的潜在威胁。在马萨诸塞立宪运动初期,也有人抱有类似的想法。布斯贝村镇居民在 1778 年提出,州长、副州长等职位在一个"自由之邦"是不必要的,他们可能成为人民自由的威胁;交给州长的权力只能交给人民的代表,而不能为一个人所掌握。① 也就是说,州长非但不是人民的代表,而且还是人民自由的对立面。

同样是在 1778 年,帕森斯就行政权力和单一行政首脑发表了不同的见解:州长并不是由国王及其大臣任命的,"他的利益和国内每一个人的利益是一样的"②。这种认识在 1780 年的宪法讨论中得到进一步深化。1780 年宪法设立了一个比其他各州行政首脑都要强大的州长,制宪会议在公开信中就此解释说,州长乃是"全体人民的代表",他并非从一个村镇或一个县所选出,而是由全体人民选举的,因而将执行权力交到他手中是安全的。③ 有的村镇甚至提出,宪法赋予州长的权力还不够大,州长应成为立法权的一个分支,可以否决两院的任何法案,从而防止两院对行政权力和司法权的侵蚀,以保持三种权力的适当平衡。在他们看来,"州长乃是全体人民的代表和共和国的首席官员,那些未为他所同意的法律,既不可能得到有力的执行,也不可能获得人民应有的遵从"④。在有的村镇居民心目中,州长的形象发生了全新的变化,他是"首席官员和整个共和国的唯一代表;是政治机构各个部

---

① 《各村镇对 1778 年宪法的反馈:布斯贝》,载汉德林等编:《政治权威的民众来源》,第 248 页。
② 《埃塞克斯决议》,载汉德林等编:《政治权威的民众来源》,第 361 页。
③ 《制宪会议致辞》("Address of the Convention, March 1780"),载汉德林等编:《政治权威的民众来源》,第 437 页。
④ 《各村镇对 1780 年宪法的反馈:格罗顿》("Returns of the Towns on The Constitution of 1780: Groton"),载汉德林等编:《政治权威的民众来源》,第 640 页。

分和各个成员联合的中心；他是全社会选出和指派的卫士，以特别的方式捍卫宪法和整个国家的权利及利益。每个人在他那里都有同样的利益，和他保持同样的联系，把他作为他们的共同代表"。与州长形成对照的是，议员不过是州内某个特定小地区的代表，将不受控制的立法权交到他们手中，反而是"极端危险和失策的"①。在这里，立法代表在新的共和体制中的重要性大为下降，他们不再拥有人民的充分信任，地方代表权的局限性也引起了注意；而单一的行政首脑则从自由的威胁变成了"全体人民的代表"。这无疑是美国政治理论的一个重要变化。②

在马萨诸塞对行政权力重新定位以后，18世纪80年代各州修改或制定宪法时，也对行政权力的作用给予了高度重视。1781年新罕布什尔制宪会议指出，行政权力乃是"灵魂，没有它，国家不过是一具死尸"。托马斯·杰斐逊在为弗吉尼亚拟定的新宪法中，也赋予州长足够的权力来实施法律，并力图减轻州长对议会的依附。③ 这一切就为一个拥有强大权力的全国行政首脑的出台，做了至关重要的铺垫。

三、 政府模式的创新

约翰·亚当斯在1776年8月表示，"我希望马萨诸塞人将他们的政府称作共和国（commonwealth）"④；马萨诸塞制宪会议1779年9月3日的决议中申明，"本会议将要形成的政府乃是一个**自由的共和国**（free republic）"。⑤ 这一共和国无疑是一个主权国家，马萨诸塞宪法也

---

① 《各村镇对1780年宪法的反馈：韦尔斯》（"Returns of the Towns on The Constitution of 1780: Wells"），载汉德林等编：《政治权威的民众来源》，第735页。
② 历史学家戈登·伍德就约翰·亚当斯在1787年表现出的政治思想落伍发表评论说，到1787年，行政首脑和参议院、众议院一样，都成了人民的代表，整个政府都掌握在人民手中，因而是一个真正的人民政府，或者说是"民主制"。实际上，将行政首脑视为人民代表的说法，早在马萨诸塞宪法讨论中就出现了。参见伍德：《美利坚共和国的缔造》，第586页。
③ 伍德：《美利坚共和国的缔造》，第435页。
④ 转引自彼得斯：《马萨诸塞1780年宪法》，第177页。
⑤ 转引自彼得斯：《马萨诸塞1780年宪法》，第178页。引文中的重体字系原文所有。

就不是一部地方性法规,而一个共和制国家的根本大法,所设计的是一个独立国家完整的政府框架。

根据 1780 年宪法,马萨诸塞政府由立法、执行和司法三个分支构成;立法机构分为参议院和众议院,行政首脑对议会通过的法案可行使有限否决权;最高行政长官为州长,每年选举产生,其职责是和咨议会一起负责指导州内事务,并担任陆海军总司令,掌握赦免权,在咨议会的建议和同意下提名和任命官员;法官由州长任命,任职终身,并享有固定的永久薪俸。[1] 这种在今天看来已属寻常的政府模式,却是激烈的政体观念碰撞和反复的立宪探索的产物。

关于立法权的设置,在各州立宪过程中曾是一个争议颇大的问题。宾夕法尼亚的激进派要求将整个政府都置于人民的控制之下,认为"权力越简单、越直接地依赖于人民就越好"[2]。根据这种观念,立法权只能交给一院制议会掌握。一些对美国各州新宪法有所观察的法国思想家也认为,英国宪制并不适合美国,在一个平等的共和国,根本无须设立参议院。[3] 英国议会之设两院,缘于贵族和平民两个社会等级之间实行制衡的需要;而美国各州没有这类等级之分,两院"彼此独立但都依赖于人民",两院议员都是人民的代表。[4] 显然,从代表的社会基础来看,两院制与一院制难以形成实质性区别,其必要性自然受到了质疑。但事实上,1776—1777 年各州宪法设立的多为两院制议会,只有宾夕法尼亚和佐治亚例外。将议会分成两院的主要考虑,乃在于权力的平衡。为了体现两院之间的差异,各州采取了不同的办法:有的为两院议员规定不同的选民资格和任职资格;有的采用不同的名额分配原则;有的则确定长短不同的任期。马里兰宪法还设计了由选举

---

[1] 《1780 年宪法》,载汉德林等编:《政治权威的民众来源》,第 448—465 页。
[2] 转引自伍德:《美利坚共和国的缔造》,第 229 页。
[3] 参见伍德:《美利坚共和国的缔造》,第 236 页。
[4] 克鲁曼:《在权威和自由之间》,第 146 页。

人选举参议员的方式。① 但这些措施都不能保证两院有实质性的不同。杰斐逊曾谈到，弗吉尼亚的参议院和公民代表院过于相似，而议会分成两院的真正意义在于"引入不同利益的势力或原则"。②

在马萨诸塞立宪运动中，关于立法权的设置也有不同的看法。一院制政府在马萨诸塞也不乏信奉者。在他们看来，总督、副总督、参事会或参议院都可取消，只设立一个众议院即可；"政府要容易、简单和花费少"，人民应"将权杖掌握在自己手中"，最合适的政府就是由成年自由男子选举的、不受总督掣肘的一院制立法机构。③ 同时，主张两院制的声音同样强烈。威廉·戈登和约翰·亚当斯都是一院制的坚决反对者。④ 帕森斯则对马萨诸塞设立两院制议会的必要性和意义做了具体的说明。他认为，"众议院做出的粗糙和草率的决定，会由参议院加以修正和控制；而参议院那些由野心或对公民自由的漠视而产生的观点则会受到挫败。政府会获得尊严和坚定性，这对居民乃是最大的安全之所在"。他相信，两院的平衡可以保证制定最具智慧和良好意图的法律。⑤

从1780年宪法有关立法权的规定看，亚当斯和帕森斯的主张占据了上风。马萨诸塞议会分成参议院和众议院，两院的性质和构成存在明显的差别，体现了两院相互制衡的意图。参议院代表的是"财产"，其成员的社会经济地位必然更高，因而参议员的任职财产资格高于众议员。⑥ 而且，参议员名额按各选区的纳税额分配，财富集中的富庶选区自然可在参议院占有优势。众议员的财产资格较低，名额则按村镇

---

① 《马里兰1776年宪法》（"Constitution of Maryland, 1776"），载弗朗西斯·索普编：《美国联邦和各州宪法、殖民地特许状和其他基本法汇编》（Francis Newton Thorpe, ed., *The Federal and State Constitutions, Colonial Charters, and Other Organic Laws of the State, Territories, and Colonies Now or Heretofore Forming the United States of America*），华盛顿1909年版，第1693页。
② 托马斯·杰斐逊：《弗吉尼亚札记》（Thomas Jefferson, *Notes on the State of Virginia*），纽约1972年版，第119页。
③ 伍德：《美利坚共和国的缔造》，第224页；道格拉斯：《反叛者与民主派》，第172页。
④ 道格拉斯：《反叛者和民主派》，第173页；约翰·亚当斯：《关于政府的思考》（John Adams, "Thoughts on Government"），载查尔斯·弗朗西斯·亚当斯编：《约翰·亚当斯著作集》（Charles Francis Adams, ed., *The Works of John Adams*），波士顿1850—1856年版，第4卷，第196页。
⑤ 《埃塞克斯决议》，载汉德林等编：《政治权威的民众来源》，第334，335，358。
⑥ 众议员、参议员的财产资格分别为100、300英镑自由持有财产，或200、600英镑纳税财产。

和人口分配，以体现众议院代表"人身"的特点。据制宪会议解释，由同样的利益而联合起来的一群人，在同一场合集会，就可能像一个人一样发生错误和存在偏见；当一个人或一群人同时掌握制定、解释和执行法律的权力时，人民就会最终为腐败的力量所击垮；因此，两院制衡是必不可少的。①

这种依据"人身"和"财产"两分的原则而建立的两院制，在实际运作中似乎同样存在问题。据本杰明·林肯在1785年所言，马萨诸塞宪法力图区分"人身"和"财产"以修改混合政府理论，但效果并不很好。② 马萨诸塞参加费城制宪会议的代表埃尔布里奇·格里，在1787年6月5日的辩论中对东部各州的政治状况大加责怨，指摘有人"主张在马萨诸塞废除参议院，将政府的所有其他权力都授予立法机构的另一个分支"③。

然而，将两院的代表基础加以区分、通过强大的上院来制约下院，代表着18世纪80年代美国宪制探索的方向。在费城制宪会议召开前夕，麦迪逊殚精竭虑地思考解决各州政治混乱失控局面的办法，坚信关键在于设立一个强大的参议院。④ 爱德蒙·伦道夫在费城制宪会议上谈到，各州"没有一部宪法提供了对民主的充分制约"，"纽约和马萨诸塞宪法中确立的制约方式，固然是对付民主的较强屏障，但其作用看来都是不足的"。⑤ 另一些代表更是直截了当地指出，设立参议院的主要目的，就是"保障财产的权利"，就是要制约直接来自人民的第一院，因而参议院必须由拥有"巨额和确定财产"的人组成。⑥ 由此可见，马萨诸塞宪法基于财产设立参议院的尝试，为联邦制宪代表讨论国会两院制方案提供了某种参考。

相对而言，1780年宪法有关行政权力的规定，是一个更重要的创

---

① 《制宪会议致辞》，载汉德林等编：《政治权威的民众来源》，第437页。
② 伍德：《美利坚共和国的缔造》，第243—244页。
③ 法兰德编：《1787年联邦大会记录》，第1卷，第123页。
④ 参见雷科夫：《原意：宪法制定中的政治与观念》，第41页。
⑤ 法兰德编：《1787年联邦大会记录》，第1卷，第27页。
⑥ 法兰德编：《1787年联邦大会记录》，第1卷，第428、517页。

举。这部宪法设立了一个由人民直接选举的、拥有强大权力的单一行政首脑。较之此前各州宪法刻意削弱和限制行政权力的倾向,这一设计实在是背道而驰和大异其趣,其意义也就非同寻常。

美国革命初期普遍存在张扬立法权而抑制行政权力的倾向。在1776—1777年制定宪法的各州中,宾夕法尼亚根本没有设立单一的行政首脑;南卡罗来纳、弗吉尼亚、新泽西、特拉华、马里兰、北卡罗来纳、佐治亚等州的行政首脑由议会选举;只有纽约的州长由选民直接选出。由议会选举行政首脑的目的,在于保证立法机构对行政权力的制约。马萨诸塞在行政权力的设置方面同样存在争论。布斯贝村镇会议反对1778年宪法的一个理由是,在一个"自由之邦"没有必要设立州长和副州长等职位。① 塞缪尔·奥蒂斯、亚当斯和帕森斯等人则强调行政权力的重要性,主张设立一个强有力的行政首脑,因为如果执行不力,就会使立法权落空,使司法权成为装饰。② 这种意见最终成为马萨诸塞制宪的指南。1780宪法不仅设立了一个民选的单一行政首脑,而且赋予他超过其他各州行政首脑的权力,特别是任命权和立法否决权。这不仅只是权力分配的调整,而且是共和政府模式的一次重大革命。

将任命权授予单一行政首脑,在革命时期的政治氛围中是一种大胆的做法。当时美国有不少人认为,任命权乃是18世纪专制主义的最有害、也是最有力的工具,因为通过任命官职可以培植亲信,腐蚀人心,使人屈从,从而确立权势。③ 在这种情况下,各州宪法对行政首脑的任命权不是加以分解,就完全剥夺。多数州将任命权授予了立法机构,有的则由立法机构与行政首脑分享。但是,根据马萨诸塞1780年宪法,州长在咨议会的建议和同意下享有官员的提名和任命之权。1787年联邦宪法关于总统任命权的规定,与此大致相同。

---

① 《各村镇对1778年宪法的反馈:布斯贝》,载汉德林等编:《政治权威的民众来源》,第248页。
② 库欣:《马萨诸塞从省区政府向共和政府的转变》,第209页;亚当斯:《关于政府的思考》,载查尔斯·弗朗西斯·亚当斯编:《约翰·亚当斯著作集》,第4卷,第196-198页;《埃塞克斯决议》,载汉德林等编:《政治权威的民众来源》,第344页。
③ 参见伍德:《美利坚共和国的缔造》,第143、147页。

在马萨诸塞1780年宪法中,最具影响的条文是关于州长立法否决权的规定。在英国宪制中,国王对议会立法握有绝对的否决权;在殖民地居民争取自治的过程中,总督的否决权曾是一个巨大的障碍。革命爆发后,人民代表制的理论风行各州,立法权成了政府的主导权力,而行政首脑对立法的否决权,则被视为一种十分危险的君主制遗产。南卡罗来纳1776年宪法授予州长绝对否决权,但在1778年宪法中即被取消。弗吉尼亚、北卡罗来纳、佐治亚、新泽西、马里兰和特拉华的行政首脑都没有否决权。在新泽西和新罕布什尔等州,行政首脑以个人身份参与立法,在参议院或参事会拥有一票表决权。在纽约1777年宪法中,由州长、大法官和最高法院法官组成的咨议会对议会法案拥有否决权,而议会如以三分之二多数再度通过被否决的法案,则可使其超越否决而生效。①

约翰·亚当斯一向主张赋予行政首脑绝对否决权,当他获得为马萨诸塞起草宪法的机会时,就毫不犹豫地在第1章第1项第2款中将这种权力交给了州长。但制宪会议没有完全接受他的方案,将绝对否决权改为有限否决权,规定议会两院可以三分之二多数重新通过被否决的法案,从而超越州长的否决。② 研究马萨诸塞1780年宪法的学者,大多未论及绝对否决权和有限否决权的差别,也没有注意到制宪会议这一修改的重要性。如果完全取消行政分支对立法的否决权,就会造成立法机构主宰政府的局面;如果赋予行政首脑绝对否决权,则又可能导致行政专权。相较而言,有限否决权极大地改变了行政首脑在新的共和政体中的地位和角色:其他州的行政首脑至多只能个体性地参与立法,而马萨诸塞州州长可对立法权施以整体性制约,成为分权制衡体制中平等的和积极的一极。这可以说是分权制衡机制的一个革命

---

① 《纽约1777年宪法》("Constitution of New York, 1777"),载索普编:《美国联邦和各州宪法、殖民地特许状和其他基本法汇编》,第2628—2629页。
② 参见《马萨诸塞宪法草案》("The Report of a Constitution or Form of Government, for the Commonwealth of Massachusetts"),载查尔斯·弗朗西斯·亚当斯编:《约翰·亚当斯著作集》,第4卷,第231页。约翰·亚当斯本人对这一修改深感遗憾。参见戴维·麦卡洛:《约翰·亚当斯传》(David McCullough, *John Adams*),纽约2001版,第224页。

性发展。有限否决权的意义在当时似未得到充分估价，直到1787—1788年联邦立宪时，它才被视为共和政体中实现权力平衡的关键机制。亚历山大·汉密尔顿在为美国总统的立法否决权辩护时，几度谈到了马萨诸塞州长的有限否决权，并承认联邦宪法的有关条款完全来自马萨诸塞1780年宪法。①

一个手握任命权、否决权和赦免权的州长，很自然使人们联想到殖民地时期的总督形象，因而在宪法讨论中人们对于州长的权力难免议论纷纷。有的村镇反对授予州长否决权，认为这会使之获得控制议会的权力，可能使立法者产生偏见，从而阻碍立法过程。② 有的村镇主张议会两院只需简单多数即可超越州长的否决，并反对赋予州长和其他官员固定薪俸，③ 其目的显然是要加强议会对行政权力的控制。但从整体上看，对州长权力提出异议者属于少数。相反，有的村镇高度重视州长对立法拥有否决权的重要性，认为只有保持行政权力和立法机构的平衡，才能避免立法权力对行政权力和司法权力的侵蚀。④

在1776—1777年的各州宪法中，关于司法权的规定不是用语简约，就是含义模糊；除特拉华等州规定最高法院法官任职终身外，大多数州宪法没有涉及司法独立问题。马萨诸塞1780年宪法关于司法权力的规定也很简短，但体现了司法独立的精神。⑤ 一般来说，实现司法独立的机制有三：将法官的任命权和弹劾权授予不同的政府分支；法官任职终身；其薪俸无须仰赖其他政府部门的拨付。这三种机制在马萨诸塞1780年宪法中都可以找到。制宪会议对此做了特别说明，强调

---

① 亚历山大·汉密尔顿：《联邦主义者第69、74篇》（"Alexander Hamilton, 'Federalist No. 69, 74'"），载汉密尔顿、麦迪逊、杰伊：《联邦主义者文集》（Hamilton, Madison, Jay, *The Federalist Papers*），纽约1961年版，第417、446页。
② 《各村镇对1780年宪法的反馈：桑迪斯菲尔德》（"Returns of the Towns on The Constitution of 1780: Sandisfield"），载汉德林等编：《政治权威的民众来源》，第490页。
③ 《各村镇对1780年宪法的反馈：诺顿》（"Returns of the Towns on The Constitution of 1780: Norton"），载汉德林等编：《政治权威的民众来源》，第524–525页。
④ 《各村镇对1780年宪法的反馈：纽伯里波特》（"Returns of the Towns on The Constitution of 1780: Newburyport"），载汉德林等编：《政治权威的民众来源》，第916页。
⑤ 《1780年宪法》，载汉德林等编：《政治权威的民众来源》，第461、464页。

"法官应当在任何时候都感到他们自己是独立和自由的"①。可见，马萨诸塞宪法关于司法权的规定，在各州宪法中是最有利于司法独立的。费城制宪会议在讨论联邦法官的产生途径时，有人建议由行政部门在第二院的建议和同意下任命，就像马萨诸塞宪法所规定的方式一样；"这种方式在这个地区长期实行，证明其效果是无可挑剔的"。这种意见得到了詹姆斯·威尔逊和伦道夫的赞同。② 汉密尔顿在《联邦主义者文集》第 81 篇中，也对马萨诸塞等州赋予司法独立地位的宪法大加赞赏。③

显而易见，马萨诸塞的政府模式是以分权原则为基础的。国内外都有学者强调，革命初期各州宪法所设计的分权体制，其着眼点是将立法机构从殖民地时期总督的控制下解脱出来，带有立法权力至上的倾向，与联邦宪法中的分权体制在意义上是不尽相同的。④ 也有学者不同意这种说法，认为分权的目的并非将无限制的权力授予立法机构，而在于限制包括立法权力在内的一切政府权力。⑤ 诚然，革命时期的美国人反对一切绝对权力，限权政府乃是普遍的理念，因而对包括立法权在内的一切政府权力施加限制，乃是各州宪法的题中应有之义。但问题是，各州宪法将更关键的权力授予立法机构，而对行政权力则施加更多的限制，其结果是造成立法权的支配地位，导致议会权力膨胀。马萨诸塞立宪运动则从根本上扭转了这种状况。

马萨诸塞 1780 年宪法本着相对分权的原则，设计出一种相当复杂的权力交错、多向制衡的体制。参众两院均可否决对方的法案，形成了对立法权力的第一层制约；议会制定的法案须经州长同意方能生效，州长的否决权是对立法权力的第二层制约；议会两院以三分之二多数再度通过被州长否决的法案而使之成为法律，则是立法权力对行政权

---

① 《制宪会议致辞》，载汉德林等编：《政治权威的民众来源》，第 439 页。
② 法兰德编：《1787 年联邦大会记录》，第 2 卷，第 41、81 页。
③ 亚历山大·汉密尔顿：《联邦主义者第 81 篇》（Alexander Hamilton, "Federalist No. 81"），载汉密尔顿、麦迪逊、杰伊：《联邦主义者文集》，第 484 页。
④ 伍德：《美利坚共和国的缔造》，第 153–157 页；王希：《原则与妥协：美国宪法的精神和实践》，第 69 页。
⑤ 克鲁曼：《在权威和自由之间》，第 x–xi 页。

力的反制约；议会掌握行政官员的弹劾权，又对行政权力构成制约；法官由州长任命，而一旦获得任命即不受立法权力和行政权力的控制，只有任职期间行为不当才受议会的弹劾；州长行使赦免权，结婚、离婚、赡养费和遗嘱验证上诉等案件也由州长和咨议会受理，使行政权力涉足司法领域，并对司法权构成制约。这一方案冲破了流行的绝对分权的藩篱，将混合政府中的等级制衡创造性地转化为共和政体中的功能制衡，形成了一种新型的政府模式。美国革命所面临的一个核心问题，就是要建立一种既能有效地巩固独立成果，又能切实保障人民自由的政府体制，而马萨诸塞的分权制衡体制不仅满足了时代的双重要求，而且符合美国政治发展的长远趋势。马萨诸塞宪法之所以比此前其他各州宪法具有更持久的生命力，其缘故端在此处。①

也唯其如此，马萨诸塞宪法设计的政府模式在当时就受到广泛的好评，对美国宪制的发展产生了巨大的影响。新罕布什尔用 1784 年宪法取代了 1776 年宪法，其政府权力结构和议员名额的分配，与马萨诸塞宪法大致相同，关键性的差别在于取消了行政首脑的立法否决权。②在宾夕法尼亚，1783—1784 年兴起了一场不成功的修改 1776 年宪法运动，所提出的修改建议和马萨诸塞宪法也十分近似。③ 联邦宪法的政府结构设计，显然是以马萨诸塞模式为蓝本的，只是做了若干调整：通过延长议员和总统的任期、增强参议院的权力等手段，进一步削弱了人民对政府的直接影响，抑制了民选立法分支的作用，以达到增强联邦政府的权威和稳定性的目的。

四、 外来政治资源的本土化

在对美国宪法的理论和经验来源的探讨中，国内外学术界存在多

---

① 1776—1777 年间各州制定的宪法，到 19 世纪前半期几乎全部被新宪法所替代；而马萨诸塞 1780 年宪法虽经百余次修改，其基本框架和精神一直延续至今。
② 《新罕布什尔 1784 年宪法》（"Constitution of New Hampshire, 1784"），载索普编：《美国联邦和各州宪法、殖民地特许状和其他基本法汇编》，第 2459－2466 页。
③ 参见伍德：《美利坚共和国的缔造》，第 439－440 页。

种各有侧重的倾向：有的强调启蒙思想的影响，有的重视"自由主义"的作用，有的关注共和主义的意义，还有的肯定英国宪制传统的重要性。毫无疑问，美国宪法的制订受到了多种因素的影响，借助了多方面的资源，片面强调其中任何一点，都无助于探究其由来和成因。尤其有必要指出的是，所有这些外来资源如果不与本土经验、现实需要和居民心态相结合，就不可能发挥积极的作用。因此，要了解美国宪法的形成，必须探讨外来政治资源的本土化问题。

外来政治资源的本土化当然包括观念自身的转化，[①] 但更重要的是，革命时期的美国人将外来理论和经验与本土传统、民众心态及当前情势相结合，并在运用中加以发挥和改造，不期然地熔铸成了一种新的政治文化。独立前的政治辩论可谓这种本土化的开端，殖民地居民利用外来理论和经验为反抗母国的行动寻求合理性；革命时期各州的立宪运动意味着本土化的急速推进，美国人开始借助外来理论和经验来进行革命政权的建设；最后，联邦宪法作为本土化运动的丰硕成果，标志着一种不同于英国和欧洲的新型政治体制已经建成。在这场意义深远的本土化运动中，马萨诸塞立宪占有重要的地位。马萨诸塞的民众和立宪者成功地将外来理论和经验融会贯通，结合本地政治传统和现实需要，完成了革命时期各州中最完善的宪制设计，构成美国宪制在欧洲政治理论和英国宪制经验基础上走向成熟、形成特色的一个重要界标。

在革命开始之际，美国人还没有系统的本土政治理论，他们对于政治问题的思考，完全依靠来自英国和欧洲大陆的概念工具和理论思维。革命派似乎很少意识到他们所借助的理论是外来的，他们只是从基本的务实精神出发，通过两条途径完成了外来政治理论的本土化：一是对外来政治理论进行重新解读，用以说明和解释他们身边的政治现象；二是将外来理念与实际需要相结合，使之转化为具有可操作性

[①] 美国历史学家伯纳德·贝林和戈登·伍德等学者对此做了富有启示的研究。参见贝林：《美国革命的意识形态起源》；伍德：《美利坚共和国的缔造》。

的政治机制。在马萨诸塞立宪运动中,制宪者和普通民众都运用经过吸收、消化和改造过的理论和概念,为制定新宪法寻找可信的理论根据,提出了形形色色的宪法设想。在这个过程中,外来理论、本土经验、现实需要三者水乳交融地汇合在一起,奠定了理性的政治思维和现实的宪制方案的坚实基础,创造出一种与新的政治观念互为表里的制度模式,有效地抑制了革命所释放的非理性力量,推动了国家政权建设的进程,为美国宪法提供了直接的经验和理论滋养。

欧洲思想家所阐述的自然状态和社会契约理论,在美国革命中得到了广泛运用,马萨诸塞立宪运动也不例外。随着英国统治的崩溃,原有的政治纽带亦告消失,美国人感到他们似乎被抛回了某种自然状态,获得了重新订立契约、自主选择政府的机会。马萨诸塞的"伯克希尔立宪派"在抵制特许状政府和倡导立宪时,就直接诉诸自然状态理论。他们声称,在英国控制殖民地的权力解体以后,北美人民"落入了自然状态",而"处于这种状态中的人民,为了在他们中间享有或恢复公民政府,所要采取的第一步就是制定一部根本宪法,作为立法工作的基础"[1]。为什么处在自然状态的人们,急于要制定宪法和建立公民政府呢?《埃塞克斯决议》借助转述洛克的理论,对此做出了解释:"人类的理性和理解力以及各个时代的经验"证明,个人从自由政府得到的好处多于他们在自然状态下获得的利益,因而"自由的政府"更有利于他们谋求幸福。[2]

根据欧洲思想家的论述,从自然状态中产生的政治社会,乃是自由而平等的人们自愿订立契约的结果。因此,自认处于自然状态的马萨诸塞人,必然将他们建立公民政府的宪法视为社会契约。列克星敦村镇居民宣称,"一部公民宪法或政府形式,从性质上说乃是一项至为神圣的契约或合同,它是由构成社会的个人所订立的"[3]。1780年宪法的前言也将宪法表述为一种在人民中间自愿订立的契约:"国民共同体

---

[1] 《皮茨菲尔德请愿书》,载汉德林等编:《政治权威的民众来源》,第90页。
[2] 《埃塞克斯决议》,载汉德林等编:《政治权威的民众来源》,第327页。
[3] 《各村镇对1778年宪法的反馈:列克星敦》,载汉德林等编:《政治权威的民众来源》,第317页。

乃是个人自愿联合而形成的，它是一项社会公约，通过它全体人民与每个公民订立契约，每个公民与全体人民订立契约，所有人都要受到为了公共福祉的固定法律的统治。"① 按照洛克的理论，统治者与被统治者之间的关系并不是采取契约形式来界定的，只有政治社会的起源才与契约有关。马萨诸塞的立宪者和许多村镇居民显然与洛克灵犀相通，他们把宪法视作社会公约，等于将社会契约理论与人民主权、成文宪法等理念融合在一起，推动了契约理论的重大转变。②

自然权利与自然状态是紧密相连的。英国和欧陆的思想家曾以自然权利为旗帜来反对君主的绝对权力，而美国革命者则借此来说明政府的起源、政府的目的、革命的合理性、权利宣言的必要性和限制政府权力的正当性，并通过立宪使理论上的自然权利转化为具体的法律权利，成功地建构了一种以自由为鹄的的政治制度。在马萨诸塞立宪运动中，人们将宪法必须保障的权利分为两类：不可转让的权利和可转让权利的对等物。有一个村镇的居民认为，"当人将自己拥有的自然权利交给社会时，他们强烈希望从社会状态所带来的裨益中得到一种对等物"。③ 帕森斯用布莱克斯通式的笔调写道："所有人生来就是同等自由的。他们出生时拥有的权利是平等的，也是属于同一种类的。这些权利中有些是可以转让的，可以通过某种对等物（的交换）而放弃。其他权利则是不可转让的和固有的，由于太重要了，因而没有什么对等物可以与之交换。"他由此推导出了人民控制政府的权利及其必要性："如果一个人出让他的所有可以转让的权利，而没有保留对最高权力的控制，或者没有在一定情况下恢复（那些出让的权利）的权利，那么这种出让就是无效的，因为他变成了一个奴隶，而奴隶是不能接

---

① 《1780 年宪法》，载汉德林等编：《政治权威的民众来源》，第 441 页。
② 历史学家戈登·伍德针对查尔斯·巴克斯在 1788 年布道中的一段话发表评论说：契约从人民与统治者之间的契约变成了人民自己中间的契约；统治者变成了被统治者，被统治者变成了统治者。这就是政治史上最重大的革命。征诸马萨诸塞宪法讨论的史事，伍德的这一判断显然是可以商榷的。参见伍德：《美利坚共和国的缔造》，第 601－602 页。
③ 《埃塞克斯县大会》（"Essex County Convention, Ipswich, April 25, 26, 1776"），载汉德林等编：《政治权威的民众来源》，第 73 页。

受任何对等物的。"① 总之，宪法的目的不仅要保护人民的不可转让的自然权利，而且要保护人民转让权利所得到的对等物，也即社会权利（civil rights）。②

不过，马萨诸塞村镇居民并不是在讨论抽象的自然权利理论，而是要用这种理论来支持他们对权利宣言的要求。贝弗利村镇居民提出，宪法必须有一个"权利法案"，其中既要描述人的自然权利，也要区分那些他为了社会的好处而让渡给政府的权利与那些他不能让渡的权利，还要明确说明他在什么条件下转让了哪些权利，清楚地界定对政府的限制，同时明确保证他让渡的权利所应获得的对等物。③ 斯托顿村镇在1779 年给制宪代表的指令中说：宪法首先要有一个"权利法案"，以保证最高权力是有限度的，不能控制人的不可转让的权利，也不能控制那些没有在社会公约中明确放弃的可转让的权利，不得收回人民出让权利所得到的对等物。④

宪法既然是人民在自然状态中自愿订立的契约，那么立宪的权利就只能属于人民；而由人民选举代表组成制宪会议起草宪法，再交给人民审议批准，就成了在立宪过程中落实人民主权唯一可能的途径。于是，欧洲思想中带有抽象色彩的人民主权理论，就被马萨诸塞民众和制宪者用这种方式转化为具体可见的政治实践。有些村镇居民甚至提出，人民制订宪法的权利并非仅限于选举制宪代表和就宪法草案投票表决，而是要直接参与宪法条文的酝酿、拟定和修改，使宪法能够集中和凝聚全州人民的智慧。⑤ 而且，人民主权并未随着宪法的制定而告终止，依据宪法创设的政府及其官员须时时向人民做出交代，而人

---

① 《埃塞克斯决议》，载汉德林等编：《政治权威的民众来源》，第 330 页。
② 这种"可转让权利的对等物"的说法，可能源自威廉·布莱克斯通的一个论点：人们放弃一部分自然权利，作为"有价值的购买"的代价。参见威廉·布莱克斯通：《英国法律评注》（William Blackstone, *Commentaries on the Laws of England*），伦敦 1830 版，第 1 卷，第 125 页。
③ 《各村镇对 1778 年宪法的反馈：贝弗利》（"Returns of the Towns on the Constitution of 1778: Beverly"），载汉德林等编：《政治权威的民众来源》，第 295 页。
④ 《选择代表：斯托顿》（"Choosing Delegates: Stoughton"），载汉德林等编：《政治权威的民众来源》，第 423-425 页。
⑤ 《各村镇 1776 年的反馈：诺顿、贝灵汉》（"Returns of the Towns [1776]: Norton, Bellingham"），载汉德林等编：《政治权威的民众来源》，第 124-125、161-162 页。

民则通过经常性的选举以实现对政府的监督和限制。斯托顿村镇在给制宪代表的指令中说,"所有被托付国家的委托权力的人,都是人民的仆人,由他们选举,对他们负责,如果因能力和行为不当而有负所托,则由他们罢免";人民须时时保持警惕,防止委托的权力流失,最终导致自由为暴政所淹没。① 显然,这里的人民主权已不仅只是一种理论,而是一种来自马萨诸塞基层社会的声音,是一种存在于民众中间的清醒而强烈的政治意识。

在联邦立宪期间,"人民主权"也是一个经常出现的术语。威尔逊在制宪会议上强调,"由于一切权力来自人民",因而"同等数目的人民应当得到同等数目的代表"。② 在这里,他将"人民主权"当成了大州谋求更大权势的旗号。马里兰代表在制宪会议接近尾声时谈到,本州只有议会有权利修改宪法,而议会可能会拒绝批准新宪法;麦迪逊当即提示道:人民是实际的权力源泉,只要诉诸人民,"一些困难都可以克服。他们可以按照自己的意愿改变宪法。这是权利法案中的一条原则"③。他的意图显然在于借"人民主权"来压制州议会的权力,以有利于新宪法获得批准。随后展开的批准宪法程序,正是在折中人民主权和州权的基础上进行的。这一切似乎表明,联邦制宪者对于人民主权的真诚信念已退居其次,而利用人民主权来追求现实政治目标的倾向则更加突出。

众所周知,联邦宪法的政体设计体现了分权原则。但是,这种分权原则同原初的理论形态之间已大有出入,与革命初期美国人的理解也颇为不同。这些变化的出现,正是分权理论在各州立宪,特别是马萨诸塞立宪过程中实现了本土化的结果。洛克提出分权问题,旨在张扬立法权力的至高地位;④ 孟德斯鸠的分权理论,也是得自对英国政体的观察,其中包含等级制衡的因素。⑤ 革命初期美国人观念中的分权,

---

① 《选择代表:斯托顿》,载汉德林等编:《政治权威的民众来源》,第425页。
② 法兰德编:《1787年联邦大会记录》,第1卷,第179页。
③ 法兰德编:《1787年联邦大会记录》,第2卷,第476-477页。
④ 洛克:《政府论》下篇,叶启芳、瞿菊农译,商务印书馆1993年版,第82-83、89、92页。
⑤ 孟德斯鸠:《论法的精神》上册,张雁深译,商务印书馆1995年版,第155-166页。

侧重三种权力的分离和独立，其目的在于排除行政权力对立法机构的控制，防止政府对人民自由的侵害。在马萨诸塞立宪运动中，分权的真谛转变为不同权力的相对分离和相互制约，以实现权力平衡和防止暴政。① 美国历史学家戈登·伍德指出，革命时期的分权主张不同于混合政府或平衡政府的理论，前者是将政府功能部门区分为立法、行政和司法，后者是指社会三个等级和三种古典政体在立法中的混合。② 但实际上，马萨诸塞1780年宪法对分权原则做了创造性的发展，将分权理论中的政府功能部门分离与混合政府理论中的权力制衡机制结合起来，创设了一种由分权导向制衡、以制衡维护分权的复杂政体模式。这是美国式分权制衡的理论和体制走向成熟的关键一步。

分权理论和混合政府模式之所以能在马萨诸塞宪法中成功地糅合在一起，主要是由于两者都包含着以权力制约权力的内涵。分权理论注重的是不同功能的权力彼此分离和独立，使之不得相互侵蚀，这对任何一种权力都构成制约；而在混合政府中，无论是不同等级还是不同政体之间的关系，都是彼此牵制，以防止其中任何等级掌握独断的权力，或其中某种政体取代整个政府，其目的是维持不同等级、不同政体在权力上的平衡。马萨诸塞1780年宪法的"权利宣言"第30条宣布了绝对分权原则，而具体描述政府结构的条文则对这一原则做了很大的变通：政府各个分支不是通过简单的独立而形成制约，而是在表面的分离中包含彼此的交错牵制，任何一种权力都不是绝对完整的，任何一种权力也都拥有制约与反制约的手段。这种政体的复杂性远甚于原初的分权理论，也超越了传统的混合政府模式。绝对的分权必然使政府成为一个多头怪物，在现实政治中不是无法运转，就是导致某一权力分支取得支配地位；而通过不同权力的交错和制约，既可避免专权，又能保障效率。正是这一点启发了1787年的联邦制宪者，他们以马萨诸塞模式为蓝本，设计了一种更加复杂而完善的联邦分权制衡

---

① 克鲁曼：《在权威和自由之间》，第130页；《埃塞克斯决议》，载汉德林等编：《政治权威的民众来源》，第337—338页。
② 伍德：《美利坚共和国的缔造》，第153页。

体制。麦迪逊在为这种体制辩护时，很自然地援引了新罕布什尔、马萨诸塞和纽约等州宪法中的有关规定，以说明不同权力部门相互混合交叉乃属再正常不过，而绝对的分权是根本不存在的。①

如前文所论，马萨诸塞的政府模式对英国宪制有所继承，更有所发展。革命初期，在对待英国宪制的态度上，美国人中间存在两种极端的倾向。弗吉尼亚的卡特·布拉克斯顿主张全面继承英国宪制，希望在弗吉尼亚建立一个类似英国体制的政府；② 托马斯·潘恩则在他的《常识》中对英国宪制大张挞伐，倡导施行一院制政体。③ 约翰·亚当斯对于两种倾向均不以为然，他觉得布拉克斯顿的小册子"太荒谬"，④ 而潘恩的主张则"太过于民主"，"破甚于立"。⑤ 他在1776年初写成《关于政府的思考》一文，阐述了两院制议会、强大行政首脑和司法独立等主张。⑥ 他的宪制思想包含了英国宪制的许多成分，同时又与殖民地时期的经验及革命时期的形势相协调，为1776年若干州的立宪提供了指南，在马萨诸塞宪法中也留下了明显的印记。1780年宪法虽然存在许多明显的欠缺，但被时人誉为"一部完美的宪法"，称其优点在于重新抓住了在1776年被遗忘的英国宪制的最佳成分。⑦ 这些"最佳成分"当然不是简单模仿英国宪制而得来的，而是在吸收消化后加以创造性转化的产物，实际上已经变成了本土化的宪制资源。1787

---

① 詹姆斯·麦迪逊：《联邦主义者第47篇》（James Madison, "Federalist No. 47"），汉密尔顿、麦迪逊、杰伊：《联邦主义者文集》，第303－308页。
② 卡特·布拉克斯顿：《就政府问题致弗吉尼亚殖民地大会》（Carter Braxton [A Native of This Colony], "An Address to the Convention of the Colony and Ancient Dominion of Virginia on the Subject of Government in General, and Recommending a Particular Form to Their Attention"），载查尔斯·海因曼等编：《美国建国时期政论集》，第1卷，第336页。
③ 托马斯·潘恩：《托马斯·潘恩政治作品集》（Thomas Paine, *The Political Writings of Thomas Paine*），新泽西州米德尔敦1837年，第1卷，第22－23、44－46页。
④ 伍德：《美利坚共和国的缔造》，第97页。
⑤ 埃里克·方纳：《汤姆·潘恩的共和国：激进意识形态与社会变迁》（Eric Foner, "Tom Paine's Republic: Radical Ideology and Social Change"），载阿尔弗雷德·扬编：《美国革命：关于美国激进主义历史的探讨》（Alfred F. Young, ed., *The American Revolution: Exploration in the History of American Radicalism*），伊利诺伊州迪卡布市1976年版，第207页。
⑥ 亚当斯：《关于政府的思考》，载查尔斯·弗朗西斯·亚当斯编：《约翰·亚当斯著作集》，第4卷，第196－198页。
⑦ 伍德：《美利坚共和国的缔造》，第434页。

年联邦宪法的确带有英国宪制的痕迹,但这种痕迹是经过马萨诸塞等州的立宪实践改造以后才印上去的。

　　从整体上说,无论是欧洲政治理论还是英国宪制经验的本土化,都是在"自由"这个"酵母"的激发下进行的,这也是外来政治资源本土化的深层动力所在。革命时代的美国人热衷于引述自然状态、社会契约、自然权利、人民主权、分权原则、平衡政府等理论范畴来讨论他们身边的政治问题,其中心意图就是要解答"如何有效和可靠地保障人民的自由"这个问题。无论是召开专门的制宪会议,还是由人民批准宪法,无论是树立宪法的至上性,还是设计分权制衡的政体,其旨趣都在于维护人民的自由和权利。本土化的结果是构建了一种"自由的共和制",① 它虽然在民主性方面局限甚多,但在18世纪中后期那个君主制和专制政体主宰的世界,实在是一种难得的创举,"又何足病哉!又何足病哉!"②

　　约翰·亚当斯在1807年曾颇为自得地说:"我为马萨诸塞制定了一部宪法,它最终造就了合众国宪法。"③ 这种说法固然夸张,但是也指明了两次立宪之间的联系。实际上,美国宪法是贯穿美国革命始终的立宪运动的最终成果,而马萨诸塞立宪在其中占有突出地位。它不仅代表了各州立宪的最高成就,而且有效地推动了外来政治资源的本土化,营造出了一种浓厚的宪制文化,为联邦立宪提供了有益的借鉴。在1787年费城制宪会议上,制宪代表经常援引各州宪法,一方面旨在吸收其有用的经验,同时又力图纠正其弊端。相对而言,马萨诸塞立宪为联邦立宪提供的正面经验更多,无论是立宪方式和程序,还是宪法设计的政府模式,都为联邦制宪者所借镜和采纳。当然,联邦立宪比任何一州的立宪都远为复杂和艰巨,其创造性更是史无前例的。它不仅要确立共和政体,更要建构联邦体制,并将两者结合在一起,形

---

① 《埃塞克斯决议》,载汉德林等编:《政治权威的民众来源》,第330页。
② 语见陈寅恪:《论唐高祖称臣于突厥事》,载《寒柳堂集》,生活·读书·新知三联书店2001年版,第122页。
③ 转引自彼得斯:《马萨诸塞1780年宪法》,第14页。

成一种施行于广阔地域的新型共和政体,打破自古以来政治理论家关于共和制只可行之于小国的论断。费城制宪会议在设计共和政体时,由于有以马萨诸塞1780年宪法为代表的各州经验可供参考,难度相对较小;而联邦制的设计则至为繁难,制宪者为此分歧尖锐,争议纷起,其间多次出现折冲樽俎、柳暗花明的场面。可见,一种较少先例可循的新探索,往往更加曲折而艰难。

(原刊于《历史研究》2004年第1期)

美国革命中的政体想象与国家构建
——解读《埃塞克斯决议》

美国政治学家弗朗西斯·福山近期的理论取向有所变化,从先前推许"自由民主"的胜利转而强调国家能力和秩序的重要性。他把国家、法治和责任政府(民主)看成政治发展的"三大组件",认为三者发生的顺序不同,对政治发展的进程及后果有着决定性的影响;若在三者不可兼得的情况下,应当首重国家建构。他所说的国家建构,指的是国家的制度和能力的建设,并把它与现代国家的发展直接挂钩。[①] 福山的理论在国内学术界引起了关注,毁者和誉者的分歧大体上缘于各自的理解和取舍不同。不过,国家、法治和责任政府只是分析政治发展的工具性范畴,如果认为它们在实际的政治发展中是可以随意取舍或理性排序的选项,就会导致十分荒谬的结论。就美国革命时期政治变迁的实际而言,国家、法治和责任政府之间的关系要远为复杂和不确定,而且美国建国一代对这些问题的理解也与今天大不相同。

大致来说,在18世纪中后期的美国,国家、法治和民主可以说是相辅相成、交融并进的。13个殖民地脱离母国而独立,迎头遇到的急

---

① 弗朗西斯·福山:《政治秩序与政治衰败:从工业革命到民主全球化》,毛俊杰译,广西师范大学出版社2015年版,第20-34页。按:他所说的"国家建构",英文作"state building",或译"国家构建""国家制度建设"。

迫任务就是建立新的国家，这可以说是初始的国家构建。① 不过，美国建国者最关心的问题并不是国家的能力，而是如何使国家无害于人民的自由和安全。他们相信，只有抑制国家的能力，限制政府的权力，才能实现这一目标。对权力的戒惧，对自由的热爱，对安全的关切，在当时构成一种具有极大塑造力的政治文化语境，在很大程度上影响了美国早期国家构建的方式和过程。而且，在美国建国者看来，无论是抑制国家的能力，还是限制政府的权力，都必须借助适当的政体（制度安排和权力分配）才能做到，而这一政体只能是"自由的共和制"。据时人的理解，这种政体的最大特点，一是国家的最高权力属于人民，各项制度的运行须依托于人民对公共事务的参与，政府须对人民负责，并接受人民问责；二是由此形成的国家是"法治之国，而非人治之国"，② 其制度安排的根本原则是把立法、执行和司法三种权力分开，并使之相互制约和平衡，以防止权力危害自由。进而言之，这两条在共和制的实际运行中乃是合二为一的，因为"自由的共和制的精髓在于，人民是由**他们自己制定的固定法律**所统治的"③。这等于说要用民主的方式实行法治。值得注意的是，美国建国者选择的"自由的共和制"是一种新型政体，不仅他们自己没有多少经验，而且在世界历史中也缺乏成功的范例。因此，他们关于政体的探讨具有突出的

---

① 18 世纪中后期英语中用于指抽象的国家的词有 state、nation 和 body politic 等，每个词的含义与当前的界定不完全一样。据塞缪尔·约翰逊 1755 年编的英语词典，"state" 作为政治概念，与 "community" "public" 和 "commonwealth" 同义，有时也专指 "republic" 或 "non-monarchical government"。可见，政治结构或政府形式构成 "state" 的核心。"nation" 专指因语言、渊源和政府等而与别的人群不同的人群，即 "people"。"body politic" 也指国家，意即政治实体，其中的 "body" 可指 "a corporation" "a number of men united by some common tie"。这些概念均见于革命时期美国人的政治写作中，只是在用法上各有侧重。当提及抽象的国家时，时人多用 "state" 和 "body politic"；当说到具体的国家时，则以 "state" 指 13 个脱母国而独立的政治实体，用 "union" 或 "nation" 指由 13 个 "state" 联合组成的国家。另外，"政体" 在革命时期常见的对应词是 "form of government" 或 "polity"。本文所说的 "国家"，对应的英文词是 "state"，侧重制度和权力。
② 这是约翰·亚当斯在《关于政府的思考》中所引前人的话。见约翰·亚当斯：《关于政府的思考》（John Adams, "Thoughts on Government"），载查尔斯·弗朗西斯·亚当斯编：《约翰·亚当斯著作集》（Charles Francis Adams, ed., *The Works of John Adams*），波士顿 1850—1856 年版，第 4 卷，第 194 页。
③ 《马萨诸塞制宪会议记录》（*Journal of the Convention for Forming a Constitution of Government for the State of Massachusetts Bay, from the Commencement of their First Session, September 1, 1779, to the Close of the Last Session, June 16, 1780*），波士顿 1832 年版，第 24 页。黑体字在原文中为斜体或全部字母大写的单词。

想象性。正是这种创造性的政体想象，在新国家的形成中发挥了至关重要的作用。

另一方面，美国早期的国家构建是在两个层面上交互进行的，这可以称作"由州而国、州国互动"的方式。这里的"州"，其本义就是"国"；而"国"则是指由各州组成的联盟式国家，有学者称作"中央国家"（the central state）。从国家构建的角度说，这种特殊性引出了一些很重要但又经常受到忽视的问题。其中最为重要的一点是，美国早期的国家构建首先是在州的层面上展开的，首先得以形成和发展的是州的制度，首先受到重视的也是州的功能和能力。不过，州的制度建设和能力发展，在很大程度上又制约乃至妨碍"中央国家"的发展，这使美国早期的国家构建显得独树一帜。另一个同样重要的问题是，州的制度建设也为"中央国家"的制度建设提供了正反两方面的经验，"中央国家"的基本制度和功能设定，在很大程度上乃是州政府模式的放大，或者说是综合多个州的政府模式而加工改造的结果。从这个意义上说，州一级的国家构建对"中央国家"的形成和发展具有塑造性的影响。这种影响集中表现在两个方面，一是费城的制宪者在设计联邦国家的制度时，参照、模仿甚至照搬了某些州的制度；[①] 二是在批准宪法的过程中，反联邦主义者在许多方面以州的理念和制度来质疑、挑战和批判联邦国家的设计方案，从而推动了对"中央国家"的权力和功能的反思与调整。可是，以往在讨论美利坚国家的形成时，对州层面的国家构建却并未给予足够的重视。

1775 年 4 月独立战争开始后，英国任命的总督纷纷逃走，殖民地各级政府的权力迅速转移到革命者手中。但是，管理各种事务的并非常规政府，而是临时性的委员会。在殖民地一级，以原来的议会下院为基础形成的省区大会，或原来议会的民选下院，接管和控制了本殖

[①] 德国学者威利·亚当斯指出："从根本上说，1787 年联邦宪法的基本结构乃是某些州宪法结构的扩大。"他这里说的"某些州"，应指纽约、马里兰和马萨诸塞。威利·亚当斯：《第一批美利坚宪法：共和意识形态与革命时期各州的立宪》（Willi Paul Adams, *The First American Constitutions: Republican Ideology and the Making of the State Constitutions in the Revolutionary Era*, Translated by Rita and Robert Kimber)，北卡罗来纳州查珀希尔 1980 年版，第 4 页。

民地的权力；在县和村镇的层面，当地人组建的通讯委员会或安全委员会等，扮演了临时政府的角色。这种常规政府的阙如，让许多人担心会发生无政府状况；而且，没有常规政府的组织和运筹，战争所需的兵源和物资供给也得不到有效的保障。纽约的报纸上有文章在论及本殖民地的政府问题时说，由各种委员会组成的大会并不能行使常规政府的功能，"没有一个新的合法政府，普遍的混乱必定接踵而至"①。弗吉尼亚也有人呼吁："你们没有政府，没有资金，没有部队。我恳请你们，将你们的心思转向确立一种宪制吧。"② 同年秋天，新罕布什尔和南卡罗来纳请求大陆会议批准它们建立自己的政府。不过，直到1776年5月10日，大陆会议才正式建议各殖民地自行建立正式的政府。受到独立的推动，到1776年底，有10个州建立了常规政府，其余各州到1780年都完成了这一工作。同时，随着《邦联条例》的起草和批准，作为13州联盟机构的邦联政府也正式形成。

对于美国革命一代来说，处理政治问题须凭借理性，而不能受激情的支配；达成政治决定的途径是辩论和说服，而不是强制和压服。因此，建立常规政府的方式不是简单地以武力取得和控制政权，而是要依据宪法来创设政府。以立宪来立国，这是美国建国道路的一个突出特点。宪法一方面要解决政府的原则问题，主要涉及政府的性质和目标；另一方面则要设计政府的形式，即制度安排和权力分配方式。美国革命极大地激发了美利坚人的政治想象力，③ 他们一心要创造一种"千秋万代的新秩序"④，也就是要建成一种在世界历史上没有先例又

---

① 《纽约报》（"Columbus", *New York Journal*），1776年6月12日；杰里林·马斯顿：《国王与大陆会议：1774—1776年政治合法性的转移》（Jerrilyn Greene Marston, *King and Congress: The Transfer of Political Legitimacy, 1774—1776*），普林斯顿1987年版，第294页。

② 戈登·伍德：《美利坚共和国的缔造》（Gordon S. Wood, *The Creation of the American Republic, 1776—1787*），纽约1972年版，第130页。

③ 参见伯纳德·贝林：《让世界重新开始：美国建国者的精神才智与两面性》（Bernard Bailyn, *To Begin the World Anew: The Genius and Ambiguities of the American Founders*），纽约2004年版，第3—36页。该章的标题为"政治与创造性想象"。

④ 原文为拉丁文 "*Novus Ordo Seclorum*"，系1782年镌刻在合众国国玺上的铭文，后为学者用以指时人对联邦宪制的长久性的期望。《埃塞克斯决议》（第329页）强调立宪的长远性时，用的是另一句拉丁文 "*Esto perpetua*"，意即"让她永世长存"。

足以长久延续的国家体制。朝向这一目标努力的人并不限于为人所熟知的"建国之父",而且还包括许多长期为历史的尘埃所掩盖的不够有名的人物。当时,他们进行了热烈的讨论和争辩,提出了各色各样的设想和主张。这意味着革命时期的国家构建有多种不同的方案或蓝图。这种情形可见于美国各地,而在马萨诸塞立宪运动中表现得尤为突出。

马萨诸塞作为打响独立战争第一枪的地方,自然也面临建立常规政府的问题。1775 年 5 月,马萨诸塞向大陆会议发出公文,要求它就"承担和行使公民政府各项权力的问题"提出"至为明确的建议"。① 6 月,大陆会议在答复中建议马萨诸塞恢复 1691 年特许状。这个由英王颁发的特许状赋予马萨诸塞较大的自治权利,议会下院由民选代表组成,并可推举参事会成员,同时实行宗教宽容,禁止以宗教信仰来限制选举资格。1774 年,英国议会以《马萨诸塞政府条例》取代了 1691 年特许状。不过,马萨诸塞在按照这个特许状组建政府时,却遇到了一个意外的困难:原来总督须由英王任命,而此时这一途径已然断绝。另外,1691 年特许状带有过多的英国和殖民地时代的痕迹,也招致非议和反对。

在马萨诸塞,反对"特许状政府"最强烈的声音来自西部的伯克希尔和汉普夏两县。在伯克希尔县,以哈佛出身的牧师托马斯·艾伦为首的一批人,用抵制法院的斗争来表达对特许状政府的不满,争取建立真正的立宪制府,因而得名"伯克希尔立宪派"。他们不断向马萨诸塞大议会请愿,但均未得到回应。艾伦于 1776 年 2 月公开指责特许状是"压迫性的,有缺陷,其核心已经腐烂发臭";参事会和众议院的成员都是一帮"阴险诡诈之徒","根本不顾人民的利益"。② 伯克希尔县的皮茨菲尔德村镇的居民提出,采用"被本殖民地善良的人民所普遍抛弃的政府形式"是完全没有必要的,呼吁制定以社会自由和宗教

---

① 伍德:《美利坚共和国的缔造》,第 130 页。
② 罗伯特·泰勒:《革命中的马萨诸塞西部》(Robert J. Taylor, *Western Massachusetts in the Revolution*),普罗维登斯 1954 年版,第 52–84 页。

自由为基础的新宪法。① 其他地方也有制定新宪法的要求，特别是在《独立宣言》发表后，制宪的呼声更高。1776 年 9 月 17 日，大议会的众议院就制宪问题向各村镇征询意见。② 有的村镇提出，宪法不应由立法机构制定，而应由专门选举的代表组成制宪大会来制定，并建议在 1779 年召开制宪会议。可是，新选出的大议会却对反对意见置之不理，于 1777 年 6 月 17 日自行转化为制宪会议，任命了一个宪法起草委员会。经过 6 个月的商讨和修改，起草小组终于拿出了一个妥协性的宪法草案。1778 年 2 月，大议会将宪法草案交给各村镇投票表决。③

这个宪法文本不长，也不包含"权利法案"。立法机构由参议院和众议院构成，参议院由间接选举产生，既是州长的参事会，又是议会的上院；州长每年选举产生，在参议院有一个席位，并有表决权；州长、众议员和参议员都须拥有一定的财产；选举权也有财产资格的要求，并为不同职位的投票权规定了不同的财产资格；议会两院分别开会，都可以提出和拒绝法案，而财政法案则必须由众议院提出；州长为参议院主席，并担任本州民兵总司令和海军司令；州长得向大议会时时汇报本州的状况，就有关良好政府、福利和繁荣的问题向议会提出建议；所有每年一任的带薪官员须由大议会投票任命，两院可分别提出人选并可否决对方的人选；所有其他文职官员和民兵及陆军的将、校、参谋等各级军官都由州长和参议院任命；州长和参议院还掌握弹劾权；州长对立法没有否决权，但在参议院有投票权；赦免权由州长、

---

① 《皮茨菲尔德抗议书》（"Pittsfield Memorial, December 26, 1775"），载奥斯卡·汉德林等编：《政治权威的民众来源：马萨诸塞 1780 年宪法文献汇编》（Oscar Handlin, and Mary Handlin, eds., *The Popular Sources of Political Authority: Documents on the Massachusetts Constitution of* 1780），马萨诸塞州坎布里奇 1966 年版，第 62–64 页。
② 《众议院决议》（"Resolution of the House of Representatives, September 17, 1776"），载汉德林等编：《政治权威的民众来源》，第 99 页。
③ 塞缪尔·莫里森：《马萨诸塞宪法史》（Samuel Eliot Morison, *A History of the Constitution of Massachusetts*），波士顿 1917 版，第 15 页；伊莱沙·道格拉斯：《反叛者和民主派：美国革命时期争取平等政治权利和多数人统治的斗争》（Elisha P. Douglass, *Rebels and Democrats: The Struggle for Equal Political Rights and Majority Rule During the American Revolution*），北卡罗来纳州查珀希尔 1955 年版，第 171 页；斯蒂芬·帕特森：《革命时期马萨诸塞政党史》（Stephen E. Patterson, *Political Parties in Revolutionary Massachusetts*），威斯康星州麦迪逊 1973 年版，第 171–189 页。

副州长和众议院议长共同掌握；各类法官只要行为良好就可以终身任职。①

各村镇对宪法草案的看法不尽一致，但多数村镇未予批准。据美国历史学家伊莱沙·道格拉斯分析，反对1778年宪法的意见可分为三派，第一派以波士顿市镇会议为代表，他们本来愿意接受宪法，但又担心大议会可能利用宪法来使其权力永久化；第二派的观点可见之于《埃塞克斯决议》，主要是因为宪法未能充分保障有财产的少数人的政治权势；第三派是内地村镇的农场主，他们反对宪法的理由是它没有引入民主。② 实际上，各种反对意见都未超出共和主义的大框架，只是表现出激进与温和两种不同的倾向。

激进的一方仍然以"伯克希尔立宪派"为代表。他们继续采取关闭法院等方式进行抗争，同时也提出了自己的宪法主张。③ 其要点是，宪法须体现人民主权原则，有利于人民的权利；宪法作为基本法，乃是"立法的基础"；宪法须由人民的多数制定，并经人民批准。④ 东部边疆村镇布斯贝的意见也属于激进的范畴，反对设立参议院或参事会这样的立法分支，因为它可能控制人民的代表；认为州长、副州长等职位在一个"自由之邦"没有必要，它们可能成为人民的自由的威胁；反对采用英国法律；主张一切教派平等，反对纳税支持其本人不信仰的教派。⑤ 汉普夏县的格林威治村镇则认为，宪法剥夺了本州人民所享有的许多权利，将本应由人民保留的权力授予了少数个人；主张采用一院制立法机构，代表每年选举产生；所有文职和军事官员及法官均

---

① 《马萨诸塞1778年宪法》(A Constitution and Form of Government for the State of Massachusetts Bay, agreed upon by the Convention of the said State, February 28, 1778)，载汉德林等编：《政治权威的民众来源》，第190—201页。
② 道格拉斯：《反叛者和民主派：美国革命时期争取平等政治权利和多数人统治的斗争》，第185页。
③ 罗纳德·彼得斯：《马萨诸塞1780年宪法：一部社会公约》(Ronald M. Peters, Jr., *The Massachusetts Constitution of 1780: A Social Compact*)，马萨诸塞州阿默斯特1978年版，第19、20页。
④ 《伯克希尔县代表的声明》("Statement of Berkshire County Representatives, November 17, 1778")，载汉德林等编：《政治权威的民众来源》，第374—377页。
⑤ 《对1778年宪法的反馈：布斯贝》("Returns of the Towns on the Constitution of 1778: Boothbay")，载汉德林等编：《政治权威的民众来源》，第246—252页。

由人民选举。① 西部的莱诺克斯村镇的反馈意见中也有类似看法。② 这些意见和主张虽然不是以民主的名义表达的,但确实带有道格拉斯所说的民主取向。

波士顿市镇会议提出的意见属于相对温和的一派,其要点包括,反对由大议会制定宪法,主张召开专门制定宪法的会议;实行完全分权的体制;宪法应当以"权利法案"为前言;代表的分配应以财产或人数为基础,或两者兼顾。③ 不过,这些意见比较概括和粗略;相比之下,埃塞克斯县代表大会提出的《埃塞克斯决议》,更像是温和派观点的集大成。④ 1778 年 4 月,埃塞克斯县 21 个村镇中有 12 个村镇选出代表,于纽伯里波特集会,商讨对宪法草案的意见。经过一段时间的休会,会议移至伊普斯威奇举行,最后通过了《埃塞克斯决议》(以下简称《决议》)。

《决议》的起草人是西奥菲勒斯·帕森斯(Theophilus Parsons, 1750—1813),当时年仅 28 岁。帕森斯出身于埃塞克斯县一个颇有名望的家庭。其先祖杰弗里·帕森斯于 1615 年左右移居西印度群岛,1651 年迁至马萨诸塞的格洛斯特,多年担任村镇委员,也是个成功的商人,留下了大笔遗产。帕森斯的父亲摩西·帕森斯 1716 年出生,毕业于哈佛学院,在埃塞克斯县做牧师,还拥有一个农场,育有 5 子 2 女。帕森斯本人于 1765 年就读于哈佛学院,毕业后曾在学校教书,同时随当地一个著名律师学习法律,1774 年获准执业。在反英运动的初期,他一方面希望英国采取明智的举措,保证殖民地在英帝国内享有平等的权利;另一方面又推崇"温和的辉格派",主张同英国当局谈判

---

① 《对 1778 年宪法的反馈:格林威治》("Returns of the Towns on the Constitution of 1778: Greenwich"),载汉德林等编:《政治权威的民众来源》,第 212 – 213 页。
② 《对 1778 年宪法的反馈:莱诺克斯》("Returns of the Towns on the Constitution of 1778: Lenox"),载汉德林等编:《政治权威的民众来源》,第 253 – 258 页。
③ 《对 1778 年宪法的反馈:波士顿》("Returns of the Towns on the Constitution of 1778: Boston"),载汉德林等编:《政治权威的民众来源》,第 309 – 310 页。
④ 《埃塞克斯决议》(Essex Result)全称为"Result of the Convention of Delegates Holden at Ipswich in the County of Essex, Who Were Deputed to Take into Consideration the Constitution and Form of Government, Proposed by the Convention of the State of Massachusetts – Bay",载汉德林等编:《政治权威的民众来源》,第 324 – 365 页。

以求得和解。他觉得，最理想的方式是无须打内战而能将自由传于后代。武装冲突爆发后，他的家乡遭到英军袭击，他便站在了革命阵营一边。①

《决议》不同于马萨诸塞其他村镇的反馈意见，其篇幅长达40余页，不仅对1778年宪法草案提出具体而激烈的批评，而且就"自由的共和制"的原则做了细致的阐述，设计了一个详尽而完备的政体方案，相当于一个讨论政体问题的完整而系统的小册子。《决议》于当年即由纽伯里波特的印刷出版商约翰·迈科尔印制成小册子，在各地销售和传播。美国学者在论及美国早期政治史的相关问题时，经常引用《决议》中的文字，但很少从整体上讨论它在美国早期政治发展中的意义。实际上，《决议》包含了1787年以前美国最具想象力的国家构建方案，并且在马萨诸塞1780年宪法和1787年联邦宪法中得到很大程度的体现。因此，从美国早期国家构建的角度说，《决议》可与匿名作者的《人民是最好的统治者》和约翰·亚当斯的《关于政府的思考》并称为革命初期的三个最重要的文献。人们在胪列美国建国时期的标志性文献时，一般不会忘记《独立宣言》《联邦宪法》和《联邦主义者文集》，而《埃塞克斯决议》这种地方性的政治文献，则通常不会进入视野。

一、国家构建的蓝图

诚然，今天来解读《埃塞克斯决议》，可以有多种不同的角度。如果从宪法学和宪制史的角度，可以从中找出许多重要的宪制原则和宪法条文；如果从民主理论的角度，则能从中看到关于人民主权、选举权、任职资格、回应民意等方面的深入讨论。本文尝试运用国家理论

---

① 西奥菲勒斯·帕森斯：《西奥菲勒斯·帕森斯回忆录》(Theophilus Parsons, *Memoir of Theophilus Parsons, Chief Justice of the Supreme Judicial Court of Massachusetts*)，波士顿1861年版，第6-47页。汉德林夫妇在所编资料集中，对帕森斯的执笔者身份并不完全肯定；而《回忆录》则称，《决议》的每一个字都是帕森斯自己写的。

来解读《决议》，以阐释其中所包含的国家理念和政体方案。通过这种解读，也许有助于从另一个层面来理解美国早期国家的形成和发展。

首先，《决议》所包含的国家理念，与当时通行的政治文化潮流是吻合的，它所依据的原则仍保持着革命初期的激进性。《决议》猛烈抨击1778年宪法草案，称其不仅与人类的自然权利不符，而且与原始的社会契约的基本条件和自由共和政府的各项原则均不一致。① 它要求以社会契约、自然权利和人民主权为基础来构建一种"自由的共和制"。这种体制的国家须具备三个特征：第一是开放性，即国家的权力不由自我授权的少数人所垄断，而基于一定形式的公共参与（代表制和自由的选举）来运转；第二是权力有限，即非但不能过度强化国家的能力，反而要防止国家掌握过多、过大的权力，避免权力的集中和滥用；第三是中立性，即国家须包容和保护多元利益，而不能偏袒或倒向任何阶层和群体。这里鲜明地反映了革命一代在建立新国家时的复杂心态和多重考虑：既要迫切地建立稳定的常规政府，又担心政府集权和压迫民众；既要落实多数统治的原则，又要避免多数人压迫少数人。从总体上说，这样一种国家构建的思路，体现了自由和安全优先、限制政府权力以保护人民权利的政治价值取向。

具体来说，《决议》对国家起源的理解更接近洛克的《政府论》，而与霍布斯的理论有明显的不同。《决议》采用社会契约论来解释国家权力的起源，指出，"人类的理性和理解力以及各个时代的经验"证明，个人从"自由的政府"得到的好处，要多于他在保留所有自然权利的自然状态中所享有的裨益，因而前者更有利于他获得幸福。② 这里暗含了帕森斯所代表的社会富裕阶层对权威和秩序的重视，他们强调政府优于前国家的"自然状态"，申述政府对于人们获得幸福的重要性，倡导"对国家最高权力的必要的服从"。不过，还有两点值得注意。第一，这里提到的政府，不是一般的政府，而是具有某种特定属

---

① 《埃塞克斯决议》，载汉德林等编：《政治权威的民众来源》，第348页。
② 《埃塞克斯决议》，载汉德林等编：《政治权威的民众来源》，第327页。

性的政府，即"自由的政府"；第二，"自由的政府"并不仅只是对"自然状态"的邪恶和恐怖的匡正，而是为了对自然权利提供更好的保护。《决议》顺着社会契约论的思路指出，国家的目标是"公共福祉"，而不是某个人或某个群体的特殊利益。其中写道："每一个体出让对其可转让的自然权利的控制权，**也仅只是为了满足全体的福祉的要求**。因此，最高权力在服务于全体的福祉之外，就什么也不能做；一旦它越出这一界线，就变成了篡夺得来的权力。"① 显然，这里的"全体"包括占社会多数的普通民众，而不仅仅是少数掌握国家权力的统治者。这种说法在理论上固然谈不上原创性，但作为一个立宪方案的理论前提，却具有不能忽视的意义。

同样不能忽视的是，《决议》以人民主权原则来界定国家的合法性。《决议》写道："当人们自己组成社会、建立政治实体或国家（a body politic or State）的时候，应将他们视为一个道德的整体，拥有国家的最高权力。这一最高的权力是由每一个体**自愿**交出来的权力集中起来而构成的。"② 这段话的理论底蕴仍然是社会契约论，但其中有一个值得特别留意的地方，就是把建立国家的"人民"定义为"道德的整体"。这无异于指明"人民"只是一个观念的构造物，而不能等同于任何实际存在的人群；实际存在的人群并不是一个道德的整体，而是构成一个充满差异和冲突的政治社会。对"人民"的这种界定，一方面可以接引革命初期的激进观念，把人民置于政治社会的最高地位；另一方面又能为精英政治留下逻辑的空间。《决议》谈到，一个人或少数人不可能具有政治的诚实，也不可能尊重全体人民的利益和每个人的权利，而这些正是"良好而自由的宪法"的根本所在；这些目的只有通过人民全体才能实现。不过，虽然"人民的声音被说成是上帝的声音"，但全体人民受条件限制不能直接立法，因而在制定宪法时，必须从人民大众以外来寻找"智慧、坚定、连贯和坚忍不拔"的品质，

---

① 《埃塞克斯决议》，载汉德林等编：《政治权威的民众来源》，第 330–331 页。
② 《埃塞克斯决议》，载汉德林等编：《政治权威的民众来源》，第 330 页。

而这些品质通常存在于那些"受过教育和拥有财富的人"中间。《决议》写道:"在那些兼具教育、财富和闲暇的绅士当中,我们能找到数量更大的拥有智慧、学识和坚定不移的品质的人。而在人民大众中,我们可以找到最多的政治诚实、正直和对全体利益的尊重,而他们在全体中构成多数";最好的方式是在立法机构中将两者结合起来,"前者是来自贵族制的优点;后者则来自民主制"。① 这段话的旨趣与约翰·温斯罗普的"混合的贵族制"理念是一脉相承的②,强调单纯的君主制、贵族制和民主制都不足以维护人民的自由,最好的政体应具有混合性,应当把贵族制和民主制的优点结合起来;民主制体现了民众的优势,而贵族制则能发挥社会精英的主导作用。

这可能是《决议》中最受诟病的地方,因为它旗帜鲜明地提倡精英政治,力图维护富有的少数人的利益。不过,如果参照当时美国社会的实际状况,则可看出其务实的一面。革命时期的美国社会并非只有一个等级,而存在鲜明的社会分层,上层精英和中下层民众虽然都属于"人民"的范畴,但在许多方面存在差别,甚至有相互冲突的不同利益。因之《决议》使用了两个相互联系的概念来对应这一情况:"the people"(人民)是一个涵盖财富精英和普通民众的概念,而"the bulk of the people"(广大人民)则专指普通民众,具体包括农场主、商人、小贩和劳工等。③ 就当时马萨诸塞的政治格局来看,普通民众在西部和滨海城镇都十分活跃,上层精英往往遭到污名化,被视为贵族制和君主制的支持者。换言之,在革命初期,上层精英深为普通民众的政治主动性及其所营造的政治文化氛围所震慑,任何冒犯他们的言论和行为都会受到质疑。《决议》中的相关说法,似乎反映了上层精英的这一窘困处境,也表现了革命初期政治文化的一个突出之处:激进主义者可以公开倡导普通民众的权力,毫不掩饰地声称要把上层精英

---

① 《埃塞克斯决议》,载汉德林等编:《政治权威的民众来源》,第333-335页。
② 温斯罗普认为,马萨诸塞海湾殖民地政府属于"混合的贵族制"(mixt Aristocratie),而不是"专断政府"。参见《约翰·温斯罗普论专断政府》("John Winthrop's Discourse on Arbitrary Government"),载《温斯罗普文件集》(*Winthrop Papers*),波士顿1944年版,第4卷,第482页。
③ 《埃塞克斯决议》,载汉德林等编:《政治权威的民众来源》,第334页。

排除在权力体制之外，实行完全依赖并受控于普通民众的民主制；而温和保守的人只能以"全体的利益"为号召，寻求民众和精英共治的格局，以维护自己的社会政治地位和财产权利。因此，《决议》非但没有把国家权力完全交给上层精英，反而刻意把财产的代表和人身的代表一起都称作"人民的代表"。① 此外，《决议》还基于自然权利学说把反抗政府的权利保留在被统治者手中："如果一个人出让他的所有可以转让的权利，而没有保留对最高权力的控制，或者没有在一定情况下恢复（那些出让的权利）的权利，那么这种出让就是无效的，因为他变成了一个奴隶，而奴隶是不能接受任何对等物的。"② 这表明，《决议》虽然心仪精英政治，但在总体上并未跳出倾向于被统治者的政治思维。

前文提到，《决议》称人民不能亲自立法，因而落实人民主权的机制就是代表制和与之关联的选举。《决议》基于当时流行的"法治之国"的理念，强调法律作用的对象须参与法律的制定；在代表制的框架中，作为"立法的对象"的国家每个成员的人身和国内所有的财产都必须得到代表。不过，《决议》接受当时通行的习惯，把21岁以下的男性及妇女和奴隶均排除在政治社会之外。同时，《决议》的作者也不失时机地表达了新英格兰人对奴隶制的反感：在一个自由之邦，奴隶制乃是荒谬的现象，应当予以铲除。具体到代表制，《决议》提出："代表权应当平等和公正地分配，以便使代表和广大人民拥有同样的观点和同样的利益。他们的思考、感觉和行动应当和人民一样；总而言之，应当是其选民的精确缩影。"③ 至于代表的产生方式，《决议》设想的是由以县为单位的村镇代表大会选举。同时《决议》还强调选举应当是自由的，要杜绝贿赂、腐败和不正当的影响。④ 从字面含义看，

---

① 《埃塞克斯决议》，载汉德林等编：《政治权威的民众来源》，第353页。
② 《埃塞克斯决议》，载汉德林等编：《政治权威的民众来源》，第330页。
③ 《埃塞克斯决议》，载汉德林等编：《政治权威的民众来源》，第340–341页。
④ 《埃塞克斯决议》，载汉德林等编：《政治权威的民众来源》，第342页。

《决议》倡导的是以"相似论"为特征的实际代表制;① 但是,如果置于当时马萨诸塞的政治语境中就不难看出,《决议》在这里的潜台词是,人数上居于少数的富人也应在代表制机构占有与其财富相称的席位。这就触及了代表名额如何分配这个在马萨诸塞政治中至为敏感的问题。

就国家理念而言,《决议》还特别强调国家的中立性。《决议》对自然权利的前提的表述与《独立宣言》不同,没有采用"所有人在被造物主创造时都是平等的"这一说法,而称"所有人生来都是同等自由的"②。这两种表述的差别在于,前者诉诸宗教和自然法,把人人平等视为一个公理;后者则力图使陈述与现实吻合,为承认社会的不平等留下余地。接下来,《决议》主张以"人身"和"财产"两分作为代表制的基础,其前提就是承认社会的不平等。不过,《决议》同时又特别担心有人基于社会的不平等,"幻想出"不同阶层的利益冲突,以致攫取权力,支配社会其他阶层③。因此,《决议》承认不平等,但坚决反对建立一个偏向于某个阶层的政府,而是要形成一个包容不同利益、平等保护所有人的中立化的国家。这个国家采取多数统治的原则,防止少数人统治,因为少数人统治等同于暴政。④《决议》指出,"国家的多数乃是普遍福祉所要求的唯一裁决者";如果一种立法权允许少数人制定法律,每个成员就不能享有政治自由。《决议》还说:"在一个自由的政府中,一项涉及其成员的人身和财产的法律,如果未得到其成员中的多数的同意,包括国内拥有主要财富的多数的同意,就不是有效的法律。"⑤ 这里暗含的意思也是反对人数居多的普通民众控制政府权力,而强调少数富人同样享有参与立法的权利,他们也是多数

---

① "相似论"(standing for)代表制理论认为,相似乃是一个事物代替另一个不在场的事物的基础,因此代表要与被代表者相应或相似,代表制机构要不加扭曲地体现被代表者的意志。也就是说,立法机构的组成要与全国的情况完全相应,才是真正的代表制机构。参见汉娜·皮特金:《代表制的概念》(Hanna Fenichel Pitkin, *The Concept of Representation*),伯克利1967年版,第60页。
② 《埃塞克斯决议》,载汉德林等编:《政治权威的民众来源》,第328、330页。
③ 《埃塞克斯决议》,载汉德林等编:《政治权威的民众来源》,第329页。
④ 《埃塞克斯决议》,载汉德林等编:《政治权威的民众来源》,第331页。
⑤ 《埃塞克斯决议》,载汉德林等编:《政治权威的民众来源》,第339-340页。

的一部分，其权利不能受到拥有人数优势的民众的侵害。这样说虽然是在为少数富人争取权利，但采取的是开放的姿态，并没有把中下层民众排除在公共事务的大门之外，而使国家权力成为少数富人的禁脔。因此，《决议》力图通过构想一个以多数统治为基础的开放而中立的国家，来维护在当时的政治文化中居于道德劣势的少数富人的利益。另外，《决议》还主张共同体的每个成员都应从国家获得同等的保护和裨益，国家应鼓励和保护所有成员追求财富与幸福的努力，而且每个成员都对国家事务有同等的参与和控制的权利。用《决议》的原话说："因而每一个成员都应当从最高权力获得同等的好处，对它的形成具有同等的影响，对它持有同等的控制权。"① 尤其值得一提的是，在一个清教徒主导的州，《决议》还力主把平等的保护推广到居于少数的非新教徒，宣称自由信仰宗教乃是国家每个成员的不受控制的自然权利，而不能仅限于新教徒。② 可见，《决议》在这里所构想的这种开放而中立的国家，的确反映了革命一代力图在国家构建中包容多种利益、保护所有成员的努力。

不难看出，《决议》这一思路的逻辑指向是，国家的终极目标在于保障被统治者的自由和安全。《决议》明确提出，被统治者的自由和安全乃是国家的最高目标，国家一旦偏离这一目标，即失去了合理性。《决议》写道："最高权力是有限度的，不能控制人类不可转让的权利，也不能收回个体在进入政治社会时所出让的可转让权利而获得的对等物（也就是人身和财产的安全）。"③ 显然，这里所界定的国家是一种权力有限的体制，与同一时期英国的议会主权论迥然不同。更重要的是，《决议》借助洛克式的理念，以被统治者的自然权利和社会权利来构筑对国家权力的最高和最后的堤防。《决议》特别强调"权利法案"的意义："对于这组不可转让的权利，最高权力不能控制；在任何宪法获得批准之前，必须有一项**权利法案**，对这些权利加以清楚的界定和

---

① 《埃塞克斯决议》，载汉德林等编：《政治权威的民众来源》，第331页。
② 《埃塞克斯决议》，载汉德林等编：《政治权威的民众来源》，第326页。
③ 《埃塞克斯决议》，载汉德林等编：《政治权威的民众来源》，第339页。

确认。权利法案中还应当包含每个人所应获得的对等物，作为他交出的权利的回报。这种对等物主要由他的人身和财产的安全所构成，同样不能受到最高权力的攻击。"① 《决议》还指出，自由和权利是"自由的共和制"的标志，一个政府如果不能为所有成员提供大致平等的政治自由，不是建立在自由和正义的原则之上，其成员不能享有任何程度的政治自由，这样的政府就是专制暴政。② 这里鲜明地显示了《决议》在理论上的激进性：它诉诸自然权利学说，旗帜鲜明地以被统治者的自由和安全为国家权力设立道德边界，特别是要以国家每个成员的自由和安全来精确标示立法权的限度。《决议》写道："如果最高权力的方向和行使方式让他不能享有政治自由，这种权力就是一种非法权力，他也就不必服从这样的权力。"③ 这就是说，对"最高权力"的抵制和反抗，是被统治者捍卫自由和安全的最后手段。总之，立宪政府的最高目的是使居民"成为自由而幸福的人民"；"一部自由的共和制宪法的精神和推动力量"应当在于"政治美德、爱国主义和对人类自然权利的正当的尊重"。④

还要顺带说明的是，《决议》所使用的权利话语也有其特点。其中写道："所有人生来就是同等自由的。他们出生时拥有的权利是平等的，也是属于同一种类的。这些权利中有些是可以转让的，可以通过某种对等物而放弃。其他权利则是不可转让的和固有的，由于如此重要，因而没有什么对等物可以与之交换。"⑤ 这里把自然权利划分为"不可转让"和"可转让"两类；在政治社会形成后，前者依然是自然权利，具体说就是"道德良心的权利"（rights of conscience），后者则转化为社会权利（civil rights），它们是个人转让一部分自然权利所获得的对等物，主要是指"人身和财产的安全"⑥。这种权利话语具有双重的优势，它一方面保持了革命的激进性，因为即便是社会权利，

---

① 《埃塞克斯决议》，载汉德林等编：《政治权威的民众来源》，第332页。
②⑥ 《埃塞克斯决议》，载汉德林等编：《政治权威的民众来源》，第339页。
③ 《埃塞克斯决议》，载汉德林等编：《政治权威的民众来源》，第331页。
④ 《埃塞克斯决议》，载汉德林等编：《政治权威的民众来源》，第365页。
⑤ 《埃塞克斯决议》，载汉德林等编：《政治权威的民众来源》，第330页。

也是从自然权利转化而来的,依然先于并高于政府权力;另一方面又调和了自然权利和社会权利,通过把可转让的自然权利变成社会权利,从而减弱了纯粹自然权利观念的乌托邦色彩。

在阐述国家理念之后,《决议》详述了关于政体及相应制度的构想。顺应当时政治文化的主流,《决议》推崇共和政体,宣称"共和形式才是唯一适合宽宏大量和英勇无畏的美利坚人的感情的一种政体"。① 不过,《决议》所倡导的共和政体,既不是古代地中海世界出现过的古典共和制,也不是当时有些政论作家所推崇的披着君主制外衣的英国式共和政体。在《决议》的作者看来,此前"所有共和国都不是**自由的**";而马萨诸塞要建立的是"自由的共和制"。② 自由的共和制属于理性政治范畴,需要确立明确而固定的政治规则:"在一个共和国,由各个个体的权力组成的国家最高权力,应根据何种原则、按照何种方式加以构成、塑造和运用,从而使国家的每个成员都能享有政治自由",这是"**国家的政治法则的确立**",也就是宪法的制定。③

按照《决议》的设想,"国家最高权力"的构成和行使采取复合分权与制衡的机制。《决议》按照功能把最高权力划分为立法、行政和司法三种权力。立法权的行使只能是为了全体的福祉,故立法权在制定任何法律时,必须得到多数的同意。法律制定以后,需要司法权(由法院和陪审团构成)来确认违背法律的成员。行政权力有时可分为对外行政权力(external executive)和对内行政权力(internal executive)。前者包括战争、议和、派遣和接受使节,这一权力由联合诸邦的联盟掌握。对于马萨诸塞来说,需要重点考虑的是内部行政权力,即"用于其居民及其财产的和平、安全和保护以及国家的防卫"的权力。④ 这种对国家权力的功能性划分,是对洛克和孟德斯鸠的分权理论的继承和发展:在沿袭他们把行政权力分成执行国内法和执行对外法的权力的同时,又把司法权从他们所说的执行国内法的权力中分

---

①② 《埃塞克斯决议》,载汉德林等编:《政治权威的民众来源》,第 330 页。
③ 《埃塞克斯决议》,载汉德林等编:《政治权威的民众来源》,第 332 页。
④ 《埃塞克斯决议》,载汉德林等编:《政治权威的民众来源》,第 335 – 337 页。

离出来。① 《决议》还把不同功能的权力的目标都设定为追求公共福祉，维护居民的自由和安全，而不是控制被统治者或巩固统治者的地位。

不过，仅对权力做出功能性区分，并不能形成真正的分权体制。分权体制的关键在于，不同的权力须由不同的人或机构执掌。《决议》写道："这三种权力应当置于不同（机构或人）的手中，彼此独立，使之平衡，每一方对另一方进行制约，从而维护它们的独立。如果三种权力结合在一起，**不论这些权力是掌握在一个人还是一大群人手中**，政府都将是绝对的。"② 《决议》对1778年宪法相关条款的最大不满是，行政权力参与立法，立法权力、司法权力和行政权力没有完全分开和彼此独立，最高行政官掌握弹劾权，这些都是很大的弊端。③ 这就是说，1778年宪法草案中虽有三种权力的功能性划分，但权力的实际职掌却混淆不清，容易导致集权，而集权乃是"自由的政府"的灾难。具体说，如果立法权力和司法权力结合，立法者就可以解释法律，法律就会受到法官的反复无常、奇思异想或偏见的支配；如果行政权力和立法权力相结合，行政权力就会制定它喜欢执行的法律，司法权力就会被撇在一边，居民的安全和保护就会化为泡影，行政权力就会使自己成为绝对的权力，政府最终以专制暴政而告终；如果行政权力和司法权力结合，居民的人身和财产就不会有永久的保障，行政权力就会按照自己的意愿解释法律，并使司法权力依附于行政权力。④ 总之，

---

① 洛克把政府的权力分为立法权、执行权和对外权，并称执行权是指"在社会内部对其一切成员执行社会的国内法"的权力，对外权则指"对外处理有关公共安全和利益事项的权力"，两种权力几乎总是联合在一起的。孟德斯鸠则把国家的权力划分为立法权力、有关国际法事项的权力和有关民政法规事项的行政权力，并把第二种权力简称为国家的行政权力，第三种权力则为司法权力；还说"在上述三权中，司法权在某种意义上可以说是不存在的"，实际上只有两种权力。可见，在他们的分权理论中，都没有独立的司法权的位置。1776年宾夕法尼亚一个小册子的作者秉承这一理论，并以英国政府权力运作的实际为证，称行政、立法和司法三种权力"更多的是一种字面的区分，而不是事物本身"；实际存在的权力只有立法和行政两种，而司法权仅是"行政权力的分支"。见洛克：《政府论下篇》（叶启芳、瞿菊农译），商务印书馆1993年版，第90页；孟德斯鸠：《论法的精神》（张雁深译），商务印书馆1995年版，上册，第155、160页；[佚名]：《关于若干有趣问题的四封信》（[Anonymous], *Four Letters on Interesting Subjects*），费城1776年版，第21页。

② 《埃塞克斯决议》，载汉德林等编：《政治权威的民众来源》，第337页。

③ 《埃塞克斯决议》，载汉德林等编：《政治权威的民众来源》，第324–325页。

④ 《埃塞克斯决议》，载汉德林等编：《政治权威的民众来源》，第337–338页。

无论出现何种情况，受到威胁和损害的都是人民的人身和财产的安全。

不过，把不同功能的权力放置在不同的机构或人手中，仍没有完全解决分权体制的实际运作问题。1776 年许多州的宪法虽然宣布了分权原则，并把不同的权力置于不同的机构或人的手中，但由于权力的分配方式和不同权力的关系不尽合理，结果实际的权力集中在立法机构，特别是议会下院手中。对于这方面的问题，《决议》的作者显然是洞若观火的，因之有针对性地提出了政府结构和权力分配的模式，力求严格遵循分权原则，把三种权力置于既分离又合作、既独立又牵制的关系格局中，从而使分权原则转化为一种可运作的制度机制。人们习惯于把美国的分权体制视为洛克和孟德斯鸠理论指引下的产物，实际上这是绝大的误解。美国革命一代不仅发展了洛克和孟德斯鸠的分权理论，而且为落实分权原则设计了周密而可行的制度和机制。

在具体的制度上，《决议》主张立法机构由两院构成，实行平等代表制、多数决策机制和立法机构内部的分权与制衡。代表人身的第一院为众议院，第二院为参议院，代表财产；两院都对另一院的法案有否决权，两院的平衡可以保证制定最具智慧和良好意图的法律。[1] 这种两院制方案容易被理解为带有维护少数富人利益的贵族制倾向。如果这样看问题，似乎是片面采信了革命时期两院制反对者的说法。在当时关于政体的讨论中，一院制和两院制两种主张之间发生过激烈的争论。相对来说，一院制受到了普遍的批判，被指责为"多头怪物"，必然走向立法专制。[2]《决议》也明确反对一院制，认为任何单独的机构都容易受"一个人的罪恶、愚蠢、情感、偏见的影响"；第一院做出的决定必定是"草率和考虑欠周的"，其判断通常是"荒谬和不连贯的"，需要另一院以其"冷静和智慧"来加以修正，坚决地控制第一院，并独立于第一院；而第一院也应保留修改和控制第二院议案的权

---

[1]《埃塞克斯决议》，载汉德林等编：《政治权威的民众来源》，第 353 – 358 页。
[2] 马克·克鲁曼：《在权威和自由之间：革命时期美国各州的立宪》（Marc W. Kruman, *Between Authority & Liberty: State Constitution Making in Revolutionary America*），北卡罗来纳州查珀希尔 1997 年版，第 142 – 143 页。

利。① 从用词和语气看,《决议》的确含有蔑视民众的精英心态："众议院做出的粗糙和草率的决定,会由参议院加以修正和控制;而参议院那些从野心或对公民自由的漠视而产生的观点则会受到挫败。政府会获得尊严和坚定性,这对居民乃是最大的安全之所在。"② 从这里可以看出,《决议》提倡两院制,是以居民的"安全"为首要考虑的。这里所说的"安全",不仅仅是指财产的安全,也包括社会所有成员的人身的安全。而且,这里也体现了《决议》的分权主张与其他分权理论的不同,它关注的重点不是效率和责任,而是居民的自由和安全。其实,主张立法机构内部分权的人,往往对社会分层与政治结构之间的关系有着更精微的观察。被奉为美国早期民主代言人的托马斯·杰斐逊,曾提出过一个更具精英政治色彩的两院制构想:参议员任职终身,或者任期9年,其人选必须是国内"最睿智的人",并且不能由人民直接选举。③ 他的考虑是要引入不同的原则和利益,避免立法权力落入某一阶层的手中。这就是说,两院制,特别是设立一个由精英组成的参议院,主要是为了保证国家的中立和决策的审慎,而不是片面地维护财富集团的利益。④

同当时的主流思潮一样,《决议》把立法权力作为国家的第一权力,但是它同时也十分看重行政权力。《决议》关于行政权力的设计有多重考虑,既要保障行政权力的独立性和自主性,提高其执行法律、控制骚乱和打击犯罪的效力,同时又把行政首脑塑造成全体人民的代表,受到人民以选举方式施加的控制,并在分权和制衡的格局中受到立法机构的制约。

《决议》对1778年宪法草案中的行政权力条款不以为然,认为对州长的财产资格要求不足,赋予他的权力不够。⑤《决议》把行政权力视为一种枢纽性的权力,宣称行政权力必须具备"统一性、活力和敏

---

① 《埃塞克斯决议》,载汉德林等编:《政治权威的民众来源》,第343－344页。
② 《埃塞克斯决议》,载汉德林等编:《政治权威的民众来源》,第358页。
③ 克鲁曼:《在权威和自由之间》,第140页。
④ 参见伍德:《美利坚共和国的缔造》,第245－250页。
⑤ 《埃塞克斯决议》,载汉德林等编:《政治权威的民众来源》,第324－325页。

捷"，因为执行不力，就会使立法权力落空，使司法权力成为装饰。《决议》还把统率国家的民兵和军队的权力交给行政首脑。不过，在任命权方面，《决议》同革命初期的风气迥然不同，力主由行政首脑任命所有下级官员、法官以及民兵和海军的军官。① 在州长的产生方式上，《决议》明确反对由立法机构或司法机构选举，以避免他对这两个机构的依附；《决议》这时再度诉诸人民主权原则，力主行政首脑每年一度由人民直接选举，使之依附于人民，因为政府的所有权力都须依附于人民，国家的所有官员都是人民的仆人。② 《决议》还反对为州长选举的投票权设置财产资格，因为州长的权力不涉及财产，③ 而且他作为全体自由民的代表，"其利益和国内每一个人的利益是一样的"。④ 另一方面，州长人选又须拥有较多的财产，这显示了《决议》对精英政治的信心，以及寻求平衡民众与精英的权力的意图。此外，州长还须有固定的薪俸，由公共财政支付，这有利于他完全摆脱对立法机构的依赖，有助于在实际权力运作中落实分权原则。⑤

《决议》中还提出了设置行政咨议会的主张。"咨议会"（privy council）本是君主制的设置，其功能是协助国王处理具体事务，或就具体事务提供建议；《决议》对咨议会做了改造，用来实现共和制下的多种目标。咨议会的成员不由州长选择，而是经众议院从参议员中投票选出7人充任。这里似乎包含着多重政治考量：由众议院选举，消除了咨议会的君主制色彩，《决议》因此宣称咨议会能代表多数人民的声音；由参议员这种可能是"国内最优秀的人"担任，无疑有利于发

---

① 《埃塞克斯决议》，载汉德林等编：《政治权威的民众来源》，第344—347、359页。在革命初期，任命权被看成专制政体的最有害和最有力的工具，在1776年的大部分州宪法中，或将任命权全部授予立法机构，或让立法机构与行政首脑分享（伍德：《美利坚共和国的缔造》，第143—148页）。《决议》认为，由议会行使任命权，反而可能滋长安插私人、培植亲信的风气；而由一个人或少数人掌握任命权，则会减轻任人唯亲的弊端。（第346页）
② 《埃塞克斯决议》，载汉德林等编：《政治权威的民众来源》，第346页。
③ 《埃塞克斯决议》，载汉德林等编：《政治权威的民众来源》，第358页。
④ 《埃塞克斯决议》，载汉德林等编：《政治权威的民众来源》，第361页。
⑤ 《埃塞克斯决议》，载汉德林等编：《政治权威的民众来源》，第362页。在革命初期的政体探索中，关于行政权力的争议颇大。美国历史学家戈登·伍德认为，在1776年，大多数美国人并不反对设立总督，但他们同时也不主张将太多的权力置于一个人手中；行政首脑只能负责行政事务，不得参与立法和控制议会，是一个没有多少实际权力的虚衔。伍德：《美利坚共和国的缔造》，第136—137页。

挥上层精英的作用。咨议会的功能是为州长提供咨询，特别是分享州长的任命权、否决权和赦免权。① 实际上，咨议会普遍见于革命初期的州宪法之中，并非《决议》所独创。设立这种机构的意图，一方面是不信任由一个人执掌的行政权力，这反映了革命初期把单人执掌行政权力等同于君主制的观念；另一方面也带有落实分权和制衡原则的考虑，由出自立法机构的咨议会分享和制约行政权力，有利于两种核心权力的平衡，既可避免行政专权，又能防范立法权力一家独大。

关于行政首脑否决议会立法的权力，《决议》提出的是相对否决权。一方面，行政首脑只有得到咨议会的同意方可行使否决权，这相当于立法权力对行政权力的反制约，因为咨议会实际上是议会安排在州长身边的制约力量；另一方面，州长对否决权运用得当与否，直接关系到他能否得到人民的认可和选举，因而也受到人民的制约。按照《决议》的设想，对否决权的两重制约实际上是二而一的，因为咨议会也是由人民代表的多数选出的。② 不过，《决议》没有直接赋予立法机构超越否决的手段，在这个意义上与亚当斯所主张的绝对否决权又比较接近。③

关于司法机构的设置，《决议》批评1778年宪法草案未能使之独立于另外两种权力④，因而提出了司法权力完全独立的原则，并设计了落实这一原则的具体制度和机制。首先，法官的任命和罢免由不同的机构掌握，任命权属于行政首脑，而行为不当的法官则由立法机构罢免，而且在实施罢免时由一院发起弹劾，另一院做出裁决；其次，法官一旦获得任命，只要行为得当就可持续任职；最后，法官享有不受

---

① 《埃塞克斯决议》，载汉德林等编：《政治权威的民众来源》，第359、360、361、363页。
② 《埃塞克斯决议》，载汉德林等编：《政治权威的民众来源》，第361页。
③ 在革命初期的政治文化氛围中，否决权因为曾是国王特权而被认为有悖于共和主义原则，它使行政首脑参与立法，实际上成为立法机构的第三院，严重危害自由。弗吉尼亚、北卡罗来纳、佐治亚、新泽西、马里兰、特拉华的宪法都没有授予州长否决权；宾夕法尼亚和佛蒙特的行政首脑为执行委员会主席，但主席和委员会都没有否决权；南卡罗来纳1776年宪法赋予州长绝对否决权，但在1778年宪法中被取消。力主赋予行政首脑否决权的是约翰·亚当斯，他认为这事关政治社会的"稳定、尊严、决断和自由"。克鲁曼：《在权威和自由之间》，第123–125页。
④ 《埃塞克斯决议》，载汉德林等编：《政治权威的民众来源》，第325页。

行政权力和立法机构控制的独立薪俸。① 这种复杂的制度设计，后来为马萨诸塞宪法和联邦宪法所采纳，的确证明对保证法官的独立判断和司法权力的自主性具有决定性的意义。随着独立的司法权力的提出，一个以分权和制衡为特征的政体设计方案便告完成。

不过，《决议》在政体设计中所体现的分权原则，同革命初期流行的分权理论并不完全一样。美国历史学家戈登·伍德谈到，革命时期的分权主张通常不属于混合政府或平衡政府的理论，它将政府功能部门区分为立法、行政和司法三种权力，而不是指社会三个等级和三种古典政府形式在立法中的混合。② 然则《决议》的政府结构设计，则含有把功能性分权和等级分权混合起来的用意。功能性分权的理念已如前述，而等级分权则须略加讨论。虽然革命初期流行的观念认为，美国社会只有一个等级，即"自由而平等的人民"，但《决议》却明确提出，人民中存在财产、地位和利益的差异，共和政体必须承认这种多样性，并加以保护。换言之，国家须同时保护多数民众和少数富人的利益，而不能偏向民众而忽略富人，或者反过来。《决议》提出，"立法的唯一对象"乃是"组成国家的个体的人身和财产"；如果法律只涉及成员的人身，只要得到多数成员的同意即可；如果只涉及财产，只要得到掌握多数财产的人的同意即可；不过立法通常同时涉及人身和财产，因而有必要同时得到多数成员和掌握多数财产的成员的同意；如果仅得到一方面的同意，就会损害另一方的利益。③ 这样一来，在人身的代表和财产的代表之间就形成了一种分权和制衡的关系，这无异于普通民众和财富精英两个阶层分享立法权。《决议》提出这种人身和财富两分的代表制理论，所直接针对的是1778年宪法草案中的议席分配方案，这个方案把众议员和参议员的名额分配均建立在人口数量的基础上，《决议》认为过于偏向以人数取胜的普通民众，而忽视了纳税较多的地区居民的权利。这种理念一经提出，不仅为富裕的少数人争

---

① 《埃塞克斯决议》，载汉德林等编：《政治权威的民众来源》，第347–348页。
② 伍德：《美利坚共和国的缔造》，第153页。
③ 《埃塞克斯决议》，载汉德林等编：《政治权威的民众来源》，第336页。

取更大的代表权提供了依据,而且为解释美国代表制政体的社会基础开辟了新的思路。以代表制来体现和保护多元利益,有助于保证国家的开放性和中立性,防止政府成为某一阶层或集团压迫和排斥其他群体的工具,在根本上有利于保障所有人的自由和安全。

《决议》暗含的等级分权理念,也是对英国的混合平衡政体理论的改造和发展。英国的混合平衡政体对应的是英国的社会分层,平民、贵族和王室分别掌握不同的权力,分别反映民主制、贵族制和君主制的特点;在权力的运作中,平民制约贵族,贵族制约平民,国王制约两者,两者也制约国王,于是形成一种多向的等级制衡的权力关系。①这当然只是对英国政体的一种理论阐释,而不是英国政府运作的实际状况。这种理论给《决议》的作者带来某种启示,于是把混合政府中的阶层制衡机制同共和国的功能制衡机制结合起来,以众议院代表普通民众,参议院代表财富集团,州长代表全体自由居民,三者之间相互制约和平衡,形成了一种复合的分权与制衡体制。就其中的等级分权而言,其旨趣不再是为了防范某个等级专权而压迫其他等级,而是旨在寻求民众和精英的共治。

二、 政体的想象与实际

美国革命初期的政体想象,并非仅见于《埃塞克斯决议》。那时美国的政治文化中有一种"制度中心主义"的趋向,讨论和设计政体成为一种政治时尚。杰斐逊晚年谈到1800年选举的意义时说,"那是我们政府原则方面的真正的革命,正如1776年是其形式的革命一样"②。按照他的说法,共和党在1800年选举中获胜,意味着人民主权和共和主义这样的原则得以真正落实;而1776年革命则使殖民地完成了从君

---

① 克鲁曼:《在权威和自由之间》,第132页。
② 托马斯·杰斐逊:《致斯潘塞·罗恩》("Thomas Jefferson to Spencer Roane, 6 Sept. 1819"),载保罗·福特编:《托马斯·杰斐逊文集》(Paul Leicester Ford, ed., *The Writings of Thomas Jefferson*),纽约1899年版,第10卷,第140页。

主制向共和制的转变,并形成了具体的政府形式。其实也不尽然。革命时期的美国人对政府的原则和形式倾注了同样的热情。他们受到流行的政体理论的影响,习惯于从原则和形式两个维度来看待政体问题。① 他们普遍相信,人类生活的意义在于自由,而人能否享有自由,取决于适当的制度安排。具体来说,人总是生活在政治社会中的,国家的权力同自由的存废息息相关,因而只有设计合理的制度,采取适当的政府形式,才能限制和规范统治者的权力,使自由免于侵害和丧失。一种政体的优劣,便取决于它是否有利于维护自由。于是,政体就成了决定整个政治社会命运的核心问题:在原则的维度,必须解决权力的来源、目的、分配方式和行使规则;在形式的维度,需要设计最能体现或落实这些原则的制度和机制。

1776年殖民地宣布脱离母国而独立,出于建立新国家的急迫愿望,美国人在理论和实践两个层面上以极大的热情进行政体探索。当然,革命一代的政体想象并非凭空冥想,而有丰富的资源作为依凭。《决议》对此阐述说,马萨诸塞人民在建立一个自由的政府时,具备"其他任何人民"所不能比拟的"有利条件":他们没有旧政府形式的负担,而"拥有他们之前所有国家的历史和经验",可以得到历代积累的知识和前人留下的理论的启迪;而且,"我们还生活在这样一个时代,政治自由的各项原则和各种政府的基础已经得到自由的探讨和公正的

---

① 孟德斯鸠在《论法的精神》中从"性质"和"原则"两个维度讨论政体,并称"性质"是指"构成政体的东西",原则是"使政体行动的东西"。他的这种政体两分法,在美国革命时期变成了"政府形式"和"政府原则"的区分。卡特·布拉克斯顿在1776年6月说:"政府一般分成两个部分:其构成的模式或形式;用来指导它的原则。"本杰明·拉什在评论1776年宾夕法尼亚宪法时也说:"了解原则是一回事,而了解政府的形式则是另一回事。"《决议》也依据原则和形式两分的思维模式,讨论如何建立一个能为马萨诸塞人民带来"安全和幸福"的政府。参见孟德斯鸠:《论法的精神》,上册,第19页;卡特·布拉克斯顿:《就政府问题致弗吉尼亚殖民地大会》(Carter Braxton [A Native of This Colony], "An Address to the Convention of the Colony and Ancient Dominion of Virginia on the Subject of Government in General, and Recommending a Particular Form to Their Attention"),载查尔斯·海因曼等编:《美国建国时期政论集》(Charles S. Hyneman, and Donald S. Lutz, eds., American Political Writing during the Founding Era),印第安纳波利斯1983年版,第1卷,第330页;本杰明·拉什:《论宾夕法尼亚当前的政府体制》(Benjamin Rush, Observations upon the Present Government of Pennsylvania),费城1777年版,第20页;杰拉德·斯托奇:《亚历山大·汉密尔顿与共和政体的理念》(Gerald Stourzh, Alexander Hamilton and the Idea of Republican Government),斯坦福1970年版,第3-5页。

确定"。① 从这里可以做出三点推论。首先，革命一代相信政府模式须同具体的社会状况、文化特点和地理条件相适应。如《决议》所说，"人民的习性和禀赋，他们的职业、风俗、思维方式和处境，以及国家的规模和人数"，都直接关乎政府的形式，其相互吻合的程度，将决定国民能否享有安全和幸福。② 其次，革命一代熟悉历史中出现过的各种政体，古代地中海世界的民主制、共和制、僭主制和帝国体制，英国长期实行的混合平衡政体，意大利的城市共和制，东方各国的专制政体，同时代荷兰和瑞士的联邦共和制，欧洲其他国家的君主制，以及殖民地自身的政府体制，都为他们提供了可资借鉴的材料。他们讨论各种政体的特点及优劣时，所依据的通常是他们对各种政体的了解；尽管他们的知识并不准确和全面，但足以使他们的思考自圆其说。最后，革命一代熟悉经典的政体理论，并对它们做了综合和改造。传统的政体理论认为，不同的政府形式以不同的原则为指导，君主制、贵族制、共和制（民主制）的原则各不相同。③ 然则革命一代面临反抗母国、建立新国家的历史机遇，因之对政体的原则也有新的理解。他们将政府区分为自由的政府和专制的政府（绝对的政府或暴政）两大类，相信只有自由的政府治下的人民才是幸福的，而处于专制统治下的人民则无异于奴隶；由于革命的矛头所向乃是实行君主制和贵族制的英国，于是他们便把君主制和贵族制同专制、奴役联系起来，而把共和制等同于自由的政府。

相对来说，革命一代关于政府的基本原则具有较大程度的共识。

---

① 《埃塞克斯决议》，载汉德林等编：《政治权威的民众来源》，第 329 页。
② 《埃塞克斯决议》，载汉德林等编：《政治权威的民众来源》，第 327 页。
③ 孟德斯鸠把政体的原则界定为"使政体运动的人类情感"，称民主政治需要品德，贵族制的灵魂是节制，君主制的动力是荣誉，专制政体则离不开恐怖。欣赏英国政体的布拉克斯顿完全采纳孟德斯鸠的说法，称每一种政体都受到不同的原则驱动，专制的原则是恐惧，君主制旨在追求荣誉，"贵族制和民主制声称其原则在于公共美德，或重视独立于私人利益的公共福利"。一位主张简单的民主制的小册子作者也采纳了完全一样的说法。但是，美国革命时期主流思想中对政体原则的理解并不是这样，而是把它视为界定政体性质和目标的要素。见孟德斯鸠：《论法的精神》，上册，第 19—26 页；布拉克斯顿：《就政府问题致弗吉尼亚殖民地大会》，载海因曼等编：《美国建国时期政论集》，第 1 卷，第 330 页；［佚名］：《人民是最好的统治者》（［Anonymous］，"The People the Best Governors"），载海因曼等编：《美国建国时期政论集》，第 1 卷，第 397 页。

他们普遍相信，一切权力起源并来自于人民，建立政府的目的是实现共同福祉，政府权力一旦侵害人民的自由和安全就失去了合法性。但是，在政府的形式上，特别是围绕什么样的制度和机制最能落实政府的基本原则，不同的人有不同的甚至针锋相对的主张。本杰明·拉什在 1777 年感叹道，了解政府的原则相对简单，而要懂得政府的形式则是一件复杂得多的事情。① 揆诸实际，他的说法并不夸张。在 1776 年这一年里，先后有多种讨论新国家的政体的文献问世，其中有三份文献的观点，分别代表当时政体想象光谱上的两端和中间点。在一定意义上说，《决议》乃是革命初期政体探索的结晶；也只有将《决议》置于这一探索的脉络中，并把它与其他同类文献加以比较，才能充分明了其意义。

在革命初期政体想象的光谱上，卡特·布拉克斯顿提出的以英国式混合政体为蓝本的方案居于最右端。在革命初期，不少人倾向于以英国体制为样板来建立新政府。北卡罗来纳的威廉·胡珀推崇英国政体，宣称"英国宪制将美德、智慧和权力这三种伟大的品质结合起来以实现其目标，具备完美政府的特点；这或其他类似的东西不可以作为我们的样板吗？"② 还有人认为，一些殖民地的政府形式符合其人民的意志，有利于维护他们的权利，而且人民也已经习惯，应当继续保持。另有人提出，"英国宪制可以在每个殖民地得到恢复，只是要做一些重大而必要的改进，使总督和参事会由人民选举"。③ 卡特·布拉克斯顿的特殊之处，在于把对英国宪制的推崇细化为一个具体的政体方案。

布拉克斯顿出生于弗吉尼亚一个大种植园主家庭，早年曾就读于威廉—玛丽学院，在政治上也有过一番作为。当 1776 年殖民地宣布独立之际，他已是年届四十岁的中年人。年龄偏长同保守的政体主张也许没有必然的联系，不过他确实担心独立战争会导致"无政府和暴乱"

---

① 拉什：《论宾夕法尼亚当前的政府体制》，第 20 页。
② 道格拉斯：《反叛者和民主派》，第 123 页；伍德：《美利坚共和国的缔造》，第 202 页。
③ 克鲁曼：《在权威和自由之间》，第 2 页。

的局面。当弗吉尼亚人广泛议论建立新政府的问题时,他便向省区大会提出了一个自认为最有利于稳定的政府方案。他坚决反对共和制或民众政府,宣称弗吉尼亚只能仿照英国式的混合政体来建立新政府。他从两个方面阐述了自己的理由。首先,历史的经验证明英国混合政体是一种有效的体制,英国在这种体制之下取得了繁荣,成长为强国,人民享有自由;而弗吉尼亚在殖民地时期也采用同样的体制,也因此获得了繁荣和幸福。这证明这种体制适合弗吉尼亚人民的情况,不要因为反对英国某些专断的统治者而抛弃了这种优良的体制。其次,弗吉尼亚那些"民众政府的鼓吹者"建议采纳民主共和制,这是十分危险而有害的,并不适合弗吉尼亚的需要。一方面,"这些制度中最好的东西也不过是存在于理论中,而从来没有得到经验的证实";另一方面,民主共和制须以公共美德为基石,但这种美德仅可见于少数个人,而人民大众并不具备。而且,这种政府方案只能行之于贫瘠而供给匮乏的国家,而在物产丰饶的国家是根本行不通的。布拉克斯顿以经验主义者的口吻宣布说,民主共和的原则"不过是一种热烈的想象的产物";归根结底,弗吉尼亚只能采用英国式的混合政体。

在政府的原则上,布拉克斯顿同当时的主流意见并没有多大的分歧。他同样强调要合理分配政府权力,以期制定最好的法律,推动法律的切实执行,保障人民的自由和权利。在他提出的政体方案中,英国政体的各个分支和主要机制都有其对应物。他主张基于分权原则来分配政府的权力,使政府的三个分支既相互独立,又彼此联系。立法机构实行两院制,下院议员由人民选举产生,任期3年;上院则由间接选出的24名议员组成,称国务会(Council of State),成员任职终身。总督也以间接选举产生,只要表现好就能一直任职,并设一个7人组成的咨议会为其提供建议。司法分支的官员,即普通法院法官和高等法院法官,均由总督在咨议会建议下任命,终身任职,由下院拨付薪俸。他相信,这样一个政府将"比任何其他政体都能更好地维护我们的宪法原则,保障人民的自由与幸福"。显然,这个政体方案的突出特点是带有浓厚的君主制和贵族制的色彩,总督、国务会成员和法官的产生都不依赖于选民,而且均任职终身,掌握核心的权力。①

在革命初期激进主义和理想主义高涨的政治氛围中,布拉克斯顿的方案遭到了普遍的抨击和鄙弃,其政体构想在任何州的宪法中都没有得到体现。但是,这并不意味着对英国政体的推崇和效法已然绝迹。在费城制宪会议上,有好几位与会者明确称许英国体制。詹姆斯·威尔逊谈到,美国当前的形势要求君主制的力量,可是美国的风习则反对君主制而倾向于共和制。约翰·迪金森也说,英国式的"有限君主制"是世界上最好的一种政府形式,而共和制则迄今从未提供同样的福祉;只是这样一种体制不可能行之于美国,因为"我们目前的形势禁止这样的实验"。亚历山大·汉密尔顿则不仅毫无顾虑地称赞英国政体是世界上最好的一种,而且以它为模板提出了美国的政体方案:设立两院制立法机构,下院为每3年由人民选举产生的众议院,上院为参议院,其成员由间接选举产生,任职终身,拥有宣战等权力,分享任命权,有权建议和批准条约;最高行政权力授予总督,也采用间接选举,任职终身,拥有否决立法、执行法律、指挥战争、签订条约、任命官员、赦免等权力;最高司法权力由任职终身、享有永久薪俸的法官掌握。这个方案几乎是布拉克斯顿当年设想的翻版。这种不加掩饰的君主制和贵族制模式,自然难于为多数与会者所接受。②

1776年初,有一位姓名和生平均不可稽考的年轻人,提出了一个以雅典民主为样板的政体方案,在革命初期政体想象的光谱上居于最左端。对民主的向往是革命的激进主义的一个突出取向。激进派反对君主制和贵族制,不仅因为这种体制排斥人民的权力和不利于人民的自由,而且由于其政府结构过于复杂,不利于普通民众了解并参与其中。因此,他们呼吁建立简单、廉洁和直接依赖于人民的政体,这种政体的样板就是古代雅典的民主制。只是由于美国的地域和人口规模

---

① 布拉克斯顿:《就政府问题致弗吉尼亚殖民地大会》,载海因曼等编:《美国建国时期政论集》,第1卷,第328-339页。
② 马克斯·法兰德编:《1787年联邦大会记录》(Max Farrand, ed., *The Records of the Federal Convention of* 1787),纽黑文1966年版,第1卷,第71、86、87、288、291-292、366页。

已不允许全体公民亲身集会立法,于是他们主张以一院制立法机构作为公民大会的替代。①

这位不知名的年轻人倡导至为激进的政体原则。他对此前出现的各种政体方案都感到不满,认为都过于"专断"。他自称"民众政府的朋友",十分推崇古代雅典的民主制,主张以"自然的自由原则"为基础建立共和政体。他写道:"人民最了解他们自己的匮乏和需求,因而最能统治他们自己。做帐篷的人、皮匠和普通手艺人构成了雅典的立法机构。"他宣称,人民只有将立法和执行的部门控制在自己手中,他们的自由权利才能得到完全的保障;而且,"使权威越简单、越直接依附于人民,就越好,因为必须承认他们自己是他们自己的自由权利的最佳卫士"。不过,他同样意识到美国的情况已无法实行公民大会式的民主,因而必须采取"某种由一个代表团体来统治的模式"。可是,人民将权力交到他人的手中,就有可能危及自己的自由和安全,于是就必须给代表制政府设置多重限制。首先,代表们掌握的权力绝对不应超过制定法律的范围;其次,执行法律的工作必须交给另外的人,而且不能由代表们自己任命;最后,不能过于相信定期选举的纠错和制约功能,人民必须直接将权力控制在自己手中。基于同样的考虑,他反对立法否决权,如果一定要有立法否决权,也只能由人民另外选举一个团体来行使,因为他们实际上也是人民的代表。他反对为代表设定财产资格,因为共和国的代表唯一需要的资格是社会美德和知识。在代表名额的分配上,他反对以财富和纳税额为依据,也不主张完全按居民人数来分配,认为最好的办法是以土地为基础,将一个邦的土地分成若干便利的部分,让拥有这些土地的居民得到分开的、单独的代表,这样就可以使立法机构固定下来。这一提议的灵感似乎也是来源于雅典的克里斯提尼改革,即以重新划分的村庄(demes)作为五百人议事会成员的选举单位。

在具体的政府形式上,这位年轻人主张仿照雅典民主的模式,采

---

① 参见李剑鸣:《美国革命时期民主概念的演变》,《历史研究》,2007年第1期,第142-144页。

用一院制立法机构，由每个合法村镇的全体自由民每年开会投票选举代表组成大议会，另外由人民每年在村镇会议投票选举 12 人组成参事会，类似雅典的五百人议事会，负责为大议会准备议题，协助他们提出建议，并考察政府治理的重要欠缺，公开地向人民做出合理的通报。另外，由人民每年选举一名首席执行官，也可称作总督，独立于议会，并担任民兵总司令。最高法院的法官也由自由民在村镇会议上选举；下级法院法官、检察官、登记员等，均由各县居民选出。大议会须对人民负责，应时时将其决议通过其代表传达到各村镇，以便居民了解；人民有权利对其代表发布指令。另外，任何自由民都可以就议会的失误和行政官员的失职提出申诉，议会可根据申诉对官员进行撤职和替换。

从字面上看，这位作者把所有立法者、行政官员和法官都视为"人民的代表"，都由人民直接选举，这似乎与"代表制民主"的理念相近。但深究起来，其价值指向乃是古代民主，采取代表制实为不得已之举。因此，他的这种"代表制民主"着重的是**民主**，而不是**代表制**。在他看来，政体的选择必须符合革命的目标；"现在人民在为自由而抗争，……他们不仅要获得自由，而且同样要将它保持在自己手中"，因而最为可取的政体是"民众政府"。① 在马萨诸塞立宪运动中，也有人倡导建立"地球上最自由、最简易、最好的政体"，也就是去掉了总督、副总督和参事会的民选一院制政府，目的是使人民"**将权杖掌握在自己手中**"②。不过，这种激进的民主理念并没有在马萨诸塞宪法中留下多少痕迹。在 1776 年的各州宪法中，唯有宾夕法尼亚宪法在原则和制度上都与上述佚名作者的主张相近。宾夕法尼亚宪法设计的政府体制是一院制议会，议员每年一选；由人民审议和批准公共法案；

---

① [佚名]：《人民是最好的统治者》，载海因曼等编：《美国建国时期政论集》，第 1 卷，第 390-400 页。
② 《独立纪事报》（"Clitus," *The Independent Chronicle*），1777 年 7 月 10 日。黑体字在原文中为斜体。

行政会议执掌行政权力；最高法院法官任职 7 年。① 在随后的十多年里，维护还是废止这部宪法，成为宾夕法尼亚政治派别斗争的一个主题。② 这种政府形式所体现的显然是民主的原则，也就是人民及其直接代表把权力留在自己手里，官员不能独立于人民，而必须听命于人民。这种在革命初期高涨的民主热情，直到联邦立宪时期也没有全然消退。据一位新宪法的批评者称，"在一个纯粹民主的政府之下，美利坚将会变成宇宙间最为幸福和最为强大的国家"③。另一位新宪法的反对者也说，能使人类的自然权利得到最神圣的保障的政府，乃是最好的政府；只有民主或"人民的统治"才是能够获得和维护自由的政府；"我相信在这一心智开明的国家，人们普遍同意，一切权力最初都在人民中间，并来自于他们，他们应当唯有由他们自己统治，或由他们的直接代表来统治"④。

在推崇英国政体和倡导雅典民主这两种极端的主张之间，居中的是约翰·亚当斯在《关于政府的思考》中所表达的政体思想。亚当斯在殖民地独立问题上属于立场激进的一派，但对于新政府的建立则偏向于保守和谨慎。他对于民众的政治素质和参与热情十分警惕，也担心某个集团的权力或某种类型的权力损害整个体制，因此，他既反对布拉克斯顿的英国式政体方案，也不满意托马斯·潘恩的一院制主张。在 1776 年初各殖民地建立新政府的呼声高涨时，他把自己精心构思的政体方案形诸文字，并以不同的版本在若干殖民地流传。⑤

与其他同类文献一样，亚当斯也是开篇即讨论政府的原则。他以

---

① 《宾夕法尼亚 1776 年宪法》（"Constitution of Pennsylvania, 1776"），载弗朗西斯·索普编：《美国联邦和各州宪法、殖民地特许状和其他基本法汇编》（Francis Newton Thorpe, ed., The Federal and State Constitutions, Colonial Charters, and Other Organic Laws of the State, Territories, and Colonies Now or Heretofore Forming the United States of America），华盛顿 1909 年版，第 5 卷，第 3081 - 3092 页。
② 杰克逊·特纳·梅因：《反联邦主义者：宪法的批评者》（Jackson Turner Main, The Anti - federalists: Critics of the Constitution 1781 - 1788），纽约 1974 年版，第 218 - 220 页。
③ 《费城人的文章》（"Essays of Philadelphiensis"），载赫伯特·斯托林：《反联邦主义者全集》（Herbert J. Storing, ed., The Complete Anti - Federalist），芝加哥 1981 年版，第 3 卷，第 131 页。
④ 《致合众国公民》（"To the Citizens of the United States"），斯托林编：《反联邦主义者全集》，第 3 卷，第 169 - 172 页。
⑤ 参见袁靖：《美国革命时期南部州政府的建构——以约翰·亚当斯〈关于政府的思考〉为中心的考察》，《史学月刊》，2013 年第 1 期，第 132 - 136 页。

类似于后来功利主义者的口吻提出，政府的目的是有利于社会多数成员对幸福的追求，只有能够为"最多数量的人"带来"最大程度的""安宁、舒适和安全"的政府，才是最好的政府；世界上最好的政府形式乃是共和制，而共和制的最大特点是"法治之国，而非人治之国"；要在一个地域很大、人口众多的社会建立共和制政府，只能以代表制为基础；代表虽是"最为睿智和善良的少数人"，但由他们组成的代表制机构则必须是"广大人民的准确形象的缩影"，"应当像他们一样思考、感觉、推理和行动"；在权力的分配和行使上，必须实行分权，决不可只建立一个掌握政府的立法、行政和司法各种大权的议会，而应把三种权力分开，交由三个不同的机构执掌。亚当斯接着就政府的形式提出建议。立法机构采用两院制，由众议院和参事会构成。行政首脑为总督（州长），由两院联合投票选出，须拥有自由而独立的判断，并成为立法机构的一部分，或仅担任参事会主席；在掌握行政权力之外，可对议会立法行使否决权，并行使民兵和军队的最高指挥权。另外，总督和参事会一起可行使赦免权和任命权。司法权力应当与立法权力和行政权力区分开来，并独立于两者，从而对两者进行制约；法官只要表现良好就可任职终身，其薪俸由法律予以规定。众议院和参事会的成员都须由选举产生，这类选举必须每年举行一次。①

《关于政府的思考》是亚当斯应人之请而提出的宪法建议，在某些制度上通常设想了多种可能性。但就总的国家理念而言，无疑是侧重法律和秩序的优先性，倾向于从积极的方面看待政府的作用。他称"政治乃是获取人类幸福的艺术"，相信"社会的繁荣"取决于政府宪章。② 他设计的制度和机制，大体上是综合英国和新英格兰殖民地政府的经验并加以"共和化"的结果，其特点是用代表制和选举替代世袭，用官职轮流和频繁替换取代终身制。尤其是关于行政权力的构想，基

---

① 亚当斯：《关于政府的思考》，载查尔斯·弗朗西斯·亚当斯编：《约翰·亚当斯著作集》，第4卷，第193—200页。
② 约翰·亚当斯：《致约翰·佩恩》（"To John Penn"），载查尔斯·弗朗西斯·亚当斯编：《约翰·亚当斯著作集》，第4卷，第203页。

本上是以英国君主的权力为模本，只是取消了原来国王所享有的行政特权。而且，亚当斯特别看重行政首脑的否决权，认为这是保障分权和制衡体制的关键。

美国历史学家道格拉斯肯定《关于政府的思考》的重要性，认为亚当斯的建议至少在5个州的制宪过程中充当了"最高指南"，并且通过马萨诸塞1780年宪法而影响了联邦宪法。① 不过，道格拉斯这个判断的后半截是大可商榷的。诚然，亚当斯是马萨诸塞1780年宪法的起草人，其思想同宪法的条文有直接的联系；但是，如果把《关于政府的思考》同马萨诸塞1780年宪法直接挂起钩来，就不免失之简单化。在1776年到1780年期间，马萨诸塞发生了一场影响深远的宪法讨论，基层村镇提出的意见，"伯克希尔立宪派"的主张，《埃塞克斯决议》中的理念，无疑都可能影响到马萨诸塞制宪会议的代表。而且，这期间美国政治文化的变动，也不可能不会在亚当斯的思想中留下痕迹。再者，在1779—1780年马萨诸塞制宪会议上，来自埃塞克斯县的代表多达46名，占代表总数的近六分之一，其中包括1778年埃塞克斯县代表大会的全部骨干人物，帕森斯也名列其中，并且还是宪法起草小组的成员。② 这些人极力配合亚当斯的起草工作，试图把他们的宪法主张写入草案。虽然亚当斯认为他同这些人的想法并不一致，而帕森斯本人对最终的宪法也不甚满意，③ 但从条文与理念的相似性来看，《决议》中的不少主张在宪法文本中还是有所体现的。正如《决议》所强调的，宪法以社会契约论和人民主权来论证国家的起源和政府的合法

---

① 道格拉斯：《反叛者和民主派》，第32、123页。他说的5个州是新泽西、特拉华、马里兰、弗吉尼亚和南卡罗来纳。
② 《马萨诸塞制宪会议记录》，第9－10页。
③ 帕森斯认为，制宪会议对委员会提交的宪法草案做了令人不快的改动；人民"喜欢一个值得尊敬的政府"；"如果制宪会议明智而团结的话，我们可能会有一部完美的宪法"。西奥菲勒斯·帕森斯：《致弗朗西斯·达纳》（"Theophilus Parsons to Francis Dana, Aug. 3, 1780"），载罗伯特·泰勒编：《从殖民地到共和国的马萨诸塞：制宪文献集》（Robert J. Taylor, ed., *Massachusetts, Colony to Commonwealth: Documents on the Formation of Its Constitution*, 1775—1780），北卡罗来纳州查珀希尔1961年版，第159页；戴维·费舍尔：《埃塞克斯帮的神话》（David H. Fischer, "The Myth of the Essex Junto"），载《威廉－玛丽季刊》（*The William and Mary Quarterly*），第3系列，第21卷第2期（1964年4月号），第213－214页。

性；也正如《决议》所呼吁的，宪法的第一部分是一个至为详尽的"权利宣言"，以保护人民的自然权利和出让部分自然权利所获得的对等物。宪法第二部分是政体方案，也相当接近《决议》的构想。其中最突出的一点是，在代表制的社会基础上完全采纳了《决议》的理论，以众议院代表人身，参议院代表财富；参议员名额以选区为单位分配，名额多寡取决于该选区所缴纳的公共税收的数额。在最初的分配方案中，埃塞克斯县和波士顿所在的萨福克县各分得 6 个参议员名额，其余各县的名额均在 1 至 5 个之间。① 宪法和《决议》最大的不同在于否决权，前者设计了立法机构以三分之二多数超越否决的机制。不过，恰恰这一条并不是亚当斯的本意，而是制宪会议对亚当斯草案所做的最大修改，并由此招致他的强烈不满。②

  显而易见，布拉克斯顿和《人民是最好的统治者》提出的政体构想，同《决议》不仅差别显著，而且多有对立之处。从总体上说，《决议》和《关于政府的思考》一样，位于政体想象光谱的中间点上。不过，两者仍有许多明显的不同。《决议》虽然借用了亚当斯的一些词句，但对国家的起源、政府权力的合法性做了更加系统的阐述，明确诉诸社会契约论、人民主权和自然权利的理论；而《关于政府的思考》则基本上未提及这方面的问题。这可能跟两篇文献的意图和作用不同有关。另外，《决议》虽然把议会上院和行政首脑设计成精英角色，但同时也提供了一些民主的制约机制，如咨议会由众议院推选、行政首

---

① 这一条也为新罕布什尔 1784 年宪法所照搬。不过，美国历史学家马克·克鲁曼谈到，在马萨诸塞宪法制定后的 40 年里，只有新罕布什尔一州按纳税额分配参议院名额，而其他州参议院席位都是按人口分配的。实际上，约翰·亚当斯后来也采用"人身"和"财产"两分的观念来论述立法机构两院制的必要性，以参议院为富人的代表，把众议院当作穷人权利的保护者。参见《新罕布什尔 1784 年宪法》（"Constitution of New Hampshire, 1784"），索普编：《美国联邦和各州宪法、殖民地特许状和其他基本法汇编》，第 4 卷，第 2459 页；克鲁曼：《在权威和自由之间》，第 153 页；约翰·亚当斯：《为美利坚合众国诸宪法辩护》（John Adams, "A Defense of the Constitutions of the United States of America"），载查尔斯·弗朗西斯·亚当斯编：《约翰·亚当斯著作集》，第 6 卷，第 65 页。

② 《马萨诸塞 1780 年宪法》（"The Constitution or Form of Government for the Commonwealth of Massachusetts, 1780"），载索普编：《美国联邦和各州宪法、殖民地特许状和其他基本法汇编》，第 3 卷，第 1888 - 1923 页。相对否决权并非马萨诸塞宪法首创，而最早见于 1777 年纽约宪法。参见《纽约 1777 年宪法》（"Constitution of New York, 1777"），载索普编：《美国联邦和各州宪法、殖民地特许状和其他基本法汇编》，第 5 卷，第 2629 页。

脑直接民选等，体现了把贵族制和民主制结合在一起的用心；而《关于政府的思考》所设想的立法机构成员和行政首脑，均来自社会的精英阶层，但对他们的制约却限于权力结构内部。这说明《决议》的政治取向比《关于政府的思考》略微激进。同样引人注目的是，《关于政府的思考》没有提及《权利法案》，而《决议》则反复强调《权利法案》的重要性。可见，两者对政府的目标和宗旨的理解也有差别。《关于政府的思考》是以权威和秩序为核心考虑的，而《决议》则以自由和安全为首要关切。关于立法权力、行政权力和司法权力及其相互关系的设计，《决议》与《关于政府的思考》也有许多不同，前者的构想更加周密而精审。这一点下文还要做更细致的讨论。

从时间序列来看，不排除《决议》的作者参考过《关于政府的思考》。但是，《决议》显然在《关于政府的思考》的基础上有很大的发展。这也不足为怪。亚当斯的文章写于殖民地正式独立的前夕，当时政论中关于政府原则的讨论甚多，而关于政府形式的讨论则还没有充分展开，因之亚当斯只能参考以往的经验，其政体方案难免带有过于浓厚的旧时代痕迹，而且也显得简单和粗糙。《决议》的作者既有 1778 年马萨诸塞宪法草案作为反面参照，又可吸取其他各州宪法和有关讨论的意见，其思想主张有所发展和完善也是顺理成章的。

三、美国革命的创造性和激进性

论及马萨诸塞立宪运动，多数学者都不会忽视《埃塞克斯决议》，只是评价却有很大的分歧。较早研究马萨诸塞立宪运动的美国学者哈里·库欣对《决议》倍加赞许，称之为"当时智性活动的一个引人注目的例子"，并引用怀特法官 1858 年的话说，在清晰地阐述"自由之邦"的"基本法赖以确立的原则"方面，《决议》胜过当时所有其他政治文献。① 美国历史学家塞缪尔·莫里森对《决议》虽然没有这么强烈的好感，但也充分肯定它的重要性，认为它不仅对 1778 年宪法的表决结果产生了很大影响，而且提出了马萨诸塞和美国宪法所建立的原则，是希望控制革命释放出来的激进力量的政治思想学派的较早产物。② 英国历史学家约翰·波尔也很重视《决议》的意义，但并不觉得它在思想主张方面有多少原创性。他称《决议》"接受了辉格—共和派关于政治社会的所有基本观点，并按照将变成典型的美国式的方式把它们加以发展"；它"成功地确立了一种思想框架，使它意图追求的目标，在其中看起来是与公开表达的美利坚理想相一致的有价值的目标；它接着采用一套熟悉的制度性体制来实现这些目标"③。美国历史学家奥斯卡·汉德林不甚欣赏《决议》，认为它就 1778 年宪法提出的替代方案，同那些在文字表达方面不如它的回应意见一样是不现实的。④ 美国历史学家道格拉斯则基于民众主义观念质疑《决议》的动机和思想倾向，认为它表达了保守派的观点，所设计的政体是将政治权力在"有财产的少数"和"没有财产的多数"之间划分，力图使财富所有者无论何时都可以否决对他们不利的法案。他还谈到，《决议》关于两院制的看法完全取自亚当斯的《思考》，只是其意图有所不同，旨在将议会下院作为发泄民众情绪的安全阀，以避免其爆发而危害财产的利益。⑤ 美国历史学家加里·纳什进一步强化了道格拉斯的立论，称《决议》不外是直截了当地为少数富人争取政治支配权。⑥

库欣对《决议》的称赞当然是发自内心的，但仅仅关注它对政府原则的阐述，而未能揭示《决议》的真正价值所在。在对《决议》的

---

① 哈里·库欣：《马萨诸塞从省区政府向共和政府的转变》（Harry A. Cushing, *History of the Transition from Provincial to Commonwealth Government in Massachusetts*），纽约 1896 年版，第 223 页。
② 莫里森：《马萨诸塞宪法史》，第 16－18 页。
③ J. R. 波尔：《英国的政治代表制与美利坚共和国的起源》（J. R. Pole, *Political Representation in England and the Origins of the American Republic*），伦敦 1966 年版，第 182－189 页。
④ 汉德林等编：《政治权威的民众来源》，第 324 页。
⑤ 道格拉斯：《反叛者和民主派》，第 180－181、183－184 页。
⑥ 加里·纳什：《不为人知的美国革命：艰难降生的民主与创建美国的斗争》（Gary B. Nash, *The Unknown American Revolution: The Unruly Birth of Democracy and the Struggle to Create America*），纽约 2005 年版，第 299 页。

批评意见中，有两条特别值得推敲：其一，认为它在理论和制度上均无新意；其二，强调它一心谋求少数富人对政府的控制。第一条涉及如何理解美国革命的政治创造性；第二条则关乎如何看待美国革命的激进性。

诚然，从理论的角度说，《决议》的确在任何一点上都谈不上独创。它在阐述政府原则和描述政体特征时所诉诸的理论，大体上是革命一代的共识，有些还是"不证自明的"政治公理。其实，革命时期的政论写作大多谈不上理论的独创，而不过是运用现存的理论为当前的问题提供解释、说明和辩护。《决议》也是这种政论写作方式的产物。《决议》的作者并未以理论创新自许，而是自承借鉴了"所有国家的历史和经验"以及"历代积累的知识和先贤苦思冥想得出的理论"。他甚至觉得完全没有理论创新的必要，因为"政治自由的各项原则和各种政府的基础已经得到自由的探讨和公正的确定"。另据帕森斯的儿子说，他父亲在写作《埃塞克斯决议》时，虽然每个字都是他自己写出来的，但得到了许多人的帮助，吸收了他们的意见和想法。① 这就是说，《决议》的文字出自帕森斯之手，但其观点和见解则是综合许多人的思想的结果。

概括来说，革命时期政论写作所依据的政治公理，包括社会契约、人民主权、自然权利、共同福祉、共和主义、公共美德、宪制主义、代表制、选举、分权、制衡等。这些政治公理大都是在欧洲和殖民地的政治实践和理论探讨中形成和逐渐明晰的，因为它们对于政治世界具有强大的解释力，特别是能够为英美人民的现实诉求提供有力的支持和辩护，于是逐渐深入人心，成为共识。在美国革命时期的国家构建中，虽然每一条政治公理所对应的都是政治社会中不同的问题，但它们相互之间是融洽无间和相互支撑的。社会契约涉及的是政治社会的起源，有些人也用它来界定宪法的性质。人民主权解决的是政府权力的来源及合法性，并与社会契约一起构成所有其他公理的基础。自

---

① 帕森斯：《西奥菲勒斯·帕森斯回忆录》，第48页。

然权利强调权利先于并高于政府权力,因而为反抗现行体制的人和"自由至上主义者"所偏爱。共同福祉构成政治社会和国家的合理目标,是人民主权的逻辑归宿,也体现了自然权利在共同体层面的要求。共和主义既是社会理想,也是政体的结构和属性,同时还包容人民主权原则,并有利于保护自然权利和追求公共福祉。公共美德则不仅是共和主义的灵魂,也是共和政体存亡的关键。至于宪制主义、代表制、选举、分权和制衡,所涉及的是保证人民主权、自然权利、共同福祉、共和主义等原则得以落实的制度和机制。相对而言,在上述各条政治公理中,关于人民主权和自然权利的理解及态度,在革命一代中间存在较为明显的分歧。保守或稳健的人担心这两条公理容易刺激民众的政治热情,力图抑制其效力,或对其内涵加以改造和"驯化";激进主义者则倾向于旗帜鲜明地倡导这些原则,把它们作为政治社会的核心价值。在《决议》中,对政府原则的阐述以及对政府形式的设计,大体都建立在这些政治公理的基础上,其中所诉诸的社会契约、人民主权和自然权利等,也没有经过刻意的改造或"驯化"。《决议》的作者还特别表白说,他旨在提出一个符合"人类的自然权利"和"自由的共和制政府的原则"的宪法建议。[1]

这种运用政治公理讨论具体问题的方式,不仅见于精英的政论写作,也表现在普通民众的政治讨论中。在马萨诸塞立宪运动中,无论是阐述一般的宪法原则,还是评估具体的宪法条文,许多村镇的意见在理论前提和话语逻辑上与《决议》如出一辙。在关于1778年宪法草案反馈中,贝弗利村镇的意见包含一个关于"权利法案"的建议,强调"权利法案"首先要描述人的自然权利,区分那些他为了社会好处而让渡给政府的权利同那些他不能让渡的权利;其次要明确说明他在什么条件下转让哪些权利,清楚地界定对政府的限制,同时明确保证他转让权利所应获得的对等物。[2] 这种说法几乎相当于直接取自《决

---

[1] 《埃塞克斯决议》,载汉德林等编:《政治权威的民众来源》,第353页。
[2] 《对1778年宪法的反馈:贝弗利》("Returns of the Towns on the Constitution of 1778: Beverly"),载汉德林等编:《政治权威的民众来源》,第295页。

议》中的相应段落。贝弗利村镇地属埃塞克斯县，虽未派代表参加埃塞克斯县大会，但当地重要人物乔治·卡伯特是帕森斯的密友，其反馈意见吸收了《决议》的观点也未可知。不过，坐落在米德尔塞克斯县的列克星敦村镇的居民也提出："公民宪法（civil Constitution）或政府形式从性质上说乃是一项至为神圣的契约或合同，它由构成社会的个人订立，……在人民中间或在社会中确立任何宪法或政府形式的最大目的，就是要维护和捍卫那些保留的权利不受侵犯。……不仅政府和拥有权力的人可以知晓（其权力的）明确限度和边界，而且居民和这一社会的所有成员都知道他们的权利和自由是否受到侵害或违背。"① 这段话包含社会契约、人民主权、自然权利和限权政府等理念，同《决议》的理论底蕴并无二致。

更确切地说，从理论创新的角度看待《决议》，对于这样一份针对立宪中的具体问题提出的建议，未必是一种适当的做法。反过来看，如果《决议》独出心裁，表达一些时人并不熟悉的新颖理念和主张，其价值也许会被后世所发掘，但对于当时的国家构建断乎不会产生多少实际的影响。归根结底，《决议》的真正价值恰恰就在于，它植根于美国革命的政治文化的土壤里，采用当时人能够理解和接受的思想逻辑与话语方式，清晰、系统和深入地阐述了"自由的共和制"的原则和形式。这一点正是同一时期其他同类文献所不能比拟的。

在具体的制度设计方面，《决议》也并非如有的学者所说的那样了无新意。对照同一时期的同类文献和各州宪法的制度设计，可以说《决议》在政府形式的构想上颇具想象力。《决议》的作者和本杰明·拉什一样，也意识到设计政府形式在难度上远甚于讨论政府原则。按照《决议》的说法，确立一种能为其居民提供最大可能的幸福的政府形式，乃是一项十分艰巨的任务，要求制宪者具有良好的品格和禀赋，了解自由政府的原则，并具有经验和知识。② 毋庸讳言，《决议》关于

---

① 《对1778年宪法的反馈：列克星敦》（"Returns of the Towns on the Constitution of 1778: Lexington"），载汉德林等编：《政治权威的民众来源》，第317页。
② 《埃塞克斯决议》，载汉德林等编：《政治权威的民众来源》，第328页。

"自由的共和制"的制度构想,就其中任何单独一项制度或机制而言,的确都能在当时的政论或各州宪法中找到;但《决议》的特点在于,它吸收了已有的经验和观点,对某些制度和机制做了变动或改进,按照不同的理念把它们组合在一起,并且重新安排了不同制度和机制之间的关系,使之成为一种历史上不曾有过的新型共和政体模式。

先来看立法机构两院制问题。两院制不仅是亚当斯《关于政府的思考》的核心观点,而且见于1776年多数州宪法中,是美利坚人长期以来就已熟悉的制度。可是,为什么在革命初期两院制会受到强烈的质疑,甚至会被宾夕法尼亚和佐治亚所放弃呢?关键在于当时流行一种观点,认为两院制对应的是英国那种存在不同等级的社会结构,而摆脱英国统治后的美利坚人乃是同质而平等的人民,他们只有一种利益,因而只能由一院制议会来代表。亚当斯力主两院制,其主要考虑在于权力的平衡,即在议会下院的立法权力和行政权力之间需要一个中间机构,起到调解和平衡的作用,避免立法权力和行政权力之间争斗不已。至于多数州宪法所采用的两院制,则不过是在形式上沿袭殖民地时期的惯例,实际上则把主要权力赋予议会下院,这也是后来深为杰斐逊和詹姆斯·麦迪逊等人所诟病的问题。《决议》的思路则有所不同。它借助于"人身"和"财产"两分的代表制理论,以论证两院制的必要性和重要性。美国学者克鲁曼认为,"人身"和"财产"两分的理念来自布莱克斯通的《英国法律评注》。① 其实,以税收额(财产)作为代表席位分配的依据,从《人民是最好的统治者》一文的批驳来看,应是早已在北美流行的观点。② 《决议》的特点在于,它采用这种理念来区分人民中的不同利益,并且认为这些不同的利益之间存在矛盾,可能发生冲突,因之需要在代表制机构中获致平衡。这就等于放弃了人民具有同质利益的古典共和主义观念,要把不同的利益和原则引入共和制的代表制机构。《决议》特别强调,任何立法只有得到

---

① 克鲁曼:《在权威和自由之间》,第153页。
② [佚名]:《人民是最好的统治者》,载海因曼等编:《美国建国时期政论集》,第1卷,第394页。

利益相关群体的多数的同意，才是合理而有效的；这无异于以代表制机构中不同利益的制约和平衡，来保证国家的开放性和中立性，避免一部分人（不论是少数精英还是多数民众）垄断国家权力，特别是防止多数人压迫少数人。麦迪逊在《联邦主义者文集》第10篇中所讨论的核心问题，也是如何在共和制下防止多数人压迫少数人，只不过他设想的关键在于，借助大共和国而使派别和利益多样化。① 总之，相较于亚当斯以权力平衡为取向的两院制主张，《决议》中以利益平衡为取向的两院制主张，更加切合现代国家的特点。另外，值得一提的是，《决议》力主控制立法机构的规模，认为人数过多不仅导致开销靡费，而且不利于冷静地辩论和议事；如果代表人数随人口增长而不断增加，最终会使众议院变成"纯粹的乱民"。② 近十年后，麦迪逊在为新宪法立法机构的人数问题进行辩护时，也采用了大致相同的话语和逻辑。③ 这种考虑显然暗含着某种根深蒂固的精英政治情结。

再来看行政权力问题。亚当斯在《关于政府的思考》中论及行政权力时，不仅照搬了某些殖民地的经验，而且引入了君主制下的某些机制。行政首脑每年一度由立法机构选举，这类似马萨诸塞殖民地建立之初的做法，也是康涅狄格一直以来所坚持的传统。亚当斯同时又考虑到，这样可能造成行政权力对立法权力的依附，于是又借助于君主制下的行政首脑直接参与立法（亚当斯认为行政首脑可成为立法机构的一个单独的分支）和享有绝对否决权的机制，以保护行政权力的独立性，求取权力的平衡。在1776年多数州的宪法中，行政权力基本上被虚化，行政首脑大多由立法机构选举，而且不掌握多少实质性的权力。然而，《决议》却提出了一种大不一样的行政权力理念。一方面，它批评1778年宪法草案中行政权力和立法权力夹缠不清的弊端，

---

① 詹姆斯·麦迪逊：《联邦主义者第10篇》（James Madison, "Federalist No. 10"），载汉密尔顿、麦迪逊、杰伊：《联邦主义者文集》（Hamilton, Madison, Jay, The Federalist Papers），纽约1961年版，第77—84页。
② 《埃塞克斯决议》，载汉德林等编：《政治权威的民众来源》，第349页。
③ 詹姆斯·麦迪逊：《联邦主义者第55篇》（James Madison, "Federalist No. 55"），载汉密尔顿、麦迪逊、杰伊：《联邦主义者文集》，第342、360—361页。

坚决反对行政权力直接参与立法,较之亚当斯的方案,这显然具有更强烈的反传统体制的共和主义精神;另一方面,它又主张强化行政权力,力求使之具备"活力和敏捷"的特性①。这一点汉密尔顿后来在《联邦主义者文集》中做了更细致而透辟的阐述,②也为联邦行政权力运作的实际经验所证实。这种行政权力的理念与前文提到的英国宪制模式和雅典民主模式均不相同。前者直接模仿君主制,后者则过于轻视执行的重要性。《决议》既要赋予行政首脑强大的权力,又要防止他演化为"暴君";不仅以频繁选举的方式使之受到选民的制约,而且把他置于严格的分权和制衡格局中。这显然是意在获取君主制下行政权力的独立、强大和灵活性,同时又消除其世袭、集权和走向专制的制度性隐患。③

关于司法权力,《决议》采纳当时在美国已经得到公认的观点,把司法权力从行政权力中分离出来,成为三种权力中单独的一极,而且为其独立性提供了更可靠的制度保障,即在任职终身和独立薪俸之外,增加了任命和罢免由不同机构分开执掌的规定。与马萨诸塞1780年宪法和1787年联邦宪法一样,《决议》也没有赋予最高法院司法审查权。当时关于司法权力的主要考虑,只是使它在权力结构中取得独立的地位,而没有把它放置在复合制衡的格局中。司法权力对立法权力和行政权力的制约,表现为它不受它们的制约。

最后,《决议》对三种权力的关系也做了富有想象力的设计。1776年的各州宪法大多在原则上宣称绝对分权,在制度和机制上则是一定程度的立法机构集权,即议会主导,弱化乃至虚化行政权力。《决议》

---

① 《埃塞克斯决议》,载汉德林等编:《政治权威的民众来源》,第344页。
② 亚历山大·汉密尔顿:《联邦主义者第70篇》(Alexander Hamilton, "Federalist No.70"),载汉密尔顿、麦迪逊、杰伊:《联邦主义者文集》,第423-431页。
③ 美国学者埃里克·纳尔逊最近提出,美国革命实际上是一场"拥护王权的反叛",1787年宪法不啻是一部"王权主义宪法",所设计的总统制无异于光荣革命前的英国君主特权在美国的复活。他似乎是把个别现象放大,单只抓住行政权力与君主制表面的相似性,极而言之,标新立异。实际上,只要行政权力处于分权与制衡的格局中,行政首脑以选举产生,而且任期短暂,就使美国体制摆脱了君主制的根本特征。埃里克·纳尔逊:《王权主义革命:君主制与美国的建立》(Eric Nelson, *The Royalist Revolution: Monarchy and the American Founding*),马萨诸塞州坎布里奇2014版,重点参见第1-9页。

在分权的理念上同亚当斯一样，倾向于相对分权，即通过权力的分享来分权，借助相互制约来实现权力的平衡。不过，《关于政府的思考》中提出的权力分享机制，是行政首脑直接参与立法，外加绝对否决权，以及同参事会一起分享赦免权和任命权。《决议》则把三种权力置于相对平等的地位，借助权力的分享、人员的交叉和功能上的相互牵制来避免专权和滥用权力。其中一个最关键的机制是赋予行政权力更加强大而独立的地位，足以制约和平衡立法权力。而且，如前文所论，《决议》把功能分权和等级分权结合在一起，对英国宪制经验进行了创造性的转化，设计了一种复合式的分权制衡体制，既弥补了绝对分权的缺陷，又避开了平衡宪制与北美社会实际的脱节，构想出立法、行政和司法三个政府功能部门的平等、独立、牵制和合作的格局。当然，相对于马萨诸塞1780年宪法和1787年联邦宪法所设计的多向复合的分权制衡体制，《决议》关于分权制衡体制的构想仍然略显粗糙。

学术界另一个通行的看法是，《决议》站在少数富人的立场上，力图扼制革命激发的民主趋势，主张由少数精英控制政府的主要权力。这种判断的依据可能来自以下几个方面。第一，埃塞克斯县和波士顿所在的萨福克县同为马萨诸塞滨海地带最为富庶的地区，这里的商人和律师等富裕的群体认为，1778年宪法没有充分照顾他们的权势和诉求，因而强烈要求以纳税额为基础来分配议会上院的议席，同时赋予上院关键的权力以保护财产的权利。第二，埃塞克斯那些商业和法律界的头面人物，在马萨诸塞政治中同保守的詹姆斯·鲍登站在一边，在全国政治中则大力推动联邦宪法的批准，坚定地支持汉密尔顿的国家理念和财政经济政策，反对共和党和民主化。这批包括《决议》的执笔人帕森斯在内的埃塞克斯精英，被冠以"埃塞克斯帮"的称号；他们在建国初期保守的政治立场，反过来印证了他们在革命年代对激进主义的反感和抵制。① 第三，《决议》的执笔者帕森斯来自当地殷富之家，同其他权势人物有着盘根错节的关系，而且在政治上向来十分

---

① 费希尔：《埃塞克斯帮的神话》，第191-235页。

保守。据帕森斯的儿子说,他父亲是"出了名的彻底的保守派"。这既是其天性使然,也来自于教育和习惯;而且随着年岁增长,他变得愈益保守。小帕森斯还用十分夸张的语气强调其父的保守性:"如果有什么人十分看重有效的政府和法律,看重先例和秩序,那就是我父亲。如果有任何一个人是保守的话,那就是我父亲;但我不能说他这样是出于盲目。"① 根据常理推断,一个由如此保守的人精心写成的政治文件,其思想和主张自然跳不出保守的藩篱。第四,《决议》不满当时处于兴盛的民主化风气,力图引入精英统治的机制,反复强调财产在代表制机构的重要性,赞成对任职和选举权设定财产资格,并赋予参议院和咨议会很重要的权力,力图以财富的权力来抑制和平衡民众的权力。

不过,实际情形并非如此黑白分明。《决议》的作者并不认为他只是在为少数富人争取权力和利益。关于对未来宪法体制的期待,《决议》中有这样一段话:"我们正在为自由而奋斗;让我们都变得同等地自由;这是可能的,也是正当的。如果不偏不倚地考虑,我们的利益乃是同一的。让我们拥有一部不是建立在党派或偏见之上的宪法,不是一部为了今天或明天的宪法,而是一部为了子孙后代的宪法。"② 这样的词句很容易被误以为只是一种修辞手段,或者是一片掩盖私利的烟幕。其实,只要从革命初期的政治文化和权力关系着眼,就可以看出《决议》这段话确实包含良苦的用心。当时马萨诸塞经过十余年反英运动的激荡,以海员、技工、小商贩和中小农场主为主体的普通民众,在政治上十分活跃,通过频繁的户外聚集行动,给各级政府造成很大的压力。在这种民众主义高涨的形势下,人数较少的富裕群体确实感到忧虑甚至恐慌。他们害怕自己的利益受到损害,也担心自己在未来的权力关系中处于不利地位,因而一心要抑制所谓的"拉平之风"(levelling spirit),维护自己的权势。《决议》的这段话宣称,在一个正

---

① 帕森斯:《西奥菲勒斯·帕森斯回忆录》,第36—37页。
② 《埃塞克斯决议》,载汉德林等编:《政治权威的民众来源》,第329页。

在争取自由的时代，所有人都应当而且也能够是"同等"自由的，似乎暗指不能歧视或排斥富裕阶层；呼吁"不偏不倚"，其潜台词似乎是不能过于偏向民众；诉诸利益的同一性，似乎是旨在消除民众对财富精英的戒备和反感；反对党派或偏见，其意图也许是表明自己的立场并不违背公共福祉的要求；倡导行之久远的宪法，意在呼吁尽快确立稳定的政治秩序。不妨说，埃塞克斯县富裕的商人和律师确实希望限制"人民的权力"，维护少数富人的利益，但同时他们并非都是短视而褊狭的人，[1]他们为了自己的利益而诉诸具有共识的原则，倡导构建一个更具开放性和中立性的国家，以有利于全体的方式来保证自己的利益。[2]这样得到的结果，并不是一个财富精英垄断政治权力的寡头政体，而是民众和精英分享政治权力的共和制。这与马里兰殖民地初期天主教徒的做法有某种相似性。在欧洲背负保守和落后恶名的天主教徒，到了英属北美却成了少数教派，受到新教各派（特别是安立甘派和清教）的挤压，其信仰的权利乃至人身安全都没有保障。于是，马里兰议会于1639年制定《宗教权利法》，率先提倡"宗教宽容"和"信仰自由"这种具有普遍意义、有利于全体的原则，以便把天主教徒置于这一原则的保护之下。[3]

在考察《决议》的政治取向时，还需要考虑整个美国革命时期政治文化的演变。革命初起时，许多人觉得自己处在一个创造历史、开启新纪元的关口，富于理想主义和浪漫主义的精神，主张抛弃英国和殖民地的政治遗产，重新构造一个政治社会，创立一个新型国家，倡导人民广泛参政，人民对政府实行直接控制，以立法权为政府的主导。

---

[1] 在美国史学界的相关研究中，18世纪后期埃塞克斯的富裕商人和律师往往被说成自私和反动，只知一味维护自己的财富和特权；或者说他们在思想上极端保守，反对变革，抵制民主。参见费希尔：《埃塞克斯帮的神话》，第199页。
[2] 《决议》中特别强调，在立宪时要抛弃"野心和私利的观点"，唯独只考虑"全体的福祉"和"子孙后代的处境和权利"，赋予社会每个成员"同等的公正"。见《埃塞克斯决议》，载汉德林等编：《政治权威的民众来源》，第329页。
[3] 威廉·布朗编：《马里兰档案：1638—1664年马里兰议会的会议记录和制定的法案》（William Hand Browne, ed., *Archives of Maryland: Proceedings and Acts of the General Assembly of Maryland, January 1637/8—September 1664*），巴尔的摩1883年版，第40页。

体现这种政治倾向的各州宪法，到18世纪70年代末和80年代初期产生了不少弊端，促使一些人开始反思革命的目标和意义，调整国家构建的方针，于是出现了戈登·伍德所说的各州宪法改革，也就是"第二轮立宪运动"①。"第二轮立宪运动"意味着美国政治文化向现实主义转变，其特点是重视历史的继承性，关注不同利益的平衡，注重人民作为政治行动者的局限性，主张抑制过度民主化倾向，防止议会下院权力的膨胀，以权力制衡体制来促进政治的和谐与稳定。伍德把马萨诸塞1780年宪法作为"第二轮立宪运动"的前奏，而实际上《决议》便是这一转变开始的标志。从政治文化的角度说，《决议》一方面坚持共和主义的基本价值，另一方面又对高涨的民众主义加以回应；从制度设计的角度说，《决议》针对马萨诸塞的社会实际，勾画了一幅在当时最富于现实主义精神的国家构建蓝图，推动了马萨诸塞和联邦的政体探索。《决议》的作者帕森斯并不属于传统意义上的"建国之父"行列，他起草的《决议》也只是一个地方性政治文件，但是其中体现的政治理念和宪制主张，并不逊于亚当斯、杰斐逊、麦迪逊、汉密尔顿等政治精英同期的见解。就这一点而言，《决议》跟"建国之父"的思想一样，都反映了美国革命时期政治文化的基本走向。

在美国革命史研究中，美国革命究竟是保守还是激进，也是一个吸引了许多学者注意力的经典论题。讨论美国革命的激进与保守，通常采取的是比较的视野，即把美国革命与法国革命或俄国革命做比较，以揭示美国革命的保守而温和的品质。但也有史家把美国革命视为激进的革命。美国历史学家伯纳德·贝林从意识形态变革的角度，称美国革命是一场激进的政治革命。② 戈登·伍德则以社会政治变化的广度、深度和速度来界定美国革命的激进性。③ 依照本文的题旨，类似

---

① 伍德：《美利坚共和国的缔造》，第430–438页。
② 伯纳德·贝林：《美国革命的核心主题》（Bernard Bailyn, "The Central Themes of the American Revolution: An Interpretation"），载斯蒂芬·库尔茨等编：《美国革命论文集》（Stephen G. Kurtz, and James H. Hutson, eds., *Essays on the American Revolution*），北卡罗来纳州查珀希尔1973年版，第3页。
③ 戈登·伍德：《美国革命的激进主义》（Gordon S. Wood, *The Radicalism of the American Revolution*），纽约1991年版。

《决议》这样的政治文献，构想一种以被统治者的自由和安全为鹄的、代表和保护多元利益的新型国家，如果放在当时世界的政治文化当中，虽然披着一件柔和的理性的外衣，实则包含着十分激进的倾向。诚然，相对于潘恩和其他民众领导人的激进主义，《决议》的确显得保守；但是若从更长远的时段和更广阔的空间着眼，就会得出很不一样的看法。

一个政治社会不能没有政府和权力，但是政府和权力又倾向于压迫人民，这是美国革命一代在国家构建中最为纠结的问题。他们普遍认为，历史上政府和统治方面的最大教训是，片面追求自由必然导致混乱失序，片面强调权威又会造成专制和压迫；因之他们力图建立的新国家，是以权力和权利平衡、秩序和自由并存为宗旨的。这也就是当代学者所说的"最低限度国家"（minimal state）。国家只拥有为维持基本秩序所必需的权力，只扮演自由和安全的保护者的角色。对美国建国者来说，问题的关键不是加强国家的能力（国家吸取资源、控制社会、稳定秩序、主持公共工程的制度和机制），而是抑制国家的攻击性和压迫性，避免让被统治者沦为专制统治下的奴隶。《决议》所构想的那种具有开放性和中立性的国家，正是要防止统治者侵害被统治者的权利，防范政治社会的多数人压迫和剥夺少数人。这种开放而中立的国家，这种限权而自由的政府，不论是由什么人构想，也不论其具体动机是什么，在总体上都是有利于被统治者的。

但是，这里还潜伏着一个尖锐的悖论。在一个权力急速转移、社会面临失序危险的时期，人们在设想国家构建的方案时，却很少考虑或未公开谈论武力、控制和强制等问题，反而要为政府设置重重限制，这不免有几分费解。要解释这个问题，首先须考虑当时美国盛行的以自由、自主、自律和自治为核心的政治文化。美国革命时期是一个政治学理论所谓"自由至上主义"（libertarianism）居于支配地位的时代，人们普遍采用权力和自由二元对立的政治思维方式看待政府和统治问题，对自由的理解也与欧洲主流思潮迥然不同。《决议》论及，"有些人将政治自由界定为做任何法律所不禁止的事情的自由。这种定义是错误的。一个暴君也可能用法律来统治。……政治自由乃是国家的每一个人所拥有的做任何**他所同意**的法律未禁止的事情的权利"。① 这样就把自由与自主（autonomy）联系在一起，强调人民对立法的参与乃是自由的根本保证。类似看法在马萨诸塞一些村镇关于制宪的意见中，也屡屡为人提及。至于"自律"（self-disciplined），指的是人运用理性对自己的行为及其后果做出判断和控制，对事物和行动的评判基于公认的准则。在革命期间的物价风波中，普通民众反对某些商人囤积居奇或抬高物价；他们采取的办法是迫使商人降价，或者促使政府制定管制物价的法律，而不是一味地哄抢店铺。② 这就是理性的自律精神的体现。自治（self-rule）的传统则长期存在于从基层到殖民地的各级政府中，其最大特点就是民众通过公共参与来表达诉求和防止压迫。对自由的热爱必然要求防范任何威胁和损害自由的东西，而统治者的权力则被视为对自由的最大威胁，因而限制和防范政府权力就成为从殖民地到革命时期的首要政治考量。③ 同时，一个自律和自治的社会，也就无须强大的国家权力来进行"他律"，对功能发达的政府也就没有急迫的需求。

另外，在18世纪70年代的最后几年，美国正处在独立战争的关键时期；在对《决议》做解读和评价时，这个时代特点也须纳入考虑范围。虽然马萨诸塞自1776年春天英军撤出后就再未发生重大战事，但《决议》开头仍然提到，最好待到局势平靖后再从容制宪④，这无疑反映了战争对立宪的影响。不过，在其他州发生的各种政体讨论和立宪活动中，也很少强调通常为战争所亟须的政府集权、强化国家财力的考虑，反而盛行反对常备军、戒备权力、提防国家扩张的主张，

---

① 《埃塞克斯决议》，载汉德林等编：《政治权威的民众来源》，第331页。
② 芭芭拉·史密斯：《食品骚乱者与美国革命》（Barbara Clark Smith, "Food Rioters and the American Revolution"），《威廉-玛丽季刊》（*The William and Mary Quarterly*），第3系列，第51卷第1期（1994年1月号），第6-7页；迪尔克·霍尔德尔：《革命时期马萨诸塞的群众行动》（Dirk Hoerder, *Crowd Action in Revolutionary Massachusetts*, 1765—1780），纽约1977年版，第356-362页。
③ 关于这个问题，笔者拟另文专论。
④ 《埃塞克斯决议》，载汉德林等编：《政治权威的民众来源》，第324页。

希望建立一个在汲取资源和控制社会的能力方面都很弱小的国家。① 这种现象似乎也带有某种悖论色彩。需要注意的是，独立战争同欧洲传统的王朝战争截然不同，它不是争夺统治权力、扩充势力范围或提升君主荣誉的战争，也不是以国家的财政税收为支撑的职业军人的战争，而是反抗暴政、捍卫自由的公民战争；革命一代相信公民必定会自愿支持和参加战争，因而不必在政体设计时考虑战争动员和税收财政等问题，而把公民的权利和公共福祉摆在首位。② 于是，美国革命者没有采取欧洲式的现代国家构建模式，不仅不承认绝对权力，而且反对权力的集中，偏爱权力有限而分散的政府体制。到18世纪90年代，以汉密尔顿为代表的"强硬联邦党人"（High Federalists）羡慕英国式的"财政—军事型国家"，倡导把加强国家能力放在第一位，力主扩大国家的财政汲取能力和军事实力。他们致力于建立稳固的财政金融体制，加强税收，扩大陆军，建设海军。③ 可是，《决议》却明确主张以人民的权利来划定国家权力的合理范围和限度，防止"最高权力"走向篡夺和压迫。而且，《决议》还反对建立常备军，认为军队只能由民兵和人民大众构成。④ 这不仅体现了共和主义的理念，而且带有对国家权力的恐惧和防范的心理。从这个意义上说，《决议》不啻是一份被统治者的权利宣言。

再则，18世纪中后期的世界，实行君主制和贵族制的国家居于绝大多数；在这些国家中，统治者的意志和社会上层少数人的利益占据主导地位。两相对照，美国建国者关于国家、政体和统治的思考与探索可谓有天渊之别。在君主制和贵族制政治文化的观照下，美国革命

---

① 亚当斯仅提及要制定"民兵法"，规定要为所有成年男性提供武器弹药，定期训练。参见亚当斯：《关于政府的思考》，载查尔斯·弗朗西斯·亚当斯编：《约翰·亚当斯著作集》，第4卷，第199页。
② 1775年有位作者写道："懂得使用武器乃是自由的唯一条件。……一个国家不论规模多大，只要每个公民都是战士，每个战士都是公民，就不可能被征服。"卡拉克塔库斯：《论常备军》（Caractacus, "On Standing Armies"），《宾夕法尼亚邮讯报》（Pennsylvania Packet），1775年8月21日。
③ 罗纳德·弗米萨诺：《早期共和国时期国家的发展》（Ronald P. Formisano, "State Development in the Early Republic: Substance and Structure, 1780—1840"），载拜伦·沙弗等编：《竞争性的民主：美国政治史的内涵与结构》（Byron E. Shafer, and Anthony J. Badger, eds., Contesting Democracy: Substance and Structure in American Political History），堪萨斯州劳伦斯2001年版，第14页。
④ 《埃塞克斯决议》，载汉德林等编：《政治权威的民众来源》，第345页。

一代的国家理念难免显得怪异和荒诞。即便是在当今世界，美国的建国方式和国家理念也未必能得到恰当的理解。例如，利益决定论者习惯于把所有人都视为单纯的利益动物，依这种眼光来看，美国革命者致力于构建一个以公共参与、利益分享和平等保护为宗旨的开放而中立的国家，若不是虚伪，就是愚蠢。又如，政治现实主义者一般都坚信，国家首先是暴力的合法垄断者，政府权力的首要作用是控制被统治者，权威和秩序乃为立国之本；可是美国建国者却力主限制和防范国家权力，以被统治者的自由和安全为国家构建的指南，如果这不是离经叛道，也是不切实际的空想。

从以上所论可以看出，《决议》虽然不是一份激进的民主文献，但其中提出的国家构建方案，若放在世界历史中来看，却具有无可否认的激进性。它表现了倾向于被统治者的政治思维，极力寻求精英和民众的共治，力主限制统治者的权力以保护被统治者的自由和安全。这固然属于 18 世纪中后期美国政治文化的主流，却也从一个侧面折射出美国革命的激进性。

（原刊于《史学集刊》2016 年第 3 期）

美国早期的国家构建及其启示

最近这几年,我比较关注美国革命时期的一些核心政治观念,想要说明它们在美国早期国家构建中的作用和意义。我先后写过几篇文章,从国家构建的角度考察"人民""民主""共和""代表制"和"古典传统"等观念。① 我指导的几名研究生,在学位论文中也表现出类似的兴趣,分别讨论过"邦联国会""联邦制""公共意见""内部改进"等问题在美国早期国家构建中的重要性。② 另外,国内一些美国史学者也重视国家构建的理论,用它来讨论美国历史上不同时期的问题,做了许多有益的尝试。现在,我想从相对宏观的层面来谈谈美国早期的国家构建,其中参考和借鉴了国内外许多学者的论著。我的有些想法也许跟他们不同,但对他们的研究我始终是充满敬意的。

---

① 李剑鸣:《"人民"的定义与美国早期的国家构建》,《历史研究》,2009 年第 1 期;《美国革命时期民主概念的演变》,《历史研究》,2007 年第 1 期;《"共和"与"民主"的趋同——美国革命时期对"共和政体"的重新界定》,《史学集刊》,2009 年第 5 期;《美国革命时期关于代表制的分歧与争论》,《史学月刊》,2014 年第 11 期;《在雅典和罗马之间——古典传统与美利坚共和国的缔造》,《史学月刊》,2011 年第 9 期。
② 雷芳:《邦联国会与美国早期国家构建》,南开大学博士论文,2006 年;梁红光:《联邦制理念与美国早期的国家构建》,南开大学博士论文,2010 年;董瑜:《美国建国初期经济性社团引发的争论及其意义》,南开大学博士论文,2011 年;叶凡美:《"内部改进"与美国早期国家构建》,南开大学博士论文,2010 年。

一、 国家研究与国家构建的理论

在欧美学术界，曾经发生过一个十分有趣的悖论性现象。自二战以来，国家开始大规模扩张，特别是在欧美，国家承担了越来越多的职能，在社会生活中发挥越来越重要的作用，在世界舞台上扮演越来越关键的角色。可是，这时政治学家反而把国家抛到一边，对国家研究越来越不感兴趣。大致在同一个时期，历史学家也开始厌弃政治史，大家的眼光都转向了社会史和文化史，历史上的国家也遭到了遗忘。到了20世纪七八十年代，首先是一些美国政治学家发觉这种情况很反常，提出要"把国家找回来"（bringing the state back in），也就是要重新重视对国家的研究，并且把国家作为"组织性结构"（organizational structures）和"具有潜在自主性的行为体"（potentially autonomous actors）对待。① 这种"把国家找回来"的学术运动，不仅改变了政治学界的学术取向，其影响也及于历史学界。于是就有一批学者，特别是那些在政治学和历史学的结合地带做研究的学者，开始关注历史上的国家，尤其是早期现代欧洲的国家。研究美国历史上的国家的著作也逐渐增多。有的学者还倡导以国家为中心的政治史。② 国家研究的复兴给欧美学术界带来了许多生机，特别是对政治学和政治史的研究来说，国家形象的重新凸显，是一件非常具有吸引力和冲击力的事情。

另一个相关的现象是，欧美政治学理论对国家与社会的关系也有了新的认识。前些年学术界谈论得较多的是公民社会，社会与国家之间的关系很受重视。当时流行的观点是把社会与国家并置，把它们放在一种二元对立的框架中来看待，有所谓"社会强、国家弱"或者

---

① 西达·斯考切波：《把国家找回来：当前研究中的分析策略》（Theda Skocpol, "Bringing the State Back In: Strategies of Analysis in Current Research"），载彼得·埃文斯等编：《把国家找回来》（Peter B. Evans, Dietrich Rueschemeyer, and Theda Skocpol, eds., Bringing the State Back In），英国剑桥1985年版，第3-37页。

② 威廉·洛克滕堡：《政治史的相关性：关于国家在美国的重要性的思考》（William E. Leuchtenburg, "The Pertinence of Political History: Reflections on the Significance of the State in America"），《美国历史杂志》（The Journal of American History），第73卷第3期（1986年12月），第585-600页。

"强国家、弱社会"这样的对举性提法。这显然是把国家和社会对立起来，而且这么看问题还有一个潜在的价值取向，就是把国家简单地看成一个垄断暴力、行使支配权力的制度复合体，国家总是明目张胆地或阴险狡诈地施加很多的压迫、迫害、控制和监控，所以"强国家"是一件坏事，它会侵夺自由，抑制社会的活力。那时政治学更关注那些反国家的倾向，重视制约国家的力量，也就是社会和国家的博弈。近来有的美国政治学家反思国家和社会的关系，反对简单地把社会和国家置于对立的关系格局中。华盛顿大学的米格代尔提出了"社会中的国家"的理念，主张把社会和国家结合起来看待，特别是要把国家置于社会当中来考察。① 这实际上就是要回到孟德斯鸠和托克维尔当年的思路，力图从社会着眼以真正地理解国家。政治学理论认为，国家通常有两条边界：一条是物理的边界，也就是国界线，它借助于界碑、边防驻军、国旗、护照、签证、海关来体现；另外一条是隐性的边界，也就是国家和社会之间的边界。这条边界却不是固定的和僵化的，也不那么截然分明。这就是说，国家和社会之间有很多交叉、互动和相互渗透的地方。

政治学界这两个新的理论倾向，很快影响到了历史学家对于国家的研究。我这里所谈的问题，可以说就是这种学术潮流的一部分。实际上，讨论美国早期的国家构建，这是一个非传统的历史学题目。按照传统的历史学的路径，我们可以研究国家的形成、国家制度的演变、国家与社会生活和经济生活的关系，我们还会关注国家干预对现代经济和社会发展的意义；但是，我们不会用"国家构建"这样的词。"国家构建"是一个政治学的术语，也是一个很大的理论标签。最近十多年来，在中国的学术界用这个词的人也越来越多，把它变成了一个"热词"。历史学界向来善于向社会科学学习，发现"国家构建"理论具有强大的解释力，就借用它来探讨历史上国家的变化。我在这里想

---

① 乔治·S. 米格代尔：《社会中的国家：国家与社会如何相互改变与相互构成》，李杨、郭一聪译，江苏人民出版社2013年版。

特别强调的是,"国家构建"是一个后出的理论概念,而不是一个历史名词。也就是说,美国早期的人并没有用这样的概念来描述国家的演变,是后来的研究者为了更好地理解和解释历史上国家的变化,借用了这个政治学的理论术语。就像我们常讲的文艺复兴、工业革命和现代化一样,也都是用后出的概念来描述过去的现象。

"国家构建"在英文中叫作"state building",有人理解为"国家制度建设",我觉得是不够全面的。国家构建似乎应包含国家理念的形成和变化,国家制度的设置、调整和完善,国家能力及其发挥的程度和后果。简单来说,"state building"涉及理念、制度和能力三个层面上的东西。第一,所谓国家的理念,就是要建立一个什么样的国家,这个国家的合法性基础是什么,以及国家的主要目标是什么。不同类型的国家,合法性的基础是不一样的。君主制国家的合法性基础是什么呢?是君权神授,国王"代天牧民"。贵族制国家把社会成员分成精英和普通人,统治国家的权利属于那些血统优异、智慧出众、经验丰富的少数人,这是贵族制国家的合法性基础。民主制国家强调人人平等,用人民主权作为合法性的基础。第二是国家制度的建设和调整,比方说,国家实行什么样的政体,国家需要应对的各种问题分别交给什么部门和机构来处理,这些部门和机构之间的权限和相互关系是什么,这些都是属于制度层面的问题。第三是国家的功能和能力。国家应该起什么作用,通过什么样的方式来起作用,需要调动哪些资源来实现国家的目标,这些都涉及国家的功能和能力。

由于一个社会始终处在变化当中,国家也不断面临新的任务和目标,因而"国家构建"就是一个持续的过程。并不是说,建立了一套国家制度以后,或者使国家具备某些功能以后,国家构建就"完事大吉"了。它是一个不断推进、不断变化的过程。在18、19世纪,美国人普遍认为,国家不要管得太多,也不能管得太多,国家在多数情况下确实像一个"守夜人"。但是,到了今天,美国人觉得国家好像什么都得管,国家要是不管,就是政府的失职、政策的缺位,那就要问一问领导人的责任了。的确,从二战以来,美国的经济问题、福利问题和国家安全问题越来越突出，可是这三方面的问题又是个人、私人机构和社会团体无法单独处理的，必须有国家的介入，并且必须由国家来主导。于是，国家的制度和职能在不断调整，国家在社会生活中的作用也越来越强大，人们越来越离不开国家。这样一来，关于国家的认识和理解也就发生了很大的变化。所以，国家构建是一个持续的过程，我们不能用固定的、静止的眼光来看待它。

当然，在不同的时期，不同的国家，国家构建的方式、目标和效果并不一样。有的国家构建是成功的，有的则是失败的。成功的国家构建意味着设立的国家制度是有效的，国家能够很好地发挥它的功能，实现它的目标，能够促进社会的繁荣和稳定。失败的国家构建正好相反，通常导致社会失序，国民遭殃，甚至出现国家的崩溃。当代有些新兴国家不但不能维护社会秩序，无法保证国民的安全，甚至连一些最基本的公共职能都难以承担：没有钱修路，没有钱维持军队，没有能力平息各种内部冲突，无法保证选举的正常进行，没有本事去打击海盗和保障航路的安全。这无疑是失败的国家构建。

另外，我们还经常听到另一个相近的词，叫作"nation building"。"nation building"在国内有人也译成"国家构建"，有人则译成"民族国家建设"。由于"nation building"和"state building"两者关系非常密切，大家经常混在一起用，所以对两者在含义上的区别并不是特别清楚。"nation"这个词的确有国家的意思，但侧重的是人，是在一个主权管辖之下的具有共同体意识的国民，可以把它理解成"国族"。一个"国族"之中，可能包含许多的"族裔"（ethnic groups）。我个人受到日本和中国台湾学术界的启发，赞成把"nation building"译成"国族构建"。这样不仅显得简洁，而且能同"国家构建"形成对应。所谓"国族构建"，说的是一个国家除了有主权，有领土，还有管辖范围内的众多的国民，这些国民通常在族裔、文化、信仰、利益甚至人种上存在许多的差别，现代国家若要长期而稳定地存在下去，就必须使这些差异纷繁的国民形成基本的共识，产生国家认同感，能对国家保持忠诚，也就是成为一个政治和文化的共同体。这个培育和维护国民对国家的认同和忠诚、以形成一个稳定的国民共同体的过程,就是"国族构建"。"国族构建"是现代才有的事,现代的"国族国家"就是"国族构建"产物,其存续也离不开持续的"国族构建"。实际上,"国族构建"在我们的日常生活中是无处不在的,比方说升国旗,唱国歌,去天安门广场看升旗仪式,举办国庆典礼,拍爱国题材的影片,建立爱国主义教育基地,等等,这些活动的目的都在于培养爱国情操,强化对国家认同和忠诚。这不正是"国族构建"的要义吗?

如果说"国家构建"强调的是制度和能力的层面,那么"国族构建"侧重的就是文化和心理的层面。两者是一种相辅相成的关系,成功的国家构建会有利于国族构建,而同步进行的国族构建又能够促进国家构建。从世界历史来看,一个非常强大的"state",并不一定能够保证国家的统一和巩固;相对来说,只有"nation state",也就是国族构建和国家构建齐头并进、相得益彰的"国族国家",才是比较稳定和巩固的。迄今为止,我们还很少看到"国族国家"发生内战和出现分裂的现象。在有的国家,国家构建和国族构建并不同步。譬如当年的苏联,在国家构建方面走得很远,它的国家制度很发达,国家机器及其控制能力,在苏联的鼎盛时期无疑是非常强大的。但是,苏联的国族构建却相对滞后,它有那么多的加盟共和国,包括那么多的族裔,但是,这些族裔始终没有对苏联产生强烈的国家认同和国家忠诚,因而没有形成一个真正意义上的国民共同体。当苏联的国家机器出现故障以后,那些由不同的族裔所组成的加盟共和国纷纷独立,变成了许多新的国家。从这种意义上说,苏联的解体造成了新一轮国家构建和国族构建的高潮,基于一些新的国民共同体形成了若干新的国族国家。

以上所讲的大体上属于政治学的常识。对于我们理解美国早期国家构建的历史,这是一种必要的理论铺垫。

二、 美国早期国家构建的特点

美国历史上的国家构建也是一个很大的题目。在不同的阶段,不同的时期，美国的国家构建的主题和方式都不一样。我这里讲的美国早期的国家构建，涉及从殖民地后期到建国初期这一历史阶段，大体相当于18世纪中后期到19世纪初期，时间跨度大约半个世纪。这个阶段美国的国家构建具有特殊的意义。关于这一点，可以从以下几个方面来理解。

第一，美国作为国家经历了一个"从无到有"的突变，从殖民地变成一个独立的国家，这是一个真正的"国家形成"（state formation 或 state making）的过程。欧美学术界也有人用"state formation"和"state making"来描述国家的变化，其含义近于"state building"。不过，就美国早期史而言，"国家形成"是一种特殊的"国家构建"，是起点上的或初始的"国家构建"。在世界历史上，类似的国家形成过程，还可以找出其他许多例子；但是，以美国后来的发展和对世界的影响力来看，能够从开端看其国家构建的过程，却具有异乎寻常的意义。汉娜·阿伦特在《论革命》中谈到了暴力与"开端"的联系，[①] 其实，任何一个国家都对自己历史的开端特别重视，喜欢把它传奇化和神圣化。美国革命之所以重要，华盛顿之所以经常被人提起，就是因为跟美国的开端有关。因此，我们从美国的开端来谈它的国家构建，无疑有助于认清其中的"奥秘"，洞悉其中的"神话"。

第二，美国早期国家在很短的时期之内完成了"几级跳"。最初在北美根本不存在现代意义的政治国家，17世纪初出现了欧洲人的殖民地，到1776年13个英属殖民地同时独立，建成了13个邦国（state），这13个邦国在几年里组成了一个邦联，到1788年这个邦联又变成了联邦，也就是成了一个新型的联盟国家。这种国家组织的变化，直接牵涉到国家的理念、制度和功能的巨大转变，说它是几次大跳跃，一点也不夸张。可见，美国早期的国家构建，浓缩了其他国家几百年、上千年的变化。作家余华有本小说叫作《兄弟》，很多人可能读过。有人说它的后半部写得不好，但是我倒觉得这部小说妙就妙在后半部。余

---

① 阿伦特：《论革命》，陈周旺译，译林出版社2007年版，第9页。

华自己讲,他写的故事表明,中国人在短短几十年经历了欧洲几百年、上千年的变化,把别人漫长的历史浓缩在了一个很短的阶段。中国人经验的浓缩激发作家的想象力,那么,美国早期在国家构建方面的经验浓缩,对研究者来说不也是一个非常有诱惑力的题目吗?

第三,在美国早期史上,"国族构建"和"国家构建"之间,有一种非常复杂纠结的关系,存在很大的"张力"。鉴于当时各州的关系以及国际安全形势,美国人需要建立一个强大有力的"state";没有这样一个"state",就没办法保障边界的安全和国民的尊严。美国虽然独立了,但是国力弱小,独立也不巩固。英国在北面和西面还有驻军,南面又有西班牙帝国(主要是新西班牙总督区),边疆地带还有很多强大的印第安人部落。另外,美国人要向外发展商业贸易,可是在海路上不仅遇到一些强大国家的竞争,甚至一些很小的国家也欺负美国商船,比如黎波里这种地中海北岸的小国,就要美国的商船"留下买路钱"。总之,美国人那时经常受人欺负,没有安全感,急迫地需要建立一个强大的"state"。美国建国一代感到,一个强大的"state"必须要有一个同步形成的"nation"来支撑,也就是要把13个拥有主权的州,联合成一个统一的主权国家。可是,这些相对独立的州都把自己视为某种意义上的邦国,认为各自的地理、气候、物产、人口、宗教和利益都不一样,凭什么要变成一个统一的国家?许多人希望保持州的相对独立的地位。另一方面,各州的居民也往往认同于本州,把自己看成是"弗吉尼亚人"或"马萨诸塞人",而不是"美利坚人"。当时一些有远见的政治家呼吁人们忘记自己是"弗吉尼亚人"或是"马萨诸塞人",要把自己看成是"美利坚人"。但是,当时的"美利坚人"还是一个地理学意义上的概念,不具有很强的民族学或政治学的意义。由于缺乏强烈的国家认同感,许多人对建立一个强大的统一国家怀有很深的疑虑,甚至是恐惧。因此,"国族构建"和"国家构建"需要同步进行,但是当时的实际情况却使两者很难同步,其间的"张力"让美国的建国者深感苦恼,为了解决这个问题,他们可以说是苦心孤诣,绞尽脑汁。美国早期国家构建中遇到的这个难题,不仅对后来美国自己的历史有意义,也能帮助我们思考其他地方的国家构建。

第四,在美国早期的国家构建中,美国人的政治理想和社会理想是协调的。他们要建立一个不同于欧洲各国的新型国家,这个国家实行共和政体,而共和政体又是深深扎根在一个共和主义社会当中的。美国革命一代普遍相信,只有共和政体最适合美国,因为美国人是平等而自由的人民,他们中间不存在欧洲各国那种分明的等级,也没有截然对立的利益,因此欧洲通行的君主制和贵族制,都不适合美国。在费城制宪会议上,有人说世界上最好的政体是有限君主制,但是在美国根本行不通,因为"人民的固定思想倾向是反对任何与君主的相似性的"。① 这说明,在美国早期国家和社会之间的关系是高度融洽的,不存在我们惯常所说的那种"国家与社会的对立"。人们常说,美国人除了共和制,似乎就不会别的东西,这话是有一定道理的。就这一点而言,美国早期国家构建的历史经验,为我们考察国家与社会的关系提供了一个非常好的案例。

第五,前面谈到,在国家研究的复兴中,不少学者关注早期现代欧洲的国家构建,提出了一种影响深远的理论,就是欧洲早期现代国家演变的趋向,在于形成了一种具有极强的资源汲取能力、能够保卫国家安全和强化内部控制力的"现代利维坦"。② 这种国家叫作"财政—军事型国家"。可见,这种理论强调国家在财政和军事方面的制度和能力。在美国早期的国家构建中,也有一些人,比如亚历山大·汉密尔顿,抱有和欧洲相同的国家理想,也力图把美国变成一个资源汲取能力很强、拥有强大军事力量的"财政—军事型国家"。但这不是美国当时的主流思想。美国的情况不同于欧洲,它没有那么多的内部威胁,不必把多数国民都视为政权的潜在敌人;而且也没有面临欧洲那么严峻的国际安全局面,因为地缘政治条件对美国的安全十分有利。

---

① 马克斯·法兰德编:《1787 年联邦大会记录》(Max Farrand, ed., *The Records of the Federal Convention of 1787*),纽黑文 1966 年版,第 1 卷,第 86—88 页。
② 托马斯·埃特曼:《利维坦的诞生:中世纪及现代早期欧洲的国家与政权建设》,郭台辉译,上海人民出版社 2010 年版。

因此，美国不必建设一个强大的"财政—军事型国家"。更多的人主张走有利于美国人的个性发展、保障个人追求利益的自由的道路；也就是更强调把国家融入社会，使国家权力渗入社会当中以促进社会发展，而不是单纯地控制社会。这样一来，美国早期的国家类型与欧洲早期现代的国家就很不一样。不妨说，美国早期史上存在一条不同的国家构建道路，出现了一种不同的国家样式。①

第六，美国早期的国家构建中所形成的一些重要的理念和制度，对于其他国家产生了极大的影响，为它们所效仿，甚至照搬。在基本理念方面，比如人民主权、民主、共和、宪制主义、共同福祉等，都受到许多国家的关注和重视。我们具体讨论国家、政体和政策的许多概念和语言，都同美国早期的国家构建有关系。在制度方面，比如联邦制、限权政府、分权体制、制衡体制等，也在许多国家的国家构建中发挥过很大的作用。美国南面的邻居墨西哥，过去曾几度仿效美国的国家体制，所起草的宪法，在理念和条文上几乎是照搬美国联邦宪法。不管我们承认与否，美国早期国家构建留下的经验，不仅是美国人的遗产，也是世界现代国家发展中很有价值的资源。英国学者芬纳写了一部三卷本的《政府史》，考察了世界历史上各个国家和地区对国家体制和统治方式的贡献，其中美国人得分很高，对现代国家的特点有四大贡献，具体说就是成文宪法、对公民权利的宪法保护、司法审查和联邦制。② 这似乎印证了美国建国一代对美国的政治创新的自我评价。

基于上面这些考虑，我觉得考察美国早期的国家构建，不仅有很大的学术意义，而且还有我们经常所强调的"现实意义"。下面我想从立国原则、主权问题、制度安排和能力建设等几个方面，来具体谈谈美国早期的国家构建。

---

① 瑞典学者马克斯·艾德林认为，在美国建国一代中间，同样存在建设一个欧洲式的"财政—军事型国家"的强烈愿望，而且1787年联邦宪法正是美利坚国家"欧洲化"的开端。参见马克斯·艾德林：《一次有利于政府的革命》（Max M. Edling, *A Revolution in Favor of Government: Origins of the U. S. Constitution and the Making of the American State*），纽约2003年版，重点参见第3－12页。

② S. E. 芬纳：《政府史》（S. E. Finer, *The History of Government*），英国牛津1997年版，第1卷，第90－93页。

三、美国立国的三个原则

对于一个"从无到有"的新国家来说,立国原则不仅涉及国家的合法性基础,而且体现了建国者对于国家的性质及其目标的界定。因此,立国原则构成国家理念的核心。我们通常说美国的立国本着三条原则,这就是人民主权、共和主义和宪制主义。其实,美国的立国原则可能不止三条,而且也可能不是我刚才提到的这三条。不过,我们很偏爱"三"这个数字。《道德经》中说,"道生一,一生二,二生三,三生万物";苏东坡的词里说,"春色三分,二分尘土,一分流水"。可见"三"既有哲学的玄妙,也有文学的美感。而且,"三"念起来也顺口,听了容易记住。所以,我们姑且就用"三原则"的说法。

1. 人民主权

从理论的角度说,"人民主权"并不复杂,大家都耳熟能详,指的是在一个政治社会中最高的、终极的权力属于人民。但是,从历史的角度看,问题就不那么简单了。在美国早期的国家构建当中,为什么要采用人民主权原则?建国一代是如何理解人民主权的?它是一种真诚的信念,还是一种纯粹的说辞?人民主权在政府体制和实际政治中是如何体现的?所有这些问题,都不是轻易就能说清楚的。

美国著名历史学家埃德蒙·摩根,写了一本讨论人民主权的历史的书,题目叫作《发明人民》。他从休谟的理论出发,认为任何统治体制都必须建立在"民意"的基础上,也就是必须得到被统治者的自觉认可和拥护;为了做到这一点,统治者就会制造和利用某种虚构,把不那么正当的统治体制,说得比实际上正当一些,以便赢得被统治者的相信和拥护。在早期现代英国和美国的历史中,人民主权就是这样一种虚构。以往的"君权神授"是一种虚构,但它的"虚"主要体现在后半部分,因为"君"是实在可见的,只有"神授"显得很神秘,是常人看不见的。那么,在人民主权这个虚构中,"虚"的则是前半部分,因为"主权"是实在可见的,而"人民"则不知道在哪里。因此,人民主权是比君权神授"虚构性"更强的虚构。① 这种说法是不是成立呢?

我觉得,在美国革命和建国时期的历史语境中,把人民主权说成是虚构也许并不合适,因为它的确具有实际的意义,反映了当时政治社会的实际,是一种广泛的、常识化的信念。首先,在18世纪中后期的美国,"人民"的概念比我们今天具体得多,具有今天所无法比拟的实在性。今天我们所讲的人民,特别是在有些社会政治语境里讲的"人民",可能只是一个具有政治象征意味的符号,甚至是一个带有讽刺意味的词汇。我们知道,人民不是统计学意义上的人数的集合体,而是在公共事务中采取行动的政治群体,这就意味着人民必须依托于团体、借助于户外政治活动才能存在。大家都待在家里看电视,在地铁上玩手机,在饭馆里喝小酒,或者在厨房里做饭,当然就看不到人民的存在;如果许多人经常去参加公共集会,参加选举投票,参加公共性的抗议活动,这个时候人民就现身了。为什么说在美国革命时期人民是相对具体可见的呢?因为在这个时期,依照传统和惯例,已经把很多的人排除在人民之外,譬如,妇女不属于人民,她们不能参与公共事务;未成年人也不能参与公共事务,也不在人民之列;黑人和印第安人连美国人也不是,当然更不属于人民。这样一来,人民的形象就变得清晰可辨了:他们是那些有权利参与公共事务的白人成年男性。人民的数量比较好把握,"人民"概念的边界也就变得比较明确了。更重要的是,在美国革命时期,从基层社会一直到州和联盟的层面,有很多的机构,比如基层社会的村镇会议、通讯委员会、安全委员会和民兵连队,州一级的省区大会,联盟层面的大陆会议,都是人民或者人民的代表参与公共事务的地方。另外还有很多的社会抗议活动,如打击效忠派、反对高物价、抵制过度征兵、不满过度摊派,等

---

① 埃德蒙·摩根:《发明人民:人民主权在英美的兴起》(Edmund S. Morgan, *Inventing the People: The Rise of Popular Sovereignty in England and America*),纽约1988年版。

等，这类活动的参与者和领导者大多是普通人。于是，这些机构和活动就成了人民现身的场所。至于参加村镇会议的辩论，到投票点去投票，这更是"人民"的特权和身份的体现。由于有这么多的渠道和机制让普通人在公共事务中亮相，于是民众就变成了人民。

再则，在美国革命时期有一套切实可行的机制来体现人民主权，甚至让人民主权得到落实。这些机制主要有立宪权、代表权、选举权和知情权，其中立宪权同人民主权的关系尤其密切。卢梭把人民主权理解为立法权，人民必须亲自掌握立法权，否则他们就会丧失自由；选举的官员不能染指立法权，不然就是篡夺人民主权的行为。但是卢梭自己心里也很清楚，人民要亲自掌握立法权不是一件容易办到的事，因此，他对民主的实现持悲观的态度。[①] 美国建国一代并不像卢梭这样看待人民主权。他们把创设政府、授予官员权力看成是主权的体现，于是就把立宪视作主要的主权行为。美国革命者的这个观念是如何推导出来的呢？他们认为，政治社会的最高权力是属于人民的，但是人民不能够直接来行使权力，只得把权力委托给一部分人来行使；人民把权力委托给一部分人以后，委托的权力可能发生异化，变成压迫人民的力量，因为掌权者可能会利用权力来谋取私利，做出对人民不利的事情。那么，怎样才能使人民委托的权力不至于成为一种反对人民的力量呢？怎样才能使人民免受权力的压迫呢？那就是人民必须在委托权力之前制定一套规则，一方面要限制掌权者，另一方面要保护授权的人民。实际上这两者是二而一的，限制掌权者为的就是保护人民的权利。两者合在一起就形成了政治社会权力运作的最高规则，这就是宪法。既然宪法的目的是授予权力、创设政府、限制官员，那么它就不能由政府和官员来制定，而必须由授权的人民来制定。可是人民不可能一起开会来制定宪法，只能选举自己的代表，组成一个专门的

[①] 卢梭：《社会契约论》，何兆武译，商务印书馆1994年版，第125–126页；布莱恩·加斯登：《代表制政府与人民主权》（Bryan Garsten, "Representative Government and Popular Sovereignty"），载伊恩·夏皮罗等编：《政治代表制》（Ian Shapiro, et al., eds., *Political Representation*），英国剑桥2009年版，第93–98页。

制宪会议来起草宪法,然后再把这个文本交给人民来讨论和批准。只有在人民批准以后宪法草案才成为真正的宪法。所以,立宪权是人民作为主权者的最根本的权利。独立之初,各州纷纷制定宪法;但是宪法的制定者大多是当时的权力机构,有的州叫"省区大会",有的州是议会下院。这种制宪方式受到很多人的批评,主要是因为没有体现人民的主权者地位。立宪权只能由人民来行使,在人民不能亲自行使的情况下,就应当选举代表组成专门的制宪会议,代替人民行使立宪权,再把起草的宪法交给人民批准。从马萨诸塞立宪开始,到了后来的新罕布什尔,以及联邦制宪,都采取了这种方式。专门的制宪会议不是政府机构,成员也不是政府官员,而是人民专门委托的代表;人民批准宪法,往往也是采取代表大会的形式。这样就解决了人民作为主权者如何创设政府、授予政府权力的问题。诚然,参加制宪会议的人都是精英,是少数优秀分子;但是,专门的制宪会议的理念和机制,使得立宪在形式上是高于政府的行为,体现了人民的权力先于并且高于政府权力的地位。所以,立宪就成了落实人民主权的途径。

在美国革命时期,代表权也派生于人民主权。前面提到,人民拥有的权力自己无法亲自行使,于是就从自己当中选择一些人来替他们行使权力,这种委托代表行使权力的机制叫作代表制;更确切地说,叫作政治代表制(political representation)。按照美国建国一代的理解,政府的权力来自于人民的委托,适当的人口或地区需要有适当的代表数目,在政治社会拥有利益的人必须享有投票选举代表的权利,这些都属于代表权的范畴。所以,代表权也是体现和落实人民主权的方式。在17、18世纪的政治理论中曾有过一个很有趣的争论。人民中的每个人都把作为个体所拥有的权力交出一部分,形成公共权力,结成政治社会,这种方式叫作订立"社会契约"(social contract)或"社会公约"(social compact)。契约是双方的行为,就是人民相互之间来缔约。可是,人民缔结契约形成的这个公共权力,自己并不能行使,而必须授予少数人,由此组成政府。这个授予政府权力的方式也是契约吗?有人认为是契约,也有人认为不是契约。美国革命时期的主流思想把这个行为称作"委托",这就是,人民把公共权力委托给一部分人来行使,这部分人要是表现好,就让他们继续行使;如果表现不好,人民就可以把权力收回来,再交给别的人行使;如果掌权的人死活不让人民收回权力,那么人民就可以起来造反。这就是人民的革命的权利。因此,人民把公共权力委托给一部分人来行使的机制,就是代表制;那些接受人民的委托而代替人民处理公共事务的人,就是人民的代表。美国革命一代在代表制问题上做了许多讨论,进行了不少有影响的实验。他们认为代表制政府的形成是美国革命的重大成就。

我们都很熟悉的选举权和投票活动,也是体现和落实人民主权的基本方式。我们刚才谈到,人民作为政治社会的最高权力的主人,确实没有办法自己亲自行使权力,于是就需要把权力授予一些人来替他们行使,以实现政治社会的目标。选举就是人民授予官员权力的方式,在很大程度上也是一种授权仪式,具有显著的象征性。同时,选举也是一种更新的仪式,因为每一次选举都意味着要找一批新人来替人民行使权力,这个时候人民就觉得自己是权力的主人,官员不过是他们找来办事和服务的人。前面提到的美国学者摩根说,17、18 世纪的选举很像"嘉年华"。人们处在狂欢当中,角色颠倒,仆人可以戏弄主人,高贵者不得不取悦卑贱者,原来的尊卑长幼的等级秩序都被打破了。选举的时候也会出现类似的情形。谋求当选的人要去讨好选民,去跟选民握手,请选民喝啤酒、朗姆酒和苹果汁,吃烤牛肉;甚至还让家里美丽的女眷出来替他们做"形象大使",做宣传,拉选票;家眷不够美丽动人的,就找朋友的漂亮妻女来帮忙。这么做,当然是希望得到更多的选票。这个时候,地位远比候选人低的选民,就会觉得自己变得很重要,手里的权力很管用,有做主人的感觉。摩根打这个比方,用意还是要说明人民主权只是一个虚构,选举给人民造成了"当家做主"的幻觉。① 其实,话也不能说得这样绝对。在 17、18 世纪,投票的权利是一种特权,选举不仅是政府权力的合法来源,而且是对

---

① 摩根:《发明人民:人民主权在英美的兴起》,第 176-206 页。

政府官员的最大监督和约束。任何想在下次再当选的人，都必须重视选民的意见和偏好，都必须在意自己任期内的表现。这在一定意义上确实把选民摆在了高于官员的地位上。

人民的第四种重要权利是知情权。人民选举代表去行使权力，而权力又是一个能量很大、很可怕的东西，如果人民不知道代表在政府里做了什么，为什么要这么做，权力就有可能失控和为害。所以，人民的知情权是保证授予的权力不被滥用的重要机制，也是塑造"责任政府"的外部力量。美国革命时期的知情权也不同于今天。今天的美国政府会以各种理由，比方说"国家安全"这样的理由，把许多信息划入"国家机密"的范围，采取小组委员会的秘密决策，不公布具体情况，不让民众知情。在美国革命时期，信息的开放程度高于今天，那个时候没有那么多的国家机密，决策方式也要公开一些。不过，那时信息的传播渠道较少，速度更慢，真正能接触政府信息的人可能不多。譬如，18世纪的议会辩论是开放的，但是人们如果要听议会辩论，就必须亲自去议会大厅才行；今天美国有专门的电视频道，叫C-SPAN，即时转播国会的辩论和联邦政府的其他公共事件，美国公民不用去国会山也能了解议员们在干什么。当然，能让电视转播的辩论，只是那些可以公开的信息。这与18世纪的情况还是很不一样的。那时议会辩论的开放是一个很大的进步。议会的投票多是唱名表决，每个选民在理论上都知道自己选派的代表在某项公共政策上持什么态度。议会的议事和表决结果都要记录在案，并且要定期公布；议会的法令也要汇集出版，好让民众知道议员们都做了什么，为什么要这么做。议员所做的事情如果不能让选民满意，他们必须做出解释，做出交代，甚至要为自己的不当行为承担责任。这个叫作"问责"（accountability）。可见，知情权在美国早期的政治当中是一个非常重要的概念。在当时的"国族构建"中，人们强调要培养"知情的公民"（informed citizenship），也就是公民要掌握公共信息，并能利用信息做出正确的判断。只有这样的公民，才会有参与公共事务的愿望和能力。这说明，知情权对于落实人民主权同样很重要。

基于上面说到的几点理由,我觉得人民主权在美国立国时期是一种普遍的、带有大众信念特点的政治原则,而不是纯粹的理论教条或"虚构"。

还有一点需要说明,由于落实人民主权有不同的方式,美国建国时期还出现了两种不同类型的民主概念。根据美国革命一代的理解,人民所拥有的权力,如果由他们亲自行使,这叫作"纯粹的民主"(pure democracy 或 perfect democracy);人民所拥有的权力,人民不能够亲自行使,转而交给自己选择的代表来行使,这同样是民主,不过叫"代表制民主"(representative democracy 或 democracy by representation)。我们今天常说"直接民主"和"间接民主",这种区分正是源自美国革命时期。在美国革命以前,关于民主只有一种定义,就是古代那种人民亲自行使权力的政治体制。美国革命时期有了人民主权的概念,认为只要是基于人民主权的政府,不管权力是由人民亲自行使,还是由人民授予代表来行使,都是民主。这样,民主的定义就扩展了,出现了一种新型的民主。我们今天把人民不亲自参与统治的体制也叫作民主,这正是美国人把人民主权作为立国原则的一个意外的产物。

总之,人民主权看起来是一个虚玄的学说,在今天的政治语境中甚至带有某种讽刺的意味,但是在 18 世纪美国革命的历史语境当中,却是一种真实的信念。美国革命中的一个领导人塞缪尔·亚当斯,是美国第二任总统约翰·亚当斯的堂兄,他在美国革命结束以后曾给他的堂弟写信讨论当时的政治气候,认为美国的政治领导人虽然争论过很多的问题,但是没有人反对人民主权原则。[①] 他的话在一定意义上也证明,人民主权原则是革命一代的真诚信念,而不是什么骗人的空洞说辞。

---

① 塞缪尔·亚当斯:《致约翰·亚当斯》("Samuel Adams to John Adams, 20 Nov., 1790"),载查尔斯·弗朗西斯·亚当斯编:《约翰·亚当斯著作集》(Charles Francis Adams, ed., *The Works of John Adams*),波士顿 1850—1856 年版,第 6 卷,第 421 页。

2. 共和主义

在美国革命时期，共和主义既是一种社会理想，也是一种政治体制。作为一种政治体制的共和主义很好理解，就是非君主制的政体，没有世袭的权力，所有的官员都经由选举或任命产生。不过，作为社会理想的共和主义就比较复杂了，它主要强调的是，这个社会是由相对平等的公民所构成的，这些相对平等的人生活的最高价值是自由，而保卫共和国、维护共和主义纯洁性的最可靠保障是公民的美德。所以，共和主义社会就是以平等、自由和美德为基础的社会。

美国革命一代认为，他们的社会在世界上是出类拔萃的，跟欧洲很不一样，其中最突出的一点就是平等，没有身份等级制度，大部分人有一定的财产，有参与公共事务的权利。几十年后，法国人托克维尔来到美国考察，给他印象最深的正是身份的平等。[①] 革命时期的美国人普遍把自由看作最高的价值。美国革命的领导人对自己的历史做了这样的诠释：他们的祖先离开英国和欧陆，远涉重洋来到北美的"荒原"，为的就是寻求自由；他们不仅要给自己寻求自由，而且还要替全世界人们开辟一个自由的避难所。那么，普通人又为什么会参加革命呢？这里有个有趣的故事，可以帮助我们理解这个问题。在 19 世纪 40 年代，美国有个年轻学者去做口述史，了解革命一代究竟为什么要起来跟母国打仗。他找了一个当年参加过列克星敦和康科德之战的老兵，叫列维·普利斯顿上尉。这个人当年已经 90 多岁了，说话也不十分利索。采访的人问他，你当年为什么要去打英国人？是因为反对印花税和茶税吗？普利斯顿上尉说，这些东西跟我一点儿关系也没有，我从没见过印花，也不喝茶。采访人又问，那是因为你读了哈林顿、洛克和西德尼关于自由的论述吗？普利斯顿上尉问道：谁是洛克啊？谁是哈林顿啊？我从没听说过这些名字。采访人还在追问，那你究竟为什么要去打英国人？普利斯顿上尉答道，我们一直是自由的，我们也想

[①] 托克维尔写道："我在合众国逗留期间见到一些新鲜事物，其中最引我注意的，莫过于身份平等。……随着我研究美国社会的逐步深入，我益发认为身份平等是一件根本大事，而所有的个别事物则好像是由它产生的，……"见托克维尔：《论美国的民主》上卷，董果良译，商务印书馆1991年版，第4页。

一直自由，可是他们觉得我们不该这样，所以要去打他们。① 这就是说，普通人参加独立战争，不是受到书本里的自由观念的影响，而是为了捍卫他们所享有、所向往的实际权利。其实，当时自由的含义也是十分复杂的，有不同的理解；但核心是生命和财产的安全，以及为了这种安全而参与政治事务、防范压迫的权利。另外，美国的革命者相信，要维护共和体制，不能依靠财富，也不能够借助强大的武力，而只能依靠"有美德的公民"。在一个共和国，如果人民十分富裕，他们就会追求奢靡的生活，放弃勤劳和节俭，整个社会就会腐化，变成一个腐朽的、败坏的社会，于是共和国也就无法生存了。武力更是靠不住，因为那些掌握武力的人有可能拥兵称王，利用军队来夺取国家的权力，压迫民众，实施暴政。那么，共和国的安危所系，就只能是公民的美德了。当共和国遇到外敌入侵时，有美德的公民就变成了"公民战士"（citizen soldiers），自觉地拿起武器，保卫共和国，为了公共利益而放弃私利，甚至牺牲性命。这种勤劳节俭、以公为先、因公废私的情操，就是公民的美德。美国的革命者普遍相信，只有首先建成这样一个以平等、自由和美德为基础的共和主义社会，共和政体才有扎根的土壤，才能根深叶茂，长存不朽。在美国革命结束以后，社会上出现了追逐利润的风气，商业浪潮淹没了公共精神，当时还在世的革命领导人对这种情形忧心忡忡，甚至痛心疾首，感到美国社会变质了，公民美德消失了，共和政体的前途也就成了问题。这就是说，美国革命一代认定，只有社会和政体具有亲和关系，国家才能走上稳定有序的发展道路。美国恰恰就是一个天生的共和主义社会，这个社会必须而且只能采用共和政体。

当然，美国革命时期世界各地盛行君主制，美国人中间也存在君主制倾向。并不是所有人都认为美国必须建成共和国。当时有的人抱有一个很大的疑虑，就是在历史上几乎所有的共和国都灭亡了，古代的斯巴达、雅典、底比斯、罗马等共和国，都没有长久维持下去。尤

---

① 戴维·费希尔：《自由》（David Hackett Fischer, *Liberty and Freedom*），纽约 2005 年版，第 1-2 页。

其是共和时期的罗马，公认是古代共和制的最辉煌的典范。可是结果又如何呢？我们知道，罗马的共和制崩溃了，是罗马人自己抛弃了共和制。所以，美国革命者回头一望，看到只是一部共和制失败的历史。既然如此，他们为什么还要煞费苦心地实行共和制呢？其实，共和政府能不能巩固，共和国能不能长治久安，美国革命者对此确实没有充分的把握。即使像华盛顿和麦迪逊这样的人物，对美国实行共和制的前景也并不是十分看好。欧洲那些推崇君主制和贵族制的人，也觉得美国人搞共和制实验有点可笑。他们说，美国人之所以热衷于共和制，是因为他们还没有发展到实行君主制的程度。当时美国那些对共和制没有信心的人，就想建立一种比共和制更强大、更稳固的政体。在那个时代的人看来，最强大的政体无疑是君主制。在费城制宪会议上，约翰·迪金森和汉密尔顿等人就说过，有限君主制（也就是当时英国的体制）是一种最理想的政体，只可惜在美国行不通。另外还有一些人也很欣赏君主制。要实行君主制，先得有个君主，有个王室，可是美国没有贵族，更没有王室，美国人当中见过国王和宫廷场面的人都极少，找个君主更不是一件轻易能办到的事。有人就想到了从欧洲"引进"一个君主。欧洲哪个地方君主的候选人最多？似乎是德意志。于是，有人建议从普鲁士借一个王子来美国当国王。另外也有人感到求人不如求己，美国并不是没有适合做国王的人选，华盛顿就是一个。华盛顿生得仪表堂堂，一米八几的个子，仪态威严，不苟言笑，很有君主之相；后来有人甚至说，欧洲的国王若是跟华盛顿站在一起，别人一定会认为他是华盛顿的仆人。华盛顿自己也确实有点端架子，总是和别人保持距离。曾经有人开玩笑说，从没见过有任何人在公共场合拍华盛顿的肩膀；有个跟他关系不错的人就真的去拍了一下他的肩膀，结果他果然做出了非常不快的表示。这样一个庄严持重的人物，又在革命中建立了显赫的功勋，公认具有高尚的品德，如果要从本土产生一位君主，华盛顿自然是不二之选。另外，人们觉得他还有适合做国王的另一个难得的条件，就是他没有后代，不会建立世袭君主制。有个叫作刘易斯·尼古拉的军官居然真给华盛顿写信，劝他拥兵称王，收拾局面。华盛顿当然不会答应,还把写信人斥责了一番,弄得这人心惊胆战,接连写了几封信,诚惶诚恐地向他道歉。①

华盛顿为什么拒绝拥兵称王?我们习惯从华盛顿的个人品质着眼来看问题,称赞他有不贪恋权位的高风亮节。我们不能说这件事跟华盛顿的个人品格毫无关系,但关键不在于个人。关键在于美国是一个共和主义社会,华盛顿也是在这个社会中成长起来的人,他能深刻地感受到这个社会最基本的价值取向,也具有最基本的理性,知道国王的宝座就是埋葬革命成果的地方,也是他个人政治命运的坟墓。换句话说,他懂得在美国搞君主制是没有前途的。总的来说,建立君主制的动议在当时并不是主流,只是少数人在私底下议论,并没有成为普遍的政治倾向。美国社会的普遍倾向还是要建立和巩固共和制,而且他们心仪的并不是古代那种共和制,而是"自由的共和制"(free republic),也就是一种采用"人民的代表制"、平等保护所有公民的权利的体制。这是在美国革命时期政治文化中占主导地位的主张。因此,共和主义始终是美国立国的基本原则。

3. 宪制主义

后世经常有人惊叹说,美国人在立国时创造了一个奇迹,他们居然相信一个国家可以靠一张"纸"来统治,这种事在美国之前是从来没有过的。美国有人写过一本通俗读物,标题叫作"费城奇迹",讲的就是统治美国的这张"纸"的由来。② 最近这本书出了一个中译本,标题改作《民主的奇迹》。这个改动似乎有悖于历史常识,因为集会费城的制宪者们并不是要创建民主,反而是一心要抑制民主,纠正民主的弊端。当然,他们讲的民主并不同于我们今天所理解的民主。那么,这个发生在费城的"奇迹"究竟是什么呢?它的真正意义又是什么呢?

---

① 路易丝·邓巴:《关于1776—1801年美国"君主制"倾向的研究》(Louise Burnham Dunbar, *A Study of "Monarchical" Tendencies in the United States, from 1776—1801*),伊利诺伊州厄巴纳-尚佩恩1920年版,第41-45、129-134页。
② 凯瑟琳·布朗:《费城奇迹:1787年5—9月制宪会议的故事》(Catherine Drinker Brown, *Miracle at Philadelphia: The Story of the Constitutional Convention May to September* 1787),纽约1966年版。

其实就是他们草拟了一部新宪法，为美国的政治体制搭起了一个框架。这件事之所以被说成是一个奇迹，第一是因为它为现代大型国族国家的治理开辟了宪制主义的道路；第二是因为它所确立的宪制体制居然一直实行到今天，而且在全世界产生了极大的影响。

在美国制宪以前，很早就有"constitution"这个词。在一般的历史书上，雅典的政治体制叫作"constitution"，罗马的政治体制也叫作"constitution"，英国更是号称有着漫长的"constitution"的历史。可是，这些"constitution"跟我们今天熟悉的定义并不一样，指的是实际政治中运行的一整套制度、习惯和做法，通常译作"政制"或"宪制"。从殖民地时期一直到革命爆发，美利坚人也是从这个意义上理解"constitution"的。但是，革命很快就改变了或者说扩展了"constitution"的含义。美国的建国一代致力于把国家体制及其运作方式变成清晰而明确的规则，并且使这种规则具有稳定性、根本性和至高的地位。他们用"constitution"来指这一套规则，这就意味着他们重新界定了宪法的概念，使过去指实际存在的政治制度和政治惯例的"constitution"，变成了一种写在纸上的根本法、固定法和最高法。另外，现在的宪法条文都采用分章、分节、分款的体例，这也是美国革命时期的发明。因此，我们今天所熟悉的宪法，从理念到文本格式，都是美国革命的产物。

当然，宪法的理念和文本形式还是相对次要的，更重要的是为什么一个国家要有宪法，宪法究竟是干什么的。美国的革命者也给这些问题留下了明确的答案。在他们看来，宪法的要义不外是两条：第一，宪法是"掌权的人应当时时遵守的规则"，它用授予政府权力的方式限制政府权力，划出了官员行使权力的范围；第二，宪法是"保卫自由的永久宪章"，它通过限制政府权力来保护公民的自由和权利。[1] 这种宪法的理念，也反映在当时一些州宪法的名称上。我们今天把美国宪

---

[1] 马克·克鲁曼：《在权威和自由之间：革命时期美国各州的立宪》（Marc W. Kruman, *Between Authority & Liberty: State Constitution Making in Revolutionary America*），北卡罗来纳州查珀希尔1997年版，第19页。

法叫作"the constitution of United States of America",但是在最早的一批州宪法当中,有的州用的名称是"A Declaration of Rights and Form (Frame) of Government",直接用"constitution"的州宪法,有的也包含权利宣言(权利法案)与政府框架两个部分,只有两者合在一起才叫作宪法。前者无疑是保护公民的自由和权利,后者则是规范和限制政府权力。美国宪法的原始文本是在费城会议上达成的前七条,仅仅规定了政府形式,所以只是半部宪法。制宪会议为什么没有起草权利法案,对此有多种解释;但不管怎样,这是一个重大的疏忽,而且几乎是个致命的疏忽。这半部宪法拿出来之后,引起了非常激烈的争论,许多人把它说成是一个压迫性的文件,必然导致君主制、贵族制和暴政。这么说的一个重要理由,就是还缺少一个权利法案。后来多数州的宪法大会批准了宪法,但是同时也达成了一个妥协:宪法一经批准,马上就启动修宪程序,要加进权利法案。于是,起草权利法案就成了第一届联邦国会的主要工作。由于权利法案是紧接着联邦宪法批准以后形成的,制定权利法案这件事是作为批准宪法的妥协而达成的,而且它也没有修改宪法当中的任何条款,只是补充了宪法的条款,是宪法的补充和完善,因此,它实际上并不是真正意义上的修正案,而是属于宪法原始文本的一部分。这样一来,美国联邦宪法也是由"政府形式"和"权利法案"两部分构成的。这同样体现了美国革命时期的宪法定义。

但是,写在纸上的宪法并不能自动变成宪制。用麦迪逊的话说,它只是"死的文字"。[①] 要使这种"死的文字"成为有生命力的最高政治准则,还得有一个不可或缺的条件,就是民众和当权者都要把宪法当宪法,当权者不去践踏宪法,民众则用宪法来维护自己的权利。只有当权者和民众都把宪法当宪法的时候,才有宪制可言。怎样才能使所有的人都把宪法当宪法呢?这就需要有一种宪制文化。美国革命时

---

① 转引自伯纳德·贝林:《美国革命的意识形态起源(增订版)》(Bernard Bailyn, *The Ideological Origins of the American Revolution*, Enlarged Edition),马萨诸塞州坎布里奇1992年版,第32页。

期形成了某种宪制文化，它的突出特点是"宪法崇拜"。托马斯·潘恩说，美国人有很强的宪法崇拜情结；宾夕法尼亚有个大法官也讲，美国人在宗教世界崇拜上帝，在世俗世界则崇拜宪法和法律。这种宪法崇拜情结，可以通过一个很有趣的对比来说明。英国最重要的宪法文件是《大宪章》，它构成英国宪制的源头；但是在《大宪章》的签署地却长期连一个纪念碑都没有，后来有了一个纪念碑，却不是英国人自己立的，而是美国律师协会立的，因为美国人也把《大宪章》当作他们宪制的一个源头。《大宪章》最早的抄本，一直放在大英博物馆一个普通的展柜里；可是美国宪法的最初文本却被放在美国第一国家档案馆里面一个很高的、带有祭坛性质的台子上，供人去瞻仰膜拜。这些事表明美国人的宪法崇拜情结确实格外突出和强烈。以宪法崇拜作为核心支柱的宪制文化，对于宪法向宪制的转化是至关重要的。有宪法未必有宪制，有宪制也未必一定要有宪法。不过，美国宪制主义的特点恰恰是有成文宪法的宪制。

以上讲的是美国立国的三个基本原则。这三个原则要解决的是国家的合法性问题，以及它的基本目标和运行方式。至于这个国家如何运行，还牵涉到许多具体的问题，其中包括国家主权、制度安排和国家能力等方面的问题。

四、国家主权、制度安排与国家能力

在世界历史上，有不少国家的立国原则和国家实践之间是脱节的，也就是像俗话所讲的，说的是一套，做的又是一套。据说，有人对世界上各个国家的国名做过考察，发现那些公认的老牌民主国家，在国名上反而看不到"民主""共和"之类的字眼。美国就是这样一个国家。革命一代致力于建立一个"自由的共和国"，但是，美国的国名当中既没有"共和"，也看不到"自由"。美国的建国者高扬了一套美好的立国原则，他们并没有就此止步，而是要通过具体的制度和实践来体现这些原则，落实这些原则。立国原则和国家实践相对紧密地结合在一起，这是美国早期国家构建的一个显著特点。

1. 主权分割与二元联邦制

主权（sovereignty）是一个政治学和法学的概念，古代和中世纪没有这个概念，把它变成一个明确的法律概念的人，公认是16世纪的法国人让·博丹。后来，人们又把"主权"和"人民"结合在一起，形成了"人民主权"的概念。在"人民主权"之外，还有"国家主权"。这两个主权的含义有联系，也有很大的区别。"人民主权"涉及的是政治社会的主权，就是政治社会最高的、绝对的权力是属于人民的。政治社会的主权落实在国家的统治当中，就是国家主权。一个在特定领土范围内享有最高治权的政府，就是国家主权的化身；也就是说，国家主权往往是由合法政府来代表和行使的。国家主权在国内和国际都是有效的，主权者对内拥有排他性的制定和执行法律的权力，可以获取和占有国民的部分财富，可以实行强制性的控制；对外则不容外国干涉和侵略，可以缔约、宣战和媾和。

在美国建国时期，国家主权是一个十分麻烦的问题，麻烦的根源在于美国建国道路的特殊性，以及当时美国人对待国家权力的独特心理。美国宣布独立时，建立的不是一个国家，而是14个国家：13个邦国，再加上由这13个邦国组成的一个联盟式国家。13个邦国都号称拥有主权，它们派出各自的代表组成一个"congress"，协商那些共同的事务。"congress"这个词指的是各国外交使节在一起议事的会议，跟英国的"parliament"不是一回事。这个"congress"制定了一部《邦联条例》，组建一个联盟式国家。邦联是美国联盟式国家的第一个阶段，这时主权问题还不突出，因为各州都把"congress"看成各州使节的集会，每个州的成员作为一个整体表决，听从各自州的旨意，代表各自州的主权。但是，到了1787—1788年，美国建国者要把邦联改造成联邦，把联邦政府变成统一的国家主权的化身。这样就使主权问题陡然变得尖锐起来。因为这必然触犯一直由各州掌握的主权。如果把各州的主权全部拿到全国性政府手中，各州肯定不会答应；如果联盟没有充分的主权，就不是一个真正的统一国家。另一方面，革命时期的美国人特别害怕权力集中，他们习惯性地把一个拥有巨大权力的政府与压迫和暴政联系起来，希望用各州的权力来平衡和抑制联盟的权力，防范或减轻压迫的风险。在这样一种情况下，美国的建国者究竟应当如何处理国家主权问题呢？

在费城开会的制宪者想出了一个折中的办法，就是分割主权，把主权一分为二，一部分授予联邦，一部分留在各州手中。这就是走二元联邦制的道路。但是，分割国家主权并不像分蛋糕那么简单容易，这在理论上和实践上都面临很大的悖论和挑战。

根据当时流行的主权理论，主权是不可分割的，因为主权的最大特点和属性就是它的绝对性，一旦分割之后它就失去了绝对性，就不成其为主权了。美国人为了建立联邦制，硬生生地构想出一种主权可以分割的理论。这种分割主权的理论可以追溯到独立运动初期，当时英美有些政治人物提出了二元帝国的理念，殖民地和英国共同拥戴国王，但分别设立各自的立法机构。在联邦立宪时期，麦迪逊等人对历史上各式各样的联盟体制做了研究，他们特别重视古代希腊的同盟和当代瑞士联邦的经验，从中得出了国家主权是可以分割的结论，而且认为主权分割以后国家是可以走向长治久安的。很显然，这种主权分割的理论实际上是要为主权不得不分割的现实做出说明。

实践层面的问题同样突出。如何分割主权？把主权的哪些部分授予联邦，又把哪些部分留给各州？缔约权、宣战权、媾和权等重要的主权权力，必须由联邦行使，这是很少争议的问题；但是，征税权、内部治安权、组建和训练民兵的权力，这些权力是否要赋予联邦，则存在极大的争议。再者，那些没有明确授予联邦的权力，究竟还能不能保留在各州手里，也引起了普遍的担心。制宪者在费城为这些问题伤透了脑筋，事后那些拥护宪法的人，为了消除各州的疑虑又费了很多的口舌。联邦宪法设计的主权分割方案最终被多数人接受了。按照这个方案建立的是一个二元联邦制的国家，这个国家在运作方式上有一套非常复杂而微妙的机制。那些始终生活在单一制集权国家里的人，很难理解美国联邦制的理念和运行方式。

以美国政府的名称为例，相关的误会就是司空见惯的。美国的联邦政府相当于国家的中央政府，但是美国人忌讳用中央政府这样的提法，因为中央政府（central government）是单一制国家的概念。美国人习惯于叫"联邦政府"（federal government），或者是"全国政府"（national government）。在制宪会议上，有人甚至觉得"全国政府"这个词都太刺耳了，容易让那些对州权十分敏感的人感到不安，因为"全国"是跟"州"（state）相对的，讲"全国"就意味着"州"要屈从于它。因此，大家达成共识，把未来的联邦政府叫作"general government"。① 在中文里有人把这个词译作"总政府"，这恰恰又犯了当时美国人的大忌。译作"共同政府"，可能比较适宜一些。可见，把中央政府叫作"共同政府"，这是在二元联邦制下不得不采取的一种话语策略。

更有意思的是联邦政府机构的名称。刚才提到，"congress"本来不是指立法机构，而是外交使节的集会，可是美国人偏偏把联邦立法机构称作"congress"。这是为什么呢？如果要说国家的立法机构，最顺当的是借用英国的说法，叫"parliament"。美国人刻意用"congress"，当然有历史的原因。最早反对英国的联合机构叫作"continental congress"；在《邦联条例》生效后，这个"continental congress"就自然转化成了"federal congress"，就是邦联国会。当时用"congress"是说得通的，因为邦联的主权者是各州；可是到了联邦体制之下还用"congress"来指联邦立法机构，这中间似乎就包含了立宪者的心机。他们想用这个名称来迷惑或抚慰那些对州权敏感的人，让他们觉得州派去参加联邦立法机构的代表，仍旧是主权州的"使节"，各州在联邦仍旧是平等的主权者。今天看来，这似乎有点"瞒天过海"的味道。

另外，美国宪法把联邦行政首脑称作"president"，这似乎也有点"诡异"。大家知道，"president"只是个主持人，这个职位看起来并没

---

① 法兰德编：《1787年联邦大会记录》，第1卷，第335–336、390页。

有多大的权力。说到行政首脑,历史上有不少的名称。比如国王（king），这是君主制下的行政首脑。英国内战时期国王被杀掉了,克伦威尔不敢当国王,给自己封了"护国主"的头衔,叫作"the protector of the liberty of England"。在罗马共和时期,临时掌握大权的人叫作独裁官（dictator）。美国实行"自由的共和制",建立的是"民众政府"（popular government），把行政首脑叫作国王、护国主或独裁官,都是行不通的。在殖民地时期,行政首脑叫"总督"（governor）;独立后各州的行政首脑大多沿用了这个名称,我们通译"州长"。那么,联邦政府的首脑为什么不叫"大总督"（chief governor 或 governor general）呢？制宪者把联邦行政首脑命名为"president",当然也有历史的由来,因为当时邦联国会开会时的主持人就叫"president"。但这不关宏旨。更重要的是,把联邦行政首脑"伪装成"表面上权力不大的"主持人",这也体现了联邦制和共和制的特点。一方面,对州权主义者来说,联邦政府只是主权州的集会,最高行政首脑只是一个主持人,不是一个集权的"国王"。另一方面,在欧洲历史上,一人独掌行政大权的情况,仅仅只出现于君主制国家,共和国的行政权力通常是由多个官员分享的,把联邦行政首脑叫作"president",淡化了个人集权的色彩。后来,"president"这个名称传到了东方,没想到遭到了完全的曲解。日本人把它译成"大统领",既"大"且"统",显然是个位高权重的厉害角色。中文里最初有个译名叫作"伯理玺天德",更是把这个职位变得至高无上,因为"玺"字让人想到象征国家最高权威的国玺,"天德"则让人想到"代天牧民"的天子。我们今天通用"总统"的说法,其实也是个误译。"大统领"也好,"总统"也好,在一定程度上译出了"president"的实质,就是联邦行政首脑确实掌握着极其重要的权力；但是却没有译出它的意涵,也就是当年美国立国者在联邦制和共和制的语境中重塑行政首脑形象的良苦用心。

美国建国一代建立这种主权分割的二元联邦制,是一种不得已的选择。如果从更长远的历史进程来看,这种处理主权问题的方式,无疑是美国早期国家构建当中最大的败笔。最严重的问题是留下了导致国家分裂的隐患。在联盟式国家内部没有一个至高的主权，拥有部分主权的州，出于特定的目的，就可以把自己视为和联邦平起平坐的主权者，可以抵制甚至废止联邦法令。南部的分离主义者正是利用主权问题大做文章，宣称州先于联邦，联邦主权是各州让渡部分主权才形成的；如果联邦损害了各州的利益，各州就可以收回交给联邦的主权，另建新的国家。事实上，南部11个州在1861年退出联邦，真的建立了一个新的国家，国名与美国仅一字之差："The Confederate States of America"，中文译作"美利坚联众国"，简称"南部邦联"。为了制止这种分裂国家的行为，美国人付出了历史上少有的沉重代价。内战结束以后，联邦政府为了彻底消除主权问题上的隐患，对南部叛乱各州实行了强制重建，先是军事占领，然后是政治改造和经济改造，最后才让这些州重新申请加入联邦。这就是说，南部邦联叛乱各州不仅仅是丧失了"邦籍"，而且成了被征服者；重建的目的不是恢复它们的"邦籍"，而是要它们在接受改造的前提下重新加入联邦。为什么要采取这样一种强制性的重建措施呢？其中一个重要的考虑就是抑制州的主权，树立联邦主权的至高地位。重建后联邦几乎成了唯一的主权者。因此，这以后美国就进入了集权的联邦制阶段。当然，集权的联邦制后来也遇到了很多新的问题，到约翰逊和尼克松当政时期，出现了所谓"合作的联邦制"的主张，强调要还政于州、还政于民。这里涉及的还是国家主权的处理方式。这说明国家构建确实是一个持续不断的过程。

2. 制度安排与国家功能

美国早期国家构建的另一个重要问题，是设置与立国原则和主权协调一致的国家制度。美国的建国者在思考国家构建的方式时，对制度安排特别小心谨慎，真可以说得上费尽心思，不避烦难。他们要设计出一套既能使权力运作，同时又能防止权力为害的制度框架。美国的建国者所设计的体制，今天通常叫作分权和制衡的体制。这个分权和制衡的体制在今天说起来似乎很简单，但是放在18世纪的社会政治语境当中，却是一件非常具有创造性的事情。

分权和制衡的体制首先涉及对权力的划分。在美国建国以前就有分权的理论，例如亚里士多德就谈到过对权力的功能性区分，有议事的机能、行政的机能和审判的机能。① 17 世纪的洛克也对权力做了功能性划分，包括立法权、执行权和对外权。② 英国长期实行分权的体制，但是主要不是功能性分权，而是等级分权，也就是不同的社会等级掌握不同的权力，拥有不同的权力份额。美国人认为他们的社会是一个平等的社会，只有人民一个等级，因此，英国的等级分权对他们不适用。他们需要的是功能性分权的体制。他们对权力的功能做了新的划分，发展了分权的理论。他们把权力划分为三种，就是立法权、执行权和司法权，并且首次明确地把司法权作为一种独立的权力。洛克和孟德斯鸠都提到过司法权，但是他们都把司法权和执行权混在一起，没有提出独立的司法权的概念。

接着，美国的建国者确定了三种权力的职掌。我们知道，有了权力的功能性划分，并不一定就有真正的分权体制，因为不同功能的权力如果由一个机构甚至一个人来掌握，那就不是分权体制，而是集权体制。比如说，历史上有些国家接受了权力的功能性划分的理念，有立法权、执行权和司法权的提法，但是这三种权力的职掌却是一元化的，掌权者或是一个集团，或是某个国王和元首，所以并不存在实际意义上的分权。在美国革命时期，建国者强调的不仅是对权力的功能性划分，更重要的是不同功能的权力应由不同的机构来掌握和行使。他们认为，如果三种权力由一个机构掌握，或者由一个人或同一群人来行使，那就等于是暴政。三种权力必须交给三个不同的机构，这是分权体制的关键。

最后还有一个同样重要的问题，就是三种权力和三个掌权机构的关系。三种不同的权力由三个不同的部门来行使，那么它们之间是什么关系呢？这个问题处理不好，政府就不能顺利运转，分权的目的也

---

① 亚里士多德：《政治学》，吴寿彭译，商务印书馆 1997 年版，第 215 页。
② 洛克：《政府论》下篇，叶启芳、瞿菊农译，商务印书馆 1964 年版，第 89 - 90 页。

就不能实现。在17、18世纪,英国的政府结构也在发生变化,虽有分权的体制,但是在各种权力及其相应的机构中,立法权和掌握立法权的议会下院一家独大,这叫作"议会主权"。现代英国的行政权力在某种意义上是依附于立法权的。但是,美国形成的分权的理论和体制,跟英国有很大的不同,强调三种权力的独立和平衡,要在相互制约中实现合作。这种平等、制衡和合作的关系,是美国分权的理念和体制的突出特点。具体来说,三种权力之间不是绝对的分立,三个部门中的任何一个部门都没有掌握某种完整的权力,实际上是通过权力的分享来实现分权,然后通过权力的相互牵制和制约来实现权力的运转。在美国的体制中,每种权力都有制约其他权力和保护自己的手段,只有这样才能达成平衡,实现合作。比如说,立法权在传统上是最重要的权力,它最有可能侵蚀和控制其他的权力,为了防范这种弊端,美国建国者设计出了一种十分微妙的办法。国会制订的法令,须经总统签署才能生效;总统如果不签署,就等于是否决了这个法案;如果国会以三分之二的多数来重新通过这个法案,又可以超越总统的否决而使法令生效。关于国会究竟需要超过多少比例的多数票才能超越总统的否决,在制宪会议上有很大的争论。有人主张四分之三,有人主张三分之二;四分之三太难了,三分之二比较合理。在这里,行政部门有制约国会、保护自己的手段;国会又有反制约以保护自己的手段。司法权的设置也是这样,任命法官的部门不能够弹劾法官,任命法官的部门也不能确定法官的薪水,法官没有犯错可以终身任职,而且在任期间不能够降低法官的薪水。这些措施就是要保证司法权的独立。

从这里我们可以看出,美国建国者设计的政府结构的精髓是由权力分享而实现分权,由制衡而达到合作。那么,分权和制衡的体制最终要解决什么问题呢?简单地说,就是要合理地分配权力,合理地运用权力,以抑制权力的为恶倾向,保护民众的自由和权利。所以,分权和制衡的体制体现了"限权政府"的理念。这在革命时期是一个非常普遍的政治信念,是一种意识形态。在18世纪中后期,美国政府在全世界,甚至在人类历史上都是一种最复杂、最精微的体制。最简单的体制是什么？无疑是集权的专制体制，"乾纲独断"，一个人或几个人说了算。在美国的建国者看来，这种体制只能满足少数人的权力野心，是直接通向暴政和压迫的途径，无法保障人民的自由和权利。因此，他们殚精竭虑地设计出这样一套多向、复合的分权和制衡体制。英国学者白芝浩曾用一种略带酸味的语气评论说，美国宪法设计的体制远比英国体制复杂，美国人凭借出色的政治天赋，没有使这一套复杂的体制陷入糟糕的境地。①

这样一套复杂而精微的体制，在当时也引起了激烈的争论，遭到了尖锐的批评。那些代表下层民众说话的人认为，制宪会议所设计的这套体制太复杂、太玄奥，它的运作机理难以被一般民众所了解，因而最容易被当权者和上层人士所利用，以谋求私利，压迫民众。当时的"反联邦主义者"指责这种体制带有很强的君主制倾向，也是因为他们认为这套体制太过复杂了。过了一两百年，很多外国人还是看不懂美国的这套体制，那些习惯于集权和专制的人，尤其不明白其中的奥妙。二战期间，苏联和美国成了盟友，但是斯大林就是弄不懂美国的体制，还就此打趣过罗斯福。我们长期也没有看懂美国的体制。我们经常说美国的体制是"三权分立""三权鼎立"，这类说法本身就说明我们没有弄清楚美国体制的奥妙在哪里。现在我们知道了，美国政府的三种权力之间不是简单的分立，而是有着非常复杂的分享、制约和合作的关系。

那么，美国的建国者设计这样一种复杂而繁琐的分权制衡体制，究竟是要实现什么目标呢？前面提到，这个目标同美国宪法的目标是一致的，就是要通过限制政府权力来保障民众的自由。为什么这个问题在18世纪那么突出呢？这与当时美国人的政治思维有很大的关系。他们普遍抱有"权力和自由二元对立"的思想。一方面，权力不仅是一种积极的、强大的力量，而且是一种天生倾向于腐败的因素。当时人把权力比作海绵，永远在吸收；又说权力像癌细胞，总是侵蚀好的

---

① 沃尔特·白芝浩：《英国宪法》，夏彦才译，商务印书馆2005年版，第240–241页。

细胞。说到底,权力是一个很可怕的东西。另一方面,美国的建国者大多信奉基督教,相信人性是倾向于为恶的。一边是天性倾向于恶的权力,一边是天性倾向于恶的人,这两者结合在一起,世界上还有比这更可怕的事吗?于是,对于权力和掌握权力的人,都必须加以约束和限制,这是顺理成章的。与此相对照,自由却好比是一株精妙而脆弱的植物,要小心地爱护和浇灌才能生长。可见,在权力和自由的关系中,权力是主动的,是居于强势的一方;而自由则是被动的,是居于弱势的一方。因此,只有限制权力,才能保护自由。这就是美国建国者为什么一心要限制权力的重要考虑。

当然,限制政府的权力,并不是要剥夺政府的权力。美国宪法的精妙之处恰恰在于,一方面确实授予政府很多的权力,同时又对授予的权力施加多方面的限制。当时很多人批评新宪法,认为授予联邦政府的权力太大,而限制又太少,这对于各州、对于民众实在是很危险的。但支持新宪法的人却解释说,宪法并没有增加政府的权力,只是把原来放在别的地方的权力换了一个地方,好比是从左手换到了右手。他们还宽慰人们,联邦的权力并不像人们想象的那么强大,那么可怕。说这样的话,所针对的显然是那种"权力和自由二元对立"的思维方式。在18世纪的观念当中,"自由"的核心是人身和财产的安全。什么东西对自由的威胁最大?当然是权力和手握权力的人。人们害怕权力的压迫,害怕失去财产和丧失独立,害怕像当时的黑人一样沦为奴隶。

我们前面还讲到,国家构建的一个重要目标,是要让国家具备适当的功能和能力,能够维持社会稳定,促进国民幸福,保障国家安全。可是,像美国的建国时期那样,授予政府的权力本来就有限,又通过分权和制衡的机制给这些权力的行使设置重重障碍,这样会不会削弱国家的功能、限制国家的能力呢?如果政府各个权力分支不断扯皮,该做的事做不成,整个国家还怎么运转?岂不会造成后来政治学所说的"失败国家"?比方说,前不久美国发生了所谓联邦政府"停摆"的问题。我们有好多人都看不明白,觉得政府怎么能"停摆"呢?那岂不要"乱套"？确实，也只有在美国才会发生这种"怪事"，政府"停摆"了，国家和社会居然安然无事，只是联邦雇员少拿了一点薪水。这种事要是发生在其他国家，情况会怎么样，那就真不好说了。不过，今天这个政府"停摆"的事，并不是分权和制衡体制的问题，而是政党政治的恶果。预算与拨款的僵局，不是国会和总统相互较劲造成的，而是政党政治的僵化和异化的产物。因此，这个"账"不能记在分权和制衡体制的头上。事实已经很清楚，分权与制衡的体制从来没有使美国沦为一个"失败国家"。

今天，我们对国家普遍寄予很大的期望，凡事都指望国家出台政策，或者进行援助，如果站在我们这个时代的立场来看，美国建国者设计的这套体制真是有严重的弊端或隐患。可是，18世纪的美国与今天很不一样。那时社会的自足性很突出，民众和地方社区具有高度的自治能力，不需要国家过多地介入，政府并不需要做太多的事情。在许多人看来，问题不是国家没有做什么，而是国家做了什么。因为国家就是一个权力综合体，国家的形象与压迫和支配是紧密相连的。我们都熟悉"管得最少的政府才最好的政府"的说法，这句话虽然不一定出自杰斐逊之口，但是的确反映了那个时代美国人心目中的国家形象。这时美国政府要做的主要事情，就是尽力与社会的要求相协调，以帮助国民发挥自己的潜能。在很大程度上，国家只需要有限的税收来维持政府运转；只要能保证各州不脱离联邦，保持地方社会不出现动乱，让国民有足够的发展机会，国家就算尽到了自己的责任。另外，国际安全形势也不是十分严峻，要不是1812年英国人一下子打到首都华盛顿，美国人还不会意识到建立常备军的重要性。所以，一个权力有限、能力较弱的国家，是适合当时美国的国情的。我们可以去读一读托克维尔的《论美国的民主》。这本书写于19世纪30年代，在一定程度上反映了那时美国的实际。书中特别强调美国民众、社团和基层社区的自治，似乎整个社会是由无数自行运转的机械装置构成的，有没有政府好像关系不大。所以，美国早期的国家不是早期现代欧洲那种资源吸纳能力和社会支配能力都很强大的"财政—军事型国家"。当然，后来美国的国内情况和国际处境都发生了很大的变化，政府的权力结构出现了很大的调整，发挥的功能更多，于是国家的作用急剧上升，形成了走向"全能国家"的趋势。

五、 国家构建的参与者

毫无疑问，国家构建是人的活动。那么，在美国早期的国家构建中，究竟有哪些人参与，他们分别扮演了什么角色？或者说，既然有"state building"，那么谁是"state builders"呢？这是一个很重要的问题，学术界对这个问题的看法变化很大，而且，这些变化也是意味深长的。

过去很长一个时期，美国历史学家不假思索地认为，美国的建国者是华盛顿、杰斐逊、麦迪逊、富兰克林、约翰·亚当斯这些人，所以他们被称作"建国之父"（founding fathers）。可是，后来有些学者觉得这个说法有点奇怪，因为美国建国一代有那么多人，凭什么这几个人就变成了"建国之父"，美国就变成他们的"孩子"？有的女性主义者甚至抗议说，如果男人是"建国之父"，那女人是什么？妇女在美国革命中也扮演了重要的角色，她们就应当是"建国之母"（founding mothers）。另外，当时许多普通民众，比如技工、农场主、海员，甚至还有黑奴，都参与了美国的革命和建国，他们也是美国的"state builders"。于是，美国的历史学家就想出了一个新词。过去仅仅把少数几个精英领导人叫作"建国之父"，这个词不适用于众多的革命参与者，不如改成"建国者"（founders），这样可以包容更多的人。还有人觉得"建国者"这个词的包容性还不够大，于是就用"建国的一代"（the founding generation）来指所有经历了革命时期的人。有些激进的学者甚至认为，建国一代也是鱼龙混杂，只有普通人才是真正的革命者，而过去所说的"建国之父"反而很保守；于是，他们就把华盛顿、亚当斯、麦迪逊这些人叫作"传统的建国者"（traditional founders），而把那些黑奴、债务人、海员、技工、破产的中小农场主等，称作

"革命的建国者"(the revolutionary founders)。①现在有不少美国历史学家倾向于强调普通民众在建国中的关键作用,把他们当作真正的"建国者",故意贬低和矮化精英领导人。

的确,我们对美国"建国之父"的"光辉业绩"知道得很多,对普通民众的经历和作用则不甚了然。事实上,普通民众在革命中的主动性和积极性确实被低估了。比方说,独立战争是怎么打起来的?当时,马萨诸塞反英运动的主要领导人,像约翰·亚当斯、塞缪尔·亚当斯等人,因为害怕英国人抓他们,就躲到某个比较隐蔽的地方去了。那么,列克星敦之战、康科德之战、包围波士顿之举,是谁做出来的?是民兵,是那些自发行动的普通民众。听到英军出动的消息,一些青壮年男子拿起家里的枪支,就在路上堵截和伏击红衫军;就从老远的地方赶过来,把波士顿的英军团团围住。大陆军又是怎么组成的?是先有集结的民兵,然后大陆会议再派华盛顿去接手指挥权,把民兵改造成一支正规的军队。仗是要靠普通士兵来打的,这个简单的事实就足以说明民众在革命中的重要性。

但是,片面强调民众的作用,同单单突出精英的地位一样,也有很大的局限性。美国的革命和建国是一场历史的巨变,参加的人各色各样,精英领导人和普通民众都是重要的角色,只是他们在其中发挥的作用不一样,而且还互不信任,不时发生冲突。不过,正是精英和民众在相互的猜忌和冲突中形成的制约与平衡,极大地影响了美国的建国历程。举个例子来说,在费城开会起草宪法的那55个人,都是当时的上层精英,他们获得了历史上难得遇到的制定国家最高规则的机会,照理说应当弄出一套对他们自己最有利的体制来。这个体制当然要首推贵族制,君主制也不错。但是,这些人并没有选择贵族制和君主制,而是采取了现代共和制。这是为什么呢?是因为他们不想这么做吗?是因为他们特别高尚,专为普通民众着想吗?问题并没有那么

---

① 阿尔弗雷德·扬等编:《革命的建国者:建国历程中的反叛者、激进派和改革派》(Alfred F. Young, Gary B. Nash, and Ray Raphael, eds., *Revolutionary Founders: Rebels, radicals, and reformers in the Making of the Nation*),纽约2011年版,第3—5页。

简单。我们知道,费城制宪会议是一次秘密集会,一直关着门开会;但是,参加会议的人却始终想着会场外面的事,琢磨他们起草的条文会在民众中间激起什么反响,会不会得到他们的批准。因此,美国历史学家阿尔弗雷德·扬说,费城制宪者被一些"幽灵"(ghosts)所纠缠,这些"幽灵"就是革命时期的民众运动及其象征性人物。① 换句话说,普通人民虽然不知道制宪会议正在进行,但是他们的力量,他们的声音,他们的抗议活动,他们表达的利益诉求,对于制宪者构成了强大的压力,迫使他们不得不放弃一些自己想要追求的东西,而采取一种折中妥协的路线。这样设计的体制,既有利于精英的利益,也给民众留下了空间。就这一点而言,民众和精英的竞争、博弈和妥协,的确对美国早期的国家构建发挥了决定性的影响。

另一方面,民众和精英能在冲突中达成妥协,说明彼此不是一种你死我活的对立关系。他们有分歧,有冲突,但是都拥护共和主义,都认为美国必须建成一个"自由的共和国"。区别主要在于是要激进的共和主义,还是要稳健的共和主义。如果建立由民众直接控制的共和国,那是雅典式的民主制;如果是建立一个完全由精英主政的共和国,那就是贵族制。两者的差别是很大的。最后是两者取其中,建立了一个以民众参与为基础、由精英处理公共事务的共和国。国会众议员任期两年;参议员任期六年,每两年改选三分之一;总统任期四年。他们都不是终身制,而是要频繁地改选。我们前面说过,选举既是民众授予官员合法权力的仪式,也是民众表达诉求和制约官员的手段。这就是说,民众的政治热情和公共参与对主政的精英形成很大的制约。建国领导人虽然心仪精英统治,但并不想建立一种阶级统治的体制,因为他们觉得这体制必定引发持续的社会分裂和对抗。他们力图建立的是能够得到民众自愿接受和拥护的精英统治体制。这样一来,美国革命所确立的国家体制,在一定程度上可以说是精英和民众的共治。

---

① 阿尔弗雷德·扬:《宪法制定者和人民的"精神"》(Alfred Young, "The Framers of the Constitution and the 'Genius' of the People"),《激进历史评论》(*Radical History Review*),第 42 卷(1988 年),第 11 – 13 页。

当然，这种共治的局面不是固化的，它的涨落浮沉，与精英和民众的不断博弈有直接的相关性。

总之，美国的建国能在妥协中进行，这可以说是美国历史的巨大幸运。美国革命没有留下一个强大的敌人，它不需要通过"肃反"来巩固新建立的国家。美国革命中并不是没有反对派，而是有两拨很有声势的反对派。第一拨反对派是独立战争当中的所谓"效忠派"。这些人拥护英国对殖民地的统治，反对独立，甚至帮助英国军队打击革命派。他们在革命期间受到了打压，有些人被迫流亡，有些人被关押起来，受到了政治上、人身上的虐待，不少人还丢掉了财产。但是，革命一旦结束，各州便纷纷制定法律，要求尽快地吸纳效忠派，尽快把他们改造成美利坚人，变成新国家的公民。各州立法的出发点当然很好，可是效忠派的回归却遇到了很多困难。这些困难主要不是来自于制度和法律，而是来自于人际关系。比方说，当年的邻居是效忠派，他被迫离开了，他的房子被人住了，他的地被人分了，他现在要回来，那么那些占了他的房子、分了他的地的人怎么办？所以，各个地方的邻里普遍不欢迎效忠派回来。尽管这样，很多政治精英还是努力做劝说的工作，动员各州和地方社区尽快地吸纳效忠派。这样做的目的，显然有助于消除"敌人"。

在联邦立宪时期出现了第二拨反对派，这就是所谓的"反联邦主义者"。这些人强烈反对联邦宪法，他们对新宪法简直是怒不可遏，口诛笔伐。我们都很熟悉《联邦主义者文集》，那是一些为宪法辩护的文章，译成中文有四五百页。后来有人收集了其他一些支持新宪法的文章，编了一本《宪法之友》，也只有几百页。① 可是，"反联邦主义者"写的文章又有多少呢？有个学者为他们编了一套文集，有6卷，虽然号称"反联邦主义者全集"，但实际上只是冰山一角。② 由此可见，反

---

① 科琳·希恩等编：《宪法之友："其他"联邦主义者作品集》（Colleen A. Sheehan, and Gary L. McDowell, eds., *Friends of the Constitution: Writings of the "Other" Federalists 1787—1788*），印第安纳波利斯1998年版。

② 赫伯特·斯托林编：《反联邦主义者全集》（Herbert J. Storing, ed., *The Complete Anti-Federalist*），6卷本，芝加哥1981年版。

联邦主义者对新宪法的抨击是多么的激烈。在一些州,支持和反对宪法的两派闹得非常对立,在投票选举批准宪法大会的代表时,相互较劲,甚至打得头破血流。在许多州的批准宪法大会上,两派也是唇枪舌剑,互不相让。可是,当联邦宪法获得批准以后,"反联邦主义者"又采取了什么举动呢?他们的反应当然是不尽相同的,许多人心里很不痛快,但是没有人"揭竿而起",甚至也很少有人消极抵制。一些人甚至发表声明,表示自己虽然非常不赞同这部宪法,但是现在既然多数人接受了它,那么他们也不再反对。就连脾气火爆、一直在猛烈抨击新宪法的帕特里克·亨利,在弗吉尼亚批准宪法后也表态说,他要做一个"和平的公民",努力使将来的政府成为有利于人民的安全、自由和幸福的体制。①这种态度等于是主动化解了矛盾,不再把自己置于新体制的"敌人"的地位。后来,不少反联邦主义者参加了竞选,进入国会和各级政府。这种主动融入主流的过程化解了敌对情绪。

因此,我们说美国革命没有留下一个庞大的敌对群体,这在美国早期的政治发展中有着至关重要的意义。以研究民主理论著称的罗伯特·达尔,提出过一个很有意思的假说。他认为民主是一种脆弱的政体,它最怕内部的敌人;如果民主国家内部有强大的敌对力量,这样的民主就是岌岌可危的。他研究了世界历史上民主政体的各种形成途径,发现凡是通过革命或内战建立的民主都不稳固,因为这样总会留下"敌人"②。但是,美国革命者却致力于把"敌人"改造成"自己人"。在费城为新国家起草宪法的人,一心要防范的不是"敌人"的破坏和颠覆,而是"自己人"不珍惜革命的成果,滥用权力,滥用自由,最终导致自由的丧失。美国早期国家构建的道路在总体上是平顺通畅的,这与没有内部的"敌人"、也不用在内部寻找"敌人"有极大的关系。没有"敌人",并不意味着没有冲突和斗争。我们前面讲到,美

---

① 乔纳森·埃利奥特编:《各州批准联邦宪法大会辩论集》(Jonathan Elliot, ed., *The Debates of the Several State Conventions on the Adoption of the Federal Constitution, as Recommended by the General Convention at Philadelphia in 1787*),费城1861年版,第3卷,第652页。
② 罗伯特·达尔:《多头政体——参与和反对》,谭君久、刘惠荣译,商务印书馆2003年版,第52-54、57-58页。

国的建国历程中充满民众和精英的较量，也不乏零星的暴力事件。但是，冲突和斗争基本上是在合法的框架中进行的，在大多数场合，双方诉诸的不是"枪杆子"，而是"笔杆子"和"嘴皮子"。这是由于冲突和斗争的各方之间有基本的共识，最终能够在一个大的框架内折中和妥协，能够形成一个大家能基本接受的方案。

六、 结语

革命以后，"美利坚国家"（the American state）一直在发展、变化。当初被视为"必要的恶"的政府，现在已经变成了"必要的善"；当初需要小心提防的消极的权力，现在变成了一种推动社会发展的积极的力量；当初可以为民众所理解和参与的公共事务，现在已经完全变成了职业官僚和技术专家的"地盘"。国家已是空前的强大，它的权力渗透到了社会的每一个角落。举凡国民的就业、收入、医疗、教育、养老甚至吃喝，都是国家必须操心的事情，都是选民评判政府和官员工作成效的主要指标。同时，国家还掌握世界上最强大的军事力量，最发达的情报系统，它既能保障国土安全，也能监听公民的手机。这样一种国家，无疑是一种"全能国家"。它跟美国革命者所理解和期望的国家相去甚远，两者之间确实有天渊之别。

这一系列的变化无疑是因时顺势而出现的。美国从早期相对弱小的国家发展到强大的"全能型国家"，这是一个复杂的历史过程。其中涉及一个在美国历史上很有影响的"神话"：美国人一直有着非常强大的反国家倾向，这叫作"anti-statism"，不妨译成"反国家权力主义"。这种惧怕和反对强大的国家的心理，限制了"美利坚国家"的发展。但是，我们需要注意的是，国家的理念和类型是多种多样的。美国的建国者根据他们对历史和时代的理解，构想了一种在世界历史上几乎没有先例的新国家，这是一种了不起的创举。从建国到19世纪末，美国的国家理念就是要让公民释放能量，自由发展，而不是要他们服从国家的需要，时刻准备为国家做出牺牲。美国人不是没有"国家意识",而是经历了不同的"国家意识"的兴替。历史地看,"美利坚国家"确实经历了从"守夜人"到"管理者"的变化;但是,这种变化不宜简单地理解为从"弱国家、强社会"的模式走向"强国家、弱社会"的模式。有的学者提出,国家权力分两种,一种是控制社会的权力,一种是协调社会的权力;前者是"专制权力",后者是"基础性能力"。① 任何国家都同时需要两种权力,只是何者居于主导地位,决定着一个国家的性质。如果用这种观点看问题,那么就不妨说,美国历史上从来都不缺少强大而有效的国家权力。相对而言,在新政和二战以前,"美利坚国家"是以第二种权力居于主导地位的;而当前美国的国家权力除了"基础性能力",也拥有强大的"专制权力"。

国家构建确实是一个持续的过程,但它的走向却受到多种因素的影响。一个社会和人民的价值、传统、习惯、利益结合在一起形成某种合力,制约着国家构建的过程和效果。美国的经验表明,国家构建的关键问题是如何处理国家权力和公民权利的关系,如何处理公共利益和私人利益的关系。一个非常强势的国家可能对公民的权利造成威胁,一个弱小的国家同样难以维护公民的利益。"全能国家"和"失败国家"都会有自己的问题。一条相对较好的国家构建道路,应当是真正有助于通向社会繁荣、民众富强、国家安全的道路。这既是美国早期国家构建的历史启示,也是当前"美利坚国家"发展所面临的严重问题。在斯诺登和"监听门"事件发生后,人们需要重新认识国家,特别是要对"全能国家"加以反思。从政治文化的视角看,美国早期国家构建的基本价值取向,就是不信任权力,不信任掌权的人;建国者一方面要构建一个有适度能力的国家,一方面又要小心翼翼地防止国家权力为害。这是美国建国时期人们思考得最多的问题。但是,随着"美利坚国家"的不断扩张和膨胀,对于无孔不入、无处不在的国家权力,美国人非独放松了警惕,而且产生了越来越大的依赖性。这

---

① 迈克尔·曼:《社会权力的来源,第 1 卷:从开端到公元 1760 年的权力史》(Michael Mann, *The Sources of Social Power: Volume* 1, *A History of Power from the Beginning to AD* 1760),纽约 1986 年版,第 477 页。

对美国的民主和自由是一个至为严峻的考验。处在这样一个"全能国家"全面崛起的时代,美国人如何看待民主和法治,如何思考公共政治、公共参与和公民权利,的确是一个值得关注的课题。

(原刊于《世界历史评论》第 2 辑,上海人民出版社 2014 年版)

李剑鸣论著目录

一、个人著作

《学术的重和轻》,商务印书馆,2017年。

《"克罗齐命题"的当代回响:中美两国美国史研究的趋向》,北京大学出版社,2016年。

《隔岸观景》,社会科学文献出版社,2012年。

《美国的奠基时代 1585—1775(修订版)》,中国人民大学出版社,2011年。

《历史学家的修养和技艺》,上海三联书店,2007年。

《美国的奠基时代 1585—1775》,"美国通史丛书",人民出版社,2001年。2002年作为《美国通史》第1卷重印;2006年作为《美国通史》第1卷收入《中国文库》。

《文化的边疆:美国印第安人与白人文化关系史论》,天津人民出版社,1994年。

《伟大的历险:西奥多·罗斯福传》,世界知识出版社,1994年。

《大转折的年代:美国进步主义运动研究》,天津教育出版社,1992年。

二、主编与合著

《外国政治民主化进程研究丛书》（6 册，主编），上海三联书店，2011—2013 年。

《世界历史上的民主与民主化》（主编），上海三联书店，2011 年。

《美国历史的多重面相》（李剑鸣、杨令侠编），北京大学出版社，2010 年。

《20 世纪美国和加拿大社会发展研究》（李剑鸣、杨令侠主编），人民出版社，2005 年。

《学术规范导论》（杨玉圣、张保生主编，中篇第 6 章），高等教育出版社，2004 年。

《加拿大通史简编》（张友伦主编，第 1 章），南开大学出版社，1994 年。

《美国的独立与初步繁荣》（张友伦主编，合撰二章），人民出版社，1993 年。

《美国历史上的社会运动与政府改革》（张友伦、李剑鸣主编），天津教育出版社，1992 年。

三、专题论文

《从跨国史视野重新审视美国革命》，《史学月刊》2021 年第 3 期。

《美国建国者的"知识政治学"》，《世界历史评论》2021 年夏季号。

《美国政治文化史研究的兴起与发展》，《历史研究》2020 年第 2 期。

《美国建国精英的知识、眼界和政治取向》，载《美国史研究的传承与创新》，中国社会科学出版社，2019 年。

《从政治史视角重新审视美国革命的意义》，《史学集刊》2017 年第 6 期。

《为了被统治者的安全——自由话语与美利坚共和国的创建》，载赵学功编《美国历史的深与广》，商务印书馆，2017年。

《美国革命中的政体想象与国家构建——解读〈埃塞克斯决议〉》，《史学集刊》2016年第3期。

《文明的概念与文明史研究》，《华中师大学报》2016年第1期。

《美国革命时期代表制的实践及其意义》，《社会科学战线》2015年第10期。

《从代表制到代表制政府——再论美国革命时期民主概念的演变》，《清华大学学报》2015年第5期。

《美国早期的国家构建及其启示》，载《世界历史评论》（第2辑），上海人民出版社，2014年。

《美国革命时期关于代表制的分歧与争论》，《史学月刊》2014年第11期。

《美国政治史的衰落与复兴》，《史学集刊》2013年第6期。

《戈登·伍德与美国早期政治史研究》，《四川大学学报》2013年第5期。

《探索世界史研究的新方法——"新文化史"的方法论启示》，《史学月刊》2012年第2期。

《在雅典和罗马之间——古典传统与美利坚共和国的创建》，《史学月刊》2011年第9期。

《意识形态与美国革命的历史叙事》，《史学集刊》2011年第6期。

《历史语义学、语境主义与政治思想史研究》，载丛日云、庞金友主编：《西方政治思想史方法论研究》，社会科学文献出版社，2011年。

《"危机"想象与美国革命的特征》，《中国社会科学》2010年第3期。

《世界历史上的民主与民主化》，《世界近现代史研究》（第六辑），中国社会科学出版社，2009年。

《"共和"与"民主"的趋同——美国革命时期对"共和政体"的重新界定》，《史学集刊》2009年第5期。

《"大"与"小"的关系及其他——现代史学写作的挑战与应对》，《历史教学》2009年8月上半月刊。

《"人民"的定义与美国早期的国家构建》,《历史研究》2009 年第 1 期。

《改革开放以来中国的美国史研究》,《史学月刊》2009 年第 1 期。

《历史语境、史学语境与史料的解读——以弗吉尼亚批准美国宪法大会中一条材料的解读为例》,《史学集刊》2007 年第 5 期。

《中国的美国早期史研究：回顾与前瞻》,《美国研究》2007 年第 2 期。

《美国革命时期民主概念的演变》,《历史研究》2007 年第 1 期。

《历史研究中的求知与求用》,《历史教学》2006 年第 2 期。

《历史解释建构中的理解问题》,《史学集刊》2005 年第 2 期。

《论历史学家在研究中的立场》,《社会科学论坛》2005 年第 5 期。

《学术规范建设与世界史研究》,《史学集刊》2004 年第 3 期。

《美国革命时期马萨诸塞立宪运动的意义和影响》,《历史研究》2004 年第 1 期。

《本土资源与外国史研究》,《南开学报》2003 年第 2 期。

《美国殖民地时期的人口变动及其意义》,《世界历史》2002 年第 4 期。

《英国对殖民地的政策与北美独立运动的兴起》,《历史研究》2002 年第 1 期。

《美国殖民地时期历史研究中的若干重要问题》,《史学月刊》2001 年第 4 期。

《美国独立战争爆发前的政治辩论及其意义》,《历史研究》2000 年第 4 期。

《土地问题在英属北美殖民地社会的重要性》,《南开学报》1999 年第 6 期。

《世界史研究规范化问题刍议》,《世界历史》1999 年第 2 期。

《美国印第安人和白人文化关系的历史考察》,载《中国人文社会科学硕士博士文库·历史学卷》,浙江教育出版社,1999 年。

《种族问题与美国史学》,载《南开大学历史研究所建所 20 周年纪念文集》,南开大学出版社,1999 年。

《伯纳德·贝林的史学初论》,《史学理论研究》1999 年第 1 期。

《关于 20 世纪美国史学的思考》,《美国研究》1999 年第 1 期。

《美国现代史学中的相对主义思潮》，载南开大学美国史研究室编：《美国历史问题新探》，中国社会科学出版社，1996年。

《美国史研究中的文化隔膜问题》，《美国研究》1996年第1期。

《文化接触与美国印第安人社会文化的变迁》，《中国社会科学》1994年第3期。

《本世纪初美国政府对经济的干预》，《世界历史》1994年第2期。

《美国土著部落地位的演变与印第安人的公民权问题》，《美国研究》1994年第2期。

《两个半球汇合与北美印第安人的历史命运》，载黄邦和等主编：《通向现代世界的500年》，北京大学出版社，1994年。

《西奥多·罗斯福与中国》，《美国研究》1993年第3期。

《美国印第安人保留地制度的形成与作用》，《历史研究》1993年第2期。

《西奥多·罗斯福的史学成就》，《历史教学》1992年第8期。

《加拿大与美国独立战争》，《历史教学》1992年第4期。

《两个世界文明汇合与北美印第安人的历史命运》，《历史研究》1992年第1期。

《西奥多·罗斯福的新国家主义》，《美国研究》1992年第1期。

《论美国印第安人的教育问题》，《美国研究参考资料》1991年第12期。

《关于美国进步主义运动的几个问题》，《世界历史》1991年第6期。

《美国联邦行政权力的历史演变》，《南开史学》1991年第1期。

《奴隶制、南北妥协与美国社会发展》，《世界历史》1989年第6期。

《评西奥多·罗斯福》，载张友伦等主编：《日美问题论丛》，天津教育出版社，1989年。

《论西奥多·罗斯福当政时期的国内政策》，载世界历史编辑部编：《欧美史研究》，华东师大出版社，1989年。

《二十世纪初美国联邦政府的社会改革》，《南开史学》1988年第1期。

《西奥多·罗斯福当政时期在美国历史上的地位》，《湘潭大学学报》

1988 年第 2 期。

《美国资本主义合理化进程论纲》,《南开研究生论坛》1987 年第 4 期。

《也评美国内战前的几次妥协》,《世界历史》1987 年第 2 期。

四、评论与随笔

《全球史写作中的时空结构——从奥斯特哈默的〈世界的演变：19 世纪史〉谈起》,《经济社会史评论》2019 年第 4 期。

《南开大学美国史研究的成就和地位》,《历史教学（下半月刊）》2019 年第 9 期。

《大数据时代的世界史研究》,《史学月刊》2018 年第 9 期。

《改革开放 40 年来的美国史研究》,《世界历史》2018 年第 4 期。

《〈史学月刊〉与中国的美国早期史研究》,《史学月刊》2016 年第 3 期。

《美国获取世界领导地位的国内政治资源》,《美国研究》2016 年第 1 期。

《民族国家之内和之外的历史——美国史研究的新视野》,载《世界历史评论》（第 3 辑）,上海人民出版社,2015 年。

《自律的学术共同体与合理的学术评价》,《清华学报》2014 年第 4 期。

《"山重水覆"抑或"柳暗花明"——记费城的一次美国革命史研讨会》,《社会科学论坛》2013 年第 10 期。

《外国史研究中的材料问题》,载《世界近现代史研究》（第九辑）,社会科学文献出版社,2012 年。

《世界史研究中的"宏大叙事"》,载《经济—社会史评论》,生活·读书·新知三联书店,2012 年。

《网络史学的神话与实际》,《史学理论研究》2011 年第 4 期。

《他们在美国发现了什么》,《博览群书》2011 年第 3 期。

《一个时代的背影——杨生茂教授的学术贡献与地位》,《美国研究》2010 年第 2 期。

《政治史研究的新取向》，《世界历史》2010年第2期。

《读书与精神的重建》，《博览群书》2009年第10期。

《世界通史教科书编纂刍议》，《史学月刊》2009年第10期。

《从国际学术的维度审视中国当代学术》，《云梦学刊》2009年第4期。

《我们今天为什么还要读美国历史》，《博览群书》2009年第6期。

《我们需要什么样的美国早期史》，《史学月刊》2008年第2期。

《精读几本书》，《南方周末》2007年10月18日D26版。

《对美国自由的一种历史阐释》，《世界历史》2004年第1期。

《并非"完美主义者"的遗憾》，《史学月刊》2003年第9期。

《探索中国美国史学发展的路径》，《美国研究》2003年第2期。

《1989年以来中国的美国史研究》，载胡国成主编：《透视美国：近年来中国的美国研究》，中国社会科学出版社，2002年。

《美国宪法何以成为"活着的宪法"》，《美国研究》2001年第2期。

《意飘云物外：周基堃教授印象记》，《学术界》2000年第2期。

《学术训练与世界史学科的建设》，《世界历史》2000年第1期。

《富兰克林和他的〈穷理查德历书〉》，载《穷理查德历书》，百花文艺出版社，1999年。

《文化研究与中国文化的建设》，《湘潭师院学报》1999年第1期（第二作者）。

《民主的考验和考验中的民主》，《读书》1999年第2期。

《个性与学识兼备乃为良史》，《书摘》1998年第9期。

《一面历史的镜子》，《史学月刊》1996年第5期。

《〈富兰克林·D. 罗斯福时代〉读后》，《历史研究》1996年第4期。

《评〈美国的崛起〉》，《世界史研究动态》1993年第9期。

《杨生茂教授与中国的美国史研究》，《世界历史》1993年第3期。

《人与神共同拥有的世界》，《湘潭大学学报》1993年第2期。

《探索美国历史的新视野》，《世界历史》1992年第4期。

《一部工具书的启示》,《读书》1992 年第 3 期。

《创新求实　继往开来》,《世界史研究动态》1991 年第 1 期。

《罗伯斯庇尔的悲剧》,《政治学研究》1988 年第 3 期。

《可贵者胆　所求者新》,《世界历史》1988 年第 5 期。

《美国史学界对西奥多·罗斯福的研究》,《世界史研究动态》1987 年第 11 期。

五、编译

《美利坚合众国总统就职演说全集》(编注者、主要译校者),天津人民出版社,1995 年(1997 年最新修订版)。

《美国现代化历史经验》(编选者之一),东方出版社,1994 年。

《丰裕与美国文化发展》,载《美国现代化历史经验》,东方出版社,1994 年。

《探索美国历史的稳定性》(译文校阅),《史学理论》1989 年第 3 期。

后　　记

　　不少学者对于辑录刊行自己的旧作，往往十分慎重，喜欢反复计较。学术总在不断发展，学者本人的学养也日臻深厚，对于"少作"和"旧作"，自然难免"壮悔滋深"，于是便选择"藏拙为幸"（钱锺书语）。从事历史研究的人，对待自己以前的论著，尤其应当加倍小心。前人常说，世间没有年轻的历史学家，因而治史者的"少作"之幼稚不周，更是在所难免，而其后所生之"悔"，也必然甚于其他学科的学者。特别是随着新材料的发掘，新方法的采用，新领域的开拓，新学说的问世，"旧作"的价值更是所剩无多，确乎没有再见天日的必要。照此来说，治史者要把自己从前的文章结集出版，不仅要有勇气，不怕以拙示人；而且还须有自信，能断定自己的文字尚有价值。

　　我现在将发表过的部分文章辑为一书，却主要不是因为自己有多大的"勇气"和"自信"。对于一个在学术上处于学习和成长过程中的人，在知识和学力上存在欠缺，所写的文章逐渐失去成色，当然是十分正常的事。我的想法是，将这些不成熟的文章汇集起来，可能有助于系统回顾自己的学习历程，更好地校正今后致力的方向。因此，编成这部文集，等于给我提供了一个学术自省的机会。

　　在确定入编篇目时，凡已收入其他文集的文章一概舍弃，以避免重复。为了达到结构上的一致，还对某些文章做了分节处理，并添加上了相应的小标题。此外，也校改了发现的错漏，统一了注释体例和外文译名，对于文字也做了局部的修饰。至于文中的材料、观点和术语，则基本上保持最初发表时的原样，尽管不少提法早已为学界所不取。好在每篇文章末尾均注有最初发表的日期，这样读者就不难看出，这些文章论说的角度，援引的材料，使用的概念，以及表述的方式，同作者个人学力以及政治环境、研究条件的变化，确乎有着一目了然的关联。

这些文章大多曾在各种刊物上发表，得到过这些刊物的编辑的慷慨帮助。《世界历史》杂志社已故的黄启芳编审，是我发表的第一篇美国史文章的责编，对她的鼓励和支持尤其难以忘怀。同样要感谢陈恒、段启增、高国荣、洪庆明、胡国成、姜胜利、李晓岗、李玉奎、刘德斌、宋鸥、谢国荣、姚玉民、袁明、赵梅、赵文洪、仲伟民、周祥森等师友，他们都曾为文集中的文章付出过心血。

读书和写作虽然是个体行为，但我所得到的任何收获，无不饱含家人的关爱。在这个意义上，这部文集和我已出的其他小书一样，都是家人共同努力的产物。这种共同的努力，无疑会继续支撑我今后的工作。

2019 年 4 月 1 日

 学术中国文丛

策　划：黄红丽　　主　编：张　江

文学卷

陈思和：《走在复旦的支路上》
曹顺庆：《中国比较文学话语建构》
吴承学：《近古文章与文体学研究》
王一川：《修辞论美学述略》
张福贵：《走向历史的深处》
陈晓明：《纯文学的困境与拓路》
孙　郁：《新旧文学的话语维度》
王　尧：《如何现实，怎样思想》
袁毓林：《认知科学背景上的汉语语法研究》
程章灿：《走进古典的过程》

历史学卷

桑　兵：《历史研究的碎与通》
阎步克：《爵秩品阶：权势金字塔的结构原理》
朱　英：《近代中国商人与商会》
张国刚：《大唐气象：制度、家庭与社会新论》

李剑鸣：《美国社会和政治史管窥》
霍　巍：《吐蕃与高原丝绸之路》
荣新江：《丝绸之路与中古中国》
韩东育：《学理日本》
黄　洋：《古希腊史散论》
包伟民：《两宋社会与读史心路》

哲学卷

俞吾金：《思想史视域中的马克思哲学》
吴晓明：《马克思哲学与当代中国》
杨　耕：《多维视野中的马克思》
倪梁康：《意识现象学的理会与践行》
杨国荣：《史与思：面向具体的存在》
万俊人：《他山问石：西方伦理学撮义》
孙周兴：《哲思的迷局：从现代哲学到当代艺术》
朱　菁：《认知、意志与行动》
王中江：《道通万有：本源·本真·本善》
韩水法：《未来之思》